社会学·政治学·文化学·教育学·民族学·历史学

叶显恩 主编
王春煜 刘集林 副主编

陈序经全集

第十卷 匈奴史稿 中国与西域 塞种考

中山大学出版社
·广州·

版权所有　翻印必究

图书在版编目（CIP）数据

陈序经全集 / 陈序经著；叶显恩主编；王春煜，刘集林副主编.
广州：中山大学出版社，2025.3. --ISBN 978-7-306-08274-9

Ⅰ.Z427

中国国家版本馆 CIP 数据核字第 2024GE9169 号

CHEN XUJING QUANJI: DI-SHI JUAN

出 版 人：	王天琪
总 策 划：	王天琪
项目统筹：	嵇春霞　王延红
责任编辑：	赵琳倩　陈晓阳
封面设计：	雅昌文化（集团）有限公司　曾　斌　周美玲
责任校对：	周　玢　郑雪漫
责任技编：	靳晓虹
出版发行：	中山大学出版社
电　　话：	编辑部 020-84111901，84110283，84111997，84110779
	发行部 020-84111998，84111981，84111160
地　　址：	广州市新港西路 135 号
邮　　编：	510275　传　真：020-84036565
网　　址：	http://www.zsup.com.cn　E-mail：zdcbs@mail.sysu.edu.cn
印　　厂：	恒美印务（广州）有限公司
规　　格：	787mm×1092mm　1/16
总 印 张：	433
总 字 数：	8718 千字
版次印次：	2025 年 3 月第 1 版　2025 年 3 月第 1 次印刷
定　　价：	1980.00 元（全十四卷）

如发现本书因印装质量影响阅读，请与出版社发行部联系调换

凡　例

一、**编排方式**。《全集》总体上兼顾著述发表时间先后与研究领域的区别。第一卷以时间为序收录了陈序经的论文、时论、书评等，其中论文已收入其他卷者，原则上只存目；同题异文者，则均予以收录。第二卷至第十三卷收录了陈序经在不同研究领域的论文或专著。第十四卷收录了陈序经的遗稿《珠崖篇》，整理了其年谱、往来书信、照片等相关资料。底稿为直排繁体者，一律改横排简体，内容列举、引用位置指向用词，如"如左"径改为"如下"等。

二、**底本来源**。《全集》所收文献中有大量未曾整理的手稿、抄稿，其版本源流、底本选择等情况，皆写入"本卷说明"中。

三、**引文说明**。《全集》所引古籍或他人著述，有漏字、错字等现象者，一般参照现今中华书局、上海古籍出版社等相应版本径改，不另说明；引用古籍或他人著述时只取其大意，与原文不尽一致，凡此，照录，不予修改；手稿或抄稿中引用本人已发表文章，但内容与已发表的原文不尽一致，凡此，亦依手稿或抄稿。

四、**校订符号**。原稿中有漏字者，在〈　〉内补之。原稿中的错讹字，在其后〔　〕内补正。原稿中的衍字，用［　］标示。原稿中漫漶不清、难以识别或残缺的字，用□表示；字数难以确定者，用▨表示。原稿中的小字夹注，置于（　）内，字体、字号同正文。外文书名、刊名用斜体。

五、**历史用语**。《全集》保留作者文字风格及语言习惯，不按现行用法改动原文。历史时期若干字词表达与今有异，但不影响理解，为存当时之真，不改。如智识（知识）分子、澎涨（膨胀）、计画（计划）、瞭解（了解）、那（哪）、澈底（彻底）、那末（那么）、原故（缘故）等。凡行文中对少数民族的蔑称，根据国家相关民族政策一律改为规范称呼，如"猺"改为"瑶"、"獠"改为"僚"、"猓猡"改为"倮倮"等。

六、外文名词。译名不统一或与现今不一致，如拿破伦/拿破仑、哥仑布/哥伦布、菲洲/非洲等，均不改。外文人名、地名书写有误者，一般径改。外文专有名词在原稿中大小写掺杂，按现今规范格式统一。

七、内文标点。原稿正文无标点或仅有简单断句者，一律按照中华人民共和国国家标准《标点符号用法》（GB/T 15834—2011）予以修改。专名号从略。

八、文字规范。《全集》中的简体字以 2013 年 6 月国务院公布之《通用规范汉字表》为准。通假字，不改。繁体字、异体字，改为规范字；但专有名词中的繁体字、异体字等，依从其使用惯例，不改。作者笔误、排印舛误等明显错误，径改。

其余未规定事项，一般遵从作者原稿。

本卷说明

本卷收录了陈序经先生有关西北边疆与民族研究的三种论著：《匈奴史稿》《中国与西域》《塞种考》。《匈奴史稿》由陈平殿、杨中曦、段娟娟校订，《中国与西域》由王瑾、秦鹏飞点校整理，《塞种考》由秦鹏飞点校整理。其中，《匈奴史稿》1989 年、2007 年、2018 年分别由天津古籍出版社、中国人民大学出版社、北京联合出版公司出版了单行本；2020 年中国人民大学出版社授权风格司艺术创作坊在台湾出版，2020 年三联书店（香港）有限公司也经授权出版；2017 年新世界出版社出版该书时更名为《匈奴通史》，2020 年天津人民出版社以《匈奴帝国七百年》为书名整理出版，2021 年应急管理出版社以《匈奴帝国史》为书名出版。本次整理，以天津古籍出版社的版本为底本录入、校订，并补充了"自序一"和手稿目录。

本卷目录

匈奴史稿 …………………………………………………… 1

中国与西域 ………………………………………………… 345

塞种考 ……………………………………………………… 571

匈奴史稿

目 录

自序一 …………………………………………………………………… 4
自序二 …………………………………………………………………… 6

第一编 匈奴史通论 ……………………………………………………… 7

第一章 有关匈奴历史的中国史料 …………………………………… 7
第二章 有关匈奴历史的外国史料 …………………………………… 17
第三章 匈奴人的古物与古迹 ………………………………………… 35
第四章 匈奴本部的地理环境 ………………………………………… 43
第五章 匈奴人的经济生活 …………………………………………… 52
第六章 匈奴人的宗教意识 …………………………………………… 58
第七章 语言和政俗 …………………………………………………… 64
第八章 匈奴种族的起源问题 ………………………………………… 75
第九章 以匈奴和塞种为代表的游牧文化概观 ……………………… 98
第十章 两汉对匈奴文化的影响 ……………………………………… 105

第二编 匈奴与中国 ……………………………………………………… 112

第十一章 公元前三世纪匈奴与中国的关系 ………………………… 112
第十二章 冒顿时代匈奴的扩张 ……………………………………… 120
第十三章 匈汉相争及其基本对策 …………………………………… 132
第十四章 匈奴开始为汉所败 ………………………………………… 143
第十五章 匈奴退居漠北,西汉用兵西域 …………………………… 158
第十六章 匈汉互用叛臣与降将 ……………………………………… 169
第十七章 匈奴内乱之始与四面受敌 ………………………………… 177
第十八章 匈奴五单于争立的动乱时代 ……………………………… 185
第十九章 匈奴初分两部,呼韩邪单于降汉称臣 …………………… 193
第二十章 国内稳定,四境相安时期 ………………………………… 200

第二十一章	两汉之间，匈奴复盛	207
第二十二章	南匈奴附汉，东汉王朝对北匈奴发动攻势	221
第二十三章	班超定西域，胡汉联军大破北匈奴	231
第二十四章	作为东汉藩属的南匈奴	240
第二十五章	中国塞内匈奴与汉族及其他少数族融合	250
第二十六章	中国汉化匈人建立的王朝（上）	268
第二十七章	中国汉化匈人建立的王朝（下）	283

第三编 匈奴西迁入欧始末 …… 291

第二十八章	匈奴与西域的历史渊源	291
第二十九章	匈奴西迁的第二次浪潮——进入中亚，居留悦般时期	297
第三十章	匈奴入据粟特，进至顿河流域草原	308
第三十一章	匈奴征服东哥特，逼走西哥特人	312
第三十二章	匈奴入欧与罗马帝国衰亡的关系	319
第三十三章	欧洲匈奴帝国的形成	326
第三十四章	欧洲匈奴帝国的阿提拉时代	331
第三十五章	欧洲匈奴帝国的尾声	340

附录：原稿目录 …… 341

自序一

我小年在新嘉坡,就读于吾乡陈玉芝种仙先生。先生年幼荐贡生,后又在广东高等师范学堂毕业,在当时来说,是新旧学问兼通的有数人物。先生尝为我讲三保太监(郑和)下西南洋的历史,与华侨先辈在东南亚经营事业的故事。先生喜读《史记》张骞列传与《后汉书·班超列传》,以为张骞、班超之出使西域,不只是要断匈奴的右臂,而且是要越葱岭,寻大宛、康居、大夏、月氏、安息与大秦之迹。在课余的时间,先生要我阅读张骞、班超传,并偶尔讲到匈奴被汉朝攻击而西徙。说到匈奴西徙时,先生必说:"其后匈奴不知所终。"有一次,我问他匈奴究竟跑到那里去了,他沈思一回,才说:"这我也不知道。"但他接着又说:"你将来学学历史,考究考究罢。"

我觉得历史的范围太广,包括的时间又长,从前人已经说过:"一部十七史,不知从何说起。"何况在我们的时代,中国历史已增加到二十五史以上,而世界其他各国的历史更多,我没有按照他的愿望去学历史,但张骞与班超的名字,匈奴的名字,断匈奴右臂的词句,有时飘浮在我的脑海中。

在大学与研究院读书时,翻阅西史,记载匈奴人在罗马时代的欧洲历史舞台上曾当过主角,使我记起种仙先生的话,匈奴这个名词,在我的印象中,加深起来。可是,我既不学历史,懂的历史不多,只是望史兴叹而已。后来我再次出国,在柏林的时间,有时与德国的一些所谓东方学者交往,其中印象较深的是,佛兰克(O. Frank)在内(按:佛兰克曾为 De Groot 整理公元前的匈奴史与公元前的西域史)。当时在留学生中,也有一位注意到匈奴历史的(按:为姚从吾,他在德时曾写过《欧洲学者对于匈奴的研究》一文,登在一九三〇年二卷三号的北京大学《国学季刊》),言谈之间,使我对于这个问题,更为注意。一九三一年我从德国回国后,不断的教书、写文章,兼从事学校行政工作。我所教的与所写的,虽与匈奴的历史几乎没有关系,但有时也喜读《史记》《汉书》与《后汉书》等,以及西书中有关匈奴的记载。经过不少的岁月,对于这个问题,兴趣逐渐的增加,从一九五四至一九五六年二年多的时间,我把我自己所能找出的我国史书与外文史书中,关于匈奴的记载的资料,作了初步的整理。下面这十本册的材料,主要就是在这个时间中所草拟出来的。一九五六至一九六四年间,我曾讲授过东南亚古代史,我把时间主要是放在整理这方面的材料上。八年以来,除《匈奴史稿》第一册中的很少部分略有增改外,其他部分都是原来的初稿。既不准备发表，也不敢有藏之名山传之其人思想，这是一种业余消遣的随笔，留之虽没有用，弃之似也可惜。又念古人有惜废字片纸的劝告，所以就留给我的孩子们当为一种留念。

一九六四年十一月于南开大学

自序二

匈奴见诸记载的历史，自公元前三世纪头曼的时代以至公元后五世纪阿提拉逝世，约有七百年之久。在汉武帝时代，匈奴遭受西汉王朝的严重打击。公元前一世纪中叶，呼韩邪单于降汉之后，匈奴分为南北二部。南匈奴迁居边塞以至塞内，在两晋时代，是所谓"五胡乱华"之首。可是到了五世纪的上半叶，后魏克姑臧，赫连勃勃与沮渠蒙逊所建立的国家灭亡之后，东亚的匈奴王朝便再也没有见于中国史书，只有匈奴后裔或支派如屠各或稽胡，直到隋唐，还散见于史书的记载。

北匈奴则往西方迁徙。迁到葱岭、大宛以西地方者，前汉时期有郅支，在后汉时期有悦般。前者被甘延寿与陈汤攻破，后者被耿秉与窦宪攻破。此后北匈奴的余众跑到乌孙西北建国，历史似乎也不太长。

四世纪中叶左右，黑海北部与罗马帝国之东，有一个国家叫做粟特，匈奴曾杀其王而有其国。到了四世纪的下半叶，匈奴人又从罗马帝国的东境侵入欧洲，到达现在的匈牙利、意大利、德意志以至法兰西等处，使整个欧洲受到极大的震动，引起欧洲民族的大迁徙与变动，对于此后欧洲的历史有很大的影响。

匈奴的历史，无论对于亚洲、欧洲和世界的历史，都有很重要的意义。关于匈奴的起源、匈奴的强盛、匈奴的衰亡，以及匈奴如何从其故地西迁至葱岭以东和以西的西域乃至到达东欧与西欧，这都是很值得我们研究的问题。

西欧学者二百多年来，以及少数日本学者数十年来，对于匈奴的历史，写过一些论文与著作。他们对于欧洲方面的资料虽然很熟悉，可是对于中国的丰富史料还未充分的利用。

我尽量搜集我国与欧洲有关匈奴的史料，加以整理，盼望使匈奴的历史得到较为完整的面貌。但有不少的资料，可能我还没有看到。希望对于这个问题有兴趣的人们加以补充与指正。

第一编　匈奴史通论

第一章　有关匈奴历史的中国史料

关于匈奴历史的文字记载，最古的是中国的史书。近代的一些考古学者，曾在蒙古和中亚地区，即古代匈奴人居住过的地方，发掘出一些古迹与古物。但正如《史记》与《汉书》所说，匈奴"毋文字"。所以，如果没有中国的记载，即使人们找到这些古迹与古物，可能也不知道这些东西是属于古代匈奴人的。

在欧洲的历史上，也有关于匈人（Huns）的记载。匈人之在欧洲者，在其强盛时代，兵威震动了整个欧洲，惟时间只有百年左右。史书记载匈人在欧洲的活动既少，且零碎片断。即如参加过东罗马帝国使团出使匈人王庭的普利斯库斯（Priscus）的很宝贵的出使记录，也只是叙述这个使团的所见所闻，对于匈人在欧洲的历史，也只是相当一章一节而已。

不仅这样，中国史书既没有记载匈奴人到过欧洲，欧洲的史书也没有说过欧洲的匈人是来自蒙古高原和中亚。可是经过两个世纪以来的历史学者的研究，尤其是从中国古书所载的匈奴西徙过程来看，现已证明，欧洲的匈人就是中国史书所载的匈奴。这样，要想研究匈人的历史，从中国史书着手之必要是更为明显了。

《史记·匈奴列传》可以说是世界上关于匈奴历史的较有系统、较为全面的最古的记载。在这以前，虽然也有关于匈奴的记载，如《战国策》《淮南子》、贾谊的《新书》等，可是这些记载多是片断的，是针对有关匈奴的某个问题来发议论的。

《史记》卷一百三十《太史公自序》中说："自三代以来，匈奴常为中国患害；欲知强弱之时，设备征讨，作《匈奴列传》第五十。"《史记·匈奴列传》开头就从其祖先来源说起，说匈奴的祖先是夏后氏的苗裔，经过的时间为商、周与秦，约二千年。似乎以为在唐虞以上叫做山戎。它又把匈奴人的生活习惯加以叙述，然后从公元前三世纪的匈奴单于头曼说起，经过冒顿、稽粥、老上单于，以至且鞮侯单于时代（公元前101—96年）与狐鹿姑单于时代（公元前96—85年），至李广利降匈奴时止（公元前90年）。

司马迁在《匈奴列传》中，直到叙至战国时代或是赵国李牧时代时，才用匈奴这个词。他指出"冠带战国七，而三国（按：指燕、赵、秦）边于匈奴，其后赵将李牧时，匈奴不敢入赵边"。

在战国或李牧时代之前，司马迁对于中国①北部，包括东北与西北的外族②，用了很多不同的名词去称呼。这些名词的差别，似乎因时代不同而各异，或因地域不同而异。他说夏后氏的苗裔叫淳维，但又说"唐虞以上有山戎、猃狁、荤粥，居于北蛮"，"夏道衰，而公刘失其稷官，变于西戎"。其后三百年，又有戎狄，攻大王亶父。周西伯时代有畎夷氏，"周道衰而穆王伐犬戎"。齐桓公时代有山戎，晋文公伐的则是戎翟。翟有赤翟、白翟。戎有西戎、绲戎、义渠、大荔、乌氏、朐衍之戎。晋北有林胡、楼烦之戎，燕北有东胡、山戎。"往往而聚者百有余戎，然莫能相一。"后来"燕有贤将秦开，为质于胡"。"胡"是较后采用的名词，但除"胡"作为一个专门名词之外，还有林胡、东胡。

"胡"常用以指匈奴。"始皇帝使蒙恬将十万之众北击胡"，这个胡就是指匈奴。但东胡则是后来的鲜卑与乌桓，在民族上是有别于匈奴的。林胡是否为匈奴或东胡或其他种胡，则不得而知。

在战国或战国末年以前，匈奴的历史是很不清楚的。司马迁写《匈奴列传》时可能也还没有弄清楚，而把我国北边，包括东北、西北的不同民族都列举出来作为绪言，不一定是说这么多的不同民族都是匈奴人或其祖先。

只有秦以后，即匈奴单于头曼以后的匈奴的历史，司马迁才搞清楚，不但记了每个单于的名号，而且记了在位年数和在位期间的大事。我们今天能够知道自公元前三世纪至汉武帝时二百多年间的匈奴的历史，不能不归功于司马迁。而且《史记》以后的史书，如《汉书》《后汉书》等也记了匈奴的历史，所以说司马迁是匈奴史之最早记载者。

司马迁《史记·匈奴列传》和后来的史书的匈奴传所记载偏重于华族与匈奴的关系，至于匈奴内部的情况和匈奴与其他民族的关系则记载不多。华族是匈奴的劲敌，华族与匈奴的关系，在匈奴的历史上占最重要的地位。华族因为要抵抗匈奴，攻击匈奴，华族与匈奴便竞相争取东胡，尤其是争取西域。所以在军事上、外交上、商业上，不止与匈奴有直接关系，而且与东胡尤其是与西域——西至新疆葱岭以西的中亚细亚，以至黑海、印度、波斯，也有直接关系。所以，一部匈奴史，也可以说是一部华族与其北边、东北、西北的民族的关系史。司马迁《史记》中的《大宛列传》，就是后来史书中之西域传。研究《史记·匈奴列传》的人，不能不读《大宛列传》。所谓"断匈奴右臂"，"右臂"即西域。西域被汉王朝控制之后，匈奴在人力、物力、财力上，都受到很大打击，这与匈奴的衰弱

---

① 编注："中国"在古代指我国中原地区或在中原地区由华夏族建立的政权。本卷中与少数民族政权相对的"中国"一般取此义。

② 编注：此处的"外族"是相对于当时的华夏族（汉族的前身）而言的，他们都是中华民族不可分割的一部分。

有密切的关系。

《汉书》卷九十四《匈奴传》分上、下两传。传上从最古至公元前58年（宣帝神爵四年），传下从这时到更始时代（公元23—24年）。

班固在《汉书》卷一百的《叙传》中说，他的先世曾居楼烦，前汉元帝时（公元前48—33年）其先世有班伯者，曾以为"家本北边，志节慷慨，数求使匈奴。河平中（公元前28—25年）单于来朝（按：为复株累若鞮单于于公元前25年来朝），上使伯持节迎于塞下"。班固的父亲班彪对于当时朝廷对匈奴的政策曾有所论列，班固自己还陪窦宪、耿秉带领军队去打过匈奴。窦宪击败匈奴，至燕然山刻石记功，碑文就是班固所撰。他的弟弟班超，曾在西域三十余年，建立功业。所以班固对于匈奴有实践的体会，虽则他只记了前汉匈奴的情况。

《汉书·匈奴传上》除李广利投降匈奴以后的历史外，其上半部分主要是抄录《史记·匈奴列传》。司马迁所叙述的匈奴史，只到汉武帝在位的一部分时间。虽然汉王朝与匈奴战争的高潮在《史记·匈奴列传》中已有记载，但是与这个高潮不可分割的后来的历史，有了《汉书》《后汉书》和后来的史书的记载，才能看到匈奴历史的全貌。从这一点看，《汉书》的记载，所占的时间既较长，所叙述的也较为详细，这对于后来研究匈奴史的人有很大的帮助。

司马迁的《史记·匈奴列传》中有篇论赞，对当时汉武帝的大事征伐匈奴有所谴责，但文字极简单。班固的《匈奴传》论赞则把前汉的所谓忠言嘉谋之臣对匈奴的意见加以综合叙述，并表示了自己的看法，这也是研究前汉时期匈奴史的人应该注意的。

范晔的《后汉书》中有《南匈奴传》，对于北匈奴的历史只是附带地加以叙述。他的《南匈奴传》始于后汉初年的南匈奴醢落尸逐鞮单于比，终于后汉末年的呼厨泉单于。呼厨泉单于于献帝建安二十一年（216年）来朝，曹操留他在邺，另使其右贤王去卑回到平阳，监管匈奴的五部国。

范晔《后汉书》之所以只为南匈奴立传而不为北匈奴立传，大概是因为南匈奴密迩边塞，关系较多，故史料亦多。而北匈奴则远在塞外，且往来无常，情况既不清楚，史料自不易得。可是尽管如此，在《南匈奴传》中，也有许多处是叙述北匈奴的。而且，南匈奴自呼韩邪降汉以后，成为汉朝属国，虽然有时反抗汉朝，但也往往帮助汉朝征伐北匈奴。因而从《南匈奴传》中，也可以得到不少北匈奴史料。

东汉时，很少征伐南匈奴。无论在军事上或外交上，主要对象是北匈奴。如窦宪深入漠北，大破匈奴，这个匈奴便是北匈奴。班超在西域经营三十余年，其对手主要也是北匈奴。可惜当时对于北匈奴的情况，只是当北匈奴扰乱边境时，汉廷才特别注意，而当败走后，人们就不去追究了。如公元91年，北单于为右校尉耿夔所破，《南匈奴传》就说："逃亡不知所在。"其实只是汉人不知其"所在"，他们可能更往西北走，可能后来杀死粟特王而占有其国，也可能就是侵入欧洲的匈人的先人。

陈寿所撰的《三国志》没有匈奴传。在武帝曹操的传记中，片断地记载匈奴的事情。《魏志》卷三十注引鱼豢《魏略》："赀虏，本匈奴也。"曹操既留呼厨泉单于于邺，而遣其右贤王去卑监其国，匈奴可以说是完全受制于曹魏。这些匈奴人既与汉族杂居，也就逐渐同化了。

《晋书》卷九十七《北狄·匈奴传》，篇幅有限，仅一千一百字，对汉末以来的匈奴人之入塞者仅作简单的叙述，并指出："北狄以部落为类，其入居塞者有屠各种、鲜支种……凡十九种，皆有部落，不相杂错。屠各最豪贵，故得为单于，统领诸种。"此外，在《载记》中，对于五胡乱华时的刘元海、刘聪、沮渠蒙逊等，记述较为详细，是研究匈奴历史的宝贵资料。

《史记》《汉书》《后汉书》《晋书》中有关匈奴的史料不仅见于各书的匈奴传，也散见于帝王本纪、臣僚列传、西域传或其他传记中，对一些具体事件的记述且更详。如《张骞传》中关于张骞被匈奴扣留后逃走的经过，《陈汤传》中陈汤征伐郅支单于的经过等，均可为匈奴传之补充而为研究匈奴历史的宝贵史料。

《史记》《汉书》《后汉书》都有后人为之作注，不但对于年代、地名、事件等多有注解，有的还发表个人或转述他人意见。如《史记·匈奴列传》说霍去病"将万骑出陇西，过焉支山千余里……破得休屠王祭天金人"。裴骃在《集解》中说："《汉书音义》曰：'匈奴祭天处本在云阳甘泉山下，秦夺其地，后徙之休屠王右地，故休屠有祭天金人，象祭天人也。'"司马贞《索隐》引崔浩说："胡祭以金人为主，今浮图金人是也。"张守节的《正义》中说："按：金人即今佛像，是其遗法，立以为祭天主也。"祭天金人是匈奴原有的神像，还是外来的佛像或浮图金人，问题值得讨论。所以注释者本人的或转引他人的意见均值得商榷。

又如清梁玉绳在《史记志疑》中指出，乐彦①《括地谱》中所说匈奴的祖先淳维就是獯粥是错误的。理由是淳维既是夏后苗裔，那么匈奴就与唐虞以上的山戎、獯粥或猃狁不同种族。《史记志疑》又说："史讫太初，不及天汉，故《索隐》于且鞮侯以下引张晏云：'自狐鹿姑单于已下②，皆刘向、褚先生所录，班彪又撰而次之，所以《汉书·匈奴传》有上下两卷。'至其所载亦多误。如单于归汉使，苏武使单于，皆天汉元年事，而此误在太初四年。匈奴妻李陵，乃陵降数岁后事，而此误以陵降即妻之。贰师出朔方，步兵七万人，而此误作十万。贰师降匈奴，其家以巫蛊族灭，俱征和间事，而此误叙于天汉四年。何足信哉？"这些看法，对于研究匈奴历史都有一定的作用。

---

① 按：中华书局标点本《史记·匈奴列传》乐彦作乐产，《史记志疑》误。
② "狐鹿"当作"且鞮"。

此外，在其他史书中，如《战国策》、后汉明帝时撰修的《东观汉记》、晋袁宏的《后汉纪》、宋司马光的《资治通鉴》和元胡三省的《注》，等等，都是研究匈奴史的重要史料。

诸子书中有关匈奴的记载也不少。如《淮南子·原道训》，贾谊《新书》的《匈奴》篇，桓宽《盐铁论》里的《备胡》篇、《论功》篇，以及乐产的《括地谱》、郦道元的《水经注》、杜佑的《通典》，马端临的《文献通考》和清代的《古今图书集成》中，都有关于匈奴的史料可供参考。

近代国内研究匈奴史学者，当首推沈维贤。其《前汉匈奴表》与《后汉匈奴表》写于清末，《例言》中述及何秋涛的《朔方备乘》，则其书系成于何著之后。开明书店《二十五史补编》中有这二表。编者云，据《学古堂日记》本及铅字排印本，但前表《例言》中云有图，而这两种版本都没有图。两表共约五万言。

《前汉匈奴表》始于汉高祖二年（公元前205年），终于淮阳王更始三年（公元24年）。汉高祖二年冬十二月，汉曾缮治河上塞，即河上郡北境与匈奴交界处。更始三年是夏飒等自匈奴返汉的一年。

《后汉匈奴表》始于光武帝元年（公元25年）。这一年，汉王朝拜王莽时代郡中尉苏竟为代太守，使固塞以拒匈奴。同年，安定人卢芳自称上将军西平王与匈奴和亲，匈奴迎之立为汉帝。后表终于汉献帝建安二十一年（公元216年）。两个表共四百二十一年。

两汉匈奴表虽为记匈奴与两汉史实，但也记西域事。《前汉匈奴表》的《例言》说："西域与匈奴异矣，然汉使未通以前，匈奴置僮仆都尉以领之，来塞为寇，资其供给。自破姑师，结乌孙，而虏失西方之援，益北，其入塞道益远。而汉转合乌孙，入其右地，故西域者，北伐之门户也。辄举武宣以来，经营之略并著之。"其所据史料，《例言》云："是编引《史》《汉》、荀《纪》、《通鉴》及《纲目》本文，有减无增。若夫补阙拾遗，则兼及群籍。有所订正，附注于下。其为前人所纠，当采者，表而出之，或参以管见。至诸子所称，若木女解厄，月氏贡鸡，事涉恢奇，所不敢取。"对于汉代人的疏表策论也有采取。《例言》又说："一代之事，其所得失，当时能者言之了然。如晁错三策，充国议屯田，侯应论边备，或有裨于一时，或为法于来世，顾不能入正文，弃之则又无以资考镜，爰附注于下，以明建策诸臣谋国之心，且以为引伸触长之助。"

对于《前汉匈奴表》四卷，《例言》云：

> 自刘敬倡为和亲，捐子女玉帛以畀单于，而单于反以滋倨侮。至于文景，岁罹其患。盖匈奴方强，而汉示弱以骄之，则贾生所谓倒悬之势也。故以高帝迄孝景六十六年（公元前206—141年）为一卷。
>
> 武帝选将练兵，拓地数千里，然每有克获及系累虏使，匈奴辄取偿焉。

盖房势犹盛，而数得汉奸，稔悉窜寓故也。然自天子决计，罢和亲，而将士作气，匈奴自此弱矣。故以武帝五十四年（公元前140—87年）为一卷。

自昭宣出师，其所克捷，不逮卫霍，而匈奴遂诎体称藩。盖自武帝掊击之后，边民习于战斗，器械精利，烽火严明，犯塞者少利。而匈奴已衰，又内相诛夷，汉因而奠定之，所谓以全制其极也。故以昭帝迄平帝九十一年（公元前86—公元5年）为一卷。

班史诸表，不及孺子婴，以新莽居摄，汉祚已移故也。至匈奴传则兼及莽事。夫汉家外攘之绩，实败于莽，揽搆衅之由，可悟安辑之术。故遵《纲目》，用分注纪年而冠以孺子婴，殿以更始。凡二十一年（公元6—24年）。

《后汉匈奴表》分上下两卷，没有像《前汉匈奴表》那样每卷加以说明。上卷始光武建武元年（公元25年），终章帝章和二年（公元88年），共六十三年。下卷始和帝永元元年（公元89年），终献帝建安二十一年（公元216年），共一百二十七年。这大概是以窦宪、耿秉大破匈奴为分卷界限。汉和帝永元元年，窦宪和耿秉于稽落山大败匈奴，斩名王以下万三千级，获生口甚众，诸裨小王率众降者二十余万人，窦宪与耿秉率众登燕然山并刻石纪功。燕然山即今之土谢图汗部杭爱山，离汉塞三千余里。匈奴经此次大败之后，北匈奴遂愈西徙。

二表均以年为纲。在某一年中，凡有关于汉与匈奴的事件都归并在这一年内，与《资治通鉴》之记事略同。纪年则以两汉皇帝之年号而非以匈奴单于为主体，也就是说依照《史记》《汉书》《后汉书》的叙事方法。

匈奴在中国古代历史上所占地位的重要是为人们所知的，可是二千多年来，除《史记》《汉书》《后汉书》的匈奴传中做了较为详细、系统的叙述之外，在很长的时间中，只有少数学者作些注解工作。沈维贤能把有关两汉时期的匈奴的主要材料，包括对一些注解的看法，整理成匈奴表，对研究匈奴的人提供不少方便。可惜他的匈奴表只限于两汉。虽然两汉时代的匈奴在中国历史上所占的地位最重要，但如能在表内对前汉之前与后汉之后的历史加以叙述，使来龙去脉有简略的介绍，贡献就更大了。

另外，沈表的叙述主要是纵的方面，对于匈奴的社会生活、风俗习惯，如《史记》《汉书》那样简单的叙述也没有，则亦为一缺点。

近代我国人之注意到匈奴西迁欧洲者，以徐继畬为较早。他曾于道光二十三年（1843年）到厦门，从美人雅俾里处得到欧洲地图。次年，又到厦门搜访地图和关于欧洲历史的书籍，并请人翻译。嗣以五年时间成《瀛寰志略》十卷，当时很受人们重视。清同治五年（丙寅，1866年）"总理衙门"为之刊行。

书中卷五"奥地利亚国"中云："奥地利之匈牙利地，在国之东界，古时匈奴有别部，转徙自此，攻获那卢弥地。"卷六"意大利亚列国"中云："东汉和帝九年（公元97年），王大喇壤嗣位，时匈奴侵北鄙，命将击走之。王性宽惠，矜庶狱，有仁声。晚岁好土木，比顽童，论者惜其不终。继立之王好武，屡伐匈奴，胜之。顺帝十二年（137年），王安敦嗣立，博物好古，明于治体，修律度，振纲纪，号为中兴。时匈奴逐水草屡犯边，王亲率大兵，渡河深入，不解甲者数年，穷追至北海，犁其庭幕，伏尸百万，由是烽燧销息，数十年无鸣吠之警。"

"那卢弥"不知是否潘诺尼亚（Pannonia）的对音，"大喇壤"应为罗马皇帝图拉真（Trajan，约公元53—117年）。其谓古时匈奴别部转徙到匈牙利，应为中国人知道匈奴侵入匈牙利之最早的记录。至又谓和帝九年（97年），匈奴侵入欧洲，被罗马皇帝大喇壤赶走，这是错误的。又谓罗马皇帝安敦亲率大军，追击匈奴至北海，并犁其庭幕，伏尸百万，也是错误的。

关于这一点，洪钧在《元史译文证补》卷二十七上《西域古地考一·康居奄蔡》的注解中说："《瀛寰志略》谓东汉顺帝时匈奴犯罗马，罗马王安敦穷追到北海，犁其庭幕，伏尸百万。闻诸西人，罗马是时并无其事，不知《志略》何由致讹。今译罗马书，乃知必是沙隆（Chalon）之战，阿提拉国之灭。特年代不合，而追至北海之说则全无影响也。"

徐氏作《志略》于鸦片战争之后不久，当时我国人对西欧历史的知识十分浅薄，而徐氏于厦门所见之美人，对于匈奴侵入欧洲的历史也不一定熟悉。尽管时间上有误，但在当时能知道匈奴曾侵入欧洲，仍是一种新见识。

洪钧也是我国较早注意到匈奴人迁移于欧洲与击败罗马帝国的历史的人。洪钧于清光绪十五年（1889年）出使俄、德、荷、奥诸国达三年之久，出使期间，请人译火者拉施特丁与多桑（C. D'ohsson）等人的著作，根据有关《元史》的一些材料，撰《元史译文证补》。该书卷二十七上《西域古地考一》"康居奄蔡"条云：

> 东汉时有郭特族人（Goths）亦自东来，其王曰亥耳曼（Hermanrik），粟特族人败溃不复振。晋时匈奴西徙，其王曰阿提拉（Attila），用兵如神，所向无敌，亥耳曼自杀，其子威尼达尔（按：亥耳曼的儿子是Hunimund人——陈注）率郭特人西窜，召集流亡，别立基业。（按：其子曾降于匈奴人，在匈奴人统治之下得到半独立——陈注）。阿提拉复引而西，战胜攻取，威震欧洲，罗马亦悼之。立国于今马加之地，希腊、罗马、郭特之人多为其所抚用，与西国使命往来，坛坫称盛，有诗词歌咏皆古时匈奴文字（原注：罗马有通匈奴文者，匈奴亦有通腊丁文者，惜后世无传焉）。罗马史称阿提拉仁民爱物，信赏必罚，在军中与士卒同甘苦。子女玉帛，一不自私。邻国贡物，分颁其下。筵宴使臣以金器皿而自奉俭约，樽篚以木。将士被服饰金，而已则惟衣皮革。是以迩迩咸服，人乐为用。宋文帝元嘉二十八年（451年），阿提拉西侵佛郎克部（原注：即今法国，时为罗马属地），罗马大将峨都思（Aetius）率郭特、佛郎克等众御之，战于沙隆之野（原注：在今巴黎东四百里），两军死者五十万人，阿提拉败归，南侵罗马，毁数城而

去。寻卒，诸子争立，国内乱，遂为罗马所灭。

他又说：

> 当郭特之未侵粟特也，有部落曰耶夂亦（Aorsi），居里海西高喀斯山北，亦东来族类而属于粟特。厥后郭特、匈奴相继攘逐，独耶夂亦部河山四塞，恃险久存，后称阿兰，亦曰阿兰尼，又曰阿思……今按耶夂亦即汉奄蔡……郭特之名，华书无征。《魏书·粟特传》，匈奴杀其王而有其国，传至忽倪已三世，稽其时序，似即郭特王亥耳曼自戕之事，而不合者多，难于论定。郭特西徙，因其故王之名，遂有日耳曼之称。……罗马抚用其众，资其勇力。既灭匈奴，而罗马亦为郭特所灭，今德意志列邦皆郭特之后，故亦称日耳曼，泰西诸国青目赤发之人，大率为其苗裔。

洪钧的记载比徐继畬详细确实。徐书成于十九世纪前期，当时我国人对欧洲历史的知识很少，且其材料的来源间接而又间接，所以他很难知道匈奴西侵的经过。洪书成于十九世纪末期，他本人又曾出使欧洲各国，虽他自己不懂外文，但他除了请人代译西籍，还直接与一些外国人商谈，所以他的《元史译文证补》在元史的研究上有一定贡献，虽然也有不少错误。

洪钧除了注意到匈奴西侵的史实之外，还注意到《魏书·粟特传》中所说的匈奴灭粟特而有其国的记载。他说粟特的位置在里海与黑海之北，这是相当正确的。他虽然没有注意到匈奴从东方逐渐迁到粟特的过程，但粟特是匈奴从东方到西方的一个很重要的据点。他可能没有认识到这是研究匈奴西侵史中的极为重要的事，但是他能把这个记载提出来，说明他对史料很熟悉。

洪钧虽然批评徐继畬对于匈奴西侵罗马的时间问题没有弄清楚，但他自己也同样地把阿提拉误为亥耳曼的同时人，以为亥耳曼的自杀是因为抵抗不住阿提拉。这是错误的。

匈奴人侵入哥特人所统治的地区是在四世纪下半叶，较大批的匈奴人侵入这个地区在公元374年，这时的东哥特王是赫尔曼利克，即洪钧所说的亥耳曼。赫尔曼利克是一位有才略的君主，他的声誉在哥特人中相当于希腊的亚历山大大王（Alexander the Great），他不只扩充东哥特成为一个大帝国，而且使西哥特及其西边的邻国都处在他的势力范围之内。可是到匈奴侵入东哥特时，赫尔曼利克已是一位老人，当他的军队败于匈奴时，就感到他自己没有力量去抵抗或击退敌人。他不愿再看到他的军队失败，更不愿看到他手创的大帝国被摧残，所以才自杀。他的自杀应在公元374或375年，可是这时匈奴的领袖并不是阿提拉而是乌单（Uldin）。乌单之后还有俄塔（Oktar）与其弟卢阿（Rua）或称卢加（Ruga）。东罗马皇帝狄奥多西（Theodosius）在公元434年派使者去看匈奴领袖时，卢阿刚死不久，统治匈奴人的是他的侄子布雷达（Bleda）与阿提拉。卢阿死于公元

445年，他死后才由阿提拉独管匈奴。阿提拉之侵入欧洲是在五世纪中叶，而赫尔曼利克是四世纪下半叶的人，时间相差达五六十年之久。

洪钧记载的关于匈奴的西侵很简略，除时间上有误外，还有一点值得商榷。洪钧说匈奴有诗词歌咏，皆古时匈奴文字，在注解中又说罗马有通匈奴文者。但《史记》和《汉书》的匈奴传上都说匈奴"毋文书，以言语为约束"。范晔《后汉书·南匈奴传》也说匈奴"主断狱听讼，当决轻重，口白单于，无文书簿领焉"。都明确地说匈奴没有文字。不过，匈奴威加欧洲，阿提拉时代又与许多国家办交涉，光凭口传，似亦不可能，而应采用某种形式的文字，说不定将来会发现。

又洪钧说罗马史称阿提拉"仁民爱物"，这可能是一面之词，因为从当时的欧洲人来看，他是一个杀人最多的人。

我国人注意到欧洲人对于匈奴的研究者还有姚从吾。他在德国留学时，曾写过一篇关于欧洲学者研究匈奴的论文，刊登于北京大学《国学季刊》第二卷第三号（1930年出版）。该文《导言》中所叙匈奴与西方的关系，与我们以上理解的差不多。他又说：

> 欧洲学者关于匈奴的研究，大都将问题集中在两个焦点：第一，中国古史中的匈奴是否即是欧洲第五世纪的匈人；第二，匈奴与匈人究属什么种族。研究第一个问题的学者自法人得几内（J. Deguignes）起，到现在荷兰人底哥耨提（J. J. M. de Groot）发表的《纪元前的匈人》（*Die Hunen der Vorchristichen Zeit*, 1921）止，中间虽有异议，但大体上已经确定、肯定，中国史书中的匈奴即是欧洲第五世纪的匈人（Hunni, Hunnen）。第二个问题至今仍是纷纭不定，莫衷一说，大约有下列各种说法：
>
> （一）匈奴与匈人都是蒙古族。主张这一说的有帕拉斯（Pallas）、白哥曼（Bergmann）、施米特（J. J. Schmidt）、毕叔林（Bischurin）、诺约曼（Neumann），与英国著名的蒙古史家霍渥儿特（H. Howorth）诸人。
>
> （二）东亚的匈奴族为土耳其族的支系，侵入欧洲的匈人则是芬族的支系。主张这一说的有瑞米萨（Abel Remusat）、克拉普楼特（Klaproth）诸人。
>
> （三）威震东亚的匈奴和侵入欧洲的匈人都是芬族。主张这种说法的学者，有圣马丹（Saint Martin）、赛门耨夫（Semenoff）、武一发立微斯（Uifalivis）诸人。
>
> （四）匈奴人与匈人统统是斯拉夫族。主持者为若干俄国的学者。

实在匈奴与匈人均为游牧民族，迁徙无定，久与他族混合，纯粹的匈奴人与匈人或已不存在。他们自身既没有完备的记载保存下来，表现于我国史书中的匈奴、突厥、蒙古，犹系族名与国名混用。因此，他们的祖先究竟应属什么种族，很不容易确定。这些问题又牵涉到人种学、民俗学、考古学等，专凭间接的记载，自然难使人满意。

我认为研究匈奴问题的欧洲学者中，最重要的就是姚文中介绍的得几内或译得岐尼、底哥耨提或译德格罗特，另外还有夏特或译夏德（Hirth）这三个人。

第二章 有关匈奴历史的外国史料

匈奴的西迁,对欧洲来说,是历史上一件极为重要的事。匈奴人横扫欧洲:东起君士坦丁,西至法兰西,南抵意大利,北到德意志。时间约二十年之久。罗马皇帝的使者往来于匈奴王庭的不绝于途,差不多整个欧洲的人民都受其影响,欧人之被迫服役于匈奴军队的不知凡几,商人、技工、艺术家、知识分子之在匈奴王庭供驱使者更不知多少。传说匈奴人中也有懂拉丁语的。至于匈奴王庭与罗马皇帝或其欧洲君侯之订定条约、往来公文,次数之多,更难枚举。然而,可惜的是这些条约、文件既很少留存,而当时人之记载这个惊天动地时代的史实的,也寥寥无几。至少可以说,直到现在,人们能够发现关于匈奴在欧洲活动的记载或古物、古迹的实在太少。

尽管如此,在那个时代和匈奴帝国灭亡之后,仍有一些作家记载了一些关于匈奴人在欧洲活动的情况。现将比较重要的著作及著者略作介绍。

记载匈奴较早而又较为详细的是罗马史家阿密阿那斯·马西林那斯(Ammianus Marcellinus),生于约公元325—330年之间,死于395—400年之间。他生于一个希腊的贵族家庭,参加过罗马军队。他的《罗马帝国史》始于罗马皇帝纳尔发(Nerva)的登位,止于瓦林斯(Valens)的卒年,即公元96—378年。因为他亲身参加过多次战争,到过许多地方,对于当时的社会与经济问题较为注意,不只注意罗马人的政治生活情况,而且注意其他民族的风俗习惯。在这一点上,他的胸怀比其他罗马史学家如李维(Livy)、塔西佗(Tacitus)广阔得多。

匈奴人于公元374年侵入欧洲东部的哥特人所占领的地方。哥特王赫尔曼利克战败自杀,匈奴人遂长驱直入欧洲。阿密阿那斯即使没有看见过匈奴人,也一定听说过这件事。所以在他的罗马史里指出,匈奴人不会耕种,从来没有摸过犁柄。匈奴人没有固定的住宅,经常坐在马背上,在马背上做买卖,在马背上饮食,甚至在马背上睡觉。他还描述匈奴人的形状,所穿的上衣、裤子与鞋。

他还告诉我们,在欧洲东边有阿兰人(Alans)。阿兰人居住在我国史书所说的奄蔡地,即《魏书》的"粟特国"。阿密阿那斯以为阿兰的领土远伸到亚洲。他指出阿兰人生得高大而美丽,头发近于黄色,但其生活习惯与匈奴人相似。《魏书·粟特传》说匈奴杀粟特王而有其国。可能即因此之故,阿兰人受到了匈奴人生活习惯的影响。

虽然有些学者怀疑阿密阿那斯的关于匈奴的记载,可是经过研究,他的记载应无问题。因为匈奴人之侵入欧洲仅在他死前约二十年,作为一个军人,注意这一事件是可能的。

关于匈奴侵入欧洲的最重要史料，到现在为止，要算普利斯库斯的《希腊史残稿》（*Fragmenta Historicosum Graecorum*，Ⅶ，pp. 69ff.），原文是希腊文，现在残阙不全。普利斯库斯是东部罗马的历史家。罗马皇帝曾派遣一个使团到匈牙利的匈奴王庭，使团团长名马克西明（Maximin），他既是文官，又是武将，很有才干，他邀请好友普利斯库斯参加这个使团。他们离开君士但丁时，匈奴王庭派遣去见东罗马皇帝的使团也正出发，便一路同行。无论在途程中、在宴会上和在匈奴王庭里所见所闻，这位历史家都详细地记了下来。这位历史家的著作是关于匈奴西迁的最有价值的史料，既是第一手材料，也是他个人的经历，是最可靠的报告。他所叙述的事，在时间上达三十二年（公元440—472年）。

普利斯库斯的著作是后来拜占廷的历史家与许多西方历史学者研究匈奴和哥特历史的主要史料来源。六世纪意大利政治家兼历史学家卡西俄多拉斯（Cassiodorus）的《哥特人的历史》（*History of the Goths*）（*De Rebus Geticis*）即以这部著作为根据。卡西俄多拉斯的著作因六世纪人约丹尼斯（Jordanes）的简略采用而保存下来。

近代人研究匈奴西迁历史的如吉本（E. Gibbon）的《罗马帝国衰亡史》（*The History of the Decline and Fall of the Roman Empire*），西克（O. Seeck）的《古代世界衰落史》（*Geschichte des Untergangs der Antiken Welt*，1920—1922），均主要取材于普利斯库斯的著作。弗赖塔格（G. Freitag）在其《德意志往代心影录》（*Belder aus Deutschen Vergangenheit*）里还把普利斯库斯的记载翻译为德文。总之，后人研究匈奴之在欧洲建立强大的帝国，尤其关于阿提拉的生平事迹，主要是根据普利斯库斯的残稿。

约但尼斯据卡西俄多拉斯的《哥特人的历史》写的节录本，题名《哥特人的起源和活动》（*De Origine Actibusque Getaram*），通称《哥特史》（*Getica*）。这本书共分四个部分。在第三部分里，叙述西哥特历史，从匈奴的侵入至哥特王国的覆灭（公元376—507年）。最值得重视的是叙述阿提拉侵入高卢（Gaul）与毛利亚库斯（Mauriacus）平原的战役。第四部分叙述东哥特历史，从匈奴的侵入至首次推翻在意大利的哥特王国。时间为公元376—539年。

约但尼斯的著作以德国著名罗马史家蒙森（Theodor Mommsen，1817—1903）收在《日耳曼史资料大全》（*Monumenta Germaniae Historica*，Berlin，1882）中的最称善本。英文翻译者为密埃劳（C. C. Mierow），题为 *The Gothic History of Jordanes*（Princeton，1915）。

此外，在那个时代，说及匈奴人的著作还有马西林那斯·科密斯（Marcellinus Comes）的《编年史》（*Chronicle*），阿波利内利·西多尼阿斯（Apollinaris Sidonius）的书札和诗篇，普罗斯培·泰罗（Prospe Tiro）与海德底阿斯（Hydatius）的《编年史》和《南高卢编年史》（*South Gallic Chronicle*）。但这些著作，对匈奴的叙述较为片断，所以只能作为补充材料。关于这方面的资料可参看《剑桥中古史》（*The Cambridge Medieval History*，Vol. 1，1957）"阿提拉"（*Attila*）条参考书目。（见该书第65页）

此外，还有一些著作中偶而说到的所谓野蛮人，大致也是指的匈奴人。如索西马斯（Zosimus）的《新历史》（*Historia nea*），俄罗西阿斯（Orosius）的《反对异教史》（*Historiae Adversum Paganos*），苏格拉底·斯科拉斯底库斯（Socrates Scholasticus）的《基督教史》（'Εχχλησιαδτιχη 'Ιδτορια），索佐门（Sozomen）的《基督教史》（'Εχχλησιαδτιχη 'Ιδτορια），西俄多利特（Theodoret）的《基督教史》（*Historia Ecclesiastica*），格累哥利亚斯·图伦内西斯（Gregorius Turonensis）的《法兰克史》（*Historia Francorum*），尤内彼阿斯（Eunapius）的历史残卷，等等。关于这方面的资料可参看麦戈文（W. M. McGovern）的《中亚古帝国》（*The Early Empire of Central Asia*）一书中第450页中的第十七章的注解。

随着阿提拉的失败和他在欧洲建立的帝国的瓦解，匈奴人逐渐退出欧洲和亚洲的历史舞台。虽然后来有人把别的种族，如突厥、柔然等称为匈奴的别种或后裔，但所谓匈奴族却再也没有复兴，所谓匈奴王国、匈奴帝国也再没有重见于历史。

然而这并不是说阿提拉及其帝国完全被人们忘记。据说在十二世纪的达尔马丁那斯（Juvencus Caelius Calanus Dalmatinus）其人与十六世纪的尼古拉·俄拉胡斯（Nicolas Olahus）主教都曾写过阿提拉的传略（参看吉本《罗马帝国衰亡史》第三十四章注一）。在斯堪的纳维亚（Scandinavia）国家与德国，阿提拉这个名字变为哀提最耳（Etzel）。在《尼伯龙根之歌》（*Nibelungenlied*）中，哀提最耳或阿提拉被认为是一个征服者。虽然这首诗歌把许多人名和时间弄错了，但这是一首流行很广的诗歌，阿提拉是诗歌中的英雄。把阿提拉当作英雄人物的不只见于《尼伯龙根之歌》，同样也见于斯堪的纳维亚与德国的其他诗歌中。

阿提拉失败之后，欧洲进入中世纪的所谓黑暗时代。中国唐朝的势力范围虽然延伸到中亚细亚，但从中国经中亚细亚到欧洲的陆路交通几乎断绝。至于海路交通，则为阿拉伯人所垄断。直到十三世纪，蒙古西侵，中西的陆路与海路交通才又打通，马可波罗走过这两条路。

蒙古西侵以后，许多欧洲人从陆路经中亚细亚来到中国。十六世纪上半叶时又从海路来到东亚。从此以后，欧洲人来中国的便愈来愈多，研究中国的兴趣也愈来愈大。从十七世纪下半叶到十八世纪的白余年间，欧洲人无论在文化、物质或精神方面都深受中国的影响。不止许多学者注意研究中国，统治阶级——帝王王室中也有许多人极力提倡、支持这种研究，法国的路易十四（公元1643—1715年）和路易十五（公元1715—1774年）就是显著的例子。

法国史学家得岐尼（他译德揆尼）（J. Deguignes，1721—1800）在1756—

1758 年出版的五册巨著《匈奴、突厥、蒙古及西部鞑靼各族通史》(*Histoire générale des Huns, des Turcs, des Mongols et des autre Tartares occidentaux: Ouvrage tiré des livres Chinois et des manuscrits orientaux de la billiotheque du Roi Paris*) 的序言中曾说，路易十四在位时，有一位姓黄的中国人，被巴黎的一位教长比侬（Bignon）留在法国皇家图书馆工作。此人曾写过几篇论文，但工作没有完成便病故了。当时法国的东方学者、皇家图书馆长孚尔蒙（Etienne Fourmont）被任命去审查他的遗著。经过相当长的时间，并遇到一些困难后，孚尔蒙便计划编一部中法字典，因而需要了解更多的中国名物，于是设法搜罗中国书籍。这时，在位的是路易十五，奖励研究中国学问，命工匠铸铜质定模十二万个，以供印刷中、法文书籍和字典之用。得岐尼在孚尔蒙的指导之下，学习东方语言，尤其是中国语言。后来，孚尔蒙死了，得岐尼接替孚尔蒙职位，因而有机会博览巴黎的中国书籍。他的五册巨著便是在这样的条件下写成的。序言中还指出，人到处都是相同的。欧洲人没有完全仿效希腊人与罗马人。他们赞扬希腊人与罗马人的优点，但也指摘其缺点。他认为欧洲人也应该用这种公正态度去对待其他民族。无疑，所谓其他民族也指中国民族。

关于匈奴历史的叙述，见于该书第一册。第一册分六编：第一编叙述匈奴的历史及其单于或皇帝，时间自公元前 210 年至公元 93 年。第二编分二章：第一章叙述南匈奴（居住在中国边界的匈奴）的历史，时间自公元 48 年至 277 年。第二章叙述在中国境内的匈奴的历史即"汉"（按：为刘渊）或前赵的历史，时间自公元 279 至 329 年。第三编为三章：第一章叙述中国境内的匈奴的历史，即"赵"（按：为石勒）的历史，时间自公元 319 至 352 年。第二章叙述匈奴的历史，即"夏"（按：为赫连勃勃）的历史。第三章叙述陕西与哈密间的北凉的历史（按：为沮渠蒙逊），时间自公元 397 年至 460 年。第四编分三章：第一章叙述西方匈奴的历史，时间从公元 91 年至 618 年。第二章叙述白匈奴或哒哒的历史，时间从公元 420 年至 531 年。第三章叙述鞑靼、柔然的历史，时间从公元 310 年至 799 年。第五编的标题是"匈奴的复兴"，也就是突厥族的兴起，时间从公元 545 年至 744 年。第六编叙述西方突厥的历史，包括与中国、波斯的战争，突厥征服波斯，突厥帝国，土库曼帝国与匈牙利帝国，与罗马的战争和匈牙利人在潘诺尼亚（Pannonia）的殖民地等内容。{参看得岐尼于 1748 年写的《匈人与土耳其人的来源》(*Memoire sur l'Origine des Huns et des Turcs*)}

得岐尼写这本书的主要目的是想说明西方的匈人（Hunnen, Huns, Hunni）就是中国史书中所载的匈奴。因此，他要解释中国的匈奴是如何迁到西方并侵入欧洲的。他在第一编中说：

> 罗马的历史家，对他们（西部的鞑靼人）只笼统称之为匈人，一切描写与记载，均属不经的寓言，并不知道这些匈人来自何处。他们在鞑靼人

中，被称为"匈奴"，曾建立大帝国，后被中国打败，势力分散。一部分迁到西方，后来入寇罗马帝国的阿提拉即出身于这部分西迁的匈奴。留在中国边境的匈人，一部分为东部鞑靼（按：指鲜卑）所征服；一部分据有北中国，建立数个小帝国，惟势力微弱，已不能统有鞑靼全部。后来到了土门时代，复建大国，得号土耳其（突厥），对于全部鞑靼，方重新统一。（转引自姚从吾《欧洲学者对于匈奴的研究》，北京大学《国学季刊》第二卷第三号，第462页，1930年出版）

此外，欧洲的学者，如维斯德劳（Claude de Visdelou，1656—1737）① 在其《鞑靼史略》（"Histoire abrégée de la Tartare"）一文里（见 *D'Herbelot Bilbliothequ Orientale* Ⅳ，46ff.）早已指出：西方的匈奴就是中国的匈奴。但是他的这个主张，只是偶尔的提出，明确地提出这个主张的应归功得岐尼。得岐尼的这个主张发表以后，欧洲的许多学者都表示同意。如诺伊曼（K. F. Neumann）的《亚细亚研究》（*Asiatische Studien*，Leipzig，1837），吉本的《罗马帝国衰亡史》都采纳这种看法。但在十九世纪初期，也有人反对这种看法，如克拉普罗特（J. Klaproth）在《亚洲史》（*Tableaux Historiques de l'Asie*，1826），雷米札（A. R'émusat）（上引姚从吾文作瑞米萨）② 在《鞑靼语言的研究》（*Recherches sur les Langues Tartares*，1820），里特尔（C. Ritter）在《亚洲地理》（*Die Erdkunde von Asien*，1832—1859）都怀疑得岐尼的主张。但是经过百多年来的研究，近代学者大致都承认西方的匈人就是东方匈奴的后裔，得岐尼确有先见之明。

得岐尼在第四编中，曾把中国史书中所说的匈奴西迁的经过加以说明。他既从中国史料中知道匈奴西迁，于是联想到欧洲史书中所载的匈人就是东方的匈奴的后裔。他指出匈奴人从蒙古高原受中国的攻击而西迁到俄罗斯的伏尔加河流域，又从这里西走，到黑海东北一带。在这里，匈奴人杀了阿兰或奄蔡国王而有其国，再从这里侵入到多瑙河流域。到公元435年，阿提拉领导这个民族兵临东罗马的君士坦丁，西向压迫西罗马帝国与欧洲。这是得岐尼所写匈奴通史的最重要部分，也可以说是他在匈奴史研究上的最大贡献。

由于他的书写于二百年前，当时的欧洲人对于中国的知识还很少，翻译中国古书刚刚开始，因而在他的著作中有很多缺点。如第一册中所叙述的匈奴历史，严格地说只有四编。第四编第二章所说的白匈奴或哒哒是否应列入匈奴历史很值得讨论。第三章所说的柔然和第五编、第六编的突厥族根本就不应当作为匈奴来看待。柔然就是蠕蠕，是东胡的后裔。这两个种族都不是匈奴。这一点，近代学者大致是公认的。虽然我们并不否认，在匈奴帝国瓦解之后，其留在蒙古高原或

---

① 维斯德劳是入华的法国耶稣会士，汉名作刘应。
② A. R'émusat 通译作雷慕沙。

在中国内地以及西徙到中亚细亚或欧洲的部分人民,既与其他民族如鲜卑、柔然、突厥互相混杂,因而在这些民族中也可能混有匈奴人的血统。

匈奴最强盛的时候是在汉朝初期。我国史书记载匈奴较为详细的是两汉时代,这是匈奴帝国在历史上很重要的时代。得岐尼在匈奴通史中,对于两汉匈奴的叙述,占的篇幅较少。又,匈奴在欧洲的活动,在欧洲史上也占极重要的地位,可惜叙述得也不多。

十八世纪欧洲人之研究匈奴者,除得岐尼外,普雷(Pray)的《古代匈奴编年史》(*Annales Verteres Hunorum*, 1761)与得岐尼有同样看法。此外,吉本对于这个问题的研究尤值得注意。吉本的名著《罗马帝国衰亡史》(共六卷,1776—1788)以大量篇幅叙述匈奴人在欧洲的活动,他也简略地解释过匈奴人从东方迁到西方的历史。吉本有关欧洲匈奴历史著作的史料来源,是前面举出的一些古罗马时代的著作,主要的则是普利斯库斯的残稿。关于东方的匈奴的历史,他利用得岐尼的著作,并参考马拉(P. de Mailla)① 所翻译的《通鉴纲目》(*Tong-Kien-Kong-Mou*:*Histoire Générale de la Chine*,Paris,1776)此外,当时住在北京的外国教士所介绍的一些文献,他也加以注意。

吉本很佩服得岐尼的著作。他以为匈奴从东方迁到欧洲的这一经过是得岐尼发现的。他认为得岐尼是一位灵巧、勤劳的中国语言的传译者,"在人类历史上,揭开了新的重要的篇章"(参看《罗马帝国衰亡史》第二十六章与注十)。

吉本对于匈奴、鞑靼、塞种(Scythians)② 三个词似乎没有区别。在《罗马帝国衰亡史》的第二十六章注五中明白地说,不分开使用鞑靼与塞种两个词。在这一章里,他叙述游牧民族的行为与特性,这些都是匈奴、鞑靼和塞种的民族习性。然而在谈到各民族间的争斗时,却又把匈奴、塞种、鲜卑等分开。(参看二十六章)

前已指出,十八世纪时,研究匈奴问题的人都要提出这一问题:欧洲的匈人是不是中国史书中所载的匈奴?吉本与得岐尼都肯定二者为同一民族,并同样肯定欧洲的匈人来自蒙古高原。但人们不免要问:这个东方的匈奴是怎样迁到西方的?这是研究东西匈奴史上的一个极为重要的问题。前已述及,得岐尼做过解释,吉本在《罗马帝国衰亡史》中又加以说明,即匈奴人受压力(指其他民族的压力,如汉族)而西迁至伏尔加河流域,又受压力而西徙至欧洲东部。匈奴人从蒙古高原来到伏尔加河流域这一段历史,中国人是知道的。可是如何从这里西徙至罗马,中国人就不清楚了。吉本以为,除了汉人的攻击之外,鲜卑人进入蒙古高原也是匈奴西徙的一个原因。此外,塞种人在历史上曾各方奔迁,对于匈奴

---

① 马拉,汉名作冯秉正神父。

② Scythians,中译计有塞种、斯基泰人、西徐亚人、塞人等多种译法。除所引中文论著中的原有译法外,本书整理过程中统一译为"塞种"。

人的再往西进,也是有关系的。吉本又指出,三世纪时,投降于汉朝的匈奴人(指南匈奴)也有相当大的数目往西边走,与早已到了或越过伏尔加河流域的北匈奴人联合起来。这样,在这个流域或以西的匈奴人的势力便增强起来,他们再往西走,便抵达阿兰或古奄蔡的地方。这就是伏尔加河与泰内伊斯河(Tanais,顿河古名)之间的平原。在这里,匈奴人与阿兰人互相攻打。最后,匈奴人杀死阿兰国王而占有其国。吉本是从得岐尼翻译的《魏书·粟特传》中知道这个史实的。

吉本用了不少篇幅叙述匈奴是如何打败东哥特人进入欧洲的。在第三十四和三十五章里,他描写了阿提拉的性格与活动、阿提拉的王庭与阿提拉的东征西伐。他认为,在古代和近代的欧洲史上,阿提拉是唯一的征服者,征服了日耳曼人与塞种人的国家,把二者置于自己的统治之下。德国历史学者尼布尔(Barthold Georg Niebuhr,1776—1831)在《罗马历史讲义》中,认为吉本对于阿提拉的威力、统治权与领土有夸大之嫌,这是缺点。然而,事实上,欧洲的征服者中很难找出一位像阿提拉这样曾威加欧洲,使欧洲在民族的迁移和其他许多方面发生巨大变化的人。

自得岐尼和吉本把匈奴西侵的历史加入罗马的历史之后,许多历史学者,在编写罗马史或欧洲史时,往往也加入匈奴西侵一章。1911年出版的《剑桥中古史》第一卷中就有阿提拉一章。西克在《古代世界衰落史》也把这一段历史编在里面。应该说,这不仅是欧洲历史的重要的一章,在世界史上也是重要的一章。在东方,当匈奴强盛时,汉族屡受侵略,东胡也被打败,还在西域设了僮仆都尉以夺取其资源。只是前汉王朝与民休息六十多年以后,又经过武帝的五十年,而后倾汉朝的人力物力,不断前往进攻,才使其威力受挫。从此以后,匈奴虽逐渐趋于衰弱,然而汉代、三国时仍不断为患。即使到了两晋时代,北部仍遭到匈奴人的严重蹂躏。等到在东方的匈奴人逐渐衰亡或被同化的时候,从蒙古高原西徙的匈奴人又出现于欧洲的历史舞台,并成为这个时代的舞台上的主角。这就是说,无论在东方或西方的历史上,匈奴都占有很重要的地位。质言之,匈奴的历史是世界历史的重要的组成部分之一。所以近代欧洲的学者,如韦尔斯(H. G. Wells)在其《世界史纲》(The Outline of History,1921)中就很重视这一部分。

匈奴的历史,不止列入世界史和欧洲史范畴,也被列入国别史范畴。我国的《史记》《汉书》《后汉书》固不待说,欧洲的国家,其中显著的就是匈牙利的历史。1856年,戈德金(E. L. Gorlkin)在《匈牙利与马札儿人的历史》(History of Hungary and the Magyars: From the Earliest Period to the Close of the Late War, London)中,就有匈奴与阿提拉一章。该书第一章标题为"罗马时代",仅二页;第二章标题为"匈人——阿提拉,公元337—453"(The Huns—Attila, A. D. 337-453)。

在这一章里，开头从蒙古高原的游牧民族说起。他说这个高原的民族，古代的希腊人与罗马人称之为 Scythians（中译塞种）。他们的财产是走动的马、牛、羊，没有一定的住宅，武器是弓矢。利即战，不利即退。一退千里，敌人欲追而不可得。即使居鲁士（Cyrus）与亚历山大的能征善战与纪律严明的军队，遇到他们也无可奈何。这个游牧民族，其在中国北部的就是匈奴。尽管匈奴很强盛，由于自然灾害，汉朝的反攻，使他们受到很大的失败而分裂为南、北匈奴。在南方者，后来出现于欧洲叫做突厥，在君士坦丁建立大本营。在北方者也进入欧洲。近代的匈牙利人把这部分匈奴人作为自己的祖先。戈德金又指出：尽管吉本认为近代的匈牙利人与古代匈奴人的关系，从遗传方面来说极为微小，但吉本是相信突厥或土耳其人与马札儿人在来源上是相同的。他又说：近代语言学研究说明，芬兰、突厥、马札儿、蒙古与中亚的文化较低的鞑靼人都是同种，如果说有差别，那么也只像近代德国里的各种民族一样。

在第 9 页，著者从阿提拉的叔父卢加或卢支拉斯（Ruga，Rugilas）说起。认为在这位匈奴领袖时代，匈奴人在欧洲扎营的地方就是现在的匈牙利。在这一页上还印着阿提拉的像，这是西文典籍中很少见的阿提拉画像。著者叙述卢加死后，其侄布雷达与阿提拉继承大位。不久，前者被后者杀死，阿提拉遂成为匈奴人的唯一领袖。匈牙利人固然把其历史与祖先追溯到阿提拉，而马札儿的历史学者也把这位非常人物当作他们的国王之一。

戈德金详细地叙述阿提拉在欧洲的活动。对阿提拉与东罗马皇帝的交涉，尤其是东罗马派遣以马克西明为首并包括普利斯库斯在内的使团出使匈奴王庭的经过，占的篇幅很多。他还叙述阿提拉与西罗马皇帝瓦伦蒂尼安（Valentinian）①的关系，对这位皇帝的妹妹霍诺利娅（Honoria）如何写信给阿提拉和阿提拉一再要求娶这位公主等也加以解释。此外，他又用不少篇幅描写公元 451 年，阿提拉征伐高卢被击退；第二年，阿提拉南侵意大利；公元 453 年，阿提拉死去和匈奴帝国的崩溃。最后，简单地说明匈奴帝国崩溃后，一些民族如蠕蠕迁到匈牙利的历史以及查理曼大帝（Charlemagne）在七世纪中叶征伐这个地方的蠕蠕，追使他们退回到亚洲的历史。

在第三章里，著者叙述公元 884 年至 954 年间的匈牙利历史，只有一点值得注意。即他指出：尽管马札儿的历史家总想追溯马札儿人或匈牙利人是阿提拉的后裔，但其理由是不够充分的，结果只是一种推论。著者又指出：从种族的来源与从风俗习惯上看，近代的匈牙利人与古代的匈奴人有相同之处是无疑的，但这并不等于说匈牙利人就是匈奴人的近亲。匈牙利人之出现于欧洲在公元 884 年，他们的民族在东方的名称是马札儿，希腊人称之 Scythians，即塞种，他称之为突

---

① 指 Valentinian Ⅱ，拉丁文全名为 Flavius Plaeidus Valentinanus（公元 419—455 年）。

厥者。这样一来，匈奴人、斯基泰人、突厥人、土耳其人，可以说有密切的关系。

戈德金是受得岐尼与吉本的影响而做出这样的结论的。前已指出，这个结论是可疑的，值得讨论。

十九世纪以来，欧洲人研究中国历史的愈来愈多。对于匈奴的研究，除戈德金的著作外还有很多。翻译中国古籍包括有关匈奴的记载在内也逐渐增加。如1828 年，法国的布罗斯（Brosset）曾把《史记·大宛列传》译为法文，题为《大宛国的关系》（*Relation des pays de la Ta-Ovan*）刊载于《新亚洲学报》（*Nouveau Journal Asiatique*，Paris）第二卷第 418—450 页。

1874 年，英国人威理（A. Wylie, 汉名作伟烈亚力）译《汉书·匈奴传》，题为《匈奴人历史及其与中国的关系》（"History of Heung-Noo in Their Relations with China"）刊登于 1874—1875 年出版的《大不列颠与爱尔兰的人类学研究所学报》（*Journal of the Anthropological Institute*，London Vol. Ⅲ，1874，pp. 401-451; Vol. Ⅳ; pp. 41-80）。在同一学报的第十一与十二册中（1880—1881 年）他又翻译了《汉书·西域传》；1882 年，他翻译了《后汉书·西羌传》，发表于这一年的《远东评论》（"Revue de l'extrseme Orient"）。此外，还有金斯密尔（T. W. Kingsmill）所译的《大宛传》，题为《公元前二世纪的中国与中亚和西亚的交通》（"The Intercouse of China with Central and West Asia in the 2nd Century B. C."）发表于皇家亚洲学会中国分会的学报（*Journal of the China Branch of the Royal Asiatic Society*，Ser. 14，pp. 1-25）；又夏德（F. Hirth）的译本则题为《张骞的故事》（"The Story of Chang Kien"），登载于美国东方学会的学报（*Journal of the American Oriental Society*，Vol. 37，pp. 89-152）。

在《汉书·匈奴传》的西文译文中，较好的是巴克（E. H. Parker）译的《突厥—塞人部族》（"The Turco-Scythian Tribes"），刊于 1890—1895 年出版的《中国评论》（*China Review*）。他于 1894 年所著的《鞑靼千年史》（*A Thousand Years of the Tartare*）①的第一部分的匈奴史中，很多篇幅译自中国史籍。此外，德格罗特的《纪元前的匈人》也翻译了不少中国史书上的关于匈奴的记载。

上面所举的一些翻译工作虽然不是严格的研究工作，但对匈奴的研究是有一定作用的。许多不懂中文的人可以从中得到关于匈奴历史的知识，尽管这些翻译有不少的缺点和错误。

从十九世纪到本世纪上半叶，关于匈奴的著作不胜枚举。兹将几本较为重要的略为介绍。

巴克的《鞑靼千年史》。据"再版序"说："本书以 1893 年与 1894 年间草

---

① 《鞑靼千年史》，向达、黄静渊译，商务印书馆 1937 年初版。

于琼州，即华南之海南岛也。琼州府尹曾贷余以中文历史要籍多种。1894年余去华，是时詹姆生先生（Mr. George Jamieson）适代理上海按察司①，承其校阅排样，主理出版事……余于《中国评论》第二十卷中尝言匈奴、塞种、匈人、突厥为同一部落之异名。自是而后，沙畹、夏德诸学者继续努力，更有深切之研究云。"

这本书共分七卷：卷一，匈奴；卷二，鲜卑；卷三，蠕蠕；卷四，突厥；卷五，西突厥；卷六，回纥；卷七，契丹。

巴克既用鞑靼这个名称包括匈奴、鲜卑、蠕蠕、突厥、西突厥、回纥与契丹，说明他认为这些民族有密切关系，正如他在"再版序"中所说：匈奴、塞种、匈人（指欧洲的匈奴人）、突厥，为同一部落的异名。这种看法是有问题的。鲜卑为东胡，在东汉时代，匈奴与鲜卑就已分为两个不同的民族。笼统地把鲜卑作为鞑靼名称之下的一种民族或无问题，作为匈奴的一种就不对了。至于蠕蠕、突厥、回纥、契丹是否都为匈奴或匈奴的别种也是有问题的。关于这个问题不在这里讨论，但巴克既把匈奴专在卷一中叙述而与其他民族分开，这也说明匈奴与其他民族不同。

《鞑靼千年史》中关于匈奴的部分约三万字，占全书的三分之一，但若从匈奴整个历史来说则又很简略。

这一卷又分为七章：匈奴的古史；冒顿的御宇；与汉族争霸时期；衰败时期；属国时期；匈奴的内属、分裂与衰亡；匈奴人称帝于中国北部。所叙历史约七百年，即从公元前三世纪的战国末年至公元五世纪初的两晋时代。

在最后一章中，古勒、古虎也被列为匈奴，是值得商榷的。

在第一章中，他认为"中国人对于北亚骑马、食肉、饮酪之游牧民族，除匈奴一词外，并无他名以称之"。这是不对的。在中国的古籍中，除匈奴这个名词外，还有昆夷、猃狁、獯鬻、北狄、戎狄、东胡、胡等名称。巴克既以为中国人把北亚的民族统称为匈奴，又以为希罗多德所叙述的，与希腊、波斯接触的塞种与中国的匈奴或欧洲的匈人都是同种。这种看法是欧洲人从得岐尼以来到吉本以及后来的一些学者所主张的。这种看法也是很值得商榷的。

巴克对于中国史书的阅读能力胜过得岐尼与威理，所译的匈奴传也比他们好。《鞑靼千年史》中关于匈奴的叙述也比在他之前的欧洲人正确，书中还指出以前的学者如吉本在这一问题上的错误，尽管他自己的一些看法也未见得正确。

德国人夏德是近代西方的汉学家中成绩较大的一位。夏德于1869年在德国大学得博士学位后，曾在我国的广州、九龙、厦门、上海、扬州、宜昌、重庆、台湾等地的海关任职。1889年，曾与施古达（G. Schlegel）、考狄（H. Cordier）

---

① 詹姆生1891年起任英国驻上海领事兼"大英按察使司衙门"按察使。

等创办《通报》，1895年解职后即专攻汉学，1902年至1917年受聘为美国哥伦比亚大学教授，讲授中国历史，1920年返德，1926年逝于慕尼黑。

夏德的著述很多，据说达一百六十余种，为人们引用得最多的是《中国与罗马的东边地》（*China and the Roman Orient*，1885）。关于匈奴问题的研究以《伏尔加河流域的匈人与匈奴》（"Über Wolga——Hunnen und Hiung-Nu"）一文为最重要。该文于1899年6月在慕尼黑科学院的哲学、语言与历史学会上宣读，于1900年该会出版物上发表（*Sitzungsberichte der Philosophisch-Philologischen und der Historischen Klasse der K. B. Akademie der Wissenschaften zu München*，1899，Bd Ⅱ，heft Ⅱ，1900）。

1900年，俄国圣彼得堡的帝国科学会印刷局刊行了夏德的关于土耳其民族历史中文资料的第一部分：《阿提拉族谱考》（"Sinologische Beitrage zu Geschichte des Türk-Völker, Ⅰ: Die Ahnentafel Attilas"，*Bulletin* Ⅻ No. 2，1900，pp. 200ff.）。1901年又在匈牙利的《东方评论》（*Keleti Szemle* Vol. Ⅱ，1901，pp. 81ff.）上发表《匈奴的研究》（"Hunnen Forschungen"）。同年，又在这个杂志上发表《关于匈奴人与中国人的关系》（"Zu den Hunnisch-Chinesischen Beziehungen"，Vol. Ⅱ，1901，157ff.）

他的《金斯密尔先生与匈奴》（*Mr. Kingrmill and the Hiung-Nu*）刊载于1909年出版的《美国东方学会学报》第三十卷的第三十二至四十五页。这是对金斯密尔在上海《英国皇家学会中国分会学报》（*G. C. B. R. A. S*，Vol. ⅩⅩⅩⅥ，pp. 137ff.）上发表的《夏德博士与匈奴》（"Dr. Hirth and the Hiung-nu"）的反批评。

夏德的《伏尔加河流域的匈人》与《匈奴的研究》主要在说明欧洲的匈人是中国的《史记》《汉书》《后汉书》中的匈奴，而主要论据则系拓跋魏时代（公元386—534年）魏收著的《魏书·西域传》中的"粟特国"条。他对这一条作了详细的注解。他指出：匈奴人强悍好战，不甘屈服，利则进、不利则退，不羞遁走，所以虽然有一部分投降汉朝，但也有很多往西移徙。最先往西迁移的是公元前51年（汉宣帝甘露三年）的郅支单于，其次是公元90年（后汉和帝永元二年）西迁的北匈奴。前者为甘延寿、陈汤所败，后者受到耿秉、窦宪的打击。二次西迁时都到了康居境内。《魏书·西域传》中所说的悦般，即匈奴人建立的国家。悦般在乌孙西北，即康居统治的地方。

其后再往西徙遂到粟特，即古奄蔡地，也是后来阿兰人占领的地方。粟特东接康居，西近大秦，也就是东罗马的领地。匈奴人到了粟特，遂与粟特人或阿兰人互相攻伐，结果粟特王被匈奴杀死，匈奴占有了粟特。继而以粟特为根据地，向西侵入东罗马与欧洲的其他地方。夏德以为《魏书·西域传》中"粟特"条的王"忽倪已"为粟特王名。按"粟特"条："先是匈奴杀其王而有其国，至王忽倪已三世矣"，可知粟特王的名字是"忽倪"而不是"忽倪已"。夏德推算忽倪在位的时间是魏文成帝太安时代（公元455—459年），他以为三世约为百年，则匈奴人之侵入粟特当为公元355年间。大约二十年后又侵入欧洲。

夏德又推算忽倪应为阿提拉的幼子厄内克{Hernac(h) 或 Ernach}。我认为这样的推算时间是不对的，以忽倪为阿提拉的幼子也是错误的。关于这一点将另作解说。

夏德在阿提拉世系表中以为按33年为一代上推，则阿提拉的二十代祖先是Beztur，而Beztur就是冒顿。这也是错误的。1925年，李基提（L. Ligeti）在《阿提拉的世系与匈奴单于的名号》（"Die Ahnentafel Attilas und die Hunnische Tan-hunamen", *Asia Major* 1925, Vol. Ⅲ, No. 2, pp. 290 ff.）一文中已经指出这个阿提拉的世系表乃后人伪造，而夏德不察，竟信以为真。

尽管这种错误在夏德的著作中并非少见，但是西洋人之研究中国古书中所记载的关于匈奴西徙到粟特问题，解释得较为详细、准确的仍数夏德。

1911年版，1957年再版的《剑桥中古史》第一卷中有施密特（L. Schmidt）写的《阿提拉》、《高卢的西哥特人》（"The Visigoths in Gaul"）两篇文章。后一篇也说到欧洲的匈奴。前一篇记述阿提拉自即位至死的历史，即自公元435至453年，史料来源主要根据普利斯库斯与约丹尼斯的著作。这篇文章描写五世纪以前匈奴人在欧洲的活动，当时已有许多部落、并有许多王侯统治。到五世纪初，特别是卢加时代，开始把大部分匈奴人，尤其是在匈牙利平原居住的匈奴人联合起来。在这个地方，除匈奴人外还有许多斯夫人、德意志人和萨尔马特人（Sarmatians）也都在他的统治之下。卢加死后，他的两个侄子即布雷达和阿提拉{他们都是蒙特粟克（Mundzucus）的儿子}。这两兄弟虽然共同统治匈奴人，但内政上还是各管某一部分或某一区域的部落，只是在外交上共同合作。公元444或445年后才由阿提拉一人统治。有人说布雷达是被阿提拉杀死的，但施密特则只说是被阿提拉排挤。应该指出，布雷达若不是被阿提拉杀死，也是在被排挤之后不久就死了。因为当东罗马帝国的使团（即普利斯库斯所参加的使团）到达匈奴境内时曾见过布雷达的妻子，而她当时已是遗孀。

施密特的这篇文章虽不长，对历史的叙述也不够详细，然而对阿提拉即位后的匈奴人在欧洲的主要活动都简略的叙述到了。《剑桥中古史》的作者们参考的史书较多，所以这篇文章常被人们引用。

在欧洲的历史学者中，德格罗特（前引姚从吾文中作底格柔提）的关于匈奴的著作的成绩与影响都较大。德格罗特是荷兰人，生于1854年，死于1921年，曾在荷兰的东印度殖民地政府当过翻译、顾问。1877年，到我国厦门，学习厦门方言并研究我国的风土人情，1902年任柏林大学教授。他的著作包括的方面很广，如有关厦门的岁、时、节的二册，有关中国的宗教的六册，有关中国的大乘佛教的二册，关于中国排斥异教的历史二册、大同主义一册。他被认为是近代欧洲研究汉学的较为渊博的学者。

德格罗特关于匈奴的著作是《纪元前的匈人》和《纪元前中国的西域》（*Die Westlande Chinas in der Vorchristlichen Zeit*）两书。这两本书都是在他死后出版的，前者刊行于 1921 年，后者刊行于 1926 年，由继承他的教授位置的佛朗克（O. Franke）① 整理。二书又合称《亚洲历史的中国史料》（*Chinesische Urkunden zur Geschichte Asiens*）。德格罗特这两本书总结了欧洲学者过去百多年间对《史记》《汉书》的匈奴传、西域传的翻译及研究情况，所以西方学者研究这方面问题的，都很重视这两本书。

《纪元前的匈人》一书共分二十二章，另有导言。第一章是最古的传说，第二章是秦代盛时的匈奴与长城的修筑，第三章为头曼时代，第四章为冒顿时代，以下叙述历代单于，差不多每一单于为一章，唯第十六与十九章各有两个单于，而第十六与第十八章都说到呼韩邪单于。全书写到公元一世纪初（18 年）尸道皋若鞮单于止，共约三百多年。除导言外共二八八页。

德格罗特在序文中指出，中国古书中的关于匈奴与西域的记载是世界上现存的最古的记载。凡研究东亚、北亚或中亚的人都要依赖这些材料。他认为，公元三世纪以前，中国有记载的世界民族，最重要的就是匈奴。欧洲人知道欧洲的匈奴就是来自中国的匈奴，即系从中国古书中记载的匈奴的历史推论而来的。哥卑尔（Gaubil）②、得岐尼、德厄布罗（D'Herbelot）、维什德劳等人介绍、翻译了中国的一些史料，使欧洲人得到中国历史的基本知识。可是这些人所用的史料并非最古的史料，而是像《通典》《通考》《通鉴》等数百年后的转手材料。法国的东方学者使用的就是这些材料。因此，他认为把有关匈奴的原始资料加以翻译是很必要的。对于后来的欧洲学者如布罗斯、威理所翻译的《汉书·匈奴传》《汉书·西域传》，德格罗特认为远在水平以下而无科学价值。他认为巴克译的较好，但仍有不清楚和与原文有出入之处，因而他自己又重新翻译。他希望经他翻译之后，别人就永远不用再做这项工作了。

德格罗特对这次翻译工作确是下了工夫。他除了读《匈奴传》的原文外，还参考了好多有关这个问题的其他史料如《左传》等。但是如果说他的翻译完全没有错误则未免言之过甚。例如《汉书·肖望之传》："望之以为单于非正朔所加，故称敌国，宜待以不臣之礼。"德格罗特把"正朔"当作"北方"。其实"非正朔所加"是指不奉汉朝的"正朔"，"正朔"的本义是历法，这里引申为制度，而与"北方"完全无关。这一类的错误还有不少，可参看姚从吾《欧洲学者对于匈奴的研究》一书。另外，他把秦以前关于匈奴的传说也当作史实加以注释，这也是有问题的。

---

① 佛朗克，汉名傅兰克。
② 哥卑尔，耶稣会士，汉名作宋君荣。

匈奴的历史在韦尔斯的《世界史纲》里占了不少篇幅。他在第十四章《最初的文化》的第五节中叙述中国早期的历史时曾说到匈奴。他认为中国最早的历史上说到的西北边境的人民，即乌拉阿尔泰（Ural-Altaic）族，也就是匈奴。中国一些最早的皇帝为了抵抗这个外族曾引起战争。他指出，古代的匈奴曾受到中国文化的影响而没有接受中国文化中的大一统思想。他指出，铁器何时传入中国，不得而知，可是铁器被作为武器则系在公元前五百年左右。他以为铁器可能是从北边的匈奴人那里传入中国的。

在第二十八章里，他把匈奴的历史从秦汉说起。他以为秦汉的统一天下，与中国的政治统一的传统思想有密切关系。秦汉对西北民族的反应是中国的统一问题的重要事情。中国文化中的新的政治组织与力量对于匈奴的不断侵扰的反应是给予打击。这是中国历史走向好转的道路。

长城是中国人用以抵抗匈奴南下的障塞，但它并不阻止中国人越过长城而北上。中国不只有长城，也有坚强的政府、熟练的军队，他们深入漠北，把匈奴驱逐于有水草的高原之外。

韦尔斯用"匈奴"或"匈人"与欧西人用Scythians，在词义上都是广义的。在欧洲，人们把在多瑙河流域与中亚的许多民族如萨尔马特、波斯、哥特等都名为Scythians。在亚洲，匈奴或匈人与后来的蒙古族是相类似的。所谓突厥、鞑靼，也是这个蒙古族的支派。在欧洲人所说的Scythians中，有一部分南迁而发展文化；另一部分仍旧过着帐幕车马的生活和以牛、马、羊为食。同样，在蒙古高原的匈奴，有一部分南迁，受到汉族文化的影响而被同化；而留在北边的则逐渐西迁。公元一世纪时，已有一部分迁至欧洲东部边境，后来又进入欧洲本部。

关于匈奴的中文史料，韦尔斯根据巴克及十九世纪一些欧洲学者的翻译与著作。关于匈奴的西迁，特别是侵入欧洲以后的活动，主要利用吉本的《罗马帝国衰亡史》中的有关记载。在他的《世界史纲》里，匈奴的历史是世界历史的不可分割的一部分，而且是很重要的部分。

《世界史纲》曾风行一时，这就使一般读世界历史的人对匈奴历史的重要性有初步的了解。然而，韦尔斯并不是专门研究历史的人，而他对于匈奴历史的研究又只是从一些转手材料中得到的，所以必然有错误。如第二十八章第五节中谓当阿提拉强盛时曾与中国的皇帝办交涉，而且是在互相平等的条件下进行的。这无论在中国的和欧西的史籍中都是找不到根据的。《魏书》曾记载匈奴统治下的粟特国的商人到过中国，但没有派遣过使团，而粟特国王也不是阿提拉。

近代的研究匈奴历史较为全面、系统的书，是麦戈文的《中亚古帝国——斯基泰人与匈奴及其在世界历史上的地位的研究》（*The Early Empire of Central Asia: A Study of the Scythians and the Huns and the Part They Played in World Histosy*, 1939）。麦戈文是美国西北大学政治学教授，少年学习中文，后曾在英国伦敦大学的东方研究院教授中文与日文。

全书除导言外共分四册：《阿利安的背景》（*The Aryan Background*），《第一（或前期）匈奴帝国》（*The First Hunnish Empire*），《第二（或中期）匈奴帝国（*The Second Hunnish Empire*），《晚期（或后期）匈奴王国》（*The Later Hunnish Kingdoms*）。

虽然这本书的副题把斯基泰人即塞种人与匈奴人分列，可是读者很容易了解这本书主要是关于匈奴历史的著作。

第一册中，第一章叙述突厥斯坦（Turkistan）的早期居民。第二章叙述居住在中亚北部的塞种人与萨马提安人。第三章叙述居住在中亚南部的大夏人（Bactrians）与康居人（Sogdians）。第一册共33页，占全书419页的十三分之一。这一册既题为《阿利安的背景》，而作者又认为最初的匈奴人属于阿利安种族（关于这一点下面再加讨论），那么这一册也可作为全书的"引言"，因此这本中亚早期帝国史若改为匈奴历史似更为确切。

第二册第四章叙述蒙古高原的早期居民。第五章讲匈奴帝国的兴起。第六章为匈奴人与中国人争霸。第七章述匈奴帝国的逐渐衰弱。第八章述匈奴为中国的属国时代。

第三册共五章：第九章，匈奴帝国的再兴。第十章，匈奴帝国的变化。第十一章，匈奴人与中国人再起战争。第十二章，拉锯式的平衡力量。第十三章，匈奴帝国的最后崩溃。

第四册叙述后期的匈奴王国。这里所说的王国 kingdoms 与上面所说的帝国 empire 不同。因为崩溃以后，大的帝国已经灭亡，此后只有小的王国分散于各方。第十四章与十五章叙述在中国或在中国边境的匈奴人。第十六与十七章叙述欧洲的匈奴。在中国的匈奴又分为两期：第一期从刘渊到刘聪；第二期从刘曜到北凉或匈奴在东方统治的停止。在欧洲的匈奴也分为两期：第一期从匈奴灭亡阿兰至击败西哥特；第二期，在匈牙利的匈奴王国勃兴至阿提拉的逝世及其王国的崩溃。最后，第十八章，叙述在波斯与印度的匈奴人。

麦戈文区别蒙古人与突厥人为前者属于东方的黄种，后者属于欧洲的白种。他认为最初的匈奴人近于突厥或土耳其人，是白种人；但经过与中国北部的居民长期的通婚，匈奴人逐渐有了黄种人的特性而与蒙古种相类。这里不准备讨论这个问题，但要指出，这种看法是一个没有根据的推论。

以上介绍的是近代的西方学者研究匈奴历史的较重要的和有代表性的一些著作。详细的参考书目或论文可参看麦戈文书中的附录。该书的参考书目占二十多页，其中有些与本题的关系不大，但大致上包括了他的这本著作出版前有关这方面的主要参考资料。少数没有收入这个书目的，可参看姚从吾的《欧洲学者对于匈奴的研究》中所介绍的专著或论文。

下面将日本学者对于匈奴的研究略作介绍。

1879年（日本明治12年）冈本监辅撰《万国史记》卷三中说：

> 鞑靼诸部古称匈奴，群居亚细亚北方，不详其祖，以游牧为业；蛮野好战，侵掠邻邦，屡寇中国，及罗马衰，入欧罗巴。一千三十年间匈奴入俄罗斯及罗马境，其酋遏底拉为人残暴，大恣焚掠，所过一空。益进劫略日耳曼，并吞比利时。再进入，法兰西与罗马合力拒战，匈奴大败，死者三十万，遏底拉途死，部下溃散，乱始平。自是，匈奴族屡出百战百胜之将，横行中国诸国，侵晋、唐、辽、金；蚕食大半。其用兵于欧罗巴诸国声名赫著者，首推铁木真帖木儿郎。①

这是简单地叙述匈奴从中国的北方侵入欧洲的过程。"遏底拉"当即阿提拉。但他说匈奴一千三十年间侵入俄罗斯及罗马境，时间有误。匈奴侵入现在的俄罗斯的西部在公元四世纪，侵入欧洲则在四世纪下半叶与五世纪上半叶。又他把铁木真与帖木儿当作匈奴人也是错的，二人都是元朝的后裔。

白鸟库吉在1897年（明治30年）的《史学杂志》八卷八号曾发表过一篇《匈奴究属何种族》的论文。1907年又在同杂志卷十八第二至第五号中刊载一篇《蒙古民族起源考》的文章，主要是考订见于《史记》《汉书》的匈奴传上的一些名词。何健民于1936年译为中文，书名《匈奴民族考》（中华书局出版）。1929年（昭和4年）10月，为了庆祝三宅博士七十寿辰，他又写了一篇《匈奴休屠王之领域及其祭天金人》，收入纪念论文集并译为几种西文。（参看1902年的 *Bulletin de L'Académie Impériale des Sciences de St. Petersburg*，1902，pp. 1ff. 与 *Journal Asiatique*，1923，pp. 71ff.）此外，他还发表了好多关于西域与蒙古的论文。因为他是东方人研究匈奴、西域与蒙古较早的一位，有的论文又译成西文，所以他的论文曾为欧西学者所参考。

白鸟库吉研究匈奴、西域与蒙古问题多从语言方面入手。这虽然是研究这些问题的一种方法，但过于注重，甚或专赖这个方法也很容易做出错误的结论。如在匈奴民族的起源问题上就有这种缺点。他起初用突厥语去解释，遂以为匈奴是突厥种族；后来又用蒙古语去解释，于是又认为匈奴人是蒙古种。现摘录其《蒙古民族起源考》中的两段话就可看出这一点来。他说：

> 欧洲之东洋学者，咸视匈奴为Turk种，然其在初，异说聚讼，论战良久。后经许多波折，始一致于Turk说。余今不拟一一列举而加批评，然为叙述自家之见解起见，仍有介绍其梗概之必要。当十八世纪顷，有耶稣教宣教师，被派至中国，彼辈在此从事著述匈奴史，其时只视匈奴为政治的团

---

① 见《万国史记》卷三《鞑靼纪》，清光绪二十四年（戊戌1898年）上海书局石印本。

体，故未考究此民族之种类。洎乎 Pallas，Bergman 等学者，始考匈奴为西史上之 Hunnen，而均结论为 Mongol 种，是即匈奴问题之发轫。而 Iakinth Bicurin 氏与 Neumann 氏等学者亦赞同是说，然最驰名者首推 Schmidt 氏，而有名之《蒙古史》之著者 Howorth 氏亦倾于是说。然至 Klaproth 氏，乃谓匈奴为 Turk 种，Hunnen 为 Finn 种，并抨击 Schmidt 氏说，氏之主张，后渐得力，而 Schmidt 一派之 Mongol 说遂无人过问矣。Saint Martin 氏谓匈奴与 Hunn 均属于 Finn 种，然以赞成者不多，遂淹没无闻。如上所述，匈奴人种问题，异说纷纭、莫衷一是，迄 Castren 氏，乃采最安全之方法，谓匈奴在其极盛时代，Turk 人固不待言，如 Mongol 人 Mandju 人与夫 Finn 人等皆包含在其中。Lacouperie 氏谓《史记》所载之匈奴语，一部分为 Turk 语，一部分为 Tunguse 语，故不能视匈奴为政治的集团国民。现如 Munka'csi 氏乃根据余之材料，考匈奴为 Turk 与 Mongol 之混合种。如上所述，关于匈奴民族，自古则既议论纷然，未有定说，然在今日，殆已一致于 Turk，唯尚有 Munka'csi 氏说，是以此问题犹未获解决。余于兹对匈奴语得发表新材料与新解释，想不无少补。

他又说：

余于此二文中｛按：指在俄国《学士院杂志》所发表的《匈奴及东胡诸族语言考》与在 1902 年德国 Keleti Szemle 所发表的《乌孙考》（"Über den Wusun Stamm Centralasien"——作者）｝所研钻之要点如下：各国学者，虽断定匈奴民族为 Turk 种，然未有积极的考证，是为憾事，故特考究 Turk 语，解释从来之 Turk 说予以确切之根据，俾补西人之疏忽，此其一。对东胡民族，例如乌丸、鲜卑、托跋、蠕蠕、奚及契丹等族，学者咸异口同声谓系 Tunguse 种。然此等民族语言中，颇多蒙古语，故遽即视为 Tunguse，实属谬误，余故予以证明，此其二。关于乌孙民族，有谓白晳人种者，有主张 Turk 种者，犹无定论。余以乌孙之语言及其传说，考为 Turk 种，此其三。嗣后余仍继续研究此等民族，结果仅承认第二及第三说，略有增补及修正之必要，而其趣旨，无须变更。然至第一说之匈奴种族，则须重行予以根本的解释。如上所述，余为证明匈奴民族之为 Turk 种起见，尝搜《史记》与《汉书》等所见之匈奴语，而专以 Turk 语解释之，在今日观之，殊不无牵强，转从 Mongol 语或 Tunguse 语加以解释，则颇觉可靠。职是之故，余乃另草《蒙古民族起源考》（按：即何译之《匈奴民族考》①）发表愚见，或可藉以解决此问题。

---

① 何健民：《匈奴民族考》，中华书局 1939 年。

我把这两大段话抄下来，说明白鸟库吉的主张的改变，同时也可看出西欧学者对于匈奴人种的起源问题的各种不同意见。

近代其他日本学者对于匈奴的研究也发表了不少论文。如1934年《中国语》上所发表的竹内几之助的《关于匈奴与现代蒙古的饮食》，1935年《史学杂志》上所发表的江上波夫的《匈奴的居住》。后者还发表过《关于匈奴的宗教习俗》（《人类学杂志》1937年10月），《关于匈奴妇女的颜色——焉支》（《东亚论丛》1940年9月），《匈奴的祭祀》（《人类学杂志》1941年4月）等论文和《中亚古代北方文化——匈奴文化论考》一书（1948年全国书房）。此外，还有榎一雄的《关于史记匈奴传补续说》（《东洋学报》1939年）与大野恭平的《西汉对匈奴政策》（《东洋史研究》1941年2、3月）等。

第三章 匈奴人的古物与古迹

匈奴的历史有七百多年之久，所占领或经过的地方跨越亚洲北部与欧洲好多地方。匈奴人虽然没有自己的文字去记载其活动，但是他们在平时或战时生活上的一切用具、住宅以及他们死后葬在坟墓中的好多东西，经过考古学者的发现与发掘，对于匈奴历史的研究都是最有价值的资料。下面把我所知道的一些古物古迹略为叙述。

在欧洲，传说当匈奴进入欧洲的时候，教皇利奥一世（Saint Leo 或 Leo the Great，390—461 年）曾得天使之助，驱走了匈奴人。后来又有人曾绘一幅图，下面的说明是"教皇利奥一世说服阿提拉从罗马撤兵"。意大利罗马的梵蒂冈 1929 年版的德文《布罗克豪斯大辞典》中的阿提拉条曾翻印这幅图画。这近于神话的传说，虽难于置信，但也说明当时人的看法。

此外，在戈德金所著《匈牙利与马扎儿人的历史》中，插有阿提拉一个半身图像。阿提拉所用的细颈瓶（flask）杯图以及浮雕的阿提拉小像是从何处翻印而来，或是随便的意绘，著者没有说明，所以也难说明其历史价值。

近数十年来，在我国西北一带发现很多汉代木简，是研究汉代社会历史最有价值的材料，也是研究匈奴史很重要的史料。比方，1906 年英国的斯坦因（Aurel Stein）在新疆的尼雅、楼兰与乾林（Hanlimes）等处所发掘出来的一打以上木牍就是汉代的遗物。虽然从所得的木牍来看，多是附在赠送当地长官家族的礼物上面，其中一片是写给当地一位长官的夫人的，但我们相信，将来若再事发掘，还可能找出有关当时的其他事情的木简。西域的好多地方，尤其楼兰是汉族与匈奴争夺最剧烈的地方，应能发掘出更多的木简。{参看向达翻译的《斯坦因西域考古记》（Ancient Central Asian-Tracks，1932）第 71 页附木牍影图。我国学者王国维 1914 年写了《流沙坠简》，也是研究这种木简较早的著作}

木简发掘得最多而且也是最为重要的，是 1930 年西北科学考察团在今日内蒙古自治区的额济纳河流域的黑城附近所发掘的。额济纳河是来自祁连山的雪水，从山上流下来经河西走廊而入鼎新县，至狼形山下又分为东西两条。西河叫做海图果勒河，注入西居延海，东河叫做纳林河，注入东居延海。现在这一带的河流，因为河西走廊的农民用额济纳河水灌溉，故水量很小，而两旁地方也多成沙地。古代河西走廊曾为匈奴占领，作为牧场，不事农业，居延地区原来应当是一片沃野，这也是匈奴到西域去的经常路线。公元前 121 年（汉武帝元狩二年）霍去病打通这条路到祁连山。不久匈奴住在这里的休屠王、浑邪王降汉。公元前 102 年，武帝又遣路博德到居延建筑障塞作为防备匈奴的军事据点。匈奴既时时出没于这个地方，汉人军书旁午，往来信牍，很为频繁，其中当含有匈奴方面的史料。

黑城在居延东海的南边，在纳林河之东与居延城的东南。西北科学考察团在这里附近找出一万枚木简，现在已经整理出来的数千枚，列在《居延汉简甲篇》，图片有号码，另有译文。从这些木简中，我们可以看出当时住在这里的士卒的生活与工作。简上有的写明军器的名称与数目，如弓弩多少以及日常必需的用品如："入小畜鸡一鸡子五枚"（75号），"入狗一枚"（38号）。还有布、酒、粟的记载如："二月廿八日从居延来为孙幼卿出米三升廿九日朝三升莫三升"（1692号）。又有关于小孩妇女的记载，士卒之患病吃药的也有记载，如："第廿四燧卒高自当以四月十日病头疼四节不举"（19A号）；又如："第卅一燧卒尚武四月八日病头痛寒炅饮药五齐未愈"（19B号）。关于军事政治的如："诏夷房候章发卒曰持楼兰王头诣敦煌留卒十人女译二人留守证"（1582号）。又如："皇帝陛下车骑将军下诏书曰乌孙小昆弥乌□"（1803号）。又如："夷狄贪而不仁怀侠二心请编/"（1801号）。又如有关于传送书牍的："一封诣广地一封诣橐他　十二月丁卯夜半尽时卒□□使不令卒"（1920号）。又有关于任命的如："元凤三年十月戊子朔戊子酒泉库令安国以近次兼行太守事……"（1584A号）。又有记报兵簿事如："元凤三年六月临木部卒报兵簿"（1119号）。也有记胡骑的如："□□属国胡骑兵马名籍"（2112A号）。"以食序□胡骑二人五月食"（1042号）。

最值得我们注意的是关于匈奴郅单于与匈奴入寇的记载，如："郅支为名未知其变"（1804号）。又如："塞外诸节穀呼韩单于"（1800号）。又如："就屠与匈奴呼韩单于諆"（2361号）。

郅支就是郅支单于，呼韩应为呼韩邪单于。郅支单于是呼韩邪单于的哥哥。就屠不知是否屠耆单于之误。当时五单于争立，互相征伐，互相杀害，呼韩邪降汉后，郅支西徙，屠耆单于也与呼韩邪不和。所谓諆者，欺也，忌也，是否因为两者互相欺侮，互相猜忌，故谓为諆。所谓"郅支为名未知其变"，不知是否只知这个单于的字，而不知其争立或行动的情况，要想打听，才这样的写。我们若好好地将这些木简来与《汉书·匈奴传》或其他列传对照，做进一步的研究，对于《汉书》所记，可以互作补充。

又如"匈奴人入塞及金关以北　塞外亭燧见匈奴人举蓬知和□五百人以上能举二蓬"（2409号）。这些材料对于研究匈奴历史当有很大的贡献。

关于有关匈奴的碑铭。《史记·匈奴列传》说："骠骑封于狼居胥山，禅姑衍，临翰海而还。"丁谦说："骠骑出代与左王将战，揆其地望，当在克鲁伦河境，狼居胥山，在宁夏西北沙漠间，今尚有狼居胥山碑遗迹。"（见《史记会注考证》）又如《后汉书·窦宪传》说窦宪与耿秉大破北匈奴之后，"宪、秉遂登燕然山，去塞三千余里，刻石勒功，纪汉威德，令班固作铭"。班固所作的碑文也见于《窦宪传》。同传还有："南单于于漠北遗宪古鼎，容五斗，其傍铭曰：'仲山甫鼎，其万年子子孙孙永保用。'"

关于石刻的古物。《汉书·霍去病传》说："元狩六年薨。上悼之，发属国玄甲，军陈自长安至茂陵，为冢象祁连山。"霍去病的墓在现在陕西兴平县，颜师古注云："在茂陵旁，冢上有竖石，冢前有石人马者是也。"这匹石马以整块灰色的花岗石雕刻，自顶至地，高1.4米，马并不大，身重蹄短，尾长至地。腹下有一人，人以膝抵马腹，左手取弓，右手以短矛刺于马胁，头大而后仰，眼大而圆，额低耳大，其须乱而与马胸相接。近来中国科学院在长安县沣水西岸的客省庄一个古墓中发现两个腰牌，其中一个透雕两个胡人，在两匹马的中间作赤膊跋跤状，其发也是从头顶拉向脑后。

有关匈奴的建筑，最伟大的是万里长城，我们下面还要叙述这条长城，现在要谈的是长城北边的一些障塞。比方《史记·匈奴列传》说："呴黎湖单于立，汉使光禄徐自为出五原塞数百里，远者千余里，筑城郭列亭，至庐朐。"张守节《正义》引《括地志》说："五原郡稒阳县北出石门鄣，得光禄城，又西北得支就城，又西北得头曼城，又西北得虖河城，又西北得宿虏城。按：即筑城郭列亭至庐朐也。"这都是阴山以北所建筑的城郭列亭。据考古方面的报告，在阴山南北麓，发现二十多个古城遗址。在大青山与乌拉山之间的峪口，是由阴山以北到山南的一条路线，旁边就有一个古城。又从呼和浩特到蜈蚣坝也有好多城堡遗址。

呼和浩特东北三十余公里，大青山南麓有一个地方叫做塔布土拉罕，意义是五大堆土，有一个长方古城，分内外两城。外城周围约三公里，在内城地面上可以找出好多花纹陶片。在呼和浩特的布秃村也发现了汉城（参看1961年第四期《考古》杂志）。此外在包头市西边约十五公里的麻池乡，也有汉代的古城遗址，这个城也分内外两个，内城散布许多汉代砖瓦，城的周围有许多古墓，墓中有许多古物。

在匈奴本部，据《史记》《汉书》上记载也有城堡。《史记·匈奴列传》说，大将军卫青北击匈奴，"北至窴颜山赵信城而还"。《史记集解》引如淳曰："信前降匈奴，匈奴筑城居之。"《汉书》中颜师古引孟康说，"赵信所作，因以名城"。《汉书·匈奴传》记载有："卫律为单于谋，'穿井筑城，治楼以藏谷，与秦人守之。'"有人劝卫律，以为胡人不能守城，卫律因而中止。除赵信城在匈奴本部外，近代考古学者又发现了匈奴时代的城市遗址。苏联的考古学者索斯诺夫斯基和奥克拉德尼科夫，在色楞格河左岸与伊伏尔基河合流的地方发现了一座古代匈奴城市。城市的面积在一公顷以上，周围有城墙，高度超过1.5米，城的外面有许多住宅，住宅用土坯建筑，在城的内外有陶器，有耕作的工具，还有贮藏粮食的地窖等遗物、遗址。住宅的墙内用木柱，地下还有通暖气的管道。（参看苏《前资本主义问题》，1934年7至8号。索斯诺夫斯基的《下伊伏尔基河的古代城市》与奥克拉德尼科夫的《布雅特蒙古考古探察团1947—1950年的工作情况》，载在物质研究所调查报告和田野勘测简报1952年第4、5期。又1950—1955年间X. 培尔列发现匈奴、回纥、契丹的十数个城市）

苏联的考古学者，还在色楞格河左岸哈剌勒赤·黑里姆金、八剌哈思、扎尔嘎特兰、苏木等地发现匈奴时代的城市，城的面积约有四万平方公尺（200×200），城墙颇高，并有四个城门。城里的房舍是用粘土做成，盖有汉瓦。（参看吉谢耶夫《蒙古时代的城市》，中译文载《史学译丛》1957年第六期。又参看1957年乌兰巴托科学委员会出版的《和·普尔赉的匈奴三城的遗址》一书）

除了上面所说的色楞格河左岸的匈奴城市的住宅外，1940年在西伯利亚的哈喀斯克自治区，也就是蒙古唐努乌梁海以北的阿巴坎（Abakan）镇以南的一个地方，苏联的建筑工人曾在一个高约二公尺的土丘中发现了大量的瓦片，据考古学者的考订这是一个古代的建筑遗址，很可能是匈奴时代的遗址。

1941年与1945年，苏联的考古学者在阿巴坎发掘出一个中国式的建筑遗址。根据出土的瓦当和青铜门环等物，他们认为这个遗址修筑的年代，应该在汉代，并且可能是李陵降匈奴后的住宅。住宅分为二间：第一室正方形长宽十二公尺。第二室长十二公尺，而宽为六公尺。第一室的东边墙有门，在这里发现了铜门环一个，沿着中部各墙发现有文字的瓦当，瓦当的文字有"天子千秋万岁常乐未央"，"天子千秋"四字居中，"万岁常"在左边，"乐未央"在右边。

在遗址的地下也发现了一些取暖的坑道，深入地下六十公分，是用石片砌成的筒状，第一室中坑道的安置与墙壁平行成为一个方形。

除瓦当、门环之外，又发现玉盘一件，色浅绿，惜已残破。另珊瑚珠一枚很大，还有铁刀一把和陶器的残片。这应是上层人物的用品。所以苏联学者以为可能是李陵住宅，但很难确定，可以确定的是遗址是匈奴时代的东西。住宅若作为投降于匈奴的重要人物所居，其建筑的设计者与工人应该是汉人。

《史记·匈奴列传》说，匈奴"毋城郭"，这可能是指着一般的情况来说，不能说完全没有城市。这些城市可能是受有中国的影响。而其建筑，至少像赵信城与卫律所要建筑的，都是受了汉城的影响。又《史记·匈奴列传》中指出匈奴人"岁正月，诸长小会单于庭，祠。五月，大会茏城"。这里的庭与城分开来说，不知五月所会的茏城是否也有城。

《汉书·匈奴传》载李广利投降匈奴之后，为卫律所忌，以至被杀。他死前骂曰："我死必灭匈奴！"死后匈奴雨雪连下数月，人畜大受损害，匈奴"单于恐，为贰师立祠室"。又《汉书·地理志》云："云阳，有休屠、金人及径路神祠三所，赵巫主䄍鄡祠三所。"休屠、金人为休屠王所崇拜的神，"径路"（剑名），被匈奴人视为宝刀。匈奴人立祠之所谓祠或祠室，是一种房屋，这些房屋的建筑质量应该较好，而其中必有很多供神的物品，假使能找到这些祠室的遗址，可能也会找出些古物。

《史记·匈奴列传》说，"其（匈奴人）送死，有棺椁金银衣裘"。在蒙古等处，近年以来，发掘出好多匈奴时期的坟墓。坟墓之中有很多古物，证明了司马迁记载的正确性。发掘古墓较早的是俄国的科兹洛夫（P. Kozlov）。1912年，在蒙古土谢图汗诺颜山下苏珠克图地方有个矿工寻找金矿，发现若干丘坟，找得一些古物。矿工死后，他的孀妇曾把一些古物卖给科兹洛夫的考察队，因此他们于1924年到这个地方发掘，找出很多东西，引起研究蒙古和匈奴历史的人们注意。科兹洛夫的报告，1925年出版于苏联的列宁格勒。叶特斯（W. P. Yetts）曾把科兹洛夫的发现写成《俄国科兹洛夫探险队外蒙考古发现》一文，登于1926年4月份的《伯林顿杂志》（The Burlington Magazine），向达将之译为中文，登在1927年二十四卷十五号的《东方杂志》上。

1932年，在列宁格勒出版了一部英文本《北蒙古的出土文物》（Excavation in Northen Mongolia，1924—1925）。本书共分四部分：第一部分是一般说明，第二部分是说明第四部分的图片，第三部分是出土文物清单，第四部分是八十五幅图片。

这个报告第一部分指出，这个报告是俄国地理学会，1924年—1925年在科兹洛夫的领导下在北蒙古发掘的结果，坟墓的数目共有二百一十二个。在这部分里，除了说明发掘的方法、坟墓的形状、埋葬人物的位置等等问题之外，还考证坟墓中的人是属于哪一种族，以及陪葬的东西的来源。据他们考证的结果，埋葬的人物属于公元前后一二世纪的时代，正是匈奴人统治这块地方的时候。其人则应为匈奴的单于或贵族。同时，还有一些近臣、妻妾或奴婢作为陪葬。至于坟墓中所掘出的物件，有的是匈奴人自制的，有的是来自汉族，有的是来自西域。汉族的东西以丝绸为多，其他各种器物也有。在某一器上还有"上林"二字，这可能是来自汉代的上林。又在图片十七页中有一幅残丝，除有图画之外还有"新神灵广"等字。至于来自西域的东西，据著者的意见，其中有不少受了希腊艺术的影响，虽则这些东西并非来自希腊本土或者附近的属地，而系来自希腊化的大夏（Bactria）等地。

第二部分是解释第四部分中的各个图片，说明发掘出坟墓的形状、大小、颜色、作用，等等，读者可互相参照。

第三部分是把发掘的一些坟墓中所找出的东西列举出来，比方在第一号坟Tumulus No. 1中在棺材的西边的地板上，安排着什么东西，都一件一件地列举出来，这里有金属物、玉类、木质类、丝织类物品，等等。

这本报告虽然比较简单，但也扼要地把所出土的东西加以介绍，而且提出了一些比较重要的问题，如人种问题、文化交流问题等，这对于研究匈奴历史的人，有很大的帮助。这本书的出版较晚于前面所说的叶特斯的文章，书中曾一再提到叶特斯的文章以说明东西文化的交流。

此后苏联考古学者与蒙古的学者对于这项工作继续给予注意，如1928—1929年索斯诺夫斯基在蒙古伊里木谷口的古墓发掘，以及1954年的诺颜山的发掘，1956年乌兰巴托科学委员会所出版的《科学院校学术研究成就》的第一期中，策·道尔吉苏荣的《北匈奴坟墓》，均是关于这批古墓发掘的报告。

近年以来，我国的考古学者，在内蒙古自治区也发现了好多匈奴时代的坟墓，像上面所说的麻池乡古城的周围，就有很多古墓。（参看1957年第一期《文物参考资料》：《匈奴西岔沟古墓群被掘事件的教训》。又1960年八、九期合刊《文物》：《"匈奴西岔沟文化"古墓群的发现》）

司马迁在《史记·匈奴列传》中记载匈奴人死后有棺椁，没有指出匈奴人对于坟墓的重视。《汉书·匈奴传》对于这一点记载得很清楚："汉复得匈奴降者，言乌桓尝发先单于冢，匈奴怨之，方发二万骑击乌桓。"匈奴人对于发掘他们死后单于坟墓者，要用二万骑兵去征伐，说明了单于坟墓在匈奴的重要性。单于固是如此，一般人对于祖先的坟墓无疑也必然是重视的。

科兹洛夫所发掘的墓，上面已经指出是颜诺乌拉或称颜诺山的墓，这个山在现在的乌兰巴托北部一百二十公里，注入色楞河的哈拉河的旁边。墓有二百一十余个。于右任曾著有考察外蒙土谢图汗诺颜山下苏珠克图地方二百十二古墓记，其中有十个古墓有的特别深大，深十五公尺，这可能是为防备盗掘。苏联科学院与蒙古人民共和国科学委员会合编的《蒙古人民共和国通史》说：

> 在蒙古人民共和国境内发现的所谓石墓——所以称为石墓，是因为他们在地面上是由侧面埋置的石板做成的四方形的墙垣围绕起来的——可以说明公元前7—3世纪的蒙古居民的生活情况和他们与外贝加尔地区的密切关系。蒙古人民共和国的中部有很多这样的石墓。此外在蒙古东北肯特省，在克鲁伦河流域以及乌兰巴托以南的东戈壁和中戈壁省，直到与中国接壤的地方都可以找到这种石墓。同时在蒙古人民共和国北部沿库苏古泊沿岸和色楞格河流域都曾发现这种石墓。在西部科布多省内也可以遇见这种石墓。（中译本50至51页）

这可见得石墓的分布之广。关于科兹洛夫的发掘，此书也作了简单的介绍与评价：

> 这次发掘非常有成就，在每个发掘的坟墓中，都发现了很多有价值的遗物。……被发现的墓室，设在地下深处，是木质结构，其中藏有巨大的杉松木棺材。最有趣味而且丰富的墓葬品都在棺材的周围。这个墓葬是匈奴贵族的。诺颜乌拉古墓地的发现，在蒙古考古学研究史上起了极大的作用。这是

20世纪最大的考古学发现之一,对于更集中更精细地研究曾住在蒙古地区的各民族古代史打下了基础。(12至13页)

匈奴时代的坟墓,初期受西北亚民族的影响较深,但在后来却慢慢地受了汉族的影响。棺材的制造形状、油漆、密封都与汉族的相似。在墓内又安置了好多汉族的用品。最近在阴山长城一带发现的古墓中,还有"单于和亲""单于天降四夷宾服"等瓦当。(参看1961年《考古》杂志第四期上所载的内蒙呼和浩特布秃村汉城遗址调查)

古墓里所发现的死尸,头是向东卧的。《史记·匈奴列传》说:"单于朝出营,拜日之始生。"头向东方是有崇拜太阳的意思。《史记·匈奴列传》又说其送死有棺椁、金银、衣裘而无封树、长服,近幸臣妾从死者多至数千百人。《正义》说:《汉书》作数十百人,颜师古云或数十人或百人。《史记》说的人数可能过大,但在一个墓里发现好多束发辫,还有一束大发辫缚以红绳,可能是妇女的发辫,也许就是近幸臣妾的发辫。

坟墓里发现的东西很多,有金、铜、铁、玉、珠、琥珀、漆、毛绒毡、服装、发辫等等物品。金质的有装饰在棺材上的三角而狭长的薄金片,有的还涂以红漆,也有压花或夹了宝石的较厚金片与钮扣。麻池乡的古墓中发现很多金质和银制镂空饰片,饰片上的花纹作虎、豹、骆驼等形象。铁器有铁的马勒、铁竿、箭镞,以及铁制的铃舌,在其他的古墓中发现有刀、剑、镝、铧、铁环、铁钉与一些铁片。

铜器有铜鼎、铜炉、铜杯、铜壶、三足蜡灯台、马的护面具、铜镜。又在最古的坟墓里,发现有公元前七至三世纪的铜斧、铜刀、铜镞、铜铃与颈饰用的铜制品。1954年在诺颜山古墓中发现的铜器有铜铃、铜壶嘴与好多残片。

在古墓中所发现的玉器有白玉人形,有佩在身上的饰物。玉上还刻着双龙对舞的透雕。

还有弓的骨制附件,骨制筷子,绘有兽类图画的骨器,虽则为数不多。

漆器有漆盘、漆杯、漆碗,棺材的外面也是用漆涂的。

在各处的坟墓中又发现好多陶器及其残片,有上口向外翻的扁圆形、上粗下细底部有方形洼坑的陶器,陶器上也有纹,有的陶器内部很光滑。(於靬王赐给苏武的服匿,即是小口、大腹、方底)

织品有刺绣的,也有西域伊兰式的饰以植物、动物与人物图案的织品,还有一块有两个骑士像的毡子。

服装有匈奴的褶裤,有丝袍、丝帽,等等。

发辫,在一个坟墓中有十七束之多,有的粗,有的细,都是匈奴的样式。

除了古墓中所发掘出的古物之外,考古学者近来在内蒙及蒙古人民共和国还发现了好多有关匈奴时代的古物古迹。考古学者推论在公元前七至五世纪,在内蒙长城附近已有农业,因为在这里发现了磨谷器。在策·道尔吉苏荣的《北匈奴的坟墓》的报告中说,在古墓散布的地区,经常发现从公元前七至三世纪的石臼;出土古物中,有黑色的农作物的种子,可见农业活动不只限于匈奴的南部。在蒙古人民共和国的东部与戈壁地区,1949 年进行了人类学的考查,发现了新石器时代的好多遗物,有石斧、劈刀,等等,使匈奴的历史可以追溯到更古的时代。

据考古学者的报告,在蒙古还发现了青铜器,尤其是青铜刀,这些刀既很象西伯利亚的卡拉苏克刀,又似殷商时代(公元前十八至十二世纪)和周朝初期(公元前十二至八世纪)北方中国的制品。在南戈壁地区,又掘出来制作很完善的斧。此外在戈壁地区与色楞河盆地,又发现了陶器,这些陶器在制造技术和形式方面既与叶尼塞河和阿尔泰的卡拉苏克的陶器很相似,也与热河地区的石棺中所发现的用以殉葬的土罐很相似。(参看《蒙古人民共和国通史》48 页)

匈奴是游牧民族,他们既如《史记·匈奴列传》所说"士力能弯弓,尽为甲骑",在他们所用的器具中,武器与马具乃特别多,不只在坟墓中,在其他地方也发现不少。

匈奴与汉族无论平时或战时,互市始终没有断绝过。汉族物品用交换方式而流入匈奴的,不知有多少,所以现今在当时的匈奴与汉朝的边境地区,到处都可以发现汉代的钱币与工艺品。至于匈奴用掠夺方式而获得的汉族物品数目也是很大的。此外汉族历年所赠送于匈奴的物品更是不少。大量的食品与各种用品,从高祖以至后来的皇帝,不知送给过多少。刘邦在位时,"岁奉匈奴絮缯,酒食物各有数"。吕后接到冒顿侮辱她的信之后,还赠"御车二乘马二驷"。文帝给匈奴单于服绣袷、绮衣、长襦锦袍、比疏、黄金饰具带、黄金犀毗与大量的绣锦赤绨、绿缯。到了后来,匈奴单于愈求愈多。狐鹿姑单于(公元前 96—85 年)致信汉朝皇帝说:"取汉女为妻,岁给遗我蘖酒万石,稷米五千斛,杂缯万匹。"匈奴对于汉族所要求的物品这么多,对其所役属的西域诸国所要的东西,也必不少。除酒、米、食品是得到后就吃掉以外,其他好多物品,如汉朝皇帝所给的"匈奴单于玺"以至好多可以久留的物品,可能有不少还藏在其他尚未发掘的坟墓中,也可能有很多尚埋没在当时匈奴人居住或活动过的一些地区。

至于匈奴人自己所制造的产品,遗留到今者,除了已经发现的之外,还有很多需要人们去发掘与考证。比方象王国维为之作跋的匈奴相邦印就是一个例子。《观堂集林》卷十八中的《匈奴相邦印跋》说:

> 匈奴相邦玉印……其形制文字,均类先秦古钵,当是战国迄秦汉间之物。……此印年代较古,又为匈奴所自造,而制度文字并同先秦。……

匈奴没有文字,这个玉印是否为匈奴自造,颇成问题。即使这个玉印是在匈奴国内所制造,也需要华人去帮忙。这些问题的讨论以及上面所说关于匈奴时代的古物、古迹所说明的问题,都有赖于今后考古学者去作进一步探索。

第四章　匈奴本部的地理环境

　　匈奴在强盛的时候，东破东胡，南并楼烦、河南王地，西击月氏与西域诸国，北服丁零与西北的坚昆。东胡所居的地方应该是现在的内蒙东部大兴安岭一带，楼烦、河南应该是现在山西北部与陕西北部。月氏原在河西走廊，这就是现在甘肃的武威、张掖、酒泉一带。此外匈奴还控制了现在的新疆，置僮仆都尉去管理，势力一直伸张到乌孙、大宛或葱岭以西的大夏、康居等地，也就是现在的中亚细亚的咸海、黑海一带。北部到现在的贝加尔湖一带。这是一个大帝国或所谓的"百蛮大国"。可是我们在这里叙述的匈奴所在的方位与疆界是注重于匈奴本部的地区，就是现在所说的蒙古高原地带，这是在冒顿及其后代还未征服东胡与月氏或西域诸国之前的匈奴疆域。

　　匈奴的东边是东胡，后来称为乌桓。所以称为乌桓，据说其所居地为乌桓山，因而得名。东胡后来也称鲜卑，则据说是因为其所居的地方有鲜卑山。在匈奴与东胡之间，有所谓瓯脱地。《史记·匈奴列传》说：

　　　　（东胡）与匈奴间，中有弃地，莫居，千余里，各居其边为瓯脱。东胡使使谓冒顿曰："匈奴所与我界瓯脱外弃地，匈奴非能至也，吾欲有之。"冒顿问群臣，群臣或曰："此弃地，予之亦可，勿予亦可。"于是冒顿大怒曰："地者，国之本也，奈何予之！"诸言予之者，皆斩之。冒顿上马，令国中有后者斩，遂东袭击东胡。……大破灭东胡王，而虏其民人及畜产。

匈奴传记瓯脱地约有好几处，历代学者对于瓯脱这个名词的含义，作了很多的解释。我们不准备在这里讨论，要指出的是这里所说的瓯脱是指两国比较荒芜的边地。尽管这是弃地，可是冒顿也把这个地方作为"国之本"。有人说游牧民族逐水草而居，没有国界观念，对匈奴的冒顿来说，是不对的。

　　匈奴南边的疆界，应与楼烦、林胡接壤。但这两个国家所占的地方可能不大，而且曾为匈奴所并，后又为赵国所破。《史记·匈奴列传》说：

　　　　当是之时，冠带战国七，而三国边于匈奴。

所谓三国，就是燕、赵与秦。这三国的北部边境，在战国末年，可以说是以长城为界。匈奴狐鹿姑单于（公元前96年至85年）曾遗书汉朝皇帝说："南有大汉，北有强胡。"所指的界线就是长城。战国时代，燕、赵、秦既边于匈奴，这三个国家都筑了长城，以拒匈奴。《史记·匈奴列传》说：

　　　　秦昭王时，义渠戎王与宣太后乱。……于是秦有陇西、北地、上郡，筑长城以拒胡。而赵武灵王亦变俗胡服，习骑射，北破林胡、楼烦。筑长城，自代并阴山下，至高阙为塞。……燕亦筑长城，自造阳至襄平。置上谷、渔阳、右北平、辽西、辽东郡以拒胡。

秦统一天下之后，乃把过去各国所筑的长城连接起来，并加修筑。《史记·匈奴列传》说：

后秦灭六国，而始皇帝使蒙恬将十万之众北击胡，悉收河南地。因河为塞，筑四十四县城临河，徙适戍以充之。而通直道，自九原至云阳，因边险堑溪谷可缮者治之，起临洮至辽东万余里。又度河据阳山北假中。

《史记·蒙恬传》也说：

始皇二十六年……使蒙恬将三十万众，北逐戎狄，收河南。筑长城，因地形用制险塞，起临洮，至辽东，延袤万余里。

到了汉代，据《汉书·匈奴传》说："于是汉遂取河南地，筑朔方，复缮故秦时蒙恬所为塞，因河而为固。……是岁，元朔二年（公元前127年）也。"到了太初三年（公元前102年），"汉使光禄徐自为出五原塞数百里，远者千里，筑城障列亭至卢朐"。汉武帝时，占领河西走廊之后，障塞也伸张到甘肃西北部以至新疆的境内。

长城是防御匈奴的伟大建筑物。这也可以说是匈奴的最南的边境。《汉书·匈奴传》下载匈奴单于对汉使说："自长城以南天子有之，长城以北单于有之。"说明匈奴认为这是两国的边界。但是实际上靠近长城以北地区的匈奴人不见得能随便的居住或往来。

匈奴西边的边境大致是以阿尔泰山为界，这是一条天然的疆界。

匈奴的北境，是在现在的贝加尔湖一带。《汉书·李广苏建传》说：苏武出使匈奴，匈奴人"乃徙武北海上无人处"。北海应就是贝加尔湖。虽然这里是无人之处，但同时又说匈奴"单于弟於靬王弋射海上。武能网纺缴，檠弓弩，於靬王爱之，给其衣食"。后来这位王死了，人众徙去，丁零盗武牛羊。同处又说：匈奴单于曾使李陵至海上为武置酒设乐，劝武投降，苏武拒绝了。李陵使妻赐武牛羊，后来又到北海告诉苏武武帝逝世的消息。可见这个北海，并不是没有人往来的地方。贝加尔湖之北与西北当为丁零与坚昆的领土，所以丁零人也到这个地方去盗苏武的牛羊。应该指出，在苏武被流放到北海之前，汉朝的使者郭吉出使匈奴时已曾被匈奴迁之于北海。

上面是叙述匈奴帝国的方位与其四至，我们现在要简单地说明匈奴的自然地理情况。

匈奴本部，从地理上来看，就蒙古高原而言，自成一个单位或地区，也可以说是高原中的一个大盆地。周围多有山岭为屏障。东有兴安岭，东北有肯特山，南边有阴山、贺兰山，西边是阿尔泰山，西北是唐努山。唐努山略取东西走向，然后折向西南，延长为杭爱山脉，杭爱山脉隆起在蒙古高原的西北部。

在古代，人们把这个盆地大致分为幕南与幕北。《史记·匈奴列传》说："汉谋曰，'翕侯信为单于计，居幕北'。"又说："大将军青、骠骑将军去病……咸约绝幕击匈奴。单于闻之，远其辎重，以精兵待于幕北。"又说："是后匈奴远遁，而幕南无王庭。"这里所说的幕是沙土，或是荒漠的意思，所以幕也就是漠。班固在《汉书·匈奴传》最后说："隔以山谷，雍以沙幕，天地所以绝内外也。"这说明幕与漠同，所以上引"咸约绝幕击匈奴"，"绝幕"者，就是深入荒漠之地，或是到了漠北的地方。

这个荒漠地区，在汉代，人们也叫做翰海。《史记·匈奴列传》说："骠骑封于狼居胥山，禅姑衍，临翰海而还。"《史记集解》中引"如淳曰：'翰海，北海名。'"而张守节在《史记正义》中说："按：翰海自一大海名，群鸟解羽伏乳于此，因名也。"张晏与如淳的解释是错的，本文明云出代右北平二千余里，则其地正在大漠，安能及绝远之北海哉？清代齐召南说："翰海，北史作瀚海，即大漠之别名，沙碛四际无涯，故谓之海。"（见《史记会注考证》）齐召南的说法是很对的。

这个荒漠地区，现在叫做大戈壁，范围很广，几乎占了蒙古高原盆地的全部，包括了现在的内蒙古自治区的大部分，形状好像一个斜置的胡瓜。自东北向西南伸张，东西最长处约为二千公里，南北最长处约为一千公里，面积达一百五十万平方公里。

这个荒漠与新疆的塔里木盆地的沙漠相比却有不同之处。塔里木盆地的沙漠上层覆盖了很厚的流沙，风一吹来容易流动，往往成为沙丘，一堆一堆地排列，或星散于地面。这种沙质松柔，行走其上，不只寸步难行，而且脚步往往下沉。在这种沙漠上，交通很为困难。至于蒙古高原的戈壁，土质含有石质露出地面，有的地方满布砾石，有时也称为石沙漠，人在上面行走，没有什么困难。在这种荒漠上，不要修路，汽车也可以随便跑。从呼和浩特过了大青山以后到百灵庙的途程中，汽车在地面上，不一定循着公路，而是可以自由往来。而且，在这个地面上尤其在较低的地方，可以生长草类，所以在这条路的两旁，已有不少地方开垦为农田。

这个盆地的地势，从整个看来是西北高东南低，可是也有高低间隔的地方。从南向北走的人，有这样的印象，就是愈北愈高。从远处看，是一个高坡，可是上了高坡又是平原。比方从呼和浩特上大青山，是爬上很高的山岭，可是到了山顶一看，山的北面是平地，好象与山顶差不多一样高。明朝永乐北征，经过兴和（今河北省北部的张北县）的时候说过："汝观地势远见似高阜，至即又平也。"（见金幼孜《北征录》，豫章丛书本第9函）可以说是这一带地形的写真。秦汉的匈奴人侵袭汉族，自北而南，所谓居高临下，南下牧马，就是因为地势使然。

大戈壁的土质虽为砾石质，可是也杂有不少泥沙，风一吹，细砂就飞扬起来。在较大的北风吹来时，粗的沙石被风吹到附近的地方堆积下来，其细粒一直可以吹到华北各省，所以华北的沙土，有不少是来自大戈壁。《史记·匈奴列传》说卫青围攻匈奴于幕北时，日暮大风起，匈奴单于与少数骑兵突围遁跑，可能也是利用滚滚的沙尘作为遮掩而遁跑的吧。

在大戈壁中，有很多的小盆地。其中较大者有三：其一在东边，在兴安岭以西，东西宽约三百公里，南北长约五百公里。其二在中部，在呼和浩特以北，东西长约五百公里，南北宽约三百公里。其三是居延海一带，东西长约三百公里，南北宽约二百公里。居延盆地，虽然有流沙，但有额济纳河从南边的祁连山经河西走廊流入这个地区，所以沿岸一带水草比较丰富。额济纳河古称弱水，又名黑河，源流主要来自祁连山的雪水，上游的水沿途用以灌溉，到了这个盆地已经减少，每年三月冰融，水量较多。这个地区，在前汉时代很为重要。公元前121年即武帝元狩二年，霍去病曾率兵经过这个地方攻祁连山。《史记·匈奴列传》说："其夏骠骑将军复与合骑侯数万骑出陇西、北地二千里，击匈奴。过居延，攻祁连山……"《汉书·匈奴传》说：太初三年（公元前102年），"使强弩都尉路博德筑居延泽上"。又说：天汉二年（公元前99年）"使骑都尉李陵将步兵五千人出居延北千余里，与单于会，合战……"可见居延一带是汉与匈奴交战的重要地区。直到后汉安帝的时代（107至119年）始置居延县，属张掖管辖。汉朝占据了居延，不只河西得以安宁，对于控制西域，也有很大的作用，可见居延当时在军事上的重要性。

除了大戈壁中这几个大盆地之外，在蒙古高原上，还有几个盆地。一为色楞格河流域，二为科布多盆地，三为唐努乌梁海盆地。色楞格河流域在大戈壁之北，科布多与唐努乌梁海之东。这个地区包括杭爱山与乌兰台戛山以东，肯特山与阿尔唐乌鲁桂山以西和乔伦以北。乔伦是草原地带与戈壁地带的分界，乔伦之南；沙碛渐渐的多起来，而进入大戈壁地区。在这个区域里，肯特山与阿尔唐乌鲁桂山，是色楞格河与克鲁伦河的分水岭，两山之东是克鲁伦河流域，两山之西则是色楞格河流域。这个区域除河谷两旁与一些山区外，多为草原，是即古代的幕北。现在蒙古人民共和国的乌兰巴托是这个区域的大城市，位在土拉河北岸。土拉河是色楞格河的支河，在今日是经济政治的重镇，在古代应该也是幕北的要地。

科布多盆地位于大戈壁的西北部，东边是杭爱山，南边与西边是阿尔泰山，北边是唐努山，中间地形低下，河流向内流，是一个闭塞盆地。图尔公山是这个盆地的最高山，也是蒙古高原最高的山。山上有雪田冰川，有森林，有草地。从这个地区的南边可以越过阿尔泰山到新疆的准噶尔盆地。北边有好多山口，西北循科布多河与西伯利亚接壤。

唐努乌梁海盆地位于蒙古高原的西北部，南边有唐努山与科布多盆地为界；北边有萨彦岭与西伯利亚分界；东部较高，有哈尔特沙迪克山和乌拉山，两山之东，河流东流入色楞格河，两山之西，河流西流入小叶尼塞河。这个盆地向北通往西伯利亚的交通比较方便。

　　匈奴在强盛时代，其势力的伸张固是指向西与西北方面，就是在失败的时期，也是要往这个方向迁徙。大戈壁的居延盆地乃成为匈奴与汉族争夺最为剧烈的地区。匈奴从这里到河西走廊，并进一步去控制西域诸国，即现在的新疆一带。但是他们也可以通过科布多盆地与阿尔泰山的山口，长驱而入新疆的天山以北的准噶尔盆地，或是从科布多与唐努乌梁海通过丁零、坚昆而西走。在强盛时代，匈奴可以经过这些地方，控制河西走廊、天山南北的西域诸国以至葱岭、乌孙、大宛以西的康居、大夏等处。在衰弱的时代，匈奴也可经过这些地方而退向葱岭、乌孙、大宛以西各地。

　　蒙古高原的山岭很多，上面已大致说及，其较重要者是东部的兴安岭，东北的肯特山，西部的杭爱山与阿尔泰山，以及南部的阴山、狼山、贺兰山。兴安岭自黑龙江北部边境向南至内蒙古中部西拉木伦河上游地区，延绵一千五百公里，高度在一千至二千米之间，东坡较陡，西坡较缓，倾斜向大戈壁。兴安岭以东为松花江、嫩江流域及其平原；兴安岭之西就是茫无涯际的大戈壁。兴安岭的东坡，尤其是北部森林茂盛，可以从事农垦；西边虽然也有海拉尔河总汇了山谷中流出的溪水，但景色与岭的东边完全不同，这里比较干寒，没有树木，只有碧绿广阔平坦的草原。

　　肯特山像上面所说，是色楞格河与克鲁伦河的分水岭。在色楞格河流域一带，是丘陵地带，除肯特山外，地形较为平坦。肯特山的山坡也较为平缓，最高峰海拔只有二千八百米，可是这个地区的海拔均多在一千六百米以上，所以肯特山的高峰离地面往往也不过几百米。

　　杭爱山海拔在二千至三千米，两侧崎岖，山谷之中有平地，所占的面积相当广阔，北边得了北冰洋的水气，雨量较多。故森林颇为茂盛，林间也有野兽，其景色与西伯利亚相似。这个山脉是好多河流的发源地，匈奴时代的幕北王庭似乎也曾到过这个山脉所流出的河水旁边。应该是史书中所说的幕北的重要地区。

　　阿尔泰山是一条很长的山脉，自西北向东南，长约一千六百公里。西段高而东段低，但海拔均在三千米以上。在科布多境内阿尔泰山的西部与唐努山相接，其东段自西至东伸入大戈壁。

　　新疆的北部，在天山与阿尔泰山之间，就是准噶尔盆地。这里地势低陷，来自西北的海洋水气可以深入，雨雪较多，大部分成为草原。古代天山以北的西域的一些国家，都在这个盆地建立。著名的乌孙国，就占据着这个盆地的西侧。匈奴可以通过阿尔泰山的山口来到这个盆地，役属这些国家。

阴山在大戈壁的南边，内蒙古自治区境内，略与黄河平行。阴山是匈奴与汉朝的交界地区，北为匈奴，南为汉朝。所谓"不教胡马渡阴山"，就是这个意思。我们现在乘火车赴呼和浩特与包头，过了集宁就隐约的可以望到一条从东向西延伸的山脉，这就是过去的阴山。阴山乃是大青山和狼山的总称，高出海面虽约为二千至三千米，但高出附近的地面只有数百至一千米。从阴山的北坡来看更显得不高。阴山沿黄河折向西南就是贺兰山，贺兰山从南到北走向与这一带的黄河平行。

阴山是古代抗拒匈奴的屏障。阴山之南有一条狭长的平原，从下面来看阴山不只可以挡住匈奴人，而且可以挡住酷冷的北风。山北与山南景物完全不同。以呼市附近为例，从山南到山北要越过险峻的蜈蚣坝，由山南至填底村约为十公里，全为山沟，由坝底逾蜈蚣坝至后坝约十五公里。这是前山与后山的分界处，现在有了公路，行车时仍要小心，没有公路之前当更险要。

我们上面曾指出，在战国时代，燕、赵、秦在其北边筑了长城。现在还有一段古代长城的遗址，绵亘在大青山、狼山靠南边的山顶上。这一段长城，应该是战国时赵国所建。为占夺这个地方，赵国与匈奴曾有过长期而剧烈的战争。后来赵国打败了匈奴人，占据了山南的平原，于是乃在山上筑长城以拒胡。

现在的大青山，十余年来，除了在山南种植不少树木之外，山上树木不多。可是在古代，却是森林地带，应该说，直到十三世纪时这里还有森林。呼和浩特蒙古语是青色的城，包头是蒙古语译音，意义是有鹿的地方。鹿或禽兽出没的地方，应该是有树林的地方。原来阴山的森林，经过数百年的砍伐，已使青色的山变得光秃。

我们若把历史回溯到西汉时代，阴山的树木必当很多，深密的森林布满在这条绵长不断的山岭之中。这森林对于匈奴来说是很有作用的。《汉书·匈奴传》引侯应的话说：

> 臣闻北边塞至辽东，外有阴山，东西千余里，草木茂盛，多禽兽，本冒顿单于依阻其中，治作弓矢，来出为寇，是其苑囿也。

阴山的树木，不只可以用做弓矢，也可以用做车与穹庐的架子及其他用处。匈奴人是游牧民族，阴山有禽兽，是匈奴人打猎的地方，是匈奴人依靠以取食物的地方。这样看起来，不只备战要靠阴山，就是日常生活也要靠阴山，可以说是匈奴人的生命线。因此之故，匈奴在与汉朝的争夺战中失败后，阴山为汉朝占领，匈奴人之过阴山者都哭起来。《汉书·匈奴传》又引侯应话说：

> 至孝武世，出师征伐，斥夺此地（指阴山一带），攘之于幕北。建塞徼，起亭隧，筑外城，设屯戍，以守之，然后边境得用少安。幕北地平，少草木，多大沙，匈奴来寇，少所蔽隐，从塞以南，径深山谷，往来差难，边

长老言匈奴失阴山之后，过之未尝不哭也。

阴山不只是作为狩猎的场地，而且还是匈奴在军事上的屏障与隐蔽的地方。匈奴失了阴山，也可以说是匈奴帝国衰败的开始。

阴山保不住了，匈奴在幕南就难于立足。他们跑到幕北，就是越过了大戈壁而到了蒙古高原最北的地方。在这里，地既平又少草木，多大沙。地平则难守，少草木，多大沙，对于随水草而生活的民族是极为不利的，这也就是《匈奴传》上郭吉所谓幕北寒苦，无水草之地。自此不只在军事地理上匈奴处于不利的地位，在经济条件上，匈奴也处于不利的地位。幕北既不容易生活，再加以汉朝的不断攻击，匈奴就不得不逐渐往西迁徙——迁往天山之北，现在的准噶尔盆地，再迁往乌孙与大宛的中亚细亚地带，以至欧洲东部的黑海地区。可见阴山的争夺战对于匈奴的兴衰是有着极为密切的关系的。

上面是叙述蒙古高原的山岭，我们现在谈谈这里的河流。

这个地区东北部的最大河流是克鲁伦河。这条河发源于肯特山麓，先向南流；然后折而向东，最后注入呼伦湖。河水大时，可与额尔古纳河连接起来，成为黑龙江的上游。这条河的两岸，除沿河一带略有草原之外，都是沙漠，河水主要是取自于肯特山的雨雪，所以河水深处不过一二米。在肯特山以西，有鄂尔浑河下游的三条支河：依罗河、哈拉河与土拉河。这三条河发源于肯特山的西麓与南麓。土拉河是蒙古水系的重要分界，河之南是内流区域，方向是自北而南，河流很少，从山麓的草原逐渐而至戈壁；其北属外流区域，方向是自南而北，河流很多，由草原逐渐而至森林地带。

在蒙古的正北，或是贝加尔湖之南，主要河流是色楞格河，这条河上游有三条支流：北边一条是穆棱河，发源于汗泰加山脉西麓；南边一条是乔鲁图河。中间一条伊第尔河，是色楞格河的正源，与乔鲁图河都发源于杭爱山的北麓。在此以东还有鄂尔浑河，与色楞格河平行，上游也有很多支流。鄂尔浑河与色楞格河汇合于买卖城（今阿尔丹布拉克附近），最后注入贝加尔湖。

唐努山与汗泰加山脉的北部，是小叶尼塞河及其上游"施什锡德河"的发源地。这条河自唐努乌梁海盆地向西流，到了奇悉尔和自北南流的大叶尼塞河相会，然后再向西流又与自西南来的赫姆奇克河相会流入西伯利亚，所以这个地方是外流区域。

西部科布多盆地的最大河流，是科布多河与札布汗河。前者发源于阿尔泰山北麓，注入慈母湖（哈腊乌斯）与喀拉湖（哈腊湖）相通；后者发源于杭爱山南麓，是盆地最大河流，自东南流至西北，注入吉尔吉斯湖。

在中南部，自杭爱山南麓流出的水，成为翁金河、图音河与拜达里格河。翁金河在东，图音河在中间，拜达里格河在西。这三条河的走向，都是自北而南。翁金河是这三条河中最长的，自西北向东南走，潴为乌兰湖。这条河深入蒙古的中部，水量有限。图音河注入鄂罗克湖，拜达里格河注入邦察罕湖，都是很小的湖泊。

西南方面，发源于祁连山的额济纳河，上游为弱水与临水，二者经过河西走廊，流至宁夏北部潴为居延海。此外，蒙古最大和最多的湖区在西北部的乌布苏诺尔与科布多省。

大致而言，蒙古盆地，除了杭爱山脉稍居于偏西北的中部外，四周皆围有山岭或高原，中间地势较低，海拔约一千米或数百米。山岭高原地带为河流之所出，惟除正北及西北一些河外流外，其余多是内流河。中间的广大区域则是大戈壁。

大戈壁的周围河流很少。而且这些河流水量有限，有的在中途就消失了。至于大戈壁的中部，差不多完全没有水。所谓湖泊地乃是风蚀的洼穴，一年之中除雨季积了些水外，大部分时间干涸。然而像上面所说，这个戈壁也不像塔里木的戈壁那样一望无垠、丘陵起伏、松沙干燥、深地无水。相反的，在这个戈壁中，稍向下掘地往往有水，低洼有水的地方易形成草原，加上土壤中含有盐分，所长出的草，很宜于饲畜。所以住在这里的绝大部分的人民都以畜牧为业。

大戈壁的边缘地带，尤其是在河流较多的地方，草类或其他植物也较多。在雨雪较多时，这里的草原便扩展范围，向戈壁地带发展，使戈壁的面积缩小。雨雪较少时，草原缩小了，戈壁遂扩展开来。这与畜牧事业有着密切的关系。水草丰富，则畜牧繁盛；水草缺乏，畜牧受到影响，所以住在这个地方的人们往往从一个地方迁到另一个地方，所谓逐水草而居，就是这个意思。

从整个蒙古的地理来看，荒漠地带所占的地方最大，草原因雨雪的多少而决定时大时小。然而，植物之中生长得面积最广的，还是草类。有些地方，虽也可耕种，但是地域既小，而能种的农作物也主要是大麦与燕麦。山区地带，也有森林，但是高山如阿尔泰山在三千三百五十米左右的地带，已属于永久积雪，在这些地方，植物连影子也不见了。

在匈奴的本部里，现在看来也有不少湖泊。但是史书所记载的湖泊并不很多。居延泽现称嘎顺诺尔，是史书屡载的湖泊，但这个泽或海，在匈奴时代来说，是匈奴出河西走廊与西域的交通要冲，在交通上与在军事上，是个重要地方，在经济上的作用可能也有一些，但不明显。自公元前121年霍去病阻断了匈奴这条通路及公元前102年路博德筑遮房鄣以防备匈奴之后，在这个海边，汉人曾从事农垦，但直到现在，这一带还是地广人稀。居延海的水来自祁连山，下游称额济纳河，流经张掖、鼎新等处，然后北流到内蒙古的西部而潴为居延海。居延海分东西两海，东海小而西海大，东海淡而西海咸，东海还产有不少鱼，海边芦草丛生，也有树木。

在大戈壁的地区中，除了居延海外，还有好多湖泊。如乌兰泊，是翁金河所潴成的湖泊，翁金河的水量减少，这个湖泊的水量就要减少。又如在巴格布克多山麓的密堪泊，主要是靠泉水汇流，遇干旱，地下水面低于湖床时，湖水也就要枯干。总而言之，大戈壁的湖泊多是低洼地方，雨天时候成为湖泊，一到旱季，湖水也就要干。

北海就是现在的贝加尔湖，也是史书所屡记的湖泊。《汉书·匈奴传》说到这个湖的有几处，说是一个很大的湖，在匈奴的时代，虽非是完全没有人烟的地方，可是到过或住在这个地方的人必定寥寥无几。匈奴的於靬王曾在这里狩猎，可能是负有监视丁零人的任务，但是他死之后，并没有派人瓜代。他的士卒走了以后几乎又是空无人烟了。

在色楞格河流域地区的西北角，有一个库苏古尔泊，南北长一百三十公里，东西最宽处约四十公里，是现在蒙古地区最大的湖。湖在四面高山之中，四周林木茂盛，色楞格河的上游，额格河的水源，多来自这个湖。湖南部的木伦河与依德尔河之间，还有一个桑金达赖泊，是一个高山湖泊，没有出口，成为咸水。

在科布多盆地中，湖泊很多。著名的有慈母湖、喀拉湖与吉尔吉斯湖。慈母湖在科布多城东约四十公里。喀拉湖在慈母湖东约五十公里，形状狭长，北部水常流动，水味淡；南部水常停滞，水味咸。吉尔吉斯湖在喀拉湖北约八十公里。

唐努乌梁海盆地也有很多湖泊，但面积很小。在盆地东南有德里湖，北部在贝克穆河中流有多齐湖、托罗湖与那雅湖，这些湖虽远不若科布多盆地或色楞格河流域的湖泊之大，但这些小湖盛产鱼类。

阴山以北是寒冷地带，史书称为苦寒之地。冬季来得很早，所谓"胡天八月即飞雪"就是这个意思。《汉书·匈奴传》引严尤上书王莽说："胡地秋冬甚寒，春夏甚风。"又《汉书·匈奴传》记李广利降匈奴，被匈奴杀死后，雨雪数月不停。同传又指出常惠与乌孙击败匈奴之后，在一日之中，下雪深丈余。这都说明匈奴的本部是一个极为寒冷的地方。

当然，在这么大的地区中，气候也并非到处一样。比方大戈壁的冬季各月，气温下降到零下二十度很为普遍，水都结冰，人们要用雪作饮料。霜雪在九月上旬就已下降。在幕北的色楞格河流域，更为寒冷。史书中所说幕北苦寒的地方很多。在这个地区，北边少有高山阻止从西伯利亚来的寒潮，所谓蒙古高压的中心，就在这个地区，气候非常干燥，非常寒冷。在乌兰巴托一带，气温可以低到零下40度以下。一年之中，植物能够生长的时间只约有一百天。到了夏天，这一带平均温度虽为17.1度，但有时也高达34.3度，又可以说是酷夏了。不只一年之中的气候差别若是之大，一日中白天与夜间气温相差也有时很大，白天似炎夏，而夜间则似严冬。住在蒙古高原的人们，夏天也带着一件皮大衣，是有其理由的。不过应该指出，就是在夏天，所谓酷热的时间也是极短的，严冬可以说是这个地区的经常性气候。

第五章　匈奴人的经济生活

《史记·匈奴列传》说："其俗，宽则随畜，因射猎禽兽为生业，急则人习战攻以侵伐，其天性也。……自君王以下，咸食畜肉，衣其皮革，被旃裘。壮者食肥美，老者食其余。贵壮健，贱老弱。"同传又说："其畜之所多则马、牛、羊，其奇畜则橐驼、驴、骡、駃騠、騊駼、驒騱。逐水草迁徙，毋城郭常处耕田之业，然亦各有分地。……儿能骑羊，引弓射鸟鼠；少长则射狐兔；用为食。士力能毋弓，尽为甲骑。"

另外，《东观汉记》说："单于岁祭三龙祠，走马斗骆驼以为乐事。"《后汉书·南匈奴传》也说："匈奴俗，岁有三龙祠……会诸部，议国事，走马及骆驼为乐。"这些史料明显说明匈奴是一个狩猎与畜牧的民族。

匈奴单于自头曼、冒顿以后，对狩猎都很重视。匈奴人射猎，不只以射鸟兽为食或娱乐，而且以之作为一种军事训练，一种严格纪律的手段。所以匈奴人从小就练习射猎，在羊背上射，在马背上射，这样的长期训练，严格遵守纪律，严格执行命令，是冒顿之所以能东败东胡，西击月氏而建立一个大帝国的重要原因。同时，匈奴的射猎，往往也是军事上的行动。且鞮侯单于（公元前101—96年）的弟弟於轩王弋射于北海，既是射猎，也是监视丁零的军事行动。《汉书·匈奴传》说："数万骑南旁塞猎，行攻塞外亭障，略取吏民去。"同传又说："左大且渠……乃自请与呼卢訾王各将万骑南旁塞猎，相逢俱入。""单于将十万余骑旁塞猎，欲入边寇。"此外匈奴也有因没有禽兽可猎而他去的。《汉书·匈奴传》下载："昌、猛见单于民族益威，塞下禽兽尽，单于足以自卫，不畏郅支。闻其大臣多劝单于北归者，恐去后难约束。"颜师古注说："塞下无禽兽，则射猎无所得，又不畏郅支，故欲北归旧处。"

直到一百三十年后，就是后汉章帝元和二年（公年85年）时，匈奴人还没有放弃射猎的生活。《后汉书·南匈奴传》说："其岁，单于遣兵千余人猎至涿邪山，卒与北虏温禺犊王遇，因战，获其首级而还。"这是打猎与打仗合而为一了。在和平无战事的时候，射猎与畜牧也是合而为一，就是说，在畜牧的时候，也可以射猎。到过蒙古高原的人，可以看到在高原上黄羊或其他兽类成群出现，在天空中鸟类回旋而飞，随畜的牧人，就可以引弓而射。社会发展的初期，人们主要是靠打猎为生，经过一个时期，人类懂得养畜之后，慢慢的畜牧变为主业，射猎成为副业。匈奴在头曼与冒顿的时代，已经进入畜牧为主、射猎为副的时代，所以匈奴是游牧民族。

在未叙述匈奴的游牧情况之前，我们在这里提出一个与射猎有关的问题，就是匈奴人会不会捕鱼？渔猎在原始社会里往往并举。匈奴人生活地区虽称沙漠苦寒之地，然也有不少河流湖泊，这些河流湖泊盛产鱼类，那么匈奴人是否也能捕鱼？《后汉书·乌桓鲜卑传》载："冬，鲜卑寇辽西。光和元年冬，又寇酒泉，缘边莫不被毒。种众日多，由畜射猎不足给食，檀石槐乃自徇行，见乌侯秦水广从数百里，水停不流，其中有鱼，不能得之。闻倭人善网捕，于是东击倭人国，得千余家，徙置秦水上，令捕鱼以助粮食。"鲜卑入居匈奴故地。匈奴有十余万人留居故地，自号鲜卑。这些在蒙古高原上的鲜卑人、匈奴人看来是不会捕鱼的。但从冒顿到公元后二世纪末的匈奴历史中，汉人被虏或逃入匈奴的不知多少，这些汉人曾把农业、建筑及好多手工业技术传入匈奴，有的长期为匈奴服务。若说匈奴人不会捕鱼，汉人在匈奴者也不捕鱼或没有传授捕鱼的方法给匈奴人，那是不可理解的。檀石槐因为粮食缺乏而找人捕鱼，匈奴人历史上也时因牲畜死亡而陷入饥饿，似乎也应捕鱼以助粮食。《汉书·苏武传》说：苏武在北海时，"单于弟於靬王弋射海上，武能网纺缴，檠弓弩，於靬王爱之，给其衣食"。这里说的网纺，应该是捕鱼的网纺。捕鱼之法，应该早已传入匈奴，匈奴人也会以鱼为食。可能鱼在匈奴人的食品中所占成分太少，故史书少有记载。

现在我们谈谈匈奴的畜牧。

匈奴是一个游牧民族。《汉书·匈奴传下》说："（匈奴）辟居北垂寒露之野，逐草随畜，射猎为生，隔以山谷，雍以沙幕，天地所以绝外内也。"《盐铁论·备胡》说："随美草甘水而驱牧"，"衣皮蒙毛，食肉饮血"。《盐铁论·论功》说："因水草为仓廪。"袁宏《后汉纪·明帝纪》载："（永平）十六年（公元73年）春，（耿）秉出张掖居延塞，击匈林王到涑楼山，渡漠六百里余，绝无水草，得生口辞云：匈林王转北逐水草，秉欲将轻骑追之，都尉秦彭止之而还。"

游牧民族依靠的畜类中最重要的是马、牛、羊。在这三种之中，马又最重要。马的种类很多，奇特的也有多种。《盐铁论·崇礼》篇说："騄驴驼驼，北狄之常畜也。"匈奴马的数量也多，冒顿纵精兵四十万骑围高帝于白登七日。精兵之外当还有很多不为骑兵所用的马。在匈奴，骑兵是攻战的主要力量，骑兵往来快捷，出没无常。战国时代，汉人时常受到主要是匈奴骑兵的扰乱与侵略。《汉书·晁错传》说："今匈奴地形技艺与中国异。上下山阪，出入溪涧，中国之马弗与也；险道倾仄，且驰且射，中国之骑弗与也；风雨罢劳，饥渴不困，中国之人弗与也；此匈奴之长技也。"《汉书·匈奴传》又载："匈奴之俗……以马上战斗为国。"

欧洲的罗马历史家曾记载，匈奴人在欧洲，不只战时用骑射，平时也常在马背上，连吃饭、闲谈及办交涉都在马背上，正如《淮南子·原道训》所说："人不弛弓，马不解勒。"

匈奴以骑兵见长，汉武帝要征伐匈奴，对用马作战便不得不非常重视，二次远伐大宛，主要原因之一就是想得到大宛的善马。《史记·大宛列传》载："宛贵人相与谋曰：'汉所为攻宛，以王毋寡匿善马而杀汉使。今杀王毋寡而出善马，汉兵宜解。'"

马肉、乳可作食品，马乳还可以作酪。在匈奴人的食品中，牛羊肉、乳尤为普通。《史记·匈奴列传》载，中行说对汉使曰："匈奴之俗，人食畜肉，饮其汁，衣其皮；畜食草饮水，随时转移。"

马还可以作祭品与盟誓之用。《汉书·匈奴传下》载："昌、猛与单于及大臣俱登匈奴诺水东山，刑白马，单于以径路刀金留犁挠酒，以老上单于所破月氏王头为饮器者共饮血盟。"

匈奴人用畜皮做衣服，"衣其皮革，被旃裘"就是这个意思。他们很早就制作裤子、长靴、长袍、尖帽或风帽，这种服饰，无论在行动或保暖方面，都很适应马背上的生活。战国时代赵武灵王所采用的胡服，就是这种服装。胡服，非匈奴人所发明，可能是中亚细亚的塞种最先创制，匈奴人从他们学习而来。

匈奴人住的地方叫做穹庐，是毡帐所制的幕，也叫做帐幕。这种房舍，也需用木条作柱梁。成帝绥和年间（公元前8—9年）汉朝使者王根建议乌珠留单于割让匈奴温偶驶王地，单于答复道："已问温偶驶王，匈奴西边诸侯作穹庐及车，皆仰此山材木，且先父地，不敢失也。"每个穹庐所用木材不很多，较轻便，易搬迁。穹庐不很大，一般父母子女一家四五口，睡在里面就很拥挤。这种居住条件是汉人所不习惯的。正如嫁给乌孙昆莫的江都王建女所作的歌曰："吾家嫁我兮天一方，远托异国兮乌孙王。穹庐为室兮旃为墙，以肉为食兮酪为浆。居常土思兮心内伤，愿为黄鹄兮归故乡。"

古代史书多说匈奴人不事耕种，《史记》说匈奴人"毋耕田之业"。《淮南子·原道训》说："雁门之北狄不谷食。"《盐铁论·备胡》说："外无田畴之积。"《盐铁论·论功》说："马不粟食。"但《汉书》引用司马迁"毋耕田之业"一语，又说到李广利被匈奴人杀死之后，"会连雨雪数月，畜产死，人民疫病，欲稼不熟"。颜师古注云："北方早寒，虽不宜禾稷，匈奴中亦种黍穄。"这说明匈奴是有耕田之业的。他们除在本部耕种之外，在西域还有骑田。《汉书·西域传·乌孙》载：嫁到乌孙的楚解忧公主曾上书言"匈奴发骑田车师"，这很像汉人的屯田作法。

匈奴人耕田产谷，还建有谷仓去藏谷。《史记·卫青霍去病列传》载：武帝元狩四年（公元前119年），卫青击匈奴至寘颜山赵信城时，"得匈奴积粟食军。军留一日而还，悉烧其城余粟以归"。《汉书·匈奴传》指出：昭帝始元四年（公元前83年），"卫律为单于谋'穿井筑城，治楼以藏谷，与秦人守之'"。这些粟谷，不一定是匈奴自己生产的，可能是汉朝所给予或是匈奴人从汉朝边地或西域诸国掠夺而来的。但匈奴人既已种谷、藏谷，就不仅是食畜肉，而是也食谷物了。

近来发掘的匈奴墓中有铁制的铧与镰刀，有石臼，说明匈奴确有农业生产活动。

生产上和生活上所需要的东西，尤其是统治者需要的奢侈品，匈奴人不能完全自给，必须从其他地方输入，所以匈奴人十分重视商业交换。《史记·货殖列传》载："乌氏倮畜牧，及众，斥卖，求奇缯物，间献戎王。戎王什倍其偿，与之畜，畜至用谷量马牛。"游牧部落用以为交换的主要物品是牲畜，他用价值十倍的牲畜去交换"奇缯物"，"奇缯物"在游牧社会中是一种奢侈品。

匈奴是很乐于与邻人尤其是汉人互市的。贾谊《新书·匈奴》篇说："夫关市者固匈奴所犯滑而深求也，愿上遣使厚与之和。以不得已许之大市……则胡人著于长城下矣。"《汉书·匈奴传》说："景帝复与匈奴和亲，通关市……终景帝世，时时小入盗边，无大寇。武帝即位，明和亲约束，厚遇关市，饶给之。匈奴自单于以下皆亲汉，往来长城下。"即使武帝在马邑用交易为名伏兵诱单于，希望一击而破之，为匈奴发觉后，两国处于战争状态之下时，交易也没有中断。《汉书·匈奴传》说："自是后，匈奴绝和亲，攻当路塞，往往入盗于边，不可胜数。然匈奴贪，尚乐关市，嗜汉财物，汉亦通关市不绝以中之。"《后汉书·南匈奴传》指出：一再受了汉朝痛击之后的北匈奴，也"愿与吏人合市"。汉朝答应互市之后，"北单于乃遣大且渠伊莫訾王等，驱牛马万余头来与汉贾客交易。诸王大人或前至，所在郡县为设官邸，赏赐待遇之。"为什么匈奴这样乐与汉人交易呢？我以为，一方面是匈奴人，尤其是其统治者，想丰富他们的生活享受；另一方面，他们把交换来的汉人物品作为商品转卖他人从中取利，或交换别的物品。就是说，匈奴是将汉人物品运到西域诸国包括大秦的中间人。岑仲勉先生在所著《隋唐史》中指出："匈奴早已运用（北道）为转输华丝于西亚罗马之通途。"西域诸国以至最远的大秦，都喜欢汉人的丝绸，不过汉人与西域的交通，一向为匈奴所阻隔。自冒顿灭月氏，服乌孙、呼揭、楼兰及其旁二十六国之后，匈奴完全垄断了汉人与西域交通的路线。西域诸国既不能直接与汉人交易，也就不得不依赖匈奴做中间人。《史记·大宛列传》载：张骞从匈奴逃到大宛时，"大宛闻汉之饶财，欲通不得，见骞，喜"。《史记·西南夷列传》转述张骞说："大夏在汉西南，慕中国，患匈奴隔其道。"在汉未与西域诸国直接交通之前，匈奴的势力一直伸张到葱岭以西的安息，就是在汉与西域诸国直接交通之后，这种妨碍汉与西域诸国直接贸易的势力仍然存在。《史记·大宛列传》说："自乌孙以西至安息，以近匈奴，匈奴困月氏也，匈奴使持单于一信，则国国传送食，不敢留苦，及至汉使，非出币帛不得食，不市畜不得骑用。所以然者，远汉，而汉多财物，故必市乃得所欲，然以畏匈奴于汉使焉。"

自武帝元狩二年（公元前 121 年）汉占据了河西一带，与西域诸国直接交通之后，匈奴在政治上、军事上和经济上均受到很大的损失，经济损失尤大，因昔日为匈奴人所垄断的贸易，已操在汉人与西域人的手里了。而匈奴人，尤其是其统治者，用惯了汉人的珍贵物品，要他们中止使用是非常困难的。以前半自用半转卖，收支可以平衡，现在贸易之利没有了，不得不把价值多倍的牲畜去换取汉人的物品，这样就大大的入超，造成匈奴的经济危机。再加上汉朝军事上的不断攻击，结果引起匈奴内部政治上的动乱，五单于争立，呼韩邪向汉称臣。从此以后，匈奴分裂为南北二部，南部归附于汉，入居塞内，北部继续留在漠北，势力虽然也时强时弱，总的趋势是逐渐衰弱。和帝永元元年（公元 89 年）汉朝大举征伐北匈奴，永元三年（公元 91 年）耿夔大破北匈奴于金微山，北单于率部分人众西逃，从此匈奴退出了漠北地区。但是这部分北匈奴仍一直与汉人做买卖，直至他们西徙到中亚的西部，杀了粟特国王并占领其国之后，商人还到甘肃贩货。北魏克姑臧（公元 439 年）曾把这些商人当俘虏，粟特国王遣使赴魏赎回他们。

最后，略谈匈奴的手工业。匈奴是游牧民族，自己制造的手工业品，主要是日常生活用品和战争用品。

首先是兽毛皮革制品。衣服、马褂、长靴、尖帽、风帽等穿着物品，穹庐的墙壁、地毡、毛毡等，此类物品除自用外，还可作商品或礼物。《淮南子·原道训》说："匈奴出秽裘。"《后汉书·南匈奴传》说："二十八年（公元 52 年）北匈奴复遣使诣阙，贡马及裘。"

其次是木制品。穹庐用的柱梁、马鞍、车。匈奴车相当多。《盐铁论》说："胡车相随而鸣。"《后汉书·耿夔传》指出：公元 109 年击败南单于，获其车千辆，都是说明其车之多。《汉书·晁错传》说："材官驺发，矢道同的，则匈奴之革笥木荐弗能支也。"颜师古引孟康说："草笥，以皮作如铠者被之。木荐，以木板作如楯。"卫律曾治楼以藏谷，伐木数千准备筑城。匈奴人还用木作桥。《汉书·匈奴传》说："北桥余吾，令可度，以备奔走。"颜师古注云："于余吾水上作桥"，"拟有追急，北走避汉，从此桥度也"。还用木做棺材。《史记·匈奴列传》说："其送死，有棺椁金银衣裘，而无封树丧服。"

匈奴人日常吃畜肉，杀了牛羊，其骨可能用为器皿或工具。《盐铁论·论功》篇记载匈奴人用素弧骨镞。

匈奴人也用各种陶器。《汉书·苏武传》说单于之弟於靬王赐苏服匿。同传注孟康曰："服匿如甖，小口大腹方底，用受酒酪。"晋灼曰："河东北界人呼小石甖受二斗所曰服匿。"《南齐书·陆澄传》载："竟陵王子良得古器，小口方腹而底平，可将七八升，以问澄，澄曰：'北名服匿，单于以与苏武。'子良后详视器底，有字仿佛可识，如澄所言。"匈奴没有文字，王子良所得的古器是有字的，很可能是仿制汉人的东西。近人在蒙古高原匈奴人的墓中掘出很多古物，包括陶器、石器、铜器、铁器、银器与金器。其中有生活必需品、军用品与装饰品。这些古物，有很多是汉朝给予匈奴的，有的是匈奴从汉族或其他各族掠夺而来的，也有的是匈奴用交换方式得来的。出土的古物，只能说是匈奴人使用的手工业品，不一定是匈奴制造的。即使是匈奴出产的东西，也不一定是匈奴人制造的，而可能是久居匈奴的汉人或其他种族人制造的。

第六章 匈奴人的宗教意识

匈奴人祭天地，拜日月，崇祖先，信鬼神。在他们的生活中，无论是平时或战时都与这种宗教意识有密切的关系。每年有规定的日子举行集体的祭祀；平日，一个人病了以为是鬼神作祟；战时，攻打敌人不胜也以为对方是有神保佑。我们要想了解匈奴人的生活或文化，就不能不注意到他们的宗教意识与迷信的风俗。

研究匈奴宗教信仰或迷信风俗的主要材料是《史记》《汉书》与《后汉书》中零碎片断的记载。历来注解这几部书的人们，在这方面有的给我们以不少的启发，有的却增加了问题的复杂性。虽然如此，仍可以得到一个大致清楚的概貌。

《史记·匈奴列传》："岁正月，诸长小会单于庭，祠。五月，大会茏城，祭其先、天地、鬼神。秋，马肥，大会蹛林，课校人畜计。"《汉书》照抄了这段话，只是茏城作龙城。《史记索隐》引崔浩的话说："西方胡皆事龙神，故名大会处为龙城。"《后汉书·南匈奴传》："匈奴俗，岁有三龙祠，常以正月、五月、九月戊日祭天神。"又《史记·匈奴列传》："汉使骠骑将军去病将万骑出陇西"，"破得休屠王祭天金人"。又说："朝出营，拜日之始生，夕拜月。"从上面数段话来看，我们所要解释的问题有三个：一是祭祀的日期，二是祭祀的地点，三是祭祀的对象。先从祭祀的日期说起。

匈奴每年三次集会的日期，据《史记》说是正月、五月与秋天。《后汉书》为正月、五月与九月。两者是一致的。但是《汉书·匈奴传》注"蹛林"二字引服虔曰："蹛音带，匈奴秋社八月中会祭处也。"虽然两说有异，但八月、九月都在秋天，不必作为一个重要问题加以讨论。

在这三次集会中所祭祀的神灵是不是一样呢？《后汉书》说是一样，说"匈奴俗，岁有三龙祠，祭天神"。《史记》与《汉书》说的，至少从字面上来看是不同的。正月是一个小集会，也祭祀，但没有说明祭祀的是什么。五月是一个大集会，祭其先、天地、鬼神。秋天只说马肥而大会，课校人畜计，没有提到祭祀。《史记》与《汉书》虽然没有明言秋天大会是祭祀，但是我们应该相信范晔与服虔的记载，这个大会也是有宗教含义的。大致上，正月的集会是一个小集会，参加的人是匈奴诸长，所以说诸长小会。在这个小集会中，诸长也可能讨论到他们这一年中的国家大计或有关的问题。五月的大会，参加的人数必定很多，不限于诸长。这一次的集会好像是最富有宗教的色彩，所以清楚地指出祭其先、天地、鬼神。秋天的时候，马肥了，人畜也增加了，需要课校计算。这个大会好像是为秋天收成而感谢天神的集会。这三个集会，照范晔的记载虽然没有区别，但照司马迁与班固所说，就有大小的不同，而且除祭祀之外，还有与祭祀有关的其他任务。

此外，匈奴拜日月是每天都要举行的，这是日常生活中的一种习俗，与每年三次集会不同。由此我们可以看出，匈奴有定期的集体拜祭，又有每日的日常拜祭，宗教意识在匈奴人的生活中的确占有很重要的地位。

关于匈奴集体祭祀的地点，是一个意见很为分歧的问题。《后汉书》没有说到祭祀的地点，崔浩以为龙神大会处为龙城，也没有说龙城是一个固定的地方。但是《史记》却说，正月的集会是在单于庭，就是单于所在的地方。五月大会龙城，龙城是一个地方，而且好像是一个固定的地方。秋天大会蹛林，照字面上看，也好像是一个固定的地方。看起来这像是三个不同的地方。然而一些作注解的人却有不同的意见。服虔注蹛林"秋社八月中会祭处也"，这当是一个地方。《史记索隐》引郑氏云："蹛林，地名也。"《史记索隐》又说："晋灼曰：'李陵与苏武书云相竞趋蹛林，则服虔说是也。'"这都是说蹛林是一个地方名。《汉书》颜师古注云："蹛者，绕林木而祭也。鲜卑之俗，自古相传，秋天之祭，无林木者尚竖柳枝，众骑驰逐三周乃止。此其遗法。"这是把蹛林当作祭祀的一种仪式，不当为地方名。究竟蹛林是一个地方的名称，还是祭祀的一种仪式呢？这是不容易简单回答的。

单于庭这个名词的意义是很清楚的，它就是单于经常驻扎的地方。游牧民族逐水草而居，单于庭也可以随时随地迁徙，但是单于庭为一个地方是无可怀疑的。

龙城是不是一个地方呢？照崔浩解释是一个地方。而且《汉书》中说及龙城的有好几处。《汉书·韩安国传》说："将军卫青等击匈奴，破龙城。"同书《卫青传》说："青至笼城。"颜师古注云："笼，读如龙。"又《汉书·匈奴传上》说，左贤王"未尝肯会龙城"，"右贤王会龙城而去"。龙城是一个地方没有问题。问题的焦点是龙城与单于庭是两个不同地方还是同一个地方。我认为龙城与单于庭是一个地方。可以肯定地说，大会龙城时，单于必在龙城。《汉书·匈奴传》：

> 右贤王会龙城而去，颛渠阏氏语以单于病甚，且勿远。后数日，单于死。郝宿王刑未央使人召诸王，未至，颛渠阏氏与其弟左大且渠都隆奇谋，立右贤王屠耆堂为握衍朐鞮单于。

这是说单于在龙城，单于庭也在这个地方。假使单于庭不在这个地方，单于到这个地方参加龙城大会，会完之后，单于应该回单于庭，若说他因病重而不能跋涉途程，那么他应该留诸王在这个地方处理他死后的事情。他没有这样做，说明他以为他不会死。在这种情形之下，大家会龙城之后都回去，而他却留在这个地方，是没有什么意义的。而况他正病重，更应早日回到单于庭，准备身后的事情。而且这位颛渠阏氏自始就为单于所不喜欢而被黜，她曾与右贤王私通。假使单于庭不是在这个龙城大会的地方，颛渠阏氏不会到这个地方参加大会，也就是说单于不会带她来到这个地方。因此，我们推想这个龙城大会就在单于庭所在的地方。

上面举出卫青所破的龙城就应该是单于所在地，也是五月大会的地方。卫青攻破这个地方是一件大事情，所以史者特别笔之于书。

霍去病所破休屠王祭天处，好多注解家都认为这不仅是休屠王的祭天处，而且也是匈奴人的祭天处。《汉书》孟康注曰："匈奴祭天处本在云阳甘泉山下，秦击夺其地，后徙之休屠王右地，故休屠有祭天金人像也。"《史记正义》引《括地志》也有同样的记载。假使这个注解是对的，单于庭、龙城及蹛林是一个地方的话，那么云阳甘泉山下应该是单于庭所在地，秦夺了这个地方之后，祭天又徙到休屠王右地。然而却有人反对说匈奴的祭天处是在云阳甘泉山下。王先谦《汉书补注》：

> 沈钦韩曰，始皇纪，十年，迎太后复居甘泉宫。十五年，韩非死云阳，则云阳为秦地久矣。三十二年，使蒙恬略取河南地，即汉之朔方郡耳，宁得以前与秦逼处数十里间乎？

这样看起来，匈奴祭天的地方不应在云阳甘泉了。同处又说：

> 《地理志》，左冯翊云阳县，有休屠金人祠，及径路神祠，越巫䄒祠。此因霍去病得休屠金人，置诸云阳，《郊祀志》作甘泉宫，以致天神，是也。本以得金人而有其祠，说者反谓匈奴祭天之处，值矣。

我们同意沈钦韩所说匈奴祭天金人不在云阳甘泉，但是《史记》《汉书》既说明这个祭天金人是休屠王祭天金人，可能除了匈奴单于的祭天之外，休屠王也有祭天的地方，这就是匈奴的右地。这个金人是休屠王用以祭天的，而非单于用以祭天的。

那末蹛林是一个地方还是如颜师古所说是祭祀的一种仪式呢？我们的意见倾向于颜氏的说法。因为这三个集会都是在单于所在的地方，由于集会祭祀有不同的任务，司马迁未加区别，所以使我们觉得不大清楚。颜师古说得对，蹛林是祭祀的一种仪式。龙城之会就是范晔所说的龙祠。这三次集会虽然都是祭天，同时也有其他的任务，如商讨国家大计，秋后感谢天神等。五月大会则最富有宗教色彩，除了祭天地之外，还祭祖先与鬼神。

下面可以进而谈祭祠的对象。

匈奴人除了崇拜自然的现象如天地与日月之外，还崇拜祖先与鬼神。此外，还有霍去病所获得的祭天金人。拜祭天地、日月与中原拜祭天地、日月相象。古代中亚的祆教以为太阳是光的来源，把太阳当作神。匈奴之拜日是受了中原或祆教的影响，抑或是他们自古就有这种风俗，不得而知。匈奴祭天地与中原相象的地方很多，中原以天地为万物的父母，《论语》说："唯天唯大，唯尧则之。"匈奴也以天为最高与最大的神灵。中原的皇帝叫做天子，匈奴也有这个看法，匈奴的单于也有天子的含义。《汉书·匈奴传》："单于姓挛鞮氏，其国称之曰'撑犁孤涂单于'。匈奴谓天为'撑犁'，谓子为'孤涂'，单于者，广大之貌也，言其象天单于然也。"天是神，而皇帝与单于为天之子，这说明了天与人的关系。尊天，也得尊天子或单于。

休屠王的祭天金人是什么，注解的人意见也很分歧。《史记索隐》引韦昭说："作金人以为祭天主。"这可以说金人是祭天对象的代表。但是同处引崔浩说："胡祭以金人为主，今浮图金人是也。"《汉书》颜师古注云："作金人以为天神之主而祭之，即今佛像是其遗法。"《史记正义》也说："按：金人即今佛像，是其遗法，立以为祭天主也。"虽然都是说以金人作为祭天对象的代表，但是颜师古与张守节的注解却把金人当为佛像。金人是不是佛像？历来学者讨论的很多，有些人以为汉朝得这个祭天金人是佛教入中国之始。我们不拟在这里讨论这个问题，但要指出，霍去病获得休屠王祭天金人是在公元前第二世纪的末季，印度的佛像雕刻与佛像的采用迟于这个时代，所以这个金人不可能是佛像。假如是佛像的话，那就应该叫祭佛金人或是浮图金人。我们以为这个祭天金人只是匈奴休屠王用以为祭天的偶像，与佛教没有什么关系。

现在来说明祭其先的问题。历来注解的人都着重于祭天的解释，对于"祭其先"这几个字都少注意。我们以为"祭其先"应解释为祭其祖先，而不能解释为先后的先。"其"字指匈奴，"先"为祖先，则读如"祭其祖先、天地、鬼神"就很清楚。

崔浩以为西方胡皆事龙神，故名大会处为龙城。《史记》《汉书》《后汉书》虽没有西方胡皆事龙神的记载，却有"龙城"与"龙祠"的记载。《后汉书》："匈奴俗，岁有三龙祠"，指出三次集会都祠龙，说明匈奴人是祠龙的。他们祠龙，可能是因为匈奴在古代是以龙为图腾，为他们的祖宗的，所以到了两汉的时代还祠龙。不过，这个时候祭祠的对象已增加了，而且天地、日月及其他神灵的地位比龙神的地位还重要。这就是说，图腾制度到这个时候，已经逐渐削弱，成为一种遗迹。所以，虽然大会龙城而祠龙，或象崔浩所说因为祠龙而名大会处为龙城，但祭祠的对象除龙神外，还有天地、日月神及匈奴自己的先祖与其他的鬼神。在这个大会里，龙神已经不是主要的神，而天神是最重要的了，所以《后汉书》说："岁有三龙祠，祭天神。"但是，古代既是以龙为族名，以龙为祖宗，龙神还要祭祠，故"祭其先"仍排列在祭天地及其他鬼神之前，仍放在第一位。

为使这样的解释是完善的，我们不只要明白为什么叫做龙祠，而且应该了解，龙城之所以叫做龙城，固然含有地方的意义，而且也是历史上传下来的一种宗教制度。宗教制度离不开政治制度，宗教的活动也离不开政治中心。单于不只是部族的代表人物，而且是天之子。他是族长，又是宗教和政治领袖。参加龙会的王侯及其他人物不只是到大会来拜神，而且是到这会来朝单于。从单于方面来看，参加大会的政治意义比宗教意义还要重要。不参加这个会的诸王，与其说是不愿赴会拜神，不如说是对单于有了不满情绪，最明显的例子是《后汉书》所载师子称病不往"龙城议事"。

中国古代也有过图腾制度，但是崇拜自己已死的父母、祖父母的风俗发展之后，图腾制度就逐渐衰微。匈奴在西汉的时代，也可以说是处在这两种制度相交替的一个过渡时期。

关于"祭其先"的问题，《史记》与《汉书》的其他各处，虽没有匈奴祭祖先的明确记载，也还是可以找出一些旁证来的。《汉书·匈奴传》说："南单于既内附，兼祠汉帝。"汉朝人拜祖先，皇帝对于其祖宗设庙以祠。匈奴内附，既拜汉朝皇帝的祖宗，不会不拜自己的祖宗。这是一个旁证。其次，匈奴人对其祖宗的坟墓很为重视。《汉书·匈奴传》说："汉复得匈奴降者，言乌桓尝发先单于冢，匈奴怨之，方发二万骑击乌桓。"匈奴对于祖宗的坟墓如此尊崇，那么他们对于已死的祖宗不会不加拜祭。《汉书·匈奴传》记载，单于母阏氏有病，卫律使胡巫告诉单于"先单于怒，曰'胡故时祠兵，常言得贰师以社，今何故不用？'于是收贰师"。胡巫所说的话虽然是卫律教他说的，但是单于听了之后，以为他的祖宗因不杀李广利而发怒了，结果单于把李广利杀死以祠兵。这说明匈奴人相信祖宗死后有神灵，相信这个神灵可以赐人祸福，因而尽量设法满足其欲望。这种信仰与做法也是崇拜祖宗的一种表征与方式。这又是匈奴人崇拜祖宗的一个旁证。拜祖宗应列为匈奴人的宗教意识的一种。

匈奴人不只相信祖宗死后有神灵，其他人死后也有神灵，也可以降吉凶。单于因母病而信胡巫的话决意杀李广利，《汉书·匈奴传》说："贰师骂曰：'我死必灭匈奴！'遂屠贰师以祠。会连雨雪数月，畜产死，人民疫病，谷稼不熟，单于恐，为贰师立祠室。"这很清楚地指出匈奴人相信人死后可为鬼神，与人间祸福有密切的关系。

死人在另一个世界中的情形怎么样呢？《史记·匈奴列传》记载，有殉葬的物品和人，说明匈奴人相信在另一个世界中，也像在人间一样，需要享用金银衣裘以及近幸臣妾。

匈奴人信鬼神，除李广利一节外，《汉书》记载的还有好多地方。如《苏武传》里说："单于愈益欲降之，乃幽武置大窖中，绝不饮食。天雨雪，武卧啮雪与旃毛并咽之，数日不死，匈奴以为神。"《张骞传》说："大月氏攻杀难兜靡，夺其地，人民亡走匈奴，子昆莫新生，傅父布就翎侯抱亡置草中，为求食，还，见狼乳之，又乌衔肉翔其旁，以为神，遂持归匈奴，单于爱养之。"这是平时所见的特殊现象而以为神。汉高祖被围在平城，他使人去厚赂单于阏氏，阏氏对单于说"汉王有神",劝单于不要再围下去。《汉书·张骞传》说:"昆莫既健,自请单于报父怨,遂西攻破大月氏。大月氏复西走……昆莫略其众,因留居,兵稍强,会单于死,不肯复朝事匈奴。匈奴遣兵击之,不胜,益以为神而远之。"《后汉书·耿恭传》:"恭乘城搏战,以毒药傅矢。传语匈奴曰:'汉家箭神,其中疮者必有异。'因发强弩射之,虏中矢者,视创皆沸,遂大惊。会天暴风雨,随雨击之,杀伤甚众。匈奴震怖,相谓曰:'汉兵神,真可畏也!'遂解去。恭以疏勒城傍有涧水可固,五月,乃引兵据之……匈奴遂于城下拥绝涧水。恭于城中穿井十五丈不得水;吏士渴乏……乃整衣服向井再拜,为吏士祷。有顷,水泉奔出,众皆称万岁。乃令吏士扬水以示虏。虏出不意,以为神明,遂引去。"

在战争的时候,匈奴还相信各种巫术。《汉书·西域传》"渠犁"条载汉武帝诏书中说到匈奴的巫术,录之如下:

> 曩者,朕之不明,以军候弘上书言"匈奴缚马前后足,置城下,驰言'秦人,我丐若马'"。……重合侯得虏候者,言"闻汉军当来,匈奴使巫埋羊牛所出诸道及水上以诅军。单于遗天子马裘,常使巫祝之。缚马者,诅军事也"。又卜"汉军一将不吉"。匈奴常言"汉极大,然不能饥渴,失一狼,走千羊"。乃者贰师败,军士死略离散,悲痛常在朕心。

从这段话里,我们可以看出匈奴巫术种类之多。缚马前后足以置城下,埋羊牛于军道及水上,都是巫术用于军事方面的表现。"单于遗天子马裘,常使巫祝之",与上面所说单于听胡巫的话而杀李广利,都说明巫术在匈奴的势力之大与采用之广。

匈奴还有饮血以为盟誓的风俗。《汉书·匈奴传》下说:

> 昌、猛见单于民众益盛,塞下禽兽尽,单于足以自卫,不畏郅支。闻其大臣多劝单于北归者,恐北去后难约束,昌、猛即与为盟约曰:"自今以来,汉与匈奴合为一家,世世毋得相诈相攻。有窃盗者,相报,行其诛,偿其物;有寇,发兵相助。汉与匈奴敢先背约者,受天不祥。令其世世子孙尽如盟。"昌、猛与单于及大臣俱登匈奴诺水东山,刑白马,单于以径路刀金留犁挠酒,以老上单于所破月氏王头为饮器者共饮血盟。

盟约的仪式很严肃,既是一种盟誓,也是一种宗教仪式。

第七章　语言和政俗

语言有单音和复音的不同，现在的汉族、苗族以及西藏、缅甸、越南、泰国诸族，可以说是单音系；而现在的蒙古族以至西伯利亚的好多种族，均为复音系。从中国古代的甲骨文字来看，汉族的语言为一字一音的单音语。从古代传下来的一些匈奴语，以至新疆出土的与匈奴有关的文字来看，是复音语。例如，匈奴谓天为撑犁，谓子为孤涂，谓贤为屠耆。因此，可以说匈奴的语言与汉族的语言根本不同。

然则匈奴所说的是哪一种语言呢？十九世纪时，有些人象圣马丁（Vivien de St. Martin）主张，匈奴人所说的是近代芬兰、匈牙利的语言。{参看《乌拉尔的匈奴人，旅行杂记》(*Les Huns Ouraliens*, *Nouvelles des Voyages*, IV, 1848)} 现在一般学者对于这种主张，可以说是都不赞成的。

可是反对圣马丁主张的人们意见也很分歧。有的以为匈奴语与通古斯语相似，或者是与通古斯和蒙古语相似；有的以为匈奴语是蒙古语；又有的以为匈奴语是突厥语。

白鸟库吉以为匈奴语是东胡（按白鸟所指东胡应作通古斯，下同）、蒙古语的混合，他最初曾主张匈奴语是突厥语，这种主张见于他所著的《匈奴及东胡诸族语言考》。后来他在《蒙古民族起源考》一文里，又以为匈奴语是蒙古语系言。

举例来说，头曼这个名词本是匈奴单于的名字，夏德以为是突厥语所谓万（Tuman）的意思。白鸟库吉虽不反对夏德这种看法，但他以为所谓"万"不限于突厥语有 Tuman 之音，蒙古语与东胡语也是这样，所以匈奴语实含有蒙古与东胡两种语的成份。

白鸟库吉又把《史记》《汉书》《后汉书》及杨雄长赋中所翻译的匈奴语列为一表，并指出其与东胡、蒙古、突厥三种语言的关系。我们且录之如下：

  (1) 撑犁（天）（突厥）语 Tängri，（蒙古）语 Tängri、Tängere。
  (2) 孤涂/孤屠（子）（东胡）语 Gute、Hute。
  (3) 单于（广大）（东胡）语 Činkai，（蒙古）语 Činkba。
  (4) 冒顿（圣）（蒙古）语 Bogda、Bogdo。
  (5) 阏氏（妻）（东胡）语 Aŝi，（蒙古）语 Izi。
  (6) 头曼（万）（东胡）语、（蒙古）语、（突厥）语 Tuman。
  (7) 逼落 a)（冢）（蒙古）语 Dara。
     b)（种）（东胡）语、（蒙古）语、（突厥）语 Vtara。

（8）瓯脱（室）（东胡）语 Säkä,（蒙古）语 Čeke、Sere,（突厥）语 Sagatex。

（9）屠耆（贤）（突厥）语、（蒙古）语、（东胡）语 Voda、Vota。

（10）径路（刀）（突厥）语 Uyngyrar。

（11）居次（女）（突厥）语 Kyz。

（12）祁连（天）（东胡）语 Kilem。

（13）若鞮（孝）（东胡）语 Säkäti,（蒙古）语 Šuhutai。

（14）比余（栉）（高丽）语 Psi、Pit,（马札）语 Fesü。

（15）胥纰 a）（瑞兽）（东胡）语 Sabintu、Sabitu。
　　　　b）（钩）（东胡）语、（蒙古）语、（突厥）语 Votk。

（16）煨蠡（聚落）（突厥）语 Balik,（蒙古）语 Balgha-sun,（东胡）语 Falan。

（17）服匿（岳）（蒙古）语 Putung,（东胡）语 Butun。

白鸟库吉说："是表苟无大误，则属蒙古语者、突厥语者二，东胡语者三，突厥语、蒙古语共通者一，蒙古语、东胡语共通者四，蒙古语、突厥语、东胡语共通者五。故蒙古语及东胡语在匈奴语中多于突厥语，是可据而知者。因东胡、蒙古、突厥三种民族，在乌拉尔-阿尔泰（Ural-Altai）民族中有极密切之关系。故此等语言，若究其语源，则互相类似是理所当然者，毫不足怪也。职是之故，虽匈奴语中有二国语或三国语共通，亦不能断定此民族为三民族之混合团体。又再考之，自冒顿单于起自匈奴而统一漠北之后，三民族必常隶属之，故其中之一民族之匈奴，于其语言中颇多混合其二民族之语言，亦势所使然也。汉史所载匈奴语其所以如此杂多之性质，盖亦由来于此也。"白鸟库吉这篇文章的目的主要是从语言上去证明匈奴种族为蒙古种。关于匈奴种族属于哪一种族，我们另有专章讨论。我们在这里所要注意的是他以为匈奴的语言是由东胡语与蒙古语二者所构成的。

主张匈奴语为蒙古语的著作，还有帕拉斯（P. S. Pallas）的《蒙古民族历史资料汇编》（Sammlung Historischen Nachrichten Über die Mongolischem Völkerschaften），贝格曼（即第一章姚从吾文中的白哥曼）的《卡尔麦克带领下的游牧生活》（Nomadische Streifereisen unter den Kalmuken, 1804）。

我们以为在汉代的记载中，匈奴与东胡是分别得很清楚的。因为二者在历史上互相征伐，种族混杂，语言互有影响是很可能的。但若因此遂断定其语言相同，则不一定是对的。至于说匈奴语是蒙古语，更可怀疑。据近人考证，蒙古这个名词始见于《唐书》的蒙瓦与蒙兀，至元朝乃大兴盛。匈奴人在后汉末季以后，尤其是自鲜卑占据蒙古高原以后，有的向西移徙，有的向南移徙而同化于汉族，其留在蒙古高原的大致也同化于鲜卑或其他种族。其与唐以后的蒙古族是否使用同一语言固很成问题，其种族是否有关系也是一个问题。若说在蒙古的语言中有一些匈奴语的成份，这是可能的，但是若说匈奴语就是蒙古语，那就不见得是对的。

主张匈奴语是突厥语的人很多。例如雷米札所著《鞑靼语言的研究》，克拉普罗特所著《论突厥与匈奴以及土耳其的类同》｛"Sur l'Identidé des Tou-Kiue et les Hiongnu avec les Turcs"，参看1825年的《亚细亚杂志》（*Journal Asiatique*）｝。此外，又如佛朗克的《从中国的史料中所认识的突厥与塞族》（"Beiträge aus Chinesischen Quellen zur Kenntnis der Tükvölker und Skythen"，参看 *Abhandlungen der königlichen Preussischen Akademie der Wissenschaft zu Berlin*，1904）论文以及夏德的 *Über Wolga Hunen und Hiung-nu Sitzungsberichte der Münchener Akademie der Wissenschaft*（1899）。

除了上面所指出的几位学者外，主张匈奴语是突厥语的人还有很多。在他们之中象我们上面所说的夏德，认为在突厥语言中有了不少匈奴语言。还有人以为突厥尤其是其中的楚瓦什族（Chuvash）是匈奴的后裔，所以他们断定匈奴语就是突厥语。

近来好多学者以为突厥与高车、铁勒与敕勒或是汉代的丁令或丁灵，均为同种。因《北史·铁勒传》卷九十九说："铁勒之先，匈奴之苗裔也。"《北史·高车传》卷九十八说："高车，盖古赤狄之余种也。初号为狄历，北方以为敕勒，诸夏以为高车、丁零。其语略与匈奴同而时有小异。或云：其先匈奴甥也。"《北史·突厥传》卷九十九说："突厥者，其先居西海之右，独为部落，盖匈奴之别种也。姓阿史那氏。"

《北史》虽说铁勒为丁令后裔，但在汉时所说的丁令与匈奴有别。两者是否同种族与同语言还是一个问题。至于高车，只说是或云其先匈奴甥；突厥也只说是匈奴的别种，是则不只突厥与高车有了不同之处，突厥与铁勒也有不同之处，同时高车与铁勒也有区别。《北史》作传分三者为三传，可能是因为有了这种区别之故。所以后来一般学者以为他们都是同族，是有可商榷之处的。又丁令在汉代的记载中既异于匈奴，则铁勒、高车、突厥是否为丁令的后裔，成了一个问题。

这些种族既有不同之处，其语言是不是相同呢？铁勒、突厥与匈奴的语言是否相同，史书没有记载。只有高车的语言据《北史》说是"略与匈奴同"。所谓"略与匈奴同"，本不很同。《北史》接着说"时有小异"，这又好像是大同小异了。假使是大同而小异，那么高车语言大致上就是匈奴的语言。

假使高车的语言与铁勒、突厥的语言也是大同小异，那么突厥的语言也应该与匈奴的语言是大同小异。不过我们既已指出突厥为匈奴别种，而不一定是匈奴的后裔，同时史书也没有记载突厥语言与匈奴相同，我们也难于断定匈奴语就是突厥语。

我们也不能不指出,在匈奴强大的时候,好多种族在匈奴的统治之下,所以匈奴称为"百蛮大国"。这不只是说"百蛮"之中匈奴最大,而且是说在匈奴这个大国里有"百蛮",因而后来好多种族都被当作匈奴的别种。除突厥之外,《北史》卷九十六中说:"稽胡一曰步落稽,盖匈奴别种,刘元海五部之苗裔也。"又如蠕蠕也被称为匈奴的别种。《南史》卷七十九《蠕蠕传》说:"北狄种类实繁,蠕蠕为族,盖匈奴之别种也。"又如《晋书·载记》第三十中说:"赫连勃勃字屈孑,匈奴右贤王去卑之后,刘元海之族也。"

因为在匈奴这个大国里有好多种族,经过长时期的混杂,血统固有同化,语言也必互相影响。在匈奴强盛时,不但受匈奴统治的各族可能用匈奴的语言作为一种通用语,在葱岭以东乃至葱岭以西的西域诸国,匈奴语也可能是通用的。张骞第一次出使葱岭以西到大月氏、大夏、康居、大宛诸国,带了堂邑氏故胡奴父照同去,我们推论,就是利用他的匈奴语以为翻译。

因此,在匈奴统治之下的各种族后裔的语言含有匈奴语成分固然可能,就是与匈奴接触频繁的东胡族的语言含有匈奴语的成分,也是可能的。

近来又有人以为在西伯利亚的楚瓦什族是匈奴的直系后裔。巴特霍尔德(W. Barthold)在其《突厥民族历史研究的现状与今后的问题》(*Der Heutige Stand und die Nächsten Aufgaben der Geschichtlichen Forschungen der Tükvölker*, *Zeitschrift der Deutscben Morgenlandischen Gesellschaft*, 1929)一书中与波佩(Poppe)的《突厥—楚瓦什的比较研究》("Türkisch-Tschuwaschische Vergleichende Studien",参看 *Islamica* I)一文中都有这种看法。人们以为楚瓦什人的语言虽有突厥语的特性,但却又与所有的突厥方言不同。他们还指出后代的布加尔人(Bulgars)与哈萨尔人(Khazars)的语言,比古代突厥语尤接近于楚瓦什与匈奴语。假使这种看法是对的,那么突厥语也只是与其他的好多种族一样有一些匈奴语的成分,而不能谓为匈奴语的直系。

总而言之,我们以为匈奴是自有其语言系统的,虽则其本身在早期发展上可能已吸收了其他种族的语言。在汉代,这种匈奴语是在西北各种民族中最为通用的语言。在匈奴强盛时,好多种族受到匈奴的统治或控制,这些民族受匈奴语的影响,有的较深,有的较浅。同时,匈奴因为与各种族的关系密切,因而在匈奴语中也有其他各种族语言的成分。后汉亡后,匈奴也亡。其南入塞内者,种族语言都同化于汉族。其西徙者,也必与西域诸国的种族与语言混杂。汉代的匈奴语已逐渐失去了固有的特性,匈奴既亡,这种特性更易消失。可能有少部分的匈奴人,如近人所说的楚瓦什人,保存了不少原来的匈奴语言,以往在匈奴统治之下或与匈奴有密切关系的各种族中的后裔,也保存了一些匈奴语言,所以突厥、通古斯、蒙古各个种族中都有或多或少的匈奴语成分,楚瓦什人则可能保存得更多一些。然而，我们很难确定其成分多少，因为经过了这么长的时间，即使有些嫡系苗裔，其种族可能含有大部分甚至纯粹的匈奴血统，也不能说其语言一定能保留原有的特性。因为种族的原来血统固可以保留，而语言及文化的其他方面却可以完全改变。美国的黑种人就是一个很好的例子，他们大部分仍保留其血统特征，但是他们所说的话及生活方式，可以说完全美国化了。

匈奴语除《史记》《汉书》《后汉书》所保留而加以翻译如白鸟库吉所举出者外，匈奴的单于与其王号或官号的名称见于这几本书中的也很多。假使头曼的意义是万，冒顿的意义是圣，那么冒顿以后单于的名字应该都有涵义。除了"五单于争立"之中的屠耆单于意义是贤以外，其他单于名字意义如何，我们就不清楚了。从单于与王号或官号的各种名字中有几点是值得我们注意的。

第一，单于的名字有的是单音的，如单于咸、单于舆；有的是双音，如头曼、冒顿、稽粥、军臣；有的是三音节，如呼韩邪、伊稚斜、句黎湖、狐鹿姑；有的是三个音以上的，如虚闾权渠、握衍朐鞮。两个音既为一字一义，三个音或四个音也可能是一字一义。

第二，有好几个音是常常见于各单于或其他的名号或官号的，兹举例如下：

（1）乌——单于名字有乌维、乌藉、乌珠留、乌累若鞮、乌达鞮侯、乌稽侯尸逐鞮。

（2）呼——单于名字有呼韩邪、呼揭、呼兰若尸逐、呼厨泉、呼徵。

（3）於——单于名字有於扶罗，太子有於单。

（4）句——单于名字有句黎湖、句龙王车纽。

（5）屠——单于名字有屠耆、伊屠、於间鞮屠何。

（6）且——单于名字有且鞮侯、且莫车、且糜胥。官号有左右大且渠。

（7）休——单于名字有休兰尸逐侯鞮，休利。王号有休屠王、休旬王。

这些例中所指出的音，如乌、呼、於，是不是另有意义，或需与他音混合起来始成为一字一义，不得而知。又如渠，单于名字如虚闾权渠，官号如大且渠，阏氏如颛渠阏氏。渠这个音可能是一个字，而且是表示一种好的意义，这只是一种推论而已。

第三，有好几个音是相同或相近的，如呼与於，呼屠及单于名字如壶衍鞮的壶，握衍朐的握，是否在匈奴语言中都是同音、同义，而汉译之后，音虽相同或相近，而字却不相同？这种例子是有的，如昆邪王亦译作浑邪王。

第四，在语法上，单于这个称号，固常放在名字之后，如老上单于或老上稽粥单于、军臣单于等；也可以放在名字之前，如单于咸、单于舆等。

至于匈奴语的书写符号，即文字，司马迁与班固都说匈奴"毋文书，以言语为约束"。桓宽在《盐铁论·论功第五十二》中却说：匈奴"虽无礼义之书，刻骨卷木，百官有以相记"。《史记·匈奴列传》指出："说（中行说）教单于左右疏记，以计课其人众畜物。"中行说是文帝时陪同汉朝嫁给单于的宗室女的官员，所谓教单于左右疏记，至少要教他们数目字，否则不易计课其人众畜物。中行说本是汉朝人，所能教单于左右的不外是汉族的文字或数目字。这样看来，匈奴不仅有刻骨的或雏形的文字，而且也受汉族文字或计数符号的影响。

我们认为，匈奴与汉朝的关系既很密切，时间又很长，同时匈奴又大量输入汉朝各种物品，其中有些物品如丝绣，匈奴本没有，他们采用这些东西可能就沿用汉人的名称。所以，在匈奴的语言中有一些汉人语言成分是可能的。总而言之，在匈奴语言中，既有东胡及西北其他外族的语言成分，也有汉人语言成分。但这并不是说匈奴语言是由各外族语言混合而成的。他们自有其语言，自成一个系统。同时他们的语言也影响到其他外族，如丁令、东胡等。所以在这些种族的语言中，可以找出匈奴语言的痕迹。

言语以外，匈奴还用自己的宗教、政治及其他的习俗惯例去约束或治理其民族。宗教及其制度，上面已经叙述，现在简略谈其政俗。

匈奴的官制，《史记》《汉书》与《后汉书》均有记载。《史记·匈奴列传》：

> 然至冒顿而匈奴最强大，尽服从北夷，而南与中国为敌国，其世传国官号乃可得而记云。置左右贤王，左右谷蠡王，左右大将，左右大都尉，左右大当户，左右骨都侯。匈奴谓贤曰"屠耆"，故常以太子为左屠耆王。自如左右贤王以下至当户，大者万骑，小者数千，凡二十四长，立号曰"万骑"。诸大臣皆世官。……各有分地，逐水草移徙。而左右贤王、左右谷蠡王最为大国，左右骨都侯辅政。诸二十四长亦各自置千长、百长、什长、裨小王、相、封都尉、当户、且渠之属。

班固在《汉书·匈奴传》里完全照抄了这段话。范晔在《后汉书》里加以补充道：

> 其大臣贵者左贤王，次左谷蠡王，次右贤王，次右谷蠡王，谓之四角；次左右日逐王，次左右温禺鞮王，次左右渐将王，是为六角；皆单于子弟，次第当为单于者也。异姓大臣左右骨都侯，次左右尸逐骨都侯，其余日逐、且渠、当户诸官号，各以权力优劣、部众多少为高下次第焉。

范晔这段话，使我们一方面了解到各王的次第，一方面了解到匈奴王族的王号与异姓大臣的官号。除这些王号与官号外，还有好多王侯，如昆邪王、休屠王、卢屠王、奥鞬王、犁汗王、休旬王、瓯脱王、西祁王、右皋林王、右股奴王、右伊秩訾王，等等。此外，赵信本为匈奴小王，降汉之后又降匈奴，单于以他为自次王；汉人之降匈奴者如李陵，匈奴以为右校王；雁门尉史降，匈奴以他为天王；卢绾降，匈奴以他为东胡卢王。用侯名称的有左安侯、左姑姑侯、粟置支侯，等等。

这些王侯的地位如何，不很清楚。从史书记载这些王侯的事情来看，可知其大略。先从只次于单于的左贤王说起。

左贤王就是左屠耆王，常以太子当之，是单于的继承者。但左贤王不一定都是单于的儿子。最明显的例子是复株累若鞮单于，他继位以后，以其弟且糜胥为左贤王，弟且莫车为左谷蠡王，弟囊知牙师为右贤王。复株累若鞮死后，且糜胥继立为单于，以弟且莫车为左贤王，且糜胥死后，且莫车继立为单于，以其弟囊知牙师为左贤王。且莫车死后，囊知牙师继位单于。他们既以弟为左贤王，乃遣其子入侍汉朝。

左贤王位置仅次于单于，是单于的继位者，但也不完全如此。如卫青在幕北攻败匈奴单于，单于逃跑，右谷蠡王以为单于死了，乃自立为单于。又如虚闾权渠单于死后，颛渠阏氏与其弟左大且渠都隆奇立右贤王，屠耆堂为握衍朐鞮单于。

左贤王的地位高于其他诸王，范晔在《后汉书》所说的高低次第是不可混乱的。不过可能也有例外。《汉书·匈奴传》说："赵信者，故胡小王，降汉，汉封为翕侯，以前将军与右将军并军，介独遇单于兵，敌尽没。单于既得翕侯，以为自次王。"颜师古注云："自次者，尊重次于单于。"赵信回匈奴之后很得单于的信任，在军事、政治等方面，都采纳他的提议，权力确实不在左贤王之下，是名副其实的"自次王"。然而这仅是例外，而不是制度。此外，又有所谓天王。《汉书·匈奴传》说："时雁门尉史行徼，见寇，保此亭，单于得，欲刺之。尉史知汉谋，乃下，具告单于，单于大惊，曰：'吾国疑之。'乃引兵还。出曰：'吾得尉史，天也。'以尉史为天王。"这个天王只有其名，非其地位如天之高而名天王。

在匈奴的官制中，单于阏氏的地位与作用是很值得注意的一个问题。《史记》《汉书》《后汉书》记载匈奴阏氏的地方颇多，但阏氏的地位作用如何，历来学者意见颇不一致。现在将这几部书中关于阏氏的记载收集起来，作一比较研究，希望得出比较正确的解释。

司马贞《史记索隐》说："（阏氏）旧音於连、於曷反二音。匈奴皇后号也。"颜师古《汉书注》云："阏氏，匈奴皇后号也。阏音於连反，氏音支。《后汉书·和帝纪》里注云："阏氏，匈奴后之号也，音焉支。"这三种解释都是把阏氏当作皇后。《史记·刘敬叔孙通列传》载："刘敬对曰：'陛下诚能以适长公主妻之……生子必为太子。'"刘敬也以为阏氏是皇后，故说生子必为太子。北宋史家刘攽对上述说法却有异议，他说："匈奴单于号其妻为阏氏尔，颜氏便以皇后解之，大俚俗也。"日本白鸟库吉大致同意刘攽的看法。他在《蒙古民族起源考》一文里说："通古斯（Tunguse）语谓妻为 Asi……匈奴之阏氏，即为 Asi，确是同语……故阏氏之义，不若师古所言之严格，不过但有妻义耳。"白鸟库吉与刘敩的意见大致相同，阏氏并非匈奴皇后。但与刘敩的意见又不完全相同，刘敩所说的阏氏是匈奴单于的妻；白鸟库吉所说的阏氏是泛指一般的妻。

我们还要指出，白鸟库吉承认阏字有二音，这就是：一为颜师古所说的阏音於连反，与《后汉书》所说阏氏音焉支的焉字同音；一为司马贞所说的阏旧音於连，於曷反二音。但是白鸟库吉以为阏氏就是通古斯所谓妻的 Asi 的同语，那么他在这里所采用的阏氏是司马贞所说的旧音於曷反，非於连反。司马贞虽然以为阏旧音於曷反，但在《史记索隐》中也引用习凿齿与燕王书中所说阏音烟。习凿齿与燕王书曰："山下有红兰，足下先知不？北方人采取其花染绯黄，挼取其上英鲜者作烟肢，妇人将用为颜色。吾少时再三过见烟肢，今日姑视红兰，后当为足下致其种。匈奴名妻作'阏支'言其可爱如烟肢也。阏音烟。想足下先亦不作此读《汉书》也。"

阏氏音烟肢或焉支，含有美丽的意义。据说汉武帝时攻破匈奴在河西走廊的势力，匈奴失了焉支山之后，曾有歌谣说"失我燕支山，使我嫁妇无颜色"。焉支山也作胭脂山，因为焉支山出烟支，匈奴妇女用之为颜色，使其更加好看，才有这样的歌谣。因此，阏氏音为焉支比阏音於曷反意义更显明。

刘敩以为只有单于之妻才称为阏氏的意见，也有可商榷之处。《汉书·金日䃅传》载："金日䃅字翁叔，本匈奴休屠王太子也。武帝元狩中，票骑将军霍去病将兵击匈奴右地，多斩首，虏获休屠王祭天金人。其夏，票骑复西过居延，攻祁连山，大克获。于是单于怨昆邪、休屠居西方多为汉所破，召其王欲诛之。昆邪、休屠恐，谋降汉。休屠王后悔，昆邪王杀之，并将其众降汉。封昆邪王为列侯。日䃅以父不降见杀；与母阏氏、弟伦俱没入官。"同传又说："日䃅母教诲两子，甚有法度，上闻而嘉之。病死，诏图画于甘泉宫，署曰'休屠王阏氏'。"

休屠王不过是匈奴好多王之一，其子称为太子，其妻称为阏氏，那么阏氏就不只是单于之妻可以这样称呼，其他匈奴王之妻也可以这样称呼。

单于的阏氏不止一位，《后汉书》有"诸阏氏"的说法。《史记·匈奴列传》载："单于有太子名冒顿。后有所爱阏氏，生少子，而单于欲废冒顿而立少子，乃使冒顿质于月氏。"同传又说，东胡"乃使使谓冒顿，欲得单于一阏氏。冒顿复问左右，左右皆怒曰：'东胡无道，乃求阏氏！请击之。'冒顿曰：'奈何与人邻国爱一女子乎？'遂取所爱阏氏予东胡"。

从这段话来看，单于的阏氏不只有一个，而是有好多个。在好多阏氏之中，有的为单于所爱，有的为单于所不爱。单于把所爱的阏氏送给与他为敌的东胡，又进一步说明阏氏并非专指匈奴的皇后。因为无论冒顿如何忍辱，也不会把一国的皇后随便送给他的敌人。

不但匈奴妇女可以为阏氏，汉人女子嫁给单于也可以称为阏氏。《史记·匈奴列传》说："高帝乃使刘敬奉宗室女公主为单于阏氏。"《汉书·匈奴传》说：

"老上稽粥单于初立，文帝复遣宗人女翁主为单于阏氏。"《后汉书·南匈奴传》："及呼韩邪死，其前阏氏子代立，欲妻之，昭君上书求归，成帝敕令从胡俗，遂复为后单于阏氏焉。"

阏氏还有其他的称呼，如宁胡阏氏、颛渠阏氏、大阏氏、第二阏氏、第五阏氏，等等。《汉书·匈奴传》载："王昭君号宁胡阏氏。"同传又载："虚闾权渠单于立，以右大将女为大阏氏，而黜前单于所幸颛渠阏氏。颛渠阏氏父左大且渠怨望。""乌珠留单于立，以第二阏氏子乐为左贤王，以第五阏氏子舆为右贤王。"

在众多阏氏中也有高低位次之分。王先谦《汉书补注·匈奴传》引沈钦韩以为"匈奴正妻则称大阏氏"，大阏氏好像是地位最高的。但是《汉书·匈奴传下》说："始呼韩邪嬖左伊秩訾兄呼衍王女二人。长女颛渠阏氏，生二子，长曰且莫车，次曰囊知牙斯。少女为大阏氏，生四子，长曰雕陶莫皋，次曰且麋胥，皆长于且莫车，少子咸、乐二人，皆小于囊知牙斯。又它阏氏子十余人。颛渠阏氏贵，且莫车爱。呼韩邪病且死，欲立且莫车，其母颛渠阏氏曰：'匈奴乱十余年，不绝如发，赖蒙汉力，故得复安。今平定未久，人民创艾战斗，且莫车年少，百姓未附，恐复危国。我与大阏氏一家共子，不如立雕陶莫皋。'大阏氏曰：'且莫车虽少，大臣共持国事，今舍贵立贱，后世必乱。'单于卒从颛渠阏氏计，立雕陶莫皋，约令传国与弟。呼韩邪死，雕陶莫皋立，为复株累若鞮单于。"颛渠阏氏比大阏氏贵，所以大阏氏才说"舍贵立贱，后世必乱"。《资治通鉴》胡三省注"颛渠阏氏，单于之元妃也，其次为大阏氏"。由此看来，王先谦之说是不对的。

阏氏这个名词，在两汉时的西北各民族中只有匈奴采用，成为匈奴所独有的名词。乌孙虽与匈奴同俗，但乌孙王的妻子叫做夫人。《汉书·西域传》"乌孙国"条说："汉元封中，遣江都王建女细君为公主，以妻焉……乌孙昆莫以为右夫人。匈奴亦遣女妻昆莫，昆莫以为左夫人。"《汉书·西域传》"渠犁"条载："而龟兹王绛宾亦爱其夫人……王及夫人皆赐印绶。"乌孙昆莫的右夫人是汉朝宗室女公主，龟兹王的夫人是汉朝的女外孙，就是汉朝嫁给乌孙王为夫人的解忧公主的女儿。匈奴单于的女儿嫁给乌孙王也只称夫人。这说明在西域诸民族中，王妻除了夫人这个称谓外，似无其他的称谓。奇怪的是，匈奴好多官职分为左右，如左右贤王，左右谷蠡王等等，阏氏却没有左右之分；乌孙在职官上有大昆弥、小昆弥的区别，但夫人没有大小之分，却有左右之分。虽则匈奴与乌孙同俗，然在职官与夫人的制度上却有其不同之处。匈奴单于妻除阏氏外，是否也有夫人的称谓呢？史书上除了说到郅支单于时有"诸阏氏夫人数十"的记载外，其他单于妻均无称谓夫人的记载，很可能是郅支逃到西域之后，受了西域风俗的影响，除保留阏氏的称谓之外，又采用了夫人的称谓。

匈奴不仅称单于之妻为阏氏，单于之母也称阏氏。《汉书·匈奴传》说："单于年少初立，母阏氏不正。"《后汉书·和帝纪》说："二月，大将军窦宪遣左校尉耿夔出居延塞，围北单于于金微山，大破之，获其母阏氏。"汉人皇帝有皇后，其母为皇后者谓皇太后，祖母为皇后者曰太皇太后，《汉书·武帝纪》载："甲子，太子即皇帝位，尊皇太后窦氏曰太皇太后，皇后曰皇太后。"而匈奴单于之母只称阏氏，这是匈奴与汉人不同之处。

总的来说，从《史记》《汉书》与《后汉书》所说的阏氏来看，固未必像司马贞与颜师古所说是皇后，也不见得平民之妻也能称为阏氏。只有单于之妻与诸王之妻才能称为阏氏，冒顿未继立为单于时，也只能称其妻为妻。《史记》载：冒顿"复以鸣镝自射其爱妻"，而不能称为阏氏。

阏氏虽不见得是皇后，但单于的阏氏在匈奴的地位却很重要。《史记·匈奴列传》《汉书·匈奴传》载汉高祖在平城被围七日，没有办法冲出来，最后乃使人设法去笼络阏氏，阏氏说服冒顿，然后得救。冒顿是匈奴单于中意志最坚强、最讲纪律的，平时对大臣的话都不愿意听，而且对于不听他话的人每加斩杀。阏氏在单于包围汉皇帝的时候，受汉的厚赂，敢于进言为汉帝解围，说明阏氏是单于左右中最为他所信任的人。《汉书·匈奴传》载，虚闾权渠单于死后，颛渠阏氏与其弟左大且渠都隆奇谋，立右贤王屠耆堂为握衍朐鞮单于。颛渠阏氏任用近亲，专杀旧臣。在匈奴历史上，虽然没有因单于死而由妇女行使权力的记载，但是像上述两位阏氏都是有政治影响的要人。《汉书·李陵传》载："陵痛其家以李绪而诛，使人刺杀绪。大阏氏欲杀陵，单于匿之北方，大阏氏死乃还。"颜师古以为这里的阏氏是单于的母亲，说明母阏氏对于国家政事是可以干预的。同传又载："贰师在匈奴岁余，卫律害其宠，会母阏氏病，律饰胡巫言先单于怒，曰：'胡故时祠兵，常言得贰师以社，今何故不用？'于是收贰师。"李广利降匈奴后，单于对他很好，尊宠在大臣卫律以上。卫律嫉忌他，乘机谋害他。单于对李广利虽宠爱，但为了母阏氏的健康而杀死他，既说明单于对母亲的孝敬，也说明阏氏地位的重要。

匈奴的阏氏除对国内政事有重要影响外，在外交上也占重要的地位。苏武出使时，副使张胜与缑王谋劫单于母阏氏就是一例。汉朝赐财物给单于及大臣时，往往也赐给阏氏。《后汉书·南匈奴传》载："汉乃遣单于使，令谒者将送，赐䌽缯千匹，锦四端，金十斤，太官御食酱及橙、桔、龙眼、荔支；赐单于母及诸阏氏……"又据欧洲人在第五世纪的记载，匈奴王布雷达、阿提拉的夫人，在王不在王庭的时候，曾多次出面招待与设筵宴请从欧洲来到匈奴王庭的使者。布雷达已死，其妻仍与阿提拉之妻一同出来款待使者，可见得他们在外交上的地位。

匈奴阏氏不仅在内政、外交上有重要地位，在战争中也起作用。冒顿攻围汉高祖时，阏氏随军。《后汉书·南匈奴传》载："单于被创，堕马复上，将轻骑数十遁走，仅而免脱。得其王玺，获阏氏及男女五人。"匈奴游牧民族，逐水草而居，无论平时或战时，阏氏及其他家属皆随单于而走。阏氏在战争剧烈时，也参加打仗。《汉书·傅常郑甘陈段传》载："单于乃被甲在楼上，诸阏氏夫人数十皆以弓射外人。外人射中单于鼻，诸夫人颇死。"匈奴长于骑兵，男子从小到大皆习骑马，女子也善骑。在战争的时候，阏氏在军中，那么在战争剧烈与危急的时候，阏氏参加作战是可能的。郅支单于的阏氏夫人数十皆引弓作战，不过只是一个例子而已。

第八章　匈奴种族的起源问题

关于匈奴的种族及其来源问题，在国内，近数十年来，注意的人逐渐增加。在苏联，学者也很为注意。在日本，也有人研究。在欧洲，以英、法文，尤其以德文进行的讨论很多。但研究这一问题的专篇论文仍少。即以所发表的论著而言，亦多属片断、重复而缺乏系统性。本章主要把司马迁的、王国维的和其他一些有代表性的、比较重要的外文著作作为讨论的依据，并把我所认为的一些重要中外文著作和所能找到的材料写成本章。

"匈奴"这个族称在我国历史上，究竟是在什么时候开始被人们采用，直到现在注意这个问题的实在很少。《逸周书·王会解》有"匈奴狡犬"① 四字。篇后附载的《成汤献令》上说，在正北的十三个少数民族中，有一个叫做"匈奴"。其所列举的十三个外族原名如下："正北：空同、大夏、莎车、姑他、旦略、貊胡、戎翟、匈奴、楼烦、月氏、孅犁、其龙、东胡。"近人丁谦在《汉书·匈奴传地理考证》中，曾据此断定"匈奴"这个名词可以追溯到夏商时代。

《逸周书》是晋太康二年（281年）盗发汲郡魏安釐王家而得的。因此，有人以为是魏晋时代的著作。但班固《汉书·艺文志》已载有此书，故其著作年代当在汉代或汉代以前。一般学者都肯定这本书不是周朝初期的作品，因而不能同意丁谦因这本书里有"匈奴"之名，遂断定为周初以前就有了"匈奴"这个族称。

有人以为《逸周书》是战国之世的逸民处士所纂辑。如果这种说法是对的，那么"匈奴"这个族称可以说在战国时代已经被引用了，但我怀疑《逸周书》是战国时代的作品。其中列举的十三个北方种族中，有些是我们不清楚的，如"旦略""其龙"；有些是战国时代已经知道的，如"东胡""楼烦"。但"月氏"则是汉初或汉武帝时才知道的；而"莎车"之名，《史记》没有记载，《汉书》始有传，是故最早也应当是在张骞出使西域以后才知道的。所以，若从这一点来看，我以为《王会解》篇的著作年代应是在张骞出使西域之后。

王国维在《鬼方昆夷玁狁考》里，也以为"战国以降"始有匈奴之名。我查阅战国时代的著作，在战国初年和中期没有发现连用"匈奴"这两个字的。《史记·秦本纪》惠文君后七年（公元前318年）云："韩、赵、魏、燕、齐帅匈奴共攻秦。"又《李牧传》云："常居代雁门，备匈奴。"这也许是司马迁根据旧时典籍所重述，也许是用他当时所通用的名词去追记一个外族。究竟前者是对

---

① 《汉魏丛书》中之《汲冢周书·王会解》作"匈戎狡犬"。清乾隆十六年（1751年）金豁王氏刊本。

的还是后者是对的，我们无从考证。

战国末年的荀况在著作中曾用过"匈"字。《荀子·天论》："君子不为小人匈匈也辍行。"然而这里的"匈"字与匈奴是没有关系的。而且在《荀子·强国》里，在谈到秦国时说："今北与胡貉为邻，西有巴戎。"而《史记·匈奴列传》："冠带战国七，而三国边于匈奴。""三国"是燕、赵、秦。虽则司马迁在这里所用的"匈奴"二字可能是用他当时所通用的名称去追记战国时代的一个外族，但是荀子所说的"胡貉"既是与秦的北边为邻，那么应该就是司马迁所说的匈奴。然而荀子不用"匈奴"而用"胡貉"二字，说明匈奴这个名称在荀子时还没有被采用，或者这两个字还没有通用。

我在《战国策·燕策·燕太子丹质于秦》里找到"匈奴"这个词，而且连用二次。其文云：

> 樊将军（於期）亡秦之燕，太子容之。太傅鞠武谏曰："不可。夫秦王之暴而积怨于燕，足为寒心，又况闻樊将军之在乎？……愿太子急遣樊将军入匈奴以灭口。"……太子丹曰："……夫樊将军困穷于天下，归身于丹，丹终不迫于强秦而弃所哀怜之交，置之匈奴，是丹命固卒之时也。愿太傅更虑之。"

这是秦始皇十九年（公元前227年）的事情，上距秦之统一天下七年，是目前我所能找到的"匈奴"这个名词之最早见于著作者。《战国策》为前汉刘向集先秦人所记战国时事之书。刘向是宣、元时代人。虽然有人对这部书所记的事情也有怀疑的地方，但在刘向之前的司马迁作《史记》时已多采其文，所以我们对于"匈奴"这个名词最早见于上面所录的那段话似不应有所怀疑。

但是应该指出，荀子至齐，年已五十，因为齐人谗他，乃到楚。楚春申君以他为兰陵令。据说他著书数万言是在兰陵的时候。春申君被杀于公元前238年，即秦始皇九年。假使荀子是在春申君死后始著书，那么与燕太子丹之收容樊於期差不多可以说是同时。太傅鞠武与太子丹用"匈奴"这个名词而荀子没有用，却仍用"胡貉"这两个字，可能是在燕已开始采用"匈奴"这个名词而在他处还没有采用。

而且"匈奴"这个名词，自从太傅鞠武与太子丹用了之后，好象直到汉代的贾谊才再用。所以我们可以说，战国末年，虽然已有人用"匈奴"这个名词，但是并未被普遍采用，而仅限于个别人与个别地方。

匈奴这个族称与这个民族的历史，无疑地要以司马迁的《史记·匈奴列传》为研究这个问题的最早的系统材料。但是，直至秦，匈奴的通用名称仍是"胡"。秦始皇时曾有传说"亡秦者胡"。秦始皇以为这是指所谓的匈奴，因此便派蒙恬去伐胡，并修筑长城。可见在秦时，通用的名称是"胡"而不是"匈奴"。

司马迁作《史记·匈奴列传》时，这个名词已普遍通用。但是在贾谊的

《新书》里，已数见"匈奴"这个名词。贾谊卒于公元前168年，而司马迁在二十三年后始出生，所以贾谊采用这个名词比《史记》要早数十年。在贾谊的《新书》里，除《势卑》篇屡用"匈奴"之名外，还有一篇是以匈奴为题的。这两篇都是讨论对付匈奴的对策。

在贾谊死前三十一年，汉高祖曾被匈奴困于平城。这三十年中，匈奴不断扰乱汉朝边境。追溯上去，在公元前215年，秦始皇曾遣蒙恬征伐匈奴，这说明匈奴已很强大了。再追溯上去，李牧曾破杀匈奴十余万骑，这也可说明匈奴的势力很强大。从李牧时起，尤其是秦亡之后，匈奴南下，成为西汉王朝最大的外患。可以推想，是在这个时期"匈奴"之名才逐渐地被普遍采用，从而有人笔之于书。

王国维在《鬼方昆夷猃狁考》里曾区别匈奴民族的本名和汉人所加给的丑名。他说：

> 曰戎曰狄者，皆中国人所加之名；曰鬼方、曰混夷、曰獯鬻、曰猃狁、曰胡、曰匈奴者，乃其本名。而鬼方之方，混夷之夷，亦为中国所附加。

我们要指出，声音上可能是本名，但是文字上可能是丑名。因为"奴"固是一个不好的名词，而"匈"这个字也非好意。"匈"古虽与"胸"通，如《荀子·王霸》："三邪者在匈中。""匈中"同"胸中"。但《荀子·天论》："君子不为小人匈匈也辍行。""匈匈"是喧哗之声的意思。《史记·项羽本纪》之"天下匈匈"，"匈匈"是喧扰骚乱之意。说不定是因为秦时及汉初，匈奴族常常入侵，骚扰北边，时人因受害而生厌恶之心，因而用这两个字去名这个民族的。

此外，《史记·卫将军骠骑列传》："（赵破奴）为匈河将军，攻胡至匈河水，无功。"《汉书·赵破奴传》文同，但《汉书·匈奴传》："从票侯赵破奴万余骑出令居数千里，至匈奴河水。"丁谦《汉书匈奴传地理考证》说："匈奴水指塔米尔河西源，以匈奴王庭在此水滨，故以为名。"丁谦所考证的匈奴水是否即塔米尔河，不在这里讨论，但是否因匈奴种族在地理上发祥于匈河或匈奴河，所以叫做匈或匈奴，则是值得注意的。

"匈奴"之名见于著作虽在战国末期，但匈奴这个民族当然不是始于这时候。那么，这个民族究竟始于什么时候，属于什么种族，这是我们所要研究的问题。

在历史上，最先对这个问题给以解答的是司马迁。《史记·匈奴列传》：

> 匈奴，其先祖夏后氏之苗裔也，曰淳维。唐虞以上有山戎、猃狁、荤粥，居于北蛮，随畜牧而转移。……夏道衰，而公刘失其稷官，变于西戎，邑于豳。其后三百有余岁，戎狄攻大王亶父，亶父亡走岐下，而豳人悉从亶父而邑焉，作周。其后百有余岁，周西伯昌伐畎夷氏。后十有余年，武王伐

纣而营雒邑，复居于酆鄗，放逐戎夷泾、洛之北；以时入贡，命曰"荒服"。其后二百有余年，周道衰，而穆王伐犬戎，得四白狼四白鹿以归。自是之后，荒服不至。于是周遂作《甫刑》之辟。穆王之后二百有余年，周幽王用宠姬褒姒之故，与申侯有郤。申侯怒而与犬戎共攻杀周幽王于骊山之下，遂取周之焦获，而居于泾渭之间，侵暴中国。秦襄公救周，于是周平王去酆鄗而东徙雒邑。当是之时，秦襄公伐戎至岐，始列为诸侯。是后六十有五年，而山戎越燕而伐齐。齐釐公与战于齐郊。其后四十四年，而山戎伐燕。燕告急于齐，齐桓公北伐山戎，山戎走。其后二十有余年，而戎狄至洛邑，伐周襄王，襄王奔于郑之汜邑。初，周襄王欲伐郑，故娶戎狄女为后，与戎狄兵共伐郑。已而黜狄后，狄后怨，而襄王后母曰惠后，有子子带，欲立之，于是惠后与狄后、子带为内应，开戎狄，戎狄以故得入，破逐周襄王，而立子带为天子。于是戎狄或居于陆浑，东至于卫，侵盗暴虐中国。中国疾之，故诗人歌之曰"戎狄是应"，"薄伐猃狁，至于大原"，"出舆彭彭，城彼朔方"。周襄王既居外四年，乃使使告急于晋。晋文公初立，欲修霸业，乃兴师伐逐戎翟，诛子带，迎内周襄王，居于雒邑。

当是之时，秦晋为强国。晋文公攘戎翟，居于河西圁、洛之间，号曰赤翟、白翟。秦穆公得由余，西戎八国服于秦，故自陇以西有绵诸、绲戎、翟、獂之戎，岐、梁山、泾、漆之北有义渠、大荔、乌氏、朐衍之戎，而晋北有林胡、楼烦之戎，燕北有东胡、山戎。各分散居谿谷，自有君长，往往而聚者百有余戎，然莫能相一。自是之后，百有余年，晋悼公使魏绛和戎翟，戎翟朝晋。后百有余年，赵襄子逾句注而破并代以临胡貉。其后既与韩魏共灭智伯，分晋地而有之，则赵有代、句注之北，魏有河西、上郡，以与戎界边。其后义渠之戎筑城郭以自守，而秦稍蚕食，至于惠王，遂拔义渠二十五城。惠王击魏，魏尽入西河及上郡于秦。秦昭王时，义渠戎王与宣太后乱，有二子。宣太后诈而杀义渠戎王于甘泉，遂起兵伐残义渠。于是秦有陇西、北地、上郡，筑长城以拒胡。而赵武灵王亦变俗胡服，习骑射，北破林胡、楼烦。筑长城，自代并阴山下，至高阙为塞。而置云中、雁门、代郡。其后燕有贤将秦开，为质于胡，胡甚信之。归而袭破走东胡，东胡却千余里。与荆轲刺秦王秦舞阳者，开之孙也。燕亦筑长城，自造阳至襄平。置上谷、渔阳、右北平、辽西、辽东郡以拒胡。当是之时，冠带战国七，而三国边于匈奴。其后，赵将李牧时，匈奴不敢入赵边。后秦灭六国，而始皇帝使蒙恬将十万之众北击胡，悉收河南地。因河为塞，筑四十四县城临河，徙適戍以充之。而通直道，自九原至云阳，因边山险堑溪谷可缮者治之，起临洮至辽东万余里。又度河据阳山北假中。

当是之时，东胡强而月氏盛。匈奴单于曰头曼，头曼不胜秦，北徙。十

>余年而蒙恬死，诸侯畔秦，中国扰乱，诸秦所徙适戍边者皆复去，于是匈奴得宽，复稍度河南与中国界于故塞。
>
>单于有太子名冒顿……是时汉兵与项羽相距，中国罢于兵革，以故冒顿得自强，控弦之士三十余万。
>
>自淳维以至头曼千有余岁，时大时小，别散分离，尚矣，其世传不可得而次云。然自冒顿而匈奴最强大，尽服从北夷，而南与中国为敌国。

我特地抄了这一大段文字，不只是因为这段文字是关于匈奴起源问题的最早的记载，而且是因为凡司马迁以后的人们于谈到这个问题的，差不多都以这段话为根据，虽则他们之中在对于这段话的解释与取舍上有不同之处。此外，我以为这段话本身有很多可以商榷的地方，所以不厌其长录之如上。

班固是汉代对于匈奴最有研究的人，他不只在《汉书》里写了上下两篇很长的《匈奴传》，而且他曾偕窦宪到过匈奴，对匈奴的知识是很丰富的。但是他对于匈奴的起源问题完全照抄上面所录的那段话。换句话说，他与司马迁的意见是完全相同的。

（唐）司马贞《史记·匈奴列传索隐》云：

>张晏曰："淳维以殷时奔北边。"又乐产《括地谱》云："夏桀无道，汤放之鸣条，三年而死。其子獯粥妻桀之众妾，避居北野，随畜移徙，中国谓之匈奴。"

《括地谱》这本书，《隋书·经籍志》《旧唐书·经籍志》《新唐书·艺文志》均无著录，故乐产的年代无从考见。但司马贞在《史记索隐》中曾引述这段话，则作者的年代应在唐或唐以前。张晏以为夏亡后，淳维跑到北边，成为匈奴的始祖，不外是从司马迁"匈奴，其先祖夏后氏之苗裔也，曰淳维"这段话引申而来。但司马迁并没有说淳维是在夏亡之后，殷代初年跑到北边。张晏既肯定了北奔的时间，乐产更进一步说明奔到北野的是夏桀的儿子，并且他的名字不是淳维而獯粥。獯粥是司马迁所说的荤粥。獯粥妻桀之妾的话，恐是由司马迁的"其俗……父死，妻其后母"脱胎而来。至于他所说"避居北野，随畜移徙"当系由司马迁的"居于北蛮，随畜牧而转移"而来。总之，乐产的话一部分是根据《史记·匈奴列传》而略加修改，一部分可能是从张晏的"殷时奔北边"而来。至于他说奔北边的是桀子獯粥而非淳维，这是他与司马迁、张晏的异处。

《索隐》于引述乐产上文后说："其言夏后苗裔，或当然也。"这是有怀疑的意思，但是接着又说：

>故应劭《风俗通》云："殷时曰獯粥，改曰匈奴。"又服虔云："尧时曰荤粥，周曰猃狁，秦曰匈奴。"韦昭云："汉曰匈奴，荤粥其别名。"则淳维是其始祖，盖与獯粥是一也。

乐产并没有指出淳维与獯粥相同，而司马贞却当为一。司马贞一方面对于匈奴是夏后苗裔持怀疑态度，另一方面却指出司马迁、班固、张晏所说的淳维就是乐产所说的獯粥。

日本桑原骘藏在《张骞西征考》①里说：

> 据《史记》之《匈奴传》：匈奴祖先为夏后氏之后，即所谓淳维者是。其与夏后氏之关系固难凭信。惟淳维（Shun-Wei）之发音，与 Hunni（序经按：指匈奴）想稍接近。或谓此因淳维始祖之名，方发生所谓匈奴种族之名称，然乎？否乎？

这是不相信淳维与夏后的关系。但是他既以为淳维与匈奴发音稍接近，同时他又指出匈奴与獯粥是同音之转，他说"然乎否乎"也持怀疑的态度。

他又说：

> 视淳维与匈奴为同一之发音者，虽涉牵强附会，然 sh、kh、h 三音之彼此转讹，在音韵学上，当非绝无。

桑原骘藏在同书《参照》（按：即注释）"十九"中说：

> 此《本论》脱稿后，在 D'Herbelot 之 *Bibliotheque Orientale* 第四册所收之 Visdelou 的《鞑靼略史》（*Histoire Abregee de la Tartarie*）五一页内，发见关于匈奴如次之记载："匈奴初依其祖先淳维（Chun-vei）或獯粥（Hiun-Yu）之名，在商（殷）时代（以种族之名）称作獯粥。"此记载稍嫌不彻底。要之，匈奴祖先称作淳维或獯粥，主张种族名之獯粥（因之獯粥与异字同名之匈奴）依其祖先之名一点上，与予所说一致。

《本论》中又说：

> 始祖之名或有力之君主名称，尝负有其种族或部族之名称，在塞外种族之间，其实便甚夥。如鲜卑种族之吐谷浑部，即取名其祖先吐谷浑。又如白匈奴哌哒（Ephthal）种族，亦系取其王之名，而定种族之名称者。

司马贞除了以为獯粥就是淳维外，还以为山戎、鬼方、猃狁、淳维、熏粥、匈奴的各种名称均是异名同族。他在《五帝本纪·黄帝纪》"北逐荤粥"句下说："（荤粥）匈奴别名也。唐虞以上曰山戎，亦曰熏粥，夏曰淳维，殷曰鬼方，周曰猃狁，汉曰匈奴。"这个说法，表面上看虽然与他上面所说的"淳维是其（匈奴）始祖，盖与獯粥是一也"没有什么不同，然而稍加考察，就能明白前后有矛盾。因为在《匈奴列传》里，他同意乐产所说的獯粥是夏桀的儿子，而在《五帝本纪》里，他所说的獯粥却是唐虞以上的獯粥，或是山戎。在时间上，这

---

① 杨铄译，商务印书馆史地小丛书本。

两种獯粥相差约一千年。唐虞以上已有獯粥，獯粥怎能说是夏桀之子？司马贞把乐产所创出的夏桀之子獯粥与司马迁在《匈奴列传》中所说的唐虞以上的荤粥混为一谈，并且把夏的淳维当作唐虞以上的荤粥，去为乐产解释，这是很大的错误。

关于乐产与司马贞的错误，清梁玉绳《史记志疑》"匈奴列传"条曾指出：

> 案：索隐曰"乐彦（产）《括地谱》云夏桀无道，汤放之鸣条，三年而死，其子獯粥妻桀之众妾，避之北野"。淳维盖与獯粥是一。据此，则薰粥为淳维别名，乃匈奴之始祖，其后随代异称，将名作号，遂以獯粥与山戎、猃狁、匈奴同呼矣。然言夏后苗裔，似夏后之先无此种族，安得言唐虞以上有之。而《五帝纪》又云："黄帝北逐荤粥"，服虔、晋灼亦皆云"尧时曰荤粥"（《风俗通》"殷时曰獯粥"），是知夏后苗裔之说不尽可凭，而乐彦所述者妄也。

班固、张晏、乐产、司马贞、桑原骘藏以及其他学者都是根据司马迁的《匈奴列传》解释匈奴的起源的。但是他们之间却有不同的见解。班固完全接受司马迁的说法。张晏只说"淳维以殷时奔北"。乐产说匈奴的始祖是桀的儿子獯粥。司马贞和桑原骘藏把司马迁的淳维与乐产的獯粥为同一发音。而司马贞对于说匈奴是夏后的苗裔已有怀疑，可是不像桑原骘藏那么肯定地说"其与夏后氏之关系固难凭信"。我们要问：为什么对于同是司马迁所说的话却有不同的看法呢？我以为主要是由于司马迁自己对于匈奴的起源这个问题没有弄清楚。梁玉绳《史记志疑》"匈奴列传"条说：

> 夫自辟天地即生戎狄，殷以前谓之獯鬻，周谓之猃狁，汉谓之匈奴。莫考其始，孰辨其类？相传有所谓淳维者，难稽谁氏之出，未识何代之人。而史公既著其先世，复杂取经传合并为一，无所区分，岂不误哉。

既说匈奴是夏的苗裔，其名叫做淳维，这应该是汉人，而且下文又说"自淳维以至头曼千有余岁"，那么头曼以及其后代的匈奴人应该是汉族的苗裔了。但是紧接着又说"唐虞以上有山戎、猃狁、荤粥、居于北蛮"，那么在淳维及其祖先夏后氏之前在北方已住有其他民族。夏后氏的苗裔之于这些民族有什么关系，司马迁没有说明。淳维是否奔居北蛮也没有提及。而下文所说的"夏道衰，而公刘失其稷官，变于西戎，邑于豳"，乃是说明周的祖先变于西戎而非夏的苗裔变于西戎。因为照《史记》所载，周的祖先并非夏的后裔。前者是帝喾之后而后者是帝颛顼之后。据《史记·周本纪》：

> 周后稷，名弃……后稷卒，子不窋立。不窋末年，夏后氏政衰，去稷不务，不窋以失其官而奔戎狄之间。不窋卒，子鞠立，鞠卒，子公刘立。公刘虽在戎狄之间，复修后稷之业，务耕种……子古公亶父立。古公亶父复修后

稷、公刘之业。

《匈奴列传》说"公刘失其稷官，变于西戎"，这里又说公刘的祖父不窋失官，奔于戎狄。对于这一点，不必在这里讨论。我们所要注意的是周的祖先变为西戎，后来受到戎狄的攻伐离豳到岐下。不止亶父自己到岐下，其百姓也跟他到岐下，他不只复修后稷之业而与戎狄随畜牧而转移的生活方式不同，而且至文王、周公而成为汉族文化的代表人物。简单地说，华夏的苗裔虽然因夏道衰而跑到戎狄的地方居住，但终不因此而成为戎狄。照这个例子来推论，夏后氏的苗裔也不一定就变为匈奴，完全放弃其固有的文化，流为"不知礼义……父死妻其后母，兄弟死，皆取其妻妻之"。何况司马迁很肯定地指出，自"唐虞以上"以及春秋战国时代，除了淳维与不窋的子孙之外，在西北一带有许多种戎狄。当时华夏与戎狄的分别主要是种族的不同。文化的交流对种族虽有影响，但不能过于强调。义渠之戎仿效汉族"筑城郭以自守"，甚至其王与秦昭王的母亲"宣太后乱，有二子"，而义渠还是戎狄。赵武灵王"变俗胡服，习骑射"，赵武灵王及其臣民也不因此而流为戎狄。

司马迁对于匈奴的起源问题大概没有经过详细的考虑，只是搜集当时的一些传说及各种记载。这些材料作为反映当时的人们对于这个问题的一些不同看法是很有价值的，若作为一种有系统的见解就很值得商榷。上面指出的他的一些错误，就是因为他在《匈奴列传》里没有说明那些材料是反映当时对于这个问题的一些不同的看法，而仅用"或曰"的方式去表达。其实，司马迁在叙述外族的列传中，常常说他们的祖先是华夏苗裔。如在《朝鲜列传》中说："朝鲜王满者，故燕人也。"在《东越列传》中说："闽越王无诸及越东海王摇者，其先皆越王句践之后也。"这可能是大汉族主义的表现，与历史事实未必符合。

事实是，把各种外族都当作华夏的苗裔是错误的。而现代之研究匈奴的学者几乎没有人相信象《史记·匈奴列传》所说匈奴是夏后氏的苗裔了。

匈奴不是夏后氏的苗裔，但匈奴是不是唐虞以上的山戎、猃狁、荤粥以及夏、商、西周、春秋、战国时的各种戎狄的后裔，或是他们的混合民族呢？

司马迁对这个问题没有解答。但后来注解《史记》的许多学者曾提供了一些意见。如《吕氏春秋·审为》篇高诱注说："狄人猃狁，今之匈奴。"又如上面所举的应劭、晋灼、司马贞等说唐虞以上叫做山戎或熏粥、殷时叫做鬼方、周时叫做猃狁、秦汉叫做匈奴。这就是说，匈奴之与唐虞的山戎或熏粥、殷时的鬼方、周时的猃狁不过是同族而异名罢了。

这个说法似过简单。司马迁在《匈奴列传》里除了说唐虞以上有山戎、猃狁、荤粥外，没有说到夏殷二代的戎狄。说得比较详细的是周的祖先和西周、春秋、战国的戎狄与汉族的关系。在这个时期里，西北外族名称之为他所采用的，除匈奴外还有四种：一为戎，一为夷，一为狄或翟，一为胡。戎有西戎，犬戎，山戎，绵诸，绲戎，翟、䝠之戎，义渠、大荔、乌氏、朐衍之戎，楼烦之戎；夷有畎夷（有人谓即昆夷）；狄或翟有赤翟、白翟；胡有东胡、林胡或胡貉或普通所谓的胡。或戎狄连用。他指出散居于豁谷的戎有一百多，"然莫能相一"。匈奴之名，除一见于《秦本纪》外，在《匈奴列传》里两见于叙述战国时事：一为"三国（燕、赵、秦）边于匈奴"，一为"李牧时匈奴不敢入赵边"。然而在《匈奴列传》里，匈奴与胡、戎狄是并用的，且可通用。如燕"边于匈奴"，但燕亦筑长城置各郡以"拒胡"。秦"边于匈奴"，但"蒙恬将十万之众北击胡"。在《蒙恬列传》中则说："蒙恬将三十万众北逐戎狄……是时蒙恬威振匈奴。"这样看起来，胡、戎狄、匈奴好像是同一个民族了。

但是《匈奴列传》又说，在战国末年，"东胡强而月氏盛"。唐张守节《史记正义》引《括地志》云："凉、甘、肃、延、沙等州地，本月氏国。"则月氏也是西边的戎狄。月氏既不同于匈奴，东胡也异于匈奴。若说除月氏与东胡外，上面所列举的各种胡、戎狄与匈奴是同一民族，恐怕也是不对的。司马迁曾说各种戎狄"各分散居豁谷，自有君长，往往而聚者百有余戎，然莫能相一"。这就是说，这么多种戎狄是很复杂的。我们不能因司马迁互用"胡""戎狄"与"匈奴"等名词而遂谓其为一个民族。

《匈奴列传》说匈奴是一以畜牧为生和骑猎为主的民族。我们怀疑许多居于西北及塞内豁谷的戎狄是否也与匈奴同俗。《左传》记载隐公九年（公元前714年）北戎侵郑时的军队是徒步的，昭公元年（公元前541年）狄人的军队也是徒步的。那么戎狄的徒兵是异于匈奴的骑射了。这些用步兵的民族与以骑猎为主的民族是否为同一民族，是很值得研究的。

司马迁指出自淳维至头曼有一千多年。在这么长的时间里，匈奴"世传不可得而次"。这清楚地说明，他对于匈奴的历史是不清楚的。在塞内与华夏杂居的戎狄的情况，如人种、语言、风俗、习惯之记载于书籍的已经很少，则远处塞外的匈奴，在头曼以前的历史当然更不容易了解。匈奴既没有文字记载历史，而汉人除了受外族的严重侵扰时外，对于外族又是很少注意的。匈奴不但远居塞外，而且在匈奴与汉的边界上又被其他好多戎狄隔离，那么汉人对于匈奴知识的贫乏是很自然的。

头曼以后，匈奴开始为西汉人所注意。司马迁说"至冒顿而匈奴最强大"，又说在冒顿时，匈奴"尽服北夷"。其他北夷与匈奴是否为同一民族，这又是值得研究的。

司马迁对匈奴的起源问题虽有矛盾与含糊之处，但近人丁谦在《汉书匈奴传地理考证》里曾为之作解释：

　　汉代匈奴，为北方之大敌，但推原种族，实与塞外诸番迥不相同。盖其始祖淳维，系出夏后，居然中国神明之裔，与周之先世后稷封邰，相距不远。惟稷之后虽不窋换官,窜于戎狄,而公刘亶父,世守华风,故日渐内迁。至文武二王,遂有天下。淳维之后,至殷北徙,戎狄杂居,竟与同化,舍耕稼而事牧畜,旷官室而处穹庐,去衣冠而服皮褐,殆所谓用夷变夏者非耶?此传之首,备述三代以来诸戎狄之盛衰,似与匈奴本事不相附丽,然细按之,实所以着匈奴勃兴之所自。盖荒服诸部,种类虽多,皆力薄势分,初无与于中国之利害。自战国列王,竞事开疆,诸部遂日渐沦亡。特诸部亡而诸部之人民岂能尽灭。当其时,近东者多归并于东胡,近西者多归并于月氏,近北者多归并于匈奴。故嬴秦之世,三部并强。追汉初,匈奴冒顿以枭雄之质,崛起朔方,灭东胡,破月氏,遂统一大漠南北,南面与中国相颉颃矣。

丁谦想把匈奴为夏后氏之苗裔说与唐虞以上实有的外族混合起来而形成用夷变夏的调和论调,但这只能是丁谦的说法,司马迁在《匈奴列传》里并不是这样说的。丁谦以为自淳维跑到北边之后,与戎狄杂居,竟与同化。同化之后,逐渐征服其他的荒服诸部,遂成为匈奴。这不能说是历史上不会有的事。但是淳维既在荒服杂居而同化于外族,则淳维就变为该外族的份子,因为这个外族是在淳维未到北边之前便已存在的。若说淳维到了北边之后,外族人拥立他为君长,因而遂改号曰匈奴,则匈奴人的祖先便不能谓为夏后氏之苗裔。明代有一个暹罗华侨的儿子郑昭,曾打败缅甸,恢复暹罗,做暹罗的皇帝。但是暹罗的统治民族仍是泰族,并不因此而成为华夏苗裔,最多只能说,在暹罗王室的王族中有汉族的血统。

近人专题研究匈奴起源问题较早的著作是王国维的《鬼方昆夷猃狁考》,全文七千余言,也是研究这个问题的最长的文章。他除利用古代典籍外,又得古文字及古器物之助。他以为见于古金文之"厰狁""厰允""猃允"皆与猃狁相同。又以为《易》的"鬼方"、《诗》的"混夷""昆夷"、《国语》的"犬戎"、《尚书大传》的"畎夷"皆与猃狁相同,而猃狁又与匈奴相同。他说:

> 我国古时,有一强梁之外族,其族西自汧陇,环中国而北,东及太行、常山间,中间或分或合,时入侵暴中国。其俗尚武力,而文化之度不及诸夏远甚。又本无文字,或虽有而不与中国同。是以中国之称之也,随世异名,因地殊号。至于后世,或且以丑名加之。其见于商周间者曰鬼方,曰混夷,曰獯鬻,其在宗周之季,则曰猃狁,入春秋后,则始谓之戎,继号曰狄。战国以降,又称之曰胡,曰匈奴。综上诸称观之,则曰戎曰狄者,皆中国人所加之名。曰鬼方,曰混夷,曰獯鬻,曰猃狁,曰胡,曰匈奴者乃其本名。而鬼方之方,混夷之夷,亦为中国所附加。当中国呼之为戎狄之时,彼之自称决非如此。其居边裔者,尤当仍其故号,故战国时,中国戎狄既尽,强国辟土,与边裔接,乃复以其本名呼之。此族春秋以降之事,载籍稍具,而远古

之事，则颇茫然，学者但知其名而已。今由古器物与古文字之助，始得言其崖略。

他又说：

此族见于最古之书者，实为鬼方。《易·既济爻辞》曰：高宗伐鬼方，三年克之。《未济爻辞》曰：震用伐鬼方，三年有赏于大国。《诗·大雅·荡》之篇曰：内奰于中国，覃及鬼方。《易》之《爻辞》盖作于商周之际，《大雅·荡》之篇作于周厉王之世而托为文王斥殷纣之言，盖亦谓殷时已有此族矣。后人于《易》见鬼方之克需以三年，知其为强国。于《诗》见鬼方与中国对举，知其为远方。

他以为：

鬼方之名，《易》《诗》作鬼，然古金文作𢈒，或作魃……皆为古文畏字……鬼方之名，当作畏方……混夷之名，亦见于周初之书。《大雅·绵》之诗曰：混夷駾矣……而《孟子》及《毛诗·采薇·序》作昆，《史记·匈奴传》作绲，《尚书大传》则作畎夷……四字声皆相近……又变而为荤粥、为熏育、为獯鬻，又变而为猃狁。……故鬼方、昆夷、熏育、猃狁，自系一语之变，亦即一族之称。

他指出：

至猃狁之后裔如何，经传所纪，自幽平以后至于春秋隐桓之间，但有戎号，庄闵以后，乃有狄号。戎与狄皆中国语，非外族之本名。戎者兵也……则凡持兵器以侵盗者亦谓之戎。狄者远也……因之凡种族之本居远方而当驱除者亦谓之狄。且其字从犬，中含贱恶之意，故《说文》有犬种之说，其非外族所自名而为中国所加之名，甚为明白。故宣王以后，有戎狄而无猃狁者，非猃狁种类一旦灭绝或远徙他处之谓，反因猃狁荐食中国，为害尤甚，故不呼其本名而以中国之名呼之。其追纪其先世也，且被以恶名。是故言昆戎则谓之犬戎，薰鬻则谓之獯鬻，厥允则谓之猃狁，盖周室东迁以后事矣。

他最后说：

及春秋中叶，赤狄诸国皆灭于晋。河南、山北诸戎，亦多为晋役属。白狄僻在西方，不与中国通，故戎狄之称泯焉。尔后强国并起，外族不得逞于中国，其逃亡奔走复其故土者，或本在边裔未入中国者，战国辟土时乃复与之相接。彼所自称本无戎狄之名，乃复以其本名呼之。于是胡与匈奴之名始见于战国之际，与数百年前之獯鬻，猃狁先后相应，其为同种，当司马氏作《匈奴传》时盖已知之矣。

王国维在这篇文章里，除了从音韵上去说明鬼方、昆夷、猃狁、戎狄、胡、匈奴为同一种族之外，他又找了许多材料去说明这个异名同族的匈奴在地理上的递嬗之迹。他由古器物及史料证明"鬼方之地"与"昆夷地正同"。他说："后世猃狁所据之地，亦与昆夷略同。故自史事及地理观之，混夷之为畏夷之异名，又为猃狁之祖先，盖无可疑，不独有音韵上之证据也。"

王国维的这篇文章也是根据《史记·匈奴列传》的提示而作的，所以他在这篇文章的结尾指出獯鬻、猃狁、戎狄、胡、匈奴为同种而"当司马氏作匈奴传时盖已知之矣"。但是他对司马迁所说的匈奴的祖先是夏后氏的苗裔叫做淳维这一点则避而不谈，连一些人以为淳维与獯鬻是同声同族也没有提及，这表明他不同意司马迁的匈奴是夏后氏的后裔的看法。从这一点看，他与过去许多注解《史记·匈奴列传》或说到匈奴的起源问题的人不同。因为那些人一方面保留司马迁所说匈奴是夏后氏后裔的说法；一方面又接受司马迁所说的唐虞以上的山戎、猃狁、荤粥也是匈奴的祖先说法，结果是无法自圆其说的。王国维则直截指出：匈奴这个外族的祖先，无论叫做鬼方、昆夷、猃狁、戎狄都是外族，而非汉族苗裔。

王国维说鬼方、昆夷、猃狁、戎、狄、胡、匈奴是异名同族也不是一种创见。司马迁、应劭、晋灼、韦昭、司马贞都有这种看法。司马贞《五帝本纪索隐》中曾说过唐虞叫做山戎、熏粥，殷时叫做鬼方，周时叫猃狁，汉叫做匈奴。至于昆夷与犬戎、猃狁是异名同族，颜师古、司马贞、崔述都曾说过。《史记·匈奴列传》"周西伯昌伐畎夷氏"句下，《索隐》云："韦昭云：'春秋以为犬戎'。按畎音犬，大颜云'即昆夷也'。"崔述《丰镐考信录》卷七云："郑氏以西戎为昆夷，猃狁为北狄……余按太原及方，皆在周之西北，猃狁之国，当在凉、巩之间。所谓西戎盖即猃狁，而变其文以叶韵耳。猃狁之为周患，见于'出车''六月''采薇''采芑'四篇详矣。而传记初未有言者。《国语》有犬戎，有姜氏之戎，而史伯则但称西戎，足为周患者皆戎，然则猃狁者亦戎也。……猃狁文皆从犬，疑则《周语》之犬戎犹郐瞒之或称为长狄也。以猃狁、西戎为二国而曲为之解，误矣。程子疑西戎兵不加而服，朱子疑既却猃狁而还师以伐昆夷，亦沿郑孔之误。"我们可以说王国维是把以往学者对于这几个名词的解释综合起来，从音韵上与地理上去说明其为异名同族。他简化司马迁及其他人对于这个问题的意见而归纳秦汉以上从"西自汧陇，环中国而北，东及太行、常山间"的外族为鬼方、昆夷、熏鬻、猃狁、戎狄、匈奴几个名词而断定其为异名同族。其实，孟子早已指出"太王事薰鬻而文王事昆夷"，那么"薰鬻"与"昆夷"是不同了。又《史记》与《汉书》匈奴传均说冒顿"后北服浑庾"，"浑庾"即"昆夷"的异音。匈奴征服浑庾，那么浑庾就不见得是匈奴的同族了。这说明薰鬻与昆夷异于匈奴。

王国维以后，研究这个问题的学者，大都同意他的结论。如梁启超在《中国历史上民族之研究》①中，在匈奴的起源问题上是同意王国维的。日本学者研究这个问题时也参考他的著作，可见他这篇文章影响很大。在声韵和地理的考证方面，王国维是用了一番工夫的。他的论据可以说是"同韵就同族""同地也同族"。不能否认，这是研究古代民族的一种方法，但是只靠这种方法却不一定能得到正确的结论。如"但"与"蛋"，在音韵上相同，然而不能说广西山居的"但"与两广、福建的水居的"蛋"是同族。"闽"与"蛮"在音韵上相同，然而不能说"蛮"就是"闽"。"粤"与"越"在音韵上相同，然而只能说，在广东，在历史上的某一时期，粤人与越人是指同一民族。若一概而论，凡"越"都是"粤"，那就不见得是对的。因为春秋战国时代的越国的越人和在越南的越人未必相同。至于现在的广东的粤人与越南的越人，也不能谓为同族。其实，同音字也未必是同族，春秋时浙江的"越"、汉以后广东的"越"，以至越南的"越"，都不能一概而论为同族。当然，这也不是说猃狁或熏鬻等之于匈奴是完全没有关系的。

同样，"同地即同族"也不是绝对的。西北民族多事游牧，随地迁移，一个民族不一定老是在一个地区，而同一地区也可有几个民族。新疆一省有十数种少数民族，云南、广西也各有好多种少数民族。这是以比较大的区域来说明同地未必同族。在海南岛，有些很小的地方苗黎杂居，他们虽有很相同的地方，然而严格地说，他们不是同族。

王国维所说的鬼方、昆夷、猃狁、戎狄、胡、匈奴，不止地域上是"西自汧陇，环中国而北，东及太行、常山间"这么大的地域中，只有"一强梁之外族"，又何况这个外族，历时二千余年，即自黄帝至秦汉，"或分或合，时入侵暴中国"，始终还只是"一强梁之外族"。地广数千里，年历二千余，在中国的西北只有一个名异实同的外族，这种看法，从常识来说，恐怕也是难于相信的。

相反，在黄河一带，尤其是黄河以南，在同时间里，除汉族或戎狄以外，还有其他的南方民族。所谓东夷、南蛮，不过是大的分类。东夷、南蛮本身就有好多不同的民族。直至现在，滇黔两粤不必说，即湖南、浙江也还有不少少数民族的地区。若谓同音即同族、同地也同族，则黄河以南汉、戎狄以外只有东夷、南蛮两种民族了。《汉书·乌孙传》有匈奴"百蛮大国"句，《史记·匈奴列传》有"居于北蛮"句，"梁伯戈铭"称"抑鬼方蛮"，我们不能因此说匈奴或鬼方与南蛮的蛮是同一民族。同字尚且如此，何况同音呢？

司马迁在《史记·匈奴列传》中原指出：在头曼、冒顿之前，西北的外族是"各分散居谿谷，自有君长……莫能相一"。可见得不是一个外族而是好多外

---

① 见《梁任公近著》第一辑下卷。

族。毛诗《出车》的序也说过"西有昆夷之患,北有猃狁之难"。这说明,昆夷与猃狁完全是两个不同的种族。崔述在《丰镐考信录》中虽然说犬戎、昆夷、猃狁为同族,然而他也指出"盖西戎之国不一而猃狁为最强"。关于这一点,王国维与崔述一样,承认犬戎或猃狁是戎的一种,是戎中最强大的。我以为,他们若在这个认识的基础上去研究外族的相异处,可能会明白这些外族不是一个种族而是好多种族。可惜他们只着重于"同音同地",因而把二千余年间的西北民族归纳到数个名词而认定为同名同族。

再看自头曼以后至两晋南北朝的七百余年中,西北民族的新陈代谢不是一个而是很多个。单以秦汉来说,最初是除匈奴之外有东胡与月氏。此后,匈奴之北有丁零、坚昆;匈奴之西有乌孙、塞种。西域三十六国后来分为五十余国,其民族是否相同也值得研究。《汉书·西域传》"西夜国"条说,"西夜与胡异,其种类羌氐",可见种族不同。同书"康居国"条"匈奴百蛮大国",更说明匈奴是好多外族中的一个。匈奴为百蛮大国是在冒顿之后。在头曼以前,恐怕只是好多外族中的一个。

据现存的史料记载,古代西北民族在春秋战国时期,有的在西北边境,有的在塞外,有的常侵入内地。《史记·匈奴列传》说,"山戎越燕而伐齐,齐釐公与战于齐郊",其深入内地,猖獗可知。周襄王欲伐郑,娶戎狄女为后,可见戎狄与王室的接近。边疆戎狄,忽来忽去,史不绝书。至于塞外的戎狄,因为接触少,不易知其情况。自管仲相齐之后,攘夷狄是霸业的主要内容,所以孔子说,"微管仲,吾其披发左衽矣"①。晋文以后,秦晋在西北扩充领土。战国时,秦赵也继续在西北发展。大致说,有的外族在内地或靠近内地的,被征服后,就同化于汉族。在边境的,有的内迁,有的外走至塞外。可是塞外不是空而无人的,也有其他外族,则两者或互相征伐或合并,也绝不会在短时期内就成为一个大帝国。司马迁说,"至冒顿而匈奴最强大,尽服从北夷"②,可见是经过长期的征伐的。只看冒顿对东胡的要求,忍让爱马与妻子,便说明这个民族的强盛远非一朝一夕之功。匈奴在未强盛之前,只是好多民族中的一个,而即使强盛之后,在这个"大国"里也仍存在着好多不同的民族。因为其他民族固不会全部跑光或被杀光,匈奴的人口也不会一下增加起来。匈奴这个族名,在战国时代尚不能包括所有的外族,那么就更不能包括战国以前以至唐虞以上的西北的所有外族了。

王国维除《鬼方昆夷猃狁考》外,还有《西胡考》上、下及续考三篇,虽主要论述西域的胡人,但续考中也有一节与匈奴有关,兹录之如下:

  自唐以来,皆呼多须或深目高鼻者为胡或胡子……是唐人已谓须为胡,

---

① 见《论语·宪问》。
② 《史记·匈奴列传》中语。

岂知此语之源本出于西域胡人之状貌乎？且深目多须不独西胡为然，古代专有胡名之匈奴，疑亦如是。两汉人书，虽无记匈奴形貌者，然晋时胡羯皆南匈奴之裔。《晋书·石季龙载记》云，太子詹事孙珍问侍中崔约曰："吾患目疾，何方疗之？"约素狎珍，戏之曰："溺中可愈。"珍曰："目何可溺？"约曰："卿目睕睕，正耐溺中。"珍恨之，以告石宣。宣诸子中最胡状，目深，闻之大怒，诛约父子。又云：冉闵躬率赵人，诛诸胡羯，无贵贱男女少长皆斩之，死者二十余万，屯据四方者，所在承闵书诛之。于是高鼻多须至有滥死者。……晋之羯胡，则明明匈奴别部，而其状高鼻多须与西胡无异，则古之匈奴盖可识矣。……西域人民与匈奴形貌相似，故匈奴失国之后，此种人遂专有胡名，顾当时所以独名为胡者，实因形貌相同之故，观《晋书·载记》之所记，殆非偶然矣。

我觉得王国维的主张可商榷。首先，他以为谓须为胡乃出于西域胡人的状貌，因以为深目多须不独西胡为然，古代专有胡名之匈奴疑亦如此。在理论上，这种说法很勉强。西域的西胡是否皆深目多须姑不置论，若说因西域的胡是多须深目而遂说古代专有胡名的匈奴也是多须深目，那就不一定是对的。否则，古代的东胡也该是多须深目了。

至于他用《晋书·石季龙载记上》的两段话去证明匈奴是高鼻深目则亦可商榷。王国维说西汉人书没有记匈奴形貌的，但是司马迁应该见过匈奴人，班固则更该见过。司马迁在《史记·匈奴列传》里很注意匈奴人的语言、风俗、习惯，而没有提到匈奴人的形貌。班固曾深入匈奴人所居的地方，所接触的匈奴人必定很多，然而在《汉书》的长篇《匈奴传》里也没有说到匈奴人的形貌。假使匈奴人的形貌与汉人差别太大，象高鼻、深目、多须等，不会不引起他们的注意，因为他们对于匈奴的风俗习惯之异于汉族的都曾做过比较详细的叙述。所以他们没有提及匈奴人的形貌，大概是因为匈奴人与汉人大致相同。

司马迁《史记·大宛列传》说："自大宛以西至安息，国虽颇异言，然大同俗，相知言。其人皆深眼，多须髯。"班固《汉书·西域传》"大宛"条除重述司马迁这几句话外，在"西夜国"条又指出："蒲犁及依耐、无雷国，皆西夜类也。西夜与胡异，其种类羌氏行国。"可见他二人对外族的形貌是注意的。司马迁所说的"皆"，即大宛以西至安息，无例外的是深目多须髯。反之，在大宛以东，他既没有说没有深目多须髯，则亦不能说是完全没有。《北史·西域列传》除"康国"条说人皆深目、高鼻、多髯外，在"于阗"条："自高昌以西诸国人等，深目高鼻，唯此一国，貌不甚胡，颇类华夏。"在"高昌"条说："高昌者，车师前王之故地，汉之前部地也。"《史记·大宛列传》记大宛的位置是"其北则康居，西则大月氏，西南则大夏，东北则乌孙"。《汉书·西域传》"大宛"条云："北与康居，南与大月氏接。"《汉书》记大月氏的位置虽与《史记》

略异，但大宛的位置没有什么变化。高昌既为车师前王之故地，车师在大宛之东，《汉书》说大宛去长安万二千二百五十里，车师去长安八千八百五十里，则大宛距车师三千四百里。《史记》《汉书》都说大宛以西的人皆深目高鼻，而《北史》谓高昌以西的人深目高鼻，则自后汉以后，深目高鼻的人是逐渐东移了。于阗的位置在车师（高昌）西南，在大宛东南，则高昌以西各国应为深目高鼻的人所居住了。至于"貌不甚胡，颇类华夏"，则既非全类华夏，亦非全异于胡了。

应该指出，这里的"胡"不一定是匈奴。因为秦汉时的"胡"主要指匈奴，而这时的"胡"主要是西胡，亦即西域一带的外族人。

《北史·西域传》无"大宛"条，可能这个国家已被消灭。但是人民未必完全消灭。高昌人与大宛人在民族上是否有关系不得而知（按：《北史》说高昌东去长安四千九百里，则高昌的位置比《汉书》所说的车师是更东了。可是《汉书》说车师去长安八千一百五十里。《北史》又说高昌为车师前王之故地，《北史》恐有误）。《北史》又说"国有八城，皆有华人"。又说"晋以其地为高昌郡。张轨、吕光、沮渠蒙逊据河西，皆置太守以统之"，则本为汉人所统治。在太延中（公元435—439年）蠕蠕侵伐这个地方，至和平元年（公元460年）遂"为蠕蠕所并"，"以阚伯周为高昌王，其称王自此始也"。则统治权已是外族，而非汉人，而这些外族是深目高鼻的人种。

西北民族多从事畜牧，逐水草而居，经常迁徙。大月氏、乌孙、康居均曾移居。在匈奴西北的民族为丁令、坚昆，也可能时时迁移。大宛虽为居国，然而人民的移动也是可能的。塞种即曾为他族所迫而迁徙。在这些民族中，种类不同：大宛是深目多须；乌孙，据颜师古说是"青眼赤须，状类猕猴"；月氏、塞种、丁令、坚昆都与匈奴各异。在匈奴强盛时，有的民族，如月氏、塞种虽移居别处，但其人民之留在原处的不一定很少。匈奴征服各国后，在其大"帝国"里必有各种不同民族，他们不止受匈奴的统治，而且为匈奴所驱使，在匈奴的军队中也必有这些人。在汉朝与匈奴的战争中，凡为匈奴服务的均可能称为匈奴人或如《晋书·石勒载记》所称是匈奴的别种。《石勒载记》上说"石勒……上党武乡羯人也。其先匈奴别部羌渠之胄。祖耶奕于，父周曷朱，一名乞翼加，并为部落小率"。

按匈奴先后入塞共十九种，而羯为其中之一。石勒虽为匈奴的刘渊效命，然而他自己的种族未必与刘渊相同。他所以叫做羯人，足证与匈奴有别。说不定他的祖先就原与匈奴异族，在匈奴强盛时并在匈奴"帝国"之内，后来才称其族为羯。假使这种看法是可能的，那么石勒及其同族的部众就不能因为说他是匈奴别部而说他是匈奴人，更不能因为他效命刘渊而遂谓其为匈奴族的后裔了。《石勒载记》云，石勒"状貌奇异"，也是说他的血统有特殊的地方。

其实，深目多须的人不止在匈奴"帝国"中和大宛以西以至安息可以找出来，在林邑也可以找出来。《隋书·林邑传》说："其人深目高鼻，发拳色黑。"《晋书·四夷列传》"林邑"条说："林邑国本汉时象林县，则马援铸柱之处也。"林邑在今越南境内的中圻。邝露《赤雅》说："马人本林邑蛮，深目猳鼻，散居峒落。"顾炎武《天下郡国利病书》卷一百〇四"广东八"有同样的词句。《南史·林邑传》说"其大姓号婆罗门"，可能这是从印度移过来的民族。但是不能因此而说越南或印度支那半岛的民族都是深目高鼻的。

总之，在一个国家里有几种不同的种族，是常有的事情。匈奴在强盛时是"百蛮大国"，既可说成"百蛮"中的大国，也可说在这个"大国"里有"百蛮"，而其中有的人则是深目多须，但又不一定是凡匈奴人皆深目多须。近人夏曾佑在《中国古代史》第二章第十节中，于赵的石氏下注云，"案此即胡羯之状，为高鼻、多须而深目，此状颇类今亚细亚西境诸族人，而非匈奴种也"。清楚地表明胡羯不是匈奴种，亦即高鼻、多须、深目不是匈奴人的形貌特征。一般来说，这是白种人或阿利安人的特征。假使匈奴人没有这种特征，匈奴人当属于黄种人或蒙古种人。

公元四世纪时，匈奴人曾侵入欧洲，与当时在东欧的哥特人或是现代的德意志人接触。约丹尼斯在其《哥特史》中曾有关于匈奴人的叙述。大意谓他们的令人恐怖的容貌，使那些在战争中未被他们所战胜的人们也大为畏惧。他们（匈奴人）使其敌人战栗而逃，因为他们的黑色的外表是可畏的，他们的体格是丑陋而无定形的。头部不像头部，眼睛像针孔一样。粗犷的体形说明他们壮健。他们的婴儿一出世就被残忍对待，他们用剑割男孩的脸，使其在未得奶汁哺育之前先练习忍受创伤。所以他们长大后没有须。他们的颈是骄傲而时时直立的云云。约丹尼斯还说他们的脚部是有毛的。由此可见匈奴人不是白种人而是蒙古种人。

约丹尼斯的生卒年代不明，一般谓约公元六世纪时人，此书写于何时无考。我们仅知公元445年前后，罗马曾派外交人员与匈奴皇帝阿提拉办交涉，其中一位名普利斯库斯者曾在阿提拉的宫廷里见过阿提拉。在他写的《第八残篇》中曾说："他（阿提拉）的身材是矮短的，胸部广阔，头很大，眼睛小，散播出灰色。他的鼻子是平的，脸色是黑的。"这说明这位著名的匈奴英雄是黄种人，属于蒙古种——因为断定人种的标准最好是从形貌方面，虽然其他方面如人体骨骼、文化特性等也有参考的价值。

今存的与这个问题有关的最古的文物是汉代霍去病墓前的石刻——马所踏的匈奴人。霍去病以击匈奴卓立战功，死时年仅二十四岁。《汉书·霍去病传》云："元狩六年（公元前117年）薨，上悼之，发属国玄甲，军陈自长安至茂陵，为冢像祁连山。"颜师古注云："在茂陵旁，冢上有竖石，冢前有石人马者是也。"近人冯承钧译色伽兰（V. Segalen）等所著之《中国西部考古记》

(*Premier des Résulats Archéologiques obtenus dans la Chine Occidentale*，1915）上说："石马以整石刻之，质为灰色花岗石。自地至马顶，高一公尺四十分。其下台石虽已埋没，马身虽小，其姿势之雄健，尚可仿佛得之。"最重要的记载是："马无鞍辔，身重蹄短，尾长垂地，腹抵一人于下。其人以膝抵马腹，趾接马尾，左手持弓，右手以短矛刺于马肋之中，其头甚巨而后仰，眼大而圆，额低耳巨，其乱须蓬接马胸，一见而知非中国人而为夷狄。此马与人猛勇镇定之状，除完全型范之外，殆难仿造。"石人石马刻得很好、很象。这个夷狄的形貌决非白种人。匈奴人与汉人是有分别的，但汉人与匈奴人均为黄种人，为蒙古种。

然而，这不等于说匈奴人血统上没有与其他民族相混杂。头曼以前，史料缺乏，无从稽考。头曼以后，匈奴人与汉人通婚，见于史书者甚多，往往是王室或一些重要人物。当时民间，尤其边境地方，通婚者必更多。另外，匈奴之东有东胡，西北有丁零、坚昆、塞种、乌孙、月氏等种族，西南有西域各国的民族及羌氏，在匈奴强盛时，多处于匈奴统治之下，即匈奴衰弱时，与匈奴来往接触也未断绝，则种族之间通婚当亦为常事。《汉书·西域传》载江都王建女细君嫁给乌孙昆莫为右夫人，而匈奴亦遣女妻昆莫为左夫人。匈奴女可嫁给乌孙人，乌孙女嫁给匈奴人也不应有问题。匈奴自到支单于西迁以后，与大宛以西各民族通婚也无可疑。《汉书·陈汤传》言郅支娶康居王之女，康居王又娶郅支女。东汉时，匈奴大规模西迁，则与大宛以西的民族的血统相混杂的程度可能更深。自公元前三世纪至公元五世纪的七八百年间，匈奴种族之有外族血统是事实。然而从阿提拉的形貌来看，则匈奴血统的遗传仍是主要因素。

现简单地重述一下关于匈奴的起源问题。

一、匈奴人不是夏后氏的苗裔，不是华夏族。

二、匈奴是春秋、战国时的所谓戎狄之一，可能是边境或塞外的一个新兴民族。逐渐强盛后，匈奴之名也逐渐被通用。这个民族不是唐虞以上的犬戎、荤粥，不是殷、周时的鬼方、昆夷、玁狁、猃狁。只从同音或同地来说明他们是一族是未必可靠的。

三、匈奴人是黄种人。其后与外族长期接触、通婚，也有了其他种族的血统。

到十八世纪，法国学者得岐尼在其《匈奴、土耳其、蒙古与其他的西方鞑靼人的通史》中，对于匈奴究竟是何种族问题做了如下的解释与说明："罗马的历史家对于他们（西部的鞑靼人）只笼统地称为匈人，一切描写与记载均属不经之谈。并不知道这些匈人来自何处。他们在鞑靼人中，被称为匈奴，曾建立大帝国，后被中国人打败，势力分散，一部分迁到西方。后来入寇罗马帝国的阿提拉即出身于这一部分。留在中国边境的匈人，一部分为东鞑靼所征服，一部分据有北中国，惟势力微弱，已不能统有鞑靼全部。后来到了土门时代，复建大国，得号土耳其（突厥），对于全部鞑靼方重新统一。""土耳其族既得到政权，所有各部族都被叫做土耳其，匈奴人至此也变作土耳其人。后来成吉思汗由蒙古族崛起，得到政权，所有各部鞑靼族又都变成蒙古人了。""匈奴这个名词的消灭，似乎仍依照鞑靼族中的常例：一部兴起，得到政权，统一各部族后，即拿自己本族的名称代表其余各部族。"{以上三段译文均据北京大学《国学季刊》第二卷第三号（一九三〇年九月）姚从吾《欧洲学者对于匈奴的研究》}得岐尼认为匈奴人即突厥人，即蒙古人。其书第一册第一编中曾说"匈奴人就是后来的突厥人"。又说"蒙古人，据各书所载，出自突厥族"。这就是说蒙古人是突厥人的后代，而突厥人是匈奴人的后代。同时，这三种人也可以总称为鞑靼人。

我们知道，鞑靼是国名，是靺鞨的别部。《辞源》说靺鞨是种族名。有人把其历史追溯到周代的肃慎、汉魏的挹娄、后魏的勿吉。但靺鞨最先见于隋唐，分为黑龙江或黑水靺鞨与松花江或粟末水靺鞨。前者于宋代建国，后者于唐时建渤海国。鞑靼国之名，唐末始见于史书，后为蒙古人之称。元朝灭亡之后，其族往西北走，通称鞑靼，故又为族称。西文为 Tartars，也称塔塔儿，他们随元朝西侵，散居于中亚细亚与欧洲等处，欧洲人统称之为鞑靼，虽然这个民族已与所居之地的各民族混杂。

得岐尼与欧洲许多学者对于十三世纪时蒙古人的西侵印象深刻。不过蒙古人的西侵，最西不过达到今苏联的基辅与黑海附近，没有进入欧洲本部。匈奴人却一直打到东罗马帝国、西罗马帝国，以至法国巴黎附近，可是这是公元四至五世纪的事，时间已久，史书所记甚少。而蒙古人之西侵则时间较近，且火药、印刷与指南针亦于此时传入欧洲，再加上马可波罗之游记，使欧洲人不但羡慕中国的高度文化，而且对世界地理的观念亦大为改变。

由于欧洲人对蒙古的西侵印象深刻，于是注意蒙古的种族问题。元朝灭亡之后，其宗族或部落既散居于中亚细亚与欧洲而称为鞑靼，其后裔亦称为鞑靼，并且把与蒙古人混杂的人也称为鞑靼，把来自蒙古高原和我国东北各省的少数民族也称为鞑靼，甚至还有把古代住在中亚细亚北部的塞种人与鞑靼种也混而为一。如英国的吉本在《罗马帝国衰亡史》一书的第二十六章注解五中即如此主张。

斯基泰族，有人以为即我国史书中的塞种，原居河西走廊、祁连山一带，后迁至新疆伊犁一带，其后又为乌孙所占，遂分布于葱岭一带，"休循"即塞种所建立的"国家"。

英国的巴克在《鞑靼千年史》中即把塞种与斯基泰并而为一。其卷一第一章《匈奴之古史》中说：

> 中史谓匈奴之先出于夏后氏之苗裔曰淳维，以失行遁入北荒，建国称王。自是以迄西元前二世纪，中国北方诸邦，屡遭此辈游牧民族侵寇之害；然其世代年系绝少记述。今日勾稽古籍，于此辈往迹略窥一二；顾其蒙昧之

状，比之希罗多德之纪塞种无以异也。斯时东胡民族尚未为中国所知，两者接触，犹在数百年后。惟匈奴以泱泱大国，故知之甚悉。后来屡用突厥人或突厥塞种（Turko-Scythian）之名以称匈奴帝国中各种部落；然在西元后第五世纪以前，犹无突厥之名，漫以此称往昔匈奴将不免通人之讥矣。鞑靼一辞或称塔塔，或称鞑子，中史用此，殊为含混；而其见于史籍，亦在西元后第二世纪，其始此辞仅指一小部落而言，与突厥同。是故匈奴与匈（Hun）是否一辞，今姑不论，要之中国人对于北亚骑马食肉饮酪之游牧民族，除匈奴一辞外，并无他名以称之，此与匈奴势力失堕，为中国所驱，西行而入于北欧以后，北欧除匈奴以外之无他名以称此辈骑马食肉饮酪之游牧民族则可决也。复次，希罗多德所述与希腊波斯接触之塞种，与中国之匈奴、欧洲之匈人正同。则屏去其他纷异之证，而谓此三者在种族上彼此息息相关，固至为合理之结论也。

他又说：

> 匈奴以马背为家，随畜牧而转移（以下述《史记·匈奴传》，略）鞑靼此俗历千数年而不衰……鞑靼民族中亦复战伐不绝，唯古纪蒙昧，难得其概。要之自西元前一千四百年至西元前二百年之间，中国与此辈游牧民族战争之事，时见古籍，时期亦可见梗概……今日中国如陕西、山西、河北诸省之北部，在当时俱为此辈游牧民族牧马之区；终战国之世（西元前700至200年），中国与此辈常保其平等之势。周室自天子以至诸侯，先后数与此辈游牧民族籍和亲以保其安谧，而赵武灵王且胡服骑射以效之也。现今又有一字源问题，即所谓东胡（此辞大率用以称契丹满洲以及高丽之先世而言，与以匈奴指突厥、回鹘、黠戛斯之先世而言正同）一辞，是否与欧洲之通古斯（Tungusie or Tunguz）一辞是否同源是也，在此不欲为详细之讨论，今只略述其概。案俄文此字与中文意义正同，故二字根语，若非同出一源，则当属非常巧遇之事。此外，尚有一点，亦可见中国边陲诸邦，渐染鞑靼思想之深也。赵襄子曾漆智伯之头以为饮器，此事深悖孔子礼教之观念，而与匈奴塞种之习则甚近也。

关于鞑靼人与匈奴之异同，巴克在此书卷二第一章《乌桓与鲜卑等东胡民族》中说："古时中国人称匈奴以东之民族为东胡。胡之一名，广义言之，盖包括各种鞑靼民族、高丽人、喀什噶尔人、突厥人、阿富汗人，以及一部分之叙利亚人、印度人、波斯人亦可用之。……而东胡之名称则限于高丽人以及满洲人种之祖先，亦即吾人所称之通古斯族及与通古斯族同文者之谓耳。"在卷二第三章《入主中国北部之鲜卑族人》中又说："西元第二世纪时，鲜卑人已尽有匈奴故地，今楚库河、土拉河、克鲁伦河、鄂鲁浑河诸流域及杭爱山一带，胥有此辈足迹。自是鞑靼民族日益发达。"巴克的《鞑靼千年史》从公元前约二世纪叙至公元十二三世纪。他虽然把匈奴与鲜卑或东胡的不同之处加以说明，但他既把匈奴、鲜卑、蠕蠕、突厥、西突厥、回纥、契丹都分卷分章叙述，亦即把这些民族统属于鞑靼民族，是则巴克书中的鞑靼的范围比得岐尼和吉本所说的都广。

应该指出，鞑靼之名见于我国史书固晚，见于欧洲史书则更晚，而且包括那么多民族也是不得当的。此点将在以后讨论。现在所要指出的是从得岐尼、吉本、巴克至今日的欧洲学者、日本学者，对于匈奴的种族问题的看法，大致可分三类，而见解则或多或少地受得岐尼、吉本、巴克的影响。吉本受得岐尼的影响很大，在《罗马帝国衰亡史》的第二十六章的注解中，称誉得岐尼为中国文字的有技巧与勤劳的解译者，并称得岐尼揭开了人类历史的新的与重要的序幕。十八世纪的欧洲，能从中国的史书中，把中国的历史介绍给欧洲人的极少，吉本不懂中文，得岐尼能从中国的转手材料写成一部史学巨著，吉本当然以为是件了不起的事。吉本正是依靠得岐尼的著作去解释匈奴的种族，故得岐尼之误吉本亦因之而误。巴克则做了不少纠正工作。巴克在《鞑靼千年史》中所批判的吉本的缺点，也可以说是间接地在批判得岐尼。然而在用鞑靼这个名称上，巴克比吉本和得岐尼更为笼统，而欧洲学者在讨论匈奴种族问题上，都直接、间接地受他们的影响。

三类观点如下。

一、得岐尼的看法，即匈奴人是蒙古种，也是突厥族。蒙加西（Munkacsi）也持这种看法。卡斯特楞（M. A. Cactren）在其《阿尔泰民族讲义》（*Vorlesungen über die Altaischen Völker*）中也有这种看法。他们认为匈奴在强盛时期是包括了突厥人和蒙古人的。芬兰人马尔札（Magyars）与麦戈文在其所著《中亚古帝国》中也倾向于这种看法。不过他们以为最初的匈奴人只是近于突厥族，后因匈奴人多与蒙古族通婚，于是蒙古族的特征逐渐增加而成为蒙古种。另外，他又从语言方面进行解释，认为匈奴人的语言接近土耳其的语言，是土耳其最早的和最特殊的语种。他的结论是匈奴人可能是土耳其或突厥人的"叔父"而不是父亲。

日人白鸟库吉在一九〇〇年发表的《匈奴及东胡诸族语言考》与一九〇二年发表的《乌孙考》中，以为匈奴是突厥种，可是后来又认为匈奴是蒙古种。他在《史学杂志》第十八编第二、三、四、五各号中发表《蒙古民族起源考》（何建民译，题《匈奴民族考》）主张匈奴是蒙古种。

主张匈奴是突厥种的学者还有下列代表人物及其著作：

（一）雷米札的《鞑靼语言的研究》。

（二）克拉普罗特的《论突厥与匈奴以及土耳其的类同》。

（三）沙畹（E. Chavannes）的《司马迁的史记》（*Les Mémoirges Historigues de Se-ma-Ts'ien*，I，LXV）。

（四）佛朗克的《从中国的史料中所认识的突厥与塞族》（*Beitrage aus Chinesiche Quellen Zur Kenntnis der Turkvoelker und Skythen*, Abhandlungen der Koniglichen Preunischen Akademie der Wissenschaff zur Berlin, 1904）。

主张匈奴人为蒙古族的也很多。下面是一些代表人物及其著作：

（一）帕拉斯的《蒙古民族历史资料汇编》。

（二）贝格曼的《卡尔麦克带领下的游牧生活》。

（三）诺伊曼的《亚洲研究》。

（四）霍渥儿特的《关于匈奴浅注》（"Some Notes on the Huns", *Sixth Oriental Congress*, 1883, pt. 4 pp. 177ff.）。

这不过是随手举出的一些主张匈奴族是蒙古族或突厥族的人物与著作。此外，如 Zeuss[①]、Prichard[②]、Latham[③]、Hirth、Laufer[④] 等都主张匈奴是突厥族。而 Niebuhr、Schmidt 则主张匈奴是蒙古族。

二、有些人，如圣马丁在其《李柏的东罗马帝国史注释》（*Notes for Le Beau's Histoire du Bas-Empire*, Vols Ⅱ、Ⅲ、Ⅳ）中主张匈奴是芬兰族。

三、有人以为匈奴是回纥族。德国的洪保德（Humboldt）是代表人物。

主张匈奴是芬兰族或回纥族的意见，现在几乎无人赞同了。至于匈奴到底是突厥族或蒙古族则仍有不同意见。

在我国历史上，突厥盛于隋唐时。《周书·异域传下》说："突厥者，盖匈奴之别种。"《北史·突厥传》说："突厥者，其先居西海之右，独为部落，盖匈奴之别种也。"所谓"匈奴之别种"，可以解释为匈奴的一种。但在中国历史上，突厥的出现系在五六世纪之后，匈奴"国家"早已灭亡，其民族有的远徙西方，到了欧洲；有的投降入塞，逐渐汉化；其留在本部者，鲜卑侵入后皆称为鲜卑人。从《周书》《北史》中所说突厥的祖先中找不出与匈奴的关系。故二书所云突厥为"匈奴之别种"不见得是可靠的。

匈奴人无疑是蒙古族。这里要进一步说明的是，在蒙古族里有很多民族支派，匈奴是其中之一。这个民族自很早以前就称为匈奴，与其他民族如东胡的鲜卑、乌桓，西域的塞种或其他的蒙古族是不同的。

古代的华夏族所称胡人主要虽指匈奴，但对于胡与东胡是清楚地分开说的。《史记·匈奴列传》说秦开"为质于胡，胡甚信之。归而袭破走东胡，东胡却千余里"。冒顿时代，东胡强盛，冒顿严格训练士卒，才击败东胡。后汉时，窦宪击败匈奴之后，鲜卑侵入匈奴故地，匈奴人之留在故地者据说尚有十余万落，自

---

① Zeuss, Johann Kaspar 佐伊斯，约翰·卡斯帕尔（1806—1856）。德国语言学家。

② Prichard, James Cowles 普里查德，詹姆斯·考尔斯（1786—1848）。英国人类学家。

③ Latham, Rober Gordon 莱瑟姆，罗伯特·戈登（1812—1888）。英国人类学家，语言学家。

④ Laufer, Berthold 劳费尔，贝特霍德（1874—1934）。德裔美国东方学家。

号鲜卑,"鲜卑由此渐盛"。应该指出,匈奴人自号鲜卑,是政治上的鲜卑,或是鲜卑"国"的人民而非种族上的鲜卑人。至于以后与鲜卑人通婚、杂处而同化于鲜卑则是另一回事。

西域的乌孙所居之地,据《汉书·西域传》"乌孙"条说:"本塞地也,大月氏西破走塞王,塞王南越县度,大月氏居其地。后乌孙昆莫击破大月氏,大月氏西徙臣大夏而乌孙昆莫居之,故乌孙氏有塞种、大月氏种云。"《汉书·西域传上》的"休循"与"捐毒"条说这两个国家的人民都是塞种。这个种族,在民族上,与匈奴也是不同的。在古代,胡主要指匈奴人。葱岭以东的西域诸民族则很少称为胡,这也说明其与匈奴有别。

《汉书·西域传》"乌孙"条颜师古注云:"乌孙于西域诸戎,其形最异。今之胡人,青眼、赤须,状类猕猴者,本其种也。"徐松《汉书西域传补注》引《焦氏易林》说:"乌孙氏女深目黑丑,是其形异也。"

乌孙族中有大月氏种、塞种。颜师古与《焦氏易林》所说的乌孙人也可能包括塞种,塞种若象他们所描写的,也不是匈奴人的形状。但这种塞族也可能是与乌孙人同化的结果。又颜师古所说的"今之胡人"也并非指匈奴人。因此,巴克以为匈奴人与塞族同种也是有问题的。

至于说希罗多德所述之与希腊、波斯接触的斯基泰人(Scythians)即中国史书中的塞种①,也有待研究,我们现在还不能作这样的结论。从希腊人画在花瓶上的斯基泰人的形貌是深目、高鼻、长发来看,又从地下掘出的一些残骨来看,也与西欧的种族相近——身体高而头作圆形。这些特征都说明斯基泰人是属于白种人而非蒙古人,所以斯基泰族与匈奴人有很大差别。

斯基泰既属于白种,其与来自东方或中亚的鞑靼自然不同。虽然两者的风俗习惯多有相同,但种族的特征主要取决于体质形貌。吉本把斯基泰族与鞑靼族混为一谈更是错误,何况匈奴是否为鞑靼之一种也还是问题。

总而言之,匈奴不是白种人,匈奴是蒙古种族。在蒙古族中,匈奴自成一个支派,与东胡固有差异,与西域各民族也不相同。当然,匈奴在发展过程中,无论强盛或衰弱时代,都会与其他民族混杂。这是一切民族通有的现象。匈奴这个国家灭亡之后,族人星散,同化于其他民族,历时既久,其民族特征遂因消失。尽管现在已很难找出一个典型的匈奴人,然而,在历史上,这个民族曾存在于蒙古人种中是无可置疑的。

---

① Scythians,古代东南欧游牧民族。现代音译有西徐亚人、斯基泰人等多种译法。波斯人称之为Seka,即中译之塞迦人。汉语古译为塞种。实即同一民族。作者不同意这种意见,又不见说明原因,全稿乃有多种不同译名。为读者方便,本书整理过程中统一用塞种或塞人译法。以下第九章的标题为整理小组所定。

第九章　以匈奴和塞种为代表的游牧文化概观

《史记》和《汉书》都把匈奴和西域诸国分为二类：行国和居国。行国即游牧部落，居国即农业国家。行国虽然逐水草迁徙，然《史记·匈奴列传》说他们也各有分地。居国有时也以畜牧或游猎为副业。由于这两种国家有根本不同之处，所以在生活方式或文化上便也不同。

其次，匈奴与西域各国种族既不相同，文化传统也就各异。大体上，西域除了游牧民族如匈奴、羌氐、塞种（由葱岭以东迁至葱岭以西的塞种即希腊人和波斯人所记载的塞迦人）的游牧文化外，还有希腊文化、波斯文化、印度文化和汉族文化的影响。因为葱岭以东或以西的西域诸国，有的曾被希腊统治，有的曾被波斯统治。而印度，特别是佛教文化，对这个地区影响很大。至于汉朝开通西域之后，在军事、政治、经济、文化等等方面，也都伸延至葱岭东、西，所以汉族文化也占有重要地位，而每种文化又各具特性。

马是游牧民族中最重要的畜物。王国维《不嬰①敦盖铭考释》中释"骏方"云：

> 骏古御字，《说文解字》驭古文御，此作骏者，从又、持攴、驱马，亦御之意也。此作骏，下文又作御者，古文本有此二字，故或云骏或云御也。骏方者，盖古中国人呼西北外族之名。方者，国也。其人善御，故称御方。殷时已有此称。殷虚卜辞云：贞遘于御方。周人或以为名。噩侯鼎云，噩侯骏方内飨于王。《博古图》载穆公鼎云：亦惟噩侯骏方。

王国维加以注解说：

> 西北民族之善射御，自古已然。如秦之祖先，本在戎狄，其入中国，皆以畜牧及御显。如费昌为汤御，孟戏中衍为大戊御，造父为周穆王御，其裔孙赵夙亦为晋献公御。可知中国人于畜牧仆御不如西北民族，此御方之名所由起欤。②

《史记·秦本纪》说秦的祖先有名费昌者：

> 费昌当夏桀之时，去夏归商，为汤御，以败桀于鸣条。大廉玄孙曰孟戏、中衍鸟身人言。帝太戊闻而卜之使御，吉，遂致使御而妻之。自太戊以下，仲衍之后，遂世有功，以佐殷国，故嬴姓多显……造父以善御，幸于周

---

① 按：即"忌"字。
② 见《海宁王忠悫公遗书·观堂古今文考释》。

缪王，得骥、温骊、骅骝、騄耳之驷，西巡狩，乐而忘归。徐偃王作乱，造父为缪王御，长驱归周，一日千里以救乱。缪王以赵城封造父。造父族由此为赵氏……非子居犬丘，好马及畜，善养息之。犬丘人言之周孝王，孝王召使主马于汧渭之间，马大蕃息。

有人以为秦的祖先是西北的外族子孙，上面所引的"中衍鸟身人言"当然不是指汉人。即使秦的祖先是汉人，也必深受西北的善御的外族的影响，而使御术成为家传的职业。如《后汉书·马援传》："马援字文渊，扶风茂陵人也。其先赵奢为赵将，号曰马服君，子孙因为氏。"章怀太子贤注云："马服者，能服驭马也。《史记》曰：赵惠文王以奢有功，赐爵号为马服君。"这说明居住在西北，受到外族文化影响，善于马术，甚至子孙可以之为姓氏。西北民族以善御出名，西北地区以出好马著名。传说周孝王辟方之世（公元前909年至895年）命申侯伐西戎，西戎来献马。汉武帝起初设法取乌孙马，后闻大宛马更好，便不惜用很大的兵力去攻击大宛以求马。所以在古代的汉人的心目中，西北外族与马是分不开的。反之，与马有关的事便与西北外族有关。如骑射，赵国与北方的外族接近，所以赵武灵王变胡服以适于骑射。又如《吕氏春秋·仲秋纪第八·爱士》说："野人之尝食马肉于岐山之阳者三百有余人，毕力为缪公疾斗于车下，遂大克晋。""野人"也可以说是野蛮之人，是汉人对外族的蔑称。"野人"是西北外族人，当善于骑术。

公元四世纪时，欧洲历史学家阿密阿那斯·马西林那斯曾说匈奴人日夜都能留在马背上。在马背上做买卖，在马背上吃喝，甚至蜷曲在骏马的狭小的头颈上睡觉。可以说，不止公元四五世纪时为然，前此当亦如此。抑且不止匈奴人如此，其他许多游牧民族当亦如此。然则马在他们的生活上的地位可以概见了。

如大月氏、乌孙、塞种，对马都很重视。《史记·大宛列传》"乌孙"条说："乌孙……行国，随畜，与匈奴同俗。"《汉书·西域传》"乌孙"条说："国多马，富人至四五千匹。"关于大月氏，《汉书》说："本行国也，随畜移徙，与匈奴同俗。"《史记》则无"本"字。按大月氏在没有迁到葱岭以西之前为行国，但移到葱岭以西之后，征服大夏，遂渐渐变为居国。大概大夏本为居国，人民从事耕种，大月氏渐被同化，遂放弃游牧生活而成为居国。塞种在伊犁河谷与准噶尔盆地时也是行国，后被大月氏迫迁至葱岭以西，其在罽宾者也受土著民族影响变为居国，在其他地方如在休循、捐毒者，则仍保持游牧生活。《汉书·西域传》"休循"条说"民俗衣服类乌孙"，"捐毒"条说"衣服类乌孙"。乌孙是"俗与匈奴同"的，休循俗又与乌孙同，则休循俗也与匈奴同。但这里特别指出"衣服"，乌孙的衣服是否与匈奴相同已无法肯定，但捐毒既亦为游牧民族，且与休循、罽宾同为塞种，又同在伊犁河与准噶尔盆地居住，与匈奴接近，则其风俗应大致与匈奴相同。

总之，匈奴、大月氏、乌孙、塞种等游牧民族，其文化有根本相同之处。此外，住在青海、西藏，以及塔里木盆地的大戈壁的西南与东南和羌族相似的行国如西夜、无雷等，风俗大概也与匈奴、乌孙相同。《汉书·西域传》"无雷国"条说"衣服类乌孙"。

至于青海及其他处的羌族风俗，据《后汉书·西羌传》云：

> 所居无常，依随水草。地少五谷，以产牧为业。其俗氏族无定，或以父名母姓为种号。十二世后相与婚姻，父没则妻后母，兄亡则纳釐嫂，故国无鳏寡，种类繁炽，不立君臣，无相长一，强则分种为酋豪，弱则为人附落。更相抄暴，以力为雄。杀人偿死，无他禁令。其兵长在山谷，短于平地，不能持久而果于触突。以战死为吉利，病终为不祥。堪耐寒苦，同之禽兽，虽妇人产子亦不避风雪。性坚刚勇猛，得西方金行之气焉。

范晔所述，从细点来看，与司马迁、班固所说的匈奴的风俗有所不同，然而大致还是相似的。所以可以说游牧民族的风俗习惯、生活方式是基本相同的。

下面把这些游牧民族文化的各个方面叙述一下，着重匈奴与塞种的生活方式，因为这两个民族占的地区较大，在历史上的地位较重要，可以作为古代游牧民族的典型。

游牧民族以畜牧为业，《史记》《汉书》说在匈奴是马、牛、羊。希腊人所说的塞种（Scytho-Sarmatian）也是以这三种牲口为业，并同样地把马放在首位。在汉族和印欧民族中，猪是占首位的。但是塞族不养猪，司马迁、班固在《匈奴传》里也没有提到猪。匈奴人不养猪，大概是因为猪的行动慢，不适宜游牧，同时饲料也有问题。

犬在古代是一种重要畜物，狗肉也是食品。但《史记》《汉书》的《匈奴传》里没有说到犬。《逸周书·王会解》篇说："匈奴狡犬，狡犬者巨身四足。"注："匈奴地有狡犬，巨口而黑身。"这种犬在匈奴的作用如何，是否用来田猎？匈奴人是否吃狗肉，则均不得而知。塞种则亦养犬，据说常常跟随马行动。

司马迁、班固都说"其奇畜则橐驼、驴、骡、駃騠、騊駼、驒騱"等等。颜师古注："橐佗，言能负橐囊而驮物也。骡、驴种而马生也。駃騠，骏马也，生七日而超其母。騊駼，马类也，生北海。驒騱，驱騱类也。"这些字既多从马，可见"奇畜"仍多属马。

在历史上，用马拖车是先于骑乘的。自从车轮发明之后（有人说车轮最早发明于美索不达米亚）马便被用来拖车，没有马或马很少的地方，人们便用牛或骡拖车。中国、印度、希腊、美索不达米亚都是这样。最初是为了交通，后来又拖战车用于战争。至于骑术，可能是游牧民族发明的。骑术除了用于交通以外，又可用于战争，这就是骑兵。春秋战国时代，交通、战争都用马车，赵武灵王以后才逐渐使用骑兵。在欧洲，除克尔特人（Celts）因很早与塞人接触而使用骑兵外，其余各国使用骑兵都较晚。所以从历史上看，汉族的骑术是学自胡人或匈奴；欧洲人的骑术则学自塞种。

在历史上，骑术是一项重要发明，它比用马拉车快得多，用于战争则效果更大，匈奴人和十三世纪时的蒙古人就是依仗骑兵侵入欧洲的。

骑术对于服制的影响很大，裤的发明即由于骑马。如汉族最早只有衣和裳，没有裤子。欧洲和世界上许多地方的人们最初穿的多是长衣，从肩部遮掩到脚部，现在英国的克尔特人所穿的裙子便是古代传留下来的。赵武灵王变胡服，短衣、裤子，为了便于骑射。欧洲民族采用裤子也是受塞种的影响。

又如鞾（靴）也与骑马的游牧民族有关。《太平御览》卷六百九十八引《释名》云："鞾本胡服也，赵武灵王始服之。"在西北亚的塞人也用皮为靴，游牧民族兽皮多，故最先用皮为靴的可能是他们，以后才逐渐传到别的地方。

《史记·匈奴列传》说："士力能毋弓，尽为甲骑。""甲骑"是作战时着以御兵刃的外衣，用革或铁制成。塞种也多用革。至于武器，匈奴与塞种均用弓箭。《史记·匈奴列传》说，"短兵则刀铤"。韦昭注云："铤形似矛，铁柄。"塞种则用短剑。

游牧民族既以畜牧为业，故《史记·匈奴列传》说"咸食畜肉"。最普通的是羊、牛。在塞人中，马肉也是普通食品，且据说是佳肴。《吕氏春秋·爱士》篇说岐山的"野人"吃马肉，可见汉族西北的外族也吃马肉。

游牧民族又常吃兽奶。古代的印欧人和汉人是不吃或很少吃马、牛、羊的乳的。在匈奴人和塞人的食物中，兽乳尤其是马乳——酪浆是主要食品。《汉书·西域传》有"以肉为食兮酪为浆"的诗句。同传记载中行说的话："匈奴之俗，食畜肉饮其汁。"他还力辩酪比汉人的食物好。故"得汉食物皆去之，以视不如重酪之便美也"。

酪是发酵的马乳。希腊语为俄克加拉（oxygaea），土耳其语为库米斯（kumis），古代塞人普遍食用，现在中亚诸民族仍食酪，酪浆可制成干酪。

他们盛食品的器皿多用木或皮制成，陶器很少，饮器多用兽角，也有用人头的。希罗多德在其《历史》的第四卷第六十四章中曾说塞人也以敌人的头为饮器，兹译述其大意如下：

> 塞人于其敌人的头颅的做法是先除去头皮，用牛肋骨剔除与头皮相连的肉，用两手摩擦头皮使其柔软成为手巾。割去眉下部分，把内部收拾净，用皮包在外面，穷人即用为饮杯，富人则用金饰其内部。制做时多当其首领面前。如有外人来看望，便把这些头颅挂起，并历述与敌人争斗及决胜经过以表示其勇敢。

匈奴人对于敌人的头颅是否如塞人这种做法，史无记载，然均以敌人的头为饮器。盟誓或为其他原因而饮人血则同为匈奴与塞人的风俗。

关于居住，《汉书·西域传》"乌孙"条云："穹庐为室兮旃为墙。"《汉书·匈奴传》说"匈奴父子同穹庐卧"。颜师古注云："穹庐，旃帐也。其形穹隆，故曰穹庐。"徐松《西域传补注》云："按《周礼》共其毳毛为毡，旃为毡之假借。"

这种住室与今日之蒙古包大致相同。关于塞人的住室少有记载，其蓬帐是否与穹庐相同不得而知。然游牧民族逐水草而居，其住室必较简单，易于张开和收拾，不会用砖，木亦仅用为支持帐幕的柱而已。又因经常迁移，故无城市可言，《史记·匈奴列传》所谓"毋城郭常处耕田之业"，乡土观念亦极薄弱。匈奴如此，塞种当亦如此。

在社会制度方面，可以从婚姻、政治组织方面来说。《史记》和《汉书》的《匈奴传》上都说匈奴的风俗是父死妻其后母，兄弟死皆取其妻妻之。西羌、乌孙也是这样。塞族中虽不多见，也非完全没有。希罗多德在其《历史》第四卷第七十八章中说过下面一段故事：斯基列斯（Scylas）是亚里亚佩铁斯（Ariapithes）的儿子……亚里亚佩铁斯是塞国的皇帝。他有好几个儿子，斯基列斯是其中之一。斯基列斯的母亲是哀思特利亚（Istria）族人，斯基列斯由她养大，所以懂得希腊语文。后来亚里亚佩铁斯被亚加底尔斯（Agathyrsi）的皇帝斯巴尔加比底斯（Spargapithes）阴谋杀害，斯基列斯遂继承王位，并娶了他父亲的妻子中之一——欧波伊亚（Opoea）。欧波伊亚是塞种人，曾为亚里亚佩铁斯生过一个儿子——俄尔利库斯（Oricus）。虽然这样的例子不多，但是斯基列斯这样做而不为塞人所反对，可见这种风俗是有的。斯基列斯虽然后来受到族人的反对并被杀，其原因并不是因为娶后母，而是因为他过于希腊化遂为族人所不容的原故。

《史记·匈奴列传》说：

> 其世传国官号乃可得而记云。置左右贤王，左右谷蠡王，左右大将，左右大都尉，左右大当户，左右骨都侯。匈奴谓贤曰"屠耆"，故常以太子为左屠耆王。自如左右贤王以下至当户，大者万骑，小者数千；凡二十四长，立号曰"万骑"。诸大臣皆世官。呼衍氏、兰氏，其后有须卜氏，此三姓其贵种也。诸左方王将居东方，直上谷以往者，东接秽貉、朝鲜；右方王将居西方，直上郡以西，接月氏、氐、羌；而单于之庭直代、云中：各有分地，逐水草移徙。而左右贤王、左右谷蠡王最为大（国），左右骨都侯辅政。诸二十四长亦各自置千长、百长、什长、裨小王、相、封都尉、当户、且渠之属。

这是一个从上而下很有系统的政治组织。塞种的政治组织大致也是这样。塞种国家延续数世纪，除本族外，还统治其他种族，也是"分部而治"，每部又各分小单位，部的首领等于王，统治某一指定地区，官职亦为世袭。

关于法律，《史记·匈奴列传》说："其法，拔刃尺者死，坐盗者没入其家；有罪小者轧，大者死。狱久者不过十日，一国之囚不过数人。"塞国法律是否如此。固不得而知，但是游牧民族随时移徙，既不会有能容纳很多人的监狱，则犯罪者必用很快速的时间及很简单的方法去处理。

关于宗教、节期方面，匈奴人除了拜日、月外，也有偶像。早期的塞人没有偶像，后来也有了。塞人也崇拜很多神，最高、最为人们所敬信的是维斯塔（Vesta），集会拜神也是塞人极重视的事。

匈奴人死后有棺椁和殉葬风。希罗多德对于塞人的送死情况说得相当详细。皇帝死后，把生前所用的许多物品放在坟墓里，其亲近的人或奴隶陪葬的很多。这与匈奴很相同。塞国皇帝甚至死了一年之后，生前服侍过他的人还有陪死的。一般人死后，亲戚们把尸体放在车上，巡行至各亲友家中以便献祭。

关于语言文字方面，匈奴"毋文书，以言语为约束"。塞种也没有文书。匈奴语言，据《史记》《汉书》记载，流传下来一些，塞人也流传下来一些，特别是宗教上的一些神名或名词。至于匈奴和塞人的语言属于什么语系，近人多以为匈奴语属突厥语系，塞人语为突厥波斯混合语言。

匈奴与塞人二者所占之土地均较广，历史上的地位又均较重要。在地理位置上，一在东，一在西。距离虽远而相同处却很多，这说明二者是很足以代表游牧民族的文化的。

二者于文化上相同处既如此之多，则究竟是由前者传播到后者，还是后者传播到前者？许多欧洲学者是以为匈奴的文化是受了塞种文化的影响的。理由是：一、在时间上，塞种文化历史比匈奴久，当然只有在前的影响在后的。二、有些文化特征，如骑兵，匈奴人采用骑兵在六世纪以后，并举出《左传·隐公九年》（公元前715年）及《昭公元年》（公元前514年）曾记载狄人用步兵，从而证明匈奴人采用骑兵在此以后。而塞人则于公元前七至八世纪已采用骑兵。按：这种看法未必正确。第一，虽然希罗多德早于司马迁三个世纪，写塞族历史在司马迁写匈奴列传之前，而所记塞族文化系公元前六至七世纪者，司马迁所叙述的匈奴文化则是公元前二至三世纪者，然而这并不等于匈奴种族的出现在历史舞台上后于塞种，历史学家的记载和写作历史的先后并不等于民族存在的先后。因此，也就不能认定匈奴的文化后于塞种。第二，《左传·隐公元年》与《昭公元年》记狄人使用步兵，但这些狄人未必就是匈奴祖先。不能因为狄人不用骑兵而遂以为远在塞外的匈奴也不用骑兵。匈奴在塞外的历史已很久，因与汉人没有什么关系，故汉人对匈奴没有什么了解。至战国末年及秦、汉两代，汉人才逐渐与匈奴或胡人接触，然后才了解了匈奴的一些情况。

另外，即使《左传》所说的狄人与匈奴系同种族，也并不能证明匈奴之用骑兵是在昭公元年以后，因为这里所说的狄人已久与汉族杂居，受了汉族文化的影响而与塞外的匈奴人脱离关系，不一定要同匈奴人一样去用骑兵。

相反，若以妻后母一事为例，有理由说塞人的文化受过匈奴人的影响。妻后母是匈奴、乌孙、羌氏的风俗，而塞人较少。历史上往往是一个地方很普遍的现象传播到另一地方则成为特殊现象，很少有某个地方的一例外或特殊现象传到另一地方成为普遍现象。因此，与其说匈奴文化是受了塞种文化的影响，不如说后者受了前者的影响。

事实上，两者互有影响也极为可能，并且在差不多相同的环境下各自独立发明某种事物，也是完全可能的。

第十章　两汉对匈奴文化的影响

在中国古代历史上，汉族以外之最强大、与汉族的关系最密切、接触时间又最长久的种族是匈奴，而所受汉族文化的影响又较少者也是匈奴。

前汉时的著作均谓匈奴为"引弓之国"，汉朝是衣裳之邦。后汉时之著作亦同。光武帝时，北匈奴请求汉朝赐给音乐器具，班彪为光武帝复书云："单于前言先帝时所赐呼韩邪竽、瑟、空侯皆败，愿复裁（赐）。念单于国尚未安，方厉武节，以战攻为务，竽瑟之用不如良弓利剑，故未以赍。"① 匈奴妻后母的风俗历两汉时代仍不变。武帝末年，狐鹿姑单于要求汉朝和亲送礼，汉朝曾派遣使臣到匈奴，指出匈奴冒顿单于杀父代立，常妻后母，乃是禽兽行为。然而汉人不但不能改变匈奴的这种风俗，而汉人之嫁匈奴如王昭君者，也必须从其俗。可见汉人之礼俗难及于匈奴了。匈奴虽与汉接壤，关系又至为密切，两汉即达四百余年之久。然而匈奴的文化，在整个体系上，并不见得受汉族文化的影响。但是若深一步去研究，则在长期的关系上，两种文化的交流、相互影响也还是有的。

匈奴文化受汉族文化的影响有下列几个主要原因。

第一，匈奴与汉朝连年战争，双方俘虏均很多。这些汉人对匈奴多少有些影响。《汉书·匈奴传》载，卫律要筑城防汉，"与秦人守之"。颜师古注云："秦时有人亡入匈奴者，今其子孙尚号秦人。"但是卫律所指的"秦人"除这些"子孙"外，可能有一部分是汉时入匈奴者，而其中有些是被俘者，故秦人亦即汉人。卫律不止要这些人守城，而且建筑城郭也要用这些汉人。

第二，匈奴人投降汉朝的固是很多，汉朝人投降匈奴者亦不少，而且有很多是重要人物，如韩王信、陈豨、卢绾、卫律、赵信、李陵、李广利和后汉的卢芳等。又如中行说原为汉朝宦者，随公主到匈奴后即投降，单于十分信任他，受他的影响也很大。

这些人中有的本来是匈奴人，如赵信、卫律在汉朝已很多年，深染汉族文化，回到匈奴以后又极得单于信任，不只在军事设施上听他们的话，其他许多方面也都听他们的。李陵、李广利投降后，也得到单于的信任，甚至把女儿嫁给他们。单于对李广利的尊宠还在卫律之上。据《汉书·李广苏建传》记载，李陵穿胡服，是胡化了，但在其他方面，并不见得胡化。他在汉族文化的传播上不能说没有什么作用。

第三，汉朝与匈奴常常互派使者，汉朝有时扣留匈奴的使者，匈奴也往往扣

---

① 见《后汉书·南匈奴列传》。

留汉朝的使者。苏武曾在匈奴十九年,虽娶胡妇,有子女,但坚守汉节。汉之使者既多,又带了大量的贵重礼物送给单于及其臣下,使匈奴深慕汉族之文化,两汉著作中常常说匈奴"嗜汉财物"。匈奴也常常派使者到汉朝进贡,目的往往是要得到汉人的珍贵物品。

第四,匈奴与汉朝虽然常常有战争,但双方贸易不断。《史记·匈奴列传》说:"然匈奴贪,尚乐关市,嗜汉财物,汉亦尚关市不绝以中之。"

第五,匈奴与汉之边境线很长,人民不止往来贸易,而且往来杂居,则文化之互相影响的可能性更大。

第六,匈奴自呼韩邪单于称臣以后,常常遣子入侍,与汉朝作对的北匈奴的郅支单于也曾遣子入侍,有的在汉朝住的时间很长,于是深染汉族的风俗习惯。这些人回匈奴后多居重要官位,则当对汉族文化的传播很起作用。

第七,匈奴单于曾遣子到汉求学,目的是学习汉族文化。学成以后,回到匈奴,也必起传播作用。

第八,汉自高祖以后,常常与匈奴和亲,民间之通婚者也当不乏其人。次数既多,则在文化交流上亦必发生作用。匈奴单于的阏氏既有系汉族女子者,而其所生之子女也就不能不受其母亲的汉族传统文化的影响。

以上是匈奴与汉文化交流的原因的分析。下面分述匈奴的汉化因素。

语言文字方面:两汉时匈奴没有文字。然西汉昭帝、宣帝时,桓宽《盐铁论·论功第五十二》有云:"(匈奴)略于文而敏于事。故虽无礼义之书,刻骨卷衣,百官有以相记,而君臣上下有以相使。""刻骨卷衣"是匈奴人用以记事的方法。"卷衣"的方法如何,不易考证。"刻骨"以记事的骨当为兽骨,是否与中国古代的甲骨文类似,这就难说了。但既能记事,则所刻者应为一种雏形文字,是匈奴人的发明创造抑仿效汉人则也难于解答。在时间上,是中行说未至匈奴以前已有"刻骨",还是中行说教了"疏记"数目之后才刻骨已无从考证。又《史记·匈奴列传》云:"汉遗单于书,牍以尺一寸……中行说令单于遗汉书以尺二寸牍,及印封皆令广大长。"这是中行说要单于显示夸耀,然正足以证明匈奴仿效汉朝的书牍。至于答复汉朝的文字,可以肯定不是匈奴文字,因为据《史记》《汉书》《后汉书》所记,文字的内容是相当复杂的。故书牍上的文字当系汉字而出于汉人或匈奴人之识汉字者之手。"中行说令单于遗汉书",表面观之,似单于所写者,然中行说系于文帝时入匈奴者,即老上单于时,这时的匈奴单于不大可能认识汉字,也许即出于中行说之手。总之,匈奴单于既靠汉字来表达,则汉字影响之大是很明显的。

汉族称皇帝为天子,匈奴人也称单于为天子可能是受了汉族的影响。汉文帝时,单于给汉朝的信云:"天所立大单于敬问皇帝无恙。"狐鹿姑单于给汉朝的信上说:"南有大汉,北有强胡。胡者天之骄子也。"《后汉书·南匈奴列传》注云："匈奴谓孝为若鞮，自呼韩邪单于降后，与汉亲密，见汉帝谥常为孝，慕之，至其子复株累单于以下皆称若鞮，南单于比以下直称鞮也。"汉朝皇帝的谥号均为孝，如孝惠帝、孝文帝、孝景帝、孝武帝等。匈奴自复株累称为复株累若鞮单于以后，皆用"若鞮"这个词，至单于比就称为醢落尸逐鞮单于，省去"若"。"若鞮"是汉语的孝，用以加于单于的称号之上，显然是从汉人学来的。

再从衣食住方面来看。《史记·匈奴列传》载，匈奴人衣其畜之皮革。《汉书·晁错传》说胡人"衣皮毛"。汉朝自高祖以后，每年都赐给匈奴大量絮缯。文帝给冒顿单于的信中说："使者言单于自将并国有功，甚苦兵事。服绣袷绮衣、长襦、锦袍各一……绣二十匹，锦二十匹，赤绨、绿缯各四十匹。"① 这个数不算大。武帝太始年间，狐鹿姑单于遗书于汉，要求"杂缯万匹"。宣帝时，呼韩邪单于来朝，汉朝给他"锦绣绮縠杂帛八千匹，絮六千斤"。过了一年（黄龙元年，公元前49年）呼韩邪单于又来朝，汉朝"礼赐如初，加衣百一十袭，锦帛九千匹，絮八千斤"。元帝竟宁元年，呼韩邪单于又来朝，汉朝不但"礼赐如初"，而且"加衣服锦帛絮，皆倍于黄龙时"。到了哀帝时，匈奴单于来朝，汉朝赐给的数目更大，"加赐衣三百七十袭，锦绣缯帛三万匹，絮三万斤"。只从赐给衣料方面看，说明一方面汉朝给的愈来愈多，一方面匈奴需要也愈来愈多。并且汉朝除赐给单于，也往往赐给单于的大臣。至于互市所交换、人民所需要的数目必当更大，视文帝时之绣十匹、锦二十匹，相差百倍以上。可以推想，所谓"衣皮革""衣皮毛"的匈奴人已逐渐地衣锦帛了。

匈奴人以游牧为生，不耕种，无米粟，故只能食肉。汉高祖曾答应匈奴，每年给一定数目的酒、食物。这些食物不会是肉食而当是米粟之类。武帝末年，单于要求蘖酒万石、稷米五千斛。匈奴人从来饮酪，现在也饮酒了。《匈奴传》说匈奴人攻战，斩首虏赐一卮酒，可见酒很可贵。呼韩邪单于朝见宣帝后返国，汉朝"转边谷米糒前后三万四千斛，给赡其食"。元帝初即位，呼韩邪上书"言民众困乏"，汉"诏云中、五原郡转谷二万斛以给焉"。哀帝元寿二年（公元前1年）单于入朝，回去时，汉朝派韩况送单于，出塞后，"况等乏食，单于乃给其粮"。这里的"粮"当为米粟，则匈奴不只时时向汉要粮食，也有粮食给汉人。《汉书·匈奴传》和颜师古注说匈奴中亦种谷稼黍穄。也许他们原来是"咸食畜肉"，后来受了汉族的影响而食米粟，初由汉朝供给并逐渐增加输入，有些人又学会了耕种，或是利用汉族的俘虏从事耕种。

在住的方面，《史记·匈奴列传》说匈奴"毋城郭"，但匈奴有赵信城，传系赵信所建，汉朝的军队打败匈奴曾到过此处。卫律于昭帝始元三、四年（公元前84—83年）为匈奴穿井筑城，治楼藏谷。又《汉书·陈汤传》说到郅支单于逃

---

① 《汉书·匈奴传》。

到康居之后，"发民作城，日作五百人，二岁乃已"。这就是后人所称的郅支城。在游牧民族中，不能不算作大工程。这件事晚于卫律欲建城四十多年。郅支城有两重，内为土城，外为木城。有城楼，完全受汉人影响。又如《后汉书·南匈奴列传》载，师子先知曾守曼柏城抵抗安国，也是受汉人守城的影响。

《汉书·陈汤传》又说："汤曰：'夫胡兵五而当汉兵一，何者？兵刃朴钝，弓弩不利。今闻颇得汉巧，然犹三而当一。'"所谓"今颇得汉巧"，即学习汉族的技术。匈奴人不只在武器上学汉人，在乐器上也喜欢汉人的。

在社会风尚方面，《史记·匈奴列传》说匈奴"贵壮健，贱老弱"。但文帝初年，单于给文帝的信中说："除前事，复故约，以安边民，以应始古，使少者得成其长，老者得安其处。"汉族是尊长敬老的，匈奴是否也受了汉族的影响才说"老者得安其处"呢？

匈奴单于在汉初以前只用一个名，如头曼、冒顿。据史书所载，此外并无别名。至冒顿的儿子稽粥继立，号为"老上单于"，《史记·匈奴列传》称为"老上稽粥单于"。稽粥的儿子军臣虽只有一个名，但其后之继立者则除自己的名以外又另有号，这与秦、汉皇帝的情形是相似的。如秦始皇名政，做皇帝后称为始皇帝。汉高祖刘邦做皇帝后称为高皇帝。则匈奴单于之名以外又有称号，不知是否学自汉人。尤其《史记·匈奴列传》裴骃《集解》引徐广的话道："一云'稽粥节二单于'，自后皆以弟别之。"这几乎与秦始皇的二世以至万世的做法一样了。又《汉书·匈奴传下》："莽奏令中国不得有二名，因使使者以风单于，宜上书慕化，为一名，汉必加厚赏。单于从之，上书言：'幸得备藩臣，窃乐太平圣制，臣故名囊知牙斯，今谨更名曰知。'莽大说，白太后，遣使者答谕，厚赏赐焉。"

在呼韩邪单于称臣时，汉朝曾给他印绶，王莽当皇帝后，欲换单于故印而改为新匈奴单于章，便派人去收单于故印。但单于不喜新印，一再请求给还旧印，为了这件事使臣多次往返。后来，为断绝单于对故章的留恋，便把故章打坏，然单于坚持要刻一个与旧章一样的章，王莽虽多赐财物以为笼络，单于仍继续坚持，直到王莽被杀。更始二年（公元 24 年），汉朝派使臣二人"授单于汉旧制玺绶"，同时，还给"王侯以下印绶"。可见匈奴单于及其臣僚对汉朝印绶之重视了。

匈奴官制自单于以下分为左右，有左右贤王、左右谷蠡王、左右大将、左右大都尉、左右大当户、左右骨都侯。汉族的古代的官制是分左右的。《史记·齐世家》"景公立，以崔杼为右相，庆封为左相"可证。又如屈原曾"为怀王左徒"，《左传》也有"左右二师"之语，而周的乡师、六卿也分为左右。然则匈奴官制之分左右也可能是受汉族的影响。

汉族习惯方位以东为左，而匈奴的左屠耆王或左贤王常居匈奴东方。汉族古代虽尚右，但后来又重左，所谓左右遂含有先左后右的意思。匈奴居东方的左贤王，往往是以单于的太子居之。虽则有时也不一定是这样，可是单于死了，左贤王往往继之而立。可能居东为左也是受了汉族的影响。

呼韩邪单于入朝后回国时，汉朝遣长乐卫尉高昌侯董忠与车骑都尉韩昌将万六千骑送单于出塞，并诏董忠、韩昌"留卫单于"，这等于是监视。在这种情况下，单于在政治上的好多措施受汉朝的影响，是可想而知的。

在宗教意识方面，祭天地是汉族古代的大祭之礼，只有天子才能祭天祭地。《公羊传·僖公三十一年》："鲁郊何以非礼？天子祭天，诸侯祭土。"故匈奴五月的会祭天地鬼神也许是由汉族传播过去的。《史记·匈奴列传》又说："而单于朝出营，拜日之始生，夕拜月。"汉族的拜法是天子祭日，叫做朝日。《礼记·玉藻》："玄端而朝日于东门之外。"祭月叫做夕月。匈奴之拜日月也可能是受汉族的影响。至于南匈奴称臣之后，兼祠汉朝皇帝则是表示对汉朝的尊敬。

匈奴受汉族文化影响最明显的例子为汉明帝时单于遣子入学。《后汉书·儒林传上》：

> 中元元年（公元56年），初建三雍。明帝即位（公元58年），亲行其礼。天子始冠通天，衣日月，备法物之驾，盛清道之仪，坐明堂而朝群后，登灵台以望云物，袒割辟雍之上，尊养三老五更。飨射礼毕，帝正坐自讲，诸儒执经问难于前，冠带缙绅之人，圜桥门而观听者盖亿万计。其后复为功臣子孙，四姓末属制立校舍，搜选高能以受其业，自期门羽林之士，悉令通《孝经》章句。匈奴亦遣子入学，济济乎，洋洋乎，盛于永平矣！

司马光《资治通鉴》卷四十五明帝九年：

> 帝崇尚儒学，自皇太子诸王侯及大臣子弟、功臣子孙，莫不受经。又为外戚樊氏、郭氏、阴氏、马氏诸子立学校于南宫，号"四姓小侯"。……匈奴亦遣子入学。

自呼韩邪单于称臣以后，后汉时单于比又称臣，南匈奴的华化程度逐渐加深。外族子弟能入学受经，且与期门、羽林之士共通《孝经》章句，则匈奴单于的儿子似非初开蒙而一字不识者可比。

匈奴与汉朝的关系既很密切，又曾称臣于汉，故其社会风习、政治制度以及宗教学术，自然受汉族的影响。但从整个来看，这些影响仍可以说很多是表面的、个别的。如匈奴人承认汉是"礼义国也"，然而单于却以为匈奴"不为小礼以自烦"。如妻后母，中行说且以为是"恶种姓之失也"，是好事情。尽管匈奴学汉人之皇帝死后加个"孝"字，而妻后母，在汉人看来，实在是不孝之至。

在政治方面，左右王或左右大将军之分，虽可能是受汉族的影响，但匈奴的许多左右王是单于的子弟，而且分地为东、西而治，单于居于中间，这与汉族的官制是根本不同的。在宗教方面，匈奴最初也可能有图腾制度，后来拜天地日月祖先鬼神也可能受汉族的影响，然而每年大会茏城三次则是匈奴原来的宗教信仰。遣子入学虽是华化的最好例证，而且是华化之最深者，但除此一次外则别无记载。虽然不能因史书之没有记载而谓为惟一之事例，但这种事例必定很少，而且对匈奴的影响恐怕也不大。

近来有人根据匈奴与汉朝的往来书信，以为匈奴与汉族同文字。近人吕思勉《中国民族史》：

> 从古北族文字，命意措词，与中国近者，莫匈奴若，初未闻其出于译人之润饰也。然则匈奴与中国同文，虽史无明文，而理有可信矣。抑史、汉之不言，非疏也。《西域传》云："自且末以往，有异乃记。"记其与中国异者，而略其与中国同者，作史之例则然。然则史、汉之不言，正足为匈奴与我同文之证矣。然则我国文字之流传于欧洲也旧矣。①

吕氏之言未免太过，汉语与匈奴语是根本不同的。匈奴的"刻骨记事"若作为文字也可能受汉族文字的影响，但这种影响并不深。因为汉语于甲骨文中已为一字一音的单音语，而自古流传下来的匈奴语及在新疆出土的与匈奴有关的文字，则匈奴语是复音，如匈奴谓天为撑犁，谓子为孤涂，谓贤为屠耆等。可以肯定汉语与匈奴语是根本不同的。即使因为匈奴与汉的关系密切，在语言文字上受了影响也是有限度的，不会很深。

总而言之，从匈奴的整个文化来看，在两汉时代，汉族在衣、食两方面对匈奴的影响较大。至少在数量上，输入的衣料与食物相当多，对于匈奴的经济和生活有很大影响，然而匈奴是一个游牧的部族，在根本的生活方式上与汉族不同，虽然受汉族的一定影响，然而其根本的生活方式不变，故这些影响不能谓为深刻，即使有某种程度的变化，亦仅为表面的改变而已。

匈奴受汉族文化的影响虽然并不深刻，但在其过程中曾发生多次论争。据史书记载，最先而又最剧烈的一次论争是在汉文帝即匈奴的稽粥单于时代。奇怪的是，匈奴反对汉族文化影响最力的是一个投降匈奴的汉族叛徒，即文帝遣去陪嫁给匈奴单于的中行说。中行说是个宦者，文帝要他送宗室女到匈奴时，他不愿去，并声称如勉强去必为汉患。果然，他到匈奴后就投降了。先事稽粥单于，后来军臣单于继立，遂继事军臣。《史记·匈奴列传》记其为匈奴文化辩护事甚详。他极力反对匈奴人采用汉人的缯絮，反对输入汉族食物。他认为这不仅不适合匈奴的生活环境，而且对匈奴是有害的。汉人批评匈奴重壮贱老的风俗，他以为厚待壮者以保卫国家而老人能享其余年是匈奴风俗的好处。汉人批评匈奴人于父兄死后妻其妻是野蛮的行为，他却以为这是照顾后母及嫂嫂的办法以免无所依

---

① 见1934年世界书局版第48页。

归。他以为匈奴人众本不当汉之一郡，匈奴之所以强即在于衣食与汉人不同而无仰于汉，及其风俗有异于汉。若效法汉而改变风俗，就等于依赖汉而失去独立。所以他教单于不要重汉财物，不要学汉风俗。中行说之后约八十年，"单于遣使遗汉书云：'南有大漠，北有强胡，胡者，天之骄子也，不为小礼以自烦。'"可见匈奴单于不赞成汉族的一些礼节。后来，汉朝派使者到匈奴，单于使左右难汉使者说："汉，礼义国也。贰师道前太子发兵反何也？"汉使者答道："然。乃丞相私与太子争斗，太子发兵欲诛丞相，丞相诬之，故诛丞相。此子弄父兵，罪当笞，小过耳。孰与冒顿单于身杀其父代立，常妻后母，禽兽行也！"又过了四十年，匈奴内部又发生了一次论争。当呼韩邪单于要向汉朝称臣时，曾征求其大臣们的意见，绝大部分不赞成，其实质牵连到匈奴与汉的风习与文化的不同。他们说"匈奴之俗，本上气力而下服役，以马上战斗为国"。正因为这样，匈奴才"有威名于百蛮"。他们又说："汉虽强，犹不能兼并匈奴，奈何乱先古之制，臣事于汉，卑辱先单于，为诸国所笑！"这是说对匈奴文化中的优点不该放弃而臣服于汉。后来，呼韩邪单于没有听从，仍向汉朝称臣。后汉初年匈奴单于比向汉朝称臣时，汉朝使者要他按照汉朝的礼仪伏拜受诏，他的大臣在旁边看了都流下泪来，可见他们不愿他们的君长放弃匈奴的习惯。

以上所说关于匈奴受汉族文化影响的史实与问题，只限于两汉时期。两汉以后，在两晋与南北朝时期，匈奴人之居于塞内而深受汉族文化熏陶者却是另一回事，因为这些匈奴人不但在文化方面完全受汉族影响，并且种族也渐与汉族混合了。

第二编 匈奴与中国

第十一章 公元前三世纪匈奴与中国的关系

匈奴与中国开始发生关系的可考年代在公元前三世纪。司马迁说:"自淳维至头曼,千有余岁。"淳维未必是匈奴的先祖,而且,即使我们相信司马迁所说匈奴是夏氏的苗裔,在《史记·匈奴列传》中所述头曼以至夏代的好多事情,也有不少可疑之点。比方司马迁说:"夏道衰,而公刘失其稷官,变于西戎,邑于豳。其后三百有余岁,戎狄攻大王亶父,亶父亡走岐下。"清梁玉绳《史记志疑》卷三十三《匈奴列传》中说:

> 案《国语》祭公谓不窋失官,周纪取之,此言公刘误已,韦昭以不窋在太康时,本于人表,而考《竹书》于少康三年书复田稷,云,后稷之后不窋失官,至是而复,虽未知稷官之复为周何君?则固前乎公刘矣,岂传至公刘而再失官乎?又言公刘至亶父三百余岁,亦误。《史》《汉》《吴越春秋》皆谓公刘避桀迁邠,而《竹书》武乙元年邠迁于岐周,三年,命周公亶父赐以岐邑,从夏桀元年至武乙元年,依《竹书》凡四百三十一岁,若依《前编》则六百二十一岁,何但三百余岁哉?《困学纪闻》十一引王氏迷之说,以此为无据。

梁玉绳所说的也非完全没有问题,但是《史记》所说的头曼以前的匈奴历史,有很多的矛盾与错误,况且,司马迁自己也告诉我们:"自淳维以至头曼千有余岁,时大时小,别散分离,尚矣,其世传不可得而次云。"(《史记·匈奴列传》)这说明头曼以前的匈奴历史是难于考察,所以我们以为叙述匈奴历史,最好是从头曼说起。

头曼在位与死的时间,《史记》《汉书》都没有涉及,惟裴骃《〈史记·匈奴列传〉集解》引徐广说,冒顿之立为单于,是在秦二世元年(公元前209年),《史记》载冒顿杀父自立为单于,头曼是冒顿的父亲,而冒顿在秦二世元年就位,头曼应该是死在这一年。徐广是晋朝人。他说冒顿是在这一年自立为单于,有何根据,不得而知。

假使我们相信徐广而断定头曼是死于公元前209年,我们对于头曼在位多少年这个问题,还是不易解答。《史记·匈奴列传》说:"头曼不胜秦,北徙。十余年而蒙恬死。……于是匈奴得宽,复稍度河南。"秦始皇死于始皇帝三十七年,这就是公元前 210 年。始皇死后，蒙恬也于这一年赐死。头曼是被蒙恬所攻击而北徙。头曼既不能胜秦，北徙十余年，那么头曼在秦始皇未统一之前已立为单于当无可疑。

《史记》卷八十一《李牧传》说，李牧大破匈奴。"单于奔走，其后十余岁，匈奴不敢近赵边城。"这里所说的单于，是不是头曼，很值得研究。我们知道李牧被杀于秦始皇十九年（公元前 228 年）。李牧是周赧王与秦始皇时代的人，假使头曼是象徐广所说，死在秦二世元年，那么头曼也是周赧王与秦始皇时代的人，因此，虽则李牧早头曼十二年被杀，李牧与头曼是同时的人。他们既是同时人，被李牧攻败而北徙的匈奴单于，可能就是头曼。

假如上面说的没有什么错误，大致上头曼是死于公元前 209 年，与秦始皇的死差一年，在位的时间，约为四十年，与秦始皇在位的时间差不多相同了。

关于头曼这个名字，外国学者也有很多讨论。夏德在《阿提拉族谱考》一文中，相信头曼这个名字与突厥语的 Tumen 有密切关系，其意义是万。

假使头曼的意义是万，那么也许是因为匈奴到了头曼的时候，已经强大，而头曼这个单于所统治的人民的数目比过去大大增加，而含有万人或更多人的首领的意义，所以头曼当为众多广大之貌。

头曼有好几位阏氏或妻子，大概孩子也很多，太子叫冒顿。后来又有一位为他所爱的阏氏，生了儿子，头曼欲废冒顿立少子为太子，因而遣冒顿到月氏为质。冒顿到月氏后，头曼突然攻击月氏，想借月氏之手杀死冒顿而达到废立的目的。但是冒顿在月氏要杀他的时候，偷乘月氏好马逃回匈奴。头曼虽觉得废立计划失败，但是却觉得儿子的举动很勇敢，乃放弃杀冒顿的企图，并且交给冒顿一万骑兵让其带领。

头曼放弃了废长立少的念头，但冒顿对于父亲的怀恨，却铭记不忘，《史记·匈奴列传》说：

（冒顿）骑之亡归。头曼以为壮，令将万骑。冒顿乃作为鸣镝，习勒其骑射，令曰："鸣镝所射而不悉射者，斩之。"行猎鸟兽，有不射鸣镝所射者，辄斩之。已而冒顿以鸣镝自射其善马，左右或不敢射者，冒顿立斩不射善马者。居顷之，复以鸣镝自射其爱妻，左右或颇恐，不敢射，冒顿又复斩之。居顷之，冒顿出猎，以鸣镝射单于善马，左右皆射之，于是冒顿知其左右皆可用。从其父单于头曼猎，以鸣镝射头曼，其左右亦皆随鸣镝而射杀单于头曼，遂尽诛其后母与弟及大臣不听从者。冒顿自立为单于。

这是家庭悲剧，是一种残忍的行为。西汉王朝派遣到匈奴的使者，往往指出冒顿这种行为是不知礼义的野蛮作风。没有问题，匈奴风俗习惯之异于华族者很多，然而我们也得指出，像冒顿这样的残忍杀父自立的行为，在匈奴的历史上，至少自冒顿以后的匈奴历史上，没有发现同样的事件，这也可以说明头曼因欲立少子为太子，假月氏的手杀冒顿，是造成这场悲剧的原因。

同时，从上面所抄录那段话里，也可以了解冒顿是用铁一般的纪律去训练左右，使匈奴民族在他统治时期，成为"百蛮大国"。

大体上，匈奴的逐渐强盛，是在头曼的时代或在他就位之前不久。所以《资治通鉴》始皇三年内说："及战国末年而匈奴始大。"在这个时期中，匈奴东边的东胡，以及西边的月氏，都很强盛，《史记·匈奴列传》中说："当是之时，东胡强而月氏盛。"同书又说，战国时燕贤将秦开质于胡，深得胡信任，他回到燕国后，便率兵击胡，迫使东胡郤地千余里。历史上与荆轲一起刺秦王的秦舞阳就是秦开的孙儿。

秦舞阳与荆轲刺秦始皇，是在始皇二十年（公元前 227 年），在这个时候，秦舞阳大概是二十岁左右，舞阳既是秦开的孙儿，按一般祖孙年龄的差别来说，孙儿若为二十岁左右，则祖父应为六七十岁左右。设想秦开质于胡之后袭击东胡时约为五十岁左右，那么秦开之破东胡的时间，约在秦始皇就位为秦王前十年，即公元前 257 年左右。

秦开为质于"胡"而为"胡"所信任，归燕后击"东胡"，这里所说的"胡"与"东胡"是一个种族，还是不同的种族，也是一个值得注意的问题。战国末年与秦汉时所说的"胡"，大致是指的匈奴而与东胡区别。假使我们这样的解释是对的，那么秦开是质于匈奴了。燕边于匈奴，燕与匈奴联络，使秦开为质以避免边患而集中力量去对付东胡以及战国时的其他各国，是有可能的。但这里所说的"胡"也可能是指的东胡，因为秦开可能为质于东胡，又深得信任，对于东胡的内部情况比较了解，所以回燕之后，能够袭破东胡，而占领大片土地。

我们也得指出，东胡虽为燕所击败，但是直到冒顿的初年，东胡还是匈奴的劲敌。而且，照我们的推论，匈奴在头曼的时代，虽已逐渐强盛起来，但是好象还没有力量去征伐东胡，这一点在下面再加说明。

至于月氏，在头曼的时代，也很强盛，从《史记·匈奴列传》指出头曼遣太子冒顿质于月氏的记载中还可以推想到当时月氏与匈奴的关系。在我国古代以子或贵族为质，至少有二种情况。一为两个力量相当的国家，无论那一方都怕对方侵伐，因而互派其子或贵族为质；一为弱国怕强国的攻击，遣子或贵族为质。我们难于判定匈奴头曼之遣冒顿质于月氏，是属于哪一种。据《史记·匈奴列传》说，月氏是强盛的，那么匈奴在这个时候假使不是弱于月氏，必与月氏同样强盛，成为敌对的国家。

匈奴在秦以至汉武帝的时代虽然遭受重大打击，但也没有遣子为质。在乌维单于的时候，匈奴经过卫青与霍去病的征伐逃避漠北，希望与汉媾和，汉使者杨信要求匈奴以单于太子为质，单于极力反对，说明虽在惨败之后，匈奴还不愿以太子为质。头曼虽欲废立而遣冒顿为质，如说他想杀死冒顿，杀死的方法很多，不一定要用这个方法，而采用这个方法，照我们的推想，大概是在头曼在位的初期，以至在他就位之前，匈奴是弱于月氏的，所以匈奴要遣太子为质。头曼就位以后，匈奴逐渐强盛起来，不过头曼还不愿意或不能去向月氏进攻。到了废立太子的计划成熟的时候，头曼相信他已有力量攻击月氏，他一面遣太子为质，一面准备攻击，这是一举两得的事情。

史书没有记载头曼攻击月氏的结果如何，但是月氏欲杀冒顿，冒顿却盗其善马而归。头曼欲借月氏杀冒顿的计划失败，可能也就罢兵。至于月氏被匈奴攻击，同时质子又逃跑，假使月氏比匈奴强盛，月氏不仅要追回质子，而且定要出兵进攻匈奴。事实是匈奴这一次未受到月氏反攻，说明匈奴在这个时候，已经强大起来了。

在战国时代，头曼未就位之前，匈奴与中原已有了直接的接触，是很可能的。可是这种接触的时间，究竟始于何时，不易考证。我们相信，当李牧为赵的北边将时，他所攻败的北方的民族主要是匈奴，是没有问题的。至于李牧之前，匈奴之于中原的关系，就不大清楚。然而据《史记》所载有数件事可以作为参考，今录之于下。

一为《秦本纪》载秦惠文公后七年说："韩、赵、魏、燕、齐率匈奴共攻秦。秦使庶长疾与战修鱼，虏其将申差，败赵公子渴、韩太子奂，斩首八万二千。"这件事是发生于周慎靓王三年（公元前318年），比赵武灵王变胡服还要早十一年。前在匈奴的起源一章中，曾经指出匈奴这个名词，究竟是司马迁重述当时的著作，还是他用当时所通用的名词去追记以往的民族，是一个难于解答的问题。但大致上可以相信这里所说的匈奴，应与秦汉时的匈奴在种族上有关系。韩赵魏燕齐五国攻秦，仍怕兵力不够，而要利用匈奴的军队，还终归失败，被杀的兵士又那么多，可见秦之强大。需要加以特别注意的，是战国时代，各诸侯国互相争伐，利用匈奴，恐不止这一次。

二为《史记·匈奴列传》载："秦昭王时，义渠戎王与宣太后乱，有二子。宣太后诈而杀义渠戎王于甘泉，遂起兵伐残义渠。于是秦有陇西、北地、上郡，筑长城以拒胡。"这里所说的"胡"应该是后来所说的匈奴，义渠戎不见得是与匈奴或胡同种族。义渠在此之前是西戎的强大部族。秦用很长时间与很大力量征服义渠，到了昭王时，又灭其残余。（汉文帝时，晁错上书中还有降胡义渠之语）这段话里既区别"义渠戎"与"胡"，所以"义渠戎"应该与"胡"有别。在义渠强盛时以至尚未为秦所破灭之前，义渠似乎只是界于秦、胡或匈奴之间，到了义渠被灭之后，秦才与胡发生直接的接触，所以秦乃筑长城以拒"胡"。

三为赵武灵王变胡服与击胡，并筑长城。《史记·匈奴列传》说："赵武灵王亦变俗胡服，习骑射，北破林胡、楼烦。筑长城，自代并阴山下，至高阙为塞。而置云中、雁门、代郡。"赵武灵王变胡服在公元前307年。这里说的胡服与骑射，应该也是匈奴的服装与骑射。不过林胡、楼烦也不一定是与匈奴同种族，他们是界在赵与胡之间，正如义渠是界在秦与胡之间，秦灭义渠筑长城以拒胡，赵破了林胡与楼烦之后，也因直接与胡或匈奴发生接触，所以也筑长城以拒胡。

四为燕将秦开质于胡，与后来大破东胡与燕筑长城的事情。《史记·匈奴列传》说："其后燕有贤将秦开，为质于胡，胡甚信之。归而袭破走东胡，东胡郤千余里。与荆轲刺秦王秦舞阳者，开之孙也。燕亦筑长城，自造阳至襄平。置上谷、渔阳、右北平、辽西、辽东郡以拒胡。"

上面曾经指出秦开袭破东胡，约在公元前257年间，这段话里所说的胡与东胡至少在字面上是区别的。假如这个胡与东胡在事实上是两个部族的话，那么胡应该是匈奴，而与东胡不同。然而所要特别注意的，是东胡被袭破而放弃很大的地方之后，燕也筑长城以拒胡，这个胡好象至少是包括匈奴在内。东胡在未放弃这块地方之前，可能这块地方也是在燕与胡或匈奴之间。现在这块地方既为燕所占有，燕仍可能与东胡接壤，同时也可能与匈奴毗连，因而筑长城以拒东胡与匈奴，这与秦之攻破义渠戎王，赵之攻破林胡、楼烦，而与匈奴发生直接接触是一样的。所以司马迁在《史记·匈奴列传》中说："当是之时，冠带战国七，而三国边于匈奴。"三国就是秦赵燕，这三国之所以边于匈奴，是在秦灭义渠，赵破林胡、楼烦，与燕破东胡之后。介在匈奴与秦赵燕三国之间的各族既被征服，三国就与匈奴为邻。要想避免外患而集中力量对付所谓冠带诸国，这三个边于匈奴的国，就不得不筑长城以拒胡。

我们推想，匈奴这个部族，经过长期的斗争之后，到了这个时候，逐渐统一了蒙古高原。在义渠、林胡、楼烦、东胡未被秦、赵、燕攻破之前，匈奴的西南边与义渠为邻，南部与林胡、楼烦为界，东与南又与东胡接壤。义渠、林胡、楼烦、东胡被破之后，匈奴直接与秦赵燕毗连。此后义渠被消灭，林胡、楼烦的残部好象存在相当长的时间。东胡虽然被燕攻败，但直到冒顿的初年，还是很强盛而成为匈奴的劲敌。

匈奴逐渐强大，统治了很大的地方，成为北方"大国"。虽然匈奴与华族之间有其他部族如义渠、林胡、楼烦、东胡的间隔，然而也并不是说匈奴与华族完全没有直接的关系。此外，靠近匈奴的北边诸国与匈奴的关系，也不一定只在战争的时候，可能在平时，在贸易上，或其它方面，也有来往。

上面所举出的诸件事情，在时间上除秦开袭破东胡可能是在头曼在位的时候之外，其他数件，应该在头曼未就位之前。头曼被杀于公元前209年，而秦开之袭破东胡约在公元前255年至260年左右。假使这种推算不错，那么秦开之攻击东胡，若在头曼就位之后，则头曼在位的时间约有五十年之久。无论如何，我们可以说秦开之袭破东胡，是在头曼出世之后，这似乎是没有什么问题的。

至于李牧之防备匈奴与击败匈奴，如司马迁所说，是在秦开击破东胡之后，李牧的对手是头曼。

由于介在华、匈之间的其他各族有的也为匈奴所攻破或消灭，匈奴与中原的交涉更加直接、更加频繁。位于北边的秦赵燕虽然筑长城以拒胡，但是这时候各国的长城既非连接，恐怕也比较简陋，所以虽有长城，还要有相当的兵力去防守。因为匈奴经常南下侵扰，如果没有相当的兵力去防守，匈奴随时可以越长城而扰乱长城以南的地方。

在赵国，李牧担任了这种防御工作。战国末年，李牧是一位名将，在他将兵的时候，北击匈奴，东攻燕，西破秦，南拒韩魏，可是后来为赵王宠臣郭开设反间计捕杀。李牧死后三个月，秦将王翦大破赵军，虏赵王迁及其将颜聚，并杀了赵葱，赵国也就灭亡，这是公元前228年的事情。

这里要注意的是李牧与匈奴的关系。关于这一点《史记》卷八十一《李牧传》中附有一段记载录之于下："李牧者，赵之北边良将也。常居代雁门，备匈奴。以便宜置吏，市租皆输入莫府，为士卒费。……边士日得赏赐而不用，皆愿一战。于是乃具选车得千三百乘，选骑得万三千匹，百金之士五万人，彀者十万人，悉勒习战。大纵畜牧，人民满野。匈奴小入，佯北不胜，以数千人委之。单于闻之，大率众来入。李牧多为奇陈，张左右翼击之，大破杀匈奴十余万骑。灭襜褴，破东胡，降林胡，单于奔走。其后十余岁，匈奴不敢近赵边城。"匈奴在冒顿的时代是为强大，"控弦之士三十万"。李牧这一次破杀匈奴十余万骑，可见匈奴损失惨重。

匈奴本居于长城以北一带，经过李牧这次攻败之后，十余年中赵的边塞没有匈奴的踪迹。然而却并不一定是说在秦的边塞或燕的边塞，也都没有匈奴。我们推想，自李牧攻败匈奴之后，其残众可能逃到漠北，也可能移居于秦与燕的北边。

李牧对付匈奴的办法，是长期准备，不轻易出战，不战则已，战则必胜。同时，他很明白，征伐匈奴非用骑兵不可，所以练习骑射。《李牧传》与《冯唐传》都指出以市租皆输入莫府，为士卒费。这里所说的市租，可能与匈奴同中原间的贸易有关系，因为在北方边塞，中原与其他各族的关市，历史很久，所以就是在战争时期，贸易也并不因之而全断。

战国时有三位武安君，一为苏秦，一为白起，一为李牧。据说汉高祖曾问过群臣，哪一位最贤，有人说白起为贤，季将军说："武安君牧贤也。夫武安君当衰季之赵，厉残伤之卒，北摧虏，西遏强嬴，若拉朽然。反弱而见强，反负以要胜，牧存赵存，牧亡赵亡。臣故曰武安君牧贤也。"（《史记短长说》卷下，海山仙馆丛书本）汉高祖很同意季将军的说法，李牧之所以最贤，不只西遏强秦，更重要的是北击匈奴，使匈奴不能为患。

前引《战国策》卷三十一《燕三》的一段记载，不只可以找出匈奴与单于这两个名词的最早出处，而且可以从这里了解在战国末年，各国的一些政治犯可以避难于匈奴。太傅鞠武提议遣樊於期到匈奴，虽不为太子丹所采纳，但鞠武的提议，不一定是他的创见。在他之前或同时，可能已有不少先例，鞠武不过是把已经有人做过的事情，建议太子丹去做罢了。

此外，他又提议北与单于讲和。这说明在燕的北边有匈奴人，而且时时可能入侵燕边，所以要抵抗强秦，除了西约三晋，南连齐楚之外，还要北与匈奴讲和，使西南有友国而北无外患，然后可以拒秦。以此也可看出，匈奴不一定是时时与燕赵秦作对，有时也可以讲和，甚至如上面所指出，韩魏赵燕齐五国，利用匈奴的军队去攻秦。

李牧死，秦忙于并吞六国；其它各国，也忙于征伐或应付强秦。匈奴经过十多年的休养生息，到了这个时候，匈奴又必南下到农耕地区进行掠夺。因为这个时候，月氏与东胡仍然强盛，在匈奴之北，又是森林地带，不适宜于游牧，头曼掠夺最好的对象是农耕地区，这个地区既有丰饶的财富，又正忙于内战。

秦始皇统一天下之后，内战终止，最担心的是北边的匈奴。因此，他一方面派蒙恬率师出征，另一方面修筑长城防御。秦始皇遣蒙恬去筑长城，大体上是在战国时边于匈奴的三国所建筑的长城的基础上加以修缮与增建，使首尾连贯起来，成为自东到西的一条防线。长城的作用，主要是防守，是为了阻止胡人南下。秦始皇统一天下之后，南方与东方、西南已没有劲敌，唯一外患是匈奴。他虽消灭了六国，但并没有意图去消灭匈奴，所以他派蒙恬率重兵在长城一带，其目的与其说是要扬威于漠北以消灭匈奴，不如说是防守边界，阻止胡人南下，使他与他的子孙能够万世不绝地做长城以南的最高统治者。《蒙恬列传》与《匈奴列传》都说蒙恬所修建的长城，长万余里，这个说法不只很为笼统，而且于事实很不相符，这条长城只长五千四百多里，其所以号为万里长城者，言其长也。

此外，《史记·匈奴列传》说蒙恬将兵十万，而《蒙恬列传》则说蒙恬将兵三十万，《汉书·匈奴传》载扬雄上书云蒙恬将兵四十余万。十万与四十余万相差四倍之多，究竟哪一个数字是对的，不易断定。但《史记》说十万的只有一处，而说三十万的则不止一处，可能三十万是对的。至于扬雄说四十余万，就不知有何根据了。

关于蒙恬被派去征伐匈奴与修建长城的时间问题，史书所载也不明确。《史记·蒙恬列传》说蒙恬暴师在外十余年，但是《史记·六国年表》载此事是在始皇三十三年。《资治通鉴》也说这件事在始皇三十三年。始皇死于三十七年（公元前210年），始皇死后，蒙恬也被赐死。假如蒙恬是在始皇三十三年被遣去征伐匈奴与修建长城，那么蒙恬在外只有四年的时间，不能谓暴师在外十余年。若说暴师在外十余年是对的，那么蒙恬被遣征伐匈奴与修建长城应在始皇二十六年或至迟二十七年，否则暴师在外十余年这句话就错了。我们以为征伐匈奴可能不止一次，而修建长城也非三四年的时间所能完成，所以暴师在外十余年这句话较为可靠，而蒙恬之被遣到边境备胡筑城似应以始皇二十六年或二十七年为合理。

《史记·匈奴列传》指出蒙恬北逐匈奴，头曼抵抗不住，北徙了十余年，这个十余年与蒙恬暴师十余年正相符合："头曼不胜秦，北徙。十余年而蒙恬死，诸侯畔秦，中国扰乱，诸秦所徙适戍边者皆复去，于是匈奴得宽，复稍度河南与中国界于故塞。"

自战国后期以至秦，边于匈奴的国家，一方面要用兵去防胡，一面又要建筑长城以拒胡。秦始皇统一天下之后，也不过是继续去执行这种政策，不过在秦时，所做的规模比以前较大，劳动人民被征兵以防胡的很多，被抓去修筑长城的更多。此外，秦还迁徙了大量的劳动人民去充实边境，开辟荒地，从事耕种，这都是巩固边塞的措施。

欧洲有些学者曾经指出，中国的建筑长城是罗马帝国衰亡的一个主要原因。他们以为中国建筑长城，使匈奴不能向南方发展，后来乃向西方发展。在公元后四五世纪的时候，匈奴有一部分人到了欧洲，攻击哥特人，攻击罗马帝国，使罗马帝国趋于衰亡。我们已经指出，长城的作用主要用于防御匈奴入侵。匈奴之西徙欧洲是匈奴经不起汉武帝与汉和帝的猛烈攻击，但是中国劳动人民所建筑的长城，象征了秦王朝的强盛和阻止匈奴南下掠夺的决心。长城的主要作用是防守，当然，作好了防守同时也为进攻作好准备。长城不一定是罗马帝国衰亡的一个主因，然长城之于罗马帝国的衰亡，也不能说是完全没有关系的。

头曼是匈奴一位很重要的单于，他在位的数十年中，虽经二次失败，然而再仆再起，说明了他所统治的部族，已是一个有基础的强有力的部族。不只秦始皇没有能消灭它，就是汉武帝也消灭不了它。数百年后，这个部族在蒙古高原站不住了的时候，汉王朝的命运也不久宣告终止。

第十二章　冒顿时代匈奴的扩张

在头曼的时代，匈奴已经强大。然而匈奴最强大的时期，是在冒顿就位之后，所以《史记·匈奴列传》里说："至冒顿而匈奴最强大。"

东胡与月氏在头曼的时代与冒顿的初年，都很强盛。冒顿攻灭东胡，西击月氏，并且南下中原，收复蒙恬所占的地方。不久又北服浑庾、屈射、丁灵、鬲昆、薪犁，到了汉文帝的初年又遣右贤王去袭击月氏，同时还征服了西域许多国。"定楼兰、乌孙、呼揭及其旁二十六国，皆以为匈奴。诸引弓之民，并为一家"（《史记·匈奴列传》）。最后与汉王朝决战。

冒顿杀父自立，是公元前209年，也就是刘邦称汉王前三年。冒顿死于汉文帝六年（公元前174年），在位三十五年。在这个时期，汉朝换了四位君主，这就是汉高祖、惠帝、吕后、文帝，若把秦二世胡亥也算进去，则冒顿与秦、汉五位君主办过交涉，在他统治时期，匈奴之强，空前绝后。

冒顿这个名字，其语源及意义如何，历来好多学者费了不少功夫去考证。德格罗特在《纪元前的匈奴》一书中把这个名字译为 Mortur。在巴克的《鞑靼千年史》与夏德的《阿提拉族谱考》均作 Baghdur，此外有些人象佛朗克以为应译为 Bordan，又有人直译为 Maodun。

白鸟库吉在《蒙古民族起源考》一文里，曾以为冒顿的意义为圣，但他又说了下面一段话：

> 匈奴谓建国家之王曰冒顿，冒顿现读若 Mou-tun，《史记·匈奴列传〈索隐〉》载冒音墨，又作如字，《前汉书》注云："宋祁曰：'冒音墨，顿音毒，无别训。'"故冒顿之古音似若 Mok-duk 或 Bok-du（Mok-dok，Bok-dok），若根据现音之 Mantun 而求其语源，则可与满洲语威势权力之义之 Muden，及荣盛之义之 Mukden，互为比较，但如有正确之古音，则可据而探求之，此至当之办法也。因此，余视 Bokdok 为冒顿（古音墨毒）之古音，以为蒙古语译义曰 Bogda（Bogdo）之译，Kowalewski 氏《蒙古字典》（1212）释 Bogda 为 Saint, Divin, Vénérable, Révérend, Seigneur, Miatre, title de grands personages。故解为帝王之称号，至为适当。成吉思汗之尊号又称 Sotto bagdo čingiz，故冒顿单于正同 bogdo činiz 一语。夏德于其所著《阿提拉族谱考》（Die Ahnentafel Attilas nach Johannes von Thurocz）中大部分之工作，均费于解释冒顿之二字，而谓系蒙古语释义，曰猛勇之 Boghatur 之音译。

冒顿是一个勇敢的人，所以"冒顿"象征猛勇的意义，是很可能的。然而我们也曾指出，在匈奴的许多单于之中，只有头曼、冒顿、屠耆三个名字能释其意义，其他单于的名字意义如何，不大清楚，究竟是因为其他单于的名字也有意义，我们无法解释，抑或所有的单于名字，本来就没有什么意义，而上面举出的三位，除屠耆的意义是贤之外，头曼、冒顿不过凑巧与后来的它种语言相近，而有释义，这是一个需要继续研究的问题。

冒顿杀父之后，据《史记·匈奴列传》说"遂尽诛其后母与弟及大臣不听从者，冒顿自立为单于"。《史记·刘敬传》又说："冒顿杀父代立，妻群母。"假如《匈奴列传》所说尽诛其后母是真的，那么冒顿就不会再妻其群母，所以《匈奴列传》那段话，应当一连读下去，就是"（冒顿）遂尽诛其后母与弟及大臣之不听从者"。并不是象有的人那样所释，尽杀后母及弟。换句话说，凡是后母及弟和大臣中听从者，并没有诛，而后母之听从者为冒顿所妻，《史记·刘敬传》所说妻群母，也没有错。

冒顿既立，东边的东胡与西边的月氏，仍然强盛。南边自陈胜起兵至刘邦灭了项羽，七年之间，无人注意北边的匈奴。就是刘邦统一天下之后，在一个长时期中，汉对于匈奴的入侵也无力抵抗。至于匈奴的北边，则有浑庾、屈射、丁灵、鬲昆、薪犁诸国存在。

冒顿因战国诸侯的内战而南下时，他的王庭大概是在阴山一带。阴山东西千余里，草木禽兽很多，冒顿依阻其中作为苑囿，并且是用在这里的材料以为弓矢。这个地方靠近汉的边境，所以冒顿很容易南下为寇。

西汉人对于冒顿的力量曾做过估计。贾谊在《新书》卷四《匈奴》里说："窃料匈奴控弦大率六万骑，五口而出介卒一人，五六三十，此即户口三十万耳，未及汉千石大县也。"贾谊这种估计，实在太低。李牧击败匈奴破杀已十余万骑，北逃者尚不在内。冒顿的兵力，比之李牧时的匈奴为大，所以不会只有六万骑。《史记·刘敬传》说冒顿控弦三十万，《匈奴列传》有一个地方说，控弦之士三十余万，而另一个地方说冒顿纵精兵四十万骑围高帝于白登。假使以三十余万来计算，那么比之贾谊所说要多六倍。骑兵三十余万，若以五口出介卒一人，则匈奴人口当在百五十万至二百万之间。

不过贾谊以五口出介卒一人的估计，也未必可靠，可能五口之中不只有一人去当兵。匈奴人从小到大，没有不习骑射的，"士力能毌弓，尽为甲骑"。则一家五口假如有二个男子以上的，可能一家不只出一介卒，所谓急则"人习战攻以侵伐"，这里所说的人，恐怕除很老与很小的男人之外，其余都要参战。《汉书·陈汤传》指出：郅支单于西逃到康居筑城以守，当汉兵攻城时，郅支的阏氏及夫人数十人，也上城楼引弓助战，说明匈奴的女子，也有参战的。匈奴妇女也善于骑术，守城妇女也能引弓助战，在战争激烈的时候，匈奴骑兵之中也可能有妇女参加。匈奴北边的丁令，本是一个小国，据《魏略》所载尚有胜兵六万。乌孙远不如匈奴强大，据《汉书·西域传》载尚有兵十八万八千八百人，以"百蛮大国"见称的匈奴，只有六万人，是不可信的。

又《汉书》载乌孙有口六十三万，《汉书》所谓口，应该指的是整个人口。在六十三万人口中。拥有十八万八千八百兵，这等于说大约三个半人中有一个人当兵。又《汉书·西域传》说，大月氏口四十万，胜兵十万人，这是说每四口之中有介卒一人。虽然有些国家如康居口六十万，胜兵十二万，这是如贾谊所说的五与一之比；有的象于阗国，口万九千三百而胜兵只二千四百，则是八与一之比。但是匈奴不只是一个行国，而且从儿童至长大，都引弓习骑，那么在其人口中兵士的数目较大，也是一件很合理的事情。假使照乌孙与康居的人口与介卒的比例来计算，就是三个半至四个人口中有一个人当兵，以匈奴三十五万骑来计算，那么匈奴人口至少也有一百二十余万以至一百四十万。假使以《史记·匈奴列传》所说冒顿有精兵四十万的话，那么以四口之中有一兵士来计算，匈奴人口就有一百六十万。我们以为象匈奴这个"百蛮大国"，有三十余万至四十万士卒似乎没有问题。所以照我们的估计，在冒顿就位后的前半期，匈奴人口大致上可以说是在一百五十万左右，到了后来，因为自然的繁殖与战争俘获他国的人民，又当增加不少。当时匈奴若没有三四十万的骑兵，冒顿不会轻易去对抗汉高祖的三十余万士卒。而且《史记·匈奴列传》说："冒顿纵精兵四十万骑围高帝于白登。"那么所谓"精兵"是别于一般普通的士卒，可能匈奴整个兵士的数目，还不止这个数目，兵士已有这么多，那么百五十万的人口不会太多。而况冒顿之围刘邦是在他击败东胡、月氏及匈奴北边诸国之后，这些被破灭或被征服诸国的人民又多为匈奴所俘获，故其人口总数只能在一百五十万之上。

冒顿就位之后，他的政策，可以说是先安内而后攘外。他杀了父亲，又杀后母、诸弟及大臣之不服从者，使他的地位巩固起来。他在头曼未死之前，已作鸣镝，习骑射，其目的有二，一为树立纪律，一为整军经武。

冒顿初立，地位不稳，所以冒顿除了对于紊乱的中原时而入寇之外，对于东胡与月氏并没有采取进攻的政策。相反，他对于东胡却一再让步。但《史记短长说》卷下述叔孙生的话说："冒顿饵人者也，非为人饵者也，不观其初得志而以其所爱阏氏予东胡，而兵随其后，彼岂其遽耄昏哉。"这与《史记》《汉书》所载不同。假使冒顿觉得他的兵力已够征服东胡，他似乎不需要把阏氏给东胡，而兵随其后，冒顿虽是勇敢的人物，但也是很谨慎的。他后来包围汉高祖，还自动解围，所以若非东胡迫他太甚，他在初立的时候，似乎不至于用阏氏与东胡，兵随其后之策。《史记短长说》述叔孙生之言，恐不可靠。

东胡在战国时，曾为燕国秦开所败，却地千余里，其士卒之损失，恐怕也很多，力量大为削弱。东胡王既没有估计到冒顿的势力的增强，又没有防备，所以冒顿一击就被攻灭。经过冒顿这一次打击之后，东胡一蹶不振。《史记》固没有东胡列传，《汉书》也没有传，《后汉书·乌桓传》说："乌桓者，本东胡也。汉初，匈奴冒顿灭其国，余类保乌桓山，因以为号焉。"同书《鲜卑传》又说："鲜卑者，亦东胡之支也，别依鲜卑山，故因号焉。"

假使这个记载没有错误，那么东胡经过冒顿攻破之后，其种族的一部分虽保留于乌桓山及鲜卑山，成为后来的乌桓与鲜卑，但其国却为冒顿所灭。冒顿破灭东胡，虏其人民、畜产的数目也必很多，这样使匈奴的人口、物资，大大地增加起来。

冒顿后来又征服了在匈奴北边的诸国。《史记·匈奴列传》说冒顿"尽服从北夷，而南与中国为敌国"。这个北夷似乎指东胡、月氏以及匈奴以北的各国。《史记·匈奴列传》又说："后北服浑庾、屈射、丁灵、鬲昆、薪犁之国。"关于这几个国家的名字与方位，历史学者意见颇不一致。丁灵亦作丁令、丁零；鬲昆亦作隔昆、坚昆；浑庾《汉书》作浑窳，贾谊《新书》作灌窳；薪犁《汉书》作龙新犁，王念孙指出《史记》与荀悦《汉纪》均无龙字。沈钦韩指出《魏略》也没有龙字，所以他们以为龙字是衍字。（参看王先谦《汉书补注·匈奴传六十四上》）屈射没有别名，后来匈奴浑邪王或昆邪王居右地，或系被匈奴破灭，遣人去治理其地，因而得名，犹如丁令为匈奴所征服遣卫律为丁令王。

关于这几个国家的位置，也很有问题，《三国志·魏书》卷三十述鱼豢《魏略·西戎传》说：

> 呼得国在葱岭北，乌孙西北，康居东北，胜兵万余人，随畜牧，出好马，有貂。坚昆国在康居西北，胜兵三万人，随畜牧，亦多貂，有好马。丁令国在康居北，胜兵六万人，随畜牧，出名鼠皮、白昆子、青昆子皮。此上三国，坚昆中央，俱去匈奴单于廷安习水七千里，南去车师六国五千里。西南去康居界三千里，西去康居王治八千里。或以为此丁令即匈奴北丁令也，而北丁令在乌孙西，似其种别也。又匈奴北有浑麻国，有屈射国，有丁令国，有隔昆国，有新黎国，明北海之南自复有丁令，非此乌孙之西丁令也。乌孙长老言北丁令有马胫国，其人音声似雁鹜，从膝以上身头，人也，膝以下生毛，马胫马蹄，不骑马而走疾马，其为人勇健敢战也。

照《史记·匈奴列传》所说的浑庾、屈射、丁令、鬲昆、薪犁五国都应该在匈奴之北，丁令应该是在贝加尔湖或北海左近，就是苏武牧羊于北海而被丁令盗其羊的地方，也就是卫律为丁令王的那个丁令。《三国志·魏书》则以为除了这个丁令，在西边还有一个丁令，这个丁令就不清楚了。坚昆在丁令之西，这也没有问题。薪犁无从考证。屈射若为后来昆邪王所居地，那么定偏于匈奴之西，而不能谓为北边。

至于灌窳，《魏略》谓匈奴北有浑窳国。贾谊《新书》卷四《匈奴》说：

"将必以匈奴之众为汉臣民制之,令千家而为一国,列处之塞外自陇西延至辽东,各有分地以卫边,使备月氏灌窳之变。"贾谊献议于文帝时,月氏还在甘肃的河西,灌窳与月氏相提并论,可能灌窳与月氏接近。假使这种看法不错,灌窳也偏在匈奴之西,而非在匈奴之北。{参看沙畹译《魏略西戎传》("Les pays d'occident d'après le Wei Lio", *T'oung Pao*, 1905)关于浑窳的注解}

这五国中,丁令有六万胜兵,若用贾谊的五口出介卒一个的算法,丁令应有人口三十万。坚昆胜兵三万,应有人口十五万。其他三国的胜兵多少,没有记载,但若以坚昆的数字来计算,三国应共有人口四十余万。五国合计约为九十万人口,约当匈奴人口之一半了。

冒顿虽然征服了这些国家,但不见得完全消灭了他们。丁令、坚昆后来在匈奴衰弱的时候,还攻击匈奴,可是在冒顿在位的时候,这些国家都服从匈奴,是没有问题的。

头曼曾经攻击月氏,但结果如何,无从知道。冒顿破灭东胡之后回来不久,就发兵去侵略月氏。冒顿曾为质于月氏,对于月氏的虚实情况,必有了解,他估计自己力量能胜月氏,所以才决定用兵。《史记·匈奴列传》说冒顿西击走月氏,这说明月氏是被冒顿打败了。但所谓击走月氏,也并不是说月氏经过冒顿的攻击之后,就离开故居而跑到伊犁河谷与准噶尔盆地,那是后来的事。所谓冒顿击走月氏,可能只是在月氏与匈奴接壤的地方月氏退却了。

冒顿攻破东胡与攻击月氏,都是在刘邦尚未统一天下之前,亦即公元前203年以前。大概二十至三十年后,冒顿又遣右贤王去攻击月氏。《史记·匈奴列传》述冒顿给汉文帝书云:"今以小吏之败约故,罚右贤王,使之西求月氏击之。以天之福,吏卒良,马强力,以夷灭月氏,尽斩杀降下之。"匈奴这一次攻击月氏,也并没有消灭月氏,月氏仍然居于敦煌、祁连间。月氏之被攻破,向西北迁徙,是在冒顿儿子稽粥单于时。不过这一次月氏被匈奴击败的损失,比冒顿攻破东胡后被攻伐的那一次的损失要大得多。

乌孙在冒顿时,也在敦煌、祁连间与月氏为邻。楼兰即后来的鄯善,在月氏之西。呼揭应在匈奴之西,丁令之西北,坚昆之东南,月氏、乌孙之西北。匈奴除了征服这类国家之外,还征服了其旁二十六国,这等于说西域大部分的国家,都役属于匈奴了。《汉书》卷九十六上《西域传上》说:西域本三十六国。若把月氏、乌孙、楼兰、呼揭加上其旁二十六国已经有三十国。《汉书》卷七十《傅常郑甘陈段传》说:"西域诸国本属匈奴也。"就是这个意思。在所谓西域三十六国中,大部分在葱岭以东,有几国在葱岭以西,我们推想,匈奴所征服的西域诸国,主要是在葱岭以东,但是坚昆、呼揭已与康居、大宛接近,康居、大宛是否也为冒顿所征服,那就不得而知。然而冒顿的声威必远及葱岭以西,是没有问题的。

匈奴与汉王朝决战之前，匈奴所统治的地域，大体上东至兴安岭，西达北海，南近燕代而至肤施，有些已越过长城。虽则蒙古高原有一大块沙漠或大戈壁，但就整个面积来看，比秦和西汉王朝初年的版图要大，司马迁说至冒顿而匈奴最强大，这是一点都不错的。正因为这样，冒顿在匈奴族内的统治权，更加巩固。所以《史记·匈奴列传》说："于是匈奴贵人大臣皆服，以冒顿单于为贤。"

刘邦统一天下之后，开始注意到冒顿的威胁。汉高祖六年（公元前201年）韩王信被遣到代，以防备匈奴。匈奴大攻马邑，韩王信抵抗不住，投降匈奴。匈奴得韩王信后，遣兵南逾句注，攻太原，至晋阳下。汉高祖觉得事态严重，亲自带领了三十多万兵去攻击匈奴，他希望能给匈奴一个大的打击，结果适得其反。

汉高祖七年（公元前200年）冬率师亲征匈奴。当两军接触的时候，冒顿佯败，汉高祖以为冒顿真的败走，挥师直追。冒顿把精兵藏匿起来，将羸弱的士卒和牲畜暴露在外。汉高祖遣人去打听匈奴的虚实，他们所看见的就是这些羸弱的士卒与牲畜，于是回来报告汉高祖，以为匈奴可击。汉高祖听了之后，还不放心，又遣刘敬去探视，刘敬回来告诉汉高祖说："两国相击，此宜夸矜见所长。今臣往，徒见羸瘠老弱，此必欲见短，伏奇兵以争利。愚以为匈奴不可击也。"（《史记》卷九十九《刘敬叔孙通列传》）可是这个时候，汉兵已逾句注，二十多万兵已经出发，汉高祖不但不听刘敬的话，还把刘敬训斥一顿："齐虏！以口舌得官，今乃妄言沮吾军。"并命令把刘敬械系起来送往广武，下令军队继续前进。

匈奴多骑兵，而汉大部分为步兵，步兵行走缓慢，汉高祖自己带领了一小部分士卒先行。他走到平城东南十余里的一个地方，叫做白登，但是大部分的步兵还在后面，冒顿乃以三四十万精兵包围汉高祖于白登。据《史记·匈奴列传》，匈奴围汉高祖的骑兵分四种，"其西方尽白马，东方尽青駹马，北方尽乌骊马，南方尽骍马"。汉高祖被围七日之久，与外面消息断绝，粮食将尽。汉高祖乃用陈平计，派人去见冒顿的阏氏，馈赠厚礼，于是阏氏乃对冒顿说："两主不相困，今得汉地，而单于终非能居之也。且汉王亦有神，单于察之。"（《史记·匈奴列传》）

游牧民族是不惯居农耕地区的，此外冒顿必是一位酷信鬼神的人，加以冒顿在未围汉高祖之前，曾与韩王信的将领王黄与赵利相约，到期会合，围攻汉兵。围了七天，王、赵的军队没有如约到达，冒顿怀疑可能王、赵二将与汉有夹击匈奴之谋。冒顿于是采纳阏氏的话，解围一角，使汉兵从这一角突围。突围后不久，汉步兵赶到，冒顿也就引兵而去。汉高祖在平城被围，觉察到冒顿兵力雄厚，很难击败，于是也引兵去。

汉高祖平城白登之困，汉王朝认为是一件很大的耻辱，直到后来汉武帝打败匈奴后的诏书中还有"高皇帝遗朕平城之忧"。而且《史记》《汉书》说高祖的脱险，由于厚赂冒顿单于阏氏。但这是一个谜，引起了后人的猜测。《资治通鉴》卷十一《汉纪三》引应劭注："陈平使画工图美女，间遗阏氏曰：'汉有美女如此；今皇帝困急，欲献之。'阏氏畏其夺己宠，言于冒顿，令解围。余谓秘计者，以其失中国之体，故秘而不传。"应劭所说的话是不是事实，无从考证。但汉高祖脱围，的确是一件很奇怪的事情。汉哀帝时杨雄在其书里说："会汉初兴，以高帝之威灵，三十万众困于平城，士或七日不食，时奇谲之士石画之臣甚众，卒其所以脱者，世莫得而言也。"（《汉书·匈奴传下》）颜师古注云："莫得而言，谓自免之计，其事丑恶，故不传。"这是一件不可告人的事，是无可疑的。假使冒顿把汉高祖杀死，然后挥师南下，则汉王朝就有可能灭亡，历史的发展将出现另一面貌，所以汉高祖平城脱险，是中国历史上的一件大事。

汉高祖回到广武后，下令释放刘敬，并对刘敬说："吾不用公言，以困平城，吾皆以斩前使十辈言可击者矣。"（《史记》卷九十九《刘敬叔孙通列传》）又封刘敬二千户，为关内侯，号建信侯。汉高祖罢兵回京，匈奴又不断侵犯边境，汉高祖深感这是他最头痛的边患。他没有办法，于是又问计于刘敬，同传载刘敬说："天下初定，士卒罢于兵，未可以武服也。冒顿杀父代立，妻群母，以力为威，未可以仁义说也。独可以计久远子孙为臣耳，然恐陛下不能为。"汉高祖怪而问之："诚可，何为不能！顾为奈何？"刘敬答曰："陛下诚能以适长公主妻之，原奉遗之，彼知汉适女送厚，蛮夷必慕以为阏氏，生子必为太子，代单于。何者？贪汉重币，陛下以岁时汉所余彼所鲜数问遗，因使辩士风谕以礼节。冒顿在，固为子婿；死，则外孙为单于。岂尝闻外孙敢与大父抗礼者哉？兵可无战以渐臣也。若陛下不能遣长公主，而令宗室及后宫诈称公主，彼亦知，不肯贵近，无益也。"这是汉朝著名的和亲加送礼政策，刘敬是这个政策的倡议者，汉高祖很赞成这个办法。

可是，大臣之中，也有人反对和亲政策。《史记短长说》卷下载叔孙生下面一段话："大汉方一宇宙，超三五，乃无故而饰爱女以为匈奴御，得无贻笑后世哉！夫匈奴豺狼也，其父之不恤而手摘之以死，何有于妇父，冒顿之有子也，而见其大父之死于冒顿也，则曰吾父且不武，何以独忍吾大父而弗忍外大父也？不然，而以十万骑入塞牧，曰：'均而孙也，吾何以无汉分地，请得九州之偏若幽冀者寓牧焉。'奚辞捍之。"汉高祖以为匈奴贪而好色，故以饵之，叔孙生又以为冒顿是饵人的，而不是为人饵的。《史记短长说》所载这一场争辩不见于正史。汉高祖没有听叔孙生的话，但是吕后知道之后，日夜啼哭，她说她只有一位太子和一位公主，为什么要把她唯一的女儿嫁到匈奴。大臣们的话，汉高祖可以不听，但是吕后的话，他不得不听。于是另择宗室之女来代替，并派刘敬赴匈奴去结和亲之约。"是时匈奴以汉将众往降，故冒顿常往来侵盗代地。于是汉患之，高帝乃使刘敬奉宗室女公主为单于阏氏，岁奉匈奴絮缯酒米食物各有数，约为昆

弟以和亲，冒顿乃少止。"（《史记·匈奴列传》）

究竟这位阏氏有没有生男孩，不得而知，但是应该指出，不只冒顿自己，就是冒顿以后的单于之妻，以汉女为阏氏的都不见得将所生之子为太子，所以刘敬的想法，不见得是对的，但是他倡议的和亲与送礼政策，成为西汉王朝对付匈奴的主要政策，高帝如此，吕后、文帝都遵守这个政策。到了武帝，虽然汉兵深入漠北大破匈奴，但武帝就位之初，仍采用这个政策。"今帝（武帝）即位，明和亲约束，厚遇，通关市，饶给之。匈奴自单于以下皆亲汉，往来长城下。"（《史记·匈奴列传》）后来因为武帝伏兵马邑，被匈奴发觉，拒绝和亲。但到了匈奴屡遭失败逃到漠北的时候，重新提议和亲时，武帝并不反对。

刘敬除了倡议和亲送礼的政策之外，又主张徙民实边的政策。徙民实边的政策是刘敬从匈奴结和亲约回来后向汉高祖提出的。

> 刘敬从匈奴来，因言"匈奴河南白羊、楼烦王，去长安近者七百里，轻骑一日一夜可以至秦中。秦中新破，少民，地肥饶，可益实。夫诸侯初起时，非齐诸田，楚昭、屈、景莫能兴。今陛下虽都关中，实少人。北近胡寇，东有六国之族，宗强，一日有变，陛下亦未得高枕而卧也。臣愿陛下徙齐诸田，楚昭、屈、景、燕、赵、韩、魏后，及豪杰名家居关中。无事，可以备胡；诸侯有变，亦足率以东伐。此强本弱末之术也"。上曰："善。"乃使刘敬徙所言关中十余万口。（《史记·刘敬叔孙通列传》）

刘敬徙民实边的主张，是秦始皇统一天下之后所曾采用过的办法。《史记·秦本纪》载秦始皇二十六年（公元前221年）里说："徙天下富豪于咸阳十二万户。"又《匈奴列传》说："始皇帝使蒙恬将十万之众北击胡，悉收河南。因河为塞，筑四十四县城临河，徙适戍以充之。"不过在秦始皇的时候，这两件事是分开来办，而刘敬是把两件事合起来做，这是一举两得的事情。汉高祖很赞同。

西汉初年，汉王朝的重要人物和将领投降匈奴的很多，这与匈奴经常入寇有密切关系。所以《史记·匈奴列传》说："是时匈奴以汉将众往降，故冒顿常往来侵盗伐地。"又如汉高祖五年（公元前202年）燕王臧荼反，攻下伐地，汉高祖自己将兵去攻击，虏了臧荼之后，臧荼的儿子臧衍出亡匈奴。后来卢绾投降匈奴，即与臧荼有关。将领之降匈奴的，有韩王信、陈豨等。《史记》卷九十三《韩信卢绾列传》叙韩王信投降匈奴始末如下：

> 明年春，上以韩信材武，所王北近巩、洛，南迫宛、叶，东有淮阳，皆天下劲兵处，乃诏徙韩王信王太原以北，备御胡，都晋阳。信上书曰："国被边，匈奴数入，晋阳去塞远，请治马邑。"上许之，信乃徙治马邑。秋，匈奴冒顿大围信，信数使使胡求和解。汉发兵救之，疑信数间使，有二心，使人责让信。信恐诛，因与匈奴约共攻汉，反，以马邑降胡，击太原。

韩王信既降匈奴，还经常将匈奴兵入寇汉边，汉高祖派人去劝他回汉，他不愿意，最后为汉高祖击败斩首。

韩信为匈奴将兵往来击边。汉十年（公元前197年）信令王黄等说误陈豨。十一年春，故韩王信复与胡骑入居参合，距汉。汉使柴将军击之，遗信书曰："陛下宽仁，诸侯虽有畔亡，而复归，辄复故位号，不诛也。大王所知。今王以败亡走胡，非有大罪，急自归！"（《史记·韩信卢绾列传》）

韩王信拒绝了柴将军的劝告，乃与汉军战，战败被杀。韩王信死了，陈豨与卢绾又与匈奴谋而反汉，陈豨与卢绾在《史记》里均有传。卢绾之反，与陈豨有关，而陈豨之反又与韩王信及其将王黄等有关。《史记·韩信卢绾列传》说："陈豨者，宛朐人也，不知始所以得从。及高祖七年冬，韩王信反，入匈奴，上至平城还，乃封豨为列侯。"卢绾是丰人，与汉高祖同里，两家父亲很为友爱。与高祖同日生，从小长大，形影不离，汉高祖起兵，卢绾随从有功。汉高祖五年立卢绾为燕王，非刘氏而王是少见的事情。卢绾与陈豨反汉，《史记·韩信卢绾列传》说得比较清楚：

汉十一年秋，陈豨反代地，高祖如邯郸击豨兵，燕王绾亦击其东北。当是时，陈豨使王黄求救匈奴。燕王绾亦使其臣张胜于匈奴，言豨等军破。张胜至胡，故燕王臧荼子衍出亡在胡，见张胜曰："公所以重于燕者，以习胡事也。燕所以久存者，以诸侯数反，兵连不决也。今公为燕欲急灭豨等，豨等已尽，次亦至燕，公等亦且为虏矣。公何不令燕且缓陈豨而与胡和？事宽，得长王燕；即有汉急，可以安国。"张胜以为然，乃私令匈奴助豨等击燕，燕王绾疑张胜与胡反，上书请族张胜。胜还，具道所以为者。燕王寤，乃诈论它人，脱胜家属，使得为匈奴间，而阴使范齐之陈豨所，欲令久亡，连兵勿决。汉十二年，东击黥布，豨常将兵居代，汉使樊哙击斩豨。其裨将降，言燕王绾使范齐通计谋于豨所。高祖使使召卢绾，绾称病。上又使辟阳侯审食其、御史大夫赵尧往迎燕王，因验问左右。绾愈恐，闭匿，谓其幸臣曰："非刘氏而王，独我与长沙耳。往年春，汉族淮阴，夏，诛彭越，皆吕后计。今上病，属任吕后。吕后妇人，专欲以事诛异姓王者及大功臣。"乃遂称病不行。其左右皆亡匿。语颇泄，辟阳侯闻之，归具报上，上益怒。又得匈奴降者，降者言张胜亡在匈奴，为燕使。于是上曰："卢绾果反矣！"使樊哙击燕。燕王绾悉将其宫人家属骑数千居长城下，侯伺，幸上病愈，自入谢。四月，高祖崩，卢绾遂将其众亡入匈奴，匈奴以为东胡卢王。绾为蛮夷所侵夺，常思复归。居岁余，死胡中。

卢绾之反，与陈豨有关系；至于陈豨之反，不只与韩王信及其部将王黄有关，就是与淮阴侯韩信，也有关系。《史记》卷九十二《淮阴侯列传》说：

陈豨拜为钜鹿守，辞于淮阴侯。淮阴侯挈其手，辟左右与之步于庭，仰天叹曰："子可与言乎？欲与子有言也。"豨曰："唯将军令之。"淮阴侯曰："公之所居，天下精兵处也；而公，陛下之信幸臣也。人言公之畔，陛下必不信；再至，陛下乃疑矣；三至，必怒而自将。吾为公从中起，天下可图也。"陈豨素知其能也，信之，曰："谨奉教！"汉十年，陈豨果反。

这里虽没有指出淮阴侯韩信与匈奴谋反汉，但他鼓动陈豨反，陈豨反而求救于匈奴，这与淮阴侯韩信也未尝没有间接的关系。《史记》指出因为有人告发韩信与陈豨谋，故吕后乃诱韩信杀之。淮阴侯韩信与韩王信死后，陈豨于高祖十二年（公元前195年）冬也被樊哙所斩。

冒顿在白登围汉高祖，自动解围让汉高祖脱险，但他又利用汉降将来侵扰汉边，如果说汉族统治者有所谓以夷制夷的话，则匈奴采取的是以汉制汉。

汉高祖死，吕后当权，冒顿除了继续南下侵扰外，还写了一封极其狂妄无理的信给吕后，《史记·匈奴列传》仅说："冒顿乃为书遗高后，妄言。"没有说这封信的内容，班固写《汉书》时始披露此信。据《汉书》卷九十四上《匈奴传》："孤偾之君，生于沮泽之中，长于平野牛马之域，数至边境，愿游中国。陛下独立，孤偾独居。两主不乐，无以自虞，愿以所有，易其所无。"这是对吕后至为侮辱的言词。《通鉴》指出"辞极亵嫚"，吕后阅毕大怒，欲发兵去攻击冒顿，樊哙支持吕后攻击匈奴："臣愿得十万众，横行匈奴中。"吕后征求季布的意见，季布告诉吕后说："哙可斩也！前陈豨反于代，汉兵三十二万，哙为上将军，时匈奴围高帝于平城，哙不能解围。天下歌之曰：'平城之下亦诚苦！七日不食，不能彀弩。'今歌吟之声未绝，伤痍者甫起，而哙欲摇动天下，妄言以十万众横行，是面谩也。"吕后觉得季布所说的话有理，放弃了攻击匈奴的意图，回冒顿信："单于不忘弊邑，赐之以书，弊邑恐惧。退日自图，年老气衰，发齿堕落，行步失度，单于过听，不足以自污。弊邑无罪，宜在见赦。窃有御车二乘，马二驷，以奉常驾。"（均见《汉书》卷九十四上《匈奴传》）这可以说是很忍气吞声了。冒顿得信之后遣使到汉谢罪："未尝闻中国礼义，陛下幸而赦之。"同时，他送马给吕后并修和亲之约。

高祖平城脱围，是用计去使阏氏劝冒顿解围而脱，汉人觉得是一件不可告人的失体面的事。吕后与冒顿这一段交涉，司马迁又在《史记·匈奴列传》中轻轻描写过去。大概在那个时候，去吕后的时间还很近，不愿把这种受侮辱的事笔之于书。后来武帝的诏书中除了"高皇帝遗朕平城之忧"外，还有"高后时，单于书绝悖逆"。司马光《资治通鉴》载冒顿致书吕后，是在惠帝三年（公元前192年）。冒顿虽然在表面上遣使请赦，另一面仍不断南侵。吕后六年（公元前182年）匈奴入侵狄道攻阿阳。过了一年，匈奴再次入侵上述地方，并且掠走二千余人。

吕后死，文帝即位，汉与匈奴复修和亲，但匈奴仍不断南下侵掠。文帝三年（公元前177年）匈奴右贤王入侵，占居河南地，侵盗上郡保塞蛮夷和杀掠人民。《汉书》卷九十四上《匈奴传》述文帝下诏说：

> 汉与匈奴约为昆弟，无侵害边境，所以输遗匈奴甚厚。今右贤王离其国，将众居河南地，非常故。往来入塞，捕杀吏卒，驱侵上郡保塞蛮夷，令不得居其故。陵轹边吏，入盗，甚骜无道，非约也。

于是文帝乃遣边吏车骑八万到上郡高奴，遣丞相灌婴带领军队去攻击右贤王。右贤王见汉兵来攻，逃到塞外。文帝自己也从甘泉经高奴到太原，但是这个时候，济北王反，文帝乃回到长安，罢丞相击匈奴的军队，平济北王之乱。

文帝四年（公元前176年），冒顿为了右贤王入侵事，曾遗书于文帝："天所立匈奴大单于敬问皇帝无恙。前时皇帝言和亲事，称书意合骧。汉边吏侵侮右贤王，右贤王不请，听后义卢侯难支等计，与汉吏相恨，绝二主之约，离昆弟之亲。"（《汉书》卷九十四上《匈奴传》）

冒顿自称为天所立匈奴大单于，其自命之尊，气魄之大，已可概见。而且他在这里并不承认入侵的原因是起自右贤王。反之，他以为祸端是由于汉边吏侵侮右贤王，不过他承认右贤王听了后义卢侯难支等的话，没有请示于他，即侵汉。为了这个原故，他惩罚了右贤王，惩罚的方式，是遣右贤王去出征西域。此外，他在这封信里又继续说，他派右贤王攻略西域后，"北州以定。原寝兵休士养马，除前事，复故约，以安边民，以应古始，使少者得成其长，老者得安其处，世世平乐。未得皇帝之志，故使郎中系虖浅奉书请，献橐佗一，骑马二，驾二驷，皇帝即不欲匈奴近塞，则且诏吏民远舍。使者至，即遣之"（《汉书》卷九十四上《匈奴传》）。

冒顿既矜右贤王之功，又宣扬匈奴之强大，又表示他愿意与汉言好复故约，这可以说是又软、又硬的政策。文帝得书后，召集公卿们会议，讨论和亲好还是攻击好。公卿们皆说："单于新破月氏，乘胜，不可击也。且得匈奴地，泽卤非可居也，和亲甚便。"文帝见公卿们都主张和亲，他只好照办。在文帝前六年（公元前174年）他写信给冒顿：

> 皇帝敬问匈奴大单于无恙。使系虖浅遗朕书，云"愿寝兵休士，除前事，复故约，以安边民，世世平乐"，朕甚嘉之。此古圣王之志也。汉与匈奴约为兄弟，所以遗单于甚厚。背约离兄弟之亲者，常在匈奴。然右贤王事已在赦前，勿深诛。单于若称书意，明告诸吏，使无负约，有信，敬如单于书。使者言单于自将并国有功，甚苦兵事。服绣袷绮衣、长襦、锦袍各一，比疏一，黄金饬具带一，黄金犀毗一，绣十四，锦二十四，赤绨、绿缯各四十四，使中大夫意、谒者令肩遗单于。（《汉书》卷九十四上《匈奴传》）

文帝的书中，虽然仍以为背约离兄弟之亲者常在匈奴，但也仍为右贤王缓颊，说右贤王事已在赦前，勿深诛。同时还认为单于征伐各国有功，因而给与礼物。这是文帝为了边塞安宁而作的妥协。

文帝六年，即公元前 174 年，冒顿死。

第十三章 匈汉相争及其基本对策

冒顿死，由其子稽粥继立为单于，奠定与汉王朝和亲相持的斗争格局。

稽粥的意义究竟为何，过去的学者尚未考证出来。外国学者有的译为 Giyu，有的译为 Kiyuk，德格罗特在《纪元前的匈奴》一书写为 Kior，巴克在《鞑靼千年史》中却写为 Kuyuk，然而大家都只从发音方面来考虑，没有探究意义。稽粥号为老上单于，不知是不是受了汉朝皇帝有号的影响。老上这个名词，当为汉字译义，可能稽粥继立时，年岁已高，所以他自称老上单于。《〈史记·匈奴列传〉集解》引徐广注"一云'稽粥第二单于'，自后皆以弟别之"。

假如这种说法不错，那么稽粥单于不只有号，而且好像是受了秦之始皇之后而有二世、三世的影响。匈奴单于若从头曼算起，稽粥为第三位，但是匈奴之最为强大是在冒顿的时候，可能是为了这个原故，所以匈奴单于乃从冒顿算起，稽粥称第二。不过徐广所谓"一云稽粥第二"的"一云"语气，既不肯定，而史书对于这一点又没有记载，徐广以后的注解家，也没有注意这一件事。

老上稽粥单于就位的时候，匈奴仍甚强大。据史书的记载，稽粥就位之后，他所做的事情，最值得注意的有好几件：第一，杀月氏王而以其头为饮器，并强迫大部分的月氏人离开敦煌与祁连间的故居。第二，帮助乌孙再度迫走迁到伊犁河谷与准噶尔的月氏，使乌孙占据这些地方。第三，继续南下侵扰汉边。《史记·匈奴列传》所记稽粥在位的事情，基本是匈奴与汉的关系。《史记·大宛列传》叙述了稽粥杀月氏王的事。

> 大月氏在大宛西可二三千里，居妫水北。其南则大夏，西则安息，北则康居。行国也，随畜移徙；与匈奴同俗。控弦者可一二十万。故时强，轻匈奴，及冒顿立，攻破月氏，至匈奴老上单于，杀月氏王，以其头为饮器。始月氏居敦煌、祁连间，及为匈奴所败，乃远去，过宛，西击大夏而臣之，遂都妫水北，为王廷。其余小众不能去者，保南山羌，号小月氏。

稽粥攻击月氏，是匈奴第四次攻击月氏。月氏王为匈奴所杀，大部分的月氏人，大概都是些强壮的月氏人，向西逃迁到准噶尔盆地与伊犁河谷。这些地方，在那个时候是塞种所占领的地方。大月氏到了这些地方，遂与塞种冲突起来，塞种抵不住月氏，乃经过大宛到葱岭以西，也有小部分的塞种人留在故地，月氏遂占据塞种的故地，并统治留在这个地方的塞人。

匈奴人很重视稽粥单于杀月氏王取其头以为饮器这件事。这个月氏王头，曾为以后的单于保存起来，在某种重要的集会或盟约的时候，匈奴单于就用这个头以为饮器。到了一百年后，呼韩邪单于称臣于汉，这个头又曾在单于与汉使者的一次盟约中，用以为饮器。春秋时，赵襄子曾以智伯之头以为饮器，可能是受西北其他民族的影响。

至于匈奴之于乌孙，以及乌孙之于月氏的关系，《汉书》卷六十一《张骞李广利传》中有一段记载：

> 闻乌孙王号昆莫。昆莫父难兜靡本与大月氏俱在祁连、敦煌间，小国也。大月氏攻杀难兜靡，夺其地，人民亡走匈奴。子昆莫新生，付父布就翎侯抱亡置草中，为求食，还，见狼乳之，又乌衔肉翔其旁，以为神，遂持归匈奴，单于爱养之。及壮，以其父民众与昆莫，使将兵，数有功。时，月氏已为匈奴所破，西击塞王。塞王南走远徙，月氏居其地。昆莫既健，自请单于报父怨，遂西攻破大月氏。大月氏复西走，徙大夏地。昆莫略其众，因留居。

从这段话看来，在稽粥单于未迫走月氏之前，月氏曾杀乌孙王难兜靡，子昆莫及人民乃亡走匈奴，匈奴单于收养了昆莫。后来匈奴杀了月氏王，月氏人中的一部分仍留居原地，依附祁连、敦煌南边的羌族，其中一部分为羌族同化，另一部分月氏人逃到塞人所住的地方，迫塞人离开故地而据之。不久，昆莫长大成人，得匈奴帮助，西击大月氏占有其地，也就是以前塞族所住居的地方。大月氏迫走塞族时，有一部分塞人留在故地，受月氏统治。大月氏为乌孙昆莫迫走时，一部分的大月氏人又为乌孙所掠夺。此外，留在故地的塞人，仍留在这个地方。因此乌孙除了自己的人民之外，又有了一部分塞人和大月氏人。所以《汉书·西域传》中说"乌孙氏有塞种、大月氏种云"。

匈奴再度迫走大月氏，这种由匈奴征伐而引起的民族迁徙，在后来西域乃至印度的历史上，有极重大的影响。因为塞族西南逃之后，在葱岭以西，不只征服了大夏而逐渐占有其地，后来还扩充疆域至于印度。

在时间上，冒顿末年，匈奴打败乌孙，也打败了月氏，然两者仍居敦煌、祁连间。大概到了稽粥继立之后，乌孙王难兜靡始为月氏所杀，这时的昆莫还是婴儿。昆莫长大成人，为父报仇攻破月氏，又是稽粥死军臣继位以后的事了。

敦煌与祁连间的地方，就是我们所说的河西走廊。这里有祁连山，也有焉支山，祁连山有皑皑白雪，河西走廊的许多河流即是由山上的雪溶解而来。这里有不少好牧场。焉支山大概还出很多胭脂，这块地方对于匈奴很重要。匈奴占领这块地方之后，匈奴在西边的边境，遂与汉接近，成为侵汉的根据地。

稽粥继立为匈奴单于之后，汉文帝遣宗室女为单于阏氏，并赠送礼物，派中行说伴行。中行说很不愿意去，并扬言如果一定要他去，他将做不利于汉的事情，而为汉患。可是文帝仍派他去。结果中行说投降了匈奴，将汉的情况告诉了单于，鼓励单于发扬匈奴之所长与汉对抗。

《史记·匈奴列传》载中行说与汉使者辩论汉与匈奴文化的优劣。中行说极力为匈奴风俗习惯辩护，反驳汉使者的意见。比方汉使或言曰："匈奴俗贱老。"中行说对曰："而汉俗屯戍从军当发者，其老亲岂有不自脱温厚肥美以赍送饮食行戍乎？"汉使曰："然。"中行说曰："匈奴明以战攻为事，其老弱不能斗，故以其肥美饮食壮健者，盖以自为守卫，如此父子各得久相保，何以言匈奴轻老也？"汉使曰："匈奴父子乃同穹庐而卧。父死，妻其后母；兄弟死，尽取其妻妻之。无冠带之饰，阙廷之礼。"中行说曰："匈奴之俗，人食畜肉，饮其汁，衣其皮；畜食草饮水，随时转移。故其急则人习骑射，宽则人乐无事，其约束轻，易行也。君臣简易，一国之政犹一身也。父子兄弟死，取其妻妻之，恶种姓之失也。故匈奴虽乱，必立宗种。今中国虽详不取其父兄之妻，亲属益疏则相杀，至乃易姓，皆从此类。且礼义之敝，上下交怨望，而室屋之极，生力必屈。夫力耕桑以求衣食，筑城郭以自备，故其民急则不习战功，缓则罢于作业。嗟！土室之人，顾无多辞，令喋喋而占占，冠固何当？"从此以后，汉使者凡有要辩论的，中行说常常告诉他们："汉使无多言，顾汉所输匈奴缯絮米蘖，令其量中，必善美而已矣，何以为言乎？且所给备善则已；不备，苦恶，则候秋孰，以骑驰蹂而稼穑耳。"

他对匈奴的风俗习惯，辩护无微不至，对于汉的礼义，竭力加以蔑视；对匈奴单于则力劝其抛弃汉文化影响，而保存匈奴固有的东西。对于汉使者，必要求给与足够数量的财物。否则，以入寇相威胁。稽粥单于得了这位背叛本民族的人当然格外信任，匈奴对汉边的掠夺更加频繁。

《汉书·文帝纪》文帝十一年（公元前169年），匈奴入寇狄道。过了三年（公元前166年）匈奴又大举入寇，而且烧回中宫①，候骑至雍甘泉。《史记·匈奴列传》说：

> 匈奴单于十四万骑入朝那、肖关，杀北地都尉卬，虏人民畜产甚多，遂至彭阳。使奇兵②入烧回中宫，候骑至雍甘泉。

这恐怕是冒顿围高祖于白登以后最大的一次入侵，而且深入塞内。据《〈史记·匈奴列传〉正义》引《括地志》云："（雍甘泉）云阳也。秦之林光宫，汉之甘泉，在雍州云阳西北八十里。秦始皇作甘泉宫，去长安三百里，望见长安。"形势严重，"于是文帝以中尉周舍、郎中令张武为将军，发车千乘，骑十万，军长安旁以备胡寇。而拜昌侯卢卿为上郡将军，宁侯魏遬为北地将军，隆虑侯周灶为陇西将军，东阳侯张相如为大将军，成侯董赤③为前将军，大发车骑往击胡"。

---

① 《〈史记·匈奴列传〉正义》引《括地志》云："秦回中宫在岐州雍县西四十里，即匈奴所烧者也。"
② 《汉书》卷九十四上《匈奴传》奇作骑。
③ 《汉书·文帝纪》作董赫。《〈史记·匈奴列传〉正义》："（赤）音赫"。

（《史记·匈奴列传》）《〈史记·匈奴列传〉集解》引徐广曰："内史栾布亦为将军。"史、汉栾布传皆说栾布文帝时为燕相，至将军，没有说参与这次征伐，但是史、汉《文帝纪》皆云栾布为将军参与了这次征伐。

汉文帝对这次征伐十分重视，并欲自将亲征，《史记·孝文本纪》："帝亲自劳军，勒兵申教令，赐军吏卒。帝欲自将击匈奴，群臣谏，皆不听。皇太后固要帝，帝乃止。"此后，匈奴以为汉力量薄弱，不断入侵。"匈奴日已骄，岁入边，杀略人民畜产甚多，云中、辽东最甚，至代郡万余人。汉患之。"（《史记·匈奴列传》）《史记·匈奴列传》说"汉患之"。而《汉书·匈奴传》说："汉甚患之。"照《汉书》的语气来看，可以看出文帝时，汉对匈奴的侵扰束手无策。于是《史记·匈奴列传》说：文帝"乃使使遗匈奴书。单于亦使当户报谢，复言和亲事"。文帝后二年（公元前162年），文帝给稽粥单于写了一封长信。

稽粥单于得书，给文帝写了回信。据《史记·匈奴列传》说："单于既约和亲，于是制诏御史曰：'匈奴大单于遗朕书，言和亲已定，亡人不足以益众广地，匈奴无入塞，汉无出塞，犯今约者杀之，可以久亲，后无咎，俱便。朕已许之。其布告天下，使明知之。'"文帝下诏的详细内容，据《史记·孝文本纪》后二年云：

> 朕既不明，不能远德，是以使方外之国或不宁息。夫四荒之外不安其生，封畿之内勤劳不处，二者之咎，皆自于朕之德薄而不能远达也。间者累年，匈奴并暴边境，多杀吏民，边臣兵吏又不能谕吾内志，以重吾不德也。夫久结难连兵，中外之国将何以自宁？今朕夙兴夜寐，勤劳天下，忧苦万民，为之恒惕不安，未尝一日忘于心，故遣使者冠盖相望，结轶于道，以谕朕意于单于。今单于反古之道，计社稷之安，便万民之利，亲与朕俱弃细过，偕之大道，结兄弟之义，以全天下元元之民。和亲已定，始于今年。

文帝后三年（公元前161年），稽粥老上单于死。①

匈奴稽粥死后四年，文帝也死了。汉文帝在位二十三年，曾与匈奴三位单于办过交涉，即冒顿、稽粥和军臣，而与稽粥打交道的时间最长。稽粥对汉的政策，一方面和亲，一方面入寇。这是匈奴的一贯政策，不过稽粥的政策比之冒顿要强化得多。军臣继立之后，不到三年，又大举入寇，这可能也是受了中行说的影响。匈奴虽是屡次答应在和亲送礼之后不再侵犯汉边境，然而这种许诺为时极短，没有多久，又不断入寇，有时还大举入寇。

---

① 司马光《资治通鉴》卷十五《汉纪七》"是岁（文帝后三年，公元前161年）匈奴老上单于死，子军臣单于立"；《汉书》卷九十四上《匈奴传》"后四年（公元前160年）老上单于死，子军臣单于立"；《史记·匈奴列传》"后四岁，老上稽粥单于死，子军臣单于立"；《〈史记·匈奴列传〉集解》引徐广注，"徐广曰：'后元三年（公元前161年）立。'"徐广注与《资治通鉴》一致。

匈奴既成为汉王朝的大患，汉臣僚与士大夫为消除这种大患纷纷提出意见。班固在《汉书·匈奴传赞》中写道："久矣夷狄之为患也。故自汉兴，忠言嘉谋之臣曷尝不运筹策相与争于庙堂之上乎？高祖时则刘敬，吕后时樊哙、季布，孝文时贾谊、晁错……"

但在当时几乎没有主战派。贾谊、晁错眼看稽粥侵扰，痛哭流涕，然而他们也没有主张发兵北逐匈奴深入漠北。《汉书》卷四十八《贾谊传》载他在给文帝的奏疏中自荐愿为属国之官以主匈奴，然而他怎么样去主匈奴呢？主要的是他的"三表五饵"的政策，这个政策见于《新书·匈奴》：①

> 臣又且以事势谕，陛下之爱令，匈奴之自视也。苟胡面而戎状者，其自以为见爱于天子也，犹弱子之遻慈母也。若此则爱谕矣，一表；臣又且谕，陛下之好令，胡人之自视也。苟其技之所长，与其所工，一可以当天子之意，若此则好谕矣。一表；爱人之状，好人之技，人道信为大操帝义也，爱好有实，已诺可期，十死一生，彼必将至，此谓三表。

这是"三表"，什么是"五饵"？贾谊说：

> 陛下幸听臣之计，则臣有余财，匈奴之来者，家长已上固必衣绣，家少者必衣文锦，将为银车五乘，大雕画之，驾四马，载绿盖从数骑，御参乘，且虽单于之出入也，不轻都此矣，令匈奴降者时时得此而赐之耳，一国闻之者、见之者、希心而相告，人人冀幸以为吾至亦可以得此，将以坏其目，一饵；匈奴之使至者，苦大降者也，大众之所聚也，上必有所召，赐食焉，饭物故四五，盛美臷腏炙肉，具醯醢方数尺于前，令一人坐此，胡人欲观者固百数在旁，得赐者之喜也，且笑且饭，味皆所嗜而所未尝得也，令来者时时得此而飨之耳，一国闻之者、见之者、垂涎而相告，人惏憛其所自，以吾至亦将得此，将以此坏其口，一饵；降者之杰也，若使者至也，上必使人有所召，客焉，令得召其知识胡人之欲观者，勿禁，令妇人傅白墨黑，绣衣而侍其堂者二三十人，或薄或掩为其胡戏以相饭，上使乐府幸假之，但乐吹箫鼓鞉倒挈面者。更进舞者蹈者，时作少间，击鼓舞其偶人，昔时及为戎乐，摧手胃强上客之后，妇人先后扶侍之者固十余人，使降者时或得此而乐之耳。一国闻之者见之者，希盱相告，人人伋伋，唯恐其后来至也。将以此坏其耳，一饵；凡降者陛下之所召幸，若所以约致也，陛下必时有所富，必令此有高堂邃宇，善厨处，大囷京，厩有编马，库有阵车，奴婢诸婴儿畜生具令此时大具，召胡客飨胡使，上幸令官助之，具假之乐，令此其居处乐虞，囷京之畜皆过其故王虑出其单于或时时赐此而为家耳，匈奴一国倾心而冀，人

---

① 清光绪元年浙江书局据抱经堂重校刻本。

人怏怏，唯恐其后来至也，将以此坏其腹，一饵；于来降者，上必时时而有所召幸，拊循而后得入官，夫胡大人唯亲也，若上于胡婴儿及贵人子好可爱者，上必召幸，大数十人，为此绣衣好闲，且出则从，居则更侍上即缮胡人也，大觳抵也，客胡使也，力士武士固近侍旁，胡婴儿得近侍侧，胡贵人更进得佐酒前，上及幸，自御此薄使，付酒钱时人偶之，为间则出绣衣具带服宾馀时以赐之，上即幸拊胡婴儿梼乃之，戏弄之，乃授炙幸自啖之，出好衣闲且自为赣之，上起胡婴儿或前或后，胡贵人既得奉酒，出则服衣佩绶，贵人而立于前，令数人得此而居耳，一国闻者见者希盱而欲，人人怏怏，惟恐其后来至也，将以此坏其心，一饵；胡牵期耳，牵其目，牵其口，牵其腹，四者已牵，又引其心，安得不来，下胡抑拒也。此谓五饵。

贾谊认为采取"三表五饵"的政策后，"匈奴之中，乖而相疑矣，使单于寝不聊寐，食不甘口，挥剑挟弓而蹲穹庐之隅，左视右视以为尽仇也"。于是群臣"虽欲毋走，若虎在后，众欲无来，恐或轩之，此谓势然。……其南面而归汉也，犹弱子之慕慈母也"。贾谊幻想对匈奴不战而使匈奴降汉。

中行说告诫稽粥单于不要改变匈奴的风俗习惯，贾谊劝文帝用汉贵族的生活方式和各种优待引诱匈奴贵族降汉，贾谊的"三表五饵"也可以说是针对着中行说的。其实贾谊提出的"三表五饵"的政策，基本上没有离开汉一贯的政策——和亲加送礼——的轨道，只不过更加具体罢了。

在如何对付匈奴入侵的策略上，除贾谊外，晁错是很值得注意的。晁错提出的办法，可以说是以夷制夷，奖励屯边。晁错的办法与贾谊不同，较为实际与具体。晁错的建议见于《汉书·爰盎晁错传》：

今匈奴地形技艺与中国异。上下山阪，出入溪涧，中国之马弗与也；险道倾仄，且驰且射，中国之骑弗与也；风雨罢劳，饥渴不困，中国之人弗与也；此匈奴之长技也。若夫平原易地，轻车突骑，则匈奴之众易挠乱也；劲弩长戟，射疏及远，则匈奴之弓弗能格也；坚甲利刃，长短相杂，游弩往来，什伍俱前，则匈奴之兵弗能当也；材官驺发，矢道同的，则匈奴之革笥木荐弗能支也；下马地斗，剑戟相接，去就相薄，则匈奴之足弗能给也：此中国之长技也。以此观之，匈奴之长技三，中国之长技五。陛下又兴数十万之众，以诛数万之匈奴，众寡之计，以一击十之术也。

汉之长技多于匈奴，而人数也多于匈奴，按理，汉匈战争，汉应取胜，但事实不一定如此，究其原因，晁错认为：

胡人食肉饮酪，衣皮毛，非有城郭田宅之归居，如飞鸟走兽于广野，美草甘水则止，草尽水竭则移。以是观之，往来转徙，时至时去，此胡人之生业，而中国之所以离南晦也。今使胡人数处转牧行猎于塞下，或当燕代，或当上郡、北地、陇西，以候备塞之卒，卒少则入。陛下不救，则边民绝望而有降敌之心；救之，少发则不足，多发，远县才至，则胡又已去，聚而不罢，为费甚大；罢之，则胡复入。如此连年，则中国贫苦而民不安矣。（《汉书·爰盎晁错传》）

用什么办法才能战胜匈奴呢？晁错提出了自己的主张，《汉书·爰盎晁错传》：

今降胡义渠蛮夷之属来归谊者，其众数千，饮食长技与匈奴同，可赐之坚甲絮衣，劲弓利矢，益以边郡之良骑。令明将能知其习俗和辑其心者，以陛下之明约将之。即有险阻，以此当之；平地通道，则以轻车材官制之。两军相为表里，各用其长技，衡加之以众，此万全之术也。

这里指出除了用汉的长技对付匈奴外，同时利用投降汉的义渠和其他蛮夷来对付匈奴，这就是晁错提出的以夷制夷的办法。为了防御匈奴南下侵扰，晁错竭力主张屯边，他说：

陛下幸忧边境，遣将吏发卒以治塞，甚大惠也。然令远方之卒守塞，一岁而更，不知胡人之能，不如选常居者，家室田作，且以备之。以便为之高城深堑，具蔺石，布渠答，复为一城其内，城间百五十步。要害之处，通川之道，调立城邑，毋下千家，为中周虎落。先为室屋，具田器，乃募罪人及免徒复作令居之；不足，募以丁奴婢赎皋及输奴婢欲以拜爵者；不足，乃募民之欲往者。皆赐高爵，复其家。予冬夏衣，廪食，能自给而止。郡县之民得买其爵，以自增至卿。其亡夫若妻者，县官买予之。人情非有匹敌，不能久安其处。塞下之民，禄利不厚，不可使久居危难之地。胡人入驱而能止其所驱者，以其半予之，县官为赎其民。如是，则邑里相救助，赴胡不避死。非以德上也，欲全亲戚而利其财也。此与东方之戍卒不习地势而心畏胡者，功相万也。以陛下之时，徙民实边，使远方无屯戍之事，塞下之民父子相保，亡系虏之患，利施后世，名称圣明，其与秦之行怨民，相去远矣。（《汉书·爰盎晁错传》）

文帝对于晁错的奖励屯边的办法，是很赞成的，但是始终没有好好地实行。晁错明白徙民实边的办法在秦实行过，但效果不大，为了使人乐于到边地，晁错提出了优待办法，使其安居乐业，巩固边防，以备匈奴。

文帝十四年，冯唐提出守边必须有良将，《史记·张释之冯唐列传》：

冯唐者，其大父赵人。父徙代。汉兴徙安陵。唐以孝著，为中郎署长，事文帝。文帝辇过，问唐曰："父老何自为郎？家安在？"唐具以实对。文帝曰："吾居代时，吾尚食监高袪数为我言赵将李齐之贤，战于钜鹿下。今吾每饭，意未尝不在钜鹿也。父知之乎？"唐对曰："尚不如廉颇、李牧之为将也。"上曰："何以？"唐曰："臣大父在赵时，为官率将，善李牧。臣父故为代相，善赵将李齐，知其为人也。"上既闻廉颇、李牧为人，良说，而搏髀曰："嗟乎！吾独不得廉颇、李牧时为吾将，吾岂忧匈奴哉！"唐曰："主臣！陛下虽得廉颇、李牧，弗能用也。"上怒，起入禁中。良久，召唐让曰："公奈何众辱我，独无间处乎？"唐谢曰："鄙人不知忌讳。"当是之时，匈奴新大入朝郍，杀北地都尉卬。上以胡寇为意，乃卒复问唐曰："公何以知吾不能用廉颇、李牧也？"唐对曰："臣闻上古王者之遣将也，跪而推毂，曰闑以内者，寡人制之；闑以外者，将军制之。军功爵赏皆决于外，归而奏之。此非虚言也。臣大父言，李牧为赵将居边，军市之租皆自用飨士，赏赐决于外，不从中扰也。委任而责成功，故李牧乃得尽其智能，遣选车千三百乘，彀骑万三千，百金之士十万，是以北逐单于，破东胡，灭澹林，西抑强秦，南支韩、魏。当是之时，赵几霸。其后会赵王迁立，其母倡也。王迁立，乃用郭开谗，卒诛李牧，令颜聚代之。是以兵破士北，为秦所禽灭。今臣窃闻魏尚为云中守，其军市租尽以飨士卒，出私养钱，五日一椎牛，飨宾客军吏舍人，是以匈奴远避，不近云中之塞。虏曾一入，尚率车骑击之，所杀甚众。夫士卒尽家人子，起田中从军，安知尺籍伍符。终日力战，斩首捕虏，上功莫府，一言不相应，文吏以法绳之。其赏不行而吏奉法必用。臣愚，以为陛下法太明，赏太轻，罚太重。且云中守魏尚坐上功首虏差六级，陛下下之吏，削其爵，罚作之。由此言之，陛下虽得廉颇、李牧，弗能用也。臣诚愚，触忌讳，死罪死罪！"文帝说。是日令冯唐持节赦魏尚，复以为云中守，而拜唐为车骑都尉，主中尉及郡国车士。

贾谊的"三表五饵"，不见得为文帝所采用。晁错的奖励实边，虽得文帝的赞同，但不见得彻底实行。冯唐向文帝推荐魏尚，比之李牧，可是魏尚才能不见得比得上李牧。李牧、蒙恬大败匈奴，而魏尚却没有击败匈奴，解除西汉王朝最大的边患。

军臣单于继立于汉文帝后三年（公元前161年），死于汉武帝元朔三年（公元前126年），在位三十五年，他与汉王朝的三个皇帝（文、景、武）办过交涉。军臣就位的时候，中行说还活着，军臣单于和他父亲一样，对中行说很信任。中行说死于何年？苦无记载。军臣单于就位以后的唯一劲敌，仍是南边的西汉王朝。

军臣一就位，汉文帝又与匈奴和亲。但"军臣单于立四岁，匈奴复绝和亲，大入上郡、云中各三万骑，所杀略甚众而去"（《史记·匈奴列传》）。而《汉书·匈奴传》则说是"军臣单于立岁余，匈奴复绝和亲，大入上郡、云中各三万骑，所杀略甚众"。

这里值得注意的是《史记》与《汉书》记载此事说法不一，《史记》说此事发生于军臣立后四年，而《汉书》却说此事发生于军臣立后年余，究竟那种说法对？《〈史记·匈奴列传〉集解》引徐广注："孝文后元七年崩，而二年答单于书，其间五年。而此云'后四年'又'立四岁'，数不容尔也。孝文后六年冬，匈奴入上郡、云中也。"看徐广的语气所谓"此云后四年，又立四岁"，好像是八年，假使这样说，那是错的。《史记》所说军臣单于立四岁，是指军臣就位后四年。军臣立于文帝后三年，所谓立四岁，连头带尾算上，可以说为四年；如果以四年满数而说，那就错了，因为匈奴入侵上郡、云中是文帝后六后，如按满数计算，当在文帝后七年。《汉书·文帝纪》也说匈奴入侵上郡、云中是在文帝后六年，这样看起来，《史记》所说军臣立四岁而大入上郡、云中，固有商量的余地，而《汉书·匈奴传》认为军臣立岁余而大入上郡、云中也是不对的。

匈奴在文帝后六年的入侵，深入塞内，故《史记》《汉书·匈奴传》皆云："胡骑入代句注边，烽火通于甘录、长安。"汉文帝以为军臣初立，可以用和亲送礼的政策去笼络匈奴，但是军臣和他的祖先一样并不因此而停止侵扰。这次入侵是文帝时期匈奴第三次大举入侵。冒顿、稽粥、军臣在文帝时除小规模的侵扰经常发生外，都对汉作过一次大规模的入侵。军臣既对汉大举入侵，文帝被迫不得不发兵迎击。《史记·孝文本纪》说：

> 以中大夫令勉为车骑将军，军飞狐；胡楚相苏意为将军，军句注；将军张武屯北地；河内守周亚夫为将军，居细柳；宗正刘礼为将军，居霸上；祝兹侯军棘门。以备胡。数月，胡人去，亦罢。

文帝为了鼓励士气，又亲自劳军，据《资治通鉴》《汉纪七》云：

> 上自劳军，至霸上及棘门军，直驰入，将以下骑送迎。已而之细柳军，军士吏被甲，锐兵刃，彀弓弩持满，天子先驱至，不得入。先驱曰："天子且至！"军门都尉曰："将军令曰：'军中闻将军令，不闻天子之诏。'"居无何，上至，又不得入。于是上乃使使持节诏将军："吾欲入营劳军。"亚夫乃传言"开壁门"。壁门士请车骑曰："将军约：军中不得驰驱。"于是天子乃按辔徐行。至营，将军亚夫持兵揖曰："介胄之士不拜，请以军礼见。"天子为动，改容，式车，使人称谢："皇帝敬劳将军。"成礼而去。既出军门，群臣皆惊。上曰："嗟乎，此真将军矣！曩者霸上、棘门军若儿戏耳，其将固可袭而虏也。至于亚夫，可得而犯耶！"称善者久之。

后来，文帝在死前嘱太子"即有缓急，周亚夫真可任将兵"。吴楚七国之乱，周亚夫任太尉统兵平定了这次叛乱，这不能说文帝不会用人。

匈奴入侵达数月之久，汉兵到边地时匈奴远离边塞而去，汉也就此罢兵，不出塞追击。《史记·孝文本纪》说："与匈奴和亲，匈奴背约入盗，然令边备守，不发兵深入，恶烦苦百姓。""恶烦苦百姓。"是不是唯一的原因，不得而知，但是这是一个重要原因之一，是无可怀疑的。原来在那个时候，被征去当兵的衣食皆要自己准备，如劳师的时间过久，则不只农田缺人耕种，而士卒衣食，也成了问题。所谓"恶烦苦百姓"，就是这个意思。

军臣大入上郡、云中之次年，即公元前157年，文帝死了。在文帝时期，西汉王朝内部比较安定，人口增加，文帝提倡农业，节省开支。景帝元年丞相吕嘉等，在奏疏里说："世功莫大于高皇帝，德莫盛于孝文皇帝。"（《史记·孝文本纪》）然而无论功大的高帝还是德盛的文帝，既没有能用武力去击败匈奴，也没有办法去感化匈奴。

文帝死，景帝继位为皇帝，复修和亲。《汉书·景帝纪》说景帝元年（公元前156年）"遣御史大夫青翟至代下与匈奴和亲"。御史大夫在西汉初期，地位仅次于丞相，景帝遣御史大夫去修和亲之约，可见景帝求和之切。《史记·孝景本纪》说："匈奴入代，与约和亲。"

这里所说匈奴入代实际又是入侵，所以不得不遣派大臣去修和亲之约。《汉书·景帝纪》注青翟云："文颖曰：'姓严，讳青翟。'臣瓒曰：'此陶青也。壮青翟乃自武帝时人，此纪误。'师古曰：'后人传习不晓，妄增翟字耳，非本作纪之误。'"司马光《资治通鉴》已改为"遣御史大夫青至代下与匈奴和亲"。注云：陶青为"高祖功臣陶舍之子"。《通鉴》"景帝二年"又说："以御史大夫开封侯陶青为丞相。"所以《汉书·景帝纪》所说的青翟，当为陶青。

《汉书·景帝纪》又说：景帝二年"秋，与匈奴和亲"。景帝五年"遣公主嫁匈奴单于"。这样看来，景帝是更积极执行高祖以来的和亲送礼政策。

应该指出，在景帝三年那一年，赵王遂反，曾与匈奴联络。《汉书》卷三十八《高五王传》说：

> 孝景时晁错以过削赵常山郡，诸侯怨，吴楚反，遂与合谋起兵。其相建德、内史王悍谏，不听。遂烧杀德、悍，发兵住其西界，欲待吴楚俱进，北使匈奴与连和。汉使曲周侯郦寄击之，赵王城守邯郸，相距七月。吴楚败，匈奴闻之，亦不肯入边。

这与汉高祖初年有些大臣谋反与匈奴相勾结有相似之处。但这一次的内乱中，匈奴闻吴楚败即不肯入边去帮助赵王遂，不久赵王遂兵败自杀。匈奴不愿出兵帮助赵王遂，虽与吴楚之败有关，但也可能是受景帝和亲之约的约束。"自是之后，孝景帝复与匈奴和亲，通关市，给遗匈奴，遣公主，如故约。终孝景时，时小入盗边，无大寇。"（《史记·匈奴列传》）

景帝在位的十几年中，匈奴小规模入寇见于史书的，有景帝中二年（公元前148年）"匈奴入燕，遂不和亲"（《史记·孝景本纪》）。又中六年（公元年144年）六月"匈奴入雁门，至武泉，入上郡，取苑马。吏卒战死者二千人"（《汉书·景帝纪》）。吏卒死亡达二千人之多，人民畜物之被杀掠的恐怕还要多，这不是小人寇了。这里所说的苑马，据《汉书·景帝纪》如淳注："《汉仪注》太仆牧师诸苑三十六所，分布北边、西边。以郎为苑监，官奴婢三万人，养马三十万正。"又景帝后二年春，"匈奴入雁门，太守冯敬与战死。发车骑材官屯"（《汉书·景帝纪》）。《史记·孝景本纪》云"郅将军击匈奴"。

《〈史记·孝景本纪〉正义》以为郅将军即郅都。《资治通鉴》注则认为郅将军乃另一人①，非郅都。郅将军确系何人？我们不必在这里讨论，但是《汉书》卷九十《酷吏传》中曾论及郅都与匈奴的关系，"景帝乃使使即拜都为雁门太守，便道之官，得以便宜从事。匈奴素闻郅都节，举边为引兵去，竟都死不近雁门。匈奴至为偶人象都，命骑驰射，莫能中，其见惮如此，匈奴患之"。

景帝时，还有一位将领为匈奴所惧，这便是李广。关于李广，以后再述。

---

① 《资治通鉴》卷十六《汉纪八》景帝中二年注《考异》曰：《史记·本纪》"后二年正月，郅将军击匈奴"。《酷吏传》"郅都死后，宗室犯法，上乃召宁城为中尉"。成为中尉在中六年，则后二年所谓郅将军者，非都也，疑别一人。

第十四章　匈奴开始为汉所败

军臣单于在位的三十五年中，匈奴内部好象出了问题。汉文帝末年，以及景帝的时候，不只高祖时投降匈奴的将领如韩王信、卢绾的子孙都反水归汉，匈奴王中反叛军臣单于降于汉的也不少。韩王信之子韩颓当，曾为匈奴相国，于文帝十四年与侄韩婴率众降汉，汉封颓当为弓高侯，婴为襄城侯。《史记·孝景本纪》说："匈奴王二人率其徒来降，皆封为列侯。"《资治通鉴·汉纪八》："匈奴王徐卢等六人降，帝欲侯之以劝后。丞相亚夫曰：'彼背主降陛下，陛下侯之，则何以责人臣不守节者乎？'帝曰：'丞相议不可用。'乃悉封徐卢等为列侯。"《史记》说二人，而《资治通鉴》作六人。《汉书·景武昭宣元成功臣表第五》则以为匈奴王降汉的共七人，他们是安陵侯于军、桓侯赐、通侯陆强、容城携侯徐卢、易侯仆黥、范阳靖侯范代、翕侯邯郸。这样多的匈奴王率众来降，可以推测匈奴内部出了问题。

匈奴内部出了什么问题？其严重性如何？今天无从考察，但至少可说明匈奴内部上层贵族中有一部分人对军臣单于不满。匈奴贵族之间，以至他们与单于之间互相猜忌，互相倾轧和征伐，导致一部分贵族离开匈奴南下降汉。

另外军臣就位之后不久，大入上郡、云中之役，人数不过六万，比之稽粥十四万骑入寇和冒顿以三十万骑围汉高祖，则其入寇人数之少，可以概见。而且从入侵上郡、云中之后一直到武帝初年，入寇较少，而且规模也小，因此，我们推想匈奴在这个时候，可能有天灾人祸使匈奴对于西汉王朝无力大举入侵。

在西汉王朝，除天灾外有时也有或大或小的内乱，高祖时诸侯王的反叛，吕后死后诸吕之乱，文帝时济北王兴居的反叛，景帝时吴楚七国之乱等，有的与匈奴联合反汉，有的投降匈奴。然而西汉地肥物博，人口众多，物质条件比匈奴要优越得多，且自汉高祖平定天下以后，尽管有内乱、天灾和外患，但比之战国以至春秋时代，总算和平的日子多于战乱的日子。匈奴大规模的入侵为数不多，小规模的扰乱又只限于边塞，守边的士卒就可迎战，不必调动大兵，所以从汉高祖至武帝即位的六十年间，西汉王朝统治下的人民，尚有休养生息的时间。《史记·吕太后本纪》："孝惠皇帝、高后之时，黎民得离战国之苦，君臣俱欲休息乎无为，故惠帝垂拱，高后女主称制，政不出房户，天下晏然。刑罚罕用，罪人是希。民务稼穑，衣食滋殖。"班固在《汉书·文帝纪赞》中说："孝文皇帝即位二十三年，宫室苑囿车骑服御无所增益。有不便，辄弛以利民。尝欲作露台，召匠计之，直百金。上曰：'百金，中人十家之产也。吾奉先帝宫室，常恐羞之，何以台为！'身衣弋绨，所幸慎夫人衣不曳地，帷帐无文绣，以示敦朴，为天下先。治霸陵，皆瓦器，不得以金银铜锡为饰。"《汉书·景帝纪赞》中说："汉兴，扫除烦苛，与民休息。至于孝文，加之以恭俭，孝景遵业，五六十载之间，至于移风易俗，黎民醇厚。"

汉王朝经过几十年的休养生息，国家日愈富足，人口逐年增加。可以肯定，到武帝即位时，西汉王朝的物力盛过以前几个皇帝，为武帝征伐匈奴提供了物质基础。

武帝就位后十五年，即武帝元朔三年（公元前126年），匈奴军臣单于死。武帝初年，即军臣单于死去之前虽然有了征伐匈奴的物质基础与决心，但是在他刚刚就位的时候，至少在表面上仍遵循汉高祖以来的和亲送礼政策。《史记·匈奴列传》说："今帝（武帝）即位，明和亲约束，厚遇，通关市，饶给之。匈奴自单于以下皆亲汉，往来长城下。"这是以前所少见的现象。这时武帝对匈奴仍然采取防守的政策，在防边诸将中，李广与程不识最知名。

李广自文帝十四年（公元前166年）匈奴大入肖关时，已从军击匈奴，直至武帝元狩四年（公元前119年）自杀为止，差不多有五十年之久，"与匈奴大小七十余战"（《史记·李将军列传》）。可以说在这个时期中，西汉王朝与匈奴的战争他差不多都参加了。李广声誉最隆的时期，也是军臣在位时期。军臣死前三年，卫青击败匈奴，西汉攻击匈奴的胜利已经开端。后来霍去病与卫青大败匈奴，李广虽然与卫青、霍去病带兵出征，但在开始击败匈奴各次战役中，李广失败多而成功少。李广防匈奴之享有盛名，主要是在尚与匈奴相持的军臣单于时代。《汉书·李广苏建传》所记李广事迹，也是对这一时代匈汉战争细节的描述。传曰：

> 李广，陇西成纪人也。其先曰李信，秦时为将，逐得燕太子丹者也。广世世受射。孝文十四年，匈奴大入肖关，而广以良家子从军击胡，用善射，杀首虏多，为郎，骑常侍。数从射猎，格杀猛兽，文帝曰："惜广不逢时，令当高祖世，万户侯岂足道哉！"景帝即位，为骑郎将。吴楚反时，为骁骑都尉，从太尉亚夫战昌邑下，显名。以梁王授广将军印，故还，赏不行。为上谷太守，数与匈奴战。典属国公孙昆邪为上泣曰："李广材气，天下亡双，自负其能，数下虏确，恐亡之。"上乃徙广为上郡太守。匈奴侵上郡，上使中贵人从广勒习兵击匈奴。中贵人者将数十骑从，见匈奴三人，与战。射伤中贵人，杀其骑且尽。中贵人走广，广曰："是必射雕者也。"广乃从百骑往驰三人。三人亡马步行，行数十里。广令其骑张左右翼，而广身自射彼三人者，杀其二人，生得一人，果匈奴射雕者也。已缚之上山，望匈奴数千骑，见广，以为诱骑，惊，上山陈。广之百骑皆大恐，欲驰还走。广曰："我去大军数十里，今如此走，匈奴追射，我立尽。今我留，匈奴必以我为大军之诱，不我击。"广令曰："前！"未到匈奴陈二里所，止，令曰："皆

下马解鞍!"骑曰:"虏多如是,解鞍,即急,奈何?"广曰:"彼虏以我为走,令解鞍以示不去,用坚其意。"有白马将出护兵,广上马,与十余骑奔射杀白马将,而复还至其百骑中,解鞍,纵马卧。时会暮,胡兵终怪之,弗敢击。夜半,胡兵以为汉有伏军于傍欲夜取之,即引去。平旦,广乃归其大军。

武帝元光元年（公元前134年），武帝以卫尉李广为骁骑将军屯云中,中尉程不识为车骑将军屯雁门,目的是防备匈奴入侵。李广与程不识俱是汉边名将,但两人作风殊异,《汉书·李广苏建传》说:

> 武帝即位,左右言广名将也,由是入为未央卫尉,而程不识时亦为长乐卫尉。程不识故与广俱以边太守将屯。及出击胡。而广行无部曲行陈,就善水草顿舍,人人自便,不击刁斗自卫,莫府省文书,然亦远斥候,未尝遇害。程不识正部曲行伍营陈,击刁斗,吏治军簿至明,军不得自便。不识曰:"李将军极简易,然虏卒犯之,无以禁；而其士亦佚乐,为之死。我军虽烦扰,虏亦不得犯我。"是时汉边郡李广程不识为名将,然匈奴畏广,士卒多乐从,而苦程不识。

时汉对匈奴是继续采取和亲还是采取进攻的政策展开了辩论。据《汉书》卷五十二《窦田灌韩传》说:

> 其年,田蚡为丞相,安国为御史大夫。匈奴来请和亲,上下其议。大行王恢,燕人,数为边吏,习胡事,议曰:"汉与匈奴和亲,率不过数岁即背约。不知勿许,举兵击之。"安国曰:"千里而战,即兵不获利。今匈奴负戎马足,怀鸟兽心,迁徙鸟集,难得而制。得其地不足为广,有其众不足为强,自上古弗属。汉数千里争利,则人马罢,虏以全制其敝,势必危殆。臣故以为不如和亲。"

韩安国的意见,为当时多数公卿所赞成,武帝采纳了韩安国与匈奴继续和亲的意见,而许其和亲。到了武帝元光二年（公元前133年）再次引起争论。这次大辩论是武帝亲自发动的。武帝诏问公卿曰:"朕饰子女以配单于,金币文绣赂之甚厚,单于待命加嫚,侵盗亡已。边境被害,朕甚闵之。今欲举兵攻之,何如?"（《汉书·武帝纪》）于是王恢与韩安国再次发生激烈的争论,由于汉武帝是倾向于出击的,所以这次争论王恢获胜,并决定在马邑伏兵以诱匈奴。《史记·匈奴列传》说:"汉使马邑下人聂翁壹奸兰出物与匈奴交,佯为卖马邑城以诱单于。单于信之,而贪马邑财物,乃以十万骑入武州塞。"《汉书·窦田灌韩传》对这次战役叙述得比较详细:

> 阴使聂壹为间,亡入匈奴,谓单于曰:"吾能斩马邑令丞,以城降,财

物可尽得。"单于爱信，以为然而许之。聂壹乃诈斩死罪囚，悬其头马邑城下，视单于使者为信，曰："马邑长吏已死，可急来。"于是单于穿塞，将十万骑入武州塞。当是时，汉伏兵车骑材官三十余万，匿马邑旁谷中。卫尉李广为骁骑将军，太仆公孙贺为轻车将军，大行王恢为将屯将军，太中大夫李息为材官将军。御史大夫安国为护军将军，诸将皆属。约单于入马邑纵兵。王恢、李息别从代主击辎重。于是单于入塞，未至马邑百余里，觉之，还去。

军臣单于怎么未到马邑百余里觉之而去呢？《史记·匈奴列传》说：

单于既入汉塞，未至马邑百余里，见畜布野而无人牧者，怪之，乃攻亭。是时雁门尉史行徼，见寇，葆此亭，知汉兵谋，单于得，欲杀之，尉史乃告单于汉兵所居。单于大惊曰："吾固疑之。"乃引兵还。出曰："吾得尉史，天也，天使若言。"以尉史为"天王"。

军臣带兵回去，汉兵追到边塞而回，主战派王恢也没有穷追。

这次西汉王朝调动了三十余万大军，其数目与汉高祖之攻击冒顿的人数一样，这是西汉王朝自高祖以后发兵最多的一次。然而结果一无所得，主战最力的王恢也未深追，武帝大怒，责备他不出击单于辎重。他说："始约为入马邑城，兵与单于接，而臣击其辎重，可得利。今单于不至而还，臣以三万人众不敌，只取辱。固知还而斩，然完陛下士三万人。"（《汉书·窦田灌韩传》）武帝下恢于廷尉欲斩之，恢自杀。此后，汉匈和亲之约遂绝，匈奴入侵更甚，西汉王朝也积极准备进击匈奴。

到了武帝元光六年（公元前129年），"匈奴入上谷，杀略吏民"，武帝乃发兵攻击。《汉书·武帝纪》"遣车骑将军卫青出上谷，骑将军公孙敖出代，轻车将军公孙贺出云中，骁骑将军李广出雁门。青至龙城，获首虏七百级。广、敖失师而还"。《汉书·李广苏建传》说："广以卫尉为将军，出雁门击匈奴。匈奴兵多，破广军，生得广。单于素闻广贤，令曰：'得李广必生致之。'胡骑得广，广时伤，置两马间，络而盛卧。行十余里，广阳死，睨其傍有一儿骑善马，暂腾而上胡儿马，因抱儿鞭马南驰数十里，得其余军。匈奴骑数百追之，广行取儿弓射杀追骑，以故得脱。于是至汉，汉下广吏。吏当广亡失多，为虏所生得，当斩，赎为庶人。"为了鼓舞士气，以利再战，武帝将公孙敖、李广治罪外，却下诏赦免公孙敖、李广部的军士：

夷狄无义，所从来久。间者匈奴数寇边境，故遣将抚师。古者治兵振旅，因遭虏之方入，将吏新会，上下未辑，代郡将军敖、雁门将军广所任不肖，校尉又背义妄行，弃军而北，少吏犯禁。用兵之法，不勤不教，将率之过也；教令宣明，不能尽力，士卒之罪也。将军已下廷尉，使理正之，而又加法于士卒，二者并行，非仁圣之心。朕闵众庶陷害，欲刷耻改行，复奉正义，厥路亡繇。其赦雁门、代郡军士不循法者。(《汉书·武帝纪》)

在这一年的冬天①匈奴大入寇，渔阳受害尤甚。武帝又遣韩安国屯渔阳，次年（即武帝元朔元年，公元前128年）匈奴以二万骑入寇，《史记·匈奴列传》云："匈奴二万骑入汉，杀辽西太守，略二千余人。胡又入败渔阳太守千余人，围汉将军安国，安国时千余骑亦且尽，会燕救至，匈奴乃去。匈奴又入雁门，杀略千余人。于是汉使将军卫青将三万骑出雁门，李息出代郡，击胡。得首虏数千人。"元朔二年（公元前127年）匈奴入侵上谷、渔阳，杀略吏民千余人。武帝"遣将军卫青、李息出云中，至高阙，遂西至符离，获首虏数千级。收河南地，置朔方、五原郡"（《汉书·武帝纪》）。《史记·匈奴列传》记述得较为详细：

卫青复出云中以西至陇西，击胡之楼烦、白羊王于河南，得胡首虏数千，牛羊百余万。于是汉遂取河南地，筑朔方，复缮故秦时蒙恬所为塞，因河为固。汉亦弃上谷之什辟县造阳地以予胡。是岁，汉之元朔二年也。

蒙恬所取匈奴地在高祖初年为冒顿夺回，差不多经过八十年后，又为西汉王朝收复。虽然汉放弃了上谷之什辟县造阳地以予匈奴，可是卫青也占有了蒙恬所取的匈奴地，在武帝看来这是一个大胜利，于是武帝对这次出征有功之人大加封赏。"以三千八百户封青为长平侯。青校尉苏建为平陵侯，张次公为岸头侯。使建筑朔方城。"（《汉书·卫青霍去病传》）军臣单于为卫青所败之次年，即武帝元朔三年（公元前126年）死去。

军臣单于时期，匈奴内部逐渐发生问题，到了他的晚年，西汉王朝又转守为攻，战场移到匈奴境内，匈奴渐趋衰弱，最后不得不向西汉王朝称臣。所以在武帝与军臣的时代，是匈奴历史的关键性时代，这是研究匈奴历史以及与汉族关系的人应特别注意的。

军臣单于曾立其子於单为太子，但是军臣死后其弟左谷蠡王伊稚斜②自立为单于，起兵攻太子於单，於单败而降汉。史、汉《匈奴传》对于这件事，只平平淡淡地描写："匈奴军臣单于死，军臣单于弟左谷蠡王伊稚斜自立为单于，攻破军臣单于太子於单。於单亡降汉，汉封於单为涉安侯，数月而死。"（《史记·匈奴列传》）《汉书·匈奴传》记载与此同，只文字稍有出入。此事也见于《汉书》卷十七《景武昭宣元成功臣表》载涉安侯於单以匈奴单于太子降汉。元朔三年四月封，五月薨。

这在匈奴历史上是一件很重要的事情，因为自头曼至军臣的百多年中，匈奴

---

① 《汉书·武帝纪》和《资治通鉴》卷十八《汉纪十》皆作秋，《史记·匈奴列传》《汉书·匈奴传》作冬。

② 《史记·匈奴列传》作伊稚斜，《汉书·匈奴传》作伊穉斜。

单于的位置都是父子相传，没有兄终弟及现象。军臣之子於单已立为太子，是军臣的当然继承人，但是军臣之弟伊稚斜，却自立为单于，并攻败太子於单，这是一种反叛行为。双方因争立而引起的内战情形，苦无记载，我们推想必定很严重。《史记·大宛列传》说："骞（张骞）从月氏至大夏，竟不能得月氏要领。留岁余，还，并南山，欲从羌中归，复为匈奴所得。留岁余，单于死，左谷蠡王攻其太子自立，国内乱，骞与胡妻及堂邑父俱亡归汉。"这说明当时匈奴内部情况很混乱，张骞才有机会逃回。而且，於单失败后投降了汉，说明他失败惨重，不能在匈奴立足，被迫降汉，这些都说明了匈奴内乱的严重性。

自头曼至军臣的百余年中，匈奴王侯贵人，虽有南下降汉的，然而这次争夺单于地位而引起的内乱，却是最严重的。军臣在位的末期，西汉王朝对付匈奴的政策已转守为攻，使匈奴又增加了外患，而且，这种外患在军臣死后日趋严重。

伊稚斜自立为单于，在位共十三年（汉武帝元朔三年至元鼎三年，即公元前126—公元前114年）。

汉武帝就位之后，西汉王朝既有征伐匈奴的物力，又有征伐匈奴的决心，他战略眼光宏远，军事攻势与外交攻势并重。为此，武帝提拔并重用征伐匈奴的将才和出使异域的使者，赵翼《廿二史劄记》卷二《汉武用将》做了下面一段叙述：

> 武帝长驾远驭，所用皆跅弛之士，不计流品也。《张骞传》自骞开外国道至尊贵，吏士争上书言外国利害。天子为其绝远，辄予节，募吏民无问所从来，为备人众遣之。……大者予节，小者为付。……至其操纵赏罚，亦实有足以激劝者，如卫青、霍去病等，屡经出塞，为国宣力，固贵之宠之，封侯增邑不少靳。……李广利伐大宛，斩其王毋寡，而私罪恶甚多，则以其万里征伐，不录其过，甚至失机败事，而其罪可谅，其才尚可用者，亦终不刑戮，使得再自效，如张骞与李广，俱出右北平击匈奴，广失亡多，骞后期，皆当斩。皆许赎为庶人。广又全军覆没，身为匈奴所得，佯死夺其马奔归，当斩，亦赎为庶人。……

马邑伏兵欲击匈奴后，武帝在以后的三十余年中，遣将调兵，攻击匈奴，并遣使者沟通西域，断匈奴右臂。试看武帝时的功臣表，因攻伐匈奴而侯者不少。在军臣和伊稚斜时代，西汉攻击匈奴最著名的将领要算卫青与霍去病，出使西域最著名的使者是张骞。

《汉书·卫青霍去病传》："卫青字仲卿。……河东平阳人也……青壮，为侯家骑，从平阳主。……元光六年，拜为车骑将军，击匈奴，出上谷。"卫青卒于武帝元封五年（公元前106年）。征伐匈奴的另一名将霍去病，其《传》云："霍去病，大将军青姊少儿子也。……去病以皇后姊子，年十八为侍中。善骑射，再从大将军。大将军受诏，予壮士，为票姚校尉；与轻勇骑八百直弃大军数百里赴利，斩捕首虏过当。……去病为人少言不泄，有气敢往。上尝欲教之吴孙兵法，对曰：'顾方略何如耳，不至学古兵法。'上为治第，令视之，对曰：'匈奴不灭，无以家为也。'"霍去病（公元前140—公元前117）死的时候不过二十四岁。去病自公元前119年击匈奴封狼居胥山而还，从此以后直到他死，没有再出击匈奴。卫青虽死于去病之后，也没有再出击匈奴。

卫青、霍去病大规模的出击匈奴是在伊稚斜单于在位时期。《史记·卫将军骠骑列传》：

> 最大将军青，凡七出击匈奴，斩捕首虏五万余级。一与单于战，收河南地，遂置朔方郡，再益封，凡万一千八百户。封三子为侯，侯千三百户。并之，万五千七百户。其校尉裨将以从大将军侯者九人。其裨将及校尉已为将者十四人。

> 最骠骑将军去病，凡六出击匈奴，其四出以将军，斩捕首虏十一万余级。及浑邪王以众降数万，遂开河西酒泉之地，西方益少胡寇。四益封，凡万五千一百户。其校吏有功为侯者凡六人，而后为将军二人。

卫青与霍去病出身微贱，从中国的传统礼教来说，是不可能受到重用的，但武帝用人并不问身世，不只对于武将如此，文臣也是如此。卫青与霍去病是最明显的例子。卫青在军臣单于末年，两次出击匈奴，皆凯旋而归。他与霍去病对匈奴最大的打击是在伊稚斜单于时代，时间是在武帝元朔五年至元狩四年，即公元前124—前119年间。

伊稚斜自立为单于之后，就遣兵入侵汉边，《史记·匈奴列传》说：

> 伊稚斜单于既立，其夏，匈奴数万骑入杀代郡太守恭友，略千余人。其秋，匈奴又入雁门，杀略千余人。其明年（武帝元朔四年公元前125年）匈奴又复入代郡、定襄、上郡，各三万骑，杀略数千人。

代郡、定襄与上郡各三万骑，则共为九万骑，比军臣初年入上郡与云中各三万骑多了三万骑，自稽粥单于以十四万骑入肖关以后，到这时为止，这次入侵是规模最大的一次。《史记·匈奴列传》又说："匈奴右贤王怨汉夺之河南地而筑朔方，数为寇，盗边，及入河南，侵扰朔方，杀略吏民甚众。"

由于匈奴不断入侵，武帝只好调兵征伐，《史记·匈奴列传》：

> 其明年（武帝元朔五年，公元前124年）春，汉以卫青为大将军，将六将军，十余万人，出朔方、高阙击胡。右贤王以为汉兵不能至，饮酒醉，汉兵出塞六七百里，夜围右贤王。右贤王大惊，脱身逃走，诸精骑往往随后去，汉得右贤王众男女万五千人，裨小王十余人。

关于这一次战役，史、汉卫青传说得比较详细，现将《史记·卫将军骠骑列传》录之于下：

> 元朔之五年春，汉令车骑将军青将三万骑，出高阙；卫尉苏建为游击将军，左内史李沮为强弩将军，太仆公孙贺为骑将军，代相李蔡为轻车将军，皆领属车骑将军，俱出朔方；大行李息、岸头侯张次公为将军，出右北平：咸击匈奴。匈奴右贤王当卫青等兵，以为汉兵不能至此，饮醉。汉兵夜至，围右贤王，右贤王惊，夜逃，独与其爱妾一人壮骑数百驰，溃围北去，汉轻骑校尉郭成等逐数百里，不及，得右贤裨王十余人，众男女万五千余人，畜数千百万，于是引兵而还。

这是一个大胜仗，武帝当然很高兴，他不但拜卫青为大将军，又益封他六千户，连卫青的三个儿子也都封侯，此外，随卫青出征的将领都得到了封赏。《史记·卫将军骠骑列传》说："至塞，天子使使者持大将军印，即军中拜车骑将军青为大将军，诸将皆以兵属大将军，大将军立号而归。天子曰：'大将军青躬率戎士，师大捷，获匈奴王十有余人，益封青六千户。'而封青子伉为宜春侯，青子不疑为阴安侯，青子登为发干侯。"武帝又诏御史曰：

> 护军都尉公孙敖三从大将军击匈奴，常护军，傅校获王，以千五百户封敖为合骑侯。都尉韩说从大将军出窳浑，至匈奴右贤王廷，为麾下搏战获王，以千三百户封说为龙嵒侯。骑将军公孙贺从大将军获王，以千三百户封贺为南窌侯。轻车将军李蔡再从大将军获王，以千六百户封蔡为乐安侯。校尉李朔，校尉赵不虞，校尉公孙戎奴，各三从大将军获王，以千三百户封朔为涉轵侯，以千三百户封不虞为随成侯，以千三百户封戎奴为从平侯。将军李沮、李息及校尉豆如意有功，赐爵关内侯，食邑各三百户。

伊稚斜经过这次失败之后，很不甘心。同年秋，匈奴又遣骑兵万余人入寇代郡，杀都尉朱英，并略千余人。武帝于第二年，即元朔六年（公元前123年）春遣大将军卫青等出击匈奴。《史记·卫将军骠骑列传》说："春，大将军青出定襄……斩首数千级而还。"过了一个多月，"悉复出定襄击匈奴，斩首虏万余人"。这次战役中，十八岁的霍去病首次参加了作战，勇冠全军。武帝非常赞赏，"剽姚校尉去病斩首虏二千二十八级，及相国、当户，斩单于大父行籍若侯产，生捕季父罗姑比，再冠军，以千六百户封去病为冠军侯"。

在这一次的战役中，西汉王朝方面有两位将军为匈奴击败而全军覆没，一为右将军苏建，一为前将军翕侯赵信，前者仅以身免逃回，后者则降于匈奴。

> 右将军建，前将军信并军三千余骑，独逢单于兵，与战一日余，汉兵且尽。……右将军苏建尽亡其军，独以身得亡去，自归大将军。大将军问其罪正闳、长史安、议郎周霸等："建当云何？"霸曰："自大将军出，未尝斩裨将。今建弃军，可斩以明将军之威。"闳、安曰："不然。兵法'小敌之坚，

大敌之禽也'。今建以数千当单于数万,力战一日余,士尽,不敢有二心,自归。自归而斩之,是示后无反意也。不当斩。"大将军曰:"青幸得以肺腑待罪行间,不患无威,而霸说我以明威,甚失臣意。且使臣职虽当斩将,以臣之尊宠而不敢自擅专诛于境外,而具归天子,天子自裁之,于是以见为人臣不敢专权,不亦可乎?"军吏皆曰"善"。遂囚建诣行在所。(《史记·卫将军骠骑列传》)

苏建押回长安后,武帝赦苏建罪赎为庶人。至于赵信,在匈奴的引诱下率残部投降了匈奴。《史记·匈奴列传》:"而前将军翕侯赵信兵不利,降匈奴。赵信者,故胡小王,降汉,汉封为翕侯,以前将军与右将军并军分行,独遇单于兵,故尽没。单于既得翕侯,以为自次王,用其姊妻之,与谋汉。信教单于益北绝幕,以诱罢汉兵,徼极而取之,无近塞。"

《汉书·景武昭宣元成功臣表》载,赵信前以匈奴相国降汉,降汉后也曾立过战功,益封子六百八十户,从降汉到这次降匈奴,在汉王朝共约九年之久。对汉的虚实尤其是汉的军事情况,必定很了解,所以伊稚斜单于诱其降匈奴,投降之后,受到特别尊宠,位自次王。《史记·匈奴列传》正义解释自次说:"自次者,尊重次于单于。"其地位之尊,可以想见。

赵信劝单于到漠北建立王庭,避免西汉王朝的攻击,如果汉军深入漠北攻击匈奴,则匈奴可以以逸待劳击败汉军。

赵信久住汉域,受到汉族文化的影响,他在寘颜山建筑汉族式的城郭,盖房蓄谷以防西汉王朝的攻击,这就是历史上所称的赵信城。几年后卫青远征漠北时曾到过此城。据史书所载,这是匈奴人第一次学习汉族筑城防守,可见赵信降匈奴后对匈奴影响之大。

自军臣末年至伊稚斜就位为单于后的几次西汉王朝与匈奴之间的战争,西汉王朝都得到了胜利,其中最大的两次是汉武帝元狩二年(公元前121年)和元狩四年(公元前119年)的战争。

元狩二年的战争,即破得休屠王祭天金人那一次。《史记·卫将军骠骑列传》说:"冠军侯去病既侯三岁,元狩二年春,以冠军侯去病为骠骑将军,将万骑出陇西,有功。天子曰:'骠骑将军率戎士逾乌盭,讨遬濮,涉狐奴,历五王国,辎重人众慑慴者弗取,冀获单于子。转战六日,过焉支山千有余里,合短兵,杀折兰王,斩卢胡王,诛全甲,执浑邪王子及相国、都尉,首虏八千余级,收休屠祭天金人,益封去病二千户[①]。'"

这年夏天,武帝又遣霍去病等诸将攻击匈奴。《汉书·卫青霍去病传》说:"其夏,去病与合骑侯敖俱出北地,异道。博望侯张骞、郎中令李广俱出右北平,

---

[①] 《汉书》卷五十五《卫青霍去病传》作二千二百户。

异道。广将四千骑先至,骞将万骑后。匈奴左贤王将数万骑围广,广与战二日,死者过半,所杀亦过当。骞至,匈奴引兵去。骞坐行留,当斩,赎为庶人。"李广在这次战争中,表现得很勇敢,《汉书·李广苏建传》说:

> 匈奴左贤王将四万骑围广,广军士皆恐,广乃使其子敢往驰之。敢从数十骑直贯胡骑,出其左右而还,报广曰:"胡虏易与耳。"军士乃安。为圜陈外乡,胡急击,矢下如雨。汉兵死者过半,汉矢且尽。广乃令持满毋发,而广身自以大黄射其裨将,杀数人,胡虏益解。会暮,吏士无人色,而广意气自如,益治军。军中服其勇也。明日,复力战,而博望侯军亦至,匈奴乃解去。汉军罢,弗能追。是时广军几没,罢归。汉法,博望侯后期,当死,赎为庶人。广军自当,亡赏。

张骞之所以参加对匈奴的战争,是因为他出使大月氏时,经过匈奴曾为匈奴所扣留。他在匈奴十余年,武帝以为他对匈奴的地理和内部情况必有所了解,所以在卫青出击时他随军前往。在他向导下取得了胜利,凯旋回来后武帝封他为博望侯,这是武帝元朔六年(公元前123年)的事情。可是这次他与李广俱出右北平,因为他所率的军队,不能如期与李广会师而遭损失,论律当斩,赎为庶人。

《汉书·卫青霍去病传》又记这次战役:

> 而去病出北地,遂深入,合骑侯失道,不相得。去病至祁连山,捕首虏甚多。上曰:"票骑将军涉钧耆,济居延,遂臻小月氏,攻祁连山,扬武乎鱳得,得单于单桓、酋涂王,及相国、都尉以众降下者二千五百人,可谓能舍服知成而止矣。捷首虏三万二百,获五王,王母、单于阏氏、王子五十九人,相国、将军、当户、都尉六十三人,师大率减什三,益封去病五千四百户。赐校尉从至小月氏者爵左庶长。鹰击司马破奴再从票骑将军斩遫濮王,捕稽且王,右千骑将得王、王母各一人,王子以下四十一人,捕虏三千三百三十人,前行捕虏千四百人,封破奴为从票侯。校尉高不识从票骠将军捕呼于耆王王子以下十一人,捕虏千七百六十八人,封不识为宜冠侯。校尉仆多有功,封为恽渠侯。"合骑侯敖坐行留不与票骑将军会,当斩,赎为庶人。诸宿将所将士马兵亦不如去病,去病所得常选,然亦敢深入,常与壮骑先其大军,军亦有天幸,未尝困绝也。然而诸宿将常留落不耦,由此去病日以亲贵,比太将军。

霍去病无疑是一位天才将领,他之所以在每次战役中都能取得大胜利,一方面是他作战很勇敢,另一面是得力于骑兵。

伊稚斜单于因为对西汉的数次战争受了很大损失,乃迁怒于浑邪王,想杀掉浑邪王,于是浑邪王降汉。《汉书·卫青霍去病传》说:"其后,单于怒浑邪王居西方数为汉所破,亡数万人;以票骑之兵也,欲召诛浑邪王。浑邪王与休屠王等谋欲降汉，使人先要道边。是时大行李息将城河上，得浑邪王使，即驰传以闻，上恐其以诈降而袭边，乃令去病将兵往迎之。去病既度河，与浑邪众相望。浑邪裨王将见汉军而多欲不降者，颇遁去。去病乃驰入，得与浑邪王相见，斩其欲亡者八千人，遂独遣浑邪王乘传先诣行在所，尽将其众度河，降者数万人，号称十万。"应该指出，当霍去病将兵去迎浑邪王的时候，大概是因为休屠王后悔与浑邪王叛匈降汉，想与其众逃回匈奴，因而浑邪王乃杀休屠王，并将其部降汉。休屠的家属也在降汉之列，后来的金日䃅，就是休屠的儿子。《汉书·卫青霍去病传》接着说：

> 既至长安，天子所以赏赐数十巨万。封浑邪王万户，为漯阴侯。封其裨王呼毒尼为下摩侯，雁疵为辉渠侯，禽黎为河綦侯，大当户调虽为常乐侯。于是上嘉去病之功，曰："票骑将军去病率师征匈奴，西域王浑邪王及厥众萌咸犇于率，以军粮接食，并将控弦万有余人，诛猲悍，捷首虏八千余级，降异国之王三十二。战士不离伤，十万之众毕怀集服。乃兴之劳，爰及河塞，庶几亡患，以千七百户益封票骑将军。减陇西、北地、上郡戍卒之半，以宽天下繇役。"乃分处降者于边五郡故塞外，而皆在河南，因其故俗为属国。

在浑邪王降汉前，霍去病曾率师过焉支山、祁连山击败匈奴。浑邪王降汉，这一带地方遂为汉王朝所据。"于是汉已得浑邪王，则陇西、北地、河西益少胡寇，徙关东贫民处所夺匈奴河南、新秦中以实之，而减北地以西戍卒半。"（《史记·匈奴列传》）汉得河西之后，以其地为武威、酒泉郡。《汉书》卷二十八下《地理志》：

> 自武威以西，本匈奴昆邪王、休屠王地，武帝时攘之，初置四郡，以通西域，鬲绝南羌、匈奴。其民或以关东下贫，或以报怨过当，或以悖逆亡道，家属徙焉。习俗颇殊，地广民稀，水草宜畜牧，故凉州之畜为天下饶。保边塞，二千石治之，咸以兵马为务；酒礼之会，上下通焉，吏民相亲。是以其俗风雨时节，谷籴常贱，少盗贼，有和气之应，贤于内郡。此政宽厚，吏不苛刻之所致也。

所谓四郡，就是武威、张掖、酒泉和敦煌。这些地方现代称为河西走廊。汉得了这块沃土，既打开了通向西域的门户，又分割了匈奴，其意义之重大可想而知。

浑邪降汉，他和他的部下备受汉的优待，甚至长安令和长安有的商人也因对于匈奴人之所需不能供应，被处以重罪，引起了长安人民的反感。《史记·汲郑列传》说：

> 匈奴浑邪王率众来降，汉发车二万乘。县官无钱，从民贳马。民或匿

马,马不具。上怒,欲斩长安令。黯曰:"长安令无罪,独斩黯,民乃肯出马。且匈奴叛其主而降汉,汉徐以县次传之,何至令天下骚动,罢敝中国而以事夷狄之人乎!"上默然。及浑邪至,贾人与市者,坐当死者五百余人。黯请间,见高门,曰:"夫匈奴攻当路塞,绝和亲,中国兴兵诛之,死伤者不可胜计,而费以巨万百数。臣愚以为陛下得胡人,皆以为奴婢以赐从军死事者家;所卤获,因予之,以谢天下之苦,塞百姓之心。今纵不能,浑邪率数万之众来降,虚府库赏赐,发良民侍养,譬若奉骄子。愚民安知市买长安中物而文吏绳以为阑出财物于边关乎?陛下纵不能得匈奴之资以谢天下,又以微文杀无知者五百余人,是所谓'庇其叶而伤其枝'者也,臣窃为陛下不取也。"上默然,不许,曰:"吾久不闻汲黯之言,今又复妄发矣。"

汲黯本来主张与匈奴和亲,而不主张起兵大事征伐的。武帝不采取他的意见,而这一次又以为他复妄言。其实汲黯的意见不是没有道理的。武帝所以这样做,大概也不外是象景帝一样欲用这种办法,鼓励后降者,这就是说让更多的匈奴贵族象浑邪王一样降汉。景帝不听周亚夫的意见封徐卢等人为侯,武帝不听汲黯意见而厚待降者,其目的就在于此。

浑邪王降汉后一年,匈奴入侵右北平、定襄,杀略千余人。过了一年,即武帝元狩四年(公元前119年),武帝与诸将商议,武帝说:"翕侯赵信为单于画计,常以为汉兵不能度幕轻留,今大发卒,其势必得所欲。"(《汉书·卫青霍去病传》)"乃粟马发十万骑,私负从马凡十四万匹,粮重不与焉。"(《史记·匈奴列传》)元狩四年春,武帝派大将军卫青、票骑将军霍去病出击匈奴,《汉书·卫青霍去病传》说:

> 春,上令大将军青、票骑将军去病各五万骑,步兵转者踵军数十万,而敢力战深入之士皆属去病。去病始为出定襄,当单于。捕虏,虏言单于东,乃更令去病出代郡,令青出定襄。郎中令李广为前将军,太仆公孙贺为左将军,主爵赵食其为右将军,平阳侯襄为后将军,皆属大将军。赵信为单于谋曰:"汉兵即度幕,人马罢,匈奴可坐收虏耳。"乃悉远北其辎重,皆以精兵待幕北。

卫青率师出塞千余里,见单于陈兵以待,一场激战就此开始:

> 于是青令武刚车自环为营,而纵五千骑往当匈奴,匈奴亦纵万骑。会日且入,而大风起,沙砾击石,两军不相见,汉益纵左右翼绕单于。单于视汉兵多,而士马尚强,战而匈奴不利,薄莫,单于遂乘六骡,壮骑可数百,直冒汉围西北驰去。昏,汉匈奴相纷挈,杀伤大当。汉军左校捕虏,言单于未昏而去,汉军因发轻骑夜追之,青因随其后。匈奴兵亦散走。会明,行二百余里,不得单于,颇捕斩首虏万余级,遂至寘颜山赵信城,得匈奴积粟食

军，军留一日而还，悉烧其城余粟以归。

在这次战争中，伊稚斜单于带了很少的人突围逃走，大军与单于失去联络长达十余日之久。匈奴贵族以为伊稚斜死了，于是右谷蠡王自立为单于。直到后来伊稚斜与众相会，右谷蠡王才去"单于"之号。

西汉方面，前将军李广及右将军食其别从东道以至失道，食其后来赎为庶人，而李广则自杀而死。《汉书·李广苏建传》详述了他参加这次战争的经过：

> 元狩四年，大将军票骑将军大击匈奴，广数自请行。上以为老，不许；良久乃许之，以为前将军。大将军青出塞，捕虏知单于所居，乃自以精兵走之，而令广并于右将军军，出东道。东道少回远，大军行，水草少，其势不屯行。广辞曰："臣部为前将军，今大将军乃徙臣出东道，且臣结发而与匈奴战，乃今一得当单于，臣愿居前，先死单于。"大将军阴受上指，以为李广数奇，勿令当单于恐不得所欲。是时公孙敖新失侯，为中将军，大将军亦欲使敖与俱当单于，故徙广。广知之，固辞。大将军弗听，令长史封书与广之莫府，曰："急诣部，如书。"广不谢大将军而起行，意象愠怒而就部，引兵与右将军食其合军出东道。惑失道，后大将军。大将军与单于接战，单于遁走，弗能得而还。南绝幕，乃遇两将军。广已见大将军，还入军。大将军使长史持糒醪遗广，因问广、食其失道状，曰："青欲上书报天子失军曲折。"广未对。大将军长史急责广之莫府上簿。广曰："诸校尉亡罪，乃我自失道。吾今自上簿。"至莫府，谓其麾下曰："广结发与匈奴大小七十余战，今幸从大将军出接单于兵，而大将军徙广部行回远，又迷失道，岂非天哉！且广年六十余，终不能复对刀笔之吏矣！"遂引刀自刭，百姓闻之，知与不知，老壮皆为垂泣。而右将军独下吏，当死，赎为庶人。

以上是卫青与匈奴战的情况，至于霍去病攻击匈奴的概略，《汉书·卫青霍去病传》云：

> 去病骑兵车重与大将军军等，而亡裨将。悉以李敢等为大校，当裨将，出代、右北平二千余里，直左方兵，所斩捕功已多于青。既皆还，上曰："票骑将军去病率师躬将所获荤允之士，约轻赍，绝大幕，涉获单于章渠，以诛北车耆，转击左大将双，获旗鼓，历度难侯，济弓卢，获屯头王、韩王等三人，将军、相国、当户、都尉八十三人，封狼居胥山，禅于姑衍，登临翰海，执讯获丑七万有四百四十三级，师率减什二，取食于敌，卓行殊远而粮不绝。……"

这是一次巨大的胜利，西汉军队得获匈奴七万多人，左贤王等皆遁走，霍去病用兵之神速为我国历史上所罕见。而且大军深入漠北二千余里，"取食于敌""而粮不绝"，这也是不易做到的事情。这一次胜利之后，武帝又大封功臣。

经过卫青之击伊稚斜与霍去病之攻破左贤王，匈奴的损失很大。《史记·匈奴列传》指出匈奴诸左方王将居东方，右方王将居西方，而单于之廷直代云中。这就是说匈奴原统治区域，大致可以分为三部，左贤王将居东，右贤王将居西，而单于则居中部，指挥东西二方面的各王将。霍去病出陇西，攻祁连，使浑邪王率众投降，匈奴西方的力量等于完全消灭。这一次霍去病攻击东方的左贤王，又俘获七万余，匈奴在东方的力量大大削弱。卫青在这次战争中，直趋单于军队大本营，这就是匈奴的中部，捕斩万余级。单于突围逃走与部众失去联络长达十余日之久，单于自将的军队，虽没有全部覆没，也遭到惨败。

卫青凡七次出击匈奴斩捕五万余人，霍去病六次出击匈奴，斩捕十一万余人，加上浑邪王率来投降的部队应在二十万以上。至于伊稚斜因争立为单于而攻破太子於单所引起内乱，杀死与逃亡人数究竟多少，虽不得而知，但损失也不会太少。假使以控弦之士三十万来计算，那么自军臣死后至武帝元狩四年的七年间，匈奴士卒损失约在三分之二以上。至于一般平民以至畜类及其他物资之因连年大败而遭受的损失，是无法计算的。匈奴从此大为削弱，是无可怀疑了。

匈奴的损失固然很大，西汉王朝的损失也不小。《史记·匈奴列传》说："初，汉两将军大出围单于，所杀虏八九万，而汉士卒物故亦数万，汉马死者十余万。匈奴虽病，远去，而汉亦马少，无以复往。"

元封五年（公元前106年）卫青死。自卫青围单于后至卫青死，约十四年，西汉王朝没有再大规模地攻击匈奴，因为西汉王朝人力、物力尤其是马的损失也是很大的，《史记·卫将军骠骑列传》："自大将军围单于之后，十四年而卒，竟不复击匈奴者，以汉马少。"

武帝元狩四年以后基本上停止了对匈奴的用兵，除西汉王朝因人力、物力的损失外，更重要的是武帝把军队用于征伐朝鲜、西羌和西南夷等处了。

匈奴既远遁漠北，除河西走廊这个浑邪王与休屠王所居的故地为汉所取外，其它许多地方，也为西汉王朝所据。西汉王朝将先进的农业技术与水利经验，通过徙民实边，带到了这里，使一些荒野或牧场变成农田。"是后匈奴远遁，而幕南无王廷。汉度河自朔方以西至令居，往往通渠置田，官吏卒五六万人，稍蚕食，地接匈奴以北。"（《史记·匈奴列传》）

匈奴失去了河西走廊之后，不只"妇女无颜色"，更重要的是"六畜不蕃息"。又《汉书·匈奴传》述侯应的话说：

应曰："周秦以来，匈奴暴桀，寇侵边境，汉兴，尤被其害。臣闻北边塞至辽东，外有阴山，东西千余里，草木茂盛，多禽兽，本冒顿单于依阻其中，治作弓矢，来出为寇，是其苑囿也。至孝武世，出师征伐，斥夺此地，攘之于幕北。建塞徼，起亭隧，筑外城，设屯戍，以守之，然后边境得用少安。幕北地平，少草木，多大沙，匈奴来寇，少所蔽隐，从塞以南，径深山谷，往来差难。边长老言匈奴失阴山之后，过之未尝不哭也。……"

赵信劝伊稚斜单于徙王廷于漠北，以为汉军不可能越过沙漠北击匈奴。结果失败，于是赵信又劝伊稚斜与汉讲和。《史记·匈奴列传》：

> 匈奴用赵信之计，遣使于汉，好辞请和亲。天子下其议。或言和亲，或言遂臣之。丞相长史任敞曰："匈奴新破，困，宜可使为外臣，朝请于边。"汉使任敞于单于。单于闻敞计，大怒，留之不遣。先是汉亦有所降匈奴使者，单于亦辄留汉使相当。汉方复收士马，会骠骑将军去病死，于是汉久不北击胡。数岁，伊稚斜单于立十三年死，子乌维立为单于。

从这段史料看出，匈奴遭受大的打击后希望与汉王朝讲和，然而并不愿因此而称臣，态度仍然很强硬。如果霍去病未死，武帝有可能再度出击匈奴。

伊稚斜在位的十三年中，尤其是最后八年内，遭受到西汉王朝猛烈的攻击，匈奴损失惨重。直到武帝死（公元前 87 年）的三十年中，匈奴虽然也曾几次打败过西汉王朝的军队，以至迫使西汉王朝的几位将军投降匈奴，如李陵和李广利便是，但是匈奴的力量已大为削弱，永远不可能恢复到冒顿时代的盛况，甚至连稽粥和军臣时代的局面也难维持了。

伊稚斜的时代，是匈奴从强盛走向衰落的起点。

第十五章　匈奴退居漠北，西汉用兵西域

伊稚斜死后，他的儿子乌维于武帝元鼎三年（公元前114年）继立。乌维在位十年死，其子乌（一作詹）师庐继立，因为乌师庐就位时年轻，故号为儿单于。稽粥单于号为老上单于以后，军臣与伊稚斜都没有号，到了乌师庐始又有号。儿单于立于武帝元封六年（公元前105年）。儿单于在位不过三年就死了，因其子年岁太小，只好由季父继位，以乌维单于之弟右贤王呴黎湖①为单于，这是武帝太初三年（公元前102年）的事情。

自头曼至军臣，匈奴单于都为父子相传，到了伊稚斜攻败其侄於单自立为单于，是以弟代兄。儿单于死，因子幼小又立其叔。呴黎湖就位时大概年纪已老，立一年便死了，又由其弟左大都尉且鞮侯立为单于，这一年是武帝太初四年（公元前101年）。从乌维立到呴黎湖死为止，短短的十四年中，换了三个单于。

在这十几年中，匈奴力量受到削弱，不得不远遁漠北休养生息。《资治通鉴·汉纪十三》"匈奴自卫、霍度幕以来，希复为寇，徙远北方，休养士马，习射猎"。然而这不是说匈奴已有屈服于汉朝之意。相反，匈奴在与汉王朝交往中，依然坚持对等地位。同时也并不是说在十几年中，匈奴与西汉王朝完全没有动过干戈。《汉书·武帝纪》叙述元鼎五年（公元前112年）匈奴入五原，杀太守。由于匈奴入侵，武帝于元鼎六年调兵征伐，同书说"发陇西、天水、安定骑士及中尉，河南、河内卒十万人，遣将军李息、郎中令徐自为征西羌，平之"。《汉书·公孙贺传》说："复以浮沮将军出五原二千余里，无功。"《汉书·匈奴传》："遣故太仆公孙贺将万五千骑出九原二千余里，至浮苴井，从票侯赵破奴万余骑出令居数千里，至匈奴河水，皆不见匈奴一人而还。"

过了一年，武帝元封元年（公元前110年），武帝自将率师至朔方向乌维单于挑战。"诏曰：'南越、东瓯咸服其辜，西蛮北夷颇未辑睦，朕将巡边垂，择兵振旅，躬秉武节，置十二部将军，亲帅师焉。'行自云阳，北历上郡、西河、五原，出长城，北登单于台，至朔方，临北河。勒兵十八万骑，旌旗径千余里，威震匈奴。"（《汉书·武帝纪》）同时，他又遣郭吉到匈奴去向乌维单于示威。按照匈奴的习惯，凡外族使者之欲见单于，必先将来意告诉主客，由主客禀报给单于，单于再决定见或者不见。郭吉既到匈奴，主客问其来意，郭吉表示只能对单于说。后来他见到单于时向单于说："南越王头已县于汉北阙下。今单于即能前与汉战，天子自将兵待边；即不能，亟南面而臣于汉。何但远走，亡匿于幕北

---

① 《史记·匈奴列传》作呴黎湖，《汉书·匈奴传》作句黎湖。

寒苦无水草之地为？"（《汉书·匈奴传》）乌维单于大怒，将接待郭吉的主客斩首并扣留了郭吉，但是乌维对于武帝的挑战始终不敢应战，仍避居漠北不敢接近汉边，武帝也只好引兵而去。

武帝元封四年（公元前 107 年），匈奴又数次出兵侵犯汉边，于是武帝拜郭昌为拔胡将军，使浞野侯赵破奴屯朔方以东，以备匈奴。这时，单于廷原来所在的地方，已为左贤王所居的地方；而右贤王就更往西走，单于廷当然也向西迁徙。匈奴后来的西移至于葱岭以西而至于欧洲，是世界史上一件重大的事情。但从整体趋势看，端倪始于此时。

武帝太初元年（公元前 104 年）西汉王朝再次出征匈奴，经过情形是：

> 其冬，匈奴大雨雪，畜多饥寒死，而单于年少，好杀伐，国中多不安。左大都尉欲杀单于，使人间告汉曰："我欲杀单于降汉，汉远，汉即来兵近我，我即发。"初汉闻此言，故筑受降城，犹以为远。其明年春，汉使浞野侯破奴将二万骑出朔方北二千余里，期至浚稽山而还。浞野侯既至期，左大都尉欲发而觉，单于诛之，发兵击浞野侯。浞野侯行捕首虏数千人。还，未至受降城四百里，匈奴八万骑围之。浞野侯夜出自求水，匈奴生得浞野侯，因急击其军。军吏畏亡将而诛，莫相劝而归，军遂没于匈奴。单于大喜，遂遣兵攻受降城，不能下，乃侵入边而去。明年，单于欲自攻受降城，未到，病死。（《汉书》卷九十四上《匈奴传》）

西汉王朝为了加强对边境的防备，在匈奴句黎湖单于时期（公元前 102—前 101 年）派人出塞筑城屯田。《汉书·匈奴传》说："汉使光禄徐自为出五原塞数百里，远者千里，筑城障列亭至卢朐，而使游击将军韩说、长平侯卫伉屯其旁，使强弩都尉路博德筑居延泽上。"

匈奴单于避居漠北，公孙贺等深入二千余里不见匈奴一人而还，说明匈奴避免与西汉王朝打仗。汉为巩固边境，遣徐自为等出塞筑城屯田，西汉王朝的边界更接近漠北。匈奴在这一年（武帝太初三年，公元前 102 年）又大举入寇。《汉书》卷九十四上《匈奴传》说：

> 匈奴大入云中、定襄、五原、朔方，杀略数千人，败数二千石而去，行坏光禄所筑亭障。又使右贤王入酒泉、张掖，略数千人。会任文击救，尽复失其所得而去。

《汉书·西域传》"鄯善"条说："汉军正任文将兵屯玉门关，为贰师后距。"所以武帝命他就近去救酒泉、张掖。《资治通鉴·汉纪十三》说："（匈奴）又使右贤王入酒泉、张掖，略数千人。会军臣任文击救，尽复失所得而去。"

匈奴自乌维单于至句黎湖单于的十几年中，从整的来看，特别是乌维单于时期，匈奴与西汉的关系，重点不是战争而是匈奴贵族与西汉王朝的交涉。

伊稚斜单于末年，匈奴经卫青与霍去病的沉重打击，伊稚斜采纳了赵信的计谋与汉和亲，因西汉王朝要匈奴称臣，伊稚斜不愿意，结果是谈判破裂。乌维就位初年，赵信还活着，大概又是受赵信的影响，乌维多次遣使到汉要求和亲，而西汉王朝经过几次激烈的战争，也受到很大的损失，欢迎匈奴和亲的建议。同时西汉王朝想知道匈奴的虚实，派了一位对于匈奴风俗习惯比较了解的使者到匈奴。《汉书·匈奴传》说："汉使王乌等窥匈奴。匈奴法，汉使不去节，不以墨黥其面，不得入穹庐。王乌，北地人，习胡俗，去其节，黥面入庐，单于爱之。"乃阳许王乌说："吾为遣其太子入质于汉，以求和亲。"这时"汉东拔涉貊、朝鲜以为郡，而西置酒泉郡以隔绝胡与羌通之路。又西通月氏、大夏，以翁主妻乌孙王，以分匈奴西方之援国。又北益广田至眩雷①为塞，而匈奴终不敢以为言"。

汉以为匈奴已经衰弱，可以使其称臣，于是又遣杨信入使匈奴。"杨信为人刚直屈强，素非贵臣也，单于不亲。欲召入，不肯去节，乃坐穹庐外见杨信。杨信说单于曰：'即欲和亲，以单于太子为质于汉。'单于曰：'非故约。故约，汉常遣翁主，给缯絮食物有品，以和亲，而匈奴亦不复扰边。今乃欲反古，令吾太子为质，无几矣。'"（《汉书》卷九十四上《匈奴传》）

这说明乌维对王乌说可以遣太子入质于汉的话是欺骗王乌的。匈奴虽然已经衰弱，但仍不愿向汉王朝称臣。匈奴对西汉王朝的态度是要求对等地位。

匈奴态度强硬，杨信无法完成使命，只好离匈归汉。西汉王朝再次派王乌出使匈奴，匈奴贪汉财物，很客气地应付王乌。《汉书·匈奴传》说："匈奴复诒以甘言，欲多得汉财物，给王乌曰：'吾欲入汉见天子，面相结为兄弟。'"这又是乌维骗王乌的话，王乌深信不疑。他回汉后报告给武帝，武帝很高兴，在长安特别为单于建筑了宫邸，准备单于来时住宿。可是事实上，乌维始终没有到长安，几十年后，汉宣帝时呼韩邪单于始到长安。

乌维单于扬言要求西汉王朝派贵人或大臣到匈奴为使，才能告以实话。恰巧这个时候，匈奴派往汉的贵人病了，汉派医就诊，结果病逝。西汉王朝对此事很惋惜，于是派一位佩二千石印绶的大员路充国为其送丧，并馈赠匈奴数千金。相反，乌维却怀疑西汉王朝用药杀死了贵人，路充国到了匈奴后被乌维扣留，并发兵扰乱汉边。前面所说西汉王朝派赵破奴等攻击匈奴，就是在交涉失败之后，匈奴入侵，不得不用兵出击。

匈奴对汉采取欺骗手段，因而汉也采取"分化"的方式"以乖其国"。比方乌维单于死的时候，西汉王朝派两位使者到匈奴，一吊单于，一吊右贤王，结果被匈奴识破，两使被扣留。

这一时期匈奴力量的削弱，还表现在对西域影响的逐步丧失。西汉王朝特别

---

① 《汉书·匈奴传》服虔注"眩雷，地在乌孙北也"。王先谦《汉书补注》述齐召南以为《地理志》西河郡增山县有道西出眩雷，眩雷应在西河郡之西北边，不应该远在乌孙之北。

注意沟通西域诸国，这项政策始于武帝初年。然而严格地说，西汉直接沟通西域应当是武帝元鼎二年（公元前115年）张骞出使乌孙，乌孙也遣使随张骞至汉之时。从此以后，西汉王朝与西域诸国方不断来往。为什么西汉王朝要沟通西域呢？据西汉史书记载，都说是汉之所以要沟通西域，目的是要断匈奴的右臂。汉武帝要攻破匈奴，除了准备用武力去正面征伐外，还要联络西域诸国使匈奴失去援助，孤立匈奴，便于击败。匈奴曾置僮仆都尉去统治西域诸国，收赋税与利用西域诸国的人力物力与汉对抗，西汉王朝要击败匈奴，必须争取西域诸国，断匈奴右臂，这是一个很好的办法。因此之故，早在军臣在位的时候，武帝就遣张骞使大月氏。当时西域的概况，据《汉书·西域传》说：

> 西域以孝武时始通，本三十六国，其后稍分至五十余，皆在匈奴之西，乌孙之南。南北有大山，中央有河，东西六千余里，南北千余里。东则接汉，阸以玉门、阳关，西则限以葱岭。其南山，东出金城，与汉南山属焉。其河有两原：一出葱岭出，一出于阗。于阗在南山下，其河北流，与葱岭河合，东注蒲昌海。蒲昌海，一名盐泽者也，去玉门、阳关三百余里，广袤三百里。其水亭居，冬夏不增减，皆以为潜行地下，南出于积石，为中国河云。自玉门、阳关出西域有两道。以鄯善傍南山北，渡河西行至莎车，为南道；南道西逾葱岭则出大月氏、安息。自车师前王廷随北山，渡河西行至疏勒，为北道；北道西逾葱岭则出大宛、康居、奄蔡焉。西域诸国大率土著，有城郭田畜，与匈奴、乌孙异俗，故皆役属匈奴。匈奴西边日逐王置僮仆都尉，使领西域，常居焉耆、危须、尉黎间，赋税诸国，取富给焉。

《汉书·西域传》这里所说的西域是狭义的西域。广义的西域，不只天山以北的乌孙包括在内，葱岭以西的大宛、康居、大夏、大月氏、安息也包括在内。其实《汉书·西域传》对于这些少数民族建立的政权也为之立传，而所谓西域三十六国，或后来的五十余国也包括这些国家在内。又《西域传》以为盐泽去玉门、阳关三百余里也有错误，应该说为千余里。而所谓其水出潜行地下南出于积石为中国河，也是错误的。

至于武帝时西汉与西域的始通，《西域传》说：

> 汉兴至于孝武，事征四夷，广威德，而张骞始开西域之迹。其后骠骑将军击破匈奴右地，降浑邪、休屠王，遂空其地，始筑令居以西，初置酒泉郡，后稍发徙民充实之，分置武威、张掖、敦煌，列四郡，据两关焉。自贰师将军伐大宛之后，西域震惧，多遣使来贡献，汉使西域者益得职。于是自敦煌西至盐泽，往往起亭，而轮台、渠犁皆有田卒数百人，置使者校尉领护，以给使外国者。

上面数段话，是对初通西域的一个简单描述。自张骞初次出使大月氏，至贰师将军李广利降匈奴，虽有三十多年时间，但是在张骞未到乌孙之前，西汉与西域的交通，既为匈奴所阻断，张骞一往一返，也都为匈奴所扣留。而且，除了张骞以外，西汉无别人到西域，西域也无使者到长安。

要想明了西汉之所以要通西域，断匈奴右臂，得从张骞初次出使大月氏说起：

> 大宛之迹，见自张骞。张骞，汉中人。建元中为郎。是时天子问匈奴降者，皆言匈奴破月氏王，以其头为饮器，月氏遁逃而常怨仇匈奴，无与共击之。汉方欲事灭胡，闻此言，因欲通使。道必更匈奴中，乃募能使者。骞以郎应募，使月氏，与堂邑氏胡奴甘父俱出陇西。经匈奴，匈奴得之，传诣单于。单于留之，曰："月氏在吾北，汉何以得往使？吾欲使越，汉肯听我乎？"留骞十余岁，与妻，有子，然骞持汉节不失。居匈奴中，益宽，骞因与其属亡乡月氏，西走数十日至大宛。大宛闻汉之饶财，欲通不得，见骞，喜，问曰："若欲何之？"骞曰："为汉使月氏，而为匈奴所闭道。今亡，唯王使人导送我。诚得至，反汉，汉之赂遗王财物不可胜言。"大宛以为然，遣骞，为发导绎，抵康居。康居传至大月氏。大月氏王已为胡所杀，立其太子为王。既臣大夏而居，地肥饶，少寇，志安乐，又自以远汉，殊无报胡之心。骞从月氏至大夏，竟不能得月氏要领。留岁余，还，并南山，欲从羌中归，复为匈奴所得。留岁余，单于死，左谷蠡王攻其太子自立，国内乱，骞与胡妻及堂邑父俱亡归汉。汉拜骞为太中大夫，堂邑父为奉使君。骞为人强力，宽大信人，蛮夷爱之。堂邑父故胡人，善射，穷急射禽兽给食。初，骞行时百余人，去十三岁，唯二人得还。骞身所至者大宛、大月氏、大夏、康居，而传闻其旁大国五六，具为天子言之。（《史记·大宛列传》）

张骞出使大月氏的目的，是想联络大月氏去攻击匈奴。从这个使命来说，张骞是失败了。但是因为出使大月氏，西汉王朝与西域交通，使西汉王朝对西域有所了解。张骞到了西域，知道大夏与印度接近，后来沟通西南，以至滇国，主要是从这个认识开始沟通的。此外，张骞在匈奴十余年之久，对于匈奴的情形有所了解，对于西域诸国如乌孙的情况也知道不少。

张骞是武帝建元二年（公元前139年）离开汉，经过十三年，到武帝元朔三年（公元前126年）才回到长安。

张骞这一次到大月氏，往返都被匈奴扣留，于是他想从西南经印度到大夏、大月氏等国。他向武帝提出他欲从这条路到西域，武帝同意了，于是在武帝元狩元年（公元前122年）张骞第二次出使西域。《史记·大宛列传》云：

> （张）骞曰："臣在大夏时，见邛竹杖、蜀布。问曰：'安得此？'大夏国人曰：'吾贾人往市之身毒。身毒在大夏东南可数千里。其俗土著，大与

大夏同，而卑湿暑热云。其人民乘象以战。其国临大水焉。'以骞度之，大夏去汉万二千里，居汉西南。……今使大夏，从羌中，险，羌人恶之；少北，则为匈奴所得；从蜀宜径，又无寇。"天子既闻大宛及大夏、安息之属皆大国，多奇物，土著，颇与中国同业，而兵弱，贵汉财物；其北有大月氏、康居之属，兵强，可以赂遗设利朝也。且诚得而义属之，则广地万里，重九译，致殊俗，威德遍于四海。天子欣然，以骞言为然，乃令骞因蜀键为发间使，四道并出，出駹，出冉，出徙，出邛、僰，皆各行一二千里。其北方闭氐、筰，南方闭巂、昆明。昆明之属无君长，善寇盗。辄杀略汉使，终莫得通。然闻其西可千余里，有乘象国，名曰滇越，而蜀贾奸出物者或至焉，于是汉以求大夏道始通滇为滇国。初，汉欲通西南夷，费多，道不通，罢之。及张骞言可以通大夏，乃复事西南夷。

张骞这一次要从西南经印度到大夏及其它各国，结果又失败，但是汉却又因此而沟通西南的滇国。张骞第一次出使大月氏是想与大月氏联络，攻伐匈奴，这可以说是远近夹攻的战略。张骞第二次想从西南到西域，除了军事政治的作用之外，还有经济的作用。武帝希望联络或臣服葱岭以西的各国，以包围匈奴。原来后人所说的西域诸国而役属于匈奴的，主要在葱岭以东与敦煌以西，迄至后来之经营西域，主要也是葱岭以东的西域。但是西汉王朝尽力设法去沟通的西域，都是在葱岭以西，主要原因恐怕是由于葱岭以东的西域诸国，已为匈奴所征服，若不打垮匈奴的势力，就不容易与这些国接触。相反，葱岭以西的西域诸国，在这个时候，虽可能与匈奴有关系，然并不受匈奴的控制，所以西汉要想越过葱岭以东的西域诸国，而与葱岭以西的西域诸国相联络。又因为葱岭以东的西域诸国的道路既为匈奴所垄断，而其南边的羌氏的道路，又很险恶，难于通过，所以不得不另找新的道路。这个计划虽未成功，又想从西南经印度到大夏、大月氏、安息、康居、大宛各国。从很远的地方对匈奴作一大包围的计划，是一个宏伟的计划，说明武帝想利用西域诸国牵制匈奴。

从出使西域的目的来看，张骞在武帝元鼎二年（公元前115年）的第三次出使，也可以说没有达到使命。他出使到乌孙，希望乌孙能迁回故居敦煌、祁连间。一方面做匈奴与汉的缓冲地带，一方面可以隔绝与羌氏的结盟。从这方面来说，他失败了，但从出使乌孙的后果来说，这一次的出使，却起了很大的作用。

张骞第二次出使时，霍去病已将兵出陇西攻占祁连，汉的西边遂伸延到葱岭以东的西域诸国，与楼兰、车师等接近。匈奴失去了祁连、敦煌一带，可以说右臂已断。但西汉王朝必须派重兵去防守祁连、敦煌这个地方。如乌孙迁回故地与汉联盟，汉就可以不派重兵，而这里也不会被匈奴夺回。《汉书·张骞李广利传》说：

　　臣居匈奴中，闻乌孙王号昆莫。昆莫父难兜靡本与大月氏俱在祁连、敦煌间，小国也。大月氏攻杀难兜靡，夺其地，人民亡走匈奴。子昆莫新生，傅父布就翎侯抱亡置草中……还，见狼乳之……以为神，遂持归匈奴，单于爱养之。及壮……自请单于报父怨，遂西攻破大月氏，大月氏复西走，徙大夏地。昆莫略其众，因留居，兵稍强，会单于死，不肯复事匈奴。匈奴遣兵击之，不胜，益以为神而远之。今单于新困于汉，而昆莫地空。蛮夷恋故地，又贪汉物，诚以此时厚赂乌孙，招以东居故地，汉遣公主为夫人，结昆弟，其势宜听，则是断匈奴右臂也。既连乌孙，自其西大夏之属皆可招来而为外臣。

又据《汉书·西域传》："骞既致赐，谕指曰：'乌孙能东居故地，则汉遣公主为夫人，结为昆弟，共距匈奴，不足破也。'乌孙远汉，未知其大小，又近匈奴，服属日久，其大臣皆不欲徙。昆莫年老国分，不能专制，乃发使送骞，因献马数十匹报谢。"

因乌孙大臣等反对回故地而使张骞计划落空。但乌孙献几十匹好马和派使者至汉，同时张骞分遣副使到大宛、康居、月氏、大夏等国。这说明西汉王朝占领了祁连、敦煌之后，不只可以直接与葱岭以东西域诸国交通了，而且也可以与葱岭以西西域诸国交通了。

张骞派到葱岭以西的西域诸国副使，都先后回到了长安，使西汉王朝对于西域有更深了解，从此西汉王朝与西域诸国互派使臣来往。乌孙使臣来到汉后，见到西汉王朝统治地区之广大、人口众多、物产丰富，很为羡慕。

匈奴听到乌孙与汉来往，很不满意，要出兵攻击乌孙。乌孙十分恐惧，进一步要求与汉和亲，并要求汉帮助抵抗匈奴。《汉书·西域传》说：

> 匈奴闻其与汉通，怒欲击之。又汉使乌孙，乃出其南，抵大宛、月氏，相属不绝。乌孙于是恐，使使献马，愿得尚汉公主，为昆弟。天子向群臣，议许，曰："必先内聘，然后遣女。"乌孙以马千匹聘。汉元封中，遣江都王建女细君为公主，以妻焉。赐乘舆服御物，为备官属宦官侍御数百人，赠送甚盛。乌孙昆莫以为右夫人。

匈奴见汉与乌孙和亲，于是也采用和亲政策。《汉书·西域传》"匈奴亦遣女妻昆莫，昆莫以为左夫人"。乌孙以汉公主为右夫人，而以匈奴单于女儿为左夫人。匈奴尚左，乌孙以匈奴单于女为左夫人，说明乌孙尊重匈奴甚于汉。

乌孙与汉和亲的数十年中，汉乌之间的关系一直很好。公主细君在乌孙不过几年便死了，但是公主解忧嫁给乌孙王。她依乌孙风俗，先后嫁给了三个乌孙王，生了几个儿女。儿子中一个继昆莫为王，一个做莎车王，一个做左大将。女儿中有一个嫁给龟兹王，一个为乌孙贵人妻。解忧的侍女冯嫽也嫁给乌孙贵人为妻。解忧与冯嫽在促进汉乌的交往上都起到了积极作用，使乌孙成为汉的盟友，而成为匈奴向西域发展的阻力。

乌孙不肯迁回故地，汉乃在这块地方设置四郡，这就是酒泉、张掖、武威和敦煌，徙民充实，慢慢经营，使大片荒野变成良田，使汉防守西陲所需要的人力、物力以至战马都可就地取给。同时，又使这块地方，成为交通西域的门户，成为防备西羌与攻击匈奴的阵地。假使乌孙同意徙回故地，其历史的发展，不一定是这样了。

西汉王朝沟通西域，主要是派遣使臣，用和平的方式，但有时也采用武力去征服。武帝元封三年（公元前108年）之遣兵击楼兰、车师就是这种例子。而这样的用兵，其目的就是与匈奴争夺西域：

> 初，武帝感张骞之言，甘心欲通大宛诸国，使者相望于道，一岁中多至十余辈。楼兰、姑师当道，苦之，攻劫汉使王恢等，又数为匈奴耳目，令其兵遮汉使，汉使多言其国有城邑，兵弱易击。于是武帝遣从票侯赵破奴将属国骑及郡兵数万击姑师。王恢数为楼兰所苦，上令恢佐破奴将兵。破奴与轻骑七百人先至，虏楼兰王，遂破姑师，因暴兵威以动乌孙、大宛之属。还，封破奴为浞野侯，恢为浩侯。于是汉列亭障至玉门矣。楼兰既降服贡献，匈奴闻，发兵击之。于是楼兰遣一子质匈奴，一子质汉。后贰师军击大宛，匈奴欲遮之。贰师兵盛不敢当，即遣骑因楼兰候汉使后过者，欲绝勿通。时汉军正任文将兵屯玉门关，为贰师后距，捕得生口，知状以闻。上诏文便道引兵捕楼兰王，将诣阙，簿责王，对曰："小国在大国间，不两属无以自安。愿徙国入居汉地。"上直其言，遣归国，亦因使候司匈奴。匈奴自是不甚亲信楼兰。（《汉书·西域传》）

楼兰在武帝末年改称鄯善，这是汉匈在西域争夺最激烈的一个国家。《汉书·西域传》接着说：

> 征和元年（公元前92年）楼兰王死。国人来请质子在汉者，欲立之。质子常坐汉法，下蚕室宫刑，故不遣。……楼兰更立王……后王又死，匈奴先闻之，遣质子归，得立为王。汉遣使诏新王，令入朝，天子将加厚赏。楼兰王后妻，故继母也，谓王曰："先王遣两子质汉皆不还，奈何欲往朝乎？"王用其计，谢使曰："新立，国未定，愿待后年入见天子。"然楼兰国最在东垂，近汉……负水儋粮，送迎汉使，又数为吏卒所寇，惩艾不便与汉通。后复为匈奴反间，数遮杀汉使。其弟尉屠耆降汉，具言状。
>
> 元凤四年（公元前77年）大将军霍光白遣平乐监傅介子往刺其王。介子轻将勇敢士，赍金印，扬言以赐外国为名。既至楼兰，诈其王欲赐之，王喜，与介子饮……壮士二人从后刺杀之，贵人左右皆散走。……介子遂斩王尝归首……乃立尉屠耆为王，更名其国为鄯善。……王自请天子曰："身在

汉久,今归,单弱,而前王有子在,恐为所杀。国中有伊循城,其地肥美,愿汉遣一将屯田积谷,令臣得依其威重。"于是汉遣司马一人,吏士四十人,四伊循以镇抚之。其后更置都尉。伊循官置始此矣。

汉王朝对西域的用兵,时间较长规模较大的是征伐大宛。《史记·大宛列传》说:

> 汉使者往（大宛）既多,其少从率多进熟于天子,言曰:"宛有善马在贰师城,匿不肯与汉使。"天子既好宛马,闻之甘心,使壮士车令等持千金及金马以请宛王贰师城善马。……遂不肯予汉使。……遣汉使去,令其东边郁成遮攻杀汉使,取其财物。于是天子大怒。……拜李广利为贰师将军,发属国六千骑,及郡国恶少年数万人,以往伐宛。期至贰师城取善马,故号"贰师将军"。赵始成为军正,故浩侯王恢使导军,而李哆为校尉,制军事,是岁太初元年也。

太初元年,即公元前104年,是匈奴乌维单于死,其子乌师庐继立为单于的第二年。西汉这次出征大宛,在征途中士卒死者十之八九。《汉书·张骞李广利传》说:

> 故浩侯王恢使道军。既西过盐水,当道小国各坚城守,不肯给食,攻之不能下。下者得食,不下者数日则去。比至郁成,士财有数千,皆饥罢。攻郁成城,郁成距之,所杀伤甚众。贰师将军与左右计:"至郁成尚不能举,况至其王都乎?"引而还。往来二岁,至敦煌,士不过什一二。

李广利回到敦煌,是公元前102年。在这一年中,汉遣浞野侯赵破奴去迎接匈奴左大都尉降汉,事败而全军覆没。群臣劝武帝集中力量去征伐匈奴,不必远攻大宛,但武帝仍坚持对大宛用兵:

> 天子业出兵诛宛,宛小国而不能下,则大夏之属渐轻汉,而宛善马绝不来,乌孙、轮台易苦汉使,为外国笑。乃案言伐宛尤不便者邓光等。赦囚徒捍寇盗,发恶少年及边骑,岁余而出敦煌六万人,负私从者不与,牛十万,马三万匹,驴、橐驼以万数赍粮,兵弩甚设。天下骚动,转相奉伐宛,五十余校尉。……益发戍甲卒十八万酒泉、张掖北,置居延、休屠以卫酒泉。而发天下七科适,及载糒给贰师,转车人徒相连属至敦煌。而拜习马者二人为执驱马校尉,备破宛择取其善马云。

> 初,贰师起敦煌西,为人多,道上国不能食,分为数军,从南北道。校尉王申生、故鸿胪壶充国等千余人别至郁成,城守不肯给食。申生去大军二百里,负而轻之,攻郁成急。郁成窥知申生军少,晨用三千人攻杀申生等,数人脱亡,走贰师。贰师令搜粟都尉上官桀往攻破郁成,郁成降。其王亡走

康居，桀追至康居。康居闻汉已破宛，出郁成王与桀。桀令四骑士缚守诣大将军。四人相谓："郁成，汉所毒，今生将，卒失大事。"欲杀，莫适先击，上邽骑士赵弟拔剑击斩郁成王。桀等遂追及大将军。（《汉书·张骞李广利传》）

此外，汉王朝又约乌孙去帮助攻伐大宛。《汉书·张骞李广利传》说："初，贰师后行，天子使使告乌孙大发兵击宛。乌孙发二千骑往，持两端，不肯前。"而李广利所率的主力，直会大宛都城。同书又说：

> 兵多，所至小国莫不迎，出食给军。至轮台，轮台不下，攻数日，屠之。自此而西。平行至宛城，兵到者三万。宛兵迎击汉兵，汉兵射败之，宛兵走入保其城。……决其水原，移之，则宛固已忧困。围其城，攻之四十余日。宛贵人谋曰："王毋寡匿善马，杀汉使。今杀王而出善马，汉兵宜解；即不，乃力战而死，未晚也。"宛贵人皆以为然，共杀王。其外城坏，虏宛贵人勇将煎靡，宛大恐，走入中城，相与谋曰："汉所为攻宛，以王毋寡。"持其头，遣人使贰师，约曰："汉无攻我，我尽出善马，恣所取，而给汉军食。即不听我，我尽杀善马康居之救又且至。至，我居内，康居居外，与汉军战。敦计之，何从？"是时，康居候视汉兵尚盛，不敢进。贰师闻宛城中新得汉人知穿井，而其内食尚多。计以为来诛首恶者毋寡，毋寡头已至，如此不许，则坚守，而康居候汉兵罢来救宛，破汉军必矣。军吏皆以为然，许宛之约。宛乃出其马，令汉自择之，而多食食汉军。汉军取其善马数十匹，中马以下牝牡三千余匹，而立宛贵人之故时遇汉善者名昧蔡为宛王，与盟而罢兵。终不得入中城，罢而引归。

这次出征，损失很大，《汉书·张骞李广利传》说："军还，入玉门者万余人，马千余匹。后行，非乏食，战死不甚多，而将吏贪，不爱卒，侵牟之，以此物故者众。"六万人征伐大宛而回者不过万余，三万匹马随军而入玉门关只千余匹，其损失之大，可以概见。而且损失并非由于战死，而是因为将吏贪不知爱护兵卒饥饿而死。可是就是这样，武帝以为得了大宛王头和善马，对将吏不知爱惜士卒，使不少士卒饿死不加追究，还大加封赏。武帝在诏中说：

> 匈奴为害久矣，今虽徙幕北，与旁国谋共要绝大月氏使，遮杀中郎将江、故雁门守攘。危须以西及大宛皆合约杀期门车令、中郎将朝及身毒国使，隔东西道。贰师将军广利征讨厥罪，伐胜大宛。赖天之灵，从沂河山，涉流沙，通西海，山雪不积，士大夫径度，获王首虏，珍怪之物毕陈于阙。其封广利为海西侯，食邑八千户。又封斩郁成王者赵弟为新時侯；军正赵始成功最多，为光禄大夫；上官桀敢深入，为少府；李哆有计谋，为上党太守。军官吏为九卿者三人，诸侯相、郡守、二千石百余人，千石以下千余

人。(《汉书·张骞李广利传》)

武帝在诏书中一开始便说:"匈奴为害久矣。"现在虽迁到漠北,但是仍与西域诸国相谋,阻止汉与西域的交通,所以汉征大宛与其他诸国和匈奴有密切的关系。《史记·匈奴列传》说:"汉既诛大宛,威震外国。天子意欲遂困胡,乃下诏曰:'高皇帝遗朕平城之忧,高后时单于书绝悖逆。昔齐襄公复九世之仇,春秋大之。'"

总之,征伐大宛、楼兰、姑师都是为了削弱匈奴的势力。《史记·匈奴列传》说:"贰师将军破大宛,斩其王而还,匈奴欲遮之,不能至。"《史记》用"不能至",而《汉书》卷九十四上《匈奴传》用"不敢"二字,《汉书·西域传》用"贰师兵盛不敢当",我们认为班固所说较为恰当。匈奴是当时所谓的"百蛮大国",对于汉在西域的兵威,尚不敢当,西域诸国自然为之惧服,所以西域许多国家在李广利回汉时,都遣使跟他到长安贡献,或遣子为质。西域诸国亲汉的结果,匈奴更加孤立,匈奴的力量日愈削弱。武帝交通西域和征伐大宛等国,则是武帝决心击败匈奴的战略组成部分。

第十六章　匈汉互用叛臣与降将

句黎湖单于在位一年而死，他的弟弟左大都尉且鞮侯立为单于。这是武帝太初四年（公元前101年）的事情。且鞮侯在位五年。且鞮侯有两个儿子：长子为左贤王，次子为左大将。且鞮侯单于病死前，说要左贤王继立为单于。但是当且鞮侯已病死的时候，左贤王不在匈奴王庭，而且又迟迟不来，匈奴的贵族们以为他也有病，急不可待，于是乃立其弟左大将为单于。左贤王听得他的弟弟已立为单于，更不敢到王庭来。可是他的弟弟左大将却使人去请他，并且声明要把单于的位置让给哥哥。左贤王借口有病以辞。但左大将坚持要让位，而且告诉左贤王说，假使左贤王因病去世，可以传位给他。因此，左贤王遂答应就单于之位，称为狐鹿姑单于。狐鹿姑单于即位于武帝太始元年（公元前96年），死于昭帝始元二年（公元前85年），在位共十二年。

匈奴经过乌维时代的休养生息，人力与物力可能恢复了一些。在儿单于与句黎湖单于的时候，匈奴与西汉又逐渐恢复战争状态。到且鞮侯与狐鹿姑时候，这种状态更为严重，互相策动与收容对方的叛臣与降将，是这一时期匈汉军事斗争与外交斗争的突出事件。

汉武帝动员了全国的力量破灭匈奴，但是匈奴每次遣使求和，却很少拒绝。武帝在且鞮侯即位那一年，就遣苏武厚币结好单于。匈汉外交斗争过程中，互相扣留所派使节是常事。"时汉连伐胡，数通使相窥观，匈奴留汉使郭吉、路充国等，前后十余辈。匈奴使来，汉亦留之以相当。天汉元年（公元前100年），且鞮侯单于初立，恐汉袭之，乃曰：'汉天子我丈人行也。'尽归汉使路充国等。武帝嘉其义，乃遣武以中郎将使持节送匈奴使留在汉者，因厚赂单于，答其善意。"苏武被扣，则是因为苏武的副使张胜与谋匈奴朝中的叛乱。"（单于）方欲发使送武等，会缑王与长水虞常等谋反匈奴中。缑王者，昆邪王姊子也，与昆邪王俱降汉，后随浞野侯没胡中。及卫律所将降者，阴相与谋劫单于母阏氏归汉。会武等至匈奴，虞常在汉时素与副（随苏武副使）张胜相知，私候胜曰：'闻汉天子甚怨卫律，常能为汉伏弩射杀之。吾母与弟在汉，幸蒙其赏赐。'张胜许之，以货物与常。后月余，单于出猎，独阏氏子弟在。虞常等七十余人欲发，其一人夜亡，告之。单于子弟发兵与战。缑王等皆死，虞常生得。单于使卫律治其事。张胜闻之，恐前语发，以状语武，武曰：'事如此，此必乃我。见犯乃死，重负国。'欲自杀，胜、惠共止之。虞常果引张胜。单于怒，召诸贵人议，欲杀汉使者。左伊秩訾曰：'即谋单于，何以复加？宜皆降之。'单于使卫律召武受辞，武谓惠等：'屈节辱命，虽生，何面目以归汉！'引佩刀自刺。卫律惊，自抱持武,驰召医,凿地为坎,置煴火,覆武其上,蹈其背出血。武气绝,半日复息。惠等哭,舆归营。单于壮其节,朝夕遣人候问武,而收系张胜。武益愈,单于使使晓武,会论虞常,欲因此时降武。剑斩虞常已,律曰:'汉使张胜谋杀单于近臣,当死,单于募降者赦罪。'举剑欲击之,胜请降律谓武曰:'副有罪,当相坐。'武曰:'本无谋,又非亲属,何谓相坐?'复举剑拟之,武不动。"卫律强迫苏武投降没有成功,于是用温和的方式去策反。卫律说曰:"苏君,律前负汉归匈奴,幸蒙大恩,赐号称王,拥众数万,马畜弥山,富贵如此。苏君今日降,明日复然。空以身膏草野,谁复知之!"武不应。律曰:"君因我降,与君为兄弟,今不听吾计,后虽欲复见我,尚可得乎?"武骂律曰:"女为人臣子,不顾恩义,畔主背亲,为降虏于蛮夷,何以女为见?且单于信女,使决人死生,不平心持正,反欲斗两主,观祸败。南越杀汉使者,屠为九郡;宛王杀汉使者,头县北阙;朝鲜杀汉使者,即时诛灭。独匈奴未耳。若知我不降明,欲令两国相攻,匈奴之祸从我始矣。"(均见《汉书·苏武传》)《汉书·苏武传》又记:

> 律知武终不可胁,白单于。单于愈益欲降之,乃幽武置大窖中,绝不饮食。天雨雪,武卧啮雪与旃毛并咽之,数日不死,匈奴以为神,乃徙武北海上无人处,使牧羝,羝乳乃得归。别其官属常惠等,各置他所。武既至海上,廪食不至,掘野鼠、去草实而食之。杖汉节牧羊,卧起操持,节旄尽落。积五六年,单于弟於靬王弋射海上。武能网纺缴,檠弓弩,於靬王爱之,给其衣食。三岁余,王病,赐武马畜服匿穹庐。王死后,人众徙去,其冬,丁令盗武牛羊,武复穷厄。

苏武出使匈奴之次年,李陵投降匈奴。后来单于使李陵去劝苏武投降,结果也为苏武所拒绝。《汉书·苏武传》载:

> 初,武与李陵俱为侍中,武使匈奴,明年,陵降,不敢求武。久之,单于使陵至海上,为武置酒设乐,因谓武曰:"单于闻陵与子卿素厚,故使陵来说足下,虚心欲相待。终不得归汉,空自苦亡人之地,信义安所见乎?前长君为奉车,从至雍棫阳宫,扶辇下除,触柱折辕,劾大不敬,伏剑自刎,赐钱二百万以葬。孺卿从祠河东后土,宦骑与黄门驸马争船,推堕驸马河中溺死,宦骑亡,诏使孺卿逐捕不得,惶恐饮药而死。来时,大夫人已不幸,陵送葬至阳陵。子卿妇年少,闻已更嫁矣。独有女弟二人,两女一男,今复十余年,存亡不可知。人生如朝露,何久自苦如此!陵始降时,忽忽如狂,自痛负汉,加以老母系保宫,子卿不欲降,何以过陵?且陛下春秋高,法令亡常,大臣亡罪夷灭者数十家,安危不可知,子卿尚复谁为乎?愿听陵计,勿复有云。"武曰:"武父子亡功德,皆为陛下所成就,位列将,爵通侯,兄弟亲近,常愿肝脑涂地。今得杀身自效,虽蒙斧钺汤镬,诚甘乐之。

臣事君，犹子事父也，子为父死亡所恨。愿勿复再言。"陵与武饮数日，复曰："子卿壹听陵言。"武曰："自分已死久矣！王必欲降武，请毕今日之欢，效死于前！"陵见其至诚，喟然叹曰："嗟乎，义士！陵与卫律之罪上通于天。"因泣下沾衿，与武决去。陵恶自赐武，使其妻赐武牛羊数十头。

卫律的威吓，李陵的苦劝，都未能使苏武动心。后人都把苏武视为孔子所谓"使于四方，不辱君命"的典型人物，但对他的随员为什么要策反匈奴廷臣，却很少评论。他在匈奴被扣十九年之久，到了昭帝始元六年（公元前81年），即武帝死后六年，狐鹿姑单于死后三年始得归汉。

自苏武被匈奴扣留之后，匈奴与西汉又不断发生战争。西汉方面率领军队去征伐匈奴的主要人物是李广利。从武帝天汉二年（公元前99年）至武帝征和三年（公元前90年）的十年间，数次出征匈奴，都是由李广利带领军队。特别值得一提的是，天汉二年的征伐与李陵的投降，以及征和三年的深入漠北与李广利的投降。从整个军事来说，匈奴的胜利多失败少，西汉的胜利少损失大。这次战争的直接起因，是赵破奴征伐匈奴，全军覆没，自己也被俘。《史记》卷一百十一《卫将军骠骑列传》说："（赵破奴）为浚稽将军，将二万骑击匈奴左贤王，左贤王与战，兵八万骑围破奴，破奴生为虏所得，遂没其军，居匈奴十岁，复与其太子安国亡入汉。"

《史记》说赵破奴留匈奴十岁，《汉书》也说是十岁，是错误的。《史记集解》引"徐广曰：以太初二年（公元前103年）入匈奴，天汉元年（公元前100年）亡归，涉四年"。武帝对于赵破奴的失败是不会甘心的。赵破奴自匈奴亡归，可能告武帝说匈奴已趋于衰弱，容易击破。天汉二年（公元前99年）武帝乃派李广利击匈奴。《汉书·匈奴传》载："汉使贰师将军将三万骑出酒泉，击右贤王于天山，得首虏万余级而还。匈奴大围贰师，几不得脱。汉兵物故什六七。汉又使因杅将军（公孙敖）出西河，与强弩都尉（路博德）会涿邪山，亡所得。使骑都尉李陵将步兵五千人出居延北千余里，与单于会，合战，陵所杀伤万余人，兵食尽，欲归，单于围陵，陵降匈奴，其兵得脱归汉者四百人。单于乃贵陵，以其女妻之。"

李陵是李广之孙，李当户之子。他与匈奴单于且鞮侯的会战经过，以至他背叛西汉投降匈奴的过程，《汉书》卷五十四《李陵传》说得很清楚。我们且分段录之于后：

陵字少卿，少为侍中建章监。善骑射，爱人，谦让下士，甚得名誉。武帝以为有广之风，便将八百骑，深入匈奴二千余里，过居延视地形，不见虏，还。拜为骑都尉，将勇敢五千人，教射酒泉、张掖以备胡。数年，汉遣贰师将军伐大宛，使陵将五枝兵随后。行至塞，会贰师还。上赐陵书，陵留吏士，与轻骑五百出敦煌，至盐水，迎贰师还，复留屯张掖。天汉二年，贰师将三万骑出酒泉,击右贤王于天山。召陵,欲使为贰师将辎重。陵召见武台,叩头自请曰:"臣所将屯边者,皆荆楚勇士奇材剑客也,力扼虎,射命中,愿得自当一队,到兰干山南以分单于兵,毋令专乡贰师军。"上曰:"将恶相属邪!吾发军多,毋骑予女。"陵对:"无所事骑,臣愿以少击众,步兵五千人涉单于庭。"上壮而许之,因诏强弩都尉路博德将兵半道迎陵军。博德故伏波将军,亦羞为陵后距,奏言:"方秋匈奴马肥,未可与战,臣愿留陵至春,俱将酒泉、张掖骑各五千人并击东西浚稽,可必禽也。"书奏,上怒,疑陵悔不欲出而教博德上书,乃诏博德:"吾欲予李陵骑,云'欲以少击众'。今虏入西河,其引兵走西河,遮钩营之道。"诏陵:"以九月发,出遮虏鄣,至东浚稽山南龙勒水上,徘徊观虏,即亡所见,从浞野侯赵破奴故道抵受降城休士。因骑置以闻。所与博德言者云何?具以书对。"

又记:

陵于是将其步卒五千人出居延,北行三十日,至浚稽山止营,举图所过山川地形,使麾下骑陈步乐还以闻。步乐召见,道陵将率得士死力,上甚说,拜步乐为郎。陵至浚稽山,与单于相直,骑可三万围陵军。军居两山间,以大车为营。陵引士出营外为陈,前行持戟盾,后行持弓弩,令曰:"闻鼓声而纵,闻金声而止。"虏见汉军少,直前就营。陵搏战攻之,千弩俱发,应弦而倒。虏还走上山,汉军追击,杀数千人。单于大惊,召左右地兵八万余骑攻陵。陵且战且引,南行数日,抵山谷中。连战,士卒中矢伤,三创者载辇,两创者将车,一创者持兵战。陵曰:"吾士气少衰而鼓不起者,何也?军中岂有女子乎?"始军出时,关东群盗妻子徙边者随军为卒妻妇,大匿车中。陵搜得,皆剑斩之。明日复战,斩首三千余级。引兵东南,循故龙城道行,四五日,抵大泽葭苇中,虏从上风纵火,陵亦令军中纵火以自救。南行至山下,单于在南山上,使其子将骑击陵。陵军步斗树木间,复杀数千人,因发连弩射单于,单于下走。是日捕得虏,言"单于曰:'此汉精兵,击之不能下,日夜引吾南近塞,得毋有伏兵乎?'诸当户君长皆言'单于自将数万骑击汉数千人不能灭,后无以复使边臣,令汉益轻匈奴。复力战山谷间,尚四五十里得平地,不能破,乃还'"。是时陵军益急,匈奴骑多,战一日数十合,复伤杀虏二千余人。

又记:

虏不利,欲去,会陵军候管敢为校尉所辱,亡降匈奴,具言"陵军无后救,射矢且尽,独将军麾下及成安侯校各八百人为前行,以黄与白为帜,当使精骑射之即破矣"。成安侯者,颍川人,父韩千秋,故济南相,奋击南越战死,武帝封子延年为侯,以校尉随陵。单于得敢大喜,使骑并攻汉军,疾呼曰:"李陵、韩延年趣降!"遂遮道急攻陵,陵居谷中,虏在山上,四面射,矢如雨下。汉军南行,未至鞮汗山,一日五十万矢皆尽,即弃车去。士尚三千余人,徒斩车辐而持之,军吏将尺刀,抵山入狭谷。单于遮其后,乘隅下垒石,士卒多死,不得行。昏后,陵便衣独步出营,止左右:"毋随我,丈夫一取单于耳!"良久,陵还,太息曰:"兵败,死矣!"军吏或曰:"将军威震匈奴,天命不遂,后求道径还归,如浞野侯为虏所得,后亡还,天子客遇之,况于将军乎!"陵曰:"公止!吾不死,非壮士也。"于是尽斩旌旗,及珍宝埋地中,陵叹曰:"复得数十矢,足以脱矣。今无兵复战,天明坐受缚矣!各鸟兽散,犹有得脱归报天子者。"令军士人持二升粮,一半冰,期至遮虏鄣者相待。夜半时,击鼓起士,鼓不鸣。陵与韩延年俱上马,壮士从者十余人。虏骑数千追之,韩延年战死。陵曰:"无面目报陛下!"遂降。军人分散,脱至塞者四百余人。陵败处去塞百余里,边塞以闻。上欲陵战死,召陵母及妇,使相者视之,无死丧色。后闻陵降,上怒甚,责问陈步乐,步乐自杀,群臣皆罪陵……

关于李陵投降匈奴后的情况,《汉书·李陵传》说:

陵在匈奴岁余,上遣因杅将军公孙敖将兵深入匈奴迎陵。敖军无功还,曰:"捕得生口,言李陵教单于为兵以备汉军,故臣无所得。"上闻,于是族陵家,母弟妻子皆伏诛。陇西士大夫以李氏为愧。其后,汉遣使使匈奴,陵谓使者曰:"吾为汉将步卒五千人横行匈奴,以亡救而败,何负于汉而诛吾家?"使者曰:"汉闻李少卿教匈奴为兵。"陵曰:"乃李绪,非我也。"李绪本汉塞外都尉,居奚侯城,匈奴攻之,绪降,而单于客遇绪,常坐陵上。陵痛其家以李绪而诛,使人刺杀绪。大阏氏欲杀陵,单于匿之北方,大阏氏死乃还。单于壮陵,以女妻之,立为右校王……

这是武帝未死以前的事情。昭帝立与狐鹿姑单于未死前,霍光与上官桀又曾遣人到匈奴,希望说服李陵归汉,可是他始终不肯,终死在匈奴。《汉书·李陵传》说:

昭帝立,大将军霍光、左将军上官桀辅政,素与陵善,遣陵故人陇西任立政等三人俱至匈奴招陵。立政等至,单于置酒赐汉使者,李陵、卫律皆侍坐。立政等见陵,未得私语,即目视陵,而数数自循其刀环,握其足,阴谕之,言可还归汉也。后陵、律持牛酒劳汉使,博饮,两人皆胡服椎结,立政大言曰:"汉已大赦,中国安乐,主上富于春秋,霍子孟、上官少叔用事。"以此言微动之。陵墨不应,孰视而自循其发,答曰:"吾已胡服矣!"有顷,律起更衣,立政曰:"咄,少卿良苦!霍子孟、上官少叔谢女。"陵曰:"霍与上官无恙乎?"立政曰:"请少卿来归故乡,毋忧富贵。"陵字立政曰:

"少公，归易耳，恐再辱，奈何！"语未卒，卫律还，颇闻余语，曰："李少卿贤者，不独居一国。范蠡遍游天下，由余去戎入秦，今何语之亲也！"因罢去。立政随谓陵曰："亦有意乎？"陵曰："丈夫不能再辱。"陵在匈奴二十余年，元平元年病死。

李陵投降匈奴，当然是对西汉王朝的背叛。

李陵投降匈奴不到一年（武帝天汉三年，公元前98年），匈奴进攻雁门，雁门太守畏愞没有迎击，因被弃市。武帝在次年又调动军队，由李广利挂帅去攻伐匈奴。《汉书·武帝纪》天汉四年中说：

> 发天下七科谪及勇敢士，遣贰师将军李广利将六万骑、步兵七万人出朔方，因杅将军公孙敖万骑、步兵三万人出雁门，游击将军韩说步兵三万人出五原，强弩都尉路博德步兵万余人与贰师会。

所谓"七科"，《汉书》注引张晏说："吏有罪一，亡命二，赘婿三，贾人四，故有市籍五，父母有市籍六，大父母有市籍七，凡七科也。"照上面所说的军队人数来计算，约有二十万之多。《汉书·匈奴传》述匈奴迎战经过："匈奴闻，悉远其累重于余吾水北，而单于以十万待水南，与贰师接战。贰师解而引归，与单于连斗十余日。游击亡所得，因杅与左贤王战，不利，引归。"这次交战，在匈奴方面除了且鞮侯单于以十万骑得余吾水南外，再加上余吾水北及左贤王的军队，其数目也有十余万，可见匈奴的兵卒还是很多的。西汉王朝用了那么多的士卒，却不能击败匈奴，又可见匈奴当时的兵力还是很强的。李广利不敢深入，公孙敖也因不利而还，所以从整个战局来说，西汉的这次征伐是失败了。

一年后，且鞮侯单于死。狐鹿姑单于继立的初年，匈奴既少入寇，西汉也未发兵攻击匈奴。到了狐鹿姑立后五年（武帝征和二年，公元前91年），匈奴寇上谷、五原，杀掠吏民。过一年再入五原、酒泉，杀两位都尉。于是武帝又不得不遣兵去征伐匈奴。《汉书·匈奴传》说：

> 于是汉遣贰师将军七万人出五原，御史大夫商丘成将三万余人出西河，重合侯莽通将四万骑出酒泉千余里。单于闻汉兵大出，悉遣其辎重，徙赵信城北邸郅居水。左贤王驱其人民度余吾水六七百里，居兜衔山。单于自将精兵左安侯度姑且水。御史大夫军至追邪径，无所见，还。匈奴使大将与李陵将三万余骑追汉军，至浚稽山合，转战九日，汉兵陷陈却敌，杀伤虏甚众。至蒲奴水，虏不利，还去。重合侯军至天山，匈奴使大将偃渠与左右呼知王将二万余骑要汉兵，见汉兵强，引去。重合侯无所得失。是时，汉恐车师兵遮重合侯，乃遣间陵侯将兵别围车师，尽得其王民众而还。

《汉书·匈奴传》与《功臣表第五》均说重合侯为莽通，而《汉书·西域传》"车师后城长国"条作马通，恐怕后者是错误的。至于李广利所领的军队，据《汉书·匈奴传》说："贰师将军将出塞，匈奴使右大都尉与卫律将五千骑要击汉军于夫羊句山狭。贰师遣属国胡骑二千与战，虏兵坏散，死伤者数百人。汉军乘胜追北，至范夫人城，匈奴奔走，莫敢距敌。"李广利战胜右大都尉与卫律后，《汉书·匈奴传》又说：

> 会贰师妻子坐巫蛊收，闻之忧惧。其掾胡亚夫亦避罪从军，说贰师曰："夫人室家皆在吏，若还不称意，适与狱会，郅居以北可复得见乎？"贰师由是狐疑，欲深入要功，遂北至郅居水上。虏已去，贰师遣护军将二万骑度郅居之水。一日，逢左贤王左大将，将二万骑与汉军合战一日，汉军杀左大将，虏死伤甚众。军长史与决睦都尉辉渠侯谋曰："将军怀异心，欲危众求功，恐必败。"谋共执贰师。贰师闻之，斩长史，引兵还至速邪乌燕然山。单于知汉军劳倦，自将五万骑遮击贰师，相杀伤甚众。夜堑汉军前，深数尺，从后急击之，军大乱败，贰师降。单于素知其汉大将贵臣，以女妻之，尊宠在卫律上。

李广利投降，在武帝征和三年（公元前90年）。狐鹿姑单于尊宠他在卫律之上，引起卫律的妒嫉，卫律设法杀死他。事已见前引《汉书·匈奴传》。

李广利累次出师，败多胜少。对于李广利的评价，司马光在《资治通鉴》有云："武帝欲侯宠姬李氏，而使广利将兵伐宛，其意以为非有功不侯，不欲负高帝之约也。夫军旅大事，国之安危，民之死生系焉。苟为不择贤愚而授之，欲徼幸咫尺之功，藉以为名而私其所爱，不若无功而侯之为愈也。然则武帝有见于封国，无见于置将。"（卷二十一）武帝并非不会用兵将，不过对于李广利却是一个例外。

《汉书·匈奴传》载："自贰师没后，汉新失大将军士卒数万人，不复出兵。"武帝亦在李广利投降三年后死，在位共五十四年。这是西汉皇帝中在位最久，也是立意要与匈奴决战的一位君主。

匈奴之大臣贵族，在武帝时期投降西汉者，也是很多的。在武帝时期的功臣表中，匈奴人降汉封侯者，就有二十位以上。直到且鞮侯与狐鹿姑时代仍在汉朝廷中占重要地位的金日䃅，便是匈奴的后裔。事见于《汉书》卷六十八《金日䃅传》：

> 金日䃅字翁叔，本匈奴休屠王太子也。武帝元狩中，票骑将军霍去病将兵击匈奴右地，多斩首，虏获休屠王祭天金人其夏，票骑复西过居延，攻祁连山，大克获。于是单于怨昆邪休屠居西方多为汉所破，召其王欲诛之。昆邪、休屠恐，谋降汉。休屠王后悔，昆邪王杀之，并将其众降汉。封昆邪王为列侯。日䃅以父不降见杀，与母阏氏、弟伦俱没入官，输黄门养马，时年十四矣。久之，武帝游宴见马，后宫满侧。日䃅等数十人牵马过殿下，莫不

窃视，至日䃅独不敢。日䃅长八尺二寸，容貌甚严，马又肥好，上异而问之，具以本状对。上奇焉，即日赐汤沐衣冠，拜为马监，迁侍中驸马都尉光禄大夫。日䃅既亲近，未尝有过失，上甚信爱之，赏赐累千金，出则骖乘，入侍左右。贵戚多窃怨，曰："陛下妄得一胡儿，反贵重之！"上闻，愈厚焉。日䃅母教诲两子，甚有法度，上闻而嘉之。病死，诏图画于甘泉宫，署曰"休屠王阏氏"。日䃅每见画常拜，乡之涕泣，然后乃去。日䃅子二人皆爱，为帝弄儿，常在旁侧。弄儿或自后拥上项，日䃅在前，见而目之。弄儿走且啼曰："翁怒。"上谓日䃅："何怒吾儿为？"其后弄儿壮大，不谨，自殿下与宫人戏，日䃅适见之，恶其淫乱，遂杀弄儿。弄儿即日䃅长子也。上闻之大怒，日䃅顿首谢，具言所以杀弄儿状。上甚哀，为之泣，已而心敬日䃅。初，莽何罗与江充相善，及充败卫太子，何罗弟通用诛太子时力战得封。后上知太子冤，乃夷灭充宗族党与。何罗兄弟惧及，遂谋为逆。日䃅视其志意有非常，心疑之，阴独察其动静，与俱上下。何罗亦觉日䃅意，以故久不得发。是时上行幸林光宫，日䃅小疾卧庐。何罗与通及小弟安成矫制夜出，共杀使者，发兵。明旦，上未起，何罗亡何从外入。日䃅奏厕心动，立入坐内户下。须臾，何罗袖白刃从东箱上，见日䃅，色变，走趋卧内欲入，行触宝瑟，僵。日䃅得抱何罗，因传曰："莽何罗反！"上惊起，左右拔刃欲格之，上恐并中日䃅，止勿格。日䃅捽胡投何罗殿下，得禽缚之，穷治皆伏辜。繇是著忠孝节。日䃅自在左右，目不忤视者数十年。赐出宫女，不敢近。上欲内其女后宫，不肯。其笃慎如此，上尤奇异之。

又载：

及上病，属霍光以辅少主，光让日䃅。日䃅曰："臣外国人，且使匈奴轻汉。"于是遂为光副。光以女妻日䃅嗣子赏。初，武帝遗诏以讨莽何罗功封日䃅为秺侯，日䃅以帝少不受封。辅政岁余，病困，大将军光白封日䃅，卧授印绶。一日，薨，赐葬具冢地，送以轻车介士，军陈至茂陵，谥曰敬侯。

日䃅死后，他的子孙七世内侍。班固在《金日䃅传赞》中说：

金日䃅夷狄亡国，羁虏汉庭，而以笃敬寤主，忠信自著，勒功上将，传国后嗣，世名忠孝，七世内侍，何其盛也！本以休屠作金人为祭天主，故因赐姓金氏焉。

汉匈双方互用降人，是军事以外政治斗争的一种方式。

第十七章 匈奴内乱之始与四面受敌

狐鹿姑单于死后，子左谷蠡王在汉昭帝始元二年（公元前85年）立为壶衍鞮单于，在位十七年，死于宣帝地节二年（公元前68年）。

狐鹿姑单于死后，内部的分裂愈为严重。《汉书·匈奴传》论其事如下："初，单于（狐鹿姑）有异母弟为左大都尉，贤，国人乡之，母阏氏恐单于不立子而立左大都尉也，乃私使杀之。左大都尉同母兄怨，遂不肯复会单于庭。"此外，狐鹿姑单于的儿子，也因争立而离叛。同传又说："又单于病且死，谓诸贵人：'我子少，不能治国，立弟右谷蠡王。'及单于死，卫律等与颛渠阏氏谋，匿单于死，诈矫单于令，与贵人饮盟，更立子左谷蠡王为壶衍鞮单于。是岁，始元二年（公元前85年）也。"又说："壶衍鞮单于既立……左贤王、右谷蠡王以不得立怨望，率其众欲南归汉。恐不能自致，即胁卢屠王，欲与西降乌孙，谋击匈奴。卢屠王告之，单于使人验问，右谷蠡王不服，反以其罪罪卢屠王，国人皆冤之。于是二王去居其所，未尝肯会龙城。"又说："单于年少初立，母阏氏不正，国内乖离，常恐汉兵袭之。"按匈奴习惯，每年各王侯贵人，会龙城三次，有些象西汉的大臣朝见一样。不肯会龙城，是对单于的不尊敬，是一种反抗的态度与行为。左大都尉的同母兄既不会单于庭，左贤王与右谷蠡王又不肯会龙城，这些人都是匈奴最重要的人物，从中可见匈奴内部分裂情况之严重。

照匈奴习惯，狐鹿姑死后，应当由左贤王继立为单于。不知何故，狐鹿姑单于死前对贵人说，其子年少，不能治国，而希望其弟右谷蠡王继立为单于。这位年少之子，就是左谷蠡王。左谷蠡王在匈奴的官位上低左贤王一级。狐鹿姑在左大将死后曾以其子为左贤王，则这位左贤王与左谷蠡王显为二人，而且此子当比左谷蠡王年长。这二人都为狐鹿姑之子。同时，狐鹿姑单于立其子为左贤王时，是在他死前好几年。此子在立为左贤王时，若已不算太小，则在狐鹿姑单于死时，应该大了，为什么狐鹿姑单于在遗嘱中，不以合法的左贤王继立单于，而希望其弟右谷蠡王继立为单于？这是一个疑问。

这次内部分裂，还没有象数十年后的五单于争立那样引起互相残杀。然而，这次的争立，好象是后来争立的前奏，而且比之以往的伊稚斜攻败於单更为复杂。这是匈奴更趋于衰弱的征兆。从此以后，争立问题成为匈奴内部分裂的一个主要原因。

然而在壶衍鞮时代，匈奴最大的问题恐怕还是外患。自然，外患之来，是与内部分裂有关系的。比方不满意单于而投降外人，或者甚至利用外人的力量去恢复或维持自己的地位。所以说是内部分裂引起外患。

匈奴的劲敌，自冒顿至狐鹿姑的一百多年中，主要是西汉王朝。稽粥单于迫走月氏之后，匈奴的东方、西方以及北边都没有足以威胁他的敌人了。这三方面的部落都已为匈奴所征服。大概是在军臣单于时代，只有西边一个受匈奴帮助复国的乌孙，后来强盛起来，不肯朝会单于。匈奴发兵去征伐，结果失败而归。然而这个时期中，却找不到乌孙攻伐匈奴的记载。在壶衍鞮时代的情形就不同了。除南方的劲敌以外，东方的乌桓也逐渐复兴。北边的丁令与西边的乌孙，都乘机对匈奴进行攻击，使匈奴陷入四面受敌的境地。

壶衍鞮就位后，匈奴示意西汉使者，希望和亲。但他就位后二年，又南下侵略代郡，仍是匈奴一面办交涉，一面扰乱的传统作风。但是匈奴三十多年来，受到西汉的严重打击，加以争立而引起国内不安，匈奴很怕西汉王朝的征伐。自卫青、霍去病以后，匈汉战争的战场多在匈奴的领土以内，匈奴人少物稀，遭到很大的损失，所以卫律与匈奴的贵人们"常恐汉兵袭之"。

卫律既与阏氏谋立年少的单于，这说明他的作用更为重要。卫律本是胡人，但生长于西汉，对于汉朝的文化及优点知之甚详。汉人筑城藏谷的防守战略，是他所熟知的。因此他向匈奴单于献计，也想用这种守卫的方法去抵抗西汉的进攻。《汉书·匈奴传》说："于是卫律为单于谋'穿井筑城，治楼以藏谷，与秦人守之……'"匈奴人本来不会穿井，他们是逐水草而居的游牧部落，没有城郭，所住的是穹庐，不是楼室。他们穿井筑城治楼要用汉人，就是守城也要用汉人。这里所说的秦人就是汉人。因为秦朝威震匈奴，所以匈奴叫汉人为秦人。这些汉人，有的是投降的，有的是战争俘虏。卫律利用这些人去守城，相信这样做，则"汉兵至，无奈我何"。于是"即穿井数百，伐材数千"。但是，有些人反对他的这种做法，认为匈奴人不善于在城中守城、治楼、藏谷，这样做等于积粮送给汉朝。这种看法可能是从赵信城的经验而来。赵信曾筑城藏谷，后来卫青率兵攻破此城，西汉的兵士就用城里所藏的谷物为食，吃不了或不能带走便用火烧尽。卫律听到胡人不能守城的意见后，也可能是回忆到赵信城的教训，所以井虽是穿了数百，木材伐了数千，便放弃这个计划。

穿井筑城治楼的计划既已放弃，匈奴乃用其他方法去讨好西汉，决定遣回被匈奴扣留而不肯投降的西汉使者，这就是苏武以及另一位叫做马宏者。关于马宏，《汉书·匈奴传》说："马宏者，前副光禄大夫王忠使西国，为匈奴所遮，忠战死，马宏生得，亦不肯降。故匈奴归此二人，欲以通善意。"

马宏归汉后的情形如何，史书没有记载。苏武在未离匈奴前及归国后的情况，《汉书·苏武传》说得很清楚。

苏武离开匈奴之次年，也就是昭帝始元七年（公元前80年），匈奴发左右部二万骑分为四队，入边为寇。《汉书·匈奴传》云："汉兵追之，斩首获虏九千人，生得瓯脱王，汉无所失亡。匈奴见瓯脱王在汉，恐以为道击之，即西北远去，不敢南逐水草，发人民屯瓯脱。明年，复遣九千骑屯受降城以备汉，北桥余吾，令可度，以备奔走。"这说明匈奴的兵力愈来愈衰。它虽然调动二万骑来入寇，但是经过西汉的追击，损失差不多一半，而且熟悉匈奴道途的瓯脱王也被西汉俘虏。匈奴既怕瓯脱王引道攻击，又不得不再向西北迁徙。这与后来的乌桓以至鲜卑的勃兴，很有关系。经过武帝的打击之后，匈奴的左贤王原来所居的东部，已迁移到原来单于所居的地方。其后又向西跑，现在再向西北走，因而愈与乌孙接近，此后匈奴与乌孙的接触也更多起来。东边的乌桓、鲜卑却得以摆脱匈奴的羁绊。

此时，卫律已死。卫律在狐鹿姑的时代，明白用武力去对付西汉是很为吃亏后，极力主张与西汉和亲。在他生前，这种主张并不见得被匈奴一般的大臣贵人所赞成，但是在他死后，匈奴"兵数困，国益贫"，壶衍鞮的弟弟左谷蠡王，觉得卫律生前的主张是有道理的，所以也主张和亲。可是又怕西汉方面未必答应，于是，匈奴常常使其左右将这个意思暗示给西汉使者。同时，对西汉的侵扰也更为稀少，对西汉使者也愈为厚待，目的是希望能与西汉修和亲之约。西汉对于匈奴这种表示是欢迎的。但是，不久左谷蠡王死了，这种和平局面又不大能够维持下去，战争发生了。《汉书·匈奴传》说：

> 明年（昭帝元凤三年，公元前78年），单于使犁污王窥边，言酒泉、张掖兵益弱，出兵试击，冀可复得其地。时汉先得降者，闻其计，天子诏边警备。后无几，右贤王、犁污王四千骑分三队，入日勒、屋兰、番和。张掖太守、属国都尉发兵击，大破之，得脱者数百人。属国千长义渠王骑士射杀犁污王，赐黄金二百斤，马二百匹，因封为犁污王。属国都尉郭忠封成安侯。自是后，匈奴不敢入张掖。

数十年来，匈奴愈往西迁，愈觉得酒泉、张掖的重要。他们想取回这些地方是无可怀疑的。但是，自此以后再"不敢入张掖"了。张掖一名，据说是由于"断匈奴右臂""张西汉之掖"而来，现在可以说是名副其实了。

匈奴虽然遭受这次大败，但并不甘心。昭帝元凤三年（公元前78年），匈奴又遣三千余骑入五原，杀略数千人。后来还有数万骑兵南下，在西汉塞边行猎，攻击塞外的亭障，掠取吏民。但此时西汉边郡的防备工作很好，烽火候望制度很精密，匈奴要想侵入，很为困难。匈奴入侵的目的本在掠取人民粮畜，西汉既有防备，匈奴无机可乘，入寇也就稀少了。

壶衍鞮单于未死前，西汉还曾出三千余骑，分三路并入匈奴，捕得俘虏三千余人，匈奴远逃不敢抵抗。这也可以说明到了壶衍鞮的末年，匈奴衰弱的现象。

此外，昭帝元凤三年，西汉曾遣范明友击匈奴，不过这次征伐，与乌桓有关。

除了南边的西汉给予匈奴的沉重打击之外，东方的乌桓或乌丸，对匈奴也时时骚扰。关于乌桓及其与匈奴的关系，《汉书·匈奴传》与《汉书》其他各处略为记载，但是说得最详细的是《后汉书》卷九十《乌桓列传》：

> 乌桓者，本东胡也。汉初，匈奴冒顿灭其国，余类保乌桓山，因以为号焉。俗善骑射，弋猎禽兽为事。随水草放牧，居无常处。以穹庐为舍，东开向日。食肉饮酪，以毛毳为衣。贵少而贱老，其性悍塞。怒则杀父兄，而终不害其母，以母有族类，父兄无相仇报故也。有勇健能理决斗讼者，推为大人，无世业相继。邑落各有小帅，数百千落自为一部。大人所召呼，则刻木为信，虽无文字，而部众不敢违犯。氏姓无常，以大人健者名字为姓。大人以下，各自畜牧营产，不相徭役。……其约法：违大人言者，罪至死；若相贼杀者，令部落自相报，不止，诣大人告之，听出马牛羊以赎死；其自杀父兄则无罪；若亡畔为大人所捕者，邑落不得受之，皆徙逐于雍狂之地，沙漠之中。其土多蝮蛇，在丁令西南，乌孙东北焉。

乌桓位置应在匈奴之东，在丁令东南而非西南。乌孙则远在匈奴之西，与乌桓并不接近。《后汉书·乌桓列传》又说：

> 乌桓自为冒顿所破，众遂孤弱，常臣伏匈奴，岁输牛马羊皮，过时不具，辄没其妻子。及武帝遣骠骑将军霍去病击破匈奴左地，因徙乌桓于上谷、渔阳、右北平、辽西、辽东五郡塞外，为汉侦察匈奴动静。其大人岁一朝见，于是始置护乌桓校尉，秩二千石，拥节监领之，使不得与匈奴交通。

西汉迁徙乌桓到匈奴左地与塞外五郡，目的还是防备匈奴。这与武帝遣张骞到乌孙，希望乌孙回敦煌、祁连故地以防备匈奴的政策是一致的。通西域是断匈奴的右臂，连乌桓是断匈奴的左臂。乌桓的迁徙，对于西汉防备匈奴固有其作用，但后来乌桓本身有时也成为西汉的边患，有时还勾结匈奴入寇。《汉书·匈奴传》说：

> 汉复得匈奴降者，言乌桓尝发先单于冢，匈奴怨之，方发二万骑击乌桓。大将军霍光欲发兵邀击之，以问护军都尉赵充国。充国以为"乌桓间数犯塞，今匈奴击之，于汉便。又匈奴希寇盗，北边幸无事。蛮夷自相攻击，而发兵要之，招寇生事，非计也"。光更问中郎将范明友，明友言可击。于是拜明友为度辽将军，将二万骑出辽东。匈奴闻汉兵至，引去。初，光诫明友："兵不空出，即后匈奴，遂击乌桓。"乌桓时新中匈奴兵，明友既后匈奴，因乘乌桓敝，击之，斩首六千余级，获三王首，还，封为平陵侯。匈奴由是恐，不能出兵。

从这段话看起来，西汉可以说是一举两得。匈奴既不复出兵，乌桓也为西汉大败。然而这样一来，乌桓不久即入寇幽州，所以西汉又不得不遣范明友去专击乌桓，而且还不止这一次，这正是赵充国所说"招寇生事"。

此外，北边的丁令也慢慢地叛离匈奴。《汉书》没有《丁令传》，《三国志·魏书》卷三十《乌丸鲜卑东夷传》注说：

> 丁令国在康居北，胜兵六万人，随畜牧，出名鼠皮，白昆子、青昆子皮。

在冒顿时，丁令曾被匈奴征服。宣帝初年，乌孙击败匈奴，丁令乘机从北边攻伐匈奴，大概这时又脱离匈奴独立。

壶衍鞮在位的时候，除了南边的西汉，东边的乌桓，北边的丁令之外，西边的乌孙也给予匈奴很大的打击。《汉书·西域传》"乌孙"条说：

> 乌孙国，大昆弥治赤谷城，去长安八千九百里。户十二万，口六十三万，胜兵十八万八千八百人。相，大禄，左右大将二人，侯三人，大将、都尉各一人，大监二人，大吏一人，舍中大吏二人，骑君一人。……地莽平。多雨，寒。山多松樠。不田作种树，随畜逐水草，与匈奴同俗。……故服匈奴，后盛大，取羁属，不肯往朝会。东与匈奴、西北与康居、西与大宛、南与城郭诸国相接。

匈奴受西汉攻击逐渐向西北迁徙，匈奴与乌孙的接触更多，争端也时起。西汉虽不能说服乌孙迁回敦煌、祁连故地，但自张骞出使乌孙之后，乌孙逐渐亲汉。到了武帝元封六年（公元前105年），西汉与乌孙和亲之后，乌孙与西汉的关系更加密切。这使匈奴对乌孙更加不满。匈奴单于虽然也遣女嫁给乌孙昆莫，但是，乌孙与匈奴的关系仍不断恶化。西汉笼络乌孙，主要是为了牵制匈奴。西汉第一位宗室女嫁给乌孙的是江都王建之女细君。细君嫁给乌孙昆莫时，昆莫已很老，而且语言又不通，使细君很为悲愁。她悲愁之状，表现在她所作的著名的歌中。《汉书·西域传》指出，西汉皇帝听了她的歌后，对她很怜悯，"间岁遣使者持帷帐锦绣给遗焉。昆莫年老，欲使其孙岑陬尚公主，公主不听，上书言状，天子报曰：'从其国俗，欲与乌孙共灭胡。'岑陬遂妻公主。昆莫死，岑陬代立。岑陬者，官号也，名军须靡。昆莫，王号也，名猎骄靡。后书'昆弥'云。岑陬尚江都公主，生一女少夫"。细君公主嫁给岑陬不过数年就死了。西汉为了继续维持这种友好关系，又遣另一位宗室女嫁给岑陬。这位宗室女在乌孙好几十年，除了嫁给岑陬外，还嫁给其季父子肥王。《汉书·西域传》"乌孙"条说："公主（细君）死，汉复以楚王戊之孙解忧为公主，妻岑陬。岑陬胡妇子泥靡尚小，岑陬且死，以国与季父大禄子翁归靡，曰：'泥靡大，以国归之。'翁归靡既立，号肥王，复尚楚主解忧，生三男二女：长男曰元贵靡；次曰万年，为莎车王；次曰大乐，为左大将；长女弟史为龟兹王绛宾妻；小女素光为若呼翕侯妻。"

这位解忧公主在肥王死后，还嫁给继立为昆弥的狂王。很值得注意的是，这位狂王就是岑陬所妻匈女生的儿子泥靡。他在肥王刚立的时候，年纪很小，肥王死时他已长大，继立为昆弥。这时解忧已六十岁左右，嫁给泥靡后，据说还生了一个儿子。《汉书·西域传》"乌孙"条载此事说：

> 元康二年（公元前64年），乌孙昆弥（指肥王）因惠（指常惠）上书："愿以汉外孙元贵靡为嗣，得令复尚汉公主，结婚重亲，畔绝匈奴，愿聘马骡各千匹。"诏下公卿议，大鸿胪萧望之以为"乌孙绝域，变故难保，不可许"。上美乌孙新立大功，又重绝故业，遣使者至乌孙，先迎取聘。昆弥及太子、左右大将、都尉皆遣使，凡三百余人，入汉迎取少主。上乃以乌孙主解忧弟子相夫为公主，置官属侍御百余人，舍上林中，学乌孙言。天子自临平乐观，会匈奴使者、外国君长大角抵，设乐而遣之。使长罗侯光禄大夫惠为副，凡持节者四人，送少主至敦煌。未出塞，闻乌孙昆弥翁归靡死，乌孙贵人共从本约，立岑陬子泥靡代为昆弥，号狂王。惠上书："愿留少主敦煌，惠驰至乌孙责让不立元贵靡为昆弥，还迎少主。"事下公卿，望之复以为"乌孙持两端，难约结。前公主在乌孙四十余年，恩爱不亲密，边竟未得安，此已事之验也。今少主以元贵靡不立而还，信无负于夷狄，中国之福也。……"天子从之，征还少主。狂王复尚楚主解忧，生一男鸱靡，不与主和，又暴恶失众。

我们要指出的是，匈奴也是为了想得解忧而攻击乌孙的，因而引起西汉发重兵去帮助。乌孙击匈奴这件事，发生于昭帝末年与宣帝初年的时候，也就是在范明友追击匈奴并大败乌桓之后。《汉书·匈奴传》说：

> （匈奴）即使使之乌孙，求欲得汉公主。击乌孙，取车延、恶师地。乌孙公主上书，下公卿议救，未决。昭帝崩……

《汉书·西域传》"乌孙"条说：

> 昭帝时，公主上书，言"匈奴发骑田车师，车师与匈奴为一，共侵乌孙，唯天子幸救之"！汉养士马，议欲击匈奴。会昭帝崩，宣帝初即位，公主及昆弥皆遣使上书，言"匈奴复连发大兵侵击乌孙，取车延、恶师地，收人民去，使使谓乌孙趣持公主来，欲隔绝汉。昆弥愿发国半精兵，自给人马五万骑，尽力击匈奴。唯天子出兵以救公主、昆弥"。

《匈奴传》说昆弥上书云"唯天子出兵，哀救公主"！《西域传》置公主上书在先，昆弥求救在后，都说明乌孙主要是以解忧公主去感动西汉皇帝，要他出兵攻击匈奴。《汉书·匈奴传》说：

> 本始二年（公元前72年），汉大发关东轻锐士，选郡国吏三百石伉健习骑射者，皆从军。遣御史大夫田广明为祁连将军，四万余骑，出西河；度辽

将军范明友三万余骑，出张掖；前将军韩增三万余骑，出云中；后将军赵充国为蒲类将军，三万余骑，出酒泉；云中太守田顺为虎牙将军，三万余骑，出五原；凡五将军，兵十余万骑，出塞各二千余里。及校尉常惠使护出兵乌孙西域，昆弥自将翁侯以下五万余骑从西方入，与五将军兵凡二十余万众。匈奴闻汉兵大出，老弱奔走，驱畜产远遁逃，是以五将少所得。

又说：

度辽将军出塞千二百余里，至蒲离候水，斩首捕虏七百余级，卤获马牛羊万余。前将军出塞千二百余里，至乌员，斩首捕虏，至候山百余级，卤马牛羊二千余。蒲类将军兵当与乌孙合击匈奴蒲类泽，乌孙先期至而去，汉兵不与相及。蒲类将军出塞千八百余里，西去候山，斩首捕虏，得单于使者蒲阴王以下三百余级，卤马牛羊七千余。闻虏已引去，皆不至期还。天子薄其过，宽而不罪。祁连将军出塞千六百里，至鸡秩山，斩首捕虏十九级，获牛马羊百余。逢汉使匈奴还者冉弘等，言鸡秩山西有虏众，祁连即戒弘，使言无虏，欲还兵。御史属公孙益寿谏，以为不可，祁连不听，遂引兵还。虎牙将军出塞八百余里，至丹余吾水上，即止兵不进，斩首捕虏千九百余级，卤马牛羊七万余，引兵还。上以虎牙将军不至期，诈增卤获，而祁连知虏在前，逗遛不进，皆下吏自杀。擢公孙益寿为侍御史。

同传又说："校尉常惠与乌孙兵至右谷蠡庭，获单于父行及嫂、居次、名王、犁污都尉、千长、将以下三万九千余级，虏马牛羊驴骡橐驼七十余万。……然匈奴民众死伤而去者，及畜产远移死亡不可胜数。于是匈奴遂衰耗，怨乌孙。"

常惠与乌孙兵到右谷蠡王庭，所捕获的大量人民畜产，通通为乌孙专有，一点也不给西汉，甚至连常惠的印绶也被乌孙人盗走。《汉书》卷七十《常惠传》说："……乌孙皆自取卤获。惠从吏卒十余人随昆弥还，未至乌孙，乌孙人盗惠印绶节。惠还，自以当诛。"

出乎常惠意料之外，宣帝却以为五将军出兵皆不得胜利，只有常惠奉出克获，还封他为长罗侯，食邑二千八百五十户。同时，宣帝不但不责备乌孙自取卤获，相反的，还遣常惠持金币再次出使乌孙，赏赐乌孙贵人有功者。这也是乌孙贵人所意料不到的。西汉这次调动重兵，是武帝以来攻伐匈奴出兵最多的一次。这主要是因为解忧公主的请求，使她免为匈奴所夺与使乌孙免为匈奴所败。乌孙独吞战利品，并盗汉使印绶，西汉不但不责备，而且还赏赐他，这对乌孙来说，也是一举两得。但从中也可以看出，西汉对于攻灭匈奴是多么迫切。

从此，匈奴对乌孙更加怨恨。宣帝本始三年（公元前71年）冬，壶衍鞮单于亲自出马，将万骑去攻击乌孙。在初攻乌孙时，匈奴颇获乌孙的老弱民众，但当他要引兵回匈奴时，大雪降下来，一日之间，雪深丈余，人民畜产冻死不可胜数，能回国者不过十分之一。这又是一次大失败。《汉书·匈奴传》说：

> 于是丁令乘弱攻其北，乌桓入其东，乌孙击其西。凡三国所杀数万级，马数万匹，牛羊甚众。又重以饿死，人民死者什三，畜产什五，匈奴大虚弱，诸国羁属者皆瓦解，攻盗不能理。

没有多久，西汉又遣兵分三道攻匈奴，捕虏数千人而还，使匈奴陷入四面楚歌的境地，内乱外患与天灾相迫偕来，愈为衰弱。

壶衍鞮在位的十七年中，匈奴衰弱之甚，是匈奴历史上所没有过的。西汉的边塞在这个时候也很少有事。此时，匈奴又欲与西汉和亲，但这种意图还没有实现，壶衍鞮即于宣帝地节二年（公元前68年）死去。

第十八章　匈奴五单于争立的动乱时代

壶衍鞮以后的虚闾权渠单于以至五单于争立的时代（汉宣帝地节二年至甘露元年，公元前 68—53 年），匈奴的天灾也很严重，外患也不见减轻，而内乱则发展到不可收拾的地步。结果是匈奴不得不称臣于西汉，成为西汉的藩属。

自武帝时卫青、霍去病大败匈奴之后，匈奴的天灾不断地见于史书。儿单于在位时（公元前 105—102 年），匈奴曾有过一次大雪，畜产多冻死。十余年后，在狐鹿姑的末年（公元前 89 年），雨雪连降数月，畜产死，人民疫病，谷稼不熟。壶衍鞮的末年（公元前 71 年），又因大雪，人民死者什三，畜产什五。不出四年，虚闾权渠就位的初年（公元前 68 年），匈奴又闹饥荒，人民畜产死亡十之六七。《汉书·五行志》指出，西汉在武帝时代的战争消耗，"师出三十余年，天下户口减半"。匈奴自军臣单于死后以至壶衍鞮单于的六十年中，因战争与天灾所消耗的人口恐怕不止匈奴人口之半数。至于畜物的损失以及领土的缩小，也是很为明显的。而且游牧部族主要是肉食，肉食的主要畜物是牛、羊、马。一次天灾使这些畜物大量损失，是不能在很短时间内恢复过来的。不象耕种的人们，今年因天灾使五谷受影响，明年还可得到丰收。所以匈奴因天灾而损失畜物，对于民食上的影响尤为严重。

内乱最甚的时期是五单于的争立。争立历史的演变有一个漫长的过程。在壶衍鞮死后，弟左贤王立为虚闾权渠单于，引起内部一连串的不和与动乱。《汉书·匈奴传》说："虚闾权渠单于立，以右大将女为大阏氏，而黜前单于所幸颛渠阏氏。颛渠阏氏父左大且渠怨望。"以后，"虚闾权渠单于立九年死（宣帝神爵二年，公元前 60 年）。自始立而黜颛渠阏氏，颛渠阏氏即与右贤王私通。右贤王会龙城而去，颛渠阏氏语以单于病甚，且勿远。后数日，单于死。郝宿王刑未央使人召诸王，未至，颛渠阏氏与其弟左大且渠都隆奇谋，立右贤王屠耆堂为握衍朐鞮单于。握衍朐鞮单于者，代父为右贤王，乌维单于耳孙也"。"单于初立，凶恶，尽杀虚闾权渠时用事贵人刑未央等，而任用颛渠阏氏弟都隆奇；又尽免虚闾权渠子弟近亲，而自以其子弟代之。虚闾权渠单于子稽侯狦既不得立，亡归妻父乌禅幕。乌禅幕者，本乌孙、康居间小国，数见侵暴，率其众数千人降匈奴，狐鹿姑单于以其弟子日逐王姊妻之，使长其众，居右地。日逐王先贤掸，其父左贤王当为单于，让狐鹿姑单于，狐鹿姑单于许立之。国人以故颇言日逐王当为单于。日逐王素与握衍朐鞮单于有隙，即率其众数万骑归汉。汉封日逐王为归德侯。"

日逐王既投降于汉，握衍朐鞮单于更立其从兄薄胥堂为日逐王。过了一年，他又杀了日逐王先贤掸两个弟弟。乌禅幕劝他不要这样做，他不听。乌禅幕之女婿虚闾权渠之子稽侯狦。如上面所指出，稽侯狦不得继虚闾权渠为单于，而为握衍朐鞮代立，乌禅幕对于握衍朐鞮已生怨恨，现在单于又不听他的话，杀先贤掸之弟，乌禅幕对单于更加不满。

握衍朐鞮的暴虐杀伐、排斥异己，使好多贵人对他都不敬服，而生反叛之心，形成另立单于的后果。《汉书·匈奴传》说：

> 其后左奥鞬王死，单于自立其小子为奥鞬王，留庭。奥鞬贵人共立故奥鞬王子为王，与俱东徙。单于遣右丞相将万骑往击之，失亡数千人，不胜。时单于已立二岁，暴虐杀伐，国中不附。及太子、左贤王数谮左地贵人，左地贵人皆怨。其明年，乌桓击匈奴东边姑夕王，颇得人民，单于怒。姑夕王恐，即与乌禅幕及左地贵人共立稽侯狦为呼韩邪单于。

这也是五单于争立的序幕。稽侯狦既立为呼韩邪单于，握衍朐鞮当然不能容忍。可是握衍朐鞮单于尚未调兵征伐之前，呼韩邪已发左地兵四五万人，向西去攻击握衍朐鞮单于。呼韩邪的军队至姑且水北，还没有正式与握衍朐鞮单于会战，握衍朐鞮单于的兵已经败走。握衍朐鞮于是使人去向其弟右贤王求救说："匈奴共攻我，若肯发兵助我乎？"从"匈奴共攻我"这句话可以看出，怨恨和攻击他的人之多。他的弟弟右贤王见国人对握衍朐鞮都已反叛，大概是觉得大势已去，就是帮助也无济于事，而且他对哥哥的行为也不满意。所以他对哥哥的使者说："若不爱人，杀昆弟诸贵人。各自死若处，无来污我。"握衍朐鞮觉得众叛亲离，大势无可挽回，结果是自杀而死。从他继立至自杀（宣帝神爵四年，公元前58年），只有三年。

握衍朐鞮单于自杀后，他的民众完全投降于呼韩邪单于。曾与其姐颛渠阏氏谋立握衍朐鞮单于的左大且渠都隆奇，便跑到了右贤王的地方。右贤王虽然不满其兄的行为而任其失败自杀，但也不见得赞成呼韩邪为单于。他收容了都隆奇，可能也收容了颛渠阏氏，这些人都是呼韩邪的敌人。这一行动使呼韩邪单于对他很猜忌。呼韩邪认为，虽然他是目前唯一的单于，但是右贤王与其他一些贵人还不服他。

握衍朐鞮自杀之后，呼韩邪就来到单于庭，但并没有乘胜去攻击右贤王。此时，他一方面在民间找到其兄呼屠吾斯，立之为左谷蠡王，这就是后来的郅支单于；一方面在数月之后，又把他统率的大量军队遣回故地。同时，他又遣人去说服右贤王的贵人，希望他们把右贤王杀死。这当然就引起了右贤王的反抗。在宣帝神爵四年（公元前58年）冬，都隆奇与右贤王谋立握衍朐鞮的从兄日逐王薄胥堂为屠耆单于，并且发兵数万去攻击呼韩邪单于。这次战争的结果是呼韩邪失败，于是他不得不逃跑。

屠耆单于胜利归来，即以其长子都涂吾西为左谷蠡王，而以其少子姑瞀楼头为右谷蠡王。他们都留在单于王庭。呼韩邪虽然战败逃跑，但仍然设法召集部众，准备再攻屠耆。过了一年，匈奴的内乱更趋严重。除了呼韩邪单于与屠耆单于之外，又有数人自称为单于，互相征伐，成为一个大混战的时代。《汉书·匈奴传》简述其情况如下："明年秋（宣帝五凤元年，公元前57年），屠耆单于使日逐王先贤掸兄右奥鞬王为乌藉都尉各二万骑，屯东方以备呼韩邪单于。是时，西方呼揭王来与唯犁当户谋，共谮右贤王，言欲自立为乌藉单于。屠耆单于杀右贤王父子，后知其冤，复杀唯犁当户。于是呼揭王恐，遂畔去，自立为呼揭单于。"

呼韩邪单于、屠耆单于，又加上一个呼揭单于，是三个单于。呼揭王立为单于之后，"右奥鞬王闻之，即自立为车犁单于"。这是第四位单于了。之后，"乌藉都尉亦自立为乌藉单于"，这又是一位单于。至此，共有了五位单于。呼揭、车犁、乌藉三位单于本来都是屠耆单于的部下，他们自立为单于，使屠耆单于的势力削弱，这是屠耆单于不能容忍的。于是，他亲自率兵东击车犁单于，并使都隆奇攻乌藉单于。车犁单于与乌藉单于皆失败，乃跑到西北与呼揭单于联合起来，共有四万兵。呼揭单于与乌藉单于均除去单于称号，而拥护车犁单于。结果是从五个单于减为三位单于。这就是呼韩邪单于、屠耆单于与车犁单于。

这个时候，在地域上呼韩邪在东边，车犁在西边，而屠耆居于中间。屠耆得知呼揭与乌藉去了单于称号，拥护车犁为单于，他于是遣左大将、都尉带领四万骑屯驻在东边以防呼韩邪，自己带领四万骑向西南去攻击车犁单于。结果是车犁单于又败，向西北逃去。屠耆攻败车犁之后，遂引兵向西南，居留在阗敦地。

呼韩邪乘着忙于征伐之际，有充分时间去准备部队。第二年（公元前56年），他乃遣其弟右谷蠡王等西击屠耆单于的屯兵。这次攻击，右谷蠡王胜利了，屠耆的部下损失了万余人。屠耆得到这个消息之后，亲自率六万骑去攻击呼韩邪。他行了一千里的路程还没有到嗕姑地，就遇上呼韩邪的军队（约四万人）。两者会战，结果是屠耆大败自杀。都隆奇与屠耆的幼子右谷蠡王姑瞀楼头向南逃跑，投降西汉。同时，跑到西北的车犁单于也率众投降呼韩邪单于。

这么一来，呼韩邪这时成了唯一的单于。然而，此时匈奴的形势还是十分混乱。呼韩邪自己的左大将乌厉屈与父呼邀累乌厉温敦，见匈奴这样混乱，也率其众数万人向西汉投降。西汉封乌厉屈为新城侯，乌厉温敦为义阳侯。

由五个单于只剩下一个后，呼韩邪似乎可以太平无事了。然而正在这个时候，李陵之子又立乌藉都尉为单于，但是不久被呼韩邪杀死。

呼韩邪杀了乌藉单于之后，重都于单于庭，不过众才数万人。这时又有另二人自称为单于。一为屠耆单于从弟休旬王，在西边自立为闰振单于；一为呼韩邪的哥哥呼屠吾斯在东边自立为郅支骨都侯单于。这样匈奴又有了三位单于——呼韩邪单于、闰振单于与郅支单于。

过了二年，即宣帝五凤四年（公元前54年），闰振单于率其众东击郅支单于，郅支单于与之会战，结果是闰振单于被杀死，败兵降于郅支单于。郅支乘胜进攻他的弟弟呼韩邪单于，呼韩邪被攻败，郅支单于都于单于庭。

《汉书》记载匈奴这段历史，谓为"五单于之乱"，其实也可以说"七单于之乱"。最后是剩了二位单于，一为呼韩邪单于，一为郅支单于。这是公元前54年的事情。呼韩邪失败后逃到南边，后来降汉称臣。郅支单于虽然占领了单于庭，但见呼韩邪单于受西汉保护，难于攻破，于是逐渐向西北迁徙，最后到达康居。在元帝建昭三年（公元前36年），也就是他攻败呼韩邪后的十八年，被西汉甘延寿与陈汤杀死。呼韩邪单于降汉以前，本来是居近西汉边塞，与郅支的单于庭分别称为南北匈奴，及至郅支西迁之后，呼韩邪又回到单于庭。所谓的南、北匈奴，在郅支单于还在西边未被杀死之前实际成为东、西匈奴。

匈奴的外患，在虚闾权渠以至五单于争立的时期，表面上看起来，好象没有内乱那么厉害，其实也很严重。尤其是在这个时期里，匈奴在西域的势力从根本上被打垮。这种外患当然与内乱有关系，可以说两者是互为因果的。

除东方的乌桓外，北边的丁令尤为猖獗。匈奴攻乌孙失败后，丁令便乘机攻击匈奴的北边。到了虚闾权渠的时期，《汉书·匈奴传》指出，"比三岁入盗匈奴"。一个久为匈奴所臣服的部族，现在却常常侵略匈奴，这说明匈奴北边防备的薄弱。

虚闾权渠就位后，西汉见匈奴已十分虚弱，不能为害，曾罢边塞的军队以休养人民。虚闾权渠本来也欲与西汉和亲，可是他中了他的政敌的计谋又入寇西汉，结果是失败。《汉书·匈奴传》说：

> 虚闾权渠单于立……是时匈奴不能为边寇，于是汉罢外城，以休百姓。单于闻之喜，召贵人谋，欲与汉和亲。左大且渠心害其事，曰："前汉使来，兵随其后，今亦效汉发兵，先使使者入。"乃自请与呼卢訾王各将万骑南旁塞猎，相逢俱入。行未到，会三骑亡降汉，言匈奴欲为寇。于是天子诏发边骑屯要害处，使大将军军监治众等四人将五千骑，分三队，出塞各数百里，捕得虏各数十人而还。时匈奴亡其三骑，不敢入，即引去。

就在这一年，匈奴怕西汉攻击，曾发两万骑兵分住两个地方，以防备西汉。可是《汉书·匈奴传》又说：

> 其秋，匈奴前所得西嚋居左地者，其君长以下数千人皆驱畜产行，与瓯脱战，所战杀伤甚众，遂南降汉。

此外，如上面所指出，日逐王与乌厉屈及其父投降西汉，人数达十余万，所以宣帝五凤三年（公元前55年）要置西河、北地属国以安处匈奴降者。

虚闾权渠在宣帝神爵二年（公元前60年），曾将十余万骑"旁塞猎"，其民题除渠堂亡降汉,把这个消息告诉西汉。西汉遣赵充国将两万余骑去迎击,但不久单于呕血死,因而罢兵。

匈奴西边的西域地方,自霍去病攻祁连山与浑邪王降汉之后,西汉已可以直接与西域诸国交通,联络乌孙,征伐楼兰与车师,使匈奴在西域的势力差不多完全丧失了。

虚闾权渠单于就位时,匈奴开始衰弱,被迫向西方迁徙,因而重新与汉争夺西域诸国。对交通要道车师的争夺尤为剧烈。《汉书·西域传下》"车师后城长国"条说:"宣帝即位,遣五将将兵击匈奴,车师田者惊去,车师复通于汉。匈奴怒,召其太子军宿,欲以为质。军宿,焉耆外孙,不欲质匈奴,亡走焉耆。车师王更立子乌贵为太子。及乌贵立为王,与匈奴结婚姻,教匈奴遮汉道通乌孙者。"这是宣帝本始二年(公元前72年)的事情。同条又说:"地节二年(公元前68年,即虚闾权渠就位的那一年),汉遣侍郎郑吉、校尉司马憙将免刑罪人田渠犁,积谷,欲以攻车师。至秋收谷,吉、憙发城郭诸国兵万余人,自与所将田士千五百人共击车师,攻交河城,破之。王尚在其北石城中,未得,会军食尽,吉等且罢兵,归渠犁田。收秋毕,复发兵攻车师王于石城。王闻汉兵且至,北走匈奴求救,匈奴未为发兵。王来还,与贵人苏犹议欲降汉,恐不见信。苏犹教王击匈奴边国小蒲类,斩首,略其人民,以降吉。车师旁小金附国随汉军后盗车师,车师王复自请击破金附。匈奴闻车师降汉,发兵攻车师,吉、憙引兵北逢之,匈奴不敢前。吉、憙即留一候与卒二十人留守王,吉等引归渠犁。车师王恐匈奴兵复至而见杀也,乃轻骑奔乌孙,吉即迎其妻子置渠犁。东奏事,至酒泉,有诏还田渠犁及车师,益积谷以安西国,侵匈奴。吉还,传送车师王妻子诣长安,赏赐甚厚,每朝会四夷,常尊显以示之。于是吉始使吏卒三百人别田车师。得降者言,单于大臣皆曰'车师地肥美,近匈奴,使汉得之,多田积谷,必害人国,不可不争也'。果遣骑来击田者,吉乃与校尉尽将渠犁田士千五百人住田,匈奴复益遣骑来,汉田卒少不能当,保车师城中。匈奴将即其城下谓吉曰:'单于必争此地,不可田也。'围城数日乃解。后常数千骑往来害车师,吉上书言:'车师去渠犁千余里,间以河山,北近匈奴,汉兵在渠犁者势不能相救,愿益田卒。'"

宣帝得了郑吉的奏书后,曾与后将军赵充国等商议,以为匈奴已经很为衰弱,欲出兵击其右地,使匈奴不能再去扰乱西域。可是魏相却反对这种做法。《汉书·魏相传》载他上书谏曰:

> 臣闻之,救乱诛暴,谓之义兵,兵义者王;敌加于己,不得已而起者,谓之应兵,兵应者胜;争恨小故,不忍愤怒者,谓之忿兵,兵忿者败;利人土地货宝者,谓之贪兵,兵贪者破;恃国家之大,矜民人之众,欲见威于敌者,谓之骄兵,兵骄者灭。此五者,非但人事,乃天道也。间者匈奴尝有善

意，所得汉民辄奉归之，未有犯于边境，虽争屯田车师，不足致意中。今闻诸将军欲兴兵入其地，臣愚不知此兵何名者也。今边郡困乏，父子共犬羊之裘，食草莱之实，常恐不能自存，难以动兵。"军旅之后，必有凶年"，言民以其愁苦之气，伤阴阳之和也。出兵虽胜，犹有后忧，恐灾害之变因此以生。今郡国守相多不实选，风俗尤薄，水旱不时。案今年计，子弟杀父兄、妻杀夫者，凡二百二十二人，臣愚以为此非小变也。今左右不忧此，乃欲发兵报纤介之忿于远夷，殆孔子谓"吾恐季孙之忧不在颛臾而在萧墙之内"也。愿陛下与平昌侯、乐昌侯、平恩侯及有识者详议乃可。

宣帝听了魏相的话不再遣兵去攻击匈奴右地。但因郑吉还被困在车师，于是诏遣长罗侯常惠将张掖、酒泉的骑兵出车师北千余里，目的并非攻击匈奴，而是要扬威耀武。果然匈奴以为汉兵来攻，引兵而去，郑吉之围乃解，归渠犁。

《汉书·西域传》又说：

> 车师王之走乌孙也，乌孙留不遣，遣使上书，愿留车师王，备国有急，可从西道以击匈奴。汉许之。于是汉召故车师太子军宿在焉耆者，立以为王，尽徙车师国民令居渠犁，遂以车师故地与匈奴。车师王得近汉田官，与匈奴绝，亦安乐亲汉。后汉使侍郎殷广德责乌孙，求车师王乌贵，将诣阙，赐第与其妻子居。是岁，元康四年也（公元前62年）。

西汉要乌孙送车师王到汉，这里所说乌贵将诣阙，似应是遣车师王乌贵诣阙，以与其已在汉之妻子同居。

到了宣帝神爵二年（公元前60年），西汉又遣兵攻伐车师。攻破其残余部众后，分车师为车师前国与车师后国及山北六国。这就是东且弥、西且弥、前卑陆、后卑陆，以及前蒲类、后蒲类，共六国。合前、后车师成为八国。这就分散了车师的力量，免得它亲善匈奴对抗西汉。同时，又置戊己校尉屯田，居车师故地。

以上是在虚闾权渠时代，西汉与匈奴争取车师的经过。为什么西汉要这样争取车师？主要原因，就是因为车师居西域北道的交通要冲。假使西汉不能控制车师，则西汉使者或军队之往西域者往往要绕南道而行，能通北道则方便得多。

然而，西域北道所以能通，是与上面所说的匈奴日逐王先贤掸率数万众降汉有关。先贤掸不满握衍朐鞮，因而率众降汉。西汉派郑吉去迎接日逐王，封为归德侯。郑吉为安远侯。日逐王既降，在他管辖下的僮仆都尉也因之而罢。匈奴在西域的势力可以说根本消灭。匈奴愈弱愈不敢近西域。

西汉在日逐王投降之后，"徙屯田，田于北胥鞬"，同时以郑吉为西域都护，并护南北两道。都护的职责就是"督察乌孙、康居诸外国动静，有变以闻，可安辑，安辑之；可击，击之"。(均见《汉书·西域传上》) 这就是说都护所控制的西域地域，不限于葱岭以东的西域诸国，而且伸展到葱岭以西的康居等一些国家。至此，匈奴的右臂完全切断了。这也是呼韩邪不能不向西汉投降，郅支也不得不再向西北迁徙到葱岭以西的康居的重要原因。

在虚闾权渠单于至五单于争立的时期中，冯奉世之平莎车与赵充国之定西羌，虽与匈奴没有直接的军事接触，然在间接上对于匈奴并非没有关系，也可以说是一种断匈奴右臂的行动，是匈汉战争的组成部分。所以这里也略为叙述，作为附录。《汉书》卷七十九《冯奉世传》说：

> 先是时，汉数出使西域，多辱命不称，或贪污，为外国所苦。是时乌孙大有击匈奴之功（按：宣帝本始二年，公元前72年），而西域诸国新辑，汉方善遇，欲以安之，选可使上国者。前将军增（按：指韩增）举奉世以卫候使持节送大宛诸国客。至伊修城，都尉宋将言莎车与旁国共攻杀汉所置莎车王万年，并杀汉使者奚充国。时匈奴又发兵攻车师城，不能下而去。莎车遣使扬言北道诸国已属匈奴矣，于是攻劫南道，与歃盟畔汉，从鄯善以西皆绝不通。

莎车王扬言北道诸国已属匈奴，这不只说明他用匈奴以威吓诸国，而且表明他可能要与匈奴亲善。假使冯奉世没有攻灭莎车，可能莎车与南道诸国还要投降匈奴。匈奴虽已衰弱，但还有余威在西域，所以莎车王乃用匈奴来号召诸国。《冯奉世传》又说：

> 都护郑吉、校尉司马意皆在北道诸国间。奉世与其副昌计，以为不亟击之则莎车日强，其势难制，必危城。遂以节谕告诸国王，因发其兵，南北道合万五千人进去莎车，攻拔其城。莎车王自杀，传其首诣长安。诸国悉平，威振西域。奉世乃罢兵以闻。宣帝召见韩增，曰："贺将军所举得其人。"奉世遂西至大宛。大宛闻其斩莎车王，敬之异于它使。得其名马象龙而还。

宣帝因为奉世平定莎车，使西汉威震西域，下议封奉世。为了这件事，大臣们意见有所不同，结果没有封他。《冯奉世传》说：

> 丞相、将军皆曰："《春秋》之义，大夫出疆，有可以安国家，则颛之可也。奉世功效尤著，宜加爵土之赏。"少府萧望之独以奉世奉使有指，而擅矫制违命，发诸国兵，虽有功效，不可以为后法。即封奉世，开后奉使者利，以奉世为比，争逐发兵，要功万里之外，为国家生事于夷狄。渐不可长，奉世不宜受封。

宣帝采纳了萧望之的提议，没有封冯奉世，而以他为光禄大夫、水衡都尉。冯奉世死后二年（公元前36年），陈汤、甘延寿矫制发兵攻杀郅支单于时，又有人提议要封甘延寿与陈汤，匡衡则以萧望之的理由反对，但是这次却封他们为侯。于是杜钦上疏追讼冯奉世的前功，可是元帝以为这是先帝时的事，不复录，故没有追封。

班固《汉书·西域传赞》说："孝武之世，图制匈奴，患其兼从西国，结党南羌。"那么，羌与匈奴的关系可以概见。严格地说，西羌是不列入西域诸国，而自成一个部族的。《后汉书》于《西域传》之外，另为西羌立传，大概就是这个意思。在虚闾权渠单于与宣帝的时候，先零羌反叛，西汉遣赵充国去攻击。《汉书·赵充国传》说：

> 元康三年（公元前63年），先零遂与诸羌种豪二百余人解仇交质盟诅。上闻之，以问充国，对曰："羌人所以易制者，以其种自有豪，数相攻击，势不一也。往三十余岁，西羌反时，亦先解仇合约攻令居，与汉相距，五六年乃定。至征和五年（公元前88年），先零豪封煎等通使匈奴，匈奴使人至小月氏，传告诸羌曰：'汉贰师军众十余万人降匈奴。羌人为汉事苦。张掖、酒泉本我地，地肥美，可共击居之。'以此观匈奴欲与羌合，非一世也。间者匈奴困于西方，闻乌桓来保塞，恐兵复从东方起，数使使尉黎、危须诸国，设以子女貂裘，欲沮解之。其计不合。疑匈奴更遣使至羌中，道从沙阴地，出盐泽，过长阬，入穷水塞，南抵属国，与先零相直。臣恐羌变未止此，且复结联他种，宜及未然为之备。"后月余，羌侯狼何果遣使至匈奴藉兵，欲击鄯善、敦煌以绝汉道。

又说：

> 充国以为："狼何，小月氏种，在阳关西南，势不能独造此计，疑匈奴使已至羌中，先零、䍣、开乃解仇作约。到秋马肥，变必起矣。宜遣使者行边兵豫为备，敕视诸羌，毋令解仇，以发觉其谋。"

这样看起来，西羌的叛变往往与匈奴有关系。西汉征伐西羌，不只是削减西羌的势力，也是阻止匈奴势力的伸张。平定西羌虽非直接与匈奴打仗，也是间接地削弱匈奴的势力。关于元康三年至神爵元年，西汉平定西羌的经过，《汉书·赵充国传》说得很详细，不再抄录。《后汉书》卷八十七《西羌传》说：

> 至元康三年，先零乃与诸羌大共盟誓，将欲寇边。帝闻，复使安国将兵观之。安国至，召先零豪四十余人斩之，因放兵击其种，斩首千余级。于是诸羌怨怒，遂寇金城。乃遣赵充国与诸将兵六万人击破平之。

赵充国领兵击西羌时，年已七十。宣帝以为他年老不能领兵，他却坚持出击。赵充国在过去曾经领兵攻击过匈奴好多次，对于匈奴与西羌的结党有清楚的了解。

第十九章 匈奴初分两部，呼韩邪单于降汉称臣

呼韩邪单于为郅支单于攻败，郅支单于都于单于庭后，就向南边跑。正在这个时候，呼韩邪的贵人左伊秩訾王为他计谋，以为最好是向西汉称臣，求西汉的帮助，以安定匈奴。呼韩邪将左伊秩訾王的意见交大臣们讨论，大臣们都反对这样做。《汉书·匈奴传》载他们的理由说："匈奴之俗，本上气力而下服役，以马上战斗为国，故有威名于百蛮。战死，壮士所有也。今兄弟争国，不在兄则在弟，虽死犹有威名，子孙常长诸国。汉虽强，犹不能兼并匈奴，奈何乱先古之制，臣事于汉，卑辱先单于，为诸国所笑！虽如是而安，何以复长百蛮！"左伊秩訾说："不然。强弱有时，今汉方盛，乌孙城郭诸国皆为臣妾。自且鞮侯单于以来，匈奴日削，不能取复，虽屈强于此，未尝一日安也。今事汉则安存，不事则危亡，计何以过此！"为了这件事，诸大臣经过很久的反复讨论，互相问难，结果呼韩邪采纳了左伊秩訾王的提议，决定向西汉称臣。

在乌维单于时代，也就是卫青与霍去病大败匈奴之后，乌维曾佯言要到西汉朝见，武帝信以为真，还在长安筑官邸，预备乌维来时居住，结果是并无其事。到了狐鹿姑时代，还以很骄慢的言词致书于武帝，武帝还得遣使报送其使者。以百蛮大国的匈奴，要其来朝称臣，不是一件容易的事情。然而，到了呼韩邪时代，匈奴的确已是今非昔比。呼韩邪自称单于之后，经历过两次失败，连由他从民间提拔起来的哥哥都自称单于，并攻败他。他对于郅支单于的痛恨必定很深。虽说降汉是乱先古之制，但是为了他与其部众的安全，就不得不向汉称臣。为此目的，他先率众靠拢西汉的边塞。同时，又遣其子右贤王铢娄渠堂入侍。郅支单于见得呼韩邪遣子入侍，也遣其子右大将驹于利受入侍。这说明他们都希望得到西汉支援。武帝时，曾希望匈奴遣子入侍，现在则成为现实。呼韩邪固是因被郅支攻败而要西汉庇护，自然没有力量去再攻伐郅支；郅支也因呼韩邪有了西汉的庇护，不敢再去攻伐呼韩邪。结果是在这个时候，匈奴有了南北之分，两相对峙。

匈奴单于的争立，以及单于及其臣下向汉投降，从西汉方面看起来，是对匈战争的一次决定性胜利，因此郊告天地，天下欢庆。《汉书》卷八《宣帝纪》五凤三年："三月，行幸河东，祠后土。诏曰：'往者匈奴数为边寇，百姓被其害。朕承至尊，未能绥定匈奴。虚闾权渠单于请求和亲病死。右贤王屠耆堂代立。骨肉大臣立虚闾权渠单于子为呼韩邪单于，击杀屠耆堂。诸王并自立，分为五单于，更相攻击，死者以万数，畜产大耗什八九，人民饥饿，相燔烧以求食，因大乖乱。单于阏氏子孙昆弟及呼邀累单于、名王、左伊秩訾、且渠、当户以下将众

五万余人来降归义。单于称臣，使弟奉珍朝贺正月，北边晏然，靡有兵革之事。'"

呼韩邪单于于宣帝甘露二年（公元前52年）到五原塞，表示愿意投降，并于次年（甘露三年）正月到长安朝见。为了呼韩邪朝见的礼仪问题，西汉的公卿们作过一场热闹的讨论。《汉书》卷七十八《萧望之传》说："丞相霸（按：指黄霸）、御史大夫定国议曰：'圣王之制，施德行礼，先京师而后诸夏，先诸夏而后夷狄。《诗》云：'率礼不越，遂视既发；相士烈烈，海外有截。'陛下圣德充塞天地，光被四表，匈奴单于乡风慕化，奉珍朝贺，自古未之有也。其礼仪宜如诸侯王，位次在下。'"《汉书·宣帝纪》"甘露二年"条也载黄霸、于定国的议论："单于非正朔所加，王者所客也，礼仪宜如诸侯王，称臣昧死再拜，位次诸侯王下。"但是，萧望之却不同意这种说法。《汉书·萧望之传》说："望之以为：'单于非正朔所加，故称敌国，宜待以不臣之礼，位在诸侯王上，外夷稽首称藩，中国让而不臣，此则羁縻之谊，谦亨之福也。《书》曰'戎狄荒服'，言其未服，荒忽亡常。如使匈奴后嗣卒有鸟窜鼠伏，阙于朝享，不为畔臣。信让行乎蛮貊，福祚流于亡穷，万世之长策也。'"

自战国末年以至武帝时期，匈奴常常侵略中原，中原政府要以美女珍品去笼络，而它还照样地常常入寇。现在能称臣入朝，这真是所谓"自古未之有也"。所谓雄才大略的武帝所希望而不能实现的事情，在宣帝时却实现了。宣帝是不愿使呼韩邪因朝见礼仪的问题产生反感。所以采纳了萧望之的提议。下诏说："盖闻五帝三王教化所不施，不及以政。今匈奴单于称北藩，朝正朔，朕之不逮，德不能弘覆。其以客礼待之，令单于位在诸侯王上，赞谒称臣而不名。"（《汉书·萧望之传》）

呼韩邪来朝见的途中，西汉遣车骑都尉韩昌去迎接。单于在来长安的道途中，经过七郡，每郡都发二千骑，为陈道上，表示欢迎。甘露三年正月，单于在甘泉宫朝见天子。《汉书·匈奴传》说："单于正月朝天子于甘泉宫，汉宠以殊礼，位在诸侯王上，赞谒称臣而不名。赐以冠带衣裳，黄金玺盭绶，玉具剑，佩刀，弓一张，矢四发，棨戟十，安车一乘，鞍勒一具，马十五匹，黄金二十斤，钱二十万，衣被七十七袭，锦绣绮縠杂帛八千匹，絮六千斤。礼毕，使使者道单于先行，宿长平。""上自甘泉宿池阳宫。上登长平阪，诏单于毋谒。其左右当户之群皆列观，蛮夷君长王侯迎者数万人，夹道陈。上登渭桥，咸称万岁。单于就邸。置酒建章宫，飨赐单于，观以珍宝。"（《汉书·宣帝纪》"甘露三年"）

呼韩邪这次到西汉入朝称臣，在长安住了一个多月。他未回去之前，请求西汉准他居留在光禄塞下，以便有急事时可以防守受降城。西汉答应了他的要求，同时遣长乐卫尉高昌侯董忠与车骑都尉韩昌带领一万六千骑兵，并发边郡士马一千，送单于出朔方鸡鹿塞。

董忠等本来是送呼韩邪单于回国，但是宣帝又命他们留在呼韩邪所住的地方，说是保卫他，并帮助他诛伐不服从他的人们，然而事实上等于派人去监视他，免得他反叛作乱。

呼韩邪单于自被郅支单于击败之后，当然是很窘困，所以在他回去之后，西汉曾先后转边谷米糒三万四千斛，作为他与其臣民的粮食。在呼韩邪朝见那一年，郅支单于为表示亲善之意，也遣使到西汉奉献，西汉对他也厚给礼物。过了一年，郅支单于与呼韩邪单于又遣使朝献，西汉也照样地给与他们好多礼物，但是对于呼韩邪单于就特别加以优待。这当然是因他肯称臣的缘故。

呼韩邪这次称臣入朝，在长安受到隆重的欢迎，并得到厚遇，必定给他以很深的印象。所以再过一年，即宣帝黄龙元年（公元前49年），为了表示忠诚，同时也可以说是为想多得一些西汉礼物，又作第二次的朝见。这一次的朝见礼仪同上次一样，可是所给的礼物却比前次为多。《汉书·匈奴传》说："礼赐如初，加衣百一十袭，锦帛九千匹，絮八千斤。"

宣帝因为前次护送他回去的军队还屯在单于所住的地方，这一次就没有再发骑兵去护送。宣帝也就在这一年死了，子元帝就位（公元前48年）。呼韩邪上书说他的民众困乏，粮食不够，元帝乃诏云中、五原郡再转谷二万斛供给他们。

元帝初年，郅支单于要求其侍子回去，西汉派谷吉相送。郅支杀了谷吉，西汉设法去调查谷吉音信却无法知道。后有匈奴降者说谷吉是在瓯脱被杀，而瓯脱则属于呼韩邪管辖。后来呼韩邪派使者到西汉时，西汉对谷吉事问得很急，同时对于呼韩邪也有所责备。呼韩邪以为西汉可能因此事讨伐他，心里十分不安。于是，西汉为使他解除疑虑，遣车骑都尉韩昌与光禄大夫张猛送呼韩邪的儿子入侍，问明谷吉被杀之事，因赦其罪，令勿自疑。

这个时候，郅支单于已经离开漠北单于庭，向西迁徙。呼韩邪的大臣多劝他北归。韩昌与张猛到呼韩邪所住的地方后，"见单于民众益盛，塞下禽兽尽，单于足以自卫，不畏郅支。闻其大臣多劝单于北归者，恐北去后难约束；昌、猛即与为盟约曰：'自今以来，汉与匈奴合为一家，世世毋得相诈相攻。有窃盗者，相报，行其诛，偿其物；有寇，发兵相助。汉与匈奴敢先背约者，受天不祥。令其世世子孙尽如盟。'"盟约的仪式是："昌、猛与单于及大臣俱登匈奴诺水东山，刑白马，单于以径路刀金留犁挠酒，以老上单于所破月氏王头为饮器者共饮血盟。"（《汉书·匈奴传》）

韩昌、张猛必定以为他们这样做是西汉外交上的一个胜利，可是回国之后却受到一般公卿责备。《汉书·匈奴传》说："昌、猛还奏事，公卿议者以为'单于保塞为藩，虽欲北去，犹不能为危害。昌、猛擅以汉国世世子孙与夷狄诅盟，令单于得以恶言上告于天，羞国家，伤威重，不可得行。宜遣使往告祠天，与解盟。昌、猛奉使无状，罪至不道'。"元帝觉得韩昌与张猛已同匈奴结了盟约，再去解约必引起匈奴的误会与反感，所以决定不解盟约。对韩昌、张猛也不深为追究，仅薄责其过，准其赎罪。

此后，呼韩邪单于遂率众回到漠北的单于庭。匈奴其他各处的人民也慢慢地归附他。匈奴在他的统治下慢慢地安定下来。

呼韩邪单于的北归在元帝就位后数年内。北归之后得到休养生息，史书也没有记载有天灾。他既向西汉称臣，西汉也认为他不会再南下侵略。另外，他既在西汉的庇护之下，不只西汉不会征伐他，可能东边的乌桓、北边的丁令也因此不会扰乱。西边的西域既在西汉的控制之下，也不会有敌人来攻伐他。因此，慢慢地兴盛起来。郅支见他慢慢兴盛，又有西汉的庇护，觉得要征服他是不容易的，因而放弃了东归的企图，更向西迁徙。

元帝建昭三年（公元前 36 年），郅支单于被甘延寿与陈汤攻杀。呼韩邪单于闻得这个消息，产生了一种很矛盾的感觉。一方面很欢喜，另一方面又很畏惧。欢喜的是，政敌被消灭，他成为匈奴唯一的单于。郅支虽然远跑到康居，但郅支存在一天，东归攻伐呼韩邪的可能性总是有的，现在这种可能性没有了，他可以高枕而卧了。畏惧的是，跑到康居的郅支，因为不向西汉称臣并且杀死使者谷吉，西汉还可以攻杀他，那么呼韩邪对于西汉怎能不畏惧？何况，有人说谷吉是死在呼韩邪所管制的瓯脱，西汉还为此事责备过他。

为这种心理所驱使，呼韩邪单于曾向西汉提议三件事：第一他愿意替西汉防卫从上谷以西至敦煌的边塞，请求西汉边塞撤防"以休天子人民"（语见《汉书·匈奴传下》）。第二是到西汉来朝见元帝。第三请求西汉女子为阏氏以自亲。元帝把这些交给公卿们讨论，讨论的结果是，答应后二者，而不答应前者。现在把这三件事分开来说明。

本来公卿们讨论这几个问题时，一般都赞成呼韩邪第一个提议，但有一人反对，这就是侯应。侯应当时是郎中，对于边事很熟悉，反对这种做法。《汉书·匈奴传》载他对元帝说：

　　周秦以来，匈奴暴桀，寇侵边境，汉兴，尤被其害，臣闻北边塞至辽东，外有阴山，东西千余里，草木茂盛，多禽兽，本冒顿单于依阻其中，治作弓矢，来出为寇，是其苑囿也。至孝武世，出师征伐，斥夺此地，攘之于幕北。建塞徼，起亭隧，筑外城，设屯戍，以守之，然后边境得用少安。幕北地平，少草木，多大沙，匈奴来寇，少所蔽隐，从塞以南，径深山谷，往来差难。边长老言匈奴失阴山之后，过之未尝不哭也。如罢备塞戍卒，示夷狄之大利，不可一也。今圣德广被，天覆匈奴，匈奴得蒙全活之恩，稽首来臣。夫夷狄之情，困则卑顺，强则骄逆，天性然也。前以罢外城，省亭隧，今裁足以候望通烽火而已。古者安不忘危，不可复罢，二也。中国有礼义之教，刑罚之诛，愚民犹尚犯禁，又况单于，能必其众不犯约哉！三也。自中国尚建关梁以制诸侯，所以绝臣下之觊欲也。设塞徼，置屯戍，非独为匈奴而已，亦为诸属国降民，本故匈奴之人，恐其思旧逃亡，四也。近西羌保塞，与汉人交通，吏民贪利，侵盗其畜产妻子，以此怨恨，起而背畔，世世不绝。今罢乘塞，则生嫚易分争之渐，五也。往者从军多没不还者，子孙贫困，一旦亡出，从其亲戚，六也。又边人奴婢愁苦，欲亡者多，曰：'闻匈奴中乐，无奈候望急何！'然时有亡出塞者，七也。盗贼桀黠，群辈犯法，如其窘急，亡走北出，则不可制，八也。起塞以来百有余年，非皆以土垣也，或因山岩石，木柴僵落，谿谷水门，稍稍平之，卒徒筑治，功费久远，不可胜计。臣恐议者不深虑其终始，欲以一切省繇戍，十年之外，百岁之内，卒有它变，障塞破坏，亭隧灭绝，当更发屯缮治，累世之功不可卒复，九也。如罢戍卒，省候望，单于自以保塞守御，必深德汉，请求无已。小失其意，则不可测。开夷狄之隙，亏中国之固，十也。非所以永持至安，威制百蛮之长策也。

这是侯应反对罢边的十个理由。后来人作同样的主张时，往往提起侯应的理由。元帝对于侯应的说法加以赞同，所以有诏勿议罢边塞。

但同时西汉又怕呼韩邪单于产生误会，于是乃遣车骑将军许嘉亲去告诉单于说：

单于上书愿罢北边吏士屯戍，子孙世世保塞。单于乡慕礼义，所以为民计者甚厚，此长久之策也，朕甚嘉之。中国四方皆有关梁障塞，非独以备塞外也，亦以防中国奸邪放纵，出为寇害，故明法度以专众心也。敬谕单于之意，朕无疑焉。为单于怪其不罢，故使大司马车骑将军嘉晓单于。

大致上，呼韩邪这一次请求罢边也许没有恶意，而是因为郅支被杀之后，心里畏惧而要讨好西汉，正象他请求入朝与愿婚汉女一样。但是西汉为了防患于未然，故不准其所请。西汉既用很温和的言辞去告诉呼韩邪，呼韩邪的回答也很谦虚。他谢曰："愚不知大计，天子幸使大臣告语，甚厚！"

呼韩邪的第二请求是入朝皇帝，西汉答应了他的请求。呼韩邪的请求书中是这样说："常愿谒见天子，诚以郅支在西方，恐其与乌孙俱来击臣，以故未得至汉。今郅支已伏诛，愿入朝见。"西汉答应朝见后，他在竟宁元年（公元前33年）又作第三次朝见。元帝接见他的礼仪与宣帝时一样。但是，这次所给他的礼物，要比宣帝时的第二次朝见所赐礼物多了一倍。这就是说，比起他第一次朝见时所给的就更多了。

在他这次朝见时，除娶汉女为阏氏外，还有一件事是值得我们叙述的，就是当初劝他向汉称臣的左伊秩訾王，曾因受呼韩邪所疑而降汉，这次两人在长安会了面。《汉书·匈奴传》说："初，左伊秩訾为呼韩邪画计归汉，竟以安定。其后或谮伊秩訾自伐其功，常鞅鞅，呼韩邪疑之。左伊秩訾惧诛，将其众千余人降汉；汉以为关内侯，食邑三百户，令佩其王印绶。"

若照韩昌、张猛与呼韩邪所定的盟约来说，左伊秩訾率众降汉，呼韩邪可以要求西汉将他遣归匈奴。大概是由于呼韩邪不便提出，所以西汉就留下他了。呼韩邪与左伊秩訾会面时曾对他说："王为我计甚厚，令匈奴至今安宁，王之力也，德岂可忘！我失王意，使王去不复顾留，皆我过也。今欲白天子，请王归庭。"左伊秩訾王说："单于赖天命，自归于汉，得以安宁，单于神灵，天子之祐也，我安得力！既已降汉，又复归匈奴，是两心也。愿为单于侍使于汉，不敢听命。"呼韩邪虽然极力劝他回去，他始终没有回去。

呼韩邪单于请求的第三件事是"愿婿汉氏以自亲"。关于这件事，《汉书·匈奴传》说："元帝以后宫良家子王嫱字昭君赐单于。单于欢喜……"《汉书·元帝纪》也说："赐单于待诏掖庭王樯为阏氏。"《后汉书·南匈奴列传》记此事较详，云："初，元帝时，以良家子选入掖庭。时呼韩邪来朝，帝敕以宫女五人赐之。昭君入宫数岁，不得见御，积悲怨，乃请掖庭令求行。呼韩邪临辞大会，帝召五女以示之。昭君丰容靓饰，光明汉宫，顾景裴回，竦动左右。帝见大惊，意欲留之，而难于失信，遂与匈奴。"

除了以上记载之外，《琴操》也有一段记载：

> 昭君，齐国王穰女。端正闲丽，未尝窥门户。穰以其有异于人，求之者皆不与。年十七，献之元帝。元帝以地远不之幸，以备后宫。积五六年，帝每游后宫，常怨不出。后单于遣使朝贡，帝宴之，尽召后宫。昭君盛饰而至，帝问欲以一女赐单于，能者往。昭君乃越席请行。时单于使在旁，惊恨不及。昭君至匈奴，单于大悦，以为汉与我厚，纵酒作乐。遣使报汉，白璧一双，骏马十匹，胡地珍宝之物。昭君恨帝始不见遇，乃作怨思之歌。

这与《后汉书·南匈奴列传》所载有了很多不同之处，而且有些地方很有疑问。《后汉书》只说昭君为良家子，《琴操》说她是齐国王穰女；《后汉书》说是匈奴单于来朝见时，请求汉女为阏氏，《琴操》却说是匈奴使者朝贡时，西汉皇帝把昭君赐给单于的；《后汉书》说她请掖庭令求行，《琴操》说她在元帝宴匈奴使者时，她请求愿为匈奴单于阏氏。应该指出，从前汉皇帝选择女子入掖庭，是带有强迫性的。齐国王穰把爱女献给元帝，不见得是可靠的记载。又说昭君在宴会匈奴使者时越席请往，也不象是那个时代汉族女子的举动。

自汉高祖与匈奴和亲以来，西汉女子嫁给单于的已有好几个，可是二千余年来，只有昭君成为文辞诗歌中常见的名字，甚至有与事实不相符的昭君和番的小说流行坊间，有其戏剧性原因。《西京杂记》说：

> 元帝后宫既多，不得常见，乃使画工图其形，案图召幸。诸宫人皆赂画

工，多者十万，少者亦不减五万。独王嫱自恃容貌，不肯与。工人乃丑图之，遂不得见。后匈奴入朝，求美人为阏氏，于是上案图以昭君行。及去召见，貌为后宫第一，善应对，举止闲雅。帝悔之，而名籍已定，方重信于外国，故不复更人。乃穷案其事，画工皆弃市。

关于王昭君到匈奴以后的情况，《汉书·匈奴传》说："王昭君号宁胡阏氏，生一男伊屠智牙师，为右日逐王。"昭君嫁给呼韩邪的第三年，即成帝建始二年（公元前31年），呼韩邪死了。《后汉书·南匈奴列传》说："及呼韩邪死，其前阏氏子代立，欲妻之，昭君上书求归，成帝敕令从胡俗，遂复为后单于阏氏焉。"呼韩邪死后，复株累若鞮单于继立。他娶了昭君后，昭君又生了二个女儿。《汉书·匈奴传》说："复株累单于复妻王昭君，生二女，长女云为须卜居次，小女为当于居次。"

王昭君究竟有几个儿子？若照上面所引《汉书·匈奴传》来看，她与呼韩邪所生的是一个儿子，而与复株累若鞮单于所生的是两个女儿。但是《后汉书·南匈奴列传》却说她生过两个儿子。《后汉书·南匈奴列传》指出一个儿子名知牙师，这大概就是《汉书·匈奴传》所说的伊屠智牙师，后为右谷蠡王者。而《汉书·匈奴传》则说这位儿子后为日逐王。《后汉书·南匈奴列传》又指出，这位儿子后来因为继立事而被杀，惟对另一位儿子却没有说及。由此推测，可能《后汉书》的二子说是错误的，《汉书》的一子说是对的。至于她的二个女儿，其中一位嫁给匈奴后来的用事大臣右骨都侯须卜当。《汉书·匈奴传》说，这位女儿为伊墨居次云，应当就是上面所说的"长女云为须卜居次"。次女当于居次的丈夫如何，没有记载。

据说昭君死后葬在左丰州西六十里，就是现在的归化附近。后世写王昭君的诗歌中所说的青冢就是昭君墓。《太平寰宇记》卷三十八"金河县"条说："青冢在县西北，汉王昭君葬于此，其上草色常青，故曰青冢。"

第二十章 国内稳定，四境相安时期

呼韩邪单于死后，子雕陶莫皋继立，号为复株累若鞮单于，在位十一年，死于成帝鸿嘉元年（公元前 20 年）。弟且糜胥继立为搜谐若鞮单于，在位八年，死于成帝元延元年（公元前 12 年）。他死后，弟且莫车继立为车牙若鞮单于。且莫车在位四年，死于成帝绥和元年（公元前 8 年）。弟囊知牙斯继立，号乌珠留若鞮单于。后者在位二十一年，死于王莽始建国五年（公元 13 年）。

呼韩邪死后，其子之间出现互相让位的特殊现象。《汉书·匈奴传》载此事说：

> 呼韩邪立二十八年，建始二年死。始呼韩邪娶左伊秩訾兄呼衍王女二人。长女颛渠阏氏，生二子，长曰且莫车，次曰囊知牙斯。少女为大阏氏，生四子，长曰雕陶莫皋，次曰且糜胥，皆长于且莫车，少子咸、乐二人，皆小于囊知牙斯。又它阏氏子十余人。颛渠阏氏贵，且莫车爱。呼韩邪病且死，欲立且莫车，其母颛渠阏氏曰："匈奴乱十余年，不绝如发，赖蒙汉力，故得复安。今平定未久，人民创艾战斗，且莫车年少，百姓未附，恐复危国。我与大阏氏一家共子，不如立雕陶莫皋。"大阏氏曰："且莫车虽少，大臣共持国事，今舍贵立贱，后世必乱。"单于卒从颛渠阏氏计，立雕陶莫皋，约令传国与弟。呼韩邪死，雕陶莫皋立，为复株累若鞮单于。

这与以往的阏氏为其子或为其所喜欢的人争立是不同的，是匈奴历史上关于互让继立权的不可多得的例子。而且，最难得的是，雕陶莫皋死后，继立的数位单于都是他的弟弟，按年龄大小继立。雕陶莫皋死后，传之同母弟且糜胥。且糜胥死后，传之且莫车。且莫车死后，传之其同母弟囊知牙斯。囊知牙斯死后，又传之异母弟咸。不象过去狐鹿姑答应了其弟左大将继立单于位，而左大将死后，他又不以左大将之子为左贤王，而以自己的儿子为左贤王。

这数位单于就位之后，多遣自己的儿子入侍西汉，等于入西汉为质。立为单于的权利让之于弟，入侍的义务却给之于子。这个传弟不传子的制度，到了乌珠留单于在位后期才改变，这就是囊知牙斯才又以其子为左贤王，欲使继立单于的地位，从而又发生了争立的问题。不过此是后话。当乌珠留初立之际，左贤王仍是由他的异母弟担任。

《汉书·匈奴传》说：

> 复株累若鞮单于立，遣子右致卢儿王醯谐屠奴侯入侍，以且糜胥为左贤王，且莫车为左谷蠡王，囊知牙斯为右贤王。复株累单于复妻王昭君，生二

女，长女云为须卜居次，小女为当于居次。……复株累单于立十岁，鸿嘉元年（公元前 20 年）死。弟且麋胥立，为搜谐若鞮单于。搜谐单于立，遣子左祝都韩王朐留斯侯入侍，以且莫车为左贤王。搜谐单于立八岁，元延元年，为朝二年发行，未入塞，病死。弟且莫车立，为车牙若鞮单于。车牙单于立，遣子右於涂仇撣王乌夷当入侍，以囊知牙斯为左贤王。车牙单于立四岁，绥和元年（公元前 8 年）死。弟囊知牙斯立，为乌珠留若鞮单于。乌珠留单于立，以第二阏氏子乐为左贤王，以第五阏氏子舆为右贤王，遣子右股奴王乌鞮牙斯入侍。

这里所说的第二阏氏子乐，就是前面所说的大阏氏之子乐。这就是说，乌珠留仍以他的异母弟为左贤王，又以第五阏氏子舆为右贤王。至于呼韩邪妻王昭君所生的儿子，则后来为左谷蠡王。

自雕陶莫皋至乌珠留单于死的四十四年间，除了乌珠留末年外，匈奴的局势更加安定，力量逐渐恢复，是它复兴的时期。《汉书·匈奴传》说："初，北边自宣帝以来，数世不见烟火之警，人民炽盛，牛马布野。"西汉固是如此，匈奴也可以说是这样。

此外，东边的乌桓这时基本上也受西汉控制。匈奴既称臣于西汉，假使乌桓进攻匈奴，西汉必去帮助。所以在这种情形下，乌桓对于匈奴的威胁，也可以说是没有了。至于西边的西域诸国，也受西汉控制，同样也不会进攻匈奴。北边的丁令，本来不是一个强大的国家，只能在匈奴很虚弱的时候才敢乘虚而入，趁火打劫。现在匈奴有了西汉的庇护，力量逐渐恢复，即使丁令侵犯，匈奴靠自己的力量也能对付。

在这个时期中，史书对匈奴的天灾也没有或少有记载。这说明没有大的天灾。

匈奴在这个时期中可叙述的事情，据《汉书·匈奴传》的记载，有下列几件事：一为匈奴贵人伊邪莫演入降，为西汉所拒；二为匈奴单于的入朝；三为王根提议取匈奴伸入西汉的斗地；四为乌孙庶子卑援疐侵掠匈奴的人民与畜产；五为车师后王句姑与去胡来王唐兜之逃入匈奴。乌珠留单于死前数年，匈奴因王莽对匈奴的要求太多，从而引起双方战争，也是在这一时期发生的事情。

复株累单于就位后三年，即成帝河平元年（公元前 28 年），派右皋林王伊邪莫演等到西汉"朝正月"。朝见完后，西汉遣使送他们到蒲反。到了蒲反后，伊邪莫演要求投降西汉。他还说："即不受我，我自杀……"他留在蒲反，终不敢回匈奴，西汉使者只好把这件事上奏成帝。成帝将此事交给公卿们讨论。有些人以为可照过去的惯例接受其投降，但是光禄大夫谷永与议郎杜钦却不赞成这种做法。他们的理由是：

汉兴，匈奴数为边害，故设金爵之赏以待降者。今单于诎体称臣，列为北藩，遣使朝贺，无有二心，汉家接之，宜异于往时。今既享单于聘贡之质，而更受其逋逃之臣，是贪一夫之得而失一国之心，拥有罪之臣而绝慕义之君也。假令单于初立，欲委身中国，未知利害，私使伊邪莫演诈降以卜吉凶，受之亏德沮善，令单于自疏，不亲边吏；或者设为反间，欲因而生隙，受之适合其策，使得归曲而直责。此诚边竟安危之原，师旅动静之首，不可不详也。不如勿受，以昭日月之信，抑诈谖之谋，怀附亲之心，便。

成帝觉得谷永与杜钦这种看法是对的，因遣中郎将王舜至捕反去查问伊邪莫演为什么投降。伊邪莫演告诉王舜说："我病狂妄言耳。"（语见《汉书·匈奴传》）西汉乃遣他回匈奴。他回去之后，没有被复株累责备，照旧居官，但此后亦不再令他会见西汉使者。

这样看起来，伊邪莫演要投降西汉很可能是复株累单于的计谋，使其诈降以试探西汉对匈奴的态度。应该指出，在呼韩邪时，劝他入朝称臣的左伊秩訾王曾在呼韩邪称臣之后投降西汉，可是西汉却接受了他。西汉这样做是与韩昌、张猛与呼韩邪所结的盟约不相符的。

还要指出，在这个时期中，既没有西汉人降匈奴，也没有匈奴人降汉的例子，并且也没有扣留使者的事。匈奴既称臣于西汉，当然时时奉献，可是西汉对于匈奴还是用送礼物的方式以为羁縻。从这一点来看，匈奴之降于西汉并不象西域诸国之降匈奴一样。匈奴对于西域诸国征收赋税，在必要的时候，还利用其人力。相反，西汉对于匈奴不只无所勒索，反而赐给甚厚，在匈奴缺乏粮食时还给与大量的食物。

伊邪莫演请降被拒后一年，复株累单于上书，愿于河平四年（公元前25年）正月到西汉朝见。复株累是否想用伊邪莫演的事件试探西汉的态度后才决定入朝，不得而知。他届时到西汉，礼仪正如其父在元帝竟宁元年入朝时一样，但得的礼物比其父还要多。据《汉书·匈奴传》说："加赐锦绣缯帛二万匹，絮二万斤，它如竟宁时。"

复株累死后，他的弟弟搜谐若鞮单于在位时，曾上书要在成帝元延二年（公元前11年）入朝，西汉也答应了。可是届时他未及入塞即病死。到了哀帝建平四年（公元前3年），即乌珠留就位后六年，他上书要于次年入朝。此时正值哀帝染病。《汉书·匈奴传》说："或言匈奴从上游来厌人，自黄龙、竟宁时，单于朝中国辄有大故。上由是难之，以问公卿，亦以为虚费府帑，可且勿许。"颜师古注曰："大故谓国之大丧。"原来，黄龙年间，单于入朝不久，宣帝就死了。竟宁年间，单于入朝不久，元帝又死了。职此之故，有些人以为单于来朝是汉皇帝死的预兆。再加以匈奴单于入朝，随从的人很多，西汉赐给他们的礼物及招待费用是一个很大的数目。因此，这些人主张不必答应乌珠留来朝的要求。

哀帝决定不许来朝，匈奴请求入朝的使者也已辞行准备回去。但在匈奴使者尚未离开西汉之前，黄门郎扬雄却主张准其入朝。他给哀帝的谏书历数秦以来至今的北方安定局面得来不易，并指出："今单于上书求朝，国家不许而辞之，臣愚以为汉与匈奴从此隙矣。……北狄不服，中国未得高枕安寝也。"又说："匈奴不同于东西之敌，可以震之以兵，置为郡县。""唯北狄为不然，真中国之坚敌也，三垂比之悬矣，前世重之兹甚，未易可轻也。""今单于归义，怀款诚之心，欲离其庭，陈见于前，此乃上世之遗策，神灵之所想望，国家虽费，不得已者也。奈何距以来厌之辞，疏以无日之期，消往昔之恩，开将来之隙！""夫百年劳之，一日失之，费十而受一，臣窃为国不安也。唯陛下少留意于未乱未战，以遏边萌之祸。"（《汉书·匈奴传》）

哀帝觉得扬雄说的很对，于是召还匈奴使者，改换了答复单于的信，准其入朝。同时还赐扬雄帛五十匹、黄金十斤。

单于得哀帝书之后，恰巧也得病，不能按预定时间来，要求改期入朝。此外，以前的单于来朝时，从名王以下及从者有二百多人，这一次乌珠留上书说："蒙天子神灵，人民盛壮，愿从五百人入朝，以明天盛德。"（《汉书·匈奴传》）比以前来朝的人数多了一倍，这意味着西汉所赐给的珍品物件必定更多，虚费府帑数更大。可是西汉既已答应他来，又不能因其随从人多而反对。

单于来朝是在哀帝元寿二年（公元前1年）。《汉书·匈奴传》说："上以太岁厌胜所在，舍之上林苑蒲陶宫。告之以加敬于单于，单于知之。"这次朝见，除了其他都与成帝河平间复株累来朝时一样外，"加赐衣三百七十袭，锦绣缯帛三万匹，絮三万斤"。这真是一个巨大的数目，况随从人数又多于以往一倍呢？

西汉开国以来尤其是武帝以后，以富饶见称于外国，而且不断炫示。外国使者到西汉时，就让他们看看自己的仓廪及珍宝物产，并加以厚遇。西汉以外国使者的朝贡为荣幸之事，匈奴单于来朝则更感荣幸。匈奴乌珠留入朝那年，乌孙大昆弥伊秩靡也来朝，朝野更觉高兴。司马光《资治通鉴》汉哀帝"元寿二年"条说："正月，匈奴单于及乌孙大昆弥伊秩靡皆来朝，汉以为荣。是时西域凡五十国，自译长至将、相、侯、王皆佩汉印绶，凡三百七十六人；而康居、大月氏、安息、罽宾、乌弋之属，皆以绝远，不在数中，其来贡献，则相与极，不督录总领也。"靡费也在所不计了。

这是西汉声威最盛的时期。西汉既乐于迎接外国的使者，尤其是外国君主，他们也乐于来汉。有的名为朝贡，实则希望得到丰厚的赏物。有的外国商人还假借国使名义，以少数较贱的物品贡献换取大量贵重的东西，实现一本万利的欲望。这种做法，直到明清之时，还是数见不鲜的。

就以这一次乌珠留入朝来说，他回去不久，又有好多匈奴贵人以至妇女也来朝。《汉书·匈奴传》说："初，上遣稽留昆（按：单于之子入侍于汉者）随单于去，到国，复遣稽留昆同母兄右大且方与妇入侍。还归，复遣且方同母兄左日逐王都与妇入侍。"

后来王莽当权，还请太皇太后转告单于，令遣王昭君女须卜居次到西汉来。《汉书·匈奴传》说："是时，汉平帝幼，太皇太后称制，新都侯王莽秉政，欲说太后以威德至盛异于前，乃风单于令遣王昭君女须卜居次云入侍太后，所以赏赐之甚厚。"须卜居次是王昭君的大女儿，是西汉的外孙女。这说明，太后赏赐甚厚是有其原因的。《汉书·西域传》"乌孙"条说："公主（指楚主解忧）上书言年老思土，愿得归骸骨，葬汉地。天子闵而迎之，公主与乌孙男女三人俱来至京师。是岁，甘露三年也。时年且七十，赐以公主田宅奴婢，奉养甚厚，朝见仪比公主。"这虽然是优待西汉王室自己的女儿与外孙，但也是招徕外族的一种政策。

凑巧得很，元寿二年（公元前1年）单于入朝之后，哀帝又在这一年死了。

汉宣帝、汉元帝曾与呼韩邪约定，长城以北地属匈奴。成帝绥和元年（公元前8年），王根提议取匈奴伸入西汉的斗地，始末见《汉书·匈奴传》：

> 汉遣中郎将夏侯藩、副校尉韩容使匈奴。时帝舅大司马票骑将军王根领尚书事，或说根曰："匈奴有斗入汉地，直张掖郡，生奇材木，箭竿就羽，如得之，于边甚饶，国家有广地之实，将军显功，垂于无穷。"根为上言其利，上直欲从单于求之，为有不得，伤命损威。根即但以上指晓藩，令从藩所说而求之。落至匈奴，以语次说单于曰："窃见匈奴斗入汉地，直张掖郡。汉三都尉居塞上，士卒数百人寒苦，候望久劳。单于宜上书献此地，直断阏之，省两都尉士卒数百人，以复天子厚恩，其报必大。"单于曰："此天子诏语邪，将从使者所求也？"藩曰："诏指也，然藩亦为单于画善计耳。"单于曰："孝宣、孝元皇帝哀怜父呼韩邪单于，从长城以北匈奴有之。此温偶䮈王所居地也，未晓其形状所生，请遣使问之。"

夏侯藩与韩容不久回到京师，但是后来又被遣使匈奴。他们第二次到匈奴就正式提出要这块地方，单于乃告诉他们道："父兄传五世，汉不求此地，至知（按：指囊知牙斯）独求，何也？已问温偶䮈王，匈奴西边诸侯作穹庐及车，皆仰此山材木，且先父地，不敢失也。"这一年正是乌珠留单于就位的那一年。夏侯藩既不能说服乌珠留献出这块地方，只好与韩容回汉。他虽然没有完成索地的使命，但却被迁为太原太守。

有趣的是，乌珠留单于在夏侯藩回去之后上书给成帝，报告了夏侯藩到匈奴求地的经过。成帝诏报乌珠留，以为夏侯藩"擅称诏从单于求地，法当死，更大赦二，今徙藩为济南太守，不令当匈奴"（《汉书·匈奴传》）。成帝明知这件事却说是夏侯藩擅称诏求地，以法论，他当死，可是大赦而又大赦，徙为济南太守，不令当匈奴，这就有点滑稽了。这是在匈奴称臣以后一个比较特殊的例子。因为大致上在这个时期中，西汉对于匈奴的要求，匈奴是很少有不答应的。这件事仅是一个例外。这一点我们可以从下面两个例子看出来。《汉书·匈奴传》说：

> 至哀帝建平二年，乌孙庶子卑援疐翕侯人众入匈奴西界，寇盗牛畜，颇杀其民。单于闻之，遣左大当户乌夷泠将五千骑击乌孙，杀数百人，略千余人，驱牛畜去。卑援疐恐，遣子趋逯为质匈奴。单于受，以状闻。汉遣中郎将丁野林、副校尉公乘音使匈奴，责让单于，告令还归卑援疐质子。单于受诏，遣归。

这就是说，称臣之国或属国只能遣子为质于西汉，而不能接受他国的质子。这似乎说明，称臣之国或属国的对外关系是受宗主国的控制或监督的。

此外，又如车师后王句姑以及去胡来王唐兜因怨恨都护校尉而将妻子人民亡入匈奴，匈奴接受了他们一事。西汉坚持将他们遣回。遣回后，单于又哀求保存他们的性命，但是西汉仍不答应，终于杀死他们。《汉书·西域传》"车师后城长国"条记车师后王句姑逃入匈奴的经过：

> 元始中（按：平帝年号，公元1年至5年），车师后王国有新道，出五船北，通玉门关，往来差近，戊己校尉徐普欲开以省道里半，避白龙堆之阸。车师后王姑句（按：《汉书·匈奴传》作句姑）以道当为拄置，心不便也。地又颇与匈奴南将军地接，普欲分明其界然后奏之，召姑句使证之，不肯，系之。姑句数以牛羊赇吏，求出不得。姑句家矛端生灭，其妻股紫陬谓姑句曰："矛端生火，此兵气也，利以用兵。前车师前王为都护司马所杀，今久系必死，不如降匈奴。"即驰突出高昌壁，入匈奴。

至于去胡来唐兜之逃入匈奴，同处记载云：

> 又去胡来王唐兜，国比大种赤水羌，数相寇，不胜，告急都护。都护但钦不以时救助，唐兜困急，怨钦，东守玉门关。玉门关不内，即将妻子人民千余人亡降匈奴。

乌珠留单于接受了他们，安置他们在左谷蠡王所管辖的地方，同时将此事报告西汉。这个时候正是王莽秉政。他遣中郎将韩隆、王昌、副校尉甄阜、侍中谒者帛敞、长水校尉王歙出使匈奴，告诉匈奴单于说："西域内属，不当得受，今遣之。"单于说："孝宣、孝元皇帝哀怜，为作约束，自长城以南天子有之，长城以北单于有之。有犯塞，辄以状闻；有降者，不得受。臣知父呼韩邪单于蒙无量之恩，死遗言曰：'有从中国来降者，勿受，辄送至塞，以报天子厚恩。'此外国也，得受之。"西汉使者们却告诉他说："匈奴骨肉相攻，国几绝，蒙中国大恩，危亡复续，妻子完安，累世相继，宜有以报厚恩。"（以上均见《汉书·匈奴传》）乌珠留单于没有办法，只好答应西汉的要求，把二位国王交给西汉。西汉诏使中郎将王萌待在西域恶都奴界上接受了他们。于是乌珠留单于又遣使到西汉，请求赦他们的罪。王莽结果是诏西域诸国国王集会在一个地方，陈军杀了这二位国王，以向其他的西域诸国的国王示威。

王莽杀了车师后王句姑、去胡来王唐兜之后，又立刻颁布下面四项条款：一、凡是西汉人亡入匈奴者，二、乌孙亡降匈奴者，三、西域诸国佩西汉印绶降匈奴者，四、乌桓降匈奴者，匈奴皆不得接受。《汉书·匈奴传》说："（莽）遣中郎将王骏、王昌、副校尉甄阜、王寻使匈奴，班四条与单于，杂函封，付单于，令奉行，因收故宣帝所为约束封函还。"乌珠留单于没有办法，只好把故约束封函交给使者，接受王莽所给与的新四条。但王莽的这种做法当然会引起乌珠留单于的不满，因而引起匈奴侵入乌桓的战争。《汉书·匈奴传》说：

> 汉既班四条，后护乌桓使者告乌桓民，毋得复与匈奴皮布税。匈奴以故事遣使者责乌桓税，匈奴人民妇女欲贾贩者皆随往焉。乌桓距曰："奉天子诏条，不当予匈奴税。"匈奴使怒，收乌桓酋豪，缚到悬之。酋豪昆弟怒，共杀匈奴使及其官属，收略妇女马牛。单于闻之，遣使发左贤王兵入乌桓责杀使者，因攻击之。乌桓分散，或走上山，或东保塞。匈奴颇杀人民，驱妇女弱小且千人去，置左地，告乌桓曰："持马畜皮布来赎之。"乌桓见略者亲属二千余人持财畜往赎，匈奴受，留不遣。

王莽干涉匈奴的作法越来越厉害。比方连单于的名字他也要改换。《汉书·匈奴传》说："时，莽奏令中国不得有二名，因使使者以风单于，宜上书慕化，为一名，汉必加厚赏。单于从之，上书言：'幸得备藩臣，窃乐太平圣制，臣故名囊知牙斯，今谨更名曰知。'莽大说，白太后，遣使者答谕，厚赏赐焉。"乌珠留单于为想得到西汉的珍品物件，对于这些小节当然不愿加以反对。但是王莽这种作风则会使单于不满意。到了王莽篡位做皇帝之后，对匈奴的干涉变本加厉，于是匈奴与新莽政权的关系恶化起来，使匈汉两族数十年的和平关系转入战争状态。

第二十一章　两汉之间，匈奴复盛

乌珠留单于在位二十一年，死于王莽篡汉的建国五年。这时，匈奴安定有年，势力浸盛。汉朝却当动乱年代。迄于东汉光武初年，未能恢复对匈奴的力量优势。王莽未能审时度势，弃汉宣以来对等之策，企图威临匈奴，引来匈奴反击。和平边境重现战争。

王莽篡汉后，改国号为"新"。发了好多包括对属国关系的改革制度的命令。司马光《资治通鉴》卷三十七《汉纪二十九》"王莽中"说："莽因汉承平之业，府库百官之富，百蛮宾服，天下晏然，莽一朝有之，其心意未满，狭小汉家制度，欲更为疏阔。""遣五威将王奇等十二人班符命四十二篇于天下：德祥五事，符命二十五，福应十二。五威将奉符命，赍印绶，王侯以下及吏官名更者，外及匈奴、西域、徼外蛮夷，皆即授新室印绶，因收故汉印绶。大赦天下。五威将乘乾文库，驾坤六马，背负鹔鸟之毛，服饰甚伟。每一将各置五帅，将持节，帅持幢。其东出者至玄菟、乐浪、高句骊、夫余；南出者隃徼外，历益州，改句町王为侯；西出至西域，尽改其王为侯；北出至匈奴庭，授单于印，改汉印文，去玺言章。"《汉书·匈奴传》说："建国元年，遣五威将王骏率甄阜、王飒、陈饶、帛敞、丁业六人，多赍金帛，重遗单于，谕晓以受命代汉状，因易单于故印。故印文曰'匈奴单于玺'，莽更曰'新匈奴单于章'。将率既至，授单于印绶，诏令上故印绶。单于再拜受诏。译前，欲解取故印绂，单于举掖授之。"

乌珠留单于对于更换印绶，最初没有什么意见，因为他不知新旧印绶有所不同。旧印称为玺，匈奴与汉地位等；新印不但称章，且冠以"新"字，则匈奴显为新莽臣下矣。但是他的臣下很怀疑这一点，结果等到乌珠留发觉新旧印绶的区别时，已经太迟，因为旧印绶已被新莽使者破碎。明日，单于果然遣右骨都侯当对将率说："汉赐单于印，言'玺'不言'章'，又无'汉'字，诸王以下乃有'汉'言'章'。今（印）即去'玺'加'新'，与臣下无别。愿得故印。"将率们把已经破碎的故印给右骨都侯当看后说："新室顺天制作，故印随将率所自为破坏。单于宜承天命，奉新室之制。"

这么一来，乌珠留单于已无可奈何，不过他得了王莽的很多赐给，也只好遣其弟右贤王舆奉马牛随将率们同到新莽王朝去表示谢意。同时，他再上书请求发给故印。

匈奴单于不断地要求发给故印章，直到王莽死后的更始二年（公元24年），汉遣中郎将归德侯刘飒、大司马护军陈遵使匈奴，始将刻同故印一样的印绶授与单于，并给王侯以下印绶，这个问题才算解决。

在王莽秉政还未篡位之前，对匈奴坚持宗主国地位，视匈奴为藩属。乌珠留为避免与王莽冲突，极力迁就，但对王莽的怨恨越来越深。王莽称帝之后改换印绶，在他看起来，不啻使他的地位与臣下无别，于是乃相机反抗，结果是遣兵入寇。《汉书·匈奴传》说："乃遣右大且渠蒲呼卢訾等十余人将兵众万骑，以护送乌桓为名，勒兵朔方塞下。朔方太守以闻。"这是战争的开始。接着，匈奴庇护了谋降匈奴的车师后王的哥哥狐兰支以及逃降匈奴的新朝西域戊己校尉史陈良、终带等，从而违背了王莽颁布的四条款。同时，王莽得到西域都护但钦上书说，匈奴南将军右伊秩訾将兵攻击西域诸国，大怒起来，乃遣兵攻击匈奴，割裂匈奴国土，分化匈奴王室。与此同时，又改匈奴这个名字为"降奴"，改单于这个称号为"服于"。《资治通鉴》卷三十七《汉纪二十九》"王莽始建国二年"记述了这次冲突的过程：

> 莽恃府库之富，欲立威匈奴，乃更名匈奴单于曰"降奴服于"，下诏遣立国将军孙建等率十二将分道并出：五威将军苗䜣、虎贲将军王况出五原；厌难将军陈钦、震狄将军王巡出云中；振武将军王嘉、平狄将军王萌出代郡；相威将军李棽、镇远将军李翁出西河；诛貉将军杨俊、讨秽将军严尤出渔阳；奋武将军王骏、定胡将军王晏出张掖；及偏裨以下百八十人，募天下囚徒、丁男、甲卒三十万人，转输衣裘、兵器、粮食自负海江、淮至北边，使者驰传督趣，以军兴法从事。先至者屯边郡，须毕具乃同时出；穷追匈奴，内之丁令。分其国土人民以为十五，立呼韩邪子孙十五人皆为单于。

王莽除了想用兵力去威服匈奴外，还用财物去分化单于的弟侄们。《汉书·匈奴传》说："遣中郎将蔺苞、副校尉戴级将兵万骑，多赍珍宝至云中塞下，招诱呼韩邪单于诸子，欲以次拜之。使译出塞诱呼右犁汗王咸、咸子登、助三人，至则胁拜咸为孝单于，赐安车鼓车各一，黄金千斤，杂缯千匹，戏戟十；拜助为顺单于，赐黄金五百斤；传送助、登长安。莽封苞为宣威公，拜为虎牙将军；封级为扬威公，拜为虎贲将军。"

乌珠留单于听到这些消息后，也宣布不再承认新莽承汉地位为合法："先单于受汉宣帝恩，不可负也。今天子非宣帝子孙，何以得立？"于是正式对王莽宣战。《汉书·匈奴传》说："遣左骨都侯、右伊秩訾王呼卢訾及左贤王乐将兵入云中益寿塞，大杀吏民。是岁，建国三年也。是后，单于历告左右部都尉、诸边王，入塞寇盗，大辈万余，中辈数千，少者数百，杀雁门、朔方太守、都尉，略吏民畜产不可胜数，缘边虚耗。"

王莽虽然命令好多将军分十道并出，但是诸将军在边塞久等，兵粮却不易集结，因此先到者只能在边塞再等下去，并未敢出击匈奴。讨秽将军严尤乃上书谏王莽之失策说：

臣闻匈奴为害，所从来久矣，未闻上世有必征之者也。后世三家周、秦、汉征之，然皆未有得上策者也。周得中策，汉得下策，秦无策焉。当周宣王时，猃允内侵，至于泾阳，命将征之，尽境而还。其视戎狄之侵，譬犹蚊虻之螫，驱之而已。故天下称明，是为中策。汉武帝选将练兵，约赍轻粮，深入远戍，虽有克获之功，胡辄报之，兵连祸结三十余年，中国罢耗，匈奴亦创艾，而天下称武，是为下策。秦始皇不忍小耻而轻民力，筑长城之固，延袤万里，转输之行，起于负海，疆境既完，中国内竭，以丧社稷，是为无策。

又言以兵胜匈奴之难：

今天下遭阳九之阨，比年饥馑，西北边尤甚。发兵三十万众，具三百日粮，东援海代，南取江淮，然后乃备。计其道里，一年尚未集合，兵先至者聚居暴露，师老械弊，势不可用，此一难也。边既空虚，不能奉军粮，内调郡国，不相及属，此二难也。计一人三百日食，用糒十八斛，非牛力不能胜；牛又当自赍食，加二十斛，重矣。胡地沙卤，多乏水草，以往事揆之，军出未满百日，牛必物故且尽，余粮尚多，人不能负，此三难也。胡地秋冬甚寒，春夏甚风，多赍鬴镬薪炭，重不可胜，食糒饮水，以历四时，师有疾疫之忧，是故前世伐胡，不过百日，非不欲久，势力不能，此四难也。辎重自随，则轻锐者少，不得疾行，虏徐遁逃，势不能及，幸而逢虏，又累辎重，如遇险阻，衔尾相随，虏要遮前后，危殆不测，此五难也。大用民力，功不可必立，臣伏忧之。今既发兵，宜纵先至者，令臣尤等深入霆击，且以创艾胡虏。（《汉书·匈奴传》）

王莽没有采纳严尤的意见，照样调兵运谷，结果天下骚动，师老无功，使这次进攻匈奴的计划没有实现。《汉书·匈奴传》说："及莽挠乱匈奴，与之构难，边民死亡系获，又十二部兵久屯而不出，吏士罢弊，数年之间，北边虚空，野有暴骨矣。"这次冲突的实际胜利者是匈奴。

正在这个时候（王莽建国五年，公元13年），乌珠留单于死了。他是呼韩邪单于以后在位最久的单于。乌珠留单于死后，继立单于似又成为问题。其实在他未死之前，这个问题已经发生，并且与新莽干预匈奴内政紧密相关。《汉书·匈奴传》说：

乌珠留单于立二十一岁，建国五年死。匈奴用事大臣右骨都侯须卜当，即王昭君女伊墨居次云之婿也。云常欲与中国和亲，又素与咸厚善，见咸前后为莽所拜，故遂越舆而立咸为乌累若鞮单于。乌累单于咸立，以弟舆为左谷蠡王。乌珠留单于子苏屠胡本为左贤王，以弟屠耆阏氏子卢浑为右贤王。乌珠留单于在时，左贤王数死，以为其号不详，更易命左贤王曰"护于"。

护于之尊最贵，次当为单于，故乌珠留单于授其长子以为护于，欲传以国。咸怨乌珠留单于贬贱己号，不欲传国，及立，贬护于为左屠耆王。

咸是呼韩邪单于的大阏氏所生的儿子中较小的一个，还有一位叫做乐。这两位均比颛渠阏氏的少子囊知牙斯（即乌珠留单于）小。《汉书·匈奴传》说"少子咸、乐"，咸排在前，应比乐为大。大阏氏的大儿子是雕陶莫皋，也就是复株累若鞮单于。次子为且麋胥，就是搜谐若鞮单于。且莫车为颛渠阏氏的大儿子，继且麋胥为车牙单于。囊知牙师又继且莫车为乌珠留单于。若照次序来排，乌珠留死后，咸本应继立为单于。但是乌珠留就位后，以第二阏氏子乐为左贤王，乐若是大阏氏之第四子，这个第二阏氏应当就是大阏氏。乐既为左贤王，那就是准备继乌珠留为单于的。咸为大阏氏之第三子，则咸本应为左贤王。乌珠留以乐为左贤王，而以咸为左犁汗王，这已使咸不满意，而况后来又贬咸为於粟置支侯，这更使他不满意了。

王莽发兵攻击匈奴，又引诱咸做孝单于时，乌珠留还遣左贤王乐去侵扰新莽边境，那么乐从乌珠留立时就是左贤王了，至王莽建国三年，应有十九年之久。这里说左贤王数死，不知是何所指？又乌珠留改左贤王号为护于，以其长子为护于，应该在左贤王乐死后，否则不会有二位左贤王，也不会把乐的左贤王改为护于。

咸因位置被贬，不能继立为单于，是无可怀疑的。但是，假使乐死在乌珠留之前，那么乌珠留长子既为护于，似应该继立为单于。上面那段话里说，须卜当越舆而立咸，似又不对，因为舆既非左贤王或护于，而且咸立之后始以他为左谷蠡王。左谷蠡王的地位是低于左贤王或护于的。舆在咸就位后才为左谷蠡王，则在咸未就位之前，其地位不见得是高于左谷蠡王的。因为左贤王本为乐，而护于乃乌珠留的长子。又上面所抄录的那段话说，咸立后贬护于为左屠耆王。但乌珠留之所以改左贤王为护于，是因为左贤王这个称号不祥，并非因地位不高，因为左贤王与护于均只次于单于，是准备立为单于的。

这样看起来，上面那段话里虽有好多不清楚的地方，可是从这段话里可以看出争立单于的问题又发生了。不久之后，匈奴为这个问题引起内乱，再度分为南、北。

须卜当与昭君的女儿欲与汉亲善，以为咸前后为王莽拜为孝单于，故立咸为单于。可是，他们好象不知道，王莽因听说扰乱汉边境的是咸子角，因而把咸子登杀死了。这就是说，王莽对于咸已失去了信任。须卜当与云立咸为单于，王莽听说之后必定觉得不舒服。《汉书·匈奴传》说："云、当遣人之西河虎猛制虏塞下，告塞吏曰欲见和亲侯。和亲侯王歙者，王昭君兄子也。中部都尉以闻。莽遣歙、歙弟骑都尉展德侯飒使匈奴，贺单于初立，赐黄金衣被缯帛，绐言侍子登在，因购求陈良、终带等。"明明已经将登杀死，却绐言仍在，说明王莽难堪的情况。

咸听说他的儿子登已被杀死，对王莽甚为怨恨，因此常常遣兵入寇新莽。王莽遣使者去问他为什么入寇，他说："乌桓与匈奴无状黠民共为寇入塞，譬如中国有盗贼耳！"虽然他因儿子被杀时时入寇，但是自己初立，威信尚浅，还不敢与新莽绝交。新莽方面也尽力去笼络他。《汉书·匈奴传》说：

> 天凤二年（公元15年）五月，莽复遣歙与五威将王咸率伏黯、丁业等六人，使送右厨唯姑夕王，因奉归前所斩侍子登及诸贵人从者丧，皆载以常车。至塞下，单于遣云、当子男大且渠奢等至塞迎。咸等至，多遗单于金珍，因谕说改其号，号匈奴曰"恭奴"，单于曰"善于"，赐印绶。封骨都侯当为后安公，当子男奢为后安侯。单于贪莽金币，故曲听之，然寇盗如故。

王莽以为这是外交上的一大成功，大为欢喜。所以，王歙、王咸等回去之后，他大加赏赐，赐歙钱二百万，悉封黯等。

乌累单于咸继立五年后死，时在天凤五年（公元18年）。他死后，弟左贤王舆立为呼都而尸道皋若鞮单于。呼都而尸道皋单于对于新莽的财物更为贪求，即位之后，即遣云、当之子大且渠奢与云的妹妹当于居次子醯椟王至长安奉献。他利用王昭君这两位外孙表示对新莽王朝亲善，多得了财物。

王莽却又利用这个机会去另立一位单于。他遣派王昭君哥哥之子王歙与奢等俱到制虏塞下，设法与王昭君的女儿云及其丈夫当会面，再以兵力胁迫云、当二人到长安。这次偕云、当到制虏塞下的，还有他们的小男，奢的弟弟。他见得新莽用兵力胁迫他的父母到长安，自己便设法逃回匈奴。奢与醯椟王、云、当都被留在长安。

须卜当到长安后，王莽拜他为须卜单于。这与他以前诱胁咸为孝单于及其子助为须单于，而留顺单于在长安的作法是相同的。他既拜当为须卜单于，又想用兵力去辅立他，使其回去代替呼都而尸单于。

王莽计划诱胁当到长安立为单于时，大司马严尤曾谏王莽不应该这样做，并说明这样做没有好处。可是他不听严尤的话。《资治通鉴》卷三十八《汉纪三十》"天凤六年"中说：

> 初，莽之欲诱迎须卜当也，大司马严尤谏曰："当在匈奴右部，兵不侵边，单于动静辄语中国，此方面之大助也。于今迎当置长安槁街，一胡人耳，不如在匈奴有益。"莽不听。

又说：

> （莽）既得当，欲遣尤与廉丹击匈奴，皆赐姓徵氏，号二徵将军，令诛单于舆而立当代之。出车城西横厩，未发。尤素有智略，非莽攻伐四夷，数

谏不从；及当出，廷议，尤固言"匈奴可且以为后，先忧山东盗贼"。莽大怒，策免尤。

这么一来，呼都而尸单于愈为怨恨。《汉书·匈奴传》说："匈奴愈怒，并入北边，北边由是败坏。"

王莽称帝后第二年，要发三十万兵、赍三百日粮去征伐匈奴，以至丁令。严尤谏他不听。这一次他诱胁须卜当到长安拜为须卜单于，严尤谏他又不听，因此引起匈奴的入寇。十年前，因乌珠留不断侵略边境，大量军队久屯要塞，使数年之间北边空虚，野有暴骨。现在匈奴常来扰乱，王莽又要发兵攻击。遣严尤将兵去征伐，严尤则因进谏而被策免。于是他在地皇二年决定发大兵去征伐。《资治通鉴》卷三十八《汉纪三十》"地皇二年"中说："莽又转天下谷帛诣西河、五原、朔方、渔阳，每一郡以百万数，欲以击匈奴。"结果是攻击匈奴的企图还是不能实现，而且他所拜为须卜单于的须卜当在这一年也病死了。然而，王莽并未因此放弃攻击匈奴与拥立单于的计划。《汉书·匈奴传》说："会当病死，莽以其庶女陆逮任妻后安公奢，所以尊宠之甚厚，终为欲出兵立之者。"

王莽没有实现其意图，不久即被杀死（公元23年）。王莽死后，须卜当妻云、子奢也死了。王莽既死，更始皇帝欲以和平友好的方式去联络匈奴。更始二年（公元24年），遣中郎将归德侯刘飒、大司马护军陈遵出使匈奴，除带去礼物之外，还刻了同宣帝时赐给匈奴单于一样的玺绶，送给呼都而尸单于舆，并给印绶与其大臣贵人。同时，又护送跟着云与当同来的亲属贵人以及随从人员回匈奴。

更始帝使者在匈奴时，单于舆对他们的态度很傲慢。他还问刘飒与陈遵道："匈奴本与汉为兄弟，匈奴中乱，孝宣皇帝辅立呼韩邪单于，故称臣以尊汉。今汉亦大乱，为王莽所篡，匈奴亦出兵击莽，空其边境，令天下骚动思汉，莽卒以败而汉复兴，亦我力也，当复尊我！"（《汉书·匈奴传》）刘飒与陈遵听了这些话当然很不服气，因与单于舆辩论。可是不管他们怎样说，单于舆的态度仍然很傲慢，口气很大。刘飒与陈遵于次年才回到长安。这时赤眉起义军已入长安，更始也失败了。

这一年（公元25年），汉光武帝刘秀定都洛阳。此时天下未定，他自是没有时间和力量去对付匈奴。在他平定天下之后的一个时期中，忙于整顿内政，也难于兼顾外事。此时匈奴不再对汉称臣，在东汉边境不受约束，自由行动。《后汉书·南匈奴列传》说："光武初，方平诸夏，未遑外事。至六年（公元30年），始令归德侯刘飒使匈奴，匈奴亦遣使来献，汉复令中郎将韩统报命，赂遗金币，以通旧好。而单于骄踞，自比冒顿，对使者辞语悖慢，帝待之如初。"又说："初，使命常通，而匈奴数与卢芳共侵北边。九年（公元33年），遣大司马吴汉等击之，经岁无功，而匈奴转盛，钞暴日增。十三年（公元37年），遂寇河东，州郡不能禁。于是渐徙幽、并边人于常山关、居庸关已东，匈奴左部遂复转居塞内。朝廷患之，增缘边兵郡数千人，大筑亭候，修烽火。""匈奴闻汉购求卢芳，贪得财帛，乃遣芳还降，望得其赏。而芳以自归为功，不称匈奴所遣，单于复耻言其计，故赏遂不行。由是大恨，入寇尤深。二十年（公元44年），遂至上党、扶风、天水。二十一年冬，复寇上谷、中山，杀略钞掠甚众，北边无复宁岁。"

呼都而尸单于舆死于光武建武二十二年（公元46年），在位二十八年。从王莽天凤五年至光武建武二十二年，正是汉王朝处于不安定的时期，呼都而尸利用这个机会扰乱汉之北边。并且与汉王朝的将领勾结，情况有些象秦二世至汉高祖的初年。

汉光武即位以后，匈奴在与东汉的关系方面占据优势，从卢芳与彭宠的联匈叛汉问题可见。匈奴甚至欲如汉立呼韩邪单于故事，立卢芳为汉帝。

彭宠在王莽地皇中，曾为大司空士，及光武平定河北，归附光武。因帮助光武有功，及光武即位，他以为光武待他不如别人而产生怀疑，最后反叛。《后汉书》卷十二《彭宠列传》说，彭宠"发兵反……明年（建武三年，公元27年）春，宠遂拔右北平、上谷数县。遣使以美女缯綵赂遗匈奴，要结和亲。单于使左南将军七八千骑，往来为游兵以助宠"。

彭宠反叛后，光武本来要亲自率兵征伐，当时的大司徒阳都侯伏湛极力劝他不要亲征。《后汉书》卷二十六《伏湛列传》载其上疏谏曰："今京师空匮，资用不足，未能服近而先事边外，且渔阳之地，逼接北狄，黠虏困迫，必求其助。……渔阳以东，本备边塞，地接外虏，贡税微薄。安平之时，尚资内郡，况今荒耗，岂足先图？……复愿……以中土为忧念。"光武看了伏湛的奏言之后，乃停止亲征。伏湛奏言中说渔阳与匈奴接近，彭宠在困迫时必与匈奴联合，这种看法是完全对的。从中也可以看出，征伐彭宠与匈奴有关系。

伏湛的这种主张对光武的影响很大，因为差不多到了光武在位的最后一年，其政策仍是集中力量安定内部。他不但对北边的匈奴很少注意，而且对西域诸国请求遣派都护的提议也加以否决。直至光武建武二十七年（公元51年），匈奴出现天灾、内乱与外患的情况下，臧宫与马武劝他征伐匈奴，他也反对。因为他看到"北狄尚强"，考虑力量对比不利于汉。此即所谓"诚能举天下之半以灭大寇，岂非至愿；苟非其时，不如息人"。《后汉书·臧宫列传》记云：

> 后匈奴饥疫，自相分争，帝以问宫，宫曰："愿得五千骑以立功。"帝笑曰："常胜之家，难与虑敌，吾方自思之。"二十七年，宫乃与杨虚侯马武上书曰："匈奴贪利，无有礼信，穷则稽首，安则侵盗，缘边被其毒痛，中国忧其抵突。虏今人畜疫死，旱蝗赤地，疫困之力，不当中国一郡。万里死命，县在陛下。福不再来，时或易失，岂宜固守文德而坠武事乎？……"诏报曰："……今国无善政，灾变不息，百姓惊惶，人不自保，而复欲远事

边外乎？孔子曰：'吾恐季孙之忧，不在颛臾。'且北狄尚强，而屯田警备传闻之事，恒多失实。诚能举天下之半以灭大寇，岂非至愿；苟非其时，不如息人。"自是诸将莫敢复言兵事者。

光武因受伏湛的谏止不去亲征彭宠，但也并非置诸不理。当彭宠与匈奴连合甚至与乌桓联络而与光武对抗时，光武曾遣好多位将领去攻击。耿况与其子舒以及祭遵、刘喜都是平定彭宠的有功人物。《后汉书》卷十九《耿弇列传》中有二段话载及这件事："时更始征代郡太守赵永，而况劝永不应召，令诣于光武。光武遣永复郡。永北还，而代令张晔据城反畔，乃招迎匈奴、乌桓以为援助。光武以弇弟舒为复胡将军，使击晔，破之。永乃得复郡。""时征虏将军祭遵屯良乡，骁骑将军刘喜屯阳乡，以拒彭宠。宠遣弟纯将匈奴二千余骑，宠自引兵数万，分为两道以击遵、喜。胡骑经军都，舒袭破其众，斩匈奴两王，宠乃退走。况复与舒攻宠，取军都。五年，宠死，天子嘉况功，使光禄大夫持节迎况，赐甲第，奉朝请。封舒为牟平侯。"

彭宠被攻灭之后，光武对于匈奴也并非完全不管。比方他在光武九年，曾遣朱祐屯南行唐以拒匈奴；光武十三年又遣马武将兵北屯下曲阳以备匈奴。（以上分见《后汉书》卷二十二《朱祐列传》《马武列传》）此外，他又遣人去缮障塞，筑保壁，起烽燧。《后汉书》卷二十二《马成列传》里说："建武四年，拜（马成）扬武将军……十四年，屯常山、中山以备北边，并领建义大将军朱祐营。又代骠骑大将军杜茂缮治障塞，自西河至渭桥，河上至安邑，太原至井陉，中山至邺皆筑保壁，起烽燧，十里一候。在事五六年，帝以成勤劳，征还京师。边人多上书求请者，复遣成还屯。及南单于保塞，北方无事，拜为中山太守……"

东汉内部的背叛既与匈奴有关系，欲安内就不得不攘外。不过在光武在位的时候，重点是安内而非攘外。

卢芳与匈奴的关系更为密切。《后汉书·卢芳列传》说：

> 卢芳字君期……王莽时，天下咸思汉德，芳由是诈自称武帝曾孙刘文伯。曾祖母匈奴谷蠡浑邪王之姊为武帝皇后，生三子。遭江充之乱，太子诛，皇后坐死，中子次卿亡之长陵，小子回卿逃于左谷。霍将军立次卿，迎回卿。回卿不出，因居左谷，生子孙卿，孙卿生文伯。常以是言诳惑安定间。王莽末，乃与三水属国羌胡起兵。更始至长安，征芳为骑都尉，使镇抚安定以西。更始败，三水豪杰共计议，以芳刘氏子孙，宜承宗庙，乃共立芳为上将军、西平王，使使与西羌、匈奴结和亲。

当他遣使者到匈奴见呼都而尸单于时，单于舆对使者说："匈奴本与汉约为兄弟。后匈奴中衰，呼韩邪单于归，汉为发兵拥护，世世称臣。今汉亦中绝，刘氏来归我，亦当立之，令尊事我。"从这种思想出发，单于舆"乃使句林王将数千骑迎芳，芳与兄禽、弟程俱入匈奴。单于遂立芳为汉帝。以程为中郎将，将胡骑还入安定"（《后汉书·卢芳列传》）。

除了卢芳外，还有五原人李兴、随昱，朔方人田飒与代郡人石鲔、闵堪，亦皆起兵与匈奴联结。后来，他们也因匈奴的关系与卢芳联合起来。《后汉书·卢芳列传》说：

> 初，五原人李兴、随昱，朔方人田飒，代郡人石鲔、闵堪，各起兵自称将军。建武四年，单于遣无楼且渠王入五原塞，与李兴等和亲，告兴欲令芳还汉地为帝。五年，李兴、闵堪引兵至单于庭迎芳，与俱入塞，都九原县。掠有五原、朔方、云中、定襄、雁门五郡，并置守令，与胡通兵，侵苦北边。

但是过了一年，卢芳内部发生问题，有的人被卢芳杀死，有的人投降于光武。数年后，卢芳因在内战中失败而逃入匈奴。《卢芳列传》说：

> 六年（公元30年），芳将军贾览将胡骑击杀代郡太守刘兴。芳后以事诛其五原太守李兴兄弟，而其朔方太守田飒、云中太守桥扈恐惧，叛芳，举郡降，光武令领职如故。后大司马吴汉、骠骑大将军杜茂数击芳，并不克。十二年，芳与贾览共攻云中，久不下，其将随昱留守九原，欲胁芳降。芳知羽翼外附，心膂内离，遂弃辎重，与十余骑亡入匈奴，其众尽归随昱。昱乃随使者程恂诣阙。拜昱为五原太守，封镌胡侯，昱弟宪武进侯。

卢芳逃入匈奴后，在塞内的势力差不多完全丧失。东汉方面因为怕他卷土重来，极想购求他。呼都而尸单于舆以为他若能使卢芳投降，则他必得厚赏，于是遣卢芳归汉。卢芳知道单于有这种企图，到东汉后，便说是自愿投降，而没有说明是单于所遣。建武十六年（公元40年），卢芳回到东汉后居在高柳，与闵堪兄林使使请降光武，被立为"代王，堪为代相，林为代太傅，赐缯二万匹，因使和集匈奴"。卢芳于是上书说：

> 臣芳过托先帝遗体，弃在边陲。社稷遭王莽废绝，以是子孙之忧，所宜共诛，故遂西连羌戎，北怀匈奴。单于不忘旧德，权立救助。是时兵革并起，往往而在。臣非敢有所贪觊，期于奉承宗庙，兴立社稷，是以久僭号位，有十余年，罪宜万死。陛下圣德高明，躬率众贤，海内宾服，惠及殊俗。以肺附之故，赦臣芳罪，加以仁恩，封为代王，使备北藩。无以报塞重责，冀必欲和辑匈奴，不敢遗余力，负恩贷。谨奉天子玉玺，思望阙庭。（《后汉书·卢芳列传》）

在这封奏书中，他不只不讳言与匈奴连结，并且说单于不忘旧德，权立救助,说明他与匈奴关系之密切。奏书上后,光武诏他十七年正月朝见。十六年冬天,他想入朝,走到昌平,光武又诏止,令更朝明岁。因此他不得不回代郡。可是在归途中他自己有所忧惧,于是再背叛,与闵堪、闵林相攻数月。匈奴遣数百骑迎接他及其妻子出塞,再度逃入匈奴。他留居匈奴十余年后病死。匈奴对卢芳的态度说明卢芳与匈奴的关系之深。

当彭宠与卢芳联合匈奴扰乱边境的时候,除了吴汉等将兵征伐之外,王霸与苏竟都参与了征伐。《后汉书》卷二十《王霸列传》说:

> (建武)五年春,帝使太中大夫持节拜霸为讨虏将军。六年,屯田新安。八年,屯田函谷关。击荥阳、中牟盗贼,皆平之。九年,霸与吴汉及横野大将军王常、建义大将军朱祐、破奸将军侯进等五万余人,击卢芳将贾览、闵堪于高柳。匈奴遣骑助芳,汉军遇雨,战不利。吴汉还洛阳,令朱祐屯常山,王常屯涿郡,侯进屯渔阳。玺书拜霸上谷太守,领屯兵如故,捕击胡虏,无拘郡界。

又说:

> 明年,霸复与吴汉等四将军六万人出高柳击贾览,诏霸与渔阳太守陈䜣将兵为诸军锋。匈奴左南将军数千骑救览,霸等连战于平城下,破之,追出塞,斩首数百级。霸及诸将还入雁门,与骠骑大将军杜茂会攻卢芳将尹由于崞、繁畤,不克。十三年,增邑户,更封向侯。是时,卢芳与匈奴、乌桓连兵,寇盗尤数,缘边愁苦。诏霸将弛刑徒六千余人,与杜茂治飞狐道,堆石布土,筑起亭障,自代至平城三百余里。凡与匈奴、乌桓大小数十百战,颇识边事,数上书言宜与匈奴结和亲,又陈委输可从温水漕,以省陆转输之劳,事皆施行。后南单于、乌桓降服,北边无事。霸在上谷二十余岁。三十年,定封淮陵侯。

至于苏竟,《后汉书》卷三十上《苏竟列传》说:

> 苏竟字伯况,扶风平陵人也。平常世,竟以明《易》为博士讲《书》祭酒。善图纬,能通百家之言。王莽时,与刘歆等共典校书,拜代郡中尉。时匈奴扰乱,北边多罹其祸,竟终完辑一郡。光武即位,就拜代郡太守,使固塞以拒匈奴。建武五年冬,卢芳略得北边诸郡,帝使偏将军随弟屯代郡。竟病笃,以兵属弟,诣京师谢罪。拜侍中,数月,以病免。

呼都而尸单于死前一年,与卢芳从安定起兵的属国胡人,也与匈奴连和反叛。《后汉书·卢芳列传》说:

> 初,安定属国胡与芳为寇,及芳败,胡人还乡里,积苦县官徭役。其中有驳马少伯者,素刚壮;二十一年(公元45年),遂率种人反叛,与匈奴连

和，屯聚青山。乃遣将兵长史陈䜣，率三千骑击之，少伯乃降。徙于冀县。

王莽死后至光武代兴这一时期，单于对汉既很为傲慢，自比冒顿，匈奴与东汉的关系好象是秦二世至汉高祖时代的历史的重演。那么，匈奴与东边的乌桓、鲜卑，北边的丁令，西边的西域诸国的关系，以及这些部族与汉朝的关系又是怎样的呢？关于乌桓以至丁令，《后汉书》卷九十《乌桓列传》中有一段扼要的叙述，录之于下：

> 及王莽篡位，欲击匈奴，兴十二部军，使东域将严尤领乌桓、丁令兵屯代郡，皆质其妻子于郡县。乌桓不便水土，惧久屯不休，数求调去。莽不肯遣，遂自亡畔，还为抄盗，而诸郡尽杀其质，由是结怨于莽。匈奴因诱其豪帅以为吏，余者皆羁縻属之。

又说：

> 光武初，乌桓与匈奴连兵为寇，代郡以东尤被其害。居止近塞，朝发穹庐，暮至城郭，五郡民庶，家受其辜，至于郡县损坏，百姓流亡。其在上谷塞外白山者，最为强富。建武二十一年，遣伏波将军马援将三千骑出五阮关掩击之。乌桓逆知，悉相率逃走，追斩百级而还。乌桓复尾击援后，援遂晨夜奔归，比入塞，马死者千余匹。二十二年，匈奴国乱，乌桓乘弱去破之，匈奴转北徙数千里，漠南地空，帝乃以币帛赂乌桓。

很值得注意的是"严尤领乌桓、丁令兵屯代郡，皆质其妻子于郡县"这句话。丁令原在匈奴之北，现在也到汉之代郡屯兵以备匈奴，而所谓皆质其妻子于郡县，则应该包括丁令人的妻子在内。丁令从那么远的地方到汉郡，所走的途程必经东北乌桓所占领的地方，不会穿过匈奴所居的地方。从这一点来看，丁令对于匈奴也必定不满意，所以才到汉朝来，为汉朝防备匈奴。但乌桓、丁令终又叛莽而归匈奴。

此外，还值得注意的是，在这个时期中，匈奴东边的鲜卑也勃兴起来，与匈奴、乌桓"连和强盛"。《后汉书·乌桓鲜卑列传》说："鲜卑者，亦东胡之支地，别依鲜卑山，故因号焉。其言语习俗与乌桓同。……光武初，匈奴强盛，率鲜卑与乌桓寇抄北边，杀略吏人，无有宁岁。"《后汉书》卷二十《祭肜列传》说："当是时，匈奴、鲜卑及赤山乌桓连和强盛，数入塞杀略吏人。朝廷以为忧，益增缘边兵，郡有数千人，又遣诸将分屯障塞。帝以肜为能，建武十七年，拜辽东太守。""肜以三虏连和，卒为边害，二十五年，乃使招呼鲜卑，示以财利。其大都护偏何遣使奉献，愿得归化，肜慰纳赏赐，稍复亲附。"

西汉与王莽均不准匈奴染指西域。但王莽称皇帝后，在乌珠留单于死前三年，又发生了车师后王须置离谋降匈奴与陈良、终带投降匈奴的事件。西域诸国先后沦入匈奴势力范围。《汉书·西域传》"车师后城长国"条说：

至莽篡位，建国二年，以广新公甄丰为右伯，当出西域。车师后王须置离闻之，与其右将股鞮、左将尸泥支谋曰："闻甄公为西域太伯，当出，故事给使者牛羊谷刍茭，导译，前五威将过，所给使尚未能备，今太伯复出，国益贫，恐不能称。"欲亡入匈奴。戊己校尉刀护闻之，召置离验问，辞服，乃械致都护但钦在所埒娄城。置离人民知其不还，皆哭而送之。至，钦则斩置离。

又说：

置离兄辅国侯狐兰支将置离众二千余人，驱畜产，举国亡降匈奴。是时，莽易单于玺，单于恨怨，遂受狐兰支降，遣兵与共寇击车师，杀后城长，伤都护司马，及狐兰兵复还入匈奴。时戊己校尉刀护病，遣史陈良屯桓且谷备匈奴寇，史终带取粮食，司马丞韩玄领诸壁，右曲候任商领诸垒，相与谋曰："西域诸国颇背叛，匈奴欲大侵，要死。可杀校尉，将人众降匈奴。"即将数千骑至校尉府，胁诸亭令燔积薪，分告诸壁曰："匈奴十万骑来入，吏士皆持兵，后者斩！"得三四百人，去校尉府数里止，晨火然。校尉开门击鼓收吏士，良等随入，遂杀校尉刀护及子男四人、诸昆弟子男，独遣妇女小儿。止留戊己校尉城，遣人与匈奴南将军相闻，南将军以二千骑迎良等。良等尽胁略戊己校尉吏士男女二千余人入匈奴。单于以良、带为乌贲都尉。

看来，不只西域诸国的君长背叛新莽而投降匈奴，在西域的新莽官吏竟然也杀其长官，率众投降匈奴。西域离叛新莽情形之严重可以概见。只是"后三岁，单于（乌珠留）死，弟乌累单于咸立，复与莽和亲。莽遣使者多赍金币赂单于，购求陈良、终带等。单于尽收四人及手杀刀护者芝音妻子以下二十七人，皆械槛车付使者。到长安，莽皆烧杀之"。但"其后莽复欺诈单于，和亲遂绝。匈奴大击北边，而西域亦瓦解。焉耆国近匈奴，先叛，杀都护但钦，莽不能讨。天凤三年，乃遣五威将王骏、西域都护李崇将戊己校尉出西域，诸国皆郊迎，送兵谷，焉耆诈降而聚兵自备。骏等将莎车、龟兹兵七千余人，分为数部入焉耆，焉耆伏兵要遮骏。及姑墨、尉犁、危须国兵为反间，还共袭击骏等，皆杀之。唯戊己校尉郭钦别将兵，后至焉耆。焉耆兵未还，钦击杀其老弱，引兵还。莽封钦为剡胡子。李崇收余士，还保龟兹。数年莽死，崇遂没，西域因绝"。（《汉书·西域传》同前引条）

匈奴称臣而不扰乱西汉边境的时候，西域诸国也臣服西汉，且少与匈奴联结。就是有的投降于匈奴，西汉也责使匈奴遣还。但是匈奴与汉一旦有了战争，则匈奴往往设法去控制西域诸国，征取其物力或人力；而西域诸国之愈近匈奴者，也愈易降于匈奴。乌孙尤其是车师与武帝时的楼兰地区，遂成为汉与匈奴争夺的地方。焉耆居西域之东，近匈奴。汉既没有足够的力量去控制它，就难免为匈奴所役属，而姑墨、尉犁、危须也就容易随之而为匈奴所利用。

西域北道诸国，尤其是近匈奴者，既多叛汉而归附匈奴；南道的莎车王延及其子康，在这个时候，却仍效忠于汉。但是到了康的弟弟贤继立之后，不久也不满意东汉，引发其他许多国投降匈奴。《后汉书·西域传》"莎车国"条说："匈奴单于因王莽之乱，略有西域，唯莎车王延最强，不肯附属。元帝时，尝为侍子，长于京师，慕乐中国，亦复参其典法。常敕诸子，当世奉汉家，不可负也。天凤五年，延死，谥忠武王，子康代立。光武初，康率傍国拒匈奴，拥卫故都护吏士妻子千余口，檄书河西，问中国动静，自陈思慕汉家。"

康死之后，弟贤继立，贤最初对东汉也很亲善。同上处载云：

> 九年，康死，谥宣成王。弟贤代立，攻破拘弥、西夜国，皆杀其王，而立其兄康两子为拘弥、西夜王。十四年，贤与鄯善王安并遣使诣阙贡献，于是西域始通。葱领以东诸国皆属贤。十七年，贤复遣使奉献，请都护。天子以问大司空窦融，以为贤父子兄弟相约事汉，款诚又至，宜加号位以镇安之。帝乃因其使，赐贤西域都护印绶，及车旗黄金锦绣。敦煌太守裴遵上言："夷狄不可假以大权，又令诸国失望。"诏书收还都护印绶，更赐贤以汉大将军印绶。其使不肯易，遵迫夺之，贤由是始恨。

因为改换了都护印绶，结果引起贤对东汉的怨恨，从而胁迫西域诸国来附匈奴，反叛东汉。同传又说："（贤）而犹诈称大都护，移书诸国，诸国悉服属焉，号贤为单于。贤浸以骄横，重求赋税，数攻龟兹诸国，诸国愁惧。二十一年冬，车师前王、鄯善、焉耆等十八国俱遣子入侍，献其珍宝。及得见，皆流涕稽首，愿得都护。"请求东汉王朝支援。但东汉无力与匈奴对抗，拒之。诸国最终也落入匈奴势力范围。"天子以中国初定，北边未服，皆还其侍子，厚赏赐之。""二十二年（公元46年），贤知都护不至，遂遗鄯善王安书，令绝通汉道。安不纳而杀其使。贤大怒，发兵攻鄯善。安迎战，兵败，亡入山中。贤杀略千余人而去。其冬，贤复攻杀龟兹王，遂兼其国。"鄯善王上书东汉天子，"愿复遣子入侍，更请都护。都护不出，诚迫于匈奴。天子报曰：'今使者大兵未能得出，如诸国力不从心，东西南北自在也。'于是鄯善、车师复附匈奴，而贤益横"。同传又说："妫塞王自以国远，遂杀贤使者，贤击灭之，立其国贵人驷鞬为妫塞王。贤又自立其子则罗为龟兹王。贤以则罗年少，乃分龟兹为乌垒国，徙驷鞬为乌垒王，又更以贵人为妫塞王。数岁，龟兹国人共杀则罗、驷鞬，而遣使匈奴，更请立王。匈奴立龟兹贵人身毒为龟兹王，龟兹由是属匈奴。"

然而，王莽死后，以至东汉初年，匈奴犹未能挟西域各国之力入侵汉西北边，这与窦融镇守河西的努力有关。《后汉书·窦融列传》说：

莽败，融以军降更始大司马赵萌，萌以为校尉，甚重之，荐融为钜鹿太守。融见更始新立，东方尚扰，不欲出关，而高祖父尝为张掖太守，从祖父为护羌校尉，从弟亦为武威太守，累世在河西，知其土俗，独谓兄弟曰："天下安危未可知，河西殷富，带河为固，张掖属国精兵万骑，一旦缓急，杜绝河津，足以自守，此遗种处也。"兄弟皆然之。融于是日往守萌，辞让钜鹿，图出河西。萌为言更始，乃得为张掖属国都尉。融大喜，即将家属而西。既到，抚结雄杰，怀辑羌虏，甚得其欢心，河西翕然归之。是时酒泉太守梁统、金城太守厍钧、张掖都尉史苞、酒泉都尉竺曾、敦煌都尉辛肜，并州郡英俊，融皆与为厚善。及更始败，融与梁统等计议曰："今天下扰乱，未知所归。河西斗绝在羌胡中，不同心戮力则不能自守；权钧力齐，复无以相率。当推一人为大将军，共全五郡，观时变动。"议既定，而各谦让，咸以融世任河西为吏，人所敬向，乃推融行河西五郡大将军事。是时武威太守马期、张掖太守任仲并孤立无党，乃共移书告之，二人即解印绶去。于是以梁统为武威太守，史苞为张掖太守，竺曾为酒泉太守，辛肜为敦煌太守，厍钧为金城太守。融居属国，领都尉职如故，置从事监察五郡。河西民俗质朴，而融等政亦宽和，上下相亲，晏然富殖。修兵马，习战射，明烽燧之警，羌胡犯塞，融辄自将与诸郡相救，皆如符要，每辄破之。其后匈奴惩义，稀复侵寇，而保塞羌胡皆震服亲附，安定、北地、上群流人避凶饥者，归之不绝。

窦融在河西五郡与诸郡太守、都尉联合起来，在更始已败而光武尚未安定天下的过渡时期，不只使五郡晏然富殖，而且对于防备匈奴与西羌以及安定西域有很大作用。假使没有他与诸郡的联合，则匈奴与西羌可能联合侵略汉边境。这样，不只五郡人民会受其害，就是其他地方也可能受到影响。因匈奴力量强大，除了扰乱五郡及其他地方之外，还可以使西域诸国受其统治。《后汉书·西域传》"莎车"条指出，由于窦融的努力，西域在东汉初也曾一度归附东汉王朝："建武五年，河西大将军窦融乃承制立康为汉莎车建功怀德王、西域大都尉，五十五国皆属焉。"假使汉朝的势力在西域削减，则匈奴的势力立刻会伸张。匈奴虽然经过汉朝的沉重打击，甚至称臣于汉好几十年，但是汉朝内部一有问题，不能兼顾外事时，匈奴不只侵略汉朝边境，而且能很快伸张势力到西域。

西域附属匈奴，匈奴利用其物力人力，可以增加匈奴本身的力量，同时还可以用这种力量去侵略汉朝。东汉有一个时期，北匈奴曾率西域诸国的军队去侵略东汉。自然，这种办法也是汉朝用过的，如甘延寿、陈汤利用西域诸国兵力物力去攻灭郅支单于。汉朝谓为以夷制夷。匈奴之所以争取西域，也可以说是为了增强其右臂。在必要时使用这支右臂去攻打汉朝。

第二十二章　南匈奴附汉，东汉王朝对北匈奴发动攻势

单于舆就位时，其弟伊屠知牙师是右谷蠡王，照次序排列，伊屠知牙师应该升为左贤王，也就是单于的储副。但是单于舆欲传位于子，遂把伊屠知牙师杀死了。这是自呼韩邪单于以来几十年中所没有发生过的事情，说明匈奴内部又因争立发生问题。尸道皋单于舆既杀弟伊屠知牙师，他的侄儿比（乌珠留单于的儿子）对他很不满意，出怨言说："以兄弟言之，右谷蠡王次当立；以子言之，我前单于长子，我当立。"他因怨恨而猜惧，很少到单于庭会见。单于对他也怀疑起来，彼此互相猜忌。单于乃遣两位骨都侯监领比所部的兵队。比在这个时候是右奥鞬日逐王，统治的地方在南边，与乌桓接近。

尸道皋单于舆在位二十八年，汉光武帝建武二十二年（公元46年）死。他的儿子左贤王乌达鞮侯立为单于，不到一年又死了，弟左贤王蒲奴继立为单于。比因为不得立为单于，更为怨恨。正在这个时候，匈奴又有严重的天灾。《后汉书·南匈奴列传》说："而匈奴中连年旱蝗，赤地数千里，草木尽枯，人畜饥疫，死耗太半。"这是从呼韩邪称臣，经过百年左右的休养生息，匈奴逐渐复兴以来最严重的天灾。蒲奴单于害怕汉朝乘机来攻击，于是遣使到渔阳请求和亲，汉朝亦遣中郎将李茂报命。同时，比也密遣汉人郭衡奉匈奴地图，于光武帝建武二十三年（公元47年）来见西河太守，表示愿意内附。比这种计谋被监领他的部兵的两位骨都侯知道，在五月会龙城的时候，告诉单于说："奥鞬日逐凤来欲为不善，若不诛，且乱国。"他们的谈话被正在单于帐下的比的弟弟渐将王听到，马上跑去报告比，比害怕起来，集合他所领地南边八郡兵众四五万人严阵以待，等两骨都侯回来时待机杀死他们。两骨都侯回来时发觉比的企图，于是轻骑跑回去报告单于。单于乃遣万余人征伐比，当骑兵接近比所领的军队时，见到比已有准备，人数又多于单于派来的兵队，便不战而退。

东汉光武帝建武二十四年（公元48年），南边八部大人共同计议，立比为呼韩邪单于。为什么叫做呼韩邪单于呢？《后汉书·南匈奴列传》说："以其大父尝依汉得安，故欲袭其号。"《后汉书·南匈奴传》一开头就说比是醯落尸逐鞮单于，有两个称号，一为他自己的称号，一为袭继他祖父的称号。比既自立为单于，乃率其部众到五原塞，上书光武帝，愿意永远为汉朝的蕃蔽，以防备蒲奴单于所部。自此匈奴遂永远分裂为南北两部。《后汉书·光武帝纪第一下》"二十三年"中："是岁，匈奴奥鞬日逐王比率部曲遣使诣西河内附。""二十四年春正月乙亥……匈奴奥鞬日逐王比遣使款五原塞，求扞御北虏。"同处："冬十月，

匈奴奥鞬日逐王比自立为南单于，于是分为南、北匈奴。"又《后汉书·耿弇列传》说："及匈奴奥鞬日逐王比自立为呼韩邪单于，款塞称藩，愿扞御北虏。事下公卿。议者皆以为天下初定，中国空虚，夷狄情伪难知，不可许国。独曰：'臣以为宜如孝宣故事受之，令东扞鲜卑、北拒匈奴，率厉四夷，完复边郡，使塞下无晏开之警，万世安宁之策也。'帝从其议，遂立比为南单于。由是乌桓、鲜卑保塞自守，北虏远遁，中国少事。"

匈奴历史上有过两次较大的分裂，其原因都是由天灾、外患和内乱造成的。一次是在呼韩邪单于的时候，曾一度分为南、北匈奴：呼韩邪在南边，得到汉朝的卫护；郅支骨都侯单于在北，不久又离开单于庭向西迁徙。郅支西迁后，呼韩邪北归单于庭，这时候的匈奴可以叫做东、西匈奴。公元36年，郅支骨都侯单于被汉朝攻灭，呼韩邪成为唯一的单于，匈奴结束分裂，又统一起来。第一次的分裂前后约20年时间，是短暂的分裂。再一次就是比被立为南单于后分裂为南、北匈奴，分裂的时间长，自此以后匈奴再也没有统一起来。南匈奴自单于比以后，皆称臣于汉朝。

单于比归时附汉朝之后，遣使到汉朝贡献称臣，请求汉朝遣使者去监护。《后汉书·南匈奴列传》说："南单于复遣使诣阙，奉藩称臣，献国珍宝，求使者监护，遣侍子，修旧约。"汉朝方面于"二十六年（公元50年）遣中郎将段郴、副校尉王郁使南单于，立其庭，去五原西部塞八十里。单于乃延迎使者。使者曰：'单于当伏拜受诏。单于雇望有顷，乃伏称臣。'"段郴与王郁回到洛阳之后，光武帝又诏南单于入居云中，单于比遣使上书，献骆驼二头、文马十匹。不久，单于比又遣子入侍。《后汉书·南匈奴列传》说："秋，南单于遣子入侍，奉奏诣阙。诏赐单于冠带、衣裳、黄金玺、盭绂绶，安车羽盖，华藻驾驷，宝剑弓箭，黑节三，驸马二，黄金、锦绣、缯布万匹，絮万斤，乐器鼓车、棨戟甲兵，饮食什器。又转河东米糒二万五千斛，牛羊三万六千头，以赡给之。令中郎将置安集掾史将弛刑五十人，持兵弩随单于所处，参辞讼，察动静。"

东汉王朝派员驻守南匈奴单于庭，监督政务，是匈汉关系的一个重要转折点。因这不只是监视单于的行动，并且参与匈奴的政务。所谓参辞讼，就是解决匈奴人民之间的争执，汉朝的中郎将掾史也得参加。《后汉书·南匈奴列传》说："异姓有呼衍氏、须卜氏、丘林氏、兰氏四姓，为国中名族，常与单于婚姻。呼衍氏为左，兰氏、须卜氏为右，主断狱听讼，当决轻重，口白单于，无文书簿领焉。"汉朝官吏参加辞讼，是汉朝干予单于固有权力的一种表现，南匈奴正式沦为东汉藩属。单于"岁尽辄遣奉奏，送侍子入朝，中郎将从事一人将领诣阙。汉遣谒者送前侍子还单于庭，交会道路。元正朝贺，拜祠陵庙毕，汉乃遣单于使，令谒者将送，赐綵缯千匹，锦四端，金十斤，太官御食酱及橙、桔、龙眼、荔支；赐单于母及诸阏氏、单于子及左右贤王、左右谷蠡王、骨都侯有功善者，綵缯合万匹。岁以为常"。赐给的礼物比前汉还多，目的也可以说是笼络他们，使不致叛变，长久称臣，防备北匈奴的侵略，使汉朝的边境得到安宁。

单于比归附汉朝后，东汉开始结束光武以来的消极防御政策，向北匈奴发动军事和政治攻势。光武帝建武二十五年（公元49年）遣兵去攻击北匈奴，得到大胜利。《后汉书·南匈奴列传》说："二十五年春，遣弟左贤王莫将兵万余人击北单于弟奥鞬左贤王，生获之；又破北单于帐下，并得其人合万余人，马七千匹、牛羊万头。北单于震怖，却地千里。""北部奥鞬骨都侯与右骨都侯率众三万余人来归南单于。"北匈奴的逃跑减少了南匈奴和汉朝边境的威胁，但北匈奴仍保持着相当强大的实力。

不久，南匈奴内部乱了起来。建武二十六年，"夏，南单于所获北虏奥鞬左贤王将其众及南部五骨都侯合三万余人畔归，去北庭三百余里，共立奥鞬左贤王为单于。月余日，更相攻击，五骨都侯皆死，左贤王遂自杀，诸骨都侯子各拥兵相守"。又说："冬，前畔五骨都侯子复将其众三千人归南部，北单于使骑追击，悉获其众。南单于遣兵拒之，逆战不利。"南匈奴因内部反叛，抵抗北匈奴战争失利，损失很大。汉王朝不得不把他们迁到比较安全、水草较丰富的地方去，同时使南匈奴进一步受到控制。《后汉书·南匈奴列传》说："于是复诏单于徙居西河美稷，因使中郎将段郴及副校尉王郁留西河拥护之，为设官府、从事、掾史。令西河长史岁将骑二千，弛刑五百人，助中郎将卫护单于，冬屯夏罢。自后以为常，及悉复缘边八郡。"这与西汉宣帝时呼韩邪入朝称臣，返回时汉朝遣董忠与韩昌将兵护送回去，并留兵在单于庭护卫有所不同：第一，西汉遣兵护卫呼韩邪的时间不过数年，而东汉遣兵护卫南单于的时间较长；第二，西汉对呼韩邪的监督，没有东汉时对单于比的监督那么严密，因东汉除遣将领兵住单于庭外，还为设官府、掾史助中郎将卫护单于。"匈奴中郎将"且自此成为东汉一个常设的官职。《后汉书·百官志》说："使匈奴中郎将一人，比二千石。本注曰：主护南单于。置从事二人，有事随事之，掾随事为员。"

东汉控制南匈奴，大致依照匈奴传统官制，使分地而治。《后汉书·南匈奴列传》说："南单于既居西河，亦列置诸部王，助为扞戍。使韩氏骨都侯屯北地，右贤王屯朔方，当于骨都侯屯五原，呼衍骨都侯屯云中，郎氏骨都侯屯定襄，左南将军屯雁门，栗籍骨都侯屯代郡，皆领部众为郡县侦罗耳目。"南单于及其部王所屯居的地方都是汉朝的北部边境，相当于现代的察哈尔、绥远、宁夏一带。从此匈奴与汉朝接触频繁，两大民族逐渐融合。第一，匈奴人与汉人杂居乃至互为婚姻，使民族互相混杂。晋代五胡乱华的胡人有很多是这些人的子孙。第二，匈奴人迁居到这些地方之后，受汉族文化影响逐渐加深，有不少人舍弃游牧从事耕种，使游牧生活逐渐变为定居生活。

自南匈奴单于比徙居西河之后，北匈奴单于一方面把略来的一部分汉人归还汉朝，以表亲善之意。但他并未停止南下，不过主要目的在于攻击南匈奴，尽量避免与汉朝军队直接冲突。《后汉书·南匈奴列传》说："钞兵每到南部下，还过亭候，辄谢曰：'自击亡虏奥鞬日逐耳，非敢犯汉人也。'"

北匈奴愿对汉朝亲善的表示，还可以光武帝建武二十七年（公元51年）请求和亲为例。北匈奴遣使请求和亲，汉朝在讨论的时候，公卿们意见颇为分歧，后来太子说："南单于新附，北虏惧于见伐，故倾耳而听，争欲归义耳。今未能出兵，而反交通北虏，臣恐南单于将有二心，北虏降者且不复来矣。"光武帝觉得这个意见是对的，所以告诉武威太守勿受其使。这使北单于很为失望。但他并不因此停止对汉朝亲善的政策。过了一年又遣使到汉朝京都贡献马及裘，因时提出：（一）请求和亲，（二）请赐音乐，（三）请求率西域诸国胡客同来献见。汉朝公卿们意见仍是分歧，最后，司徒掾班彪上书提出他的意见，并预备了回答北匈奴单于的信给光武帝看。班彪的意见是承认南匈奴单于的合法地位，与北匈奴相持："羁縻之义，礼无不答。谓可颇加赏赐，略与所献相当，明加晓告以前世呼韩邪、郅支行事。"班彪为光武帝所拟答北匈奴单于书说："单于不忘汉恩，追念先祖旧约，欲修和亲，以辅身安国，计议甚高，为单于嘉之。往者，匈奴数有乖乱，呼韩邪、郅支自相仇隙，并蒙孝宣皇帝垂恩救护，故各遣侍子称藩保塞。其后郅支忿戾，自绝皇泽，而呼韩附亲，忠孝弥著。及汉灭郅支，遂保国传嗣，子孙相继。今南单于携众南向，款塞归命。自以呼韩嫡长，次第当立。""又以北单于比年贡献，欲修和亲，故拒而未许。""汉秉威信，总率万国，日月所照，皆为臣妾。殊俗百蛮，义无亲疏，服顺者褒赏，畔逆者诛罚，善恶之效，呼韩、郅支是也。""今赍杂缯五百匹，弓鞬韇丸一，矢四发，遣遗单于。又赐献马左骨都侯、右谷蠡王杂缯各四百匹，斩马剑各一。单于前言先帝时所赐呼韩邪竽、瑟、空侯皆败，愿复裁（赐）。念单于国尚未安，方厉武节，以战攻为务，竽瑟之用不如良马弓利剑，故未以赍。朕不爱小物，于单于便宜所欲，遣驿以闻。"

光武帝完全采纳了班彪的意见。后汉对于南匈奴与北匈奴的政策，类似西汉宣帝时对呼韩邪与郅支的政策，一方面庇护南匈奴，一方面又不绝北匈奴。相比较则更厚待南匈奴，正如西汉宣帝时"两单于俱遣使朝献，汉待呼韩邪使有加"。《后汉书·南匈奴列传》说："廿九年，赐南单于羊数万头。卅一年，北匈奴复遣使如前，乃玺书报答，赐以綵缯，不遣使者。"东汉南匈奴与西汉南匈奴有一不同点，就是西汉时呼韩邪单于经过数次大败之后，称臣于汉朝，他自己力量薄弱，请求汉朝庇护，以求得南匈奴的安定，没有力量攻打北匈奴。而郅支以呼韩邪有汉朝的卫护，也不敢南下侵袭，尤惧怕汉朝助呼韩邪北归，所以自己向西迁移，南、北匈奴没有再发兵互相争伐。但是东汉南匈奴单于比自归附汉朝之后，自始至终都请求汉朝发兵帮助他攻击北单于，企图统一匈奴全部。他自称为单于之后不久，就遣其弟左贤王莫将兵北击北匈奴。北匈奴也就时时发兵攻伐南匈奴。双方不断战争。

在北匈奴请求的数项事中，值得注意的是北单于请赐音乐。史书没有记载南单于请赐乐器事。光武帝建武二十六年（公元50年）秋，南单于遣子入侍，汉朝除赐许多礼物外，还赐给乐器。建武二十八年（公元52年），北匈奴复遣使请求和亲，并请赐音乐。汉朝以北单于国尚未定，方厉武节，以战攻为务，不赐给乐器，这是汉朝厚南匈奴而轻北匈奴的一种表示。

再一个值得注意的是，北匈奴请求率西域诸国胡客来献见，汉朝以"西域属匈奴与属汉何异"的大道理加以拒绝。自南匈奴归附汉朝以后，西域诸国皆倾向于汉。北匈奴欲率西域诸国来朝献，一方面是要把自己当作西域诸国的领袖，一方面是要向汉朝显示其深得西域诸国的归心，借以抬高自己的政治地位；也说明他尚具有与汉朝相抗的实力，进而巩固对西域诸国的控制，离间西域、乌桓等与东汉的关系。

在南匈奴单于比归附东汉以后，光武帝建武二十五年（公元49年），辽西乌桓大人郝旦等也率众内属。《资治通鉴》卷四十四《汉纪三十六》光武帝建武二十五年中说：

> 是岁，辽西乌桓大人郝旦等率众内属，诏封乌桓渠帅为侯、王、君长者八十一人，使居塞内，布于缘边诸郡，令招来种人，给其衣食，遂为汉侦候，助击匈奴、鲜卑。时司徒掾班彪上言："乌桓天性轻黠，好为寇贼，若久放纵而无总领者，必复掠居人，但委主降掾吏，恐非所能制。臣愚以为宜复置乌桓校尉，诚有益于附集，省国家之边虑。"帝从之，于是始复置校尉于上谷宁城，开营府，并领鲜卑赏赐、质子，岁时互市焉。

南匈奴单于比立于光武帝建武二十四年（公元48年），死于光武帝中元元年（公元56年），在位九年。

南匈奴单于比死，弟莫于光武帝中元元年（公元56年）立为丘浮尤鞮单于。汉朝为了南单于的死葬与继立，遣使前去吊祭与镇慰，行使册封属国藩王的权利。《后汉书·南匈奴列传》说："中郎将段郴将兵赴吊，祭以酒米，分兵卫护之。比弟左贤王莫立，帝遣使者赍玺书镇慰，拜授玺绶，遗冠帻，绛单衣三袭，童子佩刀、绲带各一，又赐缯彩四千匹，令赏赐诸王、骨都侯已下。"这样的吊祭死者、镇慰立者，成为此后汉朝对于南匈奴单于死葬与继立的惯例。

从光武帝中元元年（公元56年）单于莫立至汉章帝章和二年（公元88年）单于宣死时期的匈奴历史，主要是东汉与南匈奴联合对付北匈奴的历史。

南匈奴归附东汉之后，始终要求东汉发兵助其攻伐北匈奴，由它来统一匈奴各部。东汉不愿发兵助南匈奴攻灭北匈奴，且与北匈奴通使互市，引起南匈奴部下某些人的不满，欲联北叛汉。北匈奴对东汉庇护南匈奴，阻碍它攻灭南匈奴进而统一整个匈奴也很不满意。怨恨积久日深，一旦有机会，它就不仅攻击南匈奴，而且也入寇东汉边境，成为东汉的一大患。东汉既不能容忍北匈奴借口攻击南匈奴而侵其边境，也不容许南、北匈奴复行统一。最初，三方面互有矛盾。《后汉书·南匈奴列传》说：

> 五年冬，北匈奴六七千骑入于五原塞，遂寇云中至原阳，南单于击却之，西河长史马襄赴救，虏乃引去。……时北匈奴犹盛，数寇边，朝廷以为忧。会北单于欲合市，遣使求和亲，显宗冀其交通，不复为寇，乃许之。八年，遣越骑司马郑众北使报命，而南部须卜骨都侯等知汉与北虏交使，怀嫌怨欲畔，密因北使，会遣兵迎之。郑众出塞，疑有异，伺候果得须卜使人，乃上言宜更置大将，以防二虏交通。由是始置度辽营，以中郎将吴棠行度辽将军事，副校尉来苗、左校尉阎章、右校尉张国将黎阳虎牙营士屯五原曼柏。又遣骑都尉秦彭将兵屯美稷。其年秋，北虏果遣二千骑候望朔方，作马革船，欲度迎南部畔者，以汉有备，乃引去。复数寇钞边郡，焚烧城邑，杀略甚众，河西城门昼闭。帝患之。

为什么南、北匈奴分裂之后，北匈奴还有这种力量入寇东汉边境，造成"河西城门昼闭"的严重形势呢？主要是他们拥有西域作为与国。

他们当时的处境是，南有南匈奴和东汉，向南发展不可能；东边又为乌桓所败，北边是密布的森林，只有向西发展。所以他们视西域为生命线，向西发展，争取西域，特别积极。北匈奴役属了西域诸国后，就利用西域的人力、物力，势力又增强起来。在光武帝末年和明帝初年，北匈奴以西域的人力、物力为后盾，数寇东汉西部边境，才弄到河西城门白天也要关起来。

明帝就位时，东汉经过光武帝十余年的征伐异己，天下统一；再经过约二十年的休养生息，国力渐盛。面对北匈奴利用西域诸国人力、物力，不断入寇南匈奴和东汉边境的形势，明帝改变了光武帝对于北匈奴的消极防御政策和对于西域诸国的放任政策，采取积极争夺西域和东胡诸国，联合南匈奴攻击北匈奴的政策。明帝即位的第一年，东汉西边的少数民族烧当羌反畔。《后汉书·明帝纪》说："秋九月，烧当羌寇陇西，败郡兵于允街。赦陇西囚徒，减罪一等，勿收今年租调。又所发天水三千人，亦复是岁更赋。遣谒者张鸿讨叛羌于允吾，鸿军大败，战殁。冬十一月，遣中郎将窦固监捕虏将军马武等二将军讨烧当羌。"《资治通鉴》卷四十四《汉纪三十六》明帝永平元年中说："秋，七月，马武等击烧当羌，大破之，余皆降散。""辽东太守祭肜使偏何讨赤山乌桓，大破之，斩其魁帅。塞外震詟，西自武威，东尽玄菟，皆来内附，野无风尘，乃悉罢缘边屯兵。"

北匈奴也不甘示弱。《资治通鉴》明帝纪永平八年中记载说："越骑司马郑众使北匈奴，单于欲令众拜，众不为屈。单于围守，所之不与水火；众拔刀自誓，单于恐而止，乃更发使，随众还京师。"又说："北匈奴虽遣使入贡，而寇钞不息，边城昼闭。帝议遣使报其使者，郑站疏谏曰：'臣闻北单于所以要致汉使者，欲以离南单于之众，坚三十六国之心也；又当扬汉和亲，夸示邻敌，令西域欲归化者局足狐疑，怀土之人绝望中国耳。'"

在北匈奴不断入侵东汉西部边境的形势下，明帝不得不加强武备去对付北匈奴。在当时的臣僚中有不少是主张平定西域征伐匈奴的，耿秉就是持这种主张最力的一位。《后汉书·耿弇列传》说："秉……尤好将帅之略。以父任为郎，数上言兵事。常以中国虚费，边陲不宁，其患专在匈奴。以战去战，盛王之道。显宗既有志北伐，阴然其言。永平中，召诣省闼，问前后所上便宜方略，拜谒者仆射，遂见亲幸。每公卿会议，常引秉上殿，访以边事，多简帝心。"所谓阴然其言，多简帝心，说明明帝是有决意去攻破匈奴的。但明帝就位初年，不愿突然改变光武帝的政策，对耿秉之主张攻伐北匈奴也只能阴然其言，等到匈奴的侵略越来越甚的时候，才能公开去实行这种政策。《资治通鉴》明帝永平十五年中记载，东汉继续奉行欲击匈奴仍当首断匈奴左右臂的战略，以便四路出兵攻击北匈奴：

> 谒者仆射耿秉数上言请击匈奴，上以显亲侯窦固尝从其世父融在河西，明习边事，乃使秉、固与太仆祭肜、虎贲中郎将马廖、下传侯刘张、好时侯耿忠等共议之。耿秉曰："昔者匈奴援引弓之类，并左衽之属，故不可得而制。孝武既得河西郡及居延、朔方，虏失其肥饶畜兵之地，羌、胡分离；唯有西域，俄复内属；故呼韩邪单于请事款塞，其势易乘也。今有南单于，形势相似；然西域尚未内属，北虏未有衅作。臣愚以为当先击白山，得伊吾，破车师，通使乌孙诸国以断其右臂；伊吾亦有匈奴南呼衍一部，破此，复为折其左角，然后匈奴可击也。"上善其言。议者或以为"今兵出白山，匈奴必并兵相助，又当分其东以离其众"。上从之。十二月，以秉为驸马都尉，固为奉车都尉；以骑都尉秦彭为秉副，耿忠为固副，皆置从事、司马，出屯凉州。
>
> 十六年，春，二月，遣肜与度辽将军吴棠将河东、西河羌、胡及南单于兵万一千骑出高阙塞，窦固耿忠率酒泉、敦煌、张掖甲卒及卢水羌、胡万二千骑出酒泉塞，耿秉秦彭率武威、陇西、天水募士及羌、胡万骑出张掖居延塞，骑都尉来苗、护乌桓校尉文穆将太原、雁门、代郡、上谷、渔阳、右北平、定襄郡兵及乌桓、鲜卑万一千骑出平城塞，伐北匈奴。窦固、耿忠至天山，击呼衍王，斩首千余级；追至蒲类海，取伊吾卢地，置宜禾都尉，留吏士屯伊吾卢城。耿秉秦彭击匈林王，绝幕六百余里，至三木楼山而还。来苗、文穆至匈河水上，虏皆奔走，无所获。祭肜与南匈奴左贤王信不相得，出高阙塞九百余里，得小山，信妄言以为涿邪山，不见虏而还……窦固独有

功,加位特进。

这次分四路出兵攻击北匈奴,除窦固、耿忠所率军队胜利而还外,其余三路军队均一无所得。同年,北匈奴又大入寇云中,云中太守廉范以少数军队击退匈奴。《资治通鉴》卷四十五《汉纪三十七》明帝"永平十六年"中说:"是岁,北匈奴大入云中,云中太守廉范拒之;吏以众少,欲移书傍郡求救,范不许。会日暮,范令军各交缚两炬,三头爇火,营中星列。虏谓汉兵救至,大惊,待旦将退。范令军中蓐食,晨,往赴之,斩首数百级,虏自相辚藉,死者千余人,由此不敢复向云中。"

明帝自十六年发兵攻击北匈奴无功后,十七与十八两年,匈奴与东汉的战争主要在于争取西域诸国。

明帝永平十七年(公元74年),又遣窦固与耿秉出玉门击西域,《后汉书·窦融列传》说:"明年,复出玉门击西域,诏耿秉及骑都尉刘张皆去符传以属国。固遂破白山,降车师。"车师,无论在西汉或东汉,都是匈奴与汉朝争取西域的重点。东汉这一次攻击车师得到胜利,耿秉的从兄耿恭被遣到屯后王部金蒲城。耿恭在这个地方除了防备匈奴之外,还通使乌孙,使其遣子入侍。《后汉书·耿弇列传》说:"恭至部,移檄乌孙,示汉威德,大昆弥已下皆欢喜,遣使献名马,及奉宣帝时所赐公主博具,愿遣子入侍。恭乃发使赍金帛,迎其侍子。"

东汉击破车师,又使耿恭屯金蒲城,已使匈奴怨恨。耿恭又联结乌孙,消灭匈奴在西边的势力,匈奴当然不甘心,所以不久匈奴就发兵反攻车师。《后汉书·耿弇列传》说:

> 明年三月(明帝永平十八年,公元75年)北单于遣左鹿蠡王二万骑击车师。恭遣司马将兵三百人救之,道逢匈奴骑多,皆为所殁。匈奴遂破杀后王安得,而攻金蒲城。恭乘城搏战,以毒药傅矢。传语匈奴曰:"汉家箭神,其中疮者必有异。"因发强弩射之。虏中矢者,视创皆沸,遂大惊。会到暴风雨,随雨击之,杀伤甚众。匈奴震怖,相谓曰:"汉兵神,真可畏也!"遂解去。恭以疏勒城傍有涧水可固,五月,乃引兵据之。七月,匈奴复来攻恭,恭募先登数千人直驰之,胡骑散走,匈奴遂于城下拥绝涧水。恭于城中穿井十五丈不得水,吏士渴乏,笮马粪汁而饮之。恭仰叹曰:"闻昔贰师将军拔佩刀刺山,飞泉涌出;今汉德神明,岂有穷哉。"乃整衣服向井再拜,为吏士祷。有顷,水泉奔出,众皆称万岁。乃令吏士扬水以示虏。虏出不意,以为神明,遂引去。

这里所指的疏勒城非葱岭以东西域西边的疏勒城,而是车师的疏勒城。《资治通鉴》注云:"此疏勒城在车师后部,非疏勒国城也。据西域传,疏勒国去长史所居五千里,后部去长史所居五百里,耿恭自后部金蒲城移据疏勒城,其后范羌又自前部交河城从山北至疏勒迎恭。审观本末，则非疏勒国城明矣。"

这个时候，后部的耿恭固为匈奴所攻，屯在前部柳中城的关宠也被匈奴围困，西域都护陈睦亦因匈奴的鼓励而被焉耆、龟兹杀害，车师复反叛，与匈奴共同攻击耿恭，耿恭处境异常困难。《后汉书·耿弇列传》说：

> 时焉耆、龟兹攻殁都护陈睦，北虏亦围关宠于柳中。会显宗崩，求兵不至，车师复畔，与匈奴共攻恭。恭厉士众走之。后王夫人先世汉人，常私以虏情告恭，又给以粮饷。数月，食尽穷困，乃煮铠弩，食其筋革。恭与士推诚同死生，故皆无二心，而稍稍死亡，余数十人。单于知恭已困，欲必降之。复遣使招恭曰："若降者，当封为白屋王，妻以女子。"恭乃诱其使上城，手击杀之，炙诸城上。虏官属望见，号哭而去。单于大怒，更益兵围恭，不能下。

西域戊己校尉关宠被围困时，曾上书请救兵。时章帝甫即位（永平十八年明帝死，章帝继立），把这事交给公卿们议论，发生了一场争论。《资治通鉴》卷四十六《汉纪三十八》章帝"建初元年"中载："校书郎杨终上疏曰：'间者北征匈奴，西开三十六国，百姓频年服役，转输烦费，愁困之民中以感动天地，陛下宜留念省察！'帝下其章，第五伦亦同终议。"虽有不同意见，最后仍是派兵去救他们出来。《后汉书·耿弇列传》说："初，关宠上书求救，时肃宗新即位，乃诏公卿会议。司空第五伦以为不宜救。司徒鲍昱议曰：'今使人于危难之地，急而弃之，外则纵蛮夷之暴，内则伤死难之臣。诚令权时后无边事可也，匈奴如复犯塞为寇，陛下将何以使将？又二部兵人裁各数十，匈奴围之，历旬不下，是其寡弱尽力之效也。可令敦煌、酒泉太守各将精骑二千，多其幡帜，倍道兼行，以赴其急。匈奴疲极之兵，必不敢当，四十日间，足还入塞。'帝然之。乃遣征西将军耿秉屯酒泉，行太守事，遣秦彭与谒者王蒙、皇甫援发张掖、酒泉、敦煌三郡及鄯善兵，合七千余人，建初元年正月，会柳中击车师，攻交河城，斩首三千八百级，获生口三千余人，驼驴马牛羊三万七千头。北虏惊走，车师复降。"

"会关宠已殁，蒙等闻之，便欲引兵还。先是恭遣军吏范羌至敦煌迎兵士寒服，羌因随王蒙军俱出塞。羌固请迎恭，诸将不敢前，乃分兵二千人与羌，从山北迎恭，遇大雪丈余，军仅能至。城中夜闻兵马声，以为虏来，大惊。羌乃遥呼曰：'我范羌也。汉遣军迎校尉耳。'城中皆称万岁。开门，共相持涕泣。明日，遂相随俱归。虏兵追之，且战且行。吏士素饥困，发疏勒时尚有二十六人，随路死没，三月至玉门，唯余十三人。衣屦穿决，形容枯槁。中郎将郑众为恭已下洗沐易衣冠。"（《后汉书·耿弇列传》）

从北匈奴单于遣左谷蠡王领二万骑去击车师、围攻耿恭，到他所余的十三位吏士到达玉门关，时间整整有一年之久，即从明帝永平十八年三月至章帝建初元年三月。

章帝即位后，杨终和第五伦等反对进一步与匈奴争夺西域，章帝倾向于同意他们的意见，朝廷对匈奴与西域的政策稍趋于消极。后车师自耿恭退出疏勒城以后，为匈奴势力所侵入。前车师自王蒙等所领的救兵引还之后，也为匈奴势力侵入。这样，天山以北的东汉势力固是已消失，就是天山以南的西域交通要道南道，也因焉耆、龟兹的反叛，使东汉难以保持。

　　班超这个时候正在西域西边的疏勒国都城。由于中央朝廷对西域政策趋于消极，遂诏班超返回中央。班超不得已也在章帝建初元年（公元 76 年）由疏勒经于阗返回。但是疏勒人不愿班超离开，于阗人也极力挽留，班超自己本来就不愿意离开西域，这么一来，他就决定留下来。班超继续留居西域，就使东汉在西域南道的势力得以保持下来，并且还能使东汉势力逐渐地伸展到北道，再从北道的西边伸张到北道的东边。后来倔强的焉耆被班超攻破，西域再度受到东汉的控制。

第二十三章　班超定西域，胡汉联军大破北匈奴

班超是班彪的儿子，班固的弟弟。《后汉书·班梁列传》说："十六年（汉明帝永平十六年，公元73年），奉车都尉窦固出击匈奴，以超为假司马，将兵别击伊吾，战于蒲类海，多斩首虏而还。固以为能，遣与从事郭恂俱使西域。"这是班超在西域生活的开始。他最初立功的地方是鄯善。鄯善自明帝遣窦固与耿忠至天山击呼衍王，追至蒲类海，取伊吾卢地，置宜禾都尉，留士屯伊吾卢城，削弱了匈奴在西域的势力，鄯善又开始与东汉亲善。但是匈奴对鄯善王仍极力争取，使者时到鄯善。这种情形颇象西汉武帝时鄯善王或楼兰王对武帝所说的"小国在大国中间，不两属无以自安"（《汉书·西域传》）。班超与郭恂是在这种情形下到鄯善的。《后汉书·班梁列传》说：

> 超到鄯善，鄯善王广奉超礼敬甚备，后忽更疏懈。超谓其官属曰："宁觉广礼意薄乎？此必有北虏使来，狐疑未知所从故也。明者睹未萌，况已著邪。"乃召侍胡诈之曰："匈奴使来数日，今安在乎？"侍胡惶恐，具服其状。超乃闭侍胡，悉会其吏士三十六人，与共饮，酒酣，因激怒之曰："卿曹与我俱在绝域，欲立大功，以求富贵。今虏使到裁数日，而王广礼敬即废；如令鄯善收吾属送匈奴，骸骨长为豺狼食矣。为之奈何？"官属皆曰："今在危亡之地，死生从司马。"超曰："不入虎穴，不得虎子。当今之计，独有因夜以火攻虏，使彼不知我多少，必大震怖，可殄尽也。灭此虏，则鄯善破胆，功成事立矣。"众曰："当与从事议之。"超怒曰："吉凶决于今日。从事文俗吏，闻此必恐而谋泄，死无所名，非壮士也！"众曰："善。"初夜，遂将吏士往奔虏营。会天大风，超令十人持鼓藏虏舍后，约曰："见火然，皆当鸣鼓大呼。"余人悉持兵弩夹门而伏，超乃顺风纵火，前后鼓噪。众虏惊乱，超手格杀三人，吏兵斩其使及从士三十余级，余众百许人悉烧死。明日乃还告郭恂，恂大惊，既而色动。超知其意，举手曰："掾虽不行，班超何必独擅之乎？"恂乃悦。超于是召鄯善王广，以虏使首示之，一国震怖。超晓告抚慰，遂纳子为质。还奏于窦固，固大喜，具上超功效，并求更选使使西域。帝壮超节，诏固曰："吏如班超，何故不遣而更选乎？今以超为军司马，令遂前功。"超复受使，固欲益其兵，超曰："愿将本所从三十余人足矣。如有不虞，多益为累。"

班超镇抚鄯善之后，既被命复使西域，于是又到于阗。《后汉书·班超传》说："是时于阗王广德新攻破莎车，遂雄张南道，而匈奴遣使监护其国。"关于莎车被于阗攻灭，于阗降于匈奴或为匈奴所监护，经过始末见《后汉书·西域

传》"莎车"条，兹录之于后：

> 莎车将君得在于阗暴虐，百姓患之。明帝永平三年（公元60年），其大人都末……与兄弟共杀君得。而大人休莫霸复与汉人韩融等杀都末兄弟，自立为于阗王，复与拘弥国人攻杀莎车将在皮山者，引兵归。于是莎车王贤遣其太子、国相，将诸国兵二万人击休莫霸，霸迎与战，莎车兵败走，杀万余人。贤复发诸国数万人，自将击休莫霸，霸复破之，斩杀过半，贤脱身走归国。休莫霸进围莎车，中流矢死，兵乃退。
>
> 于阗国相苏榆勒等共立休莫霸兄子广德王。匈奴与龟兹诸国共攻莎车，不能下。广德承莎车之敝，使弟辅国侯仁将兵攻贤。贤连被兵革，乃遣使与广德和。先是广德父拘在莎车数岁，于是贤归其父，而以女妻之，结为昆弟，广德引兵去。明年，莎车相且运等患贤骄暴，密谋反城降于阗。于阗王广德乃将诸国兵三万人攻莎车。贤城守，使使谓广德曰："我还汝父，与汝妇，汝来击我何为？"广德曰："王，我妇父也，久不相见，愿各从两会城外结盟。"贤以问且运，且运曰："广德女婿至亲，宜出见之。"贤乃轻出，广德遂执贤。而且运等因内于阗兵，虏贤妻子而并其国。锁贤将归，岁余杀之。
>
> 匈奴闻广德灭莎车，遣王将发焉耆、尉黎、龟兹十五国兵三万余人围于阗，广德乞降，以其太子为质，约岁约齎絮。冬，匈奴复遣兵将贤质子不居徵立为莎车王，广德又攻杀之，更立其弟齐黎为莎车王，章帝元和三年也。

班超从鄯善到于阗的时候，广德虽受匈奴监护，但在南道的诸国中，于阗还是一个强国。广德既敢杀匈奴所立的莎车王，以其弟代立，对于东汉使者当然也不会畏惧，所以对于班超，其礼甚疏。《后汉书·班梁列传》说：

> 超既西，先至于阗。广德礼意甚疏。且其俗信巫。巫言："神怒何故欲向汉？汉使有騧马，急求取以祠我。"广德乃遣使就超请马。超密知其状，报许之，而令巫自来取马。有顷，巫至，超即斩其首以送广德，因辞让之。广德素闻超在鄯善诛灭虏使，大惶恐，即攻杀匈奴使者而降超。超重赐其王已下，因镇抚焉。

于阗降服之后，班超又从间道到疏勒，威服疏勒。《后汉书·班梁列传》说：

> 时龟兹王建为匈奴所立，倚恃虏威，据有北道，攻破疏勒，杀其王，而立龟兹人兜题为疏勒王。明年春，超从间道至疏勒。去兜题所居槃橐城九十里，逆遣吏田虑先往降之。敕虑曰："兜题本非疏勒种，国人必不用命。若不即降，便可执之。"虑既到，兜题见虑轻弱，殊无降意。虑因其无备，遂前劫缚兜题。左右出其不意，皆惊惧奔走。虑驰报超，超即赴之，悉召疏勒将吏，说以龟兹无道之状，因立其故王兄子忠为王，国人大悦。忠及官属皆

请杀兜题，超不听，欲示以威信，释而遣之。疏勒由是与龟兹结怨。

十八年，帝崩。焉耆以中国大丧，遂攻没都护陈睦。超孤立无援，而龟兹、姑墨数发兵攻疏勒。超守槃橐城，与忠为首尾，士吏单少，拒守岁余。肃宗初即位，以陈睦新没，恐超单危不能自立，下诏征超。超发还，疏勒举国忧恐。其都尉黎弇曰："汉使弃我，我必复为龟兹所灭耳。诚不忍见汉使去。"因以刀自刭。超还至于阗，王侯已下皆号泣曰："依汉使如父母，诚不可去。"互抱超马脚，不得行。超恐于阗终不听其东，又欲遂本志，乃更还疏勒。疏勒两城自超去后，复降龟兹，而与尉头连兵。超捕斩反者，击破尉头，杀六百余人，疏勒复安。

建初三年（公元78年），超率疏勒、康居、于阗、拘弥兵一万人攻姑墨石城，破之，斩首七百级。

班超留居西域，利用西域诸国的兵力去平定其他反叛的国家。他从于阗西去平定疏勒是用当地的兵力；攻破姑墨，不仅用葱岭以东的南道诸国兵力，还运用了葱岭以西的康居兵力。这说明，班超不仅善于用武力去镇抚诸国，而且会用外交手段去联络较远的国家。

章帝建初五年（公元80年），班超欲平西域。"今西域诸国，自日之所入，莫不向化，大小欣欣，贡奉不绝，唯焉耆、龟兹独未服从。"（《后汉书·班梁列传》）乃上书请兵以击龟兹。龟兹所以能够威服姑墨、温宿，并使其力量有时伸到疏勒，是因为得到北匈奴的帮助。龟兹王建是匈奴所立，他就倚匈奴的威势威胁其他诸国。班超重视龟兹而欲攻破，就是要想削弱匈奴的势力。班超请兵，章帝也已同意。但东汉军队还未到达之前，莎车又降于龟兹，疏勒的都尉番辰也反叛，使此后三四年中，班超又不得不集中力量去征服莎车和疏勒。经过数年的斗争，班超攻破莎车，龟兹、姑墨、温宿皆降，至东汉和帝永元三年（公元91年）天山以北的匈奴势力已被攻破，伊吾、车师后部都由东汉屯兵。在焉耆之东的车师前部东汉也在高昌壁置戊己校尉，焉耆之西的龟兹等国皆已降服。未臣服的焉耆、危须、尉犁可以说已被包围起来。班超的最后任务就是集中力量，调动大兵去攻击这三个国家。《后汉书·班梁列传》说：

六年（和帝永元六年，公元94年）秋，超遂发龟兹、鄯善等八国兵合七万人，及吏士贾客千四百人讨焉耆。兵到尉犁界，而遣晓说焉耆、尉犁、危须曰："都护来者，欲镇抚三国。即欲改过向善，宜遣大人来迎，当赏赐王侯已下，事毕即还。今赐王采五百匹。"焉耆王广遣其左将北鞬支奉牛酒迎超。超诘鞬支曰："汝虽匈奴侍子，而今秉国之权。都护自来，王不以时迎，皆汝罪也。"或谓超可便杀之。超曰："非汝所及。此人权重于王，今未入其国而杀之，遂令自疑，设备守险，岂得到其城下哉！"于是赐而遣之。广乃与大人迎超于尉犁，奉献珍物。

焉耆国有苇桥之险，广乃绝桥，不欲令汉军入国。超更从它道厉度。七月晦，到焉耆，去城二十里，营大泽中。广出不意，大恐，乃欲悉驱其人共入山保。焉耆左侯元孟先尝质京师，密遣使以事告超，超即斩之，示不信用。乃期大会诸国王因扬声当重加赏赐，于是焉耆王广、尉犁王汎及北鞬支等三十人相率诣超。其国相腹久等十七人惧诛，皆亡入海，而危须王亦不至。坐定，超怒诘广曰："危须王何故不到？腹久等所缘逃亡？"遂叱吏士收广、汎等于陈睦故城斩之，传首京师。因纵兵钞掠，斩首五千余级，获生口万五千人，马畜牛羊三十余万头，更立元孟为焉耆王。超留焉耆半岁，慰抚之。于是西域五十余国悉皆纳质内属焉。

班超通西域工作的地区主要是在现在塔里盆地的南北两道的西域诸国。正象上面所说的，从极东的鄯善沿南道到西北的疏勒，再由这里沿北道到东边的焉耆，等于转了一个圈子。焉耆征服之后，平定西域的工作可以说告成了。汉和帝在永元七年下诏表扬他的工作，封他为定远侯，邑千户。

班超久在绝域，年老思土，上书乞归，其妹班昭亦上书为言，和帝乃征班超回。和帝永元十四年（公元102年）八月，班超回到京城洛阳，拜为射声校尉。同年九月卒，年七十一。

东汉王朝与匈奴争夺西域，是和正面发兵攻击北匈奴同时进行的。

章帝建初八年（公元83年），北匈奴发生内乱。《后汉书·南匈奴列传》载："八年，北匈奴三木楼訾大人稽留斯等率三万八千人、马二万匹、牛羊十余万，款五原塞降。"在受到损失大批人畜的沉重打击下，北匈奴又向东汉表示亲善，愿意互市。《后汉书·南匈奴列传》记载："元和元年，武威太守孟云上言北单于复愿与吏人合市，诏书听云遣驿使迎呼慰纳之。北单于乃遣大且渠伊莫訾王等，驱牛马万余头来与汉贾客交易。诸王大人或前至，所在郡县为设官邸，赏赐待遇之。"东汉同意了北匈奴互市的请求，对前来互市的诸王大人给予厚待。南匈奴单于则对这种互市不满，派兵在路上抢掠了北匈奴前来互市的生口和牛马。东汉并不责令南匈奴退还，而是以多倍的价值从南匈奴赎回被抢掠的生口和牛马退还给北匈奴。

章帝元和二年（公元85年），南匈奴单于长死，在位二十三年（公元63年至85年），是南匈奴在位时间最长的一位单于。他死之后，单于汗之子宣立为伊屠于闾鞮单于。单于宣立于章帝元和二年（公元85年）。其时北匈奴遭受到内乱和来自四面的攻击。《后汉书·南匈奴列传》记载："二年正月，北匈奴大人车利、涿兵等亡来入塞，凡七十三辈。时北虏衰耗，党众离畔，南部攻其前，丁零寇其后，鲜卑击其左，西域侵其后，不复自立，乃远引而去。"南匈奴单于宣继位后，乘北匈奴内乱之危，曾遣兵千余人猎至涿邪山，卒与北虏温禺犊王遇，因而打起仗来，结果斩获许多首级而还。东汉对于南匈奴攻击北匈奴斩获首级者加以赏赐，《后汉书·南匈奴列传》说："其南部斩首获生，计功受赏如常科。"于是南单于复令莫鞮日逐王师子将轻骑数千出塞掩击北庭，复斩获千人。《后汉书·南匈奴列传》又说："章和元年（公元87年），鲜卑入左地击北匈奴，大破之，斩优留单于，取其匈奴皮而还。北庭在乱，屈兰、储卑、胡都须等五十八部，口二十万，胜兵八千人，诣云中、五原、朔方、北地降。"北匈奴连年外患、内乱层出不穷，再加上单于被斩和几十万人的投降，势力削弱可以想见。

南匈奴单于宣在位三年，于章帝章和二年（公元88年）死。他死之后，单于长的弟弟屯屠何立为休兰尸逐侯鞮单于。

休兰尸逐侯鞮单于在位六年，于和帝永元五年（公元93年）死。他在位的六年中，北匈奴经历很大的变化，离开了蒙古高原，故地被鲜卑乘机占领。同一时期，南匈奴也开始内乱起来，以后并互相征伐，反叛东汉。

北匈奴在南匈奴单于长，尤其是在单于宣的时代，就已经受到削弱。到了南单于屯屠何的时候，北匈奴就更弱了。《后汉书·南匈奴列传》说："休兰尸逐侯鞮单于屯屠何，章和二年立。时北虏大乱，加以饥蝗，降者前后而至。"南匈奴看到北匈奴日趋衰弱，很想乘这个机会去破灭北匈奴，希望"破北成南，并为一国"。南匈奴单于屯屠何遂上书给东汉皇帝，建议胡汉联军，共破北匈奴。书曰：

> 臣累世蒙恩，不可胜数。孝章皇帝圣恩远虑，遂欲见成就，故令乌桓、鲜卑讨北虏，斩单于首级，破坏其国。今所新降虚渠等诣臣自言："去岁三月中发虏庭，北单于创刈南兵，又畏丁令、鲜卑，遁逃远去，依安侯何西。今年正月，骨都侯等复共立单于异母兄右贤王为单于，其人以兄弟争立，并各离散。"臣与诸王骨都侯及新降渠帅杂议方略，皆曰宜及北虏分争，出兵讨伐，破北成南，并为一国，令汉家长无北念。又今月八日，新降右须日逐鲜堂轻从虏庭远来诣臣，言北虏诸部多欲内顾，但耻自发遣，故未有至者。若出兵奔击，必有响应。今年不往，恐复并一。臣伏念先父归汉以来，被蒙覆载，严塞明候，大兵拥护，积四十年。臣等生长汉地，开口仰食，岁时赏赐，动辄亿万，虽垂拱安枕，惭无报效之地。愿发国中及诸部故胡新降精兵，遣左谷蠡王师子、左呼衍日逐王须訾将万骑出朔方，左贤王安国、右大且渠王交勒苏将万骑出居延，期十二月同会虏地。臣将余兵万人屯五原、朔方塞，以为拒守。臣素愚浅，又兵众单少，不足以防内外。愿遣执金吾耿秉、度辽将军邓鸿及西河、云中、五原、朔方、上郡太守并力而北，令北地、安定太守各屯要害，冀因圣帝威神，一举平定。臣国成败，要在今年。已敕诸部严兵马，讫九月龙祠，悉集河上。唯陛下裁哀省察！①

---

① 《后汉书·南匈奴列传》。

从屯屠何的奏疏中,可以看出他是一位雄心勃勃的人物。他一就位单于,就立刻想统一匈奴,而且很快地进行攻击北匈奴的准备工作,然后上书皇帝,希望能获得帮助实现计划。

窦太后看了屯屠何的奏疏后交给耿秉看,耿秉上书赞成屯屠何的作法。耿秉上言:"昔武帝单极天下,欲臣虏匈奴,未遇天时,事遂无成。宣帝之世,会呼韩来降,故边人获安,中外为一,生人休息六十余年。及王莽篡位,变更其号,耗扰不止,单于乃畔。光武受命,复怀纳之,缘边坏郡得以还复。乌桓、鲜卑咸协归义,威镇四夷,其效如此。今幸遭天授,北虏分争,以夷伐夷,国家之利,宜可听许。"① 耿秉还自陈受恩,分当出命效用。窦太后虽同意屯屠何与耿秉的意见,但是尚书宋意却极力反对。《资治通鉴》卷四十七《汉纪三十九》"章和二年"中载宋意说:

> 夫戎狄简贱礼仪,无有上下,强者为雄,弱即屈服。自汉兴以来,征伐数矣,其所克获,曾不补害。光武皇帝躬服金革之难,深昭天地之明,因其来降,羁縻畜养,边民得生,劳役休息,于兹四十余年矣。今鲜卑奉顺,斩获万数,中国坐享大功而百姓不知其劳,汉兴功烈,于斯为盛。所以然者,夷虏相攻,无损汉兵者也。臣察鲜卑侵伐匈奴,正是利其抄掠;及归功圣朝,实由贪得重赏。今若听南虏还都北庭,则不得不禁制鲜卑;鲜卑外失暴掠之愿,内无功劳之赏,豺狼贪婪,必有边患。今北虏西遁,请求和亲,宜因其归附,以为外扞,巍巍之业,无以过此。若引兵费赋,以顺南虏,则坐失上略,去安即危矣。诚不可许。

正当耿秉与宋意有不同主张的时候,又发生了窦宪谋杀齐殇王子都乡侯畅的事件。"太后怒,闭宪于内宫。宪惧诛,因自求出匈奴以赎死。"② 宪是窦太后兄,她虽然怒他谋杀都乡侯畅,但她一向就庇护宪,章帝在位时已是如此,现在她自己临朝,就更要想办法去赦他的罪。于是答应窦宪击匈奴以赎死罪的请求,遣窦宪为车骑将军将胡汉联军击匈奴。《后汉书·窦融列传》说:"乃拜宪车骑将军,金印紫绶,官属依司空,以执金吾耿秉为副,发北军五校、黎阳、雍营缘边十二郡骑士,及羌胡兵出塞。"

对窦宪、耿秉出兵攻击北匈奴,许多公卿极力反对。《资治通鉴》卷四十七《汉纪三十九》和帝"永元元年"中载:"窦宪将征匈奴,三公、九卿诣朝堂上书谏,以为:'匈奴不犯边塞,而无故劳师远涉,损费国用,徼功万里,非社之计。'书连上,辄寝。"当时著名的反对派有侍御史鲁恭和袁安、汪隗、尚书令韩棱、骑都尉朱晖、议郎京兆乐恢、侍御史何敞。

---

① 《后汉书·南匈奴列传》。
② 《资治通鉴》卷四十七《汉纪三十九》章帝"章和二年"。

对于征伐匈奴，在臣僚中，除耿秉之外都是不赞成的。理由是，匈奴已很衰弱，用不着劳师远征；加以章帝刚死，内有大忧，不宜向外征伐。加以反对征伐匈奴与反对窦氏一门专权结合在一起，反对的声浪愈唱愈高。愈是这样，窦太后就愈想以征伐匈奴来转移人们反对窦氏兄弟的视线，对公卿们的反对均置之不理，照样调动军队，准备征伐匈奴。但事实证明，窦宪主动攻击匈奴的战略是正确的。胡汉联军出击，大获胜利。《后汉书·窦融列传》载：

> 明年（和帝永元元年，公元89年），宪与秉各将四千骑及南匈奴左谷蠡王师子万骑出朔方鸡鹿塞，南单于屯屠何将万余骑出满夷谷，度辽将军邓鸿及缘边义从羌胡八千骑，与左贤王安国万骑出稠阳塞，皆会涿邪山。宪分遣副校尉阎盘、司马耿夔、耿谭将左谷蠡王师子、右呼衍王须訾等，精骑万余，与北单于战于稽落山，大破之，虏众崩溃，单于遁走，追击诸部，遂临私渠比鞮海，斩名王已下万三千级，获生口马牛羊橐驼百余万头。于是温犊须、日逐、温吾、夫渠王柳鞮等八十一部率众降者，前后二十余万人。宪、秉遂登燕然山，去塞三千余里，刻石勒功，纪汉威德，令班固作铭。

窦宪用武力征伐北匈奴所获胜利成果是空前的。在此基础上又遣使进一步对北匈奴实行政治瓦解。《窦融列传》说："宪乃班师而还。遣军司马吴汜、梁讽，奉金帛遗北单于，宣明国威，而兵随其后。时虏中乖乱，汜、讽所到，辄招降之，前后万余人。遂及单于于西海上，宣国威信，致以诏赐，单于稽首拜受。讽因说宜修呼韩邪故事，保国安人之福。单于喜悦，即将其众与讽俱还，到私渠海，闻汉军已入塞，乃遣弟右温禺鞮王奉贡入侍，随讽诣阙。宪以单于不自身到，奏还其侍弟。"

《后汉书·南匈奴列传》对于永元元年和永元二年征伐匈奴事，叙述比较详细：

> 永元元年，以秉为征西将军，与车骑将军窦宪率骑八千，与度辽兵及南单于众三万骑，出朔方击北虏，大破之。北单于奔走，首虏二十余万人。事已具窦宪传。

> 二年春……南单于复上求灭北庭，于是遣左谷蠡王师子等将左右部八千骑出鸡鹿塞，中郎将耿谭遣从事将护之。至涿邪山，乃留辎重，分为二部，各引轻兵两道袭之。左部北过西海至河云北，右部从匈奴河水西绕天山，南度甘微河，二军俱会，夜围北单于。单于大惊，率精兵千余人合战。单于被创，堕马复上，将轻骑数十遁走，仅而免脱。得其玉玺，获阏氏及男女五人，斩首八千级，生虏数千口而还。是时南部连克获纳降，党众最盛，领户三万四千，口二十三万七千三百，胜兵五万一百七十人。故（从）事中郎将置从事二人，耿谭以新降者多，上增从事十二人。

和帝永元二年，北单于再次遣使到居延塞，欲入朝见。窦宪派班固、梁讽去迎接他们。但是这时北匈奴遭到南匈奴攻击，派去迎接北单于使节的人不得不折回。窦宪见北匈奴衰弱，也就不再使用政治攻势，索性再次发兵去攻击北匈奴。《后汉书·窦宪传》载："北单于以汉还侍弟，复遣车谐储王等款居延塞，欲入朝见，愿请大使。宪上遣大将军中护军班固行中郎将，与司马梁讽迎之。会北单于为南匈奴所破，被创遁走，固至私渠海而还。宪以北虏微弱，遂欲灭之。明年，复遣右校尉耿夔、司马任尚、赵博等将兵击北虏于金微山，大破之，克获甚众，北单于逃走，不知所在。"《后汉书·耿弇列传》说："永元初，为车骑将军窦宪假司马，北击匈奴，转骑都尉。三年，宪复出河西，以夔为大将军左校尉。将精骑八百，出居延塞，直奔北单于庭，于金微山斩阏氏、名王已下五千余级，单于与数骑脱亡，尽获其匈奴珍宝财畜，去塞五千余里而还，自汉出师所未尝至也。"北单于逃走之后，其弟右谷蠡于除鞬自立为单于，除自己部众外，还收容了部分余众，"众八部二万余人，来居蒲类海上，遣使款塞"①。《后汉书·南匈奴传》说："其弟右谷蠡王于除鞬自立为单于，将右温禺鞬王、骨都侯已下众数十万人，止蒲类海，遣使款塞，大将军窦宪上书，立于除鞬为北单于，朝庭从之。四年，遣耿夔即授玺绶，赐玉剑四具，羽盖一驷，使中郎将任尚持节卫护屯伊吾，如南单于故事。"

耿夔的征伐北匈奴，对于匈奴种族的迁移与同化有十分重要的意义。《后汉书·乌桓鲜卑列传》说："和帝永元中，大将军窦宪遣右校尉耿夔击破匈奴，北单于逃走，鲜卑因此转徙据其地。匈奴余种留者尚有十余万落，皆自号鲜卑，鲜卑由此渐盛。"这对于在蒙古高原的匈奴国是最沉重的打击。北单于被打败逃走，留在蒙古高原北匈奴故地的匈奴残众，处于群龙无首之境地。鲜卑遂乘机而入，占领其地，使此后不仅历史久长的匈奴国不能再在这个地方重新建立起来，就是留在该地的匈奴余种也不得不自号鲜卑，而与鲜卑族同化。南匈奴则逐渐同化于汉族。离开故地西徙的匈奴人不得不更往西迁徙。

窦宪在永元四年（公元92年）被和帝处死。范晔在《后汉书·窦融列传》中将窦宪与前汉卫青、霍去病相比："卫青、霍去病资强汉之众，连年以事匈奴，国耗太半矣，而猾虏未之胜，后世犹传其良将，岂非以身名自终邪！窦宪率羌胡边杂之师，一举而空朔庭，至乃追奔稽落之表，饮马比鞮之曲，铭石负鼎，荐告请庙。列其功庸，兼茂于前多矣，而后世莫称者，章末衅以降其实也。"

应该指出，窦宪与卫青、霍去病虽有相同之处，亦有根本不同之点。汉武帝时，匈奴正处在强盛时代，东西北三面与之毗连的各族均被征服。就是南面的汉朝，自汉高祖至汉武帝六七十年间也一再忍辱和亲送礼，只有匈奴侵扰汉朝，汉

---

① 《后汉书·耿夔传》。

朝没有出塞追击。汉武帝用卫青、霍去病数次攻击并大败匈奴之后，匈奴的强盛局面才被打破。虽然汉武帝未看到匈奴单于入朝称臣，但匈奴之趋于衰弱确是在汉武帝攻击之后。窦宪时代，匈奴已分裂为南、北，又经过鲜卑等的攻击，匈奴北庭已空虚，所以窦宪才能一举而空朔庭，再举而至金微。与卫青、霍去病之临劲敌于漠北，是不可等齐而看的。功庸既不能相比，"而后世莫称者"是不足为怪的。

第二十四章 作为东汉藩属的南匈奴

北匈奴的崩溃使南匈奴在政治上和人力物力上取得空前优势，得到暂时与表面上的繁盛。因为北匈奴在南单于屯屠何时代，降于南匈奴的有二十多万，比南匈奴原来的人口还要多。南匈奴在蒙古高原、西域地区，成为汉朝以外唯一一支具有重要影响的力量。但是屯屠何希望利用东汉的力量达到"破北成南，并为一国"，在匈奴族中唯我独尊的野心却未能实现。《后汉书·南匈奴列传》说，继屯屠何之后的"单于安国，永元五年立。安国初为左贤王而无称誉。左谷蠡王师子素勇黠多知，前单于宣及屯屠何皆爱其气决，故数遣将兵出塞，掩击北庭，还受赏赐，天子亦加殊异。是以国中尽敬师子，而不附安国。安国由是疾师子，欲杀之"。南单于除不能获得内部的绝对控制权外，对东汉王朝也丧失了完全的政治独立性，只能作为东汉的藩属存在。他从此不再象西汉时代的匈奴，甚至也不能象前此的北匈奴那样成为一个独立的国家了。不过，东汉王朝与南匈奴确立的这种藩属关系，对双方来说，都还是一个新鲜事物。南匈奴一时还不能忘却过去作为独立国家的地位，东汉王朝也一时不能取得驭属这样一个前此如是强大敌国的经验。终汉之世，南匈奴时叛时服，东汉驻匈奴管理官员不断失误，北部与西北边境烽火时间，乃不足为奇。但是这一时期中，无论是匈奴内部的动乱，还是与东汉复起的战争，都是暂时性与局部性的，不再构成西汉与东汉前期那样大规模的敌国战争了。本章将次第叙述这一过渡时期的动乱现象。

南匈奴内部动乱始于安国单于初立，并与东汉驻匈奴官员处置失当交织在一起。"其诸新降胡初在塞外，数为师子所驱掠，皆多怨之。安国因是委计降者，与同谋议。安国既立为单于，师子以次转为左贤王，觉单于与新降者有谋，乃别居五原界。单于每龙会议事，师子辄称病不往。皇甫棱知之，亦拥护不遣，单于怀愤益甚。六年春，皇甫棱免，以执金吾朱徽行度辽将军。时单于与中郎将杜崇不相平，乃上书告崇，崇讽西河太守令断单于章，无由自闻。而崇因与朱徽上言：'南单于安国疏远故胡，亲近新降，欲杀左贤王师子及左台且渠刘利等。又右部降者谋共迫胁安国，起兵背畔，请西河、上郡、安定为之儆备。'和帝下公卿议，皆以为：'蛮夷反覆，虽难测知，然大兵聚会，必未敢动摇。今宜遣有方略使者之单于庭，与杜崇、朱徽及西河太守并力，观其动静。如无它变，可令崇等就安国会其左右大臣，责其部众横暴为边害者，共平罪诛。若不从命，令为权时方略，事毕之后，裁行客赐，亦足以威示百蛮。'帝从之，于是徽、崇遂发兵造其庭。安国夜闻汉军至，大惊，弃帐而去，因举兵及将新降者欲诛师子。师子先知，乃悉将庐落入曼柏城。安国追到城下，门闭不得入。朱徽遣吏晓譬和之，安国不听。城既不下，乃引兵屯五原。崇、徽因发诸郡骑追赴不急，众皆大恐，安国舅骨都侯喜为等虑并被诛，乃格杀安国。"（《后汉书·南匈奴列传》）单于安国被杀之后，单于适之子师子继立为亭独尸逐侯鞮单于。新降的北匈奴人本来就因师子驱掠他们而怀恨，又加以安国联结他们排挤师子，师子立为单于，他们就反叛起来。《后汉书·南匈奴列传》说："（单于师子）永元六年立。降胡五六百人夜袭师子，安集掾王恬将卫护士与战，破之。于是新降胡遂相惊动，十五部二十余万人皆反畔，胁立前单于屯屠何子奥鞬日逐王逢侯为单于，遂杀略吏人，燔烧邮亭庐帐，将车重向朔方，欲度漠北。"反畔的王侯士众是北匈奴在屯屠何时代投降南匈奴的，但他们所胁立的单于却是南匈奴前单于的儿子逢侯。他们欲度漠北，重立王庭，所以匈奴又表面上暂时分为南、北。在东汉王朝直接出兵干预下，经过数年的斗争，才平定了逢侯。《后汉书·南匈奴列传》说：

> 于是遣行车骑将军邓鸿、越骑校尉冯柱、行度辽将军朱徽将左右羽林、北军五校士及郡国积射、缘边兵，乌桓校尉任尚将乌桓、鲜卑，合四万人讨之。时南单于及中郎将杜崇顿牧师城，逢侯将万余骑攻围之，未下。冬，邓鸿等至美稷，逢侯乃乘冰度隘，向满夷谷。南单于遣子将万骑，及杜崇所领四千骑，与邓鸿等追击逢侯于大城塞，斩首三千余级，得生口及降者万余人。冯柱复分兵追击其别部，斩首四千余级。任尚率鲜卑大都护苏拔廆、乌桓大人勿柯八千骑，要击逢侯于满夷谷，复大破之。前后凡斩万七千余级。逢侯遂率众出塞，汉兵不能追。七年正月，军还。
>
> 冯柱将虎牙营留屯五原，罢遣鲜卑、乌桓、羌胡兵，封苏拔廆为率众王，又赐金帛。邓鸿还京师，坐逗留失利，下狱死。后帝知朱徽、杜崇失胡和，又禁其上书，以致反畔，皆徵下狱死，以雁门太守庞奋行度辽将军。逢侯于塞外分为二部，自领右部屯涿邪山下，左部屯朔方西北，相去数百里。八年冬，左部胡自相疑畔，还入朔方塞，庞奋迎受慰纳之。其胜兵四千人，弱小万余口悉降，以分处北边诸郡。南单于以其右温禺犊王乌居战始与安国同谋，欲考问之。乌居战将数千人遂复反畔，出塞外山谷闻，为吏民害。秋，庞奋、冯柱与诸郡兵击乌居战，其众降，于是徙乌居战众及诸还降者二万余人于安定、北地。冯柱还，迁将作大匠。逢侯部众饥穷，又为鲜卑所击，无所归，窜逃入塞者骆驿不绝……十二年，庞奋迁河南尹，以朔方太守王彪行度辽将军。南单于比岁遣兵击逢侯，多所虏获，收还生口前后以千数，逢侯转困迫。……（元初）四年，逢侯为鲜卑所破，部众分散，皆归北虏。五年春，逢侯将百余骑亡还，诣朔方塞降，邓遵奏徙逢侯于颍川郡。

以上是单于安国与左贤王师子因互相猜忌而引起内乱，以致新降的北匈奴士众胁逢侯反叛及其失败与投降的经过。单于师子立四年死。单于长的儿子檀于和帝永元十年（公元98年）继立为万氏尸逐鞮单于。

经过东汉王朝沉重打击而日趋于衰弱的北匈奴，余众西逃。其中有一部分成立后来的悦般国；还有一部分仍然活动于阿尔泰山附近或乌孙以东。到了和帝的末年，他们又遣使到东汉诣阙贡献，请求和亲，但东汉拒绝承认北单于是匈奴最高统治者的合法地位。

《后汉书·南匈奴列传》说："十六年（和帝永元十六年，公元104年），北单于遣使诣阙贡献，愿和亲，修呼韩邪故约。和帝以其旧礼不备，未许之，而厚加赏赐，不答其使。元兴元年（公元105年），重遣使诣敦煌贡献，辞以国贫未能备礼，愿请大使，当遣子入侍。时邓太后临朝，亦不答其使，但加赐而已。"南匈奴单于实际取得代表匈奴的唯一领袖地位。但北匈奴在西域也仍具有与东汉王朝对抗的力量。

北匈奴自被窦宪、耿夔与南匈奴大败之后，残众逃窜，分居各处，后来可能又聚集起来。东汉有吏士屯田西域，北匈奴一时不敢再与东汉争夺西域。安帝永初元年，东汉罢免在西域之都护，又撤退各处屯田吏卒，这又给予了北匈奴争取西域，利用西域的人力与物力扰乱东汉的机会。《后汉书·西域传叙》指出："北匈奴即复收属诸国，共为边寇十余岁。敦煌太守曹宗患其暴害。"这么一来，东汉与北匈奴再度争夺西域。同处又指出："元初六年（公元119年），乃上遣行长史索班，将千余人屯伊吾以招抚之，于是车师前王及鄯善王来降。数月，北匈奴复率车师后部王共攻没班等，遂击走其前王。鄯善逼急，求救于曹宗，宗因此请出兵击匈奴，报索班之耻，复欲进取西域。邓太后不许，但令置护西域副校尉，居敦煌，复部营兵三百人，羁縻而已。"《资治通鉴》卷五十《汉纪四十二》安帝"永宁元年"（公元120年）中说："北匈奴率车师王军就共杀后部司马及敦煌长史索班等，遂击走其前王，略有北道。鄯善逼急，求救于曹宗，宗因此请出兵五千人击匈奴，以报索班之耻，因复取西域。"《后汉书·西域传》"车师"条说："至永宁元年，后王军就及母沙麻反畔，杀后部司马及敦煌行事。"应该指出，车师后王在班超未离开西域之前六年，汉和帝永元八年（公元96年），曾被东汉讨伐逃入北匈奴，但后来为东汉所攻杀。《后汉书·西域传》"车师"条说："八年，戊己校尉索頵欲废后部王涿鞮，立破虏侯细致，涿鞮忿前王尉卑大卖己，因反击尉卑大，获其妻子。明年，汉遣将兵长史王林，发凉州六郡兵及羌胡二万余人，以讨涿鞮，获首虏千余人。涿鞮入北匈奴，汉军追击，斩之，立涿鞮弟农奇为王。"车师与北匈奴的关系最为密切，东汉的势力若薄弱，则很容易归附北匈奴，虽则北匈奴本身这时不过只留下一些散居各处的残众。

鉴于北匈奴对西域的争夺，汉安帝永宁元年，根据班勇的提议，复置西域副校尉居敦煌，遥控西域。此事见于《后汉书·班勇传》："于是从勇议，复敦煌郡营兵三百人，置西域副校尉居敦煌。虽复羁縻西域，然亦未能出屯。"这种做法并非实行班勇的全部计划。就是说，朝廷虽然复敦煌郡营兵三百人，也置西域副校尉，但没有遣长史将兵屯楼兰西，当焉耆、龟兹径道，其结果正如班勇所预料："其后匈奴果数与车师共入寇钞，河西大被其害。"（见《后汉书·班勇传》）因此，边境守将又不得不提出对策。《后汉书·西域传叙》说："延光二年，敦煌太守张珰上书陈三策，以为：'北虏呼衍王常展转蒲类、秦海之间，专制西域，共为寇钞。今以酒泉属国吏士二千余人集昆仑塞，先击呼衍王，绝其根本，因发鄯善兵五千人胁车师后部，此上计也。若不能出兵，可置军司马，将士五百人，四郡供其犁牛、谷食，出据柳中，此中计也。如又不能，则宜弃交河城，收鄯善等悉使入塞，此下计也。'"朝廷于是又把这件事交公卿们讨论。尚书陈忠乃上疏给安帝说："今北虏已破车师，势必南攻鄯善，弃而不救，则诸国从矣。若然，则虏财贿益增，胆势益殖，威临南羌，与之交连。如此，河西四郡危矣。河西既危，不得不救，则百倍之役兴，不訾之费发矣。……臣以为敦煌宜置校尉，案旧增四郡屯兵，以西抚诸国。庶足折冲万里，震怖匈奴。"

安帝采纳了陈忠的提议，并以班勇为西域长史，将弛刑士五百人西屯柳中。《后汉书·班勇传》说："明年（安帝延光三年，公元124年）正月，勇至楼兰，以鄯善归附，特加三绶。而龟兹王白英犹自疑未下，勇开以恩信，白英乃率姑墨、温宿自缚诣勇降。勇因发其兵步骑万余人到车师前王庭，击走匈奴伊蠡王于伊和谷，收得前部五千余人，于是前部始复开通。还，屯田柳中。四年秋，勇发敦煌、张掖、酒泉六千骑及鄯善、疏勒、车师前部兵击后部王军就，大破之。首虏八千余人，马畜五万余头。捕得军就及匈奴持节使者，将至索班没处斩之，以报其耻，传首京师。"同处又说："永建元年（公元126年），更立后部故王子加特奴为王。勇又使别校诛斩东且弥王，亦更立其种人为王，于是车师六国悉平。其冬，勇发诸国兵击匈奴呼衍王，呼衍王亡走，其众二万余人皆降。捕得单于从兄，勇使加特奴手斩之，以结车师匈奴之隙。北单于自将万余骑入后部，至金且谷，勇使假司马曹俊驰救之。单于引去，俊追斩其贵人骨都侯，于是呼衍王遂徙居枯梧河上。是后车师无复虏迹，城郭皆安。"

《后汉书·西域传》"车师后王国"条，又叙述顺帝阳嘉以后东汉与北匈奴争夺西域的史略云：

> 阳嘉三年（公元134年）夏，车师后部司马率加特奴等千五百人，掩击北匈奴于阊吾陆谷，坏其卢落，斩数百级，获单于母、季母及妇女数百人，牛羊十余万头，车千余两，兵器什物甚众。四年春，北匈奴呼衍王率兵侵后部，帝以车师六国接近北虏，为西域蔽扞，乃令敦煌太守发诸国兵，及玉门关候、伊吾司马，合六千三百骑救之，掩击北虏于勒山，汉军不利。秋，呼衍王复将二千人攻后部，破之。桓帝元嘉元年（公元151年），呼衍王将三千余骑寇伊吾，伊吾司马毛恺遣吏兵五百人于蒲类海东与呼衍王战，悉为所没，呼衍王遂攻伊吾屯城。夏，遣敦煌太守司马达将敦煌、酒泉、张掖属国

吏士四千余人救之，出塞至蒲类海，呼衍王闻而引去，汉军无功而还。永兴元年（公元153年），车师后部王阿罗多与戊部候严皓不相得，遂忿戾反畔，攻围汉屯田且固城，杀伤吏士。后部候炭遮领余人畔阿罗多诣汉吏降。阿罗多迫急，将其母妻子从百余骑亡走北匈奴中，敦煌太守宋亮上立后部故王军就质子卑君为后部王。后阿罗多复从匈奴中还，与卑君争国，颇收其国人。戊己尉阎详虑其招引北虏，将乱西域，乃开信告示，许复为王，阿罗多乃诣详降。于是收夺所赐卑君印绶，更立阿罗多为王，仍将卑君还敦煌，以后部人三百帐别属役之，食其税。帐者，犹中国之户数也。

范晔在《后汉书·西域传叙》中指出，自建武至延光，西域三绝三通。又说："自阳嘉以后，朝威稍损，诸国骄放，转相陵伐。元嘉二年（公元152年），长史王敬为于寘所没。永兴元年，车师后王复反攻屯营。虽有降首，曾莫惩革，自此浸以疏慢矣。"从北匈奴与东汉争夺西域的史实来看，北匈奴虽然经过窦宪、耿夔与南匈奴以及鲜卑的沉重打击，但其残余势力仍然存在于西域。其实，自汉和帝以后，北匈奴的主要根据地是在西域方面，所以从匈奴方面看起来，西域对于它的盛衰存亡有着密切的关系。因为匈奴故地既为鲜卑所占，匈奴更需要西域的人力与物力。东汉中叶以后，朝廷内部逐渐有了问题，加以南匈奴的内乱与反叛，再加以鲜卑的频繁侵略与西羌的时时背叛，东汉对于西域更难兼顾。这本来是北匈奴在西域发展力量的最好机会。可是，到了东汉末年，鲜卑檀石槐崛起以后，势力伸张到乌孙，又使北匈奴受到更沉重的打击，残众所剩更少了。

到了安帝永初年间，南匈奴单于檀又起兵攻略内地。《后汉书·南匈奴列传》说："永初三年（公元109年）夏，汉人韩琮随南单于入朝，既还，说南单于云：'关东水潦，人民饥饿死尽，可击也。'单于信其言，遂起兵反畔，攻中郎将耿种于美稷。秋，王彪卒。冬，遣行车骑将军何熙、副中郎将庞雄击之。四年春，檀遣千余骑寇常山、中山，以西域校尉梁慬行度辽将军，与辽东太守耿夔击破之。"《后汉书·安帝纪》永初二年中说："六月，京师及郡国四十大水，大风，雨雹。"永初二年中又说："是岁，京师及郡国四十一雨水雹，并凉二州大饥，人相食。"韩琮所说的关东水潦，人民饥饿死尽，即指这二年中的水灾、风灾、雹灾。单于信了韩琮的话后反叛，同时也是得到了乌桓的帮助才敢这样做的。《后汉书·班梁列传》记述这次南单于的背叛较为详细，录之于下："（永初）三年冬，南单于与乌桓大人俱反。以大司农何熙行车骑将军事，中郎将军庞雄为副，将羽林五校营士，及发缘边十郡兵二万余人，又辽东太守耿夔率将鲜卑种众共击之，诏（梁）慬行度辽将军事。庞雄与耿夔共击匈奴奥鞬日逐王，破之。单于乃自将围中郎将耿种于美稷，连战数月，攻之转急，种移檄求救。明年正月，慬八千余人驰往赴之，至属国故城，与匈奴左将军、乌桓大人战，破斩其渠帅，杀三千余人，虏其妻子，获财物甚众。单于复自将七八千骑迎攻，围慬。

懂被甲奔袭，所向皆破，虏遂引还虎泽。三月，何熙军到五原曼柏，暴疾，不能进，遣庞雄与懂及耿种步骑万六千人攻虎泽。连营稍前，单于惶怖，遣左奥鞬日逐王诣懂乞降，懂乃大陈兵受之。单于脱帽徒跣，面缚稽颡，纳质。"《后汉书·南匈奴列传》亦说："单于见诸军并进，大恐怖，顾让韩琮曰：'汝言汉人死尽，今是何等人也？'乃遣使乞降，许之。单于脱帽徒跣，对庞雄等拜陈，道死罪。于是赦之，遇待如初，乃还所钞汉民男女及羌所略转卖入匈奴中者合万余人。"

自单于檀就位以后，西北，尤其是东北边境的情形很复杂。乌桓、鲜卑与南匈奴，本为汉朝的藩属，保护东北边境以防备北匈奴。可是自北匈奴被攻破之后，鲜卑的势力向西伸张，领有北匈奴故居的蒙古高原。乌桓的势力虽不若鲜卑那么强大，但他们所居的地方与东汉东边接壤，又与南匈奴接近，所以乌桓的一举一动也很为重要。三者之间若互相征伐，东汉当然不会袖手旁观。他们之中有时又互相勾结，以扰乱东汉边境。单于檀与乌桓勾结而反叛，就是一个显明的例子。自然，东汉在这种情形下，往往也利用某一种或某二种人去攻击背反的种族。所以从单于檀至单于休利的四十余年中（公元98年至140年），南匈奴、乌桓、鲜卑与东汉的关系也很复杂。《后汉书·乌桓鲜卑列传》记载，安帝永初年间单于檀的反叛，不仅与乌桓勾结，与鲜卑亦有联络，该传说："及明、章、和三世，皆保塞无事。安帝永初三年夏，渔阳乌桓与右北平胡千余寇代郡、上谷。秋，雁门乌桓率众王无何，与鲜卑大人丘伦等，及南匈奴骨都侯，合七千骑寇五原，与太守战于九原高渠谷，汉兵大败，杀郡长史。乃遣车骑将军何熙、度辽将军梁懂等击，大破之。无何乞降，鲜卑走还塞外。是后乌桓稍复亲附，拜其大人戎朱廆为亲汉都尉。"

《后汉书·乌桓鲜卑列传》指出，明帝、章帝时，鲜卑也保塞无事。自窦宪、耿夔等击破北匈奴后，鲜卑占有其地。到了和帝九年，辽东鲜卑攻肥如县，十三年，又寇右北平，因入渔阳。殇帝延平九年，鲜卑又寇渔阳。鲜卑传又说："安帝永初中，鲜卑大人燕荔阳诣阙朝贺，邓太后赐燕荔阳王印绶，赤车参驾，令止乌桓校尉所居宁城下，通胡市，因筑南北两部质馆。鲜卑邑落百三十部，各遣入质。是后或降或畔，与匈奴、乌桓更相攻击。"

关于南匈奴、鲜卑、乌桓与西羌对于东汉的或降或畔，以及他们之间互相勾结或互相攻击的概况，《后汉书·南匈奴列传》有几段记载，录之于下：

> 建光元年，邓遵免，复以耿夔代为度辽将军。时鲜卑寇边，夔与温禺犊王呼尤徽将新降者连年出塞，讨击鲜卑。还，复各令屯列冲要。而耿夔征发烦剧，新降者皆悉恨谋畔。
>
> 单于檀立二十七年薨，弟拔立。耿夔复免，以太原太守法度代为将军。
>
> 乌稽侯尸逐鞮单于拔，延光三年立。夏，新降一部大人阿族等遂反畔，

胁呼尤徽欲与俱去。呼尤徽曰："我老矣，受汉家恩，宁死不能相随！"众欲杀之，有救者，得免。阿族等遂将妻子辎重亡去，中郎将马翼遣兵与胡奇追击，破之，斩首及自投河死者殆尽，获马牛羊万余头。……

先是朔方以西障塞多不修复，鲜卑因此数寇南部，杀渐将王。单于忧恐，上言求复障塞，顺帝从之。乃遣黎阳营兵出屯中山北界，增置缘边诸郡兵，列屯塞下，教习战射……

五年夏，南匈奴左部句龙王吾斯、车纽等背叛，率三千余骑寇西河，因复招诱右贤王，合七八千骑围美稷，杀朔方代郡长史。马续与中郎将梁并、乌桓校尉王元发缘边兵及乌桓、鲜卑、羌胡合二万余人，掩击破之。吾斯等遂更屯聚，攻没城邑。天子遣使责让单于，开以恩义，令相招降。单于本不豫谋，乃脱帽避帐，诣并谢罪。并以病征，五原太守陈龟代为中郎将。龟以单于不能制下，逼迫之，单于及其弟左贤王皆自杀。单于休利立十三年。龟又欲徙单于近亲于内郡，而降者遂更狐疑。龟坐下狱免。

陈龟因逼迫单于及弟左贤王自杀，又欲徙其近亲于内郡，招致近亲与士众对东汉狐疑，所以朝庭把陈龟下狱。这是东汉驻匈奴官员又一次政策失误的表现。

值得注意的是南匈奴左部句龙王吾斯、车纽背叛，又招诱右贤王共围美稷，东汉除发动乌桓、鲜卑军队外，还利用羌胡军队去攻击吾斯、车纽等。但是羌胡虽与东汉攻击南匈奴，后来羌胡亦反畔，并联合匈奴别部的王侯攻击东汉。《后汉书·南匈奴列传》说：

（永和五年）秋，句龙吾斯等立句龙王车纽为单于。东引乌桓，西收羌戎信诸胡等数万人，攻破京兆虎牙营，杀上郡都尉及军司马，遂寇掠并、凉、幽、冀四州。乃徙西河治离石，上郡治夏阳，朔方治五原。冬，遣中郎将张耽将幽州乌桓诸郡营兵，击畔虏车纽等，战于马邑，斩首三千级，获生口及兵器牛羊甚众。车纽等将诸豪帅骨都侯乞降，而吾斯犹率其部曲与乌桓寇钞。六年春，马续率鲜卑五千骑到穀城击之。斩首数百级。张耽性勇锐，而善抚士卒，军中皆为用命。遂绳索相悬，上通天山，大破乌桓，悉斩其渠帅，还得汉民，获其畜生财物。夏，马续复免，以城门校尉吴武代为将军。

汉安元年秋，吾斯与奥鞬台耆、且渠伯德等复掠并部。

在这种情形之下，东汉一时难于应付，除用兵外，还采取了暗杀的方法。《资治通鉴》卷五十二《汉纪四十四》顺帝汉安二年（公元143年）中说："十一月，使匈奴中郎将扶风马寔遣人刺杀句龙吾斯。"同卷，顺帝"建康元年"中又说："夏，四月，使匈奴中郎将马寔击南匈奴左部，破之。于是胡、羌、乌桓悉诣寔降。"《后汉书·南匈奴列传》所载略有出入："冬，中郎将马寔募刺杀句龙吾斯，送首洛阳。建康元年，进击余党，斩首千二百级。乌桓七十万余口皆诣霆降，车重牛羊不可胜数。"

顺帝汉安二年（公元143年），还有一件事值得注意，即单于休利死后，东汉在京师立兜楼储为单于。《后汉书·南匈奴列传》说："呼兰若尸逐就单于兜楼储先在京师，汉安二年立之。天子临轩，大鸿胪持节拜授玺绶，引上殿。赐青盖驾驷、鼓车、安车、驸马骑、玉具、刀剑、什物，给缯布二千匹。赐单于阏氏以下金锦错杂具，軿车马二乘。遣行中郎将持节护送单于归南庭。诏太常、大鸿胪与诸国侍子广阳城门外祖会，飨赐作乐，角抵百戏。顺帝幸胡桃宫临观之。"这个情景颇与西汉宣帝时南匈奴单于呼韩邪入朝称臣时相象，不过呼韩邪是已立为单于后入朝称臣的，而兜楼储却先在京师由东汉立为单于后，才派使护送回南庭。也说明这一时期的南单于臣属东汉的程度与呼韩邪时代根本不同。

单于兜楼储立五年而死，继立为单于的是居车儿。他立于桓帝建和元年（公元147年），号伊陵尸逐就单于。居车儿就位与桓帝就位是同一年。

从桓帝永寿元年（公元155年）至延熹元年（公元158年）的数年间，匈奴曾一再反畔。《后汉书·南匈奴列传》说："至永寿元年，匈奴左奥鞬台耆、且渠伯德等复畔，寇钞美稷、安定，属国都尉张奂击破降之。"《后汉书·皇甫张段列传》对于这件事记得较为详细：

> 永寿元年，迁安定属国都尉。初到职，而南匈奴奥鞬台耆、且渠伯德等七千余人寇美稷，东羌复举种应之，而奂壁唯有二百许人，闻即勒兵而出。军吏以为力不敌，叩头争止之。奂不听，遂进屯长城，收集兵士，遣将王卫招诱东羌，因据龟兹，使南匈奴不得交通东羌。诸豪遂相率与奂和亲，共击奥鞬等，速战破之。伯德惶恐，将其众降，郡界以宁。

> 羌豪帅感奂恩德，上马二十匹，先零酋长又遗金鐻八枚。奂并受之，而召主簿于诸羌前，以酒酹地曰："使马如羊，不以入厩；使金如粟，不以入怀。"悉以金马还之。羌性贪而贵吏清，前有八都尉率好财货，为所患苦，及奂正身洁己，威化大行。

> 迁使匈奴中郎将。时休屠各及朔方乌桓并同反叛，烧度辽将军门，引屯赤阬，烟火相望。兵众大恐，各欲亡去。奂安住帷中，与弟子讲诵自若，军士稍安。乃潜诱乌桓阴与和通，遂使斩屠各渠帅，袭破其众。诸胡悉降。延熹元年，鲜卑寇边，奂率南单于击之，斩首数百级。

《南匈奴传》记南单于诸部与鲜卑、乌桓并畔，大概是南匈奴诸部和鲜卑、乌桓并叛，南单于并不与谋，说明反叛是局部性的。所以张奂乃率南单于去攻伐其反叛者。《后汉书·南匈奴列传》记载东汉王朝根据性质处理这件事的经过："延熹元年，南单于诸部并叛，遂与乌桓、鲜卑寇缘边九郡，以张奂为北中郎将讨之，单于诸部悉降。奂以单于不能统理国事，乃拘之，上立左谷蠡王。桓帝诏曰：'《春秋》大居正，居车儿一心向化，何罪而黜，其遣还庭。'"

单于居车儿立二十五年而死，其子某立于灵帝熹平元年（公元172年）号为屠特若尸逐就单于。熹平六年（公元177年），单于某与中郎将臧旻出雁门击鲜卑檀石槐，大败而回。单于某死于该年，继立单于位的是他的儿子呼徵。呼徵立于灵帝光和元年（公元178年），次年因与中郎将张修不相和，张修擅自杀之，更立右贤王羌渠为单于。张修没有得到朝廷的许可这样做，是犯了很大的错误。东汉朝廷用槛车押他回朝，处死抵罪。单于羌渠立于灵帝光和二年（公元179年）《后汉书·南匈奴列传》说："中平四年（公元187年），前中山太守张纯反叛，遂率鲜卑寇边郡。灵帝诏发南匈奴兵，配幽州牧刘虞讨之。单于遣左贤王将骑诣幽州。国人恐单于发兵无已，五年，右部醢落与休屠各胡白马铜等十余万人反，攻杀单于。"《后汉书·灵帝纪》"中平四年"中说："十二月，休屠各胡叛。"中平五年中又说："五年春正月，休屠各胡寇西河，杀郡守邢纪……三月，休屠各胡攻杀并州刺史张懿，遂与南匈奴左部胡合，杀其单于。"单于羌渠死后，其子右贤王於扶罗继立为持至尸逐侯单于。於扶罗就是后来晋代刘渊之祖。於扶罗中平五年立为单于后，国人杀其父羌渠单于者又反叛於扶罗，另立须卜骨都侯为单于。於扶罗不得已乃到京都，欲见皇帝自为辨白。时灵帝已死，天下大乱，於扶罗也反叛。《后汉书·南匈奴列传》说："会灵帝崩，天下大乱，单于将数千骑与白波贼合兵寇河西诸郡。时民皆保聚，钞掠无利，而兵遂挫伤。复欲归国，国人不受，乃止河东。"

到了献帝初平二年，於扶罗归附于袁绍。《资治通鉴》卷六十《汉纪五十二》献帝"初平二年"中说："初，何进遣云中张杨还并州募兵，会进败，杨留上党，有众数千人。袁绍在河内，杨往归之，与南单于於扶罗屯漳水。"张杨与於扶罗虽然归附袁绍，但袁不见得很信任他们。《资治通鉴》又载赵浮谓韩馥曰："袁本初军无斗粮，各已离散，虽有张杨、於扶罗新附，未肯为用，不足敌也。"於扶罗不能见用于袁绍，他便"劫张杨以叛袁绍，屯于黎阳"。在这个时候，於扶罗既被国人反对不能回国，反叛於扶罗的王侯们所立的须卜骨都侯单于立一年又死了，"南庭遂虚其位，以老王行国事"（《后汉书·南匈奴列传》）。《资治通鉴》卷六十《汉纪五十二》献帝初平四年（公元193年）载："曹操军甄城。袁术为刘表所逼，引兵屯封丘，黑山别部及匈奴於扶罗皆附之。"於扶罗单于立于灵帝中平五年（公元188年），死于献帝兴平二年（公元195年），在位七年。他死之后，弟呼厨泉于同年立为单于。於扶罗因国人反对不能回国，呼厨泉也无法返回，只能居于河东平阳。

献帝兴平年间有一件事颇值得注意，即蔡邕的女儿蔡琰为匈奴所获，妻于左贤王。《后汉书·列女传》说："陈留董祀妻者，同郡蔡邕之女也，名琰，字文姬。博学有才辩，又妙于音律。适河东卫仲道。夫亡无子，归宁于家。兴平中，天下丧乱，文姬为胡骑所获，没于南匈奴左贤王，在胡十二年，生二子。曹操素与邕善，痛其无嗣，乃遣使者以金璧赎之，而重嫁于祀。"文姬因曹操以金璧赎回，但她对在匈奴所生两个孩子很为留恋，感伤乱离，追怀悲愤，作诗二章，很反映这一时期匈汉两族又对抗又融合的关系。兹录其一：

> 汉季失权柄，董卓乱天常。志欲图篡弑，先害诸贤良。逼迫迁旧邦，拥主以自强。海内兴义师，欲共讨不祥。卓群来东下，金甲耀日光。平土人脆弱，来兵皆胡羌。猎野围城邑，所向悉破亡。斩截无孑遗，尸骸相撑拒。马边县男头，马后载妇女。长驱西入关，迥路险且阻。还顾邈冥冥，肝脾为烂腐。所略有万计，不得令屯聚，或有骨肉俱，欲言不敢语。失意机微间，辄言毙降虏。要当以亭刃，我曹不活汝。岂复惜性命，不堪其詈骂。或便加棰杖，毒痛参并下。旦则号泣行，夜则悲吟坐。欲死不能得，欲生无一可。彼苍者何辜，乃遭此厄祸！边荒与华异，人俗少义理。所处多霜雪，胡风春夏起。翩翩吹我衣，肃肃入我耳。感时念父母，哀叹无穷已。有客从外来，闻之常欢喜。迎问其消息，辄复非乡里。邂逅徼时愿，骨肉来迎己。已得自解免，当复弃儿子。天属缀人心，念别无会期。存亡永乖隔，不忍与之辞。儿前抱我颈，问母欲何之。"人言母当去，岂复有还时。阿母常仁恻，今何更不慈？我尚未成人，奈何不顾思！"见此崩五内，恍惚生狂痴。号泣手抚摩，当发复回疑。兼有同时辈，相送告离别。慕我独得归，哀叫声摧裂。马为立踟蹰，车为不转辙。观者皆歔欷，行路亦呜咽。去去割情恋，遄征日遐迈。悠悠三千里，何时复交会？念我出腹子，匈臆为摧败。既至家人尽，又复无中外。城郭为山林，庭宇生荆艾。白骨不知谁，从横莫覆盖。出门无人声，豺狼号且吠。茕茕对孤景，怛咤糜肝肺。登高远眺望，魂神忽飞逝。奄若寿命尽，旁人相宽大。为复强视息，虽生何聊赖！托命于新人，竭心自勖厉。流离成鄙贱，常恐复捐废。人生几何时，怀忧终年岁！（转引自《后汉书·列女传》）

《后汉书·南匈奴列传》说："建安元年，献帝自长安东归，右贤王去卑与白波贼帅韩暹等侍卫天子，拒击李傕、郭汜。及车驾还洛阳，又徙迁许，然后归国。二十一年，单于来朝，曹操因留于邺，而遣去卑归监其国焉。"《后汉书·南匈奴列传》说到这里为止。东汉到献帝二十一年（公元216年）也可说等于灭亡，因为在这一年中曹操自称为魏王。四年后（公元220年），献帝逊位，曹丕称天子。

从以上可以得知，在东汉的末季匈奴是分为三部分：一为北匈奴，二为南匈奴，三为在河东平阳的匈奴。到刘氏天下为曹氏所代的时候，无论是北匈奴、南匈奴，或河东平阳的匈奴，差不多皆失去了最后一点的政治独立性了。

第二十五章　中国塞内匈奴与汉族及其他少数族融合

匈奴到了汉朝灭亡的时候，作为一个政治上独立的国家，也算是灭亡了；作为一个种族，则逐渐与其他种族融合。他们离开故地，分布于其他好多地域。

匈奴故地为鲜卑侵占后，其种族之留居故地者十余万落，自称为鲜卑人。起初，也许匈奴与鲜卑之间区别之处甚多，但久而久之，互相聚居、通婚，二者就不容易分开。鲜卑人有匈奴人的血统，匈奴人也有了鲜卑人的血统，二者的风俗习惯互相影响。同时，鲜卑人降服了这么多的匈奴人之后，人力与物力大为增加起来，这是鲜卑继匈奴之后成为汉族劲敌的原因之一。

匈奴人还与乌桓人互相混合，互相影响。同样的，匈奴北边的丁令、坚昆，以至西边的乌孙，以及羌、氐、西域诸国的种族，与匈奴的关系既很密切，时间又长达四五百年之久，则其血统与风俗习惯与这些国人的融合也是可以想见的。

至于匈奴人同汉族及其风俗习惯相融合，也是很为显明的。

匈奴种族散居于匈奴故地以外的为数很多，地域也很广，但是在地域上的移动主要方向有二：一为向南移动，一为向西移动。他们大量向南与向西移动虽在后汉时代，但是向这两个方向移动的历史可以追溯到前汉。自前汉呼韩邪单于称臣于西汉，分为南、北匈奴之后，匈奴族向这两个方向移动的趋势已经很为明显。向南迁移者不只散居于中国北部边境，而且分散入居于中国塞内。其历程在早期是个别的，少数的，缓慢的；到了后来，愈来愈多。向西迁徙的，其历程也可以说是这样。向南迁移的最初是到达长城的边塞，后来又移向黄河流域。到中国的晋代与南北朝，发展到长江以北，个别的也有越过长江者。中原地区在晋代曾为匈奴后裔部分占领，但匈奴后裔从没有征服过整个中原地区。

向西迁徙的匈奴人却不是这样。他们最初从蒙古高原越阿尔泰山而西，活动于天山以北与乌孙之东，同时控制天山以南的西域诸国。他们后来越乌孙到葱岭以西，从康居至奄蔡，再向西走至东罗马的东境，又再西进而至西罗马帝国境内莱茵河与高卢地区，也就是现代的德国与法国。虽然其势力在中亚与欧洲膨胀的历史犹如昙花一现，然影响于中亚与欧洲种族的迁徙与政治、地理的变动，实在是太大了。这是世界史上最重要的一章，也是东方与西方交通史上最重要的事件。

因此之故，无论是向南的迁徙也好，向西的迁徙也好，其历史意义均极为重要。前者成为通称作"五胡乱华"民族大融合的动力，后者是东方人侵入西方的开端——一个至为重要的开端。

关于匈奴族向南移徙，入居中国长城内外地区的历史，《晋书》卷九十七《四夷传》中说："前汉末，匈奴大乱，五单于争立，而呼韩邪单于失其国，携率部落，入臣于汉。汉嘉其意，割并州北界以安之。于是匈奴五千余落入居朔方诸郡，与汉人杂处。""其部落随所居郡县，使宰牧之，与编户大同，而不输贡赋。多历年所，户口渐滋，弥漫北朔，转难禁制。"不过，呼韩邪虽然率部到中国北部边境居住，但本人不久即率部北回到漠北单于庭，保持独立的政治中心。他没有长住西汉，他的子孙也没有在西汉久住，就是后来为王莽所劫持到长安的一些匈奴贵人，除死者外，生者后来也被遣送回国。所以《晋书》上那段话中的最后一段，可以说是后汉时代的情况。不过也可以从中看出，匈奴之入居中原者，其历史很久，其来也渐。到了后汉下半叶，来者愈多，曹操分之为五部，内部自治制度已深为汉化。

南匈奴单于羌渠被国人杀死之后，国人对其子於扶罗也加以反对，国人立须卜骨都侯为单于。羌渠之子，正在塞内助讨黄巾的右贤王於扶罗遂自立为持至尸逐侯单于，得到汉王朝的承认。於扶罗立于汉灵帝中平五年（公元188年）。这样一来，南匈奴又一分为二，有两个单于，两个政治中心：一为於扶罗单于，一为须卜骨都侯单于。后者仍领有原来中国塞外的南匈奴故地。可是，须卜骨都侯立了一年后就死了，塞外的南匈奴王庭遂没有单于，国人乃以老王行国事，不立单于。不过，这位老王死后的情况如何，我们就不清楚了。於扶罗为国人所拒，不能回国，便到汉朝京都去求东汉王朝帮助他返国就位。但是恰巧灵帝于中平六年（公元189年）死了。他没有办法，乃率其众数千骑止于河东平阳。他称单于七年后死，弟呼厨泉立于献帝兴平二年（公元195年），继续居留在平阳。到了汉献帝建安二十一年（公元216年），他到京城朝见，为曹操扣留于邺，而由右贤王去卑回去监国，是为塞内匈奴。此外，在西北方面还有不属中国的北匈奴余众，时与中国争夺西域。

东汉到了於扶罗立后第二年，灵帝死了，天下大乱，对于匈奴无暇兼顾。不过，东汉王朝承认於扶罗是南匈奴正统单于，所以《后汉书·南匈奴列传》对于於扶罗的世系，记载稍为详细。

中国自献帝建安（公元196年）以后，曹操当权。不久，天下三分鼎立，中原北方是曹操的势力范围，后建魏国。塞内匈奴与中国政权的关系，也可以说是与魏的关系，因为吴、蜀都为魏所隔，不能与匈奴交通。

匈奴虽与魏有关系，但是《三国志·魏书》并没有匈奴传，却有乌丸（或乌桓）、鲜卑以及东夷，如夫馀、高句丽、东沃沮、挹娄、涉、马韩、辰韩、弁韩与倭人传。《三国志》卷三十的评语注解，曾抄录鱼豢《魏略·西戎传》中所记西北各种民族，但其中也没有匈奴传。这是什么原因呢？大概是由于匈奴作为一支独立的政治力量已趋于衰亡，无关重要，所以不为之立传。相反的，乌桓、鲜卑正在强盛。曹操曾亲征乌桓，鲜卑则占有了北匈奴的故地。南匈奴再分为塞内、塞外二部之后，我们推想，塞外须卜骨都侯单于死后，连单于也选不出来，而以老王行国事，国内情况恐怕也很混乱。在这种情况下，可能鲜卑的势力愈趋向南扩张，使塞外匈奴的故地日蹙。故《三国志·魏书》卷三十评曰："魏世匈奴遂衰。"犯中国北部边境的强族已是鲜卑。《三国志·魏书》卷三十《乌丸鲜卑东夷传叙》说："后鲜卑大人轲比能复制御群狄，尽收匈奴故地，自云中、五原以东抵辽水，皆为鲜卑庭。数犯塞寇边，幽、并苦之。"这时的鲜卑军队中必有很多的匈奴人。

在西北方面，北匈奴的余众可能有一些散居于乌孙之东、天山以北，但经过鲜卑檀石槐的征伐之后，所余无几，不只不能为患于中原，似也不能为患于西域诸国了。《三国志·魏书》载，西部诸族对中原为患最大的是西羌。

两汉时代，汉朝人所谓"胡"，除了前汉初年也指东胡以外，主要指匈奴；而"北虏"这个词，在前、后汉时主要也是指匈奴。到了后汉末年及三国时代，"北虏"又往往指鲜卑，而鲜卑、西羌也往往称为胡。至于"单于"这个称号，除了匈奴人还沿用之外，乌桓的首领也有称为单于的。这说明匈奴族政治上日趋丧失独立的时候，不只其土地为他族所占有，人民也有改称为鲜卑或他族，就是一些与匈奴有关或为匈奴所固有的名词，也渐为他族所采用了。这是匈奴开始同其他种族融合的一种表现。《魏书》卷三十《乌丸鲜卑东夷传叙》中说："建安中，呼厨泉南单于入朝，遂留内侍，使右贤王抚其国，而匈奴折节，过于汉旧。"这里所说的右贤王就是去卑，而当时的左贤王则是刘豹，即刘渊的父亲。《晋书》卷百一《载记第一·刘元海载记》说："中平中，单于羌渠使子於扶罗将兵助汉，讨平黄巾。会羌渠为国人所杀，於扶罗以其众留汉，自立为单于。属董卓之乱，寇掠太原、河东，屯于河内。於扶罗死，弟呼厨泉立，以於扶罗子豹为左贤王，即元海之父也。魏武分其众为五部，以豹为左部帅，其余部帅皆以刘氏为之。"曹魏时，塞内匈奴的分部情况《晋书》卷九十七《四夷传》中说："后汉末，天下骚动，群臣竞言胡人猥多，惧必为寇，宜先为其防。建安中，魏武帝始分其众为五部，部立其中贵者为帅，选汉人为司马以监督之。魏末，复改帅为都尉。其左部都尉所统可万余落，居于太原故兹氏县；右部都尉可六千余落，居祁县；南部都尉可三千余落，居蒲子县；北部都尉可四千余落，居新兴县；中部都尉可六千余落，居大陵县。"

匈奴的左贤王地位远高于右贤王，照匈奴制度，左贤王仅次于单于。此外，又有左谷蠡王，次于左贤王。右贤王的地位又次于左谷蠡王。可能在汉末、曹魏时代，塞内匈奴已没有左谷蠡王，而只有左贤王及右贤王。刘豹是於扶罗之子，於扶罗死后，不传位于儿子刘豹，而传弟呼厨泉。呼厨泉又以其兄之子为左贤王。照其制度来说，呼厨泉死后本应以刘豹继立单于。呼厨泉单于于献帝建安二十一年入朝，曹操不遣其回国而留之于邺，说明曹操不信任呼厨泉。同时，曹操又不照匈奴制度办事，不让刘豹继立为单于，以右贤王去卑去监理其国。这些说明，曹操是有意要取消单于这个称号，用分而治之的政策去管理匈奴。他后来分其众为五部，立其中贵者为帅，就是这个意思。刘豹是左贤王，乃以他为左部帅。因此，我们推想，可能因为去卑回去之后，左贤王刘豹以及其他的王侯，对曹操这种做法不满意，所以曹操才又把匈奴分为五部，进一步分化。曹魏虽有如上做法，但是后汉的匈奴中郎将这个职务仍然存在。《三国志·魏书》卷二十二《陈泰传》说："泰字玄伯。青龙中（公元233—236年），除散骑侍郎。正始中（公元240—249年），徙游击将军，为并州刺史，加振威将军，使持节，护匈奴中郎将，怀柔夷民，甚有威惠。京邑贵人多寄宝货，因泰市匈奴婢，泰皆挂之于壁，不发其封，及征为尚书，悉以还之。"

以上是关于塞内匈奴的概况。至于塞外匈奴情况如何，就不太清楚了。《晋书·四夷传》指出，晋武帝时，塞外匈奴二万余落，因水灾迁入塞内。这说明，在三国时代也定会有散居于塞外的匈奴人。鱼豢《魏略》记载汉魏之际，塞外存在可以称作匈奴人的部落，不过多是原逃亡奴隶的后裔："赀虏，本匈奴也，匈奴名奴婢为赀。始建武时，匈奴衰，分去其奴婢，亡匿在金城、武威、酒泉北黑水、西河东西，畜牧逐水草，钞盗凉州，部落稍多，有数万，不与东部鲜卑同也。其种非一，有大胡，有丁令，或颇有羌杂处，由本亡奴婢故也。当汉、魏之际，其大人在檀柘，死后，其枝大人南近在广魏、令居界，有秃瑰来数反，为凉州所杀。今有劲提，或降来，或遁去，常为西州道路患。"（《三国志·魏书·乌丸鲜卑东夷传》评语注引）这些赀虏之中可能也有匈奴人，但大部分是从他族掠夺来的。

曹操虽用各种方法去威服境内外的少数民族，但是这些民族仍时叛时降，居于塞内的匈奴也是这样。《三国志·魏书》卷十三《钟繇传》中说："匈奴单于作乱平阳，繇帅诸军围之，未拔；而袁尚所置何东太守郭援到河东，众甚盛。诸将议欲释之去，繇曰：'袁氏方强援之来，关中阴与之通，所以未悉叛者，顾我威名故耳。若弃而去示之以弱，所在之民，谁非寇仇？纵吾欲归，其得至乎！此为未战先自败也。且援刚愎好胜，必易吾军，若渡汾为营，及其未济击之，可大克也。'张既说马腾会击援，腾遣子超将精兵逆之。援果轻渡汾，众止之，不从。济水未半，击，大破之，斩援，降单于。"《三国志·魏书》卷十五《张既传》也说："袁尚拒太祖于黎阳，遣所置河东太守郭援、并州刺史高干及匈奴单于取平阳，发使西与关中诸将合从。司隶校尉钟繇遣既说将军马腾等，既为言利害，腾等从之。腾遣子超将兵万余人，与繇会击干、援，大破之，斩援首。干及单于皆降。"值得特别注意的是，塞内的匈奴参加了中原汉族军阀内战。郭援被斩，高干与匈奴单于投降。不久，高干又在并州叛曹操，曹操攻伐他时，他又求救于匈奴。匈奴既投降于曹，没有前去救高干，干被攻杀。此事见于《三国志·魏书·武帝记》建安十一年中："十一年春正月，公征干。干闻之，乃留其别将守城，走入匈奴，求救于单于，单于不受。公围壶关三月，拔之。干遂走荆州，上洛都尉王琰捕斩之。"献帝初平二年（公元191年），於扶罗单于曾归附于袁绍。二年后他又归附袁术。一年后（公元195年），於扶罗死，弟呼厨泉立。从呼厨泉即单于位到他被曹操留于邺（建安二十一年），有二十一年之久。据史书所载，除了建安十年他曾与袁绍之子袁尚同谋抗操外，一直到他入朝朝见（建安二十一年）以前的十年中没有再反曹操的记载。

曹操死后，匈奴在塞内既没有单于，更不成其为国。然而这也并不是说，匈奴种族也因之而完全消灭，相反的，他们不只分为五部散居各处，而且在五部之外，其人民之与中原人杂居者也必不少。《三国志·魏书》卷九《夏侯尚传》说："魏国初建，迁黄门侍郎。代郡胡叛，遣鄢陵侯彰征讨之，以尚参彰军事，定代地，还。"这里所说的"胡"应该是匈奴人。《晋书·四夷传》中所说五部所居的地方没有代郡，可能代郡的胡人后来也归并于五部中了，但是代郡以至靠近边塞的其他各郡，很可能也有匈奴人居住。因为匈奴人入居塞内的历史并不始于东汉末年，而系始于前汉。

呼厨泉被曹操留于邺在汉献帝建安二十一年，曹操死后，呼厨泉还未死。到了曹丕称帝，还换他的印绶。《三国志·魏书·文帝纪》黄初元年中说："更授匈奴南单于呼厨泉魏玺绶，赐青盖车、乘舆、宝剑、玉玦。"这说明，曹丕仍以单于的礼仪去对待他。至于呼厨泉是哪一年死的，不得而知。他即单于位是在汉献帝兴平二年（公元195年），到黄初元年（公元220年）共有二十五年之久。於扶罗单于死后不传位于其子刘豹，而传位于其弟，可能是因子少之故。假使这种看法是对的，那么呼厨泉就单于位时的年纪可能很大，再加上在位二十五年，到曹丕称帝时可能也已老了。曹丕虽仍以单于礼仪对待他，但只有其名，无其实。

曹魏时代，散居在塞内的匈奴部众虽在曹魏统治之下，然而内部行政的完全汉化也需要一个过程，所以当时还有其特殊的地方。曹魏对他们若不善于治理，也很容易引起反叛。而且在他们内部有时也互相征伐，使曹魏不能袖手旁观。《三国志·魏书·明帝纪》"青龙元年"（公元233年）中说："安定保塞匈奴大人胡薄居姿职等叛，司马宣王遣将军胡遵等追讨，破降之。"同书卷二十八《邓艾传》说："（艾）后迁城阳太守。是时并州右贤王刘豹并为一部，艾上言曰：'戎狄兽心，不以义亲，强则侵暴，弱则内附，故周宣有狎狁之寇，汉祖有平城之困。……今单于之尊日疏，外土之威浸重，则胡虏不可不深备也。闻刘豹部有叛胡，可因叛割为二国，以分其势。去卑功显前朝，而子不继业，宜加其子显号，使居雁门。离国弱寇，追录旧勋，此御边长计也。'"邓艾想乘刘豹内部的反叛，将之分为二部，以削减其势力。刘豹是於扶罗之子，他的叔父呼厨泉立为单于，他是左贤王。曹操扣留呼厨泉在邺，而使右贤王去卑监其国，就是因为去卑有功于魏。邓艾提议加去卑之子显号，使居雁门，也是要分化刘豹的势力。这也可以说是曹操的分而治之政策的延续。成功地实行这个政策的过程，也就是匈奴族与汉族逐渐融合的过程。

在东汉末年与三国时代，不只一般的匈奴人移居于中原的逐渐增加，就是匈奴单于——南匈奴单于及其臣僚、军队，也居留在中原内地。到了晋代，这种现象不只更为显著，而且在晋朝庇护之下的匈奴贵族，竟然逐渐成为中原北部的统治者，而与晋庭相对抗。

他们在中原地区建立国家，称王，称皇帝，连晋朝京都也被他们攻占；晋怀帝和愍帝成了他们的俘虏，并为他们所杀；晋朝皇后也变成匈奴皇帝的皇后，这是秦汉以来，在中原与匈奴的交涉史上所没有过的。这是"五胡乱华"的开始，而开其端者就是匈奴。从此以后，差不多有二百年的时间中，中原北部差不多全为匈奴及其他少数民族所占领。

然而，晋代的匈奴之在中原者，不只在文化上已经深受了汉族影响，在血统上也与汉族混杂甚烈，所以匈奴固有的文化基本上已经放弃，其种族也远非纯粹的匈奴血统了，可以称之为汉化匈人。

匈奴住地与中原毗连，人民互相通婚的历史很久。汉高祖遣宗室女嫁给冒顿以后，匈奴的统治阶级之杂有汉族血统的，也逐渐增加起来。前汉的呼韩邪单于与后汉的单于比称臣汉朝。前者妻王昭君，后者移居汉朝边塞，人民与贵人错居杂处，互相通婚，使匈奴种族汉化速度加快。到了东汉末年，於扶罗留居中原，其人民与贵人之含有汉族血统者更多。再经过三国而至刘渊崛起的约一百年中，匈奴人与中原人通婚者必当更多，而其血统的汉化程度必更加深。所以到了刘渊称汉王的时候，所谓匈奴后裔，已多非纯粹的匈奴人，这是我们研究晋代塞内的匈奴所要注意的。

而且刘渊称汉王以至后来的羯、氐、羌、鲜卑之统治中原北部的种族，不只其本身已染有汉族血统，即其重要的臣僚，如王弥、张宾、王猛等，很多都是汉族。两汉时代的匈奴或其他胡人，建国于塞外，也曾用过汉人，如中行说、李陵等，但这还是例外或绝对的少数。相反的，在晋代的匈奴以及其他少数民族之统治中原的，则大量任用汉族人。他们的政权性质属中国内部封建割据的地方性政权，不是外族建立的国家。

晋永嘉以后，晋王室及门第较高的贵人多数南渡，但民众多数留在北方。汉人之留在北方者，对于匈奴与其他少数民族文化的影响必然很大。刘渊初起时，族人有劝他联络其他少数民族入侵中原地区，他却加以反对。相反的，他自命为刘汉后裔承继汉统，以对抗司马氏的晋室，拒绝从事民族战争。

至于生活习惯方面，匈奴受中原的影响更为显著。匈奴人移居塞内之后，生活上最大变化是逐渐放弃游牧生活，采取农耕生活方式。他们在塞内居住之地由中原政府指定，人众地少，不象原来的故居蒙古高原那样地广人稀，因此能逐渐习惯于农耕生活。这个改变是基本生活方式的改变，从而在文化的许多方面也逐渐地发生变化。

在政治制度上，"单于""左贤王""右贤王"一些名词虽仍然保留，但重要性多已消失。单于是过去匈奴最高统治者的称呼，现在却化为不同的官职名。例如有大单于、左单于、右单于，此外，还有其他好多形容词加在"单于"二字之上。同时，其他少数民族，尤其是鲜卑，也采用了这个称号。而且除了单于这个称号之外，他们尤喜采用中国的官号。刘渊虽被匈奴部众拥为大单于，但他又自称汉王，做皇帝。后来他命刘聪为"大司马、大单于"。这不只说明"大单于"已不尽是最高统治者的称号，而且在大单于之上加了一个中国的官号"大司马"。此外，刘渊称帝之后也没有称其妻为阏氏，却叫作皇后。

又如在家庭制度方面，汉人对于匈奴最反感的是妻后母这件事。在匈奴人未入塞内之前，这是一件司空见惯的事情，可是入塞之后，尤其是到了晋代，这种风俗逐渐改变。刘渊妻单氏曾被刘渊立为皇后。单氏姿色绝丽，刘渊死后，其子刘聪并没有妻她，仅与其私通。单氏的儿子刘乂知道这件事，很不赞成，劝母不要这样做，结果单氏惭愧而死。匈奴妻后母风俗的改变显然受了汉族文化的影响。

又如好多匈奴人，尤其是匈奴的贵族子弟，大多数受过汉族文化的教育，不但语言已经汉化，还能使用汉字学习四书、五经，这说明他们在思想上也受到汉族深刻的影响。从以上可以看出，匈奴的汉化是相当彻底的。

晋代的"五胡乱华"开端于匈奴。匈奴与其他少数民族之所以能在中原长期作乱，原因当然很多，例如晋武的骄盈、嗣主的昏庸、女后的专朝、八王构乱，都给胡人以可乘之机。然而我们应进一步指出，自东汉末年以至三国时期，中原连年祸乱，使汉族政权力量日趋虚弱，到了晋代，不只在经济上很为贫困，就是在人口上也大为减少，与匈奴族力量对比发生变化。匈奴人以及其他少数民族之居于塞外者不断移入中原内地。在晋武帝时，匈奴人之入塞投降者就约有二十万。至于原已住在中原内地的究竟有多少，不得而知。照我们的估计，其数目不会比新来的少，恐怕比新来的多得多。因为自东汉末年以至三国时期，中原连年战乱，没有余力顾及边境。南匈奴除了已在塞内居住者外，其在塞外者又时为其他民族特别是鲜卑所压迫，他们逐渐移居塞内的人数必定很多。又他们移居塞内，不只皆在中原北部，而且集中在华北好几个地方，如山西与河西等地。其族人既较为集中，力量也比较集中。所以刘渊谋反，二旬之间，众已五万。这是指参加军队的那部分而言，此外，没有参加军队的恐怕更多；至于老弱妇女，若都加在一起,则其人数之多,可以想见。从二旬之间,众已数万的事实来看,匈奴人在塞内的不只人数很多,而且也很为团结。

匈奴与其他少数民族大量移居塞内的情况,在晋代初年就引起了不少官僚的注意。他们认为,这些人的内迁将来必为中原之患。因而,有人主张应该及早防备或移徙他们到塞外。据《晋书》卷九十七《四夷传》载,晋武帝太康元年(公元280年)郭钦上疏云:"戎狄强犷,历古为患。魏初人寡,西北诸郡皆为戎居。今虽服从,若百年之后有风尘之警,胡骑自平阳、上党不三日而至孟津,北地、西河、太原、冯翊、安定、上郡尽为狄庭矣。宜及平吴之威,谋臣猛将之略,出北地、西河、安定,复上郡,实冯翊,于平阳以北诸县募取死罪,徙三河、三魏见士四万家以充之。裔不乱华,渐徙平阳、弘农、魏郡、京兆、上党杂胡,峻四夷出入之防,明先王荒服之制,万世之长策也。"晋武帝对于郭钦的这种建议没有采纳。此外又有江统的《徙戎论》。《晋书》卷五十六《江统传》曾载这篇论文,今摘录于下:

> 并州之胡,本实匈奴桀恶之冠也。……建安中,又使右贤王去卑诱质呼厨泉,听其部落散居六郡。咸熙之际,以一部太强,分为三率。泰始之初,又增为四。于是刘猛内叛,连结外虏。近者郝散之变,发于谷远。今五部之众,户至数万,人口之盛,过于西戎。然其天性骁勇,弓马便利,倍于氐羌。若有不虞风尘之虑,则并州之域可为寒心。荥阳句骊本居辽东塞外,正始中,幽州刺史毋丘俭伐其叛者,徙其余种。始徙之时,户落百数,子孙孳息,今以千计,数世之后,必至殷炽。今百姓失职,犹或亡叛,犬马肥充,则有噬啮,况于夷狄,能不为变!但顾其微弱势力不陈耳。夫为邦者,患不在贫而在不均,忧不在寡而在不安。以四海之广,士庶之富,岂须夷虏在内,然后取足哉!此等皆可申谕发遣,还其本域,慰彼羁旅怀土之思,释我华夏纤介之忧。惠此中国,以绥四方,德施永世,于计为长。

江统的建议同样没有被采纳。为什么郭钦与江统的意见都没有受到朝廷重视呢?主要原因有二:第一,当时北部尤其是近塞各处,地广人稀,也许朝廷想到用匈奴人或其他少数民族去开发土地。第二,塞外的其他少数民族,象强盛的鲜卑,时时侵略中原,故晋朝想利用这些匈奴人或其他一些少数民族防守边境,实行所谓以夷制夷的政策。

我们已经指出,"五胡乱华"始于匈奴。所谓五胡,除了匈奴之外,还有哪些胡呢?同时这四种胡人之于匈奴关系又如何呢?

所谓五胡,除了匈奴之外,还有羯、鲜卑、氐、羌。

氐、羌之于匈奴有没有关系呢?回答是肯定的。汉武帝之所以要通西域,固是要断匈奴的右臂,但同时也是要阻止匈奴"结党南羌"。这说明在河西走廊,即敦煌、酒泉、张掖、武威一带,未被西汉占领之时,匈奴与南羌是有关系的。

并且两者往往联合起来扰乱西汉边境。就是在西汉占领这些地方之后，匈奴还设法偷偷地与氐、羌联络以对抗西汉。在种族上，匈奴之于氐、羌的关系又如何呢？这是一个不易回答的问题。在西汉尚未占领河西走廊之前，匈奴既与氐、羌毗连，二者互相通婚，也是很可能的。

五胡之中，在种族上，氐、羌之于匈奴的关系似没有羯与鲜卑之于匈奴的关系密切，虽则鲜卑与羯之于匈奴在种族上是不同的。鲜卑据说是东胡的后裔。东胡被冒顿击破之后，有的投降于匈奴，有的逃避鲜卑山。后来鲜卑强盛起来，常与匈奴接触。到了匈奴被窦宪与耿夔击败时，匈奴一部分人往西北跑，鲜卑占有其地。据《后汉书·鲜卑传》说，当时匈奴人尚有十余万落留在匈奴故地，皆自号为鲜卑，因此使鲜卑逐渐强盛起来。在此时，鲜卑究竟有多少户口，我们难于估计，但匈奴十余万落也差不多可以说等于十余万户。以每户五人计算，那么匈奴人之称为鲜卑者就有了五六十万人。假使这个数目没有什么错误，也许称为鲜卑的匈奴人的数目比原鲜卑人为多。这说明在鲜卑占领匈奴故地之后，大部分或至少是很多的所谓鲜卑人就是匈奴人。

匈奴与鲜卑居地本相毗连，两者人民互相通婚，很为可能。到了这么多的匈奴人称为鲜卑之后，互相通婚更是自然而然的。那么所谓鲜卑人，不只有很多或大部分为匈奴人，就是原来的鲜卑人也慢慢地染有匈奴人的血统。相反的，在自号为鲜卑的匈奴人中，也逐渐有了鲜卑人的血统。

到了后汉末年，鲜卑的檀石槐崛起之后，建立了一个"大帝国"，东至鲜卑故地，西至乌孙，北至丁零，南至中原边境。在此时，除了在汉朝庇护之下的南匈奴外，散居于塞外以及西域的匈奴人，不只是受鲜卑的统治，可能有很多也自号为鲜卑人。这样看起来，在三国与晋代的鲜卑人实际上是包括了大量的匈奴人的。

至于羯种与匈奴的关系，也是很值得研究的一个问题。《晋书·石勒载记》指出，石勒是"上党武乡羯人"，其先为"匈奴别部羌渠之胄"。《晋书·四夷传》说："北狄以部落为类，其入居塞者有屠各种、鲜支种、寇头种、乌谭种、赤勒种、捍蛭种、黑狼种、赤沙种、郁鞞种、萎莎种、秃童种、勃蔑种、羌渠种、贺赖种、钟跋种、大楼种、雍屈种、真树种、力羯种，凡十九种，皆在部落，不相杂错。屠各最豪贵，故得为单于，统领诸种。"在这十九种之中，只有屠各、萎莎、羌渠、力羯四种比较易解，尤其是"屠各"这个名词见于史书的次数较多。羌渠、力羯之于羯大致上是同一种族，至少其关系是密切的。至于其他各种就难于考究。

据《晋书》所说，以上的十九种部落皆为北狄，同时《晋书·四夷传》又说："匈奴之类，总谓之北狄。"这好象是说，上面所说的十九种部落皆为匈奴。在匈奴强盛的时候，不只在中原北边的各种民族皆受匈奴的统治，就是东边的东胡、西边的西域诸国也受匈奴的控制，所谓匈奴为"百蛮大国"就是这个意思。然而在这个"百蛮大国"里，不一定所有的人都是匈奴人，相反的，其种族是很复杂的。

自然，在长期受到匈奴统治的不少种族，逐渐也有了匈奴的血统，同时匈奴人也染有其他种族的血统。然而，这也不能说，所有的其他种族都成为匈奴人，匈奴北边的丁零就是一个例子。丁零在冒顿的时代已为匈奴所征服。在匈奴强盛的时期，丁零是役属于匈奴的，但是在匈奴衰弱时，丁零又独立起来，而且侵略匈奴。到了匈奴被其他种族赶出故地之后，丁零仍然存在。此外又如乌孙，当其被月氏破灭后，余种逃到匈奴，可是后来又独立起来，并且攻败月氏。这说明在匈奴所统治或庇护下的好多种族，虽然免不了要受匈奴种族的影响，然而并不一定都变成为匈奴人。所以《晋书》中所说的十九种部落有不少不是匈奴人，羯种就可以说是其中之一。《晋书》石勒载记说他是羯人，其先是匈奴别部。所谓匈奴别部，就不一定是匈奴人。匈奴在两汉时代往往也称胡，可能匈字就是从胡单反切。胡这个名词虽然也指东胡，以及后来的西域种族也谓西胡，但在晋朝初年，胡、羯并称。假使羯就是匈奴，那么用"胡"字就可以代表羯。当时人之所以在胡之外又特别指出羯者，大概是因为羯与匈奴是不同种族。慕容廆曾致书陶侃说："今凶羯虐暴，中州人士逼迫势促，其颠沛之危，甚于累卵。"慕容廆与东夷校尉封抽等给陶侃的书中又说："昔猃狁之强，匈奴之盛，未有如今日羯寇之暴……"（均见《晋书·慕容廆载记》）羯既与胡分开来说，那么羯之于匈奴当有不同之处。

然而，羯既是十九种部落之一，又曾与匈奴杂居或受匈奴统治，那么羯种之有匈奴血统也是很自然的。石勒是上党人，上党在当时也有匈奴。他们在塞外时既久已杂处，到了塞内之后，继续杂处，则二种族在血统上的互相混合也是可能的。所以胡、羯并称，一方面固是说明其区别之点，一方面也是说明其关系所在。羯不叫做胡，而区别于胡，这是他们的不同处；可是他们既有密切的关系，也使当时的人们互相混用。

匈奴种族自汉末至晋代，与其他种族血统混合的程度很深固如上述，匈奴的文化在这个时期中与其他民族文化互相影响，也是一件值得注意的事情。上面曾略为指出匈奴的汉化程度之深，同时也应指出中原北部既为匈奴居留与占据，匈奴的风俗习惯之影响于中原也是无可怀疑的。

匈奴与其他少数民族的文化也互相影响，我们并不准备在这里去讨论这个问题，只想说明一点，就是从其他少数民族采用单于这个称号的例子，去说明匈奴文化之影响于其他民族。上面已经指出，单于这个称号本来是匈奴人最高统治者的称号。到了晋代，单于这个称号不只匈奴人自己已很滥用，就是其他许多少数民族也往往使用之。例如，鲜卑人早就用这个称号。到了晋元帝大兴元年（公元

318年），帝遣使授慕容廆龙襄将军、大单于称号。石勒、石季龙都即过大单于位，这是羯人采用单于称号的例子。符健称为天王大单于则是氐羌人采用这个称号的例子。这说明了五胡中的其他胡人都受有匈奴的影响。

从这些例子来看，所谓百蛮大国的匈奴，到了三国与晋代，故国固已灭亡，人民散居各处，但是这个民族的血统以及文化，除了残众还部分的保留之外，也可以在鲜卑、羯、氐、羌等民族中保存。

《晋书·刘元海载记》说："於扶罗死，弟呼厨泉立，以於扶罗子豹为左贤王，即元海之父也。"从匈奴单于继立制度来说，於扶罗不传子而传弟也是常有的例子。呼厨泉既立，於扶罗子豹为左贤王，应是下一位单于的继立者。可是刘豹是否曾以任何种形式继立为单于，史无明文。《晋书·武帝纪》泰始元年（公元265年）中说："泰始元年冬十二月丙寅，设坛于南郊，百僚在位及匈奴南单于四夷会者数万人……"四夷的酋长或其使者没有说明，而特别标出匈奴南单于参加了司马炎的即位典礼，说明匈奴在各族中的特殊地位。但是，这位南单于是哪一位，我们不清楚。《晋书》的《四夷传》及《刘元海载记》中没有说及呼厨泉的死年，也没有说刘豹继立为单于。《三国志·魏书》卷二十八《邓艾传》中指出，魏废帝嘉平年间（公元249—254年），刘豹是并州右贤王，同时又载邓艾上疏曾数次提到单于，并有"今单于之尊日疏"的字句，这是司马炎称帝前十余年的事情。这说明在那个时候还有单于，同时也说明刘豹身为左贤王而没有继立为单于，且已被贬为右贤王。右贤王在匈奴的官位中不只低于左贤王，而且低于左谷蠡王。

《邓艾传》中所说的单于是哪一位，我们也不得而知，但《晋书·匈奴传》中说"泰始七年，单于猛叛"。猛姓刘，这必是刘渊的亲族。此外又说，北狄十九种移居塞内，其中最豪贵者为屠各种。因为这一个种族最豪贵，所以得为单于，统领诸种。这说明居单于位的是屠各种人。又《资治通鉴》"泰始七年"中说："春正月，匈奴右贤王刘猛叛出塞。"刘猛又好象不是单于。晋哀帝兴宁二年（公元364年），据《十六国春秋辑补》卷三十三《苻坚》"甘露六年"中载云："屠各张罔，聚众数千，自称大单于。"可见屠各人即使有单于称号也是僭用，被中央王朝承认，故不入史传。

当刘豹为左贤王时，右贤王是去卑。到了魏废帝嘉平年间（公无249—254年），刘豹被贬为右贤王，此时大概去卑早已死了。假使单于是刘猛，那么单于以下的主要权贵也是姓刘的。比方左贤王，据《晋书·刘元海载记》是刘宣，这就是刘渊的从祖、刘豹的叔父。

我们上面所说也不过是一种推想。也可能是呼厨泉死后，左贤王刘豹不得继立为单于，乃由刘猛继立。至于刘猛与呼厨泉的关系如何，不得而知。他也可能是呼厨泉的儿子。《晋书·刘元海载记》说，刘宣曾对人说，"我单于虽有虚号，无复尺土之业"。这说明刘宣为左贤王时，单于这个称号仍然存在，不过实际上没有统治寸土。因为他与其他匈奴人一样，都处在晋统治之下，所以说"自诸王侯，降同编户"。从这种语气来看，这里所说的单于应当是刘猛。

总而言之，自曹丕黄初元年更换匈奴南单于呼厨泉的印绶之后，关于匈奴单于的记载就不清楚了。而且，自呼厨泉被曹操留于邺，遣右贤王去卑去管理部众以后，所谓单于，也只有其名，而无其实了。我们只是推测刘渊可能是南匈奴单于的后裔子孙，属屠各部族。

晋时的匈奴族可以分成三支来说：（一）为刘氏初建国的汉，后称为前赵。（二）为赫连氏建国的夏。（三）为左沮渠氏建国的北凉。第一支在山西；第二支是由山西西徙而来；第三支在河西张掖。第一支是於扶罗单于的后裔；第二支是右贤王去卑的后裔；第三支是匈奴左沮渠的后裔。前二者在汉灵帝中平五年（公元 188 年）入居内地，后者在什么时候入塞，不得而知。

至晋，中原不只与原住在内地的匈奴人有交涉，而且又容纳了好多从塞外新移居内地的匈奴人。《晋书》卷九十七《四夷传》中说："武帝践祚后，塞外匈奴大水，塞泥、黑难等二万余落归化，帝复纳之，使居河西故宜阳城下。后复与晋人杂居，由是平阳、西河、太原、新兴、上党、乐平诸郡靡不有焉。"司马光《资治通鉴》卷八十一《晋纪三》武帝"太康五年"记载："是岁，塞外匈奴胡太阿厚帅部落二万九千三百人来降；帝处之塞内西河。"又同书"太康七年"中云："秋，匈奴胡大博及萎莎胡各帅种落十万余口，诣雍州降。"《晋书·四夷传》中说："明年（指太康八年），匈奴都督大豆得一育鞠等复率种落大小万一千五百口，牛二万二千头，羊十万五千口，车庐什物不可胜纪，来降，并贡其方物，帝并抚纳之。"

《资治通鉴》卷八十一《晋纪三》"太康八年"注云："魏既分塞内匈奴为五部矣，自去年来，匈奴帅种落来降者十有余万口，史不言所以处之之地，此必自塞外来，北匈奴之种落也。"胡三省注以为这些投降而来的是北匈奴的部落，似有商榷之处。我们知道，北匈奴自鲜卑占领匈奴故地，后来又经檀石槐的再征服，北匈奴之投降于鲜卑者固自号为鲜卑人，而不愿投降于鲜卑者也必远逃于西北，只有南匈奴自单于比称臣于汉后，其部一向居于边塞。羌渠单于因为遣其子於扶罗领兵去帮助汉攻击黄巾，遭国人反对，把他杀死，於扶罗虽继立为单于，也不得回国，乃与其部众居留内地。於扶罗所帅的部众主要是匈奴士卒，人数不会很多。大部分的南匈奴人仍留居故地。於扶罗率领入居内地的主要是男丁，所以后来与汉族人通婚，很快汉化。他们不只改用汉姓，而且学习汉族文化。至于仍住在故地的南匈奴人，人数虽很多，但长期在汉魏政权庇护之下，受汉族文化的影响也是难免的事情。因为水灾或其他原因请求移居塞内的匈奴人，似应是这些南匈奴人，而不是与中原早已割断或少有关系的北匈奴人。

以上是说塞外投降于中原政权的匈奴人。至于在塞内的，除了上面所举出在司马炎称帝时，其单于曾参加典礼者之外，其部众之反抗晋王朝的也不少。《晋书·四夷传》中说："泰始七年（公元271年），单于猛叛，屯孔邪城。武帝遣娄侯何桢持节讨之。桢素有志略，以猛众凶悍，非少兵所制，乃潜诱猛左部督李恪杀猛，于是匈奴震服，积年不敢复反。"但同处接着说："其后稍因忿恨，杀害长吏，渐为边患。"惠帝时，匈奴又进犯晋朝。《晋书·四夷传》说："惠帝元康中，匈奴郝散攻上党，杀长吏，入守上郡。明年，散弟度元又率冯翊、北地羌胡攻破二郡。自此已后，北狄渐盛，中原乱矣。"

《资治通鉴》载郝散的反抗是在晋惠帝元康四年："夏，五月。匈奴郝散反，攻上党，杀长吏。秋，八月，郝散帅众降，冯翊都尉杀之。"关于郝散弟度元的反抗，《资治通鉴》系在元康六年："夏，郝散弟度元与冯翊、北地马兰羌、卢水胡俱反，杀北地太守张损，败冯翊太守欧阳建。"又如《晋书·四夷传》中说："其国人有綦毋氏，勒氏，皆勇健，好反叛。"然而晋王朝也有时利用他们来帮助安定内乱。《晋书·四夷传》说："武帝时，有骑督綦毋伣邪伐吴有功，迁赤沙都尉。"他甚至利用匈奴人去防御其他各族。

此外，在匈奴与其他各族之间，互相征伐，也是常有的现象。《资治通鉴》卷八十二《晋纪四》"惠帝元康五年冬"中载："拓拨禄官分其国为三部：一居上谷之北，濡源之西，自统之；一居代郡参合陂之北，使兄沙漠汗之子猗㐌统之；一居定襄之盛乐故城，使猗色弟猗卢统之。猗卢善用兵，西击匈奴、乌桓诸郡，皆破之。"

新来的匈奴人既愈来愈多，而原已移居内地的也不少，汉化程度遂愈来愈深。随着汉族王朝力量的削弱，他们以屠各部族为首，逐渐独树一帜，与汉族王朝对抗。《晋书·四夷传》记载匈奴的官号与姓氏，虽与《史记》《汉书》《后汉书》大致相同，却也有很多相异之处："其国号有左贤王、右贤王、左奕蠡王、右奕蠡王、左於陆王、右於陆王、左渐尚王、右渐尚王、左朔方王、右朔方王、左独鹿王、右独鹿王、左显禄王、右显禄王、左安乐王、右安乐王，凡十六等，皆用单于亲子弟也。其左贤王最贵，唯太子得居之。"左右奕蠡王当为以前的左右谷蠡王；左右於陆王、左右渐尚王、左右朔方王、左右独鹿王与左右显禄王，都与以往的名称不同。可能有的是受了中原的影响，如左右朔方王；或者有的是受了鲜卑或其他民族的影响。

关于匈奴的姓氏，《晋书·四夷传》说："其四姓，有呼延氏、卜氏、兰氏、乔氏。呼延氏最贵，则有左日逐、右日逐，也为辅相；卜氏则有左沮渠、右沮渠；兰氏则有左当户、右当户；乔氏则有左都侯、右都侯。又有车阳、沮渠、余地诸杂号，犹中国百官也。"《史记》《汉书》说匈奴的呼衍氏、兰氏其后为须卜氏。《后汉书》于这三姓之外加林氏。《晋书》没有林氏，而有乔氏。呼延当为呼衍，卜氏当为须卜的简称。这些贵姓一向占有匈奴官职中的重要地位。

关于刘渊与其所建立的汉或前赵，以及其他的匈奴人或其他各族所建立的王朝的历史，见于《晋书·载记》。《晋书·载记》采自崔鸿的《十六国春秋》。这本书在元代已佚，明嘉兴屠乔孙、项琳别撰百卷。清乾隆年间，仁和汪日桂根据这个本子重订。此外，清末汤球又撰《十六国春秋辑补》。我们这里仍以《晋书》为主，同时用汪日桂重订《十六国春秋》本、汤球的《辑补》以及《广雅书问丛书》中所刊汤球辑的九家旧《晋书辑本》作为参考的资料。

《十六国春秋辑补》卷一《前赵录》一"刘渊"条说：

> 刘渊，字元海，新兴匈奴人，冒顿之后也。先夏后氏之苗裔曰淳维，世居北狄，千有余岁。至冒顿袭破东胡，西走月氏，北服丁零，内侵燕岱，控弦之士四十万。汉祖患之，使刘敬奉公主以妻冒顿，约为兄弟，故子孙遂冒母姓为刘氏。

《晋书·刘元海载记》较为简单，但大意相同。冒顿为夏后氏之苗裔的说法，因不足置信，所以《晋书·载记》没有抄录《史记》《汉书》中的这段话。但是《十六国春秋》与《晋书·载记》以为冒顿妻汉公主，故其子孙冒母姓为刘氏，也有值得商量之处。因为《史记》《汉书》《后汉书》匈奴传均没有关于匈奴人冒母姓为刘氏的记载。

《晋书·载记》及《十六国春秋》说刘渊之父是刘豹。刘豹是於扶罗单于之子，於扶罗是羌渠之子。羌渠与於扶罗的事迹见于《后汉书·南匈奴列传》。不过我们曾指出，羌渠是不是匈奴单于嫡系或是纯粹的匈奴人，值得进一步研究，所以刘渊是否为纯粹的匈奴人，同样是一个问题。

刘渊先世冒姓刘氏，始于他的父亲刘豹。他的祖父於扶罗立为单于虽在内地，然据史书所载，并没有改姓刘，使用的也是匈奴的称号——持至尸逐侯单于。於扶罗死后，他的弟弟呼厨泉继立为单于，也没有关于改姓刘的纪载。

匈奴单于改姓刘，是呼厨泉之后的刘猛。匈奴王侯称刘氏者，除刘豹外，还有刘渊的从祖刘宣。可能是自曹丕篡汉称帝后，或者自呼厨泉死后，匈奴的王侯贵人才开始有改姓刘的。原因是在这个时候，即呼厨泉时代，他们大部分接受了汉族的教育，汉化的程度很深。同时，在此时匈奴单于既只有名无实，一般王侯也正如刘宣所说"降同编户"，不改姓氏在内地不仅谋生不易，就是称呼也不方便。此外，也有可能他们既深受汉族文化的影响，有了忠于汉族王朝君主的思想，曹操留呼厨泉于邺而遣右贤王去卑监理其国，引起忠于呼厨泉的匈奴人的不满，至使一些王侯在曹丕篡位后改为刘姓，以示追念汉室。自然，这种情感也是与汉高祖遣宗室女嫁给冒顿，以至后来的王昭君嫁给呼韩邪等好多次和亲有关系的。以后刘渊称汉王时，曾下令称刘邦为"我太祖高皇帝"，不过这时他的这种说法恐怕主要是晋室骚乱，想利用刘汉去收拾人心，以增加其声势耳。

《晋书·刘元海载记》也有关于刘渊崛兴的记述，完全是汉族帝王秉天命而起的传说模式：

> 豹妻呼延氏，魏嘉平中（公元249—254年）祈子于龙门，俄而有一大鱼，顶有二角，轩鬐跃鳞而至祭所，久之乃去。巫觋皆异之，曰："此嘉祥也。"其夜梦旦所见鱼变为人，左手把一物，大如半鸡子，光景非常，授呼延氏，曰："此是日精，服之生贵子。"寤而告豹，豹曰："吉征也。吾昔从邯郸张冏母司徒氏相，云吾当有贵子孙，三世必大昌，仿像相符矣。"自是十三月而生元海，左手文有其名，遂以名焉。龆龀英慧，七岁遭母忧，擗踊号叫，哀感旁邻，宗族部落咸共叹赏。……幼好学，师事上党崔游，习《毛诗》《京氏易》《马氏尚书》，尤好《春秋左氏传》《孙吴兵法》……于是遂学武事，妙绝于众，猿臂善射，膂力过人。

《史记》《汉书》《后汉书》记载匈奴风俗，没有述及匈奴妇女拜神祈子。这种传说当然是受汉族文化影响的结果。

刘渊是於扶罗单于的孙儿，他的父亲刘豹曾为匈奴左贤王；曹操分其众为五部时，又以刘豹为左部帅，在匈奴中的地位是很高的。《十六国春秋辑补》卷九《王弥传》说："弥屯七里涧，王师进击，大破之。弥谓其党刘灵曰：'晋兵尚强，归无所厝。刘元海昔为质子，我与之周旋京师，深有分契，今称汉王，将归之可乎？'灵然之。"刘渊既为质子于京师，不只他的地位很重要，在京师时所认识当时的王公贵人必定不少，王弥不过是其中的一位。

在他所认识的好多人中，有的对他很好，有的却对他猜忌。王浑与其子王济以及李憙属于前者，孔恂、杨珧属于后者。王浑、王济、李憙之于刘渊都有乡里关系。王浑在刘渊幼时，已命其子王济去结交刘渊，并常常向朝廷推荐刘渊。《晋书·刘元海载记》叙述当时这些人对刘渊的看法是很矛盾的。在汉化匈奴人力量与晋王朝力量对比已发生变化的情况下，一方面想利用刘渊帮助晋王朝扶危解难，一方面又存在不相信少数民族的大汉族主义观念：

> 泰始（公元265—274年）之后，浑又屡言之于武帝。帝召与语，大悦之，谓王济曰："刘元海容仪机鉴，虽由余、日䃅无以加也。"济对曰："元海仪容机鉴，实如圣旨，然其文武才干贤于二子远矣。陛下若任之以东南之事，吴会不足平也。"帝称善。孔恂、杨珧进曰："臣观元海之才，当今惧无其比，陛下若轻其众，不足以成事；若假之威权，平吴之后，恐其不复北渡也。非我族类，其心必异。任之以本部，臣窃为陛下寒心。若举天阻之固以资之，无乃不可乎！"帝默然。后秦凉覆没，帝畴咨将帅，上党李憙曰："陛下诚能发匈奴五部之众，假元海一将军之号，鼓行而西，可指期而定。"孔恂曰："李公之言，未尽殄患之理也。"憙勃然曰："以匈奴之劲悍，元海

之晓兵，奉宣圣威，何不尽之有！"恂曰："元海若能平凉州，斩树机能，恐凉州方有难耳。蛟龙得云雨，非复池中物也。"帝乃止。

刘渊的祖父是单于，父为左贤王，又为左部帅，照匈奴的制度，他的父亲当继立为单于。他本人为质子（在匈奴有时以太子作质子），可见他在匈奴中的地位是很重要的。后来他率领匈奴人反抗朝廷，就是因为晋王朝猜忌他。《晋书·刘元海载记》又说："后王弥从洛阳东归，元海饯弥于九曲之滨，泣谓弥曰：'王浑、李熹以乡曲见知，每相称达，谗间因之而进，深非吾愿，适足为害。吾本无宦情，惟足下明之。恐死洛阳，永与子别。'因慷慨歔欷，纵酒长啸，声调亮然，坐者为之流涕。齐王攸时在九曲，比闻而驰遣视上，见元海在焉，言于帝曰：'陛下不除刘元海，臣恐并州不得久宁。'"齐王攸是当时王室中很重要的人物，看了刘元海之后，也觉得他将来必为祸乱。可见他虽没有做过什么对不起朝廷的事情，但是他的民族背景与才具使汉族统治者忌怕他。《刘元海载记》记载王浑为他进行辩护说："'元海长者，浑为君王保明之。且大晋方表信殊俗，怀远以德，如之何以无萌之疑杀人侍子，以示晋德不弘。'帝曰：'浑言是也。'会豹卒，以元海代为左部帅。太康末，拜北部都尉。明刑法，禁奸邪，轻财好施，推诚接物，五部俊杰无不至者。幽冀名儒，后门秀士，不远千里，亦皆游焉。杨骏辅政，以元海为建威将军，五部大都督，封汉光乡侯。元康末，坐部人叛出塞免官。成都王颖镇邺，表元海行宁朔将军，监五部军事。"

这是晋惠帝时的事情。惠帝昏庸，贾后专权，八王作乱。刘渊因为在充作质子时受到一些汉族统治阶级人士的不公平对待，对晋室不满。在匈奴的王侯贵人中也有另外一些对于晋室的大汉族主义不满者，刘渊的从祖刘宣就是其中的一个。他曾做过北部都尉、左贤王，在匈奴人中是一位很有声望的人。《晋书·刘元海载记》说："元海从祖故北部都尉、左贤王刘宣等窃议曰：'昔我先人与汉约为兄弟，忧泰同之。自汉亡以来，魏晋代兴，我单于虽有虚号，无复尺土之业，自诸王侯，降同编户。今司马氏骨肉相残，四海鼎沸，兴邦复业，此其时矣。左贤王元海姿器绝人，幹宇超世，天若不恢崇单于，终不虚生此人也。'于是密共推元海为大单于。"《晋书·载记》介绍刘宣，说他是一位汉化程度很深的匈奴贵族："刘宣字士则。朴纯少言，好学修洁。师事乐安孙炎，沉精积思，不舍昼夜，好《毛诗》《左氏传》。炎每叹之曰：'宣若遇汉武，当逾于金日䃅也。'学成而返，不出门闾盖数年。每读《汉书》，至《萧何、邓禹传》，未曾不反覆咏之，曰：'大丈夫若遭二祖，终不令二公独擅美于前矣。'并州刺史王广言之于武帝，帝召见，嘉其占对，因曰：'吾未见宣，谓广言虚耳。今见其进止风仪，真所谓如珪如璋，观其性质，足能抚集本部。'乃以宣为右部都尉，特给赤幢曲盖。莅官清恪，所部怀之。元海即王位，宣之谋也，故特荷尊重，勋戚莫二，军国内外靡不专之。"（见《晋书·刘元海载记》）刘渊后来的反抗与称王是得力于刘宣的计谋与策动。刘宣后来也得到刘渊的重用。但开始时他们都不是从民族对抗立场起兵反晋的,而是西晋封建战争的组成部分。

关于刘渊与成都王颖的关系,《十六国春秋辑补·前赵·刘渊》中有一段记载:"颖为皇太弟,领丞相,自邺悬秉国政,事无大小,皆先关谘,以渊为太弟屯骑校尉。"《晋书·刘元海载记》说:

> 惠帝伐颖,次于荡阴,颖假元海辅国将军、督北城守事。及六军败绩,颖以元海为冠军将军,封卢奴伯。并州刺史东嬴公腾、安北将军王浚,起兵伐颖,元海说颖曰:"今二镇跋扈,众余十万,恐非宿卫及近都士庶所能御之,请为殿下还说五部,以赴国难。"颖曰:"五部之众可保发已不?纵能发之,鲜卑、乌丸劲速如风云,何易可当邪?吾欲奉乘舆还洛阳,避其锋锐,徐传檄天下,以逆顺制之。君意何如?"元海曰:"殿下武皇帝之子,有殊勋于王室,威恩光洽,四海钦风,孰不思为殿下没命投躯者哉,何难发之有乎!王浚竖子,东嬴疏属,岂能与殿下争衡邪!殿下一发邺宫,示弱于人,洛阳可复至乎?纵达洛阳,威权不复在殿下也。纸檄尺书,谁为人奉之!且东胡之悍不逾吾部,愿殿下勉抚士众,靖以镇之,当为殿下以二部摧东嬴,三部枭王浚,二竖之首可指日而悬矣。"颖悦,拜元海为北单于、参丞相军事。元海至左国城,刘宣等上大单于之号,二旬之间,众已五万,都于离石。

离石对于匈奴人是一个很有历史意义的地方。《晋书·刘元海载记》说:"建武初,乌珠留若鞮单于子右奥鞬日逐王比自立为南单于,入居西河美稷,今离石左国城即单于所徙廷也。"不过这时刘渊所立匈奴国,仅是西晋封建战争过程中兴起的一般封国而已。

成都王颖为王浚所败逃到洛阳。《晋书·刘元海载记》说:"王浚使将军祁弘率鲜卑攻邺,颖败,挟天子南奔洛阳。元海曰:'颖不用吾言,逆自奔溃,真奴才也。然吾与其有言矣,不可不救。'于是命右於陆王刘景、左独鹿王刘延年等率步骑二万,将讨鲜卑。"王浚之所以攻败成都王颖,得力于鲜卑。这时刘宣及一些匈奴贵人希望刘渊能联络鲜卑以及其他民族摆脱晋王朝的统治,重建匈奴故国。刘渊遣将去援救成都王颖,他们不赞成。刘宣等谏曰:

> 晋为无道,奴隶御我,是以右贤王猛不胜其忿。属晋纲未弛,大事不遂,右贤涂地,单于之耻也。今司马氏父子兄弟自相鱼肉,此天厌晋德,授之于我。单于积德在躬,为晋人所服,方当兴我邦族,复呼韩邪之业,鲜卑、乌丸可以为援,奈何距之而拯仇敌!今天假手于我,不可违也。违天不祥,逆众不济;天与不取,反受其咎。愿单于勿疑。(《晋书·刘元海载记》)

可是刘渊之志不在恢复塞外匈奴故国,而在于在封建战争过程中取晋室而代之。

他对刘宣的建议不予采纳,回答说:

"善。当为崇冈峻阜何能为培塿乎!夫帝王岂有常哉,大禹出于西戎,文王生于东夷,顾惟德所授耳。今见众十余万,皆一当晋十,鼓行而摧乱晋,犹拉枯耳。上可成汉高之业,下不失为魏氏。虽然,晋人未必同我。汉有天下世长,恩德结于人心,是以昭烈崎岖于一州之地,而能抗衡于天下。吾又汉氏之甥,约为兄弟,兄亡弟绍,不亦可乎?且可称汉,追尊后主,以怀人望。"乃迁于左国城,远人归附者数万。(《晋书·刘元海载记》)

第二十六章　中国汉化匈人建立的王朝（上）

晋惠帝永兴元年（公元304年），以刘渊为首的刘氏宗族集团，在今山西地区离石县东的左国城建立的王朝，是中国第一个汉化匈人建立的王朝。刘渊初称汉王，年号元熙。这个王朝初称汉，后称赵，存在二十七年。灭亡西晋的就是这个王朝。《十六国春秋辑补》卷二《前赵录二·刘渊传》说："元熙元年，迁于左国城，晋人东附者数万，宣等上尊号，渊曰：'今晋氏犹在，四方未定，可仰邀高祖初法，且称汉王，权停皇帝之号，待宙宇混一，当更议之。'"从中可见刘渊不只改姓刘，想继汉室，而且还仿汉高祖刘邦先称汉王，然后再称皇帝。他的这种计谋吸引了好多汉族人民。《资治通鉴》卷八十五《晋纪七》惠帝永兴元年中说"胡、晋归之者愈众"。说明他的这种做法在各族人民中产生了一定作用。《晋书·刘元海载记》说：

> 永兴元年，元海乃为坛于南郊，僭即汉王位，下令曰："昔我太祖高皇帝以神武应期，廓开大业。太宗孝文皇帝重以明德，升平汉道。世宗孝武皇帝拓土攘夷，地过唐日。中宗孝宣皇帝搜扬俊乂，多士盈朝。是我祖宗道迈三王，功高五帝，故卜年倍于夏商，卜世过于姬氏。而元成多僻，哀平短祚，贼臣王莽，滔天篡逆。我世祖光武皇帝诞资圣武，恢复鸿基，祀汉配天，不失旧物，俾三光晦而复明，神器幽而复显。显宗孝明皇帝、肃宗孝章皇帝累叶重晖，炎光再阐。自和、安已后，皇纲渐颓，天步艰难，国统频绝。黄巾海沸于九州，群阉毒流于四海，董卓因之肆其猖勃，曹操父子凶逆相寻。故孝愍委弃万国，昭烈播越岷蜀，冀否终有泰，旋轸旧京。何图天未悔祸，后帝窘辱。自社稷沦丧，宗庙之不血食四十年于兹矣。今天诱其衷，悔祸皇汉，使司马氏父子兄弟迭相残灭。黎庶涂炭，靡所控告。孤今猥为群公所推，绍修三祖之业。顾兹尪暗，战惶靡厝。但以大耻未雪，社稷无主，衔胆栖冰，勉从群议。"乃赦其境内，年号元熙，追尊刘禅为孝怀皇帝，立汉高祖以下三祖五宗神主而祭之。

看了刘渊所下的令及对汉室神位的追祭，他俨然成为了刘邦的"嫡系子孙"。相反的，他对于自己真正的祖宗却无一言说及，可见他的主要目的是要争取包括汉族人民在内的多数群众以推翻司马氏的晋室，统一全国。他根本没有重建匈奴族国家于漠北的意思，可见汉化之深。

刘渊称汉王之后，曾与西晋王朝苦战，《晋书·刘元海载记》说："东嬴公腾使将军聂玄讨之，战于大陵，玄师败绩，腾惧，率并州二万余户下山东，遂所在为寇。元海遣其建武将军刘曜寇太原、泫氏、屯留、长子、中都，皆陷之。二年（公元 305 年），腾又遣司马瑜、周良、石鲜等讨之，次于离石汾城。元海遣其武牙将军刘钦等六军距瑜等，四战，瑜皆败，钦振旅而归。"元熙三年（公元 306 年），刘渊"以其前将军刘景为使持节、征讨大都督、大将军，要击并州刺史刘琨于版桥，为琨所败，琨遂据晋阳"。其侍中刘殷、王育建议刘渊南下，攻长安，据洛阳，灭西晋王朝："殿下自起兵以来，渐已一周，而颛守偏方，王威未震。诚能命将四出，决机一掷，枭刘琨，定河东，建帝号，鼓行而南；克长安而都之，以关中之众席卷洛阳，如指掌耳。此高皇帝之所以创启鸿基，克殄强楚者也。"刘渊听了这些话很为高兴，于是乃命将进据河东，攻占蒲坂（在今山西永济县西蒲州）、平阳（今山西临汾西南）。

过了一年，据《十六国春秋辑补》卷二《前赵录》"刘渊"条载："四年（公元 307 年）元海遂入都蒲子（今山西省隰县），河东平阳属县，垒壁尽降。时四部之东莱王弥，起兵青、徐，刘灵为王赞所逐，王弥为苟纯所败，乃谋归汉，遣使来降，拜镇东将军青州刺史、东莱郡公。四月，汲桑叛，起兵赵魏上郡，自称赵王，选置州郡，四部鲜卑陆逐延氏酋大单徵。十一月，石勒及胡部等并帅众相次来降，元海悉署其官爵。"这是刘渊夺取天下过程很重要的一年。他听了刘殷、王育的话，进据蒲坂、平阳，在黄河下游被晋兵击败的王弥与石勒又归附于他，声势大振。明年（公元 308 年）十月，刘渊就皇帝位，大赦境内，改元永凤。刘邦称汉王后五年遂称皇帝，刘渊称汉王后五年也称皇帝，可见刘渊事事都效法刘邦。可是刘邦是在独霸天下后始称皇帝，而刘渊称帝时不但没有统一全国，就是中国北部也未统一。

《十六国春秋辑补》卷二《前赵录》指出永凤元年（公元 308 年）刘渊称帝之后："以卫军和为大将军，抚军聪为车骑大将军，建武曜为龙骧大将军；又以其大将军和为大司马，封梁王；尚书令刘欢乐为大司徒，封陈留王；御史大夫呼延翼为大司空，封雁门郡公；以延年为江都王。"《晋书·刘元海载记》说："宗室以亲疏为等，悉封郡县王，异姓以勋谋为差，皆封郡县公侯。"刘和、刘聪是刘渊之子，刘曜是他的族子，从这个名单与封王侯的做法来看，重要的职务多为刘氏嫡系所居。皇帝的子孙封为王，异姓臣僚有功者封为侯，这本来也是汉高祖刘邦的做法，同时官号也采用汉族政权的名称。比方刘渊为汉王时，他以刘宣为丞相、崔游为御史大夫、刘宏为太尉；到他称皇帝时，封其子为大将军、大司马、大司徒、大司空种种名称，可以说是完全汉化了。又如以前匈奴单于之妻称为阏氏，此时也没有采用。刘渊称王时，立其妻呼延氏为王后；称帝后，立其妻单氏为皇后。然而也得指出，这并不是说匈奴的官号完全没有保留。在刘渊没有称汉王之前，刘宣等固共拥他为大单于，成都王颖也拜他为北单于；刘渊又以其子聪为右贤王，后来又拜聪为鹿蠡王；就是刘渊称帝之后，河瑞二年（公元 310 年），他还以其子聪为大司马、大单于，不过这里所用的大单于已与原来的单于意义不完全相同，以往的单于是至高无上的称号，这里所说的单于却在皇帝之下。

刘渊称帝之后的第二年有几件事值得我们注意：一为迁都，二为改元，三为东征壶关，四为南下取洛阳。

迁都是太史令宣于修之的提议。《晋书·刘元海载记》说："太史令宣于修之言于元海曰：'陛下虽龙兴凤翔，奄受大命，然遗晋未殄，皇居仄陋，紫宫之变，犹钟晋氏，不出三年，必克洛阳。蒲子崎岖，非可久安。平阳势有紫气，兼陶唐旧都，愿陛下上迎乾象，下协坤祥。'于是迁都平阳。"

关于改元，据《晋书·刘元海载记》说："汾水中得玉玺，文曰'有新保之'，盖王莽时玺也。得者因增'泉海光'三字，元海以为己瑞，大赦境内，改年河瑞。封子裕为齐王，隆为鲁王。"《十六国春秋辑补》说，得者增"渊海光"三字。刘渊称王、称帝采用年号，并因征兆而改年号，赦境内，封王侯，这也是仿效汉王朝的做法。

东征壶关成功。《十六国春秋》说：

> 渊以王弥为侍中都督、征东大将军、青州牧，与楚王聪共攻上党，围壶关。以石勒为前锋都督。晋并州刺史刘琨遣护军黄肃、韩述来救。聪败述于西涧，勒败肃于封田，皆杀之。晋太傅越遣淮南内史王旷、将军施融、曹超等将兵拒聪。旷既济河，欲长驱而前，融曰："彼乘险间出，我虽有百万之众，犹是一军独受敌也。且当阻水为固，以量势形，然后图之。"旷怒曰："君欲沮众邪也！"融退曰："彼善于用兵，旷暗于事势，吾属今必死矣。"旷等逾太行，与聪遇战于长平间，旷兵大败，融、超皆死，遂破陈留、长子，斩获万九千级。上党太守庞淳以壶关降。

这里所说的庞淳，《十六国春秋辑补》中作刘惇，这里所说的王旷，《十六国春秋辑补》中作王广。《十六国春秋辑补》还有下面一段记载："七月，战于长平。长平之战，刘聪马中流矢，几为晋军所获，李景年以马授聪，挥戈前战，晋师败。"壶关之降、长平之战，《晋书》没有记载。《十六国春秋辑补》是依《太平御览》与《通览考异》引补的。

刘渊在位期间攻洛阳不下，据《十六国春秋》是役始于河瑞元年（公元309年）二月："二月，晋左积弩将军朱诞来奔，具陈洛阳孤弱，劝渊攻之。渊以诞为前锋都督，遣灭晋大将军景为大都督，将兵攻洛阳。晋军遣车骑将军王堪将兵迎击。夏四月，景败堪于延津，沈男女三万余人于河涧。渊闻之怒曰：'景何面目复见朕乎！且天道岂能容之。吾所欲除者止司马氏耳，细民何罪？'黜景为平虏将军。"（卷一）《晋书·载记》与《十六国春秋辑补》均没有上面一段话，但是刘渊遣刘聪于这一年攻洛阳均有记载，惟两书所记没有《十六国春秋》详细。今仍录《十六国春秋》所记于后：

(河瑞元年）秋八月，渊复遣楚王聪及征东大将军王弥进攻洛阳，始安王曜与赵固等为之后继。九月丙寅，聪围浚仪。晋太傅越遣平北将军曹武、征虏将军宋抽、将军彭默等拒之，丁丑为聪所败。太傅越入保京城，聪等长驱至西明门。越率兵御之，战于宣阳门外，大破之。晋征西大将军、南阳王司马模，遣将军淳于定、吕毅等破刘芒荡、五斗叟，并斩之。又遣车骑将军王堪、平北将军曹武，自长安讨聪。堪等败绩，奔还京师。聪自恃连胜，怠不设备，弘农太守垣延诈降，夜袭聪军，聪大败而还。渊素服迎师。（卷一）

又说：

冬十月，复大发卒。遣楚王聪、始安王曜、汝阴王景、征东大将军王弥等，帅精骑五万寇洛阳，使大司空雁门刚穆公呼延翼率步骑继之。丙辰，聪等至宜阳。朝廷以汉兵新败，不意其复至，大惧。辛酉，聪进屯西明门，护军贾胤北宫纯等，夜帅勇士千余人薄之，战于大夏门，斩聪征虏将军呼延颢，聪众遂溃。壬戌，回军屯洛水，寻进屯宣阳门，曜屯上东门，弥屯广阳门，景攻大夏门。乙丑，呼延翼为其部下所杀，众自大阳溃归。渊敕聪等还师。（卷一）

经过再次失败之后，刘渊对于围攻洛阳失去了信心。但是，刘聪以为呼延翼与呼延颢虽死，仍宜继续攻下去，因而刘渊仍准其留攻洛阳。《十六国春秋》说：

戊寅，聪亲祈嵩岳山，令平晋将军安阳哀王厉冠军，将军呼延朗等督摄留军。晋太傅越遣参军孙询、将军邱光、楼褒等，率帐下劲卒三千，自宣阳门乘虚出击，斩朗于陈。聪闻而驰还。厉惧聪之罪己也，赴水而死。王弥谓聪曰："今军既失利，洛阳守备犹固，运军在陕，粮食不支数日，殿下不如与龙骧还平阳，襄粮发卒，徐为后举。下官当于兖豫之间，收兵积谷，伏听严期，不亦可乎？"聪自以请留，未敢擅还。（卷一）

自二月至十月间，刘渊四次攻洛不能下，呼延一族死者数人，兵士粮食均告缺乏。刘聪也因是自请留攻，不敢还师。最后还是宣于修之言于刘渊说："岁在辛未，乃得洛阳。今晋气犹盛，大军不归必败。"刘渊才遣黄门郎傅询召聪等还师。刘聪、刘曜于十一月回到平阳。他们回平阳后，刘渊一方面大封诸子及臣僚，一方面遣兵攻略其他地方，扩大这个王朝的统治区。《十六国春秋》指出，从河瑞元年"十二月，渊以陈留王欢乐为太傅，楚王聪为大司徒，江都王延年为大司空，长乐王洋为大司马……王弥表左长史曹嶷行安东将军，东徇青州，且迎其家属，渊许之。河瑞二年春，正月乙丑朔，大赦境内，立单徵女为皇后，梁王和为皇太子，封子乂为北海王"（卷一）。关于遣兵征扰方面，同处说："十二月……遣都护大将军曲阳王贤，与征北大将军刘灵及安北大将军赵固、平北大将军王桑东屯内黄。……河瑞二年春……遣兵分寇徐、冀、兖、豫诸郡，又遣曹嶷寇东平、琅邪。夏四月，王浚遣天水将军祁弘击破刘灵于广宗，杀之。秋七月，楚王聪、始安王曜、平东大将军石勒及安北大将军赵固，围河内太守裴整于怀。晋遣征虏将军宋抽率兵救怀，勒与平北大将军王桑逆击破之。河内人执整以降，渊以整为尚书左丞。河内督将郭默收整余众，自为坞主。"然而，洛阳未及攻下，刘渊病笃，顾托后事而亡。据《十六国春秋》："（河瑞二年七月）庚午，渊寝疾，将为顾托之计。辛未，以陈留王欢乐为太宰，长乐王洋为太傅，江都王延年为太保，楚王聪为大司马大单于并录尚书事，置单于台于平阳西，复以齐王裕为大司徒，鲁王隆为尚书令，北海王乂为抚军大将军领司隶校尉，姑安王曜为征讨大都督领单于左辅廷尉，乔智明为冠军大将军领单于右辅，左光禄大夫刘殷为左仆射，右光禄大夫王育为右仆射，任顗为吏部尚书，朱纪为中书监，护军马景领左卫将军，永安王安国领右卫将军，安昌王盛、安邑王钦、西阳王璇等皆领武卫将军，分典禁兵。丁丑，召太宰欢乐等入禁中，受遗诏辅政。己卯，薨于光极殿。时晋永嘉四年（公元310年）也。渊在位七年。"（卷一）从刘渊临终委任的各类官员中可以看出，不只有大单于的名称，还有单于左辅、单于右辅等名称。此外，又置单于台于平阳西，怀念匈奴祖宗，说明这个王朝的汉化程度虽然很深，但匈奴民族的文化和意识依然有强烈表现。这种表现，在刘渊死后甚至得到进一步发展。

刘渊死后，继他而立的是渊少子和。内部发生短时期内乱后，和兄刘聪夺得王位。《十六国春秋·前赵录一》"刘和"条说：

  刘和字玄泰，渊后呼延氏所生，聪第四弟也（按：《晋书·刘聪载记》说刘和是刘聪之兄）。……渊死嗣伪位。宗正呼延攸，渊以其无才行，终身不迁官；侍中刘秉素不善于聪，卫尉西昌王锐恨不参顾命，乃相与谋，说和曰："先帝不惟轻重之势，而使三王总强兵于内，大司马握十万劲卒屯于近郊，陛下今便为寄主耳。祸难未可测也，愿蚤为之计。"和即攸之甥也，遂深然之。辛巳，夜召领武卫将军安冒王盛、安邑王钦，及领左卫将军马景等告之，盛曰："先帝尚在殡宫，四王未有逆节，今忽一旦自相鱼肉，臣恐人不食陛下之余。且四海未定，大业甫尔，愿陛下以上成先帝鸿基为志，塞耳勿听谗夫之言，以疑兄弟。……"锐攸怒之曰："今日之议，理无有二，领军是何言乎？"于是命左右刃之。盛既被杀，钦（按：《晋书·载记》及《十六国春秋辑补》作景）惧曰："惟陛下诏，臣等以死奉之，蔑不济矣。"相与盟于东堂。壬午，锐帅马景攻楚王聪于单于台，攸率右卫将军永安王安国，攻齐王裕于司徒府，侍中乘率武卫将军安邑王钦攻鲁王隆，使尚书田密、武卫将军西阳王璇攻北海王乂。密、璇等挟乂斩关奔聪，聪命贯甲以待之。锐既知聪之有备，驰还，与攸、乘等会攻隆、裕，复惧安国、钦有异志，杀之。是日斩裕，癸未斩隆。甲申，聪攻西明门，克之，锐等奔入南宫，前锋随之。乙酉，杀和于光极西室，收锐、攸、乘，枭首通衢。

在刘渊时代，刘聪的功劳很大，兵权也最大，刘和对于刘聪的猜忌是有原因的。所以他一登帝位，就轻信了呼延攸等的话，想诛戮诸兄弟，相反，却为刘聪所杀。之后，刘聪即皇帝位。"（聪）既杀其兄和，群臣劝即尊位。聪初让其弟北海王乂，乂与公卿泣涕固请，聪久而许之，曰：'乂及群公正以四海未定，祸难尚殷，贪孤年长故耳。此国家之事，孤敢不祗从。今便欲远尊鲁隐，待乂年长，复子明辟。'于是以永嘉四年僭即帝位。"（《晋书·刘聪载记》）刘聪即位，乃葬刘渊，谥曰文光皇帝，庙号高祖。这又是效法汉高祖的称号。

被《晋书》列入居塞内的十九种的北狄匈奴部族中，有的不一定是匈奴族，如羌渠即是属于西羌的一种。西羌原在祁连山的西南与大月氏连接，匈奴破大月氏之后，大月氏西徙，西羌遂与匈奴为邻，二者常常联合起来侵扰汉边。在匈奴的军队中应有不少是西羌人，而且西羌自成部落，受匈奴的统治，有时为匈奴服务，有时也独自入侵。后来迁入塞内，人们遂当为匈奴别种之一。从役属于匈奴来说，是匈奴的属部；从政治与军事的组织上来看，是匈奴的别种或别部；从种族方面来看，就不能当作为匈奴族或匈奴族的支派了。又如萎沙部，据胡三省注《资治通鉴》说："萎莎胡，北狄种，盖亦匈奴也。"① 《晋书·北狄传》说："（太康）七年，又有匈奴胡都大博及萎莎胡等各率种类大小几十万余口，诣雍州刺史扶风王骏降附。"这是很清楚地把匈奴胡与萎沙胡分开记载。两者各率种类降附，可见匈奴与萎莎并非一个种类。

当然在十九种类的部落中，也有不少是匈奴族，如屠各种与贺赖种即是。据《晋书·慕容俊载记》说："匈奴单于贺赖头率部落三万五千降于俊，拜宁西将军，云中郡公，处之于代郡平舒城。"贺赖与其众可能是匈奴人，但称为单于，不一定可靠，可能是冒称。在匈奴各部族之中，屠各部最豪贵，得立为单于。那么其他部族就不能称立单于，单于是一个特殊名称，在正常情况下匈奴族只有一个单于，只有在内乱时才出现一个以上的单于，如匈奴历史上的五单于争立。

所谓"屠各最豪贵"的"豪贵"，不只是因为这个部族可能是匈奴的王室贵族或其后裔，而且力量也可能比其他诸种强大。

为什么这个部族叫屠各？他的起源如何？我们有必要探讨，因为在中国建立起的第一个汉化匈奴人的王朝，就是屠各族匈奴人建立的。

《史记·匈奴列传》："匈奴谓贤曰'屠耆'，故常以太子为左屠耆王。自如左右贤王以下至当户，大者万骑，小者数千。……诸左方王将居东方……右方王将居西方。"左贤王居东方，右贤王居西方，右贤王的右音近于休屠，所谓右贤王者，可能就是休贤王。又匈奴谓贤为"屠耆"，徐广注"屠一作诸"。钱大昕

---

① 《资治通鉴》卷八十一《晋纪三》。

《廿二史考异》卷十二《后汉书·南匈奴传》云："《灵帝纪》作休屠各，按休屠之屠音储，而著亦音直虑切，译语有轻重，其实一也。乌桓、鲜卑传俱云休著屠各，此必读范史者音著为屠，后遂搀入正文耳。"

日本白鸟库吉在其《蒙古民族起源考》（何健民译为《匈奴民族考》）中说：

次则为耆之发音。《康熙字典》载此字有两音，一为渠脂切奇，一为诸氏切旨，故可音为 ki，又可读为 ši……。《汉书·西域传》有焉耆之国名，下曰（国王治员渠城）是也焉耆员渠同名异译，……上面之考订若无舛误，则屠耆两字，汉代读若 šo-ki 或 šoki。兹进而寻求其语辞，蒙古 mongol 语谓直曰 seke、šike、čixe、čeke、cike，谓正曰 ci、ke、kik。又 Tunguse 语谓直曰 săkă、căkă，凡此皆可以与匈奴语之屠耆 coki、soki 比较。日本谓直曰 sugu，贤曰 saka，突厥 Turk 语族中之 Koibal 语谓贤曰 sagasté，Solbinsk 语曰 sagastyx。疏勒语曰 sagestyx。由上观之，屠耆一词，似与此等语言互有关系。

屠谷的谷属于 k 音，怀疑屠耆可能变为屠各，而右贤王可能变为休屠王，或是休屠各，休屠各这个名词屡见于史书。休屠耆的休若为右的同音，去了休字就简称为屠耆或屠谷。投降于汉的休屠王也可能就是右贤王。

屠谷既是得名于休屠王，休屠王若为右贤王，或是右贤王之下的重要王侯，那么《晋书·北狄·匈奴》所说"屠各最豪贵"是有其历史根据的。

其实，休屠这个称号直到三国时仍沿用。《后汉书》卷七十六《循吏列传》说："郡（指武威）北当匈奴，南接种羌，民畏寇抄，多废田业。延（任延）到，选集武略之士千人，明其赏罚，令将杂种胡骑休屠黄石屯据要害，其有警急，逆击追讨。"又同书卷六十五《皇甫张段列传》说，张奂"迁使匈奴中郎将。时休屠各及朔方乌桓并同反叛。烧度辽将军门，引屯赤阬，烟火相望。兵众大恐，各欲亡去。奂（张奂）安坐帷中，与弟子讲诵自若，军士稍安。乃潜诱乌桓阴与和通，遂使斩屠各渠帅，袭破其众。诸胡悉降"。这段资料前面是休屠各，后面是用屠各，很清楚，休屠各与屠各是同一种族。而且两个名称是通用的，休屠各与屠各既是相通，休屠与屠各也可以通用。

又《后汉书》卷九十《乌桓鲜卑列传》有"休著屠各"的称呼，钱大昕说这是因为读范晔《后汉书》的人，音著为屠，后遂搀入正文。史书之连用休著屠各的并不多见，这也可能由于人们把休屠与屠各当为两种不同的称呼才有这样的作法。

屠各虽是匈奴人，但在《后汉书》有好几处屠各与匈奴或南匈奴并提。前面所举的《张奂传》中的那段话说明了这一点。张奂的官衔是匈奴中郎将，而他所讨伐的是休屠各或屠各。其实在这个列传里，提到匈奴或南匈奴的地方很多，提到屠各的有二次，说明屠各之于匈奴或南匈奴，在当时的人看来是有区别的。又有的地方说乌桓与南匈奴入塞，有的地方又说乌桓与屠各合而反叛，说明不只汉人这样的区别，可能乌桓对两者也有所区别。此外在《后汉书·灵帝纪》提到中平五年（公元188年）三月，"休屠各胡攻杀并州刺史张懿，遂与南匈奴左部胡合，杀其单于"。更清楚地区别二者。又在卷七十《郑孔荀列传》中说："且天下强勇，百姓所畏者，有并、凉之人，及匈奴、屠各、湟中义从、西羌八种，而明公拥之，以为爪牙。"

屠各之先是休屠，关于休屠王的投降，《史记·卫将军骠骑列传》说得很详细，前面已经引用，这里不再赘述。

浑邪王投降之后，他与休屠王的部众从河西走廊的武威、张掖迁到陇西、北地、上郡、朔方、云中等处。他们迁到这些地方之后，仍然按照原来的风俗习惯去统治，这就是说，对内来说，他们有了自治之权，在这五个郡中，迁到上郡的匈奴人较多，所以谓为匈归。又上郡属并州，而并州则是后来屠各所占领的地区。

后汉时屠各的势力慢慢增长，有时反叛，有时与其他族联合入寇，有时又帮助汉王朝去攻伐其他族。《后汉书·乌桓鲜卑列传》说："桓帝永寿中（公元155—158年）朔方乌桓与休著屠各并叛中郎将张奂击平之。"同书又说："熹平三年（公元174年）冬，鲜卑入北地，太守夏育率休著屠各追击破之。"

《后汉书·南匈奴列传》："中平四年（公元187年），前中山太守张纯反叛，遂率鲜卑寇边郡。灵帝诏发南匈奴兵，配幽州牧刘虞讨之。单于遣左贤王将骑诣幽州。国人恐单于发兵无已，五年，右部醯落与休著各胡白马铜等十余万人反，攻杀单于。"同书《灵帝纪》说："（中平）四年……十二月，休屠各胡叛。……五年春正月，休屠各胡寇西河，杀郡守邢纪。……三月，休屠各胡攻杀并州刺史张懿，遂与南匈奴左部胡合，杀其单于。……九月，南单于叛，与白波贼寇河东，遣中郎将孟益率骑都尉公孙瓒讨渔阳贼张纯等。"

这里虽没有说出屠各，但在六个月之前，休屠各既与匈奴联合杀其单于，那么这一次新就位的单于反叛，可能有屠各在内。

《后汉书》卷七十四上《袁绍刘表列传》说："（献帝）初平……四年……六月，绍乃出军……寻山北行……遂与黑山贼张燕及四营屠各、雁门乌桓战于常山。"又《三国志·魏书·诸夏侯曹传》说："转击高平屠各，皆散走，收其粮谷牛马。"

东汉亡后的曹魏时代，屠各之见于史书的如《三国志·魏书·满田牵郭传》说："正始元年（公元240年）……凉州休屠胡梁元碧等，率种落二千余家附雍州。淮（郭淮）奏请使居安定之高平，为民保障，其后因置西州都尉。"值得注意的是，这里不用屠各的称呼，而仍沿用"休屠"这个名词，可见屠各部乃休屠王的后裔。这里所说的是凉州的休屠，凉州在甘肃武威一带，正是西汉时休屠王所在地，大概在浑邪王杀休屠王降汉之后，大部分匈奴人迁到陇西，北地、上郡、朔方、云中等地还有小部分留居凉州，因而有的仍沿用原来的名称，在这一带的匈奴人也有称为屠各的。

晋代，尤其是"五胡乱华"的时代，屠各又常见于史书。《晋书·载记序》说：刘渊在公元304年称汉王之后，"其为战国者一百三十六载，抑元海为祸首云"。刘渊是第一个中国汉化匈奴族人王朝的建立者。据《晋书·刘元海载记》说："刘元海（即刘渊），新兴匈奴人，冒顿之后也。名犯高祖庙讳，故称其字焉。"他是於扶罗单于之孙，从这个世系看，刘元海应该是南匈奴人或其后裔，但在《晋书》中也有记载刘渊为屠各的。《晋书》卷六十三《李矩列传》说："刘元海屠各小丑，因大晋事故之际，作乱幽并。"刘元海也是屠各了。

应该指出，南匈奴所居的地方早已有了屠各，两部互相混杂，难于区分。但是《刘元海载记》叙其先世很清楚，《李矩列传》中说刘元海为屠各，则是靳准遣使到李矩处说的，是否可靠？刘元海称王之后，是否假托先世？也是问题。又《晋书·王弥列传》王弥斥刘曜："屠各子，岂有帝王之意乎！汝奈天下何！"刘曜是刘渊的族子。此外不仅刘渊家被称为屠各，他的部下也有被称为屠各的。《晋书·列女·贾浑妻宗氏》斥刘渊将乔晞为"屠各奴"，《晋书·刘聪载记》王延斥靳准为"屠各逆奴"。据此刘氏宗族属屠各部族较可靠。

《晋书》卷一〇四《石勒载记上》说："准（靳准）使卜泰送乘舆服御请和，勒与刘曜竟有招怀之计，乃送泰于曜，使知城内无归曜之意，以挫其军势。曜潜与泰结盟，使还平阳宣慰诸屠各。"宣慰诸屠各，说明屠各的数目必定很多，而且势力很大。又同书卷一〇五《石勒载记下》说："秦州休屠王羌叛于勒，刺史临深遣司马营光帅州军讨之，为羌所败。陇右大扰，氐羌悉叛。"《晋书·刘曜载记》说："黄石屠各路松多起兵于新平、扶风，聚众数千，附于南阳王保。保以其将杨曼为雍州刺史，王连为扶风太守，据陈仓；张颢为新平太守，周庸为安定太守，据阴密。松多下草壁，秦陇氐羌多归之。"同书又说："休屠王石武以桑城降，曜大悦，署武为使持节，都督秦州陇上杂夷诸军事、平西大将军、秦州刺史，封酒泉王。……太宁元年（公元323年），陈安攻曜征西刘贡于南安，休屠王石武自桑城将攻上邽，以解南安之围。安闻之惧，驰归上邽，遇于瓜田。武以众寡不敌，奔保张春故垒。安引军追武曰：'叛逆胡奴！要当生缚此奴，然后斩刘贡。'武闭垒距之。贡败安后军，俘斩万余。安驰还赴救，贡逆击败之。俄石武骑大至，安众大溃，收骑八千，奔于陇城。贡乃留武督后众，躬先士卒，战辄败之，遂围安于陇城。"

此外，在符坚等的载记中也有关于屠各的记载。《晋书》卷一一三《苻坚上》说："屠各张罔聚众数千，自称大单于，寇掠郡县。坚以其尚书邓羌为建节将军，率众七千讨平之。"《苻坚载记》中还提到匈奴左贤王卫辰降于苻坚，以及后来又与匈奴右贤王曹毂合而反叛苻坚。这又说明当时的人们对于匈奴与屠各分别看待。《晋书》卷一一五《苻登载记》说："于是贰县氐帅彭沛谷、屠各董成、张龙世、新平羌雷恶地等尽应之，有众十余万。"及苻登闻姚苌死，喜甚，"于是大赦，尽众而东，攻屠各姚奴、帛蒲二堡，克之"。《晋书》卷一二六《秃发傉檀载记》："傉檀惧东西寇至，徙三百里内百姓入姑臧，国中骇怨。屠各成七儿因百姓之扰也，率其属三百人叛傉檀于北城。推梁贵为盟主，贵闭门不应。一夜众至数千。"

《魏书》记载屠各部族人多势众的也有好几处。《魏书》卷二《太祖纪》："天兴元年（公元398年）……夏四月……鄜城屠各董羌、杏城卢水郝奴、河东蜀薛榆、氐帅符兴，各率其种内附。"同书《太宗纪》："神瑞元年（公元414年）……六月……斗城屠各帅张文兴等，率流民七千余家内属。"又泰常五年（公元420年）"夏四月，河西屠各帅黄大虎、羌酋不蒙娥等遣使内附"。又《世祖纪上》神䴥元年（公元428年），"八月……上郡休屠胡酋金崖率部内属"。同书《世祖纪下》，"高凉王那破盖吴党白广平；生擒屠各路那罗于安定，斩于京师"。又卷四十《陆俟列传》说："平凉休屠金崖、羌狄子玉等叛……追讨崖等，皆获之。"同书卷五十一《吕罗汉列传》说："上邦休官吕丰、屠各王飞等八千余家，据险为逆，诏罗汉率骑一千讨擒之。"《魏书》卷五十一《封敕文列传》说："金城边冏、天水梁会谋反，扇动秦、益二州杂人万余户，据上邦东城，攻逼西城。……被伤者众，贼乃引退。冏、会复率众四千攻城。氐羌一万屯于南岭，休官、屠各及诸杂户二万余人屯于北岭，为冏等形援。"同书又说："略阳王元达因梁会之乱，聚众攻城，招引休官、屠各之众，推天水休官王官兴为秦地王。敕文与临淮公莫真讨之，军次略阳。……大破之。"

到六世纪的北周时代（公元557—581年），据《周书》卷二十七《梁台列传》说："大统初，复除赵平郡守。又与太仆石猛破两山屠各。"同书卷三十九《王子直列传》说："大统初，汉炽屠各阻兵于南山，与陇东屠各共为唇齿。太祖令子直率泾州步骑五千讨破之，南山平。"

屠各作为匈奴一个部族存在的历史，若从浑邪王与休屠王降汉迁居于五郡的时候算起，以至北周，共约有七百年之久。就是从东汉算起，也有五百余年的历史。从其历史来看，东汉以后，声势逐渐增大。一方面可能是由于人口生殖日繁，另一方面可能由于南匈奴投降以后，居于五郡者有的同化于屠各，而称为屠各。到了晋代，应时崛兴。如果刘渊及其族人和部分部属都是屠各的话，那么屠各正如《晋书·载记序》中所说，是"五胡乱华"的"祸首"。

从地域上看，休屠王的徒众虽迁到五郡，但河西走廊的武威一带还有屠各居留。迁到五郡者以后又分到各处，散居河西走廊至山西东部，比较集中的地方是并州，就是现在的山西一带。

从史书的记载来看，屠各在历代的反抗运动中被杀者很多，然而这个匈奴部族一直存在下来，证明生命力很强。

《晋书·载记》《十六国春秋》与《十六国春秋辑补》等书叙述刘渊以后的两代汉化匈奴族王朝皇帝刘聪、刘曜事迹的篇幅，比之叙述刘渊差不多多了三倍。因为刘渊建国，刘聪所起作用很大，许多重大的事情不少是发生在后两人在位的时候。比方洛阳、长安的攻陷，晋怀、愍二帝的被俘，都是在刘聪的时代。刘曜称帝后，改国号为赵，也是这个王朝的大事。

刘渊死后，不只是他的儿子们为争位而互相残杀，他的部下也为争权而互相残杀，如石勒之杀王弥就是一例。石勒与刘聪之间貌合神离。加以刘聪即位之后，淫酗残忍，对政事逐渐荒废，群臣之间互相排挤，互相倾轧。所以从表面上看，晋洛阳、长安的失陷，怀、愍二帝的被俘，是这个王朝的重大胜利，可是刘汉内部的腐化与分裂日愈发展。同时，晋自东迁以后，附者日众，人心渐安，虽不能收复中原，但还能维持偏安局面，而在中国北部却陷入各少数族继匈奴后纷纷建立王朝互相争伐的五胡十六国时代。

刘聪于晋怀帝永嘉四年（公元310年）就位。次年出兵攻洛阳，晋怀帝被俘。《晋书·刘聪载记》："署其卫尉呼延晏为使持节、前锋大都督、前军大将军，配禁兵二万七千，自宜阳入洛川，命王弥、刘曜及镇军石勒建师会之。晏比及河南，王师前后十二败，死者三万余人。弥等未至，晏留辎重于张方故垒，遂寇洛阳，攻陷平昌门，焚东阳、宣阳诸门及诸府寺。怀帝遣河南尹刘默距之，王师败于社门。晏以外继不至，出自东阳门，掠王公已下子女二百余人而去。时帝将济河东遁，具船于洛水，晏尽焚之，还于张方故垒。"《晋书·孝怀帝纪》说："大将军苟晞表迁都仓垣，帝将从之，诸大臣畏滔，不敢奉诏，且宫中及黄门恋资财，不欲出。至是饥甚，人相食，百官流亡者十八九。帝召群臣会议，将行而警卫不备。帝抚手叹曰：'如何曾无车舆！'乃使司徒傅祗出诣河阴，修理舟辑，为水行之备，朝士数十人导从。帝步出西掖门，至铜驰街，为盗所掠，不得进而还。"《晋书·刘聪载记》说："王弥、刘曜至，复与晏会围洛阳。里城内饥甚，人皆相食，百官分散，莫有固志。宣阳门陷，弥、晏入于南宫，升太极前殿，纵兵大掠，悉收宫人、珍宝。曜于是害诸王公及百官已下三万余人，于洛水北筑为京观。迁帝及惠帝羊后，传国六玺于平阳。"

汉军灭晋过程中的杀掠行为受到刘曜的制止，刘曜后来是这个王朝的第三代皇帝。《晋书·王弥传》："弥之掠也，曜禁之，弥不从。曜斩其牙门王延以徇，弥怒，与曜阻兵相攻，死者千余人。弥长史张嵩谏曰：'明公与国家共兴大事，事业甫耳，便相攻讨，何面见主上乎！平洛之功诚在将军，然刘曜皇族，宜小下之。晋二王平吴之鉴，其则不远，愿明将军以为虑。纵将军阻兵不还，其若子弟宗族何！'弥曰：'善，微子，吾不闻此过也。'于是诣曜谢，结分如初。弥曰：

'下官闻过，乃是张长史之功。'曜谓嵩曰：'君为朱建矣，岂况范生乎！'各赐嵩金百斤。"

晋怀帝被俘到平阳之后，晋群臣立武帝孙、吴孝王晏的儿子秦王邺为帝，这就是愍帝。愍帝在位不到四年，即愍帝建兴四年，公元316年又为刘曜所俘，西晋亡。

愍帝被俘的时候，扬、徐、江、荆、湘、广、交七州尚为晋室所有，宁州也大半在晋室手中；梁、益、豫、兖、冀、幽等九州，晋室还有其半，而为刘汉所全有的不过并、雍、青、凉四州。然而从人心与士气方面来说，二京的失陷与怀、愍二帝的被俘是对晋的最大打击。

假如刘聪是一个英明君主，少事淫乐，励精图治，乘洛阳与长安的胜利，在晋元帝尚未安定江南之前渡江穷追，就有统一中国的可能。可是相反，在刘聪死后，靳准反叛，刘粲被杀，石勒与刘曜互相攻伐而分裂为前赵与后赵，抵消了这个汉化匈奴族人建立的王朝的实力。

刘聪是刘渊的儿子，其母张夫人可能是汉人（匈奴人入居塞内者，多改汉姓）。假如这个看法对，那刘聪有汉族的血统，而非纯粹的匈奴人。

刘渊已深受汉族文化的影响，刘聪的汉化比他的父亲更深。《晋书·刘聪载记》说："弱冠游于京师，名士莫不交结，乐广、张华尤异之也。"同书又说："太原王浑见而悦之，谓元海曰：'此儿吾所不能测也。'"他不只能文，而且能武，"十五习击刺，猿臂善射，弯弓三百斤，膂力骁捷，冠绝一时"。在刘渊称王以后的历次重要战役中，刘聪都参加了。所以在刘渊建立汉国过程中，他的功劳是很大的。

永嘉四年（公元310年）刘聪即皇帝位，"大赦境内，改元光兴。尊元海妻单氏曰皇太后，其母张氏为帝太后，乂为皇太弟，领大单于、大司徒，立其妻呼延氏为皇后，封其子粲为日河内王，署使持节、抚军大将军、都督中外诸军事，易河间王，翼彭城王，悝高平王，遣粲及其征东王弥、龙骧刘曜等率众四万，长驱入洛川，遂出辘辕，周旋梁、陈、汝、颖之间，陷垒壁百余。以其司空刘景为大司马，左光禄刘殷为大司徒，右光禄王育为大司空。伪太后单氏姿色绝丽，聪烝焉。"

照匈奴的风俗，父死子妻后母是一件极为平常的事情。刘渊死，刘聪不以单氏为妻，是受了汉族风俗的影响。但他却与单氏私通，说明还残留匈奴风俗的痕迹。

刘聪沉缅于女色的地方很多。赵翼《二十二史劄记》卷十五"一帝数后"条说："一帝一后礼也，至荒乱之朝，则漫无法纪，有同时立数后者。……刘聪僭位，立其妻呼延氏为皇后，后死，纳刘殷女为皇后，后死又纳靳准女为皇后，未几进为上皇后，而立贵妃刘氏为左皇后，贵嫔刘氏为右皇后，又立樊氏为上皇后。四后之外，佩皇后玺绶者，又七人，后又以宦者王沈养女为左皇后，宣怀养女为中皇后。"刘聪既沉缅于女色，对于政事置之不理。于是"六刘之宠倾于后宫，聪稀复出外，事皆中黄门纳奏，左贵嫔决之"。

同时，他对大臣的劝告不仅拒绝，而且残杀忠良，宵小因之乘进，国事毁坏。"左司隶陈元达以三后之立也，极谏，聪不纳，乃以元达为右光禄大夫，外示优贤，内实夺其权也。……其上皇后靳氏有淫秽之行，陈元达奏之。聪废靳，靳惭愧自杀。靳有殊宠，聪迫于元达之势，故废之。既而追念其姿色，深仇元达。"（《晋书·刘聪载记》）同书又说："中常侍王沈养女年十四，有妙色，聪立为左皇后。尚书令王鉴、中书监崔懿之、中书令曹恂等谏曰：'……从麟嘉以来，乱淫于色，纵沈之弟女，刑余小丑犹不可尘琼寝，污清庙，况其家婢邪！六宫妃嫔皆公子公孙，奈何一旦以婢主之，何异象榇玉簪而对腐木朽榲哉！臣恐无福于国家也。'"刘聪大怒，杀王鉴等。"鉴等临刑，王沈以杖叩之曰：'庸奴，复能为恶乎？乃公何与汝事！'"刘聪还很残忍。《晋书·刘聪载记》说："左都水使者襄陵王摅坐鱼蟹不供，将作大匠望都公靳陵坐温明、徽光二殿不成，皆斩于东市。"刘聪"游猎无度，常晨出暮归"，中军王彰谏，几为刘聪所杀。

又如刘聪欲建鸱仪殿，陈元达谏阻，聪大怒曰："吾为万机主，将营一殿，岂问汝鼠子乎！不杀此奴，沮乱朕心，朕殿何当得成邪！将出斩之，并其妻子同枭东市，使群鼠共穴。"幸为刘聪之妻刘皇后所救才免于死。但他对于一些像石勒这样强有力的将领却又显得无可奈何。"寻而石勒等杀弥于己吾而并其众，表弥叛状。聪大怒，遣使让勒专害公辅，有无上之心，又恐勒之有二志也，以弥部众配之。"到了后来，石勒发展到公开的不听刘聪的命令。"平阳大饥，流叛死亡十有五六。石勒遣石越率骑二万，屯于并州，以怀抚叛者。聪使黄门侍郎乔诗让勒，勒不奉命，潜结曹嶷，规为鼎峙之势。"（以上皆见《晋书·刘曜载记》）

石勒、曹嶷既抗命于外，而王沈、靳准又专横于内，再加天灾不断。"时聪境内大蝗，平阳、冀、雍尤甚。靳准讨之，震其二子而死。河、汾大溢，漂没千余家"。过了一年，"聪所居螽斯则百堂灾，焚其子会稽王衷已下二十有一人。聪闻之，自投于床，哀塞气绝，良久乃苏"（《晋书·刘聪载记》）。

刘聪死前要刘曜从长安回来当丞相，刘曜推辞，大概刘曜也感到与刘聪周围的人气味不投，难于相处，故留在长安。

刘聪死后由其子刘粲继位，不久为靳准所杀。"准将作乱……勒兵入宫，升其光极前殿，下使甲士执粲，数而杀之。"靳准自称大将军、汉大王，置百官，为了巩固政权，防御刘曜、石勒对他的攻击，遣使称藩于晋，准备联合晋室以巩固自己的地位。靳准杀刘粲后，石勒果然以讨准为名向平阳进军。"勒命张敬率骑五千为前锋以讨准，勒统精锐五万继之。"（《晋书·石勒载记上》）刘曜也自长安东进屯于蒲坂，称帝。石勒与刘曜皆以讨准为名，一个进军平阳，一个称帝，所谓讨伐靳准，结果成为石勒与刘曜的斗争。斗争的结果出现了两个赵国，史家称刘曜所建赵国为前赵，称石勒所建赵国为后赵。石勒都于襄国（今河北邢台），刘曜徙都于长安。

前赵皇帝刘曜是刘渊宗族成员，前赵王统是刘渊所建汉国王统的继续。刘曜是刘渊的族子，少孤被刘渊收养，广读汉籍，并在洛阳住过，汉化很深。在洛阳时"坐事当诛，亡匿朝鲜"。后来"遇赦而归"，回来后"自以形质异众，恐不容于世，隐迹管涔山，以琴书为事"（《晋书·刘曜载记》）。

在刘渊建立的汉国中，刘曜职位很高，都督中外诸军事，刘渊建立汉国的过程中他的功劳也是很大的。靳准弑粲后他从长安引兵东进，太保呼延晏等自平阳逃出，与太傅朱纪、太尉范隆等向他上尊号，劝他当皇帝，他于公元318年就皇帝位，改元光初。

在世系上，刘曜是刘渊的族子，与刘聪是堂兄弟。但是刘曜就位之后一年，则表现了比刘渊、刘聪更强烈的匈奴民族意识。他不只下令改国号为赵，而且公开承认自己的祖宗是匈奴，以冒顿配天。但又称匈奴是夏后的后裔。他说："盖王者之兴，必禘始祖，我皇家之先，出自夏后，居于北夷，世跨燕朔，光文以汉有天下岁久，恩德结于民庶，故立汉祖宗之庙，以怀民望，昭武因循，遂未悛革，今欲除宗庙，改国号，复以大单于为太祖，其议以闻。'于是太保呼延晏等曰：'今宜承晋，母子传号，以光文本封卢奴，中山之属城，陛下熏功懋于平洛，终于中山，中山分野属大梁，赵也，宜草称大赵，遵以水行承晋金行，国号曰赵。'曜从之，于是牲牡尚黑，旗帜尚玄，以冒顿配天，渊配上帝。"（汤球：《十六国春秋辑补》卷六《前赵录·刘曜》，丛书集成初编本）

刘曜认为，刘渊称汉是因为"以汉有天下岁久，恩德结于民庶"。从刘渊建立汉国到现在已有数代，不必再冒充汉裔，所以现在不只宗庙要改，国号也要改。从"昭武因循，遂未悛革"的语气看，他觉得在刘聪时就应改了，可见他的民族意识多么浓厚。刘渊假托为汉高祖刘邦的后裔，刘曜公开宣布自己是匈奴的后裔，这也是匈奴走向完全汉化过程中的一种可以理解的曲折。

刘曜称帝之初，地位尚不巩固，长水校尉尹车和秦州刺史陈安反。刘曜用了很大的力气才将尹、陈之叛镇压下去。

> 曜亲征陈安，围安于陇城。安频出挑战，累击败之，斩获八千余级。右军刘干攻平襄，克之，陇上诸县悉降。曲赦陇右殊死已下，惟陈安、赵慕不在其例。安留杨伯支、姜冲儿等守陇城，帅骑数百突围而出，欲引上邽、平襄之众还解陇城之围。安既出，知上邽被围，平襄已败，乃南走陕中。曜使其将军平先、丘中伯率劲骑追安，频战败之，俘斩四百余级。安与壮士十余骑于陕中格战，安左手奋七尺大刀，右手执丈八蛇矛，近交则刀矛俱发，辄害五六，远则双带鞬服，左右驰射而走。平先亦壮健绝人，勇捷如飞，与安

搏战，三交，夺其蛇矛而退。会日暮，雨甚，安弃马，与左右五六人步逾山岭，匿于溪涧。……辅威呼延清等寻其径迹，斩安于涧曲。(《晋书·刘曜载记》）

刘曜平定陈安，军威大振："曜自陇长驱至西河，戎卒二十八万五千，临河列营，百余里中，锤鼓之声沸河动地，自古军旅之盛未有斯比。（张）茂临河诸戎皆望风奔退。"(《晋书·刘曜载记》）张茂惧怕，降曜。这时是刘曜势力最盛时期。

刘曜虽然战胜了在西边的许多敌人，可是对在东边最强劲的敌人石勒，不仅没有办法征服，反而在攻灭陈安之后受到了石勒的攻击，最后为石勒所杀。

石勒遣石季龙率众四万，自轵关西入伐曜，河东应之者五十余县，进攻蒲坂。曜将东救蒲坂，惧张骏、杨难敌乘虚袭长安，遣其河间王述发氐羌之众屯于秦州。曜尽中外精锐水陆赴之，自卫关北济。季龙惧，引师而退。……曜不抚士众，专与嬖臣饮博，左右或谏，曜怒，以为妖言，斩之。大风拔树，昏雾四塞。闻季龙进据石门，续知勒自率大众已济，始议增荥阳戍，杜黄马关。俄而洛水候者与勒前锋交战，擒羯，送之。曜问曰："大胡自来邪？其众大小复如何？"羯曰："大胡自来，军盛不可当也。"曜色变，使摄金墉之围，陈于洛西，南北十余里。曜少而淫酒，末年尤甚。勒至，曜将战，饮酒数斗，常乘赤马无故踢顿，乃乘小马。比出，复饮酒斗余。至于西阳门，携阵就平，勒将石堪因而乘之，师遂大溃。曜昏醉奔退，马陷石渠，坠于冰上，被疮十余，通中者三，为堪所执，送于勒所。……勒谕曜与其太子熙书，令速降之，曜但敕熙"与诸大臣匡维社稷，勿以吾易意也"。勒览而恶之，后为勒所杀。(《晋书·刘曜载记》）

这是刘曜就位后第十一年，公元 328 年的事情。到了次年（公元 329 年），他的儿子熙和胤也被石勒击败杀死。石勒所建后赵是羯人建立的王朝。至此，第一个汉化匈奴人建立的王朝结束。"曜在位十年而败。始，元海以怀帝永嘉四年僭位，至曜三世，凡二十有七载，以成帝咸和四年灭。"(《晋书·刘曜载记》）其实这二十七年中，若把刘和及刘粲加进去，应为五世。按照中国君主的标准，刘曜虽然"虓武"，但也很注意文治。《晋书·刘曜载记》说："曜立太学于长乐宫东，小学于未央宫西，简百姓年二十五已下十三已上，神志可教者千五百人，选朝贤宿儒明经笃学以教之。"是一位认真接受汉族文化的匈奴族君主。

第二十七章　中国汉化匈人建立的王朝（下）

五胡十六国时期，汉化匈奴人除了刘渊所建立的汉国外，还有赫连勃勃所建立的夏和沮渠蒙逊所建立的北凉。淝水战后，前秦为后秦所灭，中国北部地区各少数民族再次纷纷割据称雄，自立国号。赫连勃勃叛后秦，据今陕西、甘肃及内蒙等部分地区建立夏国，立国共二十五年（公元407年—431年）。

赫连勃勃之所以称其国为夏，据《晋书·赫连勃勃载记》："自以匈奴夏后氏之苗裔也，国称大夏。"《载记》又说，在他称王后六年，即夏龙升六年（公元412年），"勃勃谓买德曰：'朕大禹之后，世居幽朔。祖宗重晖，常与汉魏为敌国。中世不竞，受制于人。建朕不肖，不能绍隆先构，国破家亡，流离漂虏。今得应运而兴，复大禹之业，卿以为何如？'买德曰：'自皇晋失统，神器南移，群雄岳峙，人怀问鼎，况陛下奕叶载德，重光朔野，神武超于汉皇，圣略迈于魏祖，而不于天启之机建成大业乎！今秦政虽衰，藩镇犹固，深愿蓄力待时，详而后举。'勃勃善之"。抱有以少数族身份继承中华民族祖先的政治文化传统，统一中国之志。

赫连勃勃真兴元年（公元419年），他在刻石颂德中又重申他是大禹之后："夫庸大德盛者，必建不刊之业；道积庆隆者，必享无穷之祚。昔在陶唐，数钟厄运，我皇祖大禹以至圣之姿……"（《晋书·赫连勃勃载记》）这与刘曜令中所说"我皇家之先出自夏后，居于北夷，世跨燕朔"，同样地是以夏禹为他们的祖宗。不过刘曜虽废除汉庙而改国号，但还没有公开地指出刘邦所建立的汉室是匈奴的仇敌；而赫连勃勃则很清楚地指出汉魏是匈奴的仇敌："朕大禹之后，世居幽朔。……常与汉魏为敌国。"但他又不象刘曜以冒顿配天，却一再声称自己是夏禹的后裔，尊大禹而名其国为大夏。

关于赫连勃勃的祖先，《晋书·赫连勃勃载记》说他是去卑之后，与刘渊一支也有亲族关系："赫连勃勃字屈孑，匈奴右贤王去卑之后，刘元海之族也。曾祖武，刘聪世以宗室封楼烦公，拜安北将军、监鲜卑诸军事、丁零中郎将，雄据肆庐川。为代土狝庐所败，遂出塞表。祖豹子招集种落，复为诸部之雄，石季龙遣使就拜平北将军、左贤王、丁零单于。父卫辰入居塞内，苻坚以为西单于，督摄河西诸虏，屯于代来城。"

曹魏废帝嘉平年间（公元249—254年），右贤王刘豹的势力很大，邓艾曾建议分其部众为二部，以分其势。以其中一部给去卑之子带领，使迁居雁门。邓艾没有说去卑的儿子叫什么名，但是去卑的孙子已经改用汉姓名，这就是刘武。刘武是赫连勃勃的曾祖父，刘武改用汉姓，但其本姓为铁弗。其所以姓铁弗，据

《北史·僭伪附庸·夏》说："北人谓胡父鲜卑母为'铁弗'，因以号为姓。"所以严格说，赫连勃勃是混有鲜卑血统的匈奴人，这与他的祖先长时期"监鲜卑诸军事"有关。至赫连勃勃时，又改姓为赫连。《晋书·赫连勃勃载记》说："今改姓曰赫连氏，庶协皇天之意，永享无疆大庆。系天之尊，不可令支庶同之，其非正统，皆以铁伐为氏，庶朕宗族子孙刚锐如铁，皆堪伐人。"铁伐当就是铁弗，因为伐与弗音相近。

赫连勃勃为什么要改姓为赫连呢？一方面是因为他要以大夏的正统与其支庶有所区别。另一方面赫连有天的意义。"朕之皇祖，自北迁幽朔，姓改姒氏，音殊中国，故以母氏为刘。子而以母之姓，非礼也。古人氏族无常，或以因生为氏，或以王父之名。朕将以义易之。帝王者，系天为子，是为徽赫实与天连，今改姓曰赫连氏，庶协皇天之意，永享无疆大庆。"（《晋书·赫连勃勃载记》）勃勃改姓为赫连，虽然他说："帝王者，系天为子，是为徽赫实与天连。"然匈奴也谓天为祁连，赫与祁音相近，所谓赫连，也许就是祁连。"帝王者，系天为子"，皇帝称天子，匈奴单于也称为天所生大单于，勃勃之所以以赫连为姓者，也就是以自己为天子，故以天为姓。

赫连勃勃以后秦姚兴部将起事。《晋书·赫连勃勃载记》叙述这一过程说：

父卫辰入居塞内，苻坚以为西单于……及坚国乱，遂有朔方之地，控弦之士三万八千。后魏师伐之，辰令其子力俟提距战，为魏所收。……克代来，执辰杀之。勃勃乃奔于叱干部。叱干他斗伏送勃勃于魏。他斗伏兄子阿利先戍大洛川，闻将送勃勃，驰谏曰："鸟雀投人，尚宜济免，况勃勃国破家亡，归命于我？纵不能容，犹宜任其所奔。今执而送之，深非仁者之举。"他斗伏惧为魏所责，弗从。阿利潜遣劲勇纂勃勃于路，送于姚兴高平公没奕于，奕于以女妻之。

勃勃身长八尺五寸，腰带十围，性辩慧，美风仪。兴见而奇之，深加礼敬，拜骁骑将军，加奉车都尉，常参军国大议，宠遇逾于勋旧。兴弟邕言于兴曰："勃勃天性不仁，虽以亲近。陛下宠遇太甚，臣窃惑之。"兴曰："勃勃有济世之才，吾方收其艺用，与之共平天下，有何不可！"乃以勃勃为安远将军，封阳川侯，使助没奕于镇高平，以三城、朔方杂夷及卫辰部众三万配之，使为伐魏侦候。姚邕固谏以为不可。兴曰："卿何以知其性气？"邕曰："勃勃奉上慢，御众残，贪暴无亲，轻为去就，宠之逾分，终为边害。"兴乃止。顷之，以勃勃为持节、安北将军、五原公，配以三交五部鲜卑及杂虏二万余落，镇朔方。时河西鲜卑杜崘献马八千匹于姚兴，济河，至大城，勃勃留之，召其众三万余人伪猎高平川，袭杀没奕于而并其众，众至数万。

勃勃并其岳父没奕于的部众，其势益盛，遂于公元407年自称天王大单于。《晋书·赫连勃勃载记》说："义照三年，僭称天王、大单于，赦其境内，建元曰龙升，署置百官。自以匈奴夏后氏为苗裔也，国称大夏。以其长兄右地代为丞相、代公，次兄国俟提为大将军、魏公，叱干阿利为御史大夫、梁公，弟阿利罗引为征南将军、司隶校尉，若门为尚书令，叱以鞬为征西将军、尚书左仆射。乙斗为征北将军、尚书右仆射，自余以次授任。"一些重要的职位都用其亲属，不少官号改用汉族的官制，但是单于这个名称他仍旧沿用。称王之后，乃并吞鲜卑部落，征伐鲜卑族所建之南凉（公元397—414年）的秃发傉檀和羌族所建之后秦（公元384—419年）的姚兴。《载记》说：

其年，讨鲜卑薛干等三部，破之；降众万数千。……勃勃初僭号，求婚于秃发傉檀，傉檀弗许。勃勃怒，率骑二万伐之，自杨非至于支阳三百余里，杀伤万余人，驱掠二万七千口、牛马羊数十万而还。傉檀率众追之，其将焦朗谓傉檀曰："勃勃天姿雄鸷，御军齐肃，未可轻也，今因抄掠之资，率思归之士，人自为战，难与争锋。不如从温围北渡，趣万斛堆，阻水结营，制其咽喉，百战百胜之术也。"傉檀将贺连怒曰："勃勃以死亡之余，率乌合之众，犯顺结祸，幸有大功。今牛羊塞路，财宝若山，窘弊之余，人怀贪竞，不能督厉士众以抗我也。我以大军临之，必土崩鱼溃。今引军避之，示敌以弱。我众气锐，宜在速追。"檀曰："吾追计决矣，敢谏者斩！"勃勃闻而大喜，乃于阳武下陕凿凌埋车以塞路。傉檀遣善射者射之，中勃勃左臂。勃勃乃勒众逆击，大败之，追奔八十余里，杀伤万计，斩其大将十余人，以为京观，号"髑髅台"，还于岭北。

从勃勃称王至姚兴死（公元416年）的十年之中，夏秦之间互相征伐从未停止。公元408年勃勃与姚兴恶战，勃勃获胜。公元415年勃勃与姚兴再战，"攻姚兴将姚逵于杏城，二旬，克之，执逵及其将姚大用、姚安和、姚利仆、尹敌等，坑战士二万人"（《晋书·赫连勃勃载记》）。

刘裕灭秦之后，曾遣使遗勃勃书请通和好，约为兄弟。勃勃命中书侍郎皇甫徽写了回书，勃勃将回书背熟，然后把刘裕使者叫到面前，"口授舍人为书，封以答裕"。刘裕看了答书，见回书写得很好，深为佩服，使者告诉刘裕"勃勃容仪瑰伟，英武绝人"。刘裕听后感慨的说："吾所不如也！"（以上见《晋书·赫连勃勃载记》）

刘裕攻破长安之后，留其子义真镇守。这时勃勃已回到都城统万，听到刘裕留义真守长安的信息后，大喜，遂攻长安。"以子璝都督前锋诸军事。领抚军大将军，率骑二万南伐长安，前将军赫连昌屯兵潼关，以贾德为抚军右长史，南断青泥，勃勃率大军继发。璝至渭阳，降者属路。义真遣龙骧将军沈田子率众逆战，不利而退，屯刘回堡。……璝夜袭长安，不克。勃勃进据咸阳，长安樵采路绝。刘裕闻之，大惧，乃召义真东镇洛阳，以朱龄石为雍州刺史，守长安。义真大掠而东，至于灞上，百姓遂逐龄石，而迎勃勃入于长安。"（《晋书·赫连勃勃

载记》)

勃勃于公元418年冬入长安，并于这一年筑坛于灞上即皇帝位。勃勃死于公元425年。在这几年中，除了真兴元年（公元419年）遣将叱奴侯提帅步骑二万攻毛德祖于蒲坂外，很少有大规模的军事行动。南朝的宋与北朝的魏都是他的劲敌，他不愿离开统万是恐有不守之忧。所谓恐有不守之忧，就是想安守一隅。

勃勃曾与另一个汉化匈奴人建立的北凉联盟。《晋书·赫连勃勃载记》说：

遣其御史中丞乌洛孤盟于沮渠蒙逊曰："自金晋数终，祸缠九服，赵魏为长蛇之墟，秦陇为豺狼之穴。二都神京，鞠为茂草，蠢尔群生，罔知凭赖。上天悔祸，运属二家，封疆密迩，道会义亲，宜敦和好，弘康世难。爰自终古，有国有家，非盟哲无以昭神祇之心，非断金无以定终始之好。然晋楚之成，吴蜀之约成口血未干，而寻背之。今我二家，契殊曩日，言未发而有笃爱之心，音一交而怀倾盖之雇，息风尘之警，同克济之诚，戮力一心，共济六合。若天下有事，则双振义旗；区域既清，则并敦鲁衡。夷险相赴，交易有无，爰及子孙，永崇斯好。"蒙逊遣其将沮渠汉平来盟。

勃勃死，由其子赫连昌继位。公元428年，赫连昌战败，为魏所虏，魏封他为秦王，且妻以公主，可是不久被杀。其弟赫连定继立，公元431年又为魏所虏，夏亡。

汉化匈奴族人沮渠蒙逊在今甘肃大部地区于公元401年所建北凉，是最后一个汉化匈奴族人王朝，也是最后一个被北魏灭亡的少数族王朝。439年，北魏灭北凉统一中国北部地区。

《晋书·沮渠蒙逊载记》："沮渠蒙逊，临松卢水胡人也。其先世为匈奴左沮渠，遂以官为氏焉。"《汉书·匈奴传》叙述匈奴官号中有相、都尉、当户、且渠之属。颜师古注云："且音子余反。今之沮渠姓，盖本因此官。"《后汉书·南匈奴列传》所叙述的匈奴官号中也是写做且渠而非沮渠。《晋书·北狄·匈奴》称为沮渠。"其四姓，有呼延氏、卜氏、兰氏、乔氏。而呼延氏最贵；则有左日逐、右日逐，世为辅相；卜氏则有左沮渠、右沮渠；兰氏则有左当户、右当户；乔氏则有左都侯、右都侯。又有东阳、沮渠、余地诸杂号，犹中国百官也。"

《晋书·沮渠蒙逊载记》与《汉书·匈奴传》颜师古注均以为沮渠以官为氏，而《晋书·北狄·匈奴》以左沮渠与右沮渠为卜氏，《史》《汉》叙述匈奴贵姓为三，一为呼衍氏，一为兰氏，其后又有须卜氏。《后汉书·南匈奴列传》也有须卜氏，《晋书》卜氏当为须卜氏。《汉书》与《后汉书》也列举且渠官号，但是没有说明且渠为卜氏，若不依《晋书》来看，则沮渠为官号，而其姓为卜氏。沮渠蒙逊不以卜氏为姓而以沮渠为姓就难于考证。

前面提到匈奴壶衍鞮单于所宠的颛渠阏氏的父亲是左大且渠，颛渠阏氏的弟弟都隆奇也是左大且渠，可能是承袭其父的职位。在虚闾权渠单于（壶衍鞮单于之弟）时，颛渠阏氏被黜，虚闾权渠单于死，颛渠阏氏与其弟左大且渠都隆奇谋立右贤王屠耆堂为握衍朐鞮单于，重用颛渠阏氏弟都隆奇，尽免虚闾权渠单于子弟近亲。虚闾权渠单于子稽侯㭫亡归岳父乌禅幕。乌禅幕与左地贵人共立稽侯㭫为呼韩邪单于，发左地兵与握衍朐鞮单于战，握衍朐鞮战败自杀。都隆奇归附握衍朐鞮单于弟右贤王，共谋立日逐王薄屑堂为屠耆单于，后屠耆兵败自杀，都隆奇降汉。

这里稍为追述左大且渠都隆奇其人并不是因为都隆奇降汉而入居塞内，而是因为他有可能是沮渠蒙逊的祖宗。再说左大且渠在匈奴也是一个很重要的地位，他甚至一再谋立新单于，其地位之重要是无可怀疑的。

汤球《十六国春秋辑补》卷九十五《北凉》说："沮渠蒙逊，临松庐水胡人也。……世居庐水为酋豪，高祖晖，曾祖遮，皆雄健有勇力，祖祁复延，封北地王，父法弘袭爵，符坚时，以为中田护军，卒，蒙逊代领部曲。"蒙逊是深受汉文化影响的人。《晋书·沮渠蒙逊载记》说："蒙逊博涉群史，颇晓天文，雄桀有英略，滑稽善权变，梁熙、吕光皆奇而惮之。故常游饮自晦。"汉化程度方面他当然比不上刘渊，但比之赫连勃勃似又过之。他虽然没有否认他是匈奴的后裔，但他的匈奴民族意识却没有赫连勃勃那么浓厚，他没有以冒顿配天，也没有称大单于。

蒙逊本来臣事后凉国的吕光（氏族人），因伯父罗仇及仇弟麹粥为吕光所杀，遂反叛吕光。《十六国春秋辑补》说：

> 光之王于凉土；使蒙逊自领营人，配箱直，又以蒙逊伯父罗仇为西平太守，仇弟麹粥为三河太守。后凉龙飞二年，蒙逊伯父罗仇、麹粥，从吕光子慕璝，征河南王乞伏乾归于枹罕，光前军大败，麹粥言于兄罗仇曰："主上荒耄骄纵，诸子朋党相倾，谗人侧目，今军败将死，正是智勇见猜之日，可不惧乎！吾兄弟素为所惮，与其经死沟渎，岂若勒众向西平，出苕藋，奋臂大呼，凉州不足定也。"罗仇曰："理如汝言，但吾家累世忠孝，为一方所归，宁人负我，无我负人。"俄而皆为光所杀。

罗仇、麹粥被杀后，其宗姻诸部来会葬者万余人，蒙逊乘机向众宣称，他的祖宗在前汉王莽末年与光武初年的时候，曾与窦融保宁河右，有过光荣的历史。同时他又说："吕王昏耄，荒虐无道，岂可坐观成败，不上继先祖安时之志，下使二父有恨黄泉。"（《十六国春秋辑补·北凉·沮渠蒙逊》）他这一号召得到群众拥护，"咸称万岁"，遂杀吕光的中田护军马邃，临松令井祥，十日之中，众至万余，屯据金山。吕光派吕纂进击蒙逊，蒙逊战败。这时蒙逊从兄男成闻蒙逊起兵反吕光，也集合数千人屯于乐涫，杀酒泉太守叠滕（《通鉴》作垒澄），蒙逊收集部曲，与男成共拥立吕光建康太守段业为使持节大都督、龙骧将军、凉州牧、建康公，改吕光龙飞二年为神玺元年，时为公元397年。

段业称王之后,《晋书·沮渠蒙逊载记》说:

> 业以蒙逊为张掖太守,男成为辅国将军,委以军国之任。业将使蒙逊攻西郡,众咸疑之。蒙逊曰:"此郡据岭之要,不可不取。"业曰:"卿言是也。"遂遣之。蒙逊引水灌城,城溃,执太守吕纯以归。于是王德以晋昌,孟敏以敦煌降业。业封蒙逊临池侯。吕弘去张掖,将东走,业议欲击之。蒙逊谏曰:"归师勿遏,穷寇弗追,此兵家之戒也。不如纵之,以为后图。"业曰:"一日纵敌,悔将无及。"遂率众追之,为弘所败。业赖蒙逊而免,叹曰:"孤不能用子房之言,以至于此!"业筑西安城,以其将臧莫孩为太守。蒙逊曰:"莫孩勇而无谋,知进忘退,所谓为之筑冢,非筑城也。"业不从。俄而为吕纂所败。蒙逊惧业不能容己,每匿智以避之。……业惮蒙逊雄武,微欲远之,乃以蒙逊从叔益生为酒泉太守,蒙逊为临池太守。

从上面吕光与段业的几次战争中可以看出蒙逊雄武而有智谋,因此引起段业畏忌。蒙逊对于段业也时时提防,最后产生了反叛段业的意图。"蒙逊谓男成曰:'段业愚暗,非济乱之才,信谗爱佞,无鉴断之明。……蒙逊欲除业以奉兄何如?'"(《晋书·沮渠蒙逊载记》)男成拒绝了蒙逊的意见。

蒙逊见男成不同意他反叛段业,乃设计陷害男成,假段业之手杀之。蒙逊闻男成死,乃泣告男成部众"男成忠于段公,枉见屠害,诸君能为报仇乎?且州土兵乱,似非业所能济。吾所以初奉之者,以之为陈、吴耳,而信谗多忌,枉害忠良,岂可安枕卧观,使百姓离于涂炭"。于是"众皆愤泣而从之"。(《晋书·沮渠蒙逊载记》)最后段业为蒙逊所杀。

蒙逊既攻灭段业,他的部下推他为使持节、大都督、大将军、凉州牧、张掖公。于是大赦境内,改元为永安。时为东晋安帝隆安五年,公元401年。到永安十三年,即晋安帝义熙八年(公元412年),蒙逊又称河西王。蒙逊死于南朝宋文帝元嘉十年(公元433年),在位三十三年。他在位的三十三年中不只与西北诸国有外交关系,而且与南边的晋、宋,东边的魏,以及西域三十六国也有外交关系。他所建立的北凉,虽是一小国,但包括的地区范围很广,有这么多的和平交往关系,战争也少,内部比较稳定。在十六国中,它是最后灭亡的。

在蒙逊称凉州牧时,后秦姚兴曾遣姚硕德攻吕隆于姑臧,蒙逊遣从事中郎李典聘于兴,以通和好。三年后,蒙逊又遣弟挐入贡于秦。到了晋安帝义熙十三年(公元417年),刘裕攻灭后秦,蒙逊很恼火。"蒙逊闻刘裕灭姚泓,怒甚。门下校郎刘祥言事于蒙逊,蒙逊曰:'汝闻刘裕入关,敢研研然也!'遂杀之。"(《晋书·沮渠蒙逊载记》)可见他对姚秦始终有好感。

晋安帝义熙十一年(公元415年),蒙逊在与东晋和平交往的最后,曾上表称臣于晋。"晋益州刺史朱龄石遣使来聘。蒙逊遣舍人黄迅报聘益州,因表曰:'上天降祸,四海分崩,灵耀护于南裔,苍生没于丑虏。陛下累圣重光,道迈周汉，纯风所被，八表宅心。臣虽被发边徼，才非时隽，谬为河右遗黎推为盟主。臣之先人，世荷恩宠，虽历夷崄，执义不回，倾首朝阳，乃心王室。去冬益州刺史朱龄石遣使诣臣，始具朝廷休问。承车骑将军刘裕秣马挥戈，以中原为事，可谓天赞大晋，笃生英辅。臣闻少康之兴大夏，光武之复汉业，皆奋剑而起，众无一旅，犹能成配天之功，著《车攻》之咏。陛下据全楚之地，拥荆扬之锐，而可垂拱晏然，弃二京以资戎虏！若六军北轸，克服有期，臣请率河西戎为晋右翼前驱。'"（《晋书·沮渠蒙逊载记》）晋收到蒙逊书后，遣使拜他为凉州刺史。虽然他对刘裕攻灭姚泓十分恼火，但是在宋文帝元嘉六年（公元429年）也遣使入贡于宋，并求赐书。

此外，他又曾称臣于魏。《北史》卷二《魏本纪》："（始光）三年……十二月……武都王杨玄及沮渠蒙逊等使使内附。"

但蒙逊与南凉的秃发傉檀之间却不断发生战争。"傉檀于是率师伐沮渠蒙逊，次于氐池。蒙逊婴城固守，芟其禾苗，至于赤泉而还。"过了二年，"傉檀伪游浇河……征集戎夏之兵五万余人，大阅于方亭，遂伐沮渠蒙逊，入西陕。蒙逊率众来距，战于均石，为蒙逊所败"。（《晋书·秃发傉檀载记》）秃发傉檀与沮渠蒙逊之间发生多次战争，总的说来秃发傉檀是胜少败多。晋安帝义熙六年（公元410年）穷泉之战，傉檀大败，最后单骑逃走。

尽管蒙逊节节胜利，但是始终没有攻破南凉首都乐都。公元414年，傉檀决意向西发展，征伐乙弗而留其太子武台（《通鉴》作虎台）留守乐都。正当傉檀大破乙弗取得军事上很大胜利的时候，河南王炽磐乘虚攻破乐都，傉檀降，南凉亡。炽磐于这一年十月称秦王，这就是西秦。从此，沮渠蒙逊与西秦又不断发生冲突。

> 蒙逊遣其将运粮于湟河，自率众攻克乞伏炽磐广武郡。以运粮不继，自广武如湟河，度浩亹。炽磐遣将乞伏魋尼寅距蒙逊，蒙逊击斩之。炽磐又遣将王衡、折斐、鞠景等率骑一万据勒姐岭，蒙逊且战且前，大破之，擒折斐等七百余人，鞠景奔还。蒙逊以弟汉平为折冲将军、湟河太守，乃引还。
>
> 炽磐率众三万袭湟河，汉平力战固定，遣司马隗仁夜出击炽磐，斩级数百。炽磐将引退，先遣老弱。汉平长史焦昶、将军段景密信招炽磐，炽磐复进攻汉平。汉平纳昶、景之说，面缚出降。仁勒壮士百余据南门楼上，三日不下，众寡不敌，为炽磐所擒。炽磐怒，命斩之。段晖谏曰："仁临难履危，奋不顾命，忠也。宜宥之，以厉事君。"炽磐乃执之而归。在炽磐所五年，晖又为之固请，乃得还姑臧。及至，蒙逊执其手曰："卿，孤之苏武也？"以为高昌太守。（《晋书·沮渠蒙逊载记》）

炽磐攻破湟河，乃以其左卫将军匹达为湟河太守，这是公元415年的事情。蒙逊经过这次失败，第二年遂与炽磐媾和。双方和好之后，至炽磐死的十几年中，没有发生大规模的军事冲突。炽磐死后，由其子慕末继立。蒙逊出兵伐慕末，慕末将蒙逊从弟沮渠成都送回并求和亲。但不久蒙逊再次出兵伐慕末，慕末逃往上邽，又为夏国赫连定所败，于次年（公元430年）被杀，西秦亡。

下面谈谈北凉与西凉的关系。

西凉是李暠建立的，位于北凉的西边。西凉的建立者李暠是汉族人，段业为敦煌太守时，他是段业的部下，段业为蒙逊所杀，李暠自称凉公。从此，西凉与北凉之间不断发生军事冲突。"沮渠蒙逊来侵，至于建康，掠三千余户而归，暠大怒，率骑追之，及于弥安，大败之，尽收所掠之户。"（《十六国春秋辑补》卷九十三《西凉》）"既而蒙逊每年侵寇不止。"（同上书）同书又说："（建初）七年，秋八月，蒙逊复背前盟，率轻骑来侵。暠曰：'兵有不战而败敌者，挫其锐也，蒙逊新与吾盟，而遽来袭我，我闭门不与战，待其锐气已竭，徐而击之，蔑不克矣。'蒙逊粮尽引去，暠遣世子歆要击，败之，获其将沮渠百年。"同书卷九十五《北凉录·沮渠蒙逊》说："（永安）七年，蒙逊袭李暠于酒泉，至安弥，去城六十里，暠乃觉，引军出战，遂大破之，暠闭城自守，蒙逊亦引而归。"

据汤球《十六国春秋辑补》卷九十三《西凉录·李暠》、卷九十五《北凉录·沮渠蒙逊》，从李暠建初二年（公元406年）至建初七年（公元411年），每年都几乎有大小不同的战争。李暠死于公元417年，李暠死后由其子歆继位，李歆一继位便与沮渠蒙逊发生了战争。《十六国春秋辑补·西凉录·李歆》："沮渠蒙逊遣其张掖太守沮渠广宗诈降诱歆，歆遣武卫温宜等赴之，亲勒大军，为之后继，蒙逊率众三万，设伏于蓼泉，歆闻引兵还，为蒙逊所逼，歆亲贯甲先登，大败之，追奔百余里，俘斩七千余级。"

到宋武帝永初元年（公元420年），李歆闻蒙逊南伐西秦，遂举兵伐蒙逊，结果失败被杀。"歆遂率步骑三万东伐，次于都渎涧，蒙逊自浩亹来距，战于怀城，歆为蒙逊所败，左右劝歆还酒泉，歆曰：'吾违太后明诲，远取败辱，不杀此胡，复何面目以见母也。'勒众复战，败于蓼泉，为蒙逊所杀。"（《十六国春秋辑补》卷九十四《西凉录·李歆》）

李歆死，其弟李恂称冠军将军、凉州刺史，改元永建，可是不久又为蒙逊所杀，西凉亡。

蒙逊死于宋文帝元嘉十年（公元433年），其子沮渠茂虔继立，公元439年为魏所灭。自蒙逊于晋安帝隆安五年（公元401年）自称州牧起至北凉灭亡，立国三十九年。

第三编　匈奴西迁入欧始末

第二十八章　匈奴与西域的历史渊源

西迁入欧的匈奴人，通常指公元 91 年被东汉窦宪、耿夔击溃的那部分北匈奴，以及公元 374 年出现在东欧东哥特人边境上的匈人。大多数匈奴史研究者已确认，这两部分匈奴人的活动是同一历史运动过程的首尾部分。如何使这将近四百年的匈奴西迁运动史衔接起来，是一项至今尚未完全解决的难题。本书的看法是，匈奴西迁并非指某一特定部分匈奴人，如北匈奴的持续的远征过程，而是原居住在蒙古高原上的匈奴族人长时期地向西进行的民族移徙过程。其中包括战争以及征服与反征服的内容，也包括种族文化的融合内容。其时间至晚在公元前一二世纪时已经开始，至五世纪中叶欧洲史上的匈奴帝国崩溃以后，匈奴族人逐步融入欧洲各民族中为止。因此，匈奴西迁史与同时期其他有关民族和国家的历史是不可分的。

匈奴西迁的第一个浪潮就是进入中国古称西域（狭义）地方，即今日新疆地方的历史。

匈奴与西域的关系究竟始于何时，难于考证。《史记·匈奴列传》说在头曼的时候，"东胡强而月氏盛"。《史记·大宛传》又说"始月氏居敦煌、祁连间"。敦煌、祁连就是后来的河西走廊。《汉书·张骞李广利传》又说：乌孙与"大月氏俱在祁连、敦煌间，小国也"。后来乌孙曾为大月氏攻灭，其残众及太子逃到匈奴。头曼时代的匈奴，东边有强盛的东胡，西边有强盛的大月氏，南边又有强秦，可以说其势力尚没有伸张到西域。

冒顿杀父头曼自立之后，史书有大破东胡，南侵汉，"西击走月氏"的记载。这应该是冒顿就位后不久的事，即汉高祖统一天下后数年间的事。不过所谓击走月氏，大概不外是击败月氏，并非把月氏逐出其故地。

到了冒顿的末年，也就是汉文帝三年至四年间（公元前 177—176 年），冒顿又遣右贤王去攻击月氏，月氏这一次被匈奴打得大败，匈奴的势力遂伸张到西域诸国。据《史记·匈奴列传》说，匈奴战败月氏之后，又定楼兰（即后之鄯善，握入天山南路之要冲）、乌孙、呼揭及其旁二十六国。在楼兰之西及其西南的塔里木盆地的好多国家也为匈奴所威服。至于呼揭西南的大宛、康居等处是否也为匈奴所平定，就不容易回答了。

可以推想，在月氏未被匈奴击败仍很强盛的时候，可能楼兰及其近旁好多国是受月氏控制的。匈奴不能击败月氏，就难伸张其势力至西域。月氏为匈奴所破之后，这些原来受月氏控制的国家就不得不屈服于匈奴。而且西域的好多国家，过去若不是受月氏控制，则匈奴在很短的时间中是否能一举降服二十余国，也是一个问题。我们从汉朝争取西域诸国的历史中可以看出，在匈奴强盛时，西域诸国役属于匈奴；可是匈奴的势力若为汉所攻破，西域诸国又降服于汉。西域诸国的数目很多，力量单薄，不属匈奴就属于汉。在汉朝势力未伸张到西域之前，西域则是月氏与匈奴争夺的对象。

匈奴的右贤王虽然败月氏，平定楼兰及其他好多国家，但是月氏在这个时期还未灭亡。乌孙后为月氏所灭，可能还是在月氏被匈奴大败之后。所以在这个时候，月氏仍居其故地，这就是敦煌、祁连之间。

冒顿死后，其子稽粥就位，稽粥号老上单于。他就位后不久又攻击月氏，月氏的这一次被击，不只大败，其王也被杀死，老上单于把他的头以为饮器。经过这一次的大败之后，大部分的月氏人不得不离开敦煌、祁连间，向西北逃到天山以北伊犁河谷一带，仍称大月氏，其小部分留在故地者，遂与羌人杂处，称小月氏。这个时候，敦煌、祁连一带地方遂为匈奴占据。匈奴在西域的力量更加巩固，自河西走廊以至塔里木盆地均入其范围。匈奴的版图，此时东至东胡故地，南到长城，北至贝加尔湖，西至葱岭以至于葱岭之西。

匈奴伸张其势力于广大的西域之后，有的地方由其部众及人民前去居住，敦煌、祁连就是一个例子。伊吾就是近代的哈密，它和蒲类海一带可能也属这一类。因为这些地方水草丰茂，适宜于畜牧。有的地方如塔里木盆地一带是居国，有城郭，人民多从事耕种，适宜于畜牧的地方较少，所以匈奴很少移民到这些地方居住。《汉书·西域传》说："西域诸国大率土著，有城郭田畜，与匈奴、乌孙异俗，故皆役属匈奴。匈奴西边日逐王置僮仆都尉，使领西域，常居焉耆、危须、尉黎间，赋税诸国，取富给焉。"这里所谓大率土著的西域诸国，就是塔里木盆地的诸国。匈奴西边日逐王这个官号没有见于匈奴的早期历史，应该是匈奴征服西域之后才设置的。徐松《汉书西域传补注》曾指出："匈奴传，狐鹿姑单于始以左贤王子先贤掸为日逐王，盖置在太始时。西边者，匈奴右部界西域。"

司马光《资治通鉴》指出，先贤掸为日逐王是在太始元年（公元前96年）。《汉书补注》又说：其时，"匈奴左右大都尉在二十四长之列，二十四长又各置相都尉"。僮仆都尉的位置在大都尉之下，都尉与大都尉的位置又应在日逐王之下。日逐王在西边，照匈奴的官制来说，似应在右贤王之下。因为匈奴除单于外，地位最高的是左贤王，次为左谷蠡王，又次为右贤王。左贤王居东边，右贤王居西边。冒顿遣右贤王攻击月氏，平定楼兰及其旁诸国，就是因为有关西方的军事行动由右贤王负责。日逐王先贤掸居西边，是右贤王的管辖区，他自己是否完全管理西域事务，不得而知。但是僮仆都尉为管理西域诸国的官号，而征收赋税，则直接受日逐王的指挥。日逐王所住的地方似在敦煌的西边伊吾、蒲类一带，僮仆都尉则常驻天山以南的北道诸国，以便就近管理。

匈奴奴役西域的人民，使他们在沙漠绿洲上点滴农田中辛苦得来的果实，用很多去供给匈奴，这是匈奴对西域在经济上的剥削。除此之外，西域的人民还要为匈奴当兵或服役。王先谦《汉书补注》述沈钦韩说："僮仆都尉盖主简阅人口。"所谓简阅人口，就是清查人口。清查人口的目的大致有二：一是为着征收赋税，同时在战时或必要时抽调丁壮去当兵。

总而言之，匈奴控制西域，不只在物力上对匈奴有帮助，在人力上也有帮助。强盛时代的匈奴得到了西域，固使其愈为强盛，就是在匈奴衰弱的时候，匈奴仍极力争取西域，目的是要得到西域的物力与人力以增强其力量，用以对抗汉朝。匈奴西徙第一步的目的，是要使西域成为匈奴物力与人力的主要来源。

僮仆都尉之所以常居焉耆、危须、尉黎这几个地方，是因为这几个地方是西域的交通要道。徐松考证说："三国在西域北道，而东西适中，故僮仆都尉治之。"《汉书·西域传叙》又说："其后日逐王畔单于，将众来降，护鄯善以西使者郑吉迎之。既至汉，封日逐王为归德侯，吉为安远侯。是岁，神爵三年也。乃因使吉并护北道，故号曰都护。都护之起，自吉置矣。僮仆都尉由此罢，匈奴益弱，不得近西域。"

日逐王之所以反畔握衍朐鞮单于，上面已经说过。他这次率众数万骑来降汉，说明他的势力相当雄厚。日逐王降汉之后，西域的南北两道都为汉所控制，所以匈奴的僮仆都尉就不得不取消。这是汉宣帝神爵三年（公元前59年）的事情。僮仆都尉的设置若是与日逐王的设置是同时的话，那么僮仆都尉也应设于武帝太始元年（公元前96年）。从设置至取消共三十七年的时间来看，应该指出，僮仆都尉的设置虽不过三十几年，但是自冒顿征服西域到这个时候则已有八十多年之久，具有牢固影响。

在匈奴强盛的时候，天山以南的西域诸国固受其控制，乌孙以及乌孙以西的大宛、康居各国也都畏服匈奴。所以匈奴使者之到这些国家的，只要持匈奴单于一封信，各国对其使者就必恭必敬。使者在旅途中所需要的食物或是交通工具，各国也皆不得不供给。反之，汉使者到了这些国家，若非用货物去交换或用钱币去购买，则这些国家往往不愿供给，而且所给与的财物价值多于换取的食物或驿骑。有时他们还抢劫汉使的财物，甚至杀害汉的使者。其原因一方面是因为汉朝富于财物，他们想取得这些财物，只有换取或抢劫；一方面则是因为匈奴在地区上与他们接近，威力又早已伸张到这些地方，汉朝则距离他们很远，不能遣兵去征伐他们。

在匈奴强盛的时候，西域诸国固往往优待匈奴的使者，虐待汉的使者，就是在匈奴衰弱的时候，以至汉遣兵攻破在康居的匈奴郅支单于之后，西域诸国，象康居对于汉使者仍极傲慢。《汉书·西域传》指出，在匈奴已向汉称臣的时候，康居见了汉使仍不拜。

又如汉遣宗室公主细君嫁给乌孙昆莫，昆莫以她为右夫人，匈奴也遣女嫁给昆莫，昆莫以她为左夫人。匈奴与乌孙俗重左轻右，这又说明西域诸国之对于匈奴是比对汉为尊重的，虽则这时候匈奴在祁连、敦煌的势力已被汉攻破。班超出使鄯善，其王最初对于班超很为优待，但是匈奴使者一到，鄯善王对班超的态度就疏远起来。于阗王广德可以攻灭称雄一时的蒲车王贤，可是匈奴一来，就不得不投降。这都说明匈奴在西域有一种强大的潜在威力。

西域诸国的官制与匈奴的官制也互为影响。例如《汉书·匈奴传》说："匈奴谓贤曰屠耆，故常以太子为左屠耆王。"鄯善曾有个叫做尉屠耆的质于汉。他是鄯善王的太子。这大概就是受了匈奴官制名称的影响所致。《汉书·张骞传》云："傅父布就翕侯……"① 其注中说服虔曰："傅父如傅母也。"李奇曰："布就，字也。翕侯，乌孙官名也，为昆莫作傅父也。"师古曰："翕侯，乌孙大臣官号，其数非一，亦犹汉之将军耳。而布就者又翕侯之中别号，犹右将军、左将军耳，非其人之字。翕与歙同。"我们知道大月氏有五歙侯，《匈奴传》载康居有歙侯，《匈奴传》说：匈奴以小王赵信为歙侯，那么匈奴也有歙侯的官号，匈奴之所以有这个官号，可能是受了西域诸国的影响，这说明匈奴与西域在风俗上有相同之处，在政治文化上也曾有过相互影响。

汉朝在武帝就位后（公元前140年），开始与匈奴争夺西域。他争取西域的方法有二：一为外交，一为武力。其实我们也可以说，他对两者是配合起来运用的。他就位后二年，就派张骞去联络已迁至葱岭以西阿姆河上游的大月氏，希望共击匈奴。张骞在往返途中都为匈奴所捕获，而且他也没有说服大月氏与汉共攻匈奴。但是他这一次出使经葱岭以东而到葱岭以西的大宛、康居、大夏、大月氏诸国，使汉人对于西域的情况得到比较正确的认识。

张骞十余年中两次出使，虽然不能达到目的，然而汉朝在军事上，不只对于匈奴本部给予很大的打击，而且在公元前121年攻破了匈奴在祁连一带的势力，从此以后，匈奴所控制的西域遂受到汉朝的威胁。张骞于公元前115年出使乌孙，就既不需要象第二次企图绕道蜀滇去通大夏，也不象第一次出使往来遭到匈奴的扣留了。他出使乌孙的目的是说服乌孙徙回敦煌、祁连一带与汉联盟，共拒匈奴。这个目的也没有达到，但是乌孙使者跟着张骞来到汉朝，看见了汉的富强，使西域诸国此后对汉逐渐仰慕，汉的威信日增，匈奴在这些地方的势力乃日益受到不利影响。

---

① 据中华书局标点本《汉书·张骞传》正文，"翕侯"作"翎侯"。

敦煌、祁连间本为月氏与乌孙故地，月氏灭乌孙，乌孙太子昆莫及其一部残众逃亡匈奴。后来匈奴逐走月氏，使其大部分人民逃到伊犁一带，攻破这个地方的塞族，占领其地。后匈奴又帮助乌孙人逐走伊犁河谷的月氏人，由乌孙据其地，月氏遂迁至中亚阿姆河上游大夏地。匈奴自从迫走在敦煌、祁连一带大部分的月氏人之后，乃占有其地，住在这个地方的是浑邪王与休屠王。因霍去病率兵攻破祁连的匈奴势力，浑邪王与休屠王遂降于汉。

汉在初得这块地方时，本想照张骞的提议说服乌孙迁回故地。由于乌孙不愿意这样做，汉除置酒泉郡外，后来又分置武威、张掖、敦煌三郡，共为四郡；又置两关，这就是玉门与阳关；并徙民实边，使本为匈奴牧场的一些地方变成农田，成为汉的版图的一部分；同时，也成为与匈奴争夺西域的根据地。

公元前104年，武帝遣李广利伐大宛，因兵士在途中损失过大，没有到大宛都城而回。两年后又调大军去伐大宛，这一次降服了大宛。匈奴本来想截住汉朝的军队，可是汉军兵力雄盛，威振西域诸国，匈奴就没有轻举妄动。

汉既联络天山以北的乌孙，又降服葱岭以西的大宛，敦煌以西分别据通往天山南北路要冲的鄯善、车师，遂成为匈奴与汉争夺的重点对象。

与此同时，匈奴本部因屡受汉的攻击，逐渐加紧向西边迁徙的活动。公元前105年，匈奴乌维单于死了，他的儿子詹师庐继立，号为儿单于。儿单于大约觉得在二十年中汉不断地攻击匈奴，使匈奴遭受很大损失，故而不得不向西北逃避。《汉书》中指出，乌维单于死后，"单于益西北"。以前东边左贤王所居的地方，退到了中部。而以前单于所居的中部，又退到以前右贤王所居的西部。至于右贤王又更向西移，与氐羌已很接近。

匈奴重心的西移有两种结果：第一是在匈奴之东的乌桓、鲜卑慢慢地强盛起来；第二是匈奴益向西北走，匈奴不只愈近西域，而且匈奴本身也逐渐成为西域的一部分，因而匈奴与汉争夺西域也愈趋剧烈。对于控制西域的要冲来说，鄯善与车师尤其重要。

鄯善在冒顿的末年已被匈奴征服。但是自汉占据了祁连、敦煌一带之后，用外交与武力两种手段争取到久为匈奴所控制的鄯善，于是控制了西域的南道。鄯善以西的南道既为汉所控制，汉又与匈奴争夺通向西域北道的要冲——车师。车师地当天山之南与天山之北，到了匈奴日逐王投降于汉之后，西域的北道也为汉所控制。郑吉被任命为都护也是在北道被汉控制之后。都护不只是保护葱岭以东的南北两道诸国，而且有权去安辑或征伐葱岭以西的大宛、康居诸国。

日逐王降汉不久，匈奴内部就发生了矛盾，分为南、北两匈奴。南匈奴呼韩邪单于降汉，北匈奴郅支单于向西北迁徙，最后到中亚细亚的康居称雄一时。关于郅支，我们当在下面加以详细的叙述。这里需要指出的是，郅支之所以向西北迁徙而跑到中亚细亚，是因为呼韩邪既有了汉的庇护，使郅支不能安居于匈奴故地；葱岭以东的西域诸国又为汉所控制，所以郅支不得不跑到较远的中亚细亚。

西汉末年至东汉初是匈奴的势力在西域复兴的时期。葱岭以东，除了莎车以外，所有国家都投降了匈奴。匈奴乘机利用西域诸国去扰乱汉的边境。到汉明帝时，汉改变了光武帝对西域的消极政策，再加上班超二十余年的苦心经营，匈奴在西域的势力又有所削弱。在这个时期中，匈奴的活动中心是匈奴故地的西部。

第二十九章　匈奴西迁的第二次浪潮——进入中亚，居留悦般时期

匈奴西迁过程呈波浪势。公元91年以后至居留悦般时期，是进入西域中亚地带的第二个西迁浪潮的中心。

东汉章帝末年，匈奴曾为东边的鲜卑所败。和帝初年，窦宪又大败北匈奴。北匈奴不得不向西北逃跑至乌孙以西，后来到了悦般地方。悦般国就是这些匈奴人所建立的。

窦宪大败北匈奴是在公元后一世纪的末年。半个世纪之后，鲜卑檀石槐勃兴，他不只征服了匈奴的故地，势力更到达了乌孙。这时留在匈奴故地与在西域天山以北的匈奴人，除了投降于鲜卑受其统治外，必有不少跑到了乌孙以西，中亚细亚一带。可惜史书对于这一次的匈奴人的西徙没有明确的记载。匈奴人进入中亚的过程可称为第二次西迁浪潮，其中又可分为三个阶段，而以建立悦般国为中心。

在此以前，《汉书·西域传》"康居"条说康居"东羁事匈奴"。又说其势力的发展已达到乌孙以西。康居国在流入咸海的阿姆河（古乌浒水，又称妫水）与锡尔河（古称药杀水）流域的中亚地带。大月氏在康居以南。东南是大宛（费尔干纳盆地）。悦般属康居，在康居东部的都赖水流域。张骞出使大月氏，曾带了匈奴人甘父同行。这虽是由于甘父善射，在食物缺乏时可以猎野味以充饥，然而最重要的是利用他当翻译。因为匈奴为百蛮大国，声威既远播于中亚细亚，匈奴的语言在这些地方很可能已成为一种通用的语言。同时也可以推想，在匈奴强盛的时候，必有不少的匈奴人或其使者往来于中亚细亚这些地方，很可能也有不少人就移居到了这些地方。可是这种迁徙大概是零星的，而非大量的。到了郅支单于时，征伐乌孙，攻败丁令、呼揭、坚昆，最初以坚昆为王庭，后来又跑到康居称雄于中亚细亚。失败之后，其残部又必散居于中亚细亚各处。可以说，这是匈奴人大规模迁徙于中亚细亚的第一次。但郅支在康居立足时间不长。窦宪大败北匈奴，匈奴好多人又跑到乌孙之西，终至建立悦般国，这是匈奴人大规模迁徙到中亚细亚的第二次。这次立国较久，至少有七十年。鲜卑檀石槐攻占匈奴故地，又伸张其势力到乌孙，匈奴人又必有不少逃亡于乌孙之西。我们推想，这是匈奴人大规模迁于中亚细亚的第三次，是悦般建国那次西迁浪潮的延续。

公元前一世纪的中叶，匈奴分为南、北两部。郅支是北单于，郅支觉得他的弟弟呼韩邪投降于汉受汉朝的庇护，自己又没有力量去消灭呼韩邪或攻击汉朝，

所以他就不得不向西北迁徙。

郅支西迁之始，攻败乌孙、小昆弥及丁令、呼揭、坚昆，势力逐渐强大，到了他迁至康居时，势力愈益膨胀，已称雄于中亚细亚。假使郅支最后不为陈汤所灭的话，可能中亚细亚的好多国家，如大宛、康居、月氏以至安息，都将会为这个新兴的匈奴帝国所征服。此后的中亚细亚又必将是另一种面貌，而与我们今日所认识的中亚细亚的历史可能大不相同。

郅支单于是呼韩邪单于的哥哥，他的本名是呼屠吾斯，呼韩邪本名是稽侯狦；二人都是虚闾权渠单于的儿子。虚闾权渠单于死时，颛渠阏氏与其弟左大且渠都隆奇谋立了右贤王屠耆堂为握衍朐鞮单于。稽侯狦以不得立而跑到其妻父乌禅幕的地方。呼屠吾斯也许是在这个时候跑到民间，以避免握衍朐鞮的捕杀。

到了稽侯狦立为呼韩邪单于，攻败握衍朐鞮之后，乃从民间找得其兄呼屠吾斯，并立之为左谷蠡王。后来左谷蠡王呼屠吾斯乃自立为郅支骨都侯单于，居在东边。在这个时候，屠耆单于从其弟休旬王率所属的五六百骑击杀左大且渠，而且并其兵众，去到右地自立为闰振单于。闰振单于见得呼韩邪之兄呼屠吾斯自立为郅支单于，乃率众去到东边攻击郅支单于，结果闰振单于反被郅支单于击杀，并有其兵众。

郅支单于既击杀闰振单于，并有其众，他的势力因而强大。于是他又乘胜进攻其弟呼韩邪单于。呼韩邪单于战败，不得不逃跑。郅支遂都于单于庭。

呼韩邪单于来到中国朝见前，这就是宣帝甘露元年（公元前53年）时，曾遣其子入侍汉朝。郅支单于为了讨好中国也遣子入侍。到了甘露三年，呼韩邪入朝的时候，郅支也遣使入献，中国对他也很厚待。过了一年，他和呼韩邪单于两人都遣使奉献，但是中国对于呼韩邪单于较为厚遇，当然使他不满意。他觉得呼韩邪单于既已投降中国，并得到中国的保护，他就没有法子去破灭呼韩邪。《汉书·匈奴传》说："始郅支单于以为呼韩邪降汉，兵弱不能复自还，即引其众西，欲攻定右地。又屠耆单于小弟本侍呼韩邪，亦亡之右地，收两兄余兵得数千人，自立为伊利目单于，道逢郅支，合战，郅支杀之，并其兵五万余人。闻汉出兵欲助呼韩邪，即遂留居右地。"《汉书》卷七十《陈汤传》说："先是，宣帝时匈奴乖乱，五单于争立，呼韩邪单于与郅支单于俱遣子入侍，汉两受之。后呼韩邪单于身入称臣朝见，郅支以为呼韩邪破弱降汉，不能自还，即西收右地。会汉发兵送呼韩邪单于，郅支由是遂西破呼偈、坚昆、丁令，兼三国而都之。"

郅支单于因中国保护了呼韩邪单于，而觉到自己的力量不能统一匈奴，于是就向西方迁徙。在他未攻败呼偈、坚昆、丁令之前，曾想与乌孙联合起来，后因乌孙杀了他的使者，便攻破乌孙，然后再攻破呼偈、坚昆、丁令。《汉书·匈奴传》说：郅支"自度力不能定匈奴，乃益西近乌孙，欲与并力，遣使见小昆弥乌就屠。乌就屠见呼韩邪为汉所拥，郅支亡虏，欲攻之以称汉，乃杀郅支使，持头送都护在所，发八千骑迎郅支。郅支见乌孙兵多，其使又不反，勒兵逢击乌孙，破之"。

关于小昆弥乌就屠，《汉书·西域传》"乌孙"条说："初，肥王翁归靡胡妇子乌就屠，狂王伤时惊，与诸翕侯俱去，居北山中，扬言母家匈奴兵来，故众归之。后遂袭杀狂王，自立为昆弥。汉遣破羌将军辛武贤将兵万五千人至敦煌，遣使者案行表，穿卑鞮侯井以西，欲通渠转谷，积居庐仓以讨之。""初，楚主侍者冯嫽能史书、习事，尝持汉节为公主使，行赏赐于城郭诸国，敬信之，号曰冯夫人，为乌孙右大将妻。右大将与乌就屠相爱，都护郑吉使冯夫人说乌就屠，以汉兵方出，必见灭，不如降。乌就屠恐，曰：'愿得小号。'宣帝征冯夫人，自问状。遣谒者竺次、期门甘延寿为副，送冯夫人。冯夫人锦车持节，诏乌就屠诣长罗侯赤谷城，立元贵靡为大昆弥，乌就屠为小昆弥，皆赐印绶。破羌将军不出塞还。后乌就屠不尽归诸翕侯民众，汉复遣长罗侯惠将三校屯赤谷，因为分别其人民地界，大昆弥户六万余，小昆弥四万余，然众心皆附小昆弥。"楚主解忧谋杀其夫狂王，狂王受伤。狂王是匈奴妇生的儿子，乌就屠也是匈奴妇生的儿子，元贵靡是楚主解忧的长子。中国本来要元贵靡继肥王立为昆弥，可是乌孙贵人因故约立狂王。这也可说是乌孙的亲中国派与亲匈奴派的斗争。乌就屠因狂王受伤惊逃，扬言母家匈奴兵来，用匈奴去号召群众，后又杀狂王自立为昆弥。可是，中国坚持以中国的外孙元贵靡为昆弥，双方争执不下，于是用冯夫人去调解，结果以元贵靡为大昆弥，乌就屠为小昆弥。小昆弥既得众心，势力当然日大。郅支之所以要与之联络，恐就因为他是匈奴的外孙。但是他又觉得呼韩邪单于有中国保护，郅支等于逃亡，遂杀了郅支的使者，同时再破灭郅支，向中国领功，却不料反为郅支所破。被击败的乌就屠的军队就是迎战郅支的八千骑，他本人是后来才死的。

郅支单于攻破乌就屠的军队之后，再向西北攻呼偈、坚昆与丁令。《汉书·陈汤传》有记，《汉书·匈奴传》也说："因北击乌揭，乌揭降，发其兵西破坚昆，北降丁令，并三国。数遣兵击乌孙，常胜之。坚昆东去单于庭七千里，南去车师五千里，郅支留都之。"坚昆就是《史记·匈奴列传》里所说的鬲昆，《汉书·匈奴传》里所说的隔昆。冒顿时征服过这个国家以及丁令、浑庾、屈射、薪犁等。《史记》《汉书》的匈奴传故谓这些国家在北边。这里说西破坚昆，也许因为坚昆是在丁令、乌揭之西。《汉书·西域传》没有坚昆传，《三国志·魏书》卷三十注云："坚昆在康居西北，胜兵三万人，随畜牧，亦多貂，有好马。"郅支单于由匈奴单于庭西走七千里，都于坚昆，坚昆在乌孙之西。《三国志》注说在康居西北，似为东北之误，这里已经是在中亚细亚的北部了。为什么郅支单于不走别的方向，却向西北跑呢？其原因简单地说，南边有中国，呼韩邪已降汉，东边的乌桓逐渐兴盛，北边的丁令所居地多山林地带，不宜畜牧。葱岭以东的西域诸国也完全为中国所控制，所以只有西北方向比较容易发展。

郅支单于既向西北迁徙，离开匈奴单于庭很远，与中国距离更远，为什么后来又被中国破杀呢？主要是因为他对中国保护与厚待呼韩邪单于很不满意，因而虐待甚至杀死中国的使者，召来中国的征伐。《汉书·陈汤传》说："（郅支）怨汉拥护呼韩邪而不助己，因辱汉使者江乃始等。"又说："初元四年（公元前45年），遣使奉献，因求侍子，愿为内附。汉议遣卫司马谷吉送之。"

为了送回郅支单于在中国的侍子这件事，公卿方面曾经过讨论。"御史大夫贡禹、博士匡衡以为《春秋》之义'许夷狄者，不一而足'，今郅支单于乡化未醇，所在绝远，宜令使者送其子至塞而还。"但是谷吉自己却主张送其回国。他上书说："中国与夷秋有羁縻不绝之义，今既养全其子十年，德泽甚厚，空绝而不送，近从塞还示弃捐不畜，使无乡纵之心。弃前恩，立后怨，不便。议者见前江乃始无应敌之数，知勇俱困，以致耻辱，即予为臣忧。臣幸得建强汉之节，承明圣之诏，宣谕厚恩，不宜敢桀。若怀禽兽，加无道于臣，则单于长婴大罪，必遁逃远舍，不敢近边。没一使以安百姓，国之计，臣之愿也。愿送至庭。"贡禹对于谷吉这种说法仍不赞成，以为谷吉若送其子至单于庭，必"为国取侮生事，不可许"。后来元帝把这件事与冯奉世商量，奉世觉得谷吉可以送侍子回国。于是元帝乃答应谷吉所请。然而，结果正如贡禹、匡衡所料，谷吉送郅支的儿子回到单于庭，郅支竟然杀了谷吉及其随从，遂与中国绝交。郅支单于在呼韩邪单于未入朝称臣前遣子入侍，后来又遣使奉献，未始不欲与汉亲善。但是中国对于呼韩邪特别加以爱护，使他怨恨。始而侮辱中国使者江乃始，再而杀中国使者谷吉等。这么一来，他很明白中国不会再容忍他。《汉书·匈奴传》说："郅支既杀使者，自知负汉，又闻呼韩邪益强，恐见袭击，欲远去。会康居王数为乌孙所围，与诸翕侯计，以为匈奴大国，乌孙素服属之，今郅支单于困陇在外，可迎置东边，使合兵取乌孙以立之，长无匈奴忧矣。"匈奴虽然虚弱不堪，而分为南、北两部，郅支又困陇在外，然匈奴大国的威风在西域诸国中仍未完全失掉。加之郅支击败乌孙小昆弥乌就屠之后，又数次侵略乌孙也得到了胜利。康居因受乌孙的侵略想报复，同时又怕郅支单于的势力太大，可能攻击康居，于是乃计划利用郅支共攻乌孙，一方面可以报仇，一方面可以把乌孙地与郅支居住，这好象是一举两得的事情。不过后来的结果并不见得是这样，因为郅支对康居也进行了凌侮。

康居既觉得联合郅支是一举两得的事情，乃请郅支到康居的东边来。《汉书·匈奴传》说："即使使至坚昆通语郅支。郅支素恐，又怨乌孙，闻康居计，大说，遂与相结，引兵而西。康居亦遣贵人，橐驼驴马数千匹，迎郅支。郅支人众中寒道死，余财三千人到康居。"上面抄录《三国志·魏书》卷三十注引鱼豢《魏略》说，坚昆在康居西北，我们已经指出坚昆应在康居东北。这里说郅支从坚昆引兵而西到康居，说明坚昆确是在康居的东北，否则郅支不会从坚昆引兵而西到康居，除非鱼豢《魏略》所说是指后来的坚昆，它向西发展或迁徙到康居的西北。但在前汉时，坚昆应该是在康居的东北。

康居不只遣贵人带很多畜物去迎接郅支，郅支到了康居之后，还与之和亲。《汉书·陈汤传》说："康居王以女妻郅支，郅支亦以女予康居王。"这可以说是亲上加亲了。对方各以其女妻对方是一种奇特的婚姻关系。但是，这种例子也非孤立，如满清的阿敏以亲女嫁蒙古塞特尔，自己又娶塞特尔的女儿为妻，两人互为翁婿，可能这种风俗在塞外的各处是屡见不鲜的。《汉书·陈汤传》又说："康居甚尊敬郅支，欲倚其威以胁诸国。郅支数借兵击乌孙，深入至赤谷城，杀略民人，驱畜产，乌孙不敢追，西边空虚，不居者且千里。"乌孙是在康居、坚昆、呼偈一带的强大国家。《汉书·西域传》"乌孙"条说：乌孙有户十二万，口六十三万，胜兵十八万八千八百人。中国之所以极力联络乌孙就是因为乌孙是匈奴西边的重要国家，可以利用以牵制匈奴。但是郅支单于西徙，一再攻败乌孙，到了康居之后，又借康居兵深入至赤谷城，使乌孙的西部千里地方空虚没有人居住，说明郅支这时仍很强盛。郅支从匈奴单于庭西徙，先攻杀屠耆单于之弟，再败乌孙小昆弥乌就屠，又征服乌揭、丁令与坚昆，复败乌孙而至其都城，声势浩大起来，因而更加骄傲，虐待康居，威服其邻近各国，同时又再次侮辱中国的使者。《汉书·陈汤传》说："郅支单于自以大国，威名尊重，又乘胜骄，不为康居王礼，怒杀康居王女及贵人、人民数百，或支解投都赖水中。发民作城，日作五百人，二岁乃已。又遣使责阖苏、大宛诸国岁遗，不敢不予。汉遣使三辈至康居求谷吉等死，郅支困辱使者，不肯奉诏。"郅支的强盛与傲慢从这段文字中可以见其大概。

自从元帝初元四年（公元前45年），从遣送郅支儿子的谷吉被郅支杀死之后，中国虽有时遣使去追问这件事情，可是郅支所居的地方离中国很远，所遣使者虽一再受困辱，中国也没有法子报复。到了元帝建昭三年（公元前36年），陈汤与甘延寿被派到西域的时候，他们中特别是陈汤才计划去攻伐郅支单于。《汉书·陈汤传》说："陈汤字子公，山阳瑕丘人也。少好书，博达善属文。家贫丐贷无节，不为州里所称。西至长安求官，得太官献食丞。数岁，富平侯张勃与汤交，高其能。初元二年，元帝诏列侯举茂材，勃举汤。汤待迁，父死不奔丧，司隶奏汤无循行，勃选举故不以实，坐削户二百，会薨，因赐谥曰缪侯。汤下狱论。后复以荐为郎，数求使外国。久之，迁西域副校尉，与甘延寿俱出。"

陈汤这一次出使西域是副校尉，甘延寿是西域都护，可是这一次对郅支的征讨完全是由陈汤发动的。《陈汤传》说："汤为人沈勇有大虑，多策谋，喜奇功，无过城邑山川，常登望。既领外国，与延寿谋曰：'夷狄畏服大种，其天性也。西域本属匈奴，今郅支单于威名远闻，侵陵乌孙、大宛，常为康居画计，欲降服之。如得此二国，北击伊犁，西取安息，南排月氏，山离乌弋，数年之间，城郭诸国危矣。且其人剽悍，好战伐，数取胜，久畜之，必为西域患。郅支单于虽所在绝远，蛮夷无金城强弩之守，如发屯田吏士，驱从乌孙众兵，直指其城下，彼亡则无所之，守则不足自保，千载之功可一朝而成也。"甘延寿对于这个计划本也赞成，不过甘延寿以为要这样做，应当奏请。陈汤说："国家与公卿议，大策非凡所见，事必不从。"甘延寿始终不敢擅自作主。恰巧甘延寿久病，陈汤遂"矫制发城郭诸国兵，车师戊己校尉屯田吏士。延寿闻之，惊起，欲止焉。汤怒，按剑叱延寿曰：'大众已集合，竖子欲沮众邪？'"延寿不得已只好照他的计划去做。《陈汤传》说："延寿遂从之，部勒行陈，益置扬威、白虎、合骑之校，汉兵胡兵合四万余人，延寿、汤上疏自劾奏矫制，陈言兵状。""即日引军分行，别为六校，其三校从南道逾葱岭径大宛，其三校都护自将，发温宿国，从北道入赤谷，过乌孙，涉康居界，至阗池西。而康居副王抱阗将数千骑，寇赤谷城东，杀略大昆弥千余人，驱畜产甚多。从后与汉军相及，颇寇盗后重。汤纵胡兵击之，杀四百六十人，得其所略民四百七十人，还付大昆弥，其马牛羊以给军食。又捕得抱阗贵人伊奴毒。""入康居东界，令军不得为寇。间呼其贵人屠墨见之，谕以威信，与饮盟遣去。径引行，未至单于城可六十里，止营。复捕得康居贵人贝色子男开牟以为导。贝色子即屠墨母之弟，皆怨单于，由是具知郅支情。"

"明日引行，未至城三十里，止营。单于遣使问：'汉兵何以来？'应曰：'单于上书言居困厄，愿归计强汉，身入朝见。天子哀闵单于弃大国，屈意康居，故使都护将军来迎单于妻子，恐左右惊动，故未敢至城下。'使数往来相报答。延寿、汤因让之：'我为单于远来，而至今无名王大人见将军受事者，何单于忽大计，失客主之礼也！兵来道远，人畜罢极，食度且尽，恐无以自还，愿单于与大臣审计策。'""明日，前至郅支城都赖水上，离城三里，止营傅陈。望见单于城上立五彩幡织，数百人披甲乘城，又出百余骑往来驰城下，步兵百余人夹门鱼鳞陈，讲习用兵。城上人更招汉军曰'斗来！'百余骑驰赴营，营皆张弩持满指之，骑引却。颇遣吏士射城门骑步兵，骑步兵皆入。延寿、汤令军闻鼓音皆薄城下，四面围城，各有所守，穿堑，塞门户，卤楯为前，戟弩为后，卬射城中楼上人，楼上人下走。土城外有重木城，从木城中射，颇杀伤外人。外人发薪烧木城。夜，数百骑欲出外，迎射杀之。"

"初，单于闻汉兵至，欲去，疑康居怨己，为汉内应，又闻乌孙诸国兵皆发，自以无所之。郅支已出，复还，曰：'不如坚守。汉兵远来不能久攻。'单于乃披甲在楼上，诸阏氏夫人数十皆以弓射外人。外人射中单于鼻，诸夫人颇死。单于下骑，传战大内。夜过半，木城穿，中人却入土城，乘城呼。时康居兵万余骑分为十余处，四面环城，亦与相应和。夜数奔营，不利，辄却。平明，四面火起，吏士喜，大呼乘之，钲鼓声动地。康居兵引却。汉兵四面推卤楯，并入土城中。单于男女百余人走入大内。汉兵纵火，吏士争入，单于被创死。军侯假丞杜勋斩单于首，得汉使节二及谷吉等所赍帛书。诸卤获以畀得者。凡斩阏氏、太子、名王以下千五百一十八级，生虏百四十五人，降虏千余人，赋予城郭诸国所发十五王。"

应该指出，这是匈奴人筑城而战的最值得注意的记载。《史记》《汉书》的匈奴传都说卫青兵到赵信城，但没有涉及赵信城如何构造，也没有说到如何攻破赵信城。在上面几段话里，不只说明郅支城的建筑经过，而且说明郅支如何用城守备汉军，如何被攻入城内，又如城上立五采幡帜以及诸阏氏夫人数十皆乘城助战。这都是在前此中国与匈奴的战争记载中所没有的。

甘延寿与陈汤既攻灭郅支单于，乃上书说："臣闻天下之大义，当混为一，昔有唐虞，今有强汉。匈奴呼韩邪单于已称北藩，唯郅支单于叛逆，未伏其辜，大夏之西，以为强汉不能臣也。郅支单于惨毒行于民，大恶通于天。臣延寿、臣汤将义兵，行天诛，赖陛下神灵，阴阳并应，天气精明，陷阵克敌，斩郅支首及名王以下，宜悬头槁街蛮夷邸间，以示万里，明犯强汉者，虽远必诛。"

关于悬郅支及其名王等头事，公卿们意见也有所不同。《陈汤传》说："丞相匡衡、御史大夫繁延寿以为：'郅支及名王首更历诸国，蛮夷莫不闻知。《月令》春掩骼埋胔之时，宜勿悬。'车骑将军许嘉、右将军王商以为：'春秋夹谷之会，优施笑君，孔子诛之，方盛夏，首足异门而出。宜悬十日乃埋之。'"

结果是元帝同意了许嘉与王商的提议。至于甘延寿与陈汤攻灭郅支之后是否应封侯及慰劳士卒等问题，公卿们争论得更为热烈，有如冯奉世攻灭莎车后当时公卿的争论一样。由于这件事涉及到对郅支单于西迁至中亚以后的历史作用的估价，不妨存录如下。《陈汤传》说："初，中书令石显尝欲以姊妻延寿，延寿不取。及丞相、御史亦恶其矫制，皆不与汤。汤素贪，所卤获财物入塞多不法。司隶校尉移书道上，系吏士按验之。汤上疏言：'臣与吏士共诛郅支单于，幸得禽灭，万里振旅，宜有使者迎劳道路。今司隶反逆收系按验，是为郅支报仇也！'上立出吏士，令系道具酒食以过军。既至，论功，石显、匡衡以为：'延寿、汤擅兴师矫制，幸得不诛，以复加爵土则后奉使者争欲乘危徼幸，生事于蛮夷，为国招难，渐不可开。'"

匡衡是用宣帝时肖望之所用的理由去反对封甘延寿、陈汤的。应该指出，宣帝时冯奉世是出使大宛道经鄯善矫制发兵攻伐莎车的。而甘延寿是西域都护，有责任去安辑或攻击诸国之不臣服者。《汉书·西域传叙》说："都护督察乌孙、康居诸外国动静，有变以闻。可安辑，安辑之；可击，击之。"不过也得承认，发动大兵进攻郅支应该奏请准可，然后施行，这一点甘延寿是知道的，这也是他与陈汤所见不同之处。不过，陈汤既已发动大兵，他为势力所迫，不得不这样办，故未出兵前已上疏"自劾奏矫制，陈言兵状"。

石显、匡衡虽以为有前例可循，认为不可封甘延寿与陈汤，但是，汉元帝内心是嘉许他们的功劳的，所以这件事议论了很长时期都没有结果。最后是宗正刘向上疏详陈应封的理由。刘向说："郅支单于囚杀使者吏士以百数，事暴扬外国，伤威毁重，群臣皆闵焉。陛下赫然欲诛之，意未尝有忘。西域都护延寿、副校尉汤承圣指，依神灵，总百蛮之君，槛城郭之兵，出百死，入绝域，遂蹈康居，屠五重城，搴歙侯之旗，斩郅支之首，悬旌万里之外，扬威昆山之西，扫谷吉之耻，立昭明之功，万夷慑伏，莫不惧震。呼韩邪单于见郅支已诛，且喜且惧，乡风驰义，稽首来宾，愿守北藩，累世称臣。立千载之功，建万世之安，群臣之勋莫大焉。昔周大夫方叔、吉甫为宣王诛猃狁而百蛮从，其《诗》曰：'啴啴焞焞，如霆如雷，显允方叔，征伐猃狁，蛮荆来威。'《易》曰：'有嘉折首，获匪其丑。'言美诛首恶之人，而诸不顺者皆来从也。今延寿、汤所诛震，虽《易》之折首，《诗》之雷霆不能及也。论大功者不录小过，举大美者不疵细瑕。《司马法》曰：'军赏不逾月'，欲民速得为善之利也。盖急武功，重用人也。吉甫之归，周厚赐之，其《诗》曰：'吉甫燕喜，既多受祉，来归自镐，我行永久。'千里之镐犹以为远，况万里之外，其勤至矣！"又说："延寿、汤既未获受祉之报，反屈捐命之功，久挫于刀笔之前，非所以劝有功厉戎士也。昔齐桓公前有尊周之功，后有灭项之罪，君子以功覆过而为之讳行事，贰师将军李广利捐五万之师，靡亿万之费，经四年之劳，而仅获骏马三十匹，虽斩宛王母之首，犹不足以复费，其私罪恶甚多。孝武以为万里征伐，不录其过，遂封拜两侯、三卿、二千石百有余人。今康居国强于大宛，郅支之号重于宛王，杀使者罪甚于留马，而延寿、汤不烦汉士，不费斗粮，比于贰师，功德百之。且常惠随欲击之乌孙，郑吉迎自来之日逐，犹皆裂土受爵。故言威武勤劳则大于方叔、吉甫，列功覆过则伏于齐桓、贰师，近事之功则高于安远、长罗，而大功未著，小恶数布，臣窃痛之！宜以时解悬通籍，除过勿治，尊宠爵位，以劝有功。"

元帝看了刘向的奏书之后，同意刘向的意见，封赏甘延寿与陈汤，下诏嘉奖他们的功劳。虽然石显与匡衡还是力争，元帝仍封甘延寿为义侯，赐陈汤爵关内侯，食邑各三百户，加赐黄金百斤，告上帝宗庙。

我以为刘向所说"康居强于大宛，郅支之号重于宛王"，这是事实。而且郅支自离开匈奴单于庭西徙之后，破灭诸国，每战必胜，素来强盛的乌孙也常常为他所败，又威服诸国，使有贡献。这正如陈汤所说，假使不攻败郅支，郅支则必征服大宛、康居，再而北击伊列，西取安息，南排月氏、山离、乌弋，数年之间，城郭诸危矣。等到这个时候他再发兵东归，则中国非要用比这更大的力量去征伐他不可。

从这些方面来看，甘延寿与陈汤攻灭郅支比李广利征服大宛功劳大得多。而且郅支、康居是在大宛以西，中国能发兵远征，杀灭郅支，威慑康居，中国的声威无论在葱岭以东，或葱岭以西，都增高起来。然而，也得指出，李广利征伐大宛的时候，匈奴在西域的势力仍然不小，西域诸国还有很多不受中国控制，故李广利的军队与粮食差不多全部要由中国内地供给，军队与粮食的运输上路程遥远，故困难特别多。至于甘延寿与陈汤的时代情形却不是这样。时西域已差不多全被中国控制，中国已有都护去治理西域，而且中国在西域还有驻屯军队，且为数不少。因此之故，甘延寿以都护的地位，发诸国之兵，征各处的粮食比较容易。从西域逾葱岭以征伐郅支，比之从中国发兵运粮去征伐大宛，远近相差不知多少倍。这都是值得留意的。

郅支被杀死，部众必有不少死亡，但估计郅支的残众之散居于康居及其他各处的也仍不少。郅支未到康居之前，有一个时期曾以坚昆为王庭，郅支虽率众到康居，但他也必留有不少部众去镇守坚昆。《汉书·匈奴传》指出，郅支在赴康居的途中，因天气大冷，死伤很多，到康居时只剩下三千人，这个数目并不很多。但是郅支定都于都赖水郅支城时，东征西伐，已称雄于中亚细亚。虽然有不少部众是其他外族，估计在这个时候，早已移居于这里和坚昆的匈奴人，以至在乌孙之东的匈奴人，因郅支的强盛又到康居归附于他的必定很多。所以在陈汤攻破郅支之后，郅支残众中的匈奴人数目必定不少。郅支抵抗陈汤，康居本来答应帮助郅支，而且已派兵去观察动静，但见得中国部队强盛，没有参加战争。郅支死后，残众可能有的在康居军队中服务，有的逃到了他处。陈汤杀了郅支之后，既未远迫其残众，也没有久留康居，则这些匈奴残众绝不会东去归附呼韩邪单于，那么，他们必是寄居在康居或其他各国。而且跟着郅支远迁到康居的匈奴人必也是一些勇敢善战比较年富力强的人们。康居欢迎郅支到康居，目的本是想利用他的声威与力量去征伐乌孙与邻国，郅支死了，康居也不会不利用这些匈奴人以增强其兵力。

郅支西迁后约一百四十年，东汉时的北匈奴因受到窦宪的攻击，又有一部分逃到乌孙西北，成为以后的悦般国。《北史·西域传》"悦般国"条说："悦般国在乌孙西北，去代一万九百三十里。其先匈奴北单于之部落也。为汉车骑将军窦宪所逐，北单于度金微山西走康居，其羸弱不能去者，往龟兹北①。地方数千里，众可二十余万，凉州人犹谓之单于王。"《后汉书·窦宪传》说："明年（公元91年），（窦宪）复遣右校尉耿夔，司马任尚、赵博等将兵出北虏于金微山，大破之，克获甚众，北单于逃走，不知所在。"又同书《耿夔传》说："三年，宪复出河西，以夔为大将军左校尉。将精骑八百，出居延塞，直奔北单于庭，度金微山斩阏氏、名王已下五千余级，单于与数骑脱亡。"

《后汉书·窦宪传》与《耿夔传》以及《匈奴传》也只说逃亡不知所在，没

---

① 当为乌孙北。

有说单于逃到康居。窦宪击匈奴有两次，这是第二次。另一次是在和帝永元元年（公元89年），在这一年中，窦宪率众大破单于于稽落山。《窦宪传》说："虏众崩溃，单于遁走。"也没有说明单于遁走到什么地方。《北史》说匈奴北单于度金微山西走康居，不知有何依据。

然而，北单于度金微山西逃康居的可能性是很大的。康居在前汉时已有郅支的残众散居多处，经过百年的休养生息，其部族可能增加很多。北匈奴在后汉时代向西北迁徙，在乌孙之东的匈奴人与在康居的匈奴人互有来往，互通消息，也是很可能的。北单于被耿夔攻破之后西走康居，虽说也是由于康居对于匈奴一向友好，但最重要的是康居境内有了好多匈奴人，所以北单于才西逃康居，与其同族的人民聚居。

北单于的部落逃到乌孙的西北面，乌孙之西已靠近康居，北单于的部落大概是居住在乌孙与康居两者之间或是已入进康居的东境，单于个人及其少数随从到康居都城，处在康居王的庇护之下，也是很可能的。

《汉书·西域传》"乌孙"条说，乌孙至康居蕃内，地五千里。大约是指从乌孙都城赤谷城到康居王夏所居处的蕃内城而言。悦般在乌孙之西北，应在这两个都城之间而偏北。悦般、赤谷城与蕃内这三个地方成为一个三角地带。乌孙之北稍偏西本为伊列国。悦般在乌孙之西北，则应在伊列之西，在都赖水流域极可能就是前汉时郅支单于定都的地方，或附近，或以北。

《北史》指出，悦般所居的地方有数千里，南边可能也包括了郅支城东北，其中包括坚昆一部分。而西北面则与奄蔡接近。又其众既有了二十余万之多，那么这个国家并非一个小国。

关于悦般的风俗语言，《北史》说："其风俗言语与高车同，而其人清洁于胡。俗剪发齐眉，以醍醐涂之，昱昱然光泽。日三澡漱，然后饮食。"

悦般国建立约六十年后，鲜卑族檀石槐占有匈奴全部故地，分匈奴国为三部：东部从右北平东至辽东；中部起右北平以西，包括上谷十余邑；西部从上谷以西至敦煌、乌孙，二十余邑。这说明鲜卑的势力已伸张到乌孙。在檀石槐未征服匈奴故地以及从敦煌至乌孙间地之前，匈奴留在故地或西域，尤其是留在自敦煌西北以至乌孙间地的可能性很大。檀石槐的西侵，我们推想又必促使好多匈奴人逃到乌孙之西，而且他们可能与西汉时郅支所留下来的匈奴人以及东汉时已在悦般建国的匈奴人会合。这构成匈奴西迁过程的一个重要历史时代。其时间大约涵括从冒顿以后至后汉末年的三百多年间。零星匈奴人徙向中亚细亚的路线，据史书所载，均系经过乌孙本土或绕过乌孙之北再到乌孙以西，或到乌孙的西北。零星的迁徙还有一条可走的路线，这就是从乌孙以南或天山以南越过葱岭。但是这种可能性较小。因为大部分的匈奴人之逃到乌孙以西者，多是经过乌孙本土或绕向乌孙以北。所以匈奴人民居留中亚细亚期间大部分是在北部，这就是药杀水

（锡尔河）之北，或药杀水一带，在妫水（阿姆河）南段者恐怕是很少的。说明这一点是必要的，因为这关系到他们从这些地方进一步迁徙的方向。从此处再向西北走就到了古代的奄蔡或中国南北朝时代所称的粟特及阿兰人分布的地区。这一地区包括今日苏欧东部的南方伏尔加-顿河流域下游的草原地带，即欧亚大草原西端。

第三十章　匈奴入据粟特，进至顿河流域草原

《北史》引《魏书·西域传》记载，公元439年魏克姑臧时获悉，粟特国是匈奴国家，自建国起已经历了三位国王。第一位匈奴国王是杀原粟特王后自立的。郅支先曾设王庭于康居，悦般也建国于这一带。再往西走，就是奄蔡或后来的阿兰或粟特。年代愈久，匈奴人口增加愈多。公元后三世纪与四世纪的时候，匈奴人之在康居西境与粟特境内者必定很多。起初他们受这两个国家的统治，到势力大了，他们就杀其王而有其国。但是匈奴人是在什么时候杀了粟特国王而有其国的，便成为一个很重要的问题。因为它涉及到匈奴是在什么时候，从什么地方开始朝向顿河流域草原进行第三次西迁浪潮的。顿河南流入黑海的支海亚速海。黑海北岸是塞种阿兰人分布区。

粟特即古奄蔡地，奄蔡又包括阿兰人分布区，地在咸海和黑海以北，势力范围直抵黑海北岸。《史记·大宛列传》说："康居在大宛西北可二千里，与大宛邻国，国小，南羁事月氏，东羁事匈奴。"《汉书》也说匈奴是百蛮大国，康居东羁事匈奴。《后汉书·西域传》"奄蔡国"条则说："奄蔡国改名阿兰聊国，居地城，属康居。"《史记·大宛传》又说："奄蔡在康居西北可二千里。"《正义》引《魏略》云："西与大秦通，东南与康居接，其国多貂，畜牧水草，故时羁属康居也。"奄蔡曾羁属康居，康居又羁属匈奴。所以匈奴以入据粟特为中心的第三次西迁浪潮可能是发源于康居西境。匈奴经乌孙、呼偈、大宛、康居，以至奄蔡；或是南下大夏、大月氏以至安息等处的交通路线，最先都是匈奴人打通的。后来中国打通了河西走廊至乌孙这条路线，中国也有使者与商人到了乌孙以西以至奄蔡地方。《史记·大宛传》说："而汉始筑令居以西，初置酒泉郡以通西北国。因益发使抵安息、奄蔡、黎轩、条支、身毒国。而天子好宛马，使者相望于道。诸使外国一辈大者数百，少者百余人，人所赍操大放博望侯时。其后益习而衰少焉。汉率一岁中使多者十余，少者五六辈，远者八九岁，近者数发而反。"可见我国早已有人到过奄蔡。欧洲东部的南方地区（里海以西、黑海以北一带的伏尔加-顿河流域草原），在匈奴人未到达之前，原为西密利安人（Cimmerians）居住地。公元前七八世纪时，塞人攻占其地。公元前一二世纪时，塞族帝国又被语言相同、种族相近的萨尔马特人（Sarmatians）所占据。

萨尔马特人是一个很大的种族，其中又分为好多部族，分居于中亚细亚各处。与欧洲最接近的是阿兰（Alani）族。匈奴到达此地后，阿兰人有的居留故地遂成为后来的俄西特人（Ossetes）；有的在匈奴人的统率下再去征服其他部族；有的则逃迁至罗马帝国境内外，于是对欧洲历史产生影响。

关于入据粟特的时间问题，夏德在《伏尔加河流域的匈人与匈奴》一书中，把《魏书·西域传》中提到的第三世粟特王忽倪当作是后来在欧洲的匈奴帝国国王阿提拉的少子。他以为阿提拉死后，其长子埃拉克（Ellak）与格庇德人（Gipidae）决阵而死亡，这是454年间的事情。阿提拉的第二个儿子原来在多瑙河沿岸，后来也为罗马人所杀。只有少子厄内克（Hernac）事前退到东边的粟特，保持了匈奴人的势力。因而他以为厄内克就是《魏书·西域传》"粟特"条中所说的忽倪。

夏德意见的根据是忽倪应读作 Hut-Ngai，也就是 Hernac，或 Irnas 的对音。他以为忽倪在位的时候，是魏文成帝太安时代，这就是公元455到459年。他以为《魏书·西域传》说忽倪王粟特既已经三世，那么每世约三十年，三世就有约百年之久。匈奴人之杀粟特王而有其国，当约在355年。但是匈奴人之侵入欧洲是在375年，这也就是说，匈奴人之侵入欧洲晚于匈奴人之占据粟特约二十年。

夏德的这种解释和说法是有很多问题的。

首先，忽倪若为阿提拉的儿子，那么，《魏书·西域传》"粟特"条所说传至忽倪已三世矣，这个忽倪若为第三世国王，则阿提拉应为粟特的第二世国王。假使王位不是父传于子的话，那么阿提拉的哥哥布雷达（Bleda）应该是第二世王。

可是我们所知道的阿提拉也好，布雷达也好，他们之继承王位，成为匈奴人的首领，都是在433或434年间。在这两位之前的匈奴领袖是卢加（Ruga），照西洋史书的记载，卢加在欧洲的活动时间是五世纪的二十年代至三十年代。据说424年与426年匈奴人侵入东罗马帝国，这可能就是卢加领导的匈奴人军队。后来不久，东罗马皇帝狄奥多西第二（TheodosⅡ）答应了匈奴国王的要求，每年缴纳约三百五十磅的黄金，然后相安无事。直到433年，因为匈奴有人逃难到东罗马，卢加要求引渡这些难民，两家的关系又恶化起来。

这样看来从阿提拉的少子厄内克上推至包括阿提拉与卢加在内的统治时间，也不过是三十年左右，夏特所谓三世为一百年左右的看法是错误的。

而且我们知道，在卢加之前有位匈奴领袖叫做乌尔丁（Uldin），他带领军队在公元408年侵入罗马的东境，罗马的编年史称他为多瑙河以外的"百蛮之长"。可是乌尔丁不见得与卢加有什么关系；就是有关系，不只三世没有一百年，四世也没有一百年之久。

况且这几位匈奴国王的活动都是见诸于欧洲，而非在伏尔加河或顿河一带。卢加、布雷达、阿提拉，这些人都死在欧洲，并非死在粟特。假使他们既已离开粟特，而又非死于粟特，他们怎能又传位于少子忽倪？这就是说，假使卢加是粟特王，他从粟特带兵到东罗马帝国，粟特王位必为他人所据。卢加死后，布雷达、阿提拉正在欧洲，承继叔父卢加的王位，做为阿提拉的少子的忽倪如何能回粟特继承王位，而为第三世王？这是很难理解的。

现在再回过来看看《魏书·西域传》"粟特国"条的内容："先是匈奴杀其王而有其国，至王忽倪已三世矣。其国商人先多诣凉土贩货，及克姑臧，悉见虏。高宗初，粟特王遣使请赎之，诏听焉。"

中国史书很准确地记载了这件事。从魏克姑臧以前的一些事件中看到，魏克姑臧是在公元439年，魏克姑臧后在姑臧的粟特人都被虏了。高宗是魏成帝，在位时间是公元452—466年。《魏书》本纪中说，太安是成帝的年号，太安三年，粟特、于阗国各遣使朝贡，因此粟特王之请赎俘虏，当是在457年。

从表面上看起来，请赎粟特俘虏的国王似乎是忽倪王，但若细心去读这段话，这位请求赎回粟特俘虏的国王却不一定是忽倪。首先，这位忽倪王不一定是魏成帝的同时人。这就是说，不一定是五世纪中叶的人物，很可能是五世纪初叶或是四世纪下半叶的人物。

魏克姑臧时的姑臧是北凉的都城。北凉的建立者是沮渠蒙逊，沮渠蒙逊是匈奴人，这个国家是匈奴人建立的，人民也应该多是匈奴人。沮渠蒙逊死后，子沮渠茂虔继位，他在位的第七年，即439年为魏所攻破，灭国。北凉自勃兴至灭亡，共约三十九年。北凉建立是在400年（有人说是在397年），北凉建国前，可能已有粟特商人到这个地方贩货。北凉建国之前，应该已有不少匈奴人在这里居留。粟特商人之来北凉的，虽然长途跋涉，然而为着谋利，就不怕旅途艰苦，而且在北凉既有匈奴人，同种、同语、同风俗习惯就更容易引来粟特的商人。

《魏书·西域传》指出，其国商人先多诣凉土贩货。所谓"先多诣"者，其来凉土的历史必定很久，应该是在沮渠蒙逊建国之前。沮渠蒙逊的父亲与伯父都是后凉吕光的部下。吕光则本来是秦苻坚的部下。苻坚平定山东后，有志图西域。前秦苻坚建元十九年，即公元383年，曾遣吕光征伐西域。据《十六国春秋》卷八十一记载，吕光于建元二十年秋大败龟兹之后，西域"王侯降者三十余国……诸国惮光威名，贡钦属路。光抚赛西域，威恩甚著，桀黠胡王，昔所未宾者，不远万里望风归附"。

《魏书》"粟特"条所说的忽倪王，可能与吕光同时。所谓昔所未宾者，不远万里皆来归附，可能粟特王忽倪也是其中之一位。吕光威加西域，不只远国遣使到中国，吕光也必遣使到过这些国家。因此，当时的人们，对于粟特的情况较为熟悉，也知道其王忽倪是第三世王。魏收撰《魏书》叙述这段话时，是追述魏克姑臧以前的粟特历史。这就是说，我国人之知道忽倪王名是由于"先多诣凉土贩货"的商人告知的，不见得就是魏克姑臧时的国王名字。遣使到魏来请求赎回粟特俘虏的粟特国王可能是忽倪的后代，而非忽倪自己。

匈奴人侵入东罗马，攻败哥特人，是在375年。假使这些匈奴人是来自粟特，那么，粟特为匈奴人占有的时间应当在375年以前。匈奴人杀粟特王而有其国一定经过一个时期，或者长时期的互相征伐。既杀其王而有其国之后，也要经过一个时期的休养生息与准备工作，然后侵入欧洲。匈奴人之王粟特者，也不一定是每个在位三十余年之久。其实若以一世为三十年，那么，忽倪不一定是第三世王，因为在位君主三十年者并不多，特别是第一世王之杀粟特王者，年纪不会很小，统治三十年后，即使第二世在位有三十年之久，第三位也未必能若是。在忽倪之前的二个匈奴国王，可能治国共约三十年，然后传到忽倪。而中国人之知道忽倪的时候，忽倪不一定是个老人，这样推算匈奴之征服粟特而王其国，可能是在四世纪的上半叶或中叶。忽倪在位的时候正是吕光征服西域的时代，由于粟特商人来到我国，乃把其国历史略加告诉于我国人。

这也只能说是一种推论。然而，比之夏德以为忽倪为阿提拉的少子似乎较为合理。

前面已经指出，白鸟库吉以为忽倪的对音是Xut-Ngei，他又以为这个国王即西书所载的Xus Nawaz，因而又以为这里所称的匈奴必指哒而言。这样看起来，忽倪及其祖先也是哒人了。《北史·西域传》"哒"条说："哒国，大月氏之种类也。"这很明显的指出，哒人在种族上，是与匈奴有不同之处。又哒人的风俗，"兄弟共一妻，夫无兄弟者，妻戴一角帽，若有兄弟者，依其多少之数，更加帽角焉"。这种风俗显然又与匈奴不同。在西史记载中，哒之于匈奴也并非混而为一。公元五世纪的普罗科彼阿斯的《历史》曾指出两者有所不同。其中说：哒人是匈奴种，而且用匈奴名称，但是书中所说的两者与我们所认识的匈奴完全不同。侵略欧洲的匈奴人，如阿提拉，根据欧洲的记载，形貌是蒙古种，所以白鸟库吉以为忽倪与其国人是哒，也是很有问题的。

我们知道在侵入欧洲的匈奴首领中，有一位叫做Balmler，或Balamir的，据西史所载（参看麦戈文《早期的中亚帝国》第366页），约在公元后四世纪的下叶，匈奴这位首领曾率领部众攻击东哥特，忽倪在声音上也近于这个Balmler或Balamir，说不定"粟特"条所说的忽倪就是西史中所传的Balamir。

第三十一章　匈奴征服东哥特，逼走西哥特人

四世纪中叶，迁至中亚细亚西部的匈奴人，于入据粟特并征服阿兰人之后，继续西侵。这时，居住在罗马帝国之东的哥特人便首当其冲。匈奴征服东哥特，继之又逼走西哥特人，是匈奴西迁入欧过程中的最后一个阶段，而欧洲历史也因之进入一个新的时期。

在未叙述哥特人之前，应略述与哥特人有关系的汪达尔人（Vandals）与格庇德人（Geopids）。

一些古代的学者把汪达尔之名当作一些条顿部落的总名。他们大致是从波罗的海一带迁徙而来的。罗马人认为他们的语言、法律、风俗与哥特人相同，所以以他们为同种。例如普林尼（Pliny）甚至以汪达尔之名包括柏干提人（Burgundians）与哥特人；而托勒密（Ptolemy）所说的西林加人（Silingae）后来也有好多在汪达尔的部落中。汪达尔与罗马帝国最初发生关系是在马科曼奈尼（Marcomannic）战争中。在罗马皇帝奥理利安（Aurelian）时代（公元270—275年），汪达尔人侵入潘诺尼亚（Pannonia，在今匈牙利境内）。他们后来之继续迁徙，恐怕也是受了匈奴人的间接威胁。他们原居于哥特人之西，哥特人因受匈奴人之威胁而西迁时，他们至少有一部分人跑到高卢，再到西班牙以至北非。他们还占据迦太基，公元455年攻破罗马。

据约但尼斯说，格庇德人原来住在斯堪的那维亚半岛的斯干西亚（Scanzia）岛上。他们分乘三条船在其王柏烈（Berig）统率下赴欧洲大陆，其中一艘因重载到达最晚，于是这条船上的人被称为格庇德。格庇德之名来自哥特语的"格宾塔"，意思是"迟慢"。这一传说是否确实虽是问题，但他们与哥特人关系密切则是无疑的。这个部族的住地与汪达尔人的住地相近，即在哥特人之西。他们也与哥特人互相攻伐。在匈奴人西侵时，格庇德人与汪达尔人同受威胁，然大部分格庇德人始终保持所占有的地方，即今匈牙利东部山地。

此外，在汪达尔人与格庇德人的住地附近还有夸迪人（Quadi）的支派斯威汇人（Sueves）。他们是日尔曼种，曾与汪达尔人同到高卢与西班牙，大概也是因受匈奴之威胁而迁徙的。

据说，最先发现哥特人的是希腊殖民地马赛（Marseilles）旅行家彼泰阿斯（Pytheas）。他告诉当时的人们，在夫利什哈夫（Frische Haff）附近，即东普鲁士一带，有一种人叫哥顿尼斯人（Guttones），常在波罗的海岸寻找琥珀，进行交易。此后差不多有四个世纪，欧洲人不知道这些从事琥珀交易的人的消息。直到公元79年逝世的罗马学者普林尼才又告诉人们，这种人当时仍居住在波罗的海

岸附近。公元一世纪中叶至二世纪初的罗马史家塔西佗在著作中再次提到这种人的名字，但他拼为 Gottones。塔西佗所说的 Gottones 就是哥特人。［参看亨利·布雷德利：《哥特人史》（Henry Bradley, *The Story of the Goths*. 1891, pp. 1-2）］

约但尼斯说哥特人是乘船从波罗的海沿岸来到罗马帝国的边境的。这个说法不一定可靠。他们从波罗的海沿岸向东南迁移，到达里海附近，这是事实。他们为什么迁移呢？历史学家没有说明。他们不见得是被比他们强的部族所迫，因为当时住在波罗的海沿岸的都是一些弱小的部族。

在他们未南下之前，罗马帝国东部边境以外地区已为萨尔马特人所占，哥特人迫走萨尔马特人及其支派阿兰占有其地。此外，在多瑙河口之北，古代还有基特人（Getae），当哥特人于公元三世纪到达这个地方后，便与基特人杂居。因此，罗马人乃以哥特人与基特人是同种或是一个名称的两种拼写法。为哥特人写历史的约但尼斯没有区分开这两个名称和这两种人，故名其书为《基特史》（*Getic History*）。近代仍有学者企图证明基特即哥特，其实，这种证明是不正确的。

约在公元一世纪中叶，哥特人仍住在维斯杜拉河（Vistula）东岸，他们逐渐南迁，最后抵达黑海与亚速海以北。他们本来是近海的居民，习惯于海上生活，因此到达后很注意海上生活。

继而他们又向西伸张，遂至多瑙河北岸。在迁徙过程中，他们不止散居很多地方，而且联合一些与其有密切关系的部族如格庇德人、赫鲁尔斯人（Herules）等，又征服了一些部族如斯帕里（Spali）。因此，他们的人口增加了。据说，率领他们南迁的是国王菲尔马（Felmer）。

当他们居留在黑海与亚速海之北时又分为二部：居聂斯德河以西者称提尔文人（Thervings），即西哥特人（Visigoths）；居聂斯德河以东者称格尔同人（Greutungs），即东哥特人（Ostrogoths）。东、西之名本来是指所居之方位不同，但后来便一直沿用。其后，西哥特向西发展，直至高卢与西班牙，东哥特则留居在意大利，仍保留其一东一西的位置。

哥特人是北欧民族，面貌端正，兰睛黄发，很象近代的瑞典人，身材高大强壮，性格勤劳勇敢。

哥特人因受匈奴人的迫逐向西迁徙，大大影响罗马帝国而成为世界上的重要事件。特别是东哥特人被匈奴打败后，长期为匈奴人服务与西哥特人、罗马人作战，因而在血统上、文化上，两者互相混杂的程度很深。

三世纪初，哥特人与罗马人联盟，罗马帝国给哥特人钱，使抵抗萨马提亚人的侵扰。公元 244 年，"阿拉伯人"非利普（Philip the Arab）皇帝在位，停止供应这笔钱，哥特国王俄斯特罗哥德（Ostrogotha）遂渡过多瑙河西侵东罗马帝国的摩西亚（Moesia）与色雷斯（Thrace）等地。

俄斯特罗哥德约死于公元250年，继承者仍时时侵扰罗马边境。哥特人除从陆路侵入外，又渡过黑海，占领达拉布松（Trebizond），进扰小亚细亚西岸，著名的以弗所的代安那神庙被毁。公元267年，哥特人渡过爱琴海，抢掠雅典。

罗马皇帝奥理利安在位时，哥特人又入侵，双方损失都很大，于是议和，哥特人退至达西亚（Dacia），即今罗马尼亚与匈牙利东部。以后，许多哥特人在罗马帝国的军队中工作，很多哥特人贵族的子女到罗马受教育，并多与罗马人通婚。五十年间，居住在达西亚的哥特人与罗马人和平相处。

四世纪三十年代，罗马皇帝君士坦丁（Constantine）在位。西哥特与东哥特联合在其王亚里魁加（Aliquaca）统率下进攻多瑙河南罗马帝国的君士坦丁省区。君士坦丁三次打败他们后，仍给他们以较好的待遇。因此，当君士坦丁与其政敌利西尼亚斯（Licinius）在夏德里安那普尔（Hadrianople）作战时，亚里魁加亲率士卒帮助君士坦丁打了胜仗。

过了八年，哥特人进攻住在匈牙利西部的汪达尔人，汪达尔人向君士坦丁求救。君士坦丁初战不利，后来哥特人战败了。于是讲和，哥特王遣子为质，双方和平相处又达三十年。

君士坦丁在位时，定基督教为国教并建新都于君士坦丁堡（Constantinople）。从此，以罗马城得名的罗马帝国的政治中心遂迁至君士坦丁堡而与外族更加接近。

新都建成后，帝国便有了两个都城。后来由于有了两个皇帝而分为东罗马与西罗马帝国。由于执政者的争权，内乱屡作，加以天灾、疾疫，人口减少，工商凋敝，罗马帝国的基础动摇。

大约在公元350年，东哥特人选赫尔曼利克（Hermanrik 或 Ermanric）为国王。他统一了东哥特各部，巩固其根据地，统治地区大致南起自多瑙河，北抵波罗的海，东起顿河，西至泰斯河（Theiss）。他迫走达西亚的汪达尔人，征服了斯拉夫人、芬兰人、波的尼亚（Bothnia）海湾沿岸的爱沙尼亚人（Esthonians）。约但尼斯在其《哥特史》中将之称为"哥特的亚历山大"。

在日尔曼的神话中，赫尔曼利克又是一个残暴的君主。在日尔曼的史诗中和盎格鲁-萨克逊（Anglo-Saxon）的诗歌中有时说到他的罪恶。这说明了后来匈奴人来，他要人民去抵抗，人民不但不听从他的命令，反而起来反对他的原因。

赫尔曼利克统治的地区既已东至顿河，则来自东方的匈奴部队虽不见得与赫尔曼利克直接接触，但匈奴的一些零星部落必已到了东哥特的东北边境。这些匈奴人及其所征服的阿兰人似乎已给赫尔曼利克带来不少麻烦。因此，后来东哥特受到攻击时便难于抵抗。

这时的西哥特的内部亦分为许多部落，远不如东哥特统一，因而受制于东哥特。

赫尔曼利克即位之初，匈奴人本已接近东哥特之东北边境。在他长期专制统治下，人民深为不满，故当匈奴进攻时，人民不但不抵抗匈奴人，反而认为是推翻他的机会，赫尔曼利克悲愤之余，自杀身死。但约但尼斯在其《哥特史》中则谓系被杀。传说他曾派其子求婚于皇后古特朗（Gudrun）的美丽女儿斯瓦提尔塔（Swathilda），其子受顾问引诱而将之纳为妻，赫尔曼利克极为痛恨，遂用野马分尸的残忍手段害死了她。她的两个哥哥痛恨这个暴君，于是又设法杀死了他。这是当时的阿密阿那斯·马西林那斯所记述的。

赫尔曼利克死于公元375年。他死后，东哥特遂为匈奴所破，人民一部分西逃与西哥特联合。仍留故地的哥特人，一部分奉其兄弟的孙子文尼塔尔利（Winithari）为国王反抗匈奴；一部分屈服于匈奴。匈奴以赫尔曼利克之子匈尼牟德（Hunimund）为国王且与文尼塔尔利作战。最后，文尼塔尔利战败被杀，这两部分东哥特人遂均屈服于匈奴人。

据欧洲史家记载，统率匈奴人征服东哥特的国王是巴拉米尔（Balamir），可能即《北史》和《魏书》西域传的"粟特"条所载的忽倪。

巴拉米尔征服东哥特后，曾娶东哥特的阿玛玲（Amaling）公主为妻。东哥特自选国王并管理内政，故相当长时期内，东哥特很少反叛匈奴。

在巴拉米尔统治下的东哥特王匈尼牟德曾征服斯威汇人的日耳曼国家。死后，儿子松利斯牟德（Thorismund）继位，曾征服格庇德人，后因坠马而死。他死后四十年间，东哥特没有国王。恐怕是由于找不出一位能为匈奴人所同意的国王，因而匈奴人遂直接管理东哥特的内政，同时向西哥特人进逼。

关于忽倪所率领的匈奴人的风俗、习惯、形貌等，当时人和后来的史家曾有记述。阿密阿那斯·马西林那斯说：

> 匈奴人是不耕种的，他们甚至没有摸过犁柄。因为他们没有安定的住宅，他们好似没有家庭，没有法律，继续不断地游荡于车上。事实上，这种车就是他们的房子。他们并不住在有屋顶的房子里而是住在坟墓式的房子里。在他们的住处中，找不出一间房子是用芦蓬盖的。他们穿的是亚麻布衣或缝合了的田鼠的皮，他们无论在家里或者外面，都穿这种衣服，除了完全破烂外是不更换的。他们头上戴着圆形的帽子，在有毛的脚上穿着羊皮裤子。他们穿的鞋很笨重，使他们的行动很不方便。

又说：

> 因此，他们不适宜步兵。相反，他们经常在马背上。他们的马壮健而没有什么装饰。他们坐在马背上象妇女一样。事实上他们日夜都在马背上：在马背上做买卖，吃喝，蜷屈在马颈上睡觉，在马背上讨论问题。

曾经见过阿提拉的普利斯库斯说，阿提拉在马背上与罗马使者讨论问题。约但尼斯指出，匈奴人的形貌使人恐怖，黑黑的脸，头不象头，目如小孔，肩膀很宽，没有须，身材矮小，行动快捷，随时可以引弓射击。颈部坚硬直立，一副骄横的样子。他们教养小孩很残忍。刚出生不久，就用刀割其面部，使能忍耐痛苦。因此之故，他们青年的面部有很多刀痕，很少有好看的。约但尼斯认为他们没有须即因面部受伤所致。

哥特人一看见匈奴人就感到恐怖，认为匈奴人是两支脚的禽兽。认为可能是在巫术盛行的社会里，受了巫术的迷惑，跑到荒野中与恶魔交接而产生的人种。这种传说愈使哥特人畏惧、憎恶，甚至认为匈奴人可能有一种超人的力量因而无法抵抗。匈奴征服东哥特人后，继续向西哥特人进逼。

前已述及，在东哥特强盛时，西哥特曾属于东哥特，但西哥特亦非完全丧失独立。西哥特也自有领袖，称为"裁判官"。当时共有三位：阿坦那利克（Athanaric）、夫利提坚（Frithigern）和阿劳威（Alawiw）。

三人中阿坦那利克势力最大，夫利提坚次之。以此，二人遂互相敌对。另外，在宗教问题上，夫利提坚若非基督教徒亦系同情者，而阿坦那利克则系异教徒。

这里简述一下阿坦那利克排斥基督教和武尔非拉（Wulfila）在哥特的传教工作及其改革哥特文字的情况。

自君士坦丁皇帝规定基督教为罗马帝国国教后，罗马人信教者日多。四世纪上半叶以来，哥特人与罗马人日益接近，故哥特人亦有人信奉基督教，尤其在武尔非拉传教以后。

武尔非拉约生于公元310—311年，有人说他是哥特人，有人说他不是纯粹的哥特人。他的祖父是卡巴多喜阿（Cappadocia）人，约在公元267年被哥特人俘虏。武尔非拉二十岁时曾随哥特的公使团到君士坦丁堡，后即留居该地学习拉丁文与希腊文，可能即在这时皈依了基督教。约三十岁时奉派回国传教。他在达西亚传教达七年，信教者日多，于是招致阿坦那利克的排斥。他与信徒们受不了压迫，乃上书东罗马皇帝，要求渡过多瑙河避居罗马帝国境内。得到允许后，遂偕其信徒居于摩西亚（Moesia）。这是哥特人迁入罗马帝国之始。武尔非拉在这里传教二十三年。

为使传教工作做得更好，武尔非拉改革了哥特原来的郎尼（Runic）字母而以希腊字母为主创造出哥特文字，并以之翻译基督教《圣经》。后来哥特灭亡了，别的什么都没有留传下来，只留传下来他翻译的一部分《圣经》。

武尔非拉所传的基督教属于阿里安（Arian）派，与罗马帝国所普遍信仰者不同，因而二者亦有争执。

当哥特的三位裁判官在位时，西罗马皇帝发楞提尼安（Valentinian）亦在位（364—375年）。他感到罗马帝国疆域广大，一个人难于统治，于是以其兄弟瓦伦斯（Valens）为东罗马皇帝，镇守君士坦丁堡，而自己则留守罗马，统治西部省份。然而瓦伦斯知识浅，决断差，处事迟疑，并且不懂东罗马帝国大部居民所操的希腊语。

自君士坦丁皇帝与西哥特订约后，双方很少战争。西哥特依约提供人力为罗马帝国当兵。西哥特的阿坦那利克的地位是承继其父罗特斯特斯（Rothestes）的，罗特斯特斯以是罗马帝国的忠实同盟者而备受青睐，君士坦丁堡曾立有他的纪念牌。据说阿坦那利克曾在他死前向皇帝宣誓，永远不进入罗马国境。他先曾忠实履行与罗马帝国的友好的盟约，但后来却与瓦伦斯皇帝发生了冲突。

起因是 360 年至 363 年在位的朱理安皇帝有一个亲戚普罗科彼亚斯（Procopius），因反对瓦伦斯皇帝被逐出君士坦丁堡。他自称皇帝，要求阿坦那利克依照盟约派兵帮助，阿坦那利克以为他是真皇帝，遂发兵三万至色雷斯（Thrace）。恰巧这时普罗科彼亚斯死了，瓦伦斯恢复帝位，出兵打败了哥特的军队，俘虏甚众。阿坦那利克遣使者到君士坦丁堡抗议，要求释放俘虏。瓦伦斯征求发楞提尼安意见，回答是进攻哥特。结果双方作战达三年之久而后议和。阿坦那利克同意以后不受罗马钱财，但要求罗马帝国承认其为哥特国王。瓦伦斯要阿坦那利克到东罗马首都来签字，阿坦那利克则谓曾对其父皇宣誓不蹈罗马土地而拒绝。最后双方协议在多瑙河的船上会面。

此后数年间，双方相安无事。

匈奴人在巴拉米尔（忽倪）统率下征服东哥特后，势力直抵聂斯德河而与西哥特相接。于是阿坦那利克、夫利提坚、阿劳威言归于好，而以阿坦那利克统率全国军队，驻守聂斯德河西岸，以防匈奴人渡河。

但匈奴人巧妙地从聂斯德河上游偷渡成功，并抄袭西哥特军队的后路，阿坦那利克遂退至特兰西瓦尼亚（Transylvania），打算在普卢特（Pruth）河即今罗马尼亚南部窝雷基阿（Walachia）地方布防。

西哥特人认为只有渡过多瑙河才能避免匈奴人的攻击，于是在夫利提坚与阿劳威统率下的民众纷纷逃至多瑙河边要求进入罗马帝国国境。

阿坦那利克不得已，遂率其少数追随者留居在特兰西瓦尼亚的山地——森林深密、不易进入的高加地（Cauca Land）。

东罗马皇帝瓦伦斯与阿坦那利克在多瑙河的船上签订和约后，就到叙利亚都城安提阿（Antioch）居住，前后凡五年。目的是观察波斯皇帝的敌对行动和阻止塞拉成人（Saracens）与爱骚利亚人（Isaurians）的抢掠。

西哥特使团（包括传教师武尔非拉），向瓦伦斯报告匈奴人的进攻和西哥特人的危险情况，保证进入罗马国境后遵守法律，保卫帝国边境并要求利用帝国边境荒地从事耕种。瓦伦斯对西哥特人深表同情。这时西罗马皇帝发楞提尼安已死，经大臣讨论同意，允准哥特人的请求，但增加两个条件：一、哥特人渡河前交出武器；二、将哥特人的儿童送到小亚细亚受教育——事实上是做人质。西哥特完全接受。

进入罗马国境的西哥特人数，仅士兵即约二十万，连同家属及群众，估计在百万以上，这是历史上少见的一次种族大迁徙。

由于西哥特人被匈奴人战败攻破，故地被侵占，财物被掠夺，处境极为狼狈。到达多瑙河边以后，粮食及用品均极匮乏。渡河前之谈判历时既久，心情更为焦灼。因而有些人在罗马帝国未批准前即强行渡河。驻守对岸的罗马士兵进行阻击，西哥特人被杀、溺水者甚众。虽然后来帝国政府惩办了这些士兵，但双方的仇恨很深。

匈奴人侵占西哥特后，没有继续追击，西哥特人终于进入罗马帝国境内。

第三十二章　匈奴入欧与罗马帝国衰亡的关系

吉本以为罗马帝国的衰亡与匈奴的侵入欧洲有关。其影响可分为直接的与间接的两个方面。

从时间上看，间接的影响早于直接的影响。这就是哥特人受匈奴压迫进入帝国境内以后的活动。

哥特人最初停留在罗马帝国的边境，后来逐渐深入罗马帝国境内。为着管理入境的西哥特人，罗马帝国委派了军事管理人员：琉彼成诺斯（Lupicinus）和马克西马斯（Maximus）。二人贪求无厌，对西哥特人横加勒索，西哥特人虽卖儿鬻女仍难以生存，于是对罗马人的仇恨益深。

这时东哥特有两位将军——萨夫拉克（Safrax）和阿拉提乌斯（Alatheus），奉一王族幼子维德利克（Wideric）为国王，率领一部分东哥特人，继西哥特人之后也抵达多瑙河北岸。他们亦派遣使者至叙利亚见瓦伦斯皇帝，希望以西哥特人的同样条件进入罗马帝国。瓦伦斯坚决拒绝。

约公元377年，西哥特人与罗马人不断发生冲突，使罗马帝国主持军事的人疲于应付，他们放松了多瑙河的河防工作，甚至撤销了炮台和战船上的武装。于是停留在河北岸的东哥特人乘机渡河入境。

西哥特裁判官夫利提坚一方面联系东哥特人，一方面把他的部众暗地里移至离多瑙河约二百里的马西安诺波里斯（Marcianopolis），即下摩西亚（Lower Moaesia）的都城附近。

琉彼成诺斯在这里宴请夫利提坚与阿劳威。宴会进行中，传来了外面食物市场上罗马士兵与哥特人发生冲突的声音。夫利提坚离席并出城来到他的部队驻地，人们向他高呼：宁愿死于战场，不愿长期挨饿。于是夫利提坚决心率部进攻琉彼成诺斯。

在离马西安诺波里斯二十里处，双方接战，罗马军不利，琉彼成诺斯退入城内固守。写《哥特史》的约但尼斯曾记载道："从这一天的胜利起，哥特人的痛苦中止了，罗马人的安全也停止了。从这一天起，哥特人放弃了他们的作客与流亡的不安定的情况，争取主人与公民的资格，要求在其所占领的土地上的绝对统治权，而且用他们自己的权力保有靠着多瑙河的帝国的北部省区。"

接着，哥特人便在城外、乡村大肆抢掠。

先是在西哥特人未进入罗马境内之前，已有一些西哥特部众在哥利亚斯（Colias）和苏里德（Suerid）统率下在罗马帝国的军队中服务。他们驻在哈德里安诺普尔（Hadrianople）城。罗马政府为防止他们与夫利提坚交通，打算把他们调到较远的地方。他们要求给二天时间作准备和携带足够的食物，罗马的长官不同意。于是他们乃与夫利提坚联合起来。

此外，他们又得到色雷斯金矿对矿主不满的矿工们的帮助，从小路找到罗马人的粮食和贵重物品的贮藏所，这给他们带来很大方便。

双方多次战斗，互有胜负。由于战争在罗马境内进行，故罗马损失极重。

哥特人声势日大，新加入他们阵营的还有泰法斯人（Taifals）、塞人、阿兰人、投降匈奴后又逃出的东哥特人以及小部分的匈奴人部落。

瓦伦斯皇帝于公元378年回到君士坦丁堡，民众对他极为不满。数日之后，他亲自率军出发讨伐哥特人。

瓦伦斯皇帝的侄子、西罗马皇帝格拉提安（Gratian）派将军利支荷马（Richomer）带信告诉瓦伦斯，他将亲自率军前来助战，请瓦伦斯等待。但瓦伦斯的左右怂恿瓦伦斯不要等待，立即进攻。

这时夫利提坚派来使团，以传教师武尔非拉为首，要求罗马人承认他们在色雷斯的统治权。夫利提坚并写了私人信件，说哥特人不一定同意这一讲和条件，希望罗马皇帝施用一些压力，以使哥特人了解这一条件的来之不易。但罗马人没有给予回答。

八月九日，瓦伦斯将他的贵重物品在哈德里安诺普尔城内安顿好了之后，率兵进攻哥特人。

夫利提坚又派使者伪装要求停战投降，瓦伦斯复要哥特人派出重要的贵族来谈判。夫利提坚又表示如果罗马先派一个重要人物来作人质，则他将亲自来谈判。商量结果，由利支荷马先到哥特方面来。

当利支荷马走到两军阵地的中途时，罗马军队中的爱俾利亚（Iberian）部在没有命令的情况下突然发起进攻，恰巧这时东哥特的部众赶到了，夫利提坚挥军反击，罗马军队或逃或被围杀。罗马将军特累詹（Trajan）与维克托尔（Victor）企图救出瓦伦斯，却找不到他。据好多年后的一位从哥特人部众中逃出的罗马青年说，瓦伦斯皇帝负伤后，被抬到战场上的一间房子里治疗。哥特人放火烧了这间房子，只有这个青年从窗户里跳出后被俘，其他人都被烧死了。

战斗中，将军特累詹、塞巴斯提安（Sebastian）、帝国宫廷高级人员如伊基提亚斯、发拉利安（Valarian）以及三十五位护民官均阵亡。精锐损失三分之二，仅利支荷马率领残部退出阵地。

夫利提坚知道瓦伦斯皇帝的贵重物品放在亚得里亚堡城内，于是率众攻城。城内居民与退入城内的守军婴城固守，哥特人久攻不下，只好退走。

两天后，哥特人到达东罗马首都君士坦丁城外并猛烈攻城，服务于罗马帝国军队里的一部分阿拉伯军迎战。战斗中，哥特人看见一个阿拉伯士兵喝一个被杀的哥特人的血。哥特人非常害怕，于是放弃攻城计划，在城外大掠后北去，分散居住在黑海至亚得里亚（Adriatic）海一带地区。

其后两年间，据罗马史家说，这些地区饱受哥特人蹂躏。因此，罗马人对哥特人的仇恨日深。

另一方面，哥特人对罗马人的仇恨也是很深的。前已述及，哥特人在迁入罗马帝国境内时，曾约定哥特的一些贵族子弟须为质于罗马。这些青少年便被分送到各地，有很多被送到小亚细亚。哈德利安诺普尔战争前不久，哥特人曾得到金矿工人的帮助，在许多地方找到了一部分哥特的青少年，这些青少年向他们的父母诉说受到罗马人虐待的苦况，这当然引起哥特人对罗马人的仇恨。尤其当瓦伦斯皇帝战死之后，罗马帝国的小亚细亚军事领袖朱理亚（Julius）得到君士坦丁堡议院的许可，计诱为质于当地的哥特儿童全部杀死。消息传来，哥特人对罗马人的仇恨当然更深。

西罗马皇帝格拉提安亲率援军向东罗马进发，半途中得到利支荷马的报告，又因西罗马帝国内的日耳曼人也有反叛可能，于是又率军撤返。

经过格拉提安考虑，选狄奥多西（Theodosius）为东罗马皇帝，于公元379年1月即位。

公元380年，夫利提坚死了。与此同时，久居山地的阿坦那利克可能因受到匈奴人的压迫，率其部众渡过多瑙河。于是东哥特的大部分部众又承认阿坦那利克为领袖。

狄奥多西邀请阿坦那利克访问君士坦丁堡，并签订友好条约。此后不久，381年1月，阿坦那利克逝世，狄奥多西曾为之举行隆重的葬礼。

狄奥多西又多方设法与西哥特人修好。他安置东哥特人于小亚细亚、西哥特人于色雷斯，他们可以有自己的军队，许多哥特贵族在皇室中占据较高的地位。因此，哥特人都愿意受狄奥多西的统治，哥特人与罗马人之间乃和平相处。

其间也发生过一次冲突。公元386年，萨发拉克与阿拉提亚斯所统率的东哥特人，曾由奥德提亚斯率领来到达西亚入侵日耳曼的西部与北部。当渡多瑙河时，被罗马帝国军队拦截，溺死者甚众，已渡至对面岸者亦均被缴械。这些东哥特人可能是受匈奴人所迫而西迁的。

狄奥多西在位末年，西罗马没有皇帝，他便成为东、西罗马的皇帝。

公元395年，狄奥多西逝世。逝世前，他安排长子阿加提亚斯（Arcadius）统治东罗马，次子荷诺利乌统治西罗马。但这两个人能力都不强，故实权均操诸大臣之手。

前已述及，当东哥特人进入罗马帝国境内时，亦有一些匈奴部落随同迁入。狄奥多西允许这些匈奴人居住在潘诺尼亚（Pannonia）与下摩西亚。潘诺尼亚在今匈牙利境内，后来成为匈奴人在欧洲建立帝国的中心。下摩西亚在多瑙河南，今罗马尼亚境内。

罗马人对狄奥多西的妥协政策表示不满。因此，他死后，人们便要求新皇帝解散哥特军队，把所有哥特人都赶到多瑙河之北。

阿加提亚斯既不能无视人们的情绪，事实上又赶不走哥特人，于是减少每年给予哥特人的财物。因此，哥特人起而反抗。

这时，在罗马军队中有一位年轻的哥特人名阿拉列，因多次立功得不到提级，愤而参加反叛的哥特人阵营。阿拉列原系哥特的巴尔丁贵族子弟，勇而有谋，哥特人遂选之为国王。

阿拉列带领西哥特人先进攻马其顿尼亚与塞萨列（Thessaly），进抵俄塔（Oeta）山麓；更向西越过险要的瑟摩彼利（Thermopylae）抵达希腊。在肥美的福西斯（Phocis）与俾俄喜阿（Bococia）两地杀戮抢掠后直逼雅典城下。雅典人把大部分财物交给阿拉列，才得免于焚烧。然其他城市如米加拉（Megara）、阿哥斯（Argos）、科林斯（Corinth）、斯巴达等均遭受极大损失。

这时，西罗马将军斯提利科（Stilicho）在意大利的港口集中军队，经过爱俄尼安（Lonian）海，抵达科林斯。在阿加底亚（Arcadia）与阿拉列交战，将哥特的部众赶至福罗埃（Pholoë）山地，即伊利斯河（Elis）附近。斯提利科截流改道，以断阿拉列水源。斯提利科以为胜算在握而沉湎于歌舞之中。阿拉列却暗中越过防线渡过伯罗奔尼撒（Peloponnesus）与大陆之间的长一里多的海湾。等斯提利科发现后打算追击时，阿拉列已与东罗马帝国订了条约，哥特部众获许在伊彼鲁斯（Epirus）省居留。接着，东罗马帝国任命他为东伊利尔利卡（Illyricum）的军事长官，辖区几乎为帝国的欧洲部分的全部。

阿拉列留在这里约三年。公元400年秋，率部向意大利进发。有人以为是他听说斯提利科不在意大利，因而乘机去扰乱。其实原因不在此，而在于正是这年秋天，匈奴人在东罗马东部边境者开始与罗马接触。阿拉列畏惧匈奴人的攻击，决定西迁。差不多就在这时，有一部分东哥特部众因受匈奴压迫由拉达盖斯（Radagais）率领，渡过多瑙河，抵达潘诺尼亚，不久亦侵入意大利。此外，斯威汇人、汪达尔人、阿兰人也纷纷西迁至高卢与西班牙。这都与匈奴的西侵有关。当阿拉列离开东罗马时，匈奴人已渡过多瑙河侵入色雷斯与马其顿尼亚。而斯提利科之离开意大利，止不过给阿拉列提供良好的机会而已。

阿拉列大概是从帖撒罗尼迦（Thessalonica）经潘诺尼亚抵达朱利安阿尔卑斯（Julian Alps）山麓的。他征服阿基利亚（Aquileia）及伊斯特利亚（Istria）与维尼提亚（Venetia）省。一年半间，横行意大利半岛北部。

这时，西罗马皇帝荷诺利乌住在米兰（Milan），在腐败臣僚的包围下，直到阿拉列的部队已靠近米兰的宫廷时，他与他的臣僚才手忙脚乱，准备偷偷逃到高卢。

正在高卢的斯提利科赶快回到意大利。

荷诺利乌走向阿尔卑斯，打算逃往阿里斯（Arles）城。当他渡过波（Po）河时，哥特人的骑兵部队已靠近他了。他赶快逃到附近的阿斯塔（Asta）停留于坦那拉斯（Tanarus）河边，处境十分危急。恰在这时，斯提利科的部队赶到了。公元402年3月29日，哥特人正在庆祝复活礼拜，斯提利科发起进攻，阿拉列大败，妻子被俘。这就是波林提亚（Pollentia）战役。

阿拉列的一部分部众开始对他不满，甚至有的逃亡了。阿拉列于是计划入侵高卢，又为斯提利科大败于凡洛那（Verona），阿拉列几乎被俘。斯提利科本来可以继续追击阿拉列，但他又想利用阿拉列要挟东罗马皇帝阿加提亚斯，于是建议给阿拉列以大量财物换取他离开意大利。尽管阿拉列本人不同意这样做，但他手下的一些重要人物都赞成这样做。阿拉列于是退到伊利里亚（Illyria）的阿摩那（Aemona）。

荷诺利乌在罗马住了几个月，便又迁到拉文那（Ravenna）。

公元408年，斯提利科遣使说服阿拉列承认荷诺利乌的统治权，并为其服务，把阿拉列所统治的伊利里亚省联合于西罗马帝国，并答应给阿拉列大量财物。然而不久，斯提利科又改变了这个计划，要缓期实行。阿拉列索要财物，斯提利科要求西罗马元老院照办，元老院的议员们大怒，但慑于斯提利科的权势，只好照办，然而怀恨在心。这件事促使荷诺利乌于这年八月下令处死斯提利科。

斯提利科是汪达尔人，部下多为所谓的各种蛮族人。在宗教上，他们属于阿利安（Arian）派，对斯提利科忠诚。斯提利科被杀后，帝国的大臣们通令解除军队中的哥特的或其他蛮族的将官，并通过法律，禁止阿利安派或异教徒在帝国服务。这当然引起这些人的反感，于是纷纷投向阿拉列。阿拉列的势力更大了。同时，元老院所答应的财物又始终没有到手，于是阿拉列率众侵入意大利北部各城市。公元409年初，包围了罗马城。

城内居民因饥饿而死者日多，于是元老院向阿拉列求和。条件是给予大量钱财与珍品：五千磅黄金、三万磅银、四千件用很贵的提尔（Tyrian）紫色染的衣服与四千磅胡椒——胡椒是珍品，是从印度运来的。

阿拉列志得意满，离开罗马去到塔斯干尼（Tuscany）。在这里，有四万名奴隶加入了他的军队，他的衿兄弟阿塔武尔夫（Atawulf）带领一大队哥特人自多瑙河边来参加他的队伍。

阿拉列宣称希望与罗马帝国友好。元老院于是选了三位议员到拉文那向荷诺利乌说明阿拉列的要求：罗马帝国任命他为军事长官，统治达尔马提亚（Dalmatia）、诺利卡（Noricum）、维尼提亚（Venetia）数个省区，即相当于后来的奥国境界；使他领有意大利与多瑙河之间的交通线或仅在诺利卡区者亦可。

这项要求被荷诺利乌的大臣俄利姆比阿斯（Olympius）拒绝。俄利姆比阿斯且派出六千精锐与阿拉列作战，结果大败。不久，俄利比阿斯失势，佐维阿斯

（Jovius）当权，但西罗马皇帝及其宫人仍反对阿拉列的条件。阿拉列一怒征服泰伯（Tiber）河口的城市，抢掠粮食，要求罗马居民投降，否则将毁灭这个城市。元老院答应了他的要求，并废黜荷诺利乌皇帝而另立阿塔拉（Attalus）为皇帝。阿塔拉于是进攻拉文那要求荷诺利乌退位。但当这时，阿塔拉与阿拉列却发生了争端。阿拉列遂于利米尼（Rimini）附近的平原中召集哥特人与罗马人开大会，要阿塔拉当众脱掉紫袍，摘掉皇冠，宣布为平民。阿拉列把这副冠袍送给荷诺利乌以示友好，并要求答应他所提出的条件。但在罗马帝国中服务的一部分哥特军队，出其不意袭击了阿拉列的军队，并宣布阿拉列为帝国永远的敌人。阿拉列于是又横过意大利半岛，包围并攻入罗马城——这是继八百年前高卢人曾攻入罗马后的第二次外族攻入。

据历史家记载，阿拉列认为自己是基督教徒，故除勒索财物外，极少毁坏建筑物。而且凡逃避于圣彼得与圣保罗教堂的人和放下武器的兵士均不伤害，对教堂的财物也很少掠取。因此，这次罗马城的损失是较小的。至于街道堆满了死尸，则系因这些人拒不交出财物所致。另有许多市民被俘后被当作奴隶出卖。这座所谓光荣神圣的罗马城经此浩劫，帝国威信遂扫地以尽。

阿拉列从罗马城向南推进，沿途征服许多城市，直抵意大利南部。他打算征服非洲，取得粮食——意大利的粮食大部分来自非洲，然后再回头占领意大利。但是当他的部众渡海时突遇大风，沉没了许多船。阿拉列也病了，不久死去，年仅三十五岁。于是哥特人选阿塔武尔夫（Atawulf）为王。阿塔武尔夫继续与荷诺利乌谈判，希望在帝国内得到一个地区，拥有自治权以统治哥特人。公元412年，阿塔武尔夫率部至高卢。413年，占领了高卢南部的大部地区。414年，阿塔武尔夫娶了荷诺利乌的妹妹加拉·普拉西提亚（Galla Placidia）为夫人。接着又向南推进，抵达西班牙的巴西伦那（Barcelona），征服了这里的汪达尔人。

公元415年，阿塔武尔夫被部下杀死。经过一度混乱，哥特人选出巴尔丁族的发利亚（Wallia）为王。发利亚征服了西班牙的汪达尔人和斯威汇人。公元417年俘虏了二位汪达尔王，送到罗马。这时，整个西班牙除西北山区外均在哥特人统治之下。

发利亚把荷诺利乌的妹妹送回帝国，并送了大量粮食。这位皇帝的妹妹又嫁给大臣君士但特阿斯（Constantius）。荷诺利乌死后无子，便由他妹妹的儿子继承，是为发隆提尼安第三（Valentinian），但实权则操诸其母之手。其母活到公元450年，正是匈奴皇帝阿提拉的势力扩张得最快的时候。

发利亚征服西班牙后，罗马帝国承认了他的统治权。

大约在这个时候，罗马帝国当权大臣君士但特阿斯提议，发利亚应该统率其部众到高卢，包括波尔多（Bordeaux）、阿仁（Agen）、翁吉雷姆（Angouleme）、波亚埃（Poitiers）、土鲁斯（Toulouse）等地。这些地方是帝国最肥沃的地区，发利亚喜出望外。418 年，发利亚统率部众到了这些地方，并以土鲁斯为他统治的地区的都城。

发利亚死于 419 年，无子。哥特人选巴尔丁族的狄奥多利克为王。在他长达三十二年的统治中，北面的佛郎克人（Franks）、西面的柏干提人（Burgunds）的土地均被攻占。他还多次设法侵略罗马帝国的城市。狄奥多利克后来与匈奴人作战时阵亡。

狄奥多利克死后，儿子狄奥多利克第二即位。公元 466 年，被其弟攸利克（Euric）所杀。攸利克即位后，征服了整个西班牙半岛和罗马帝国在高卢所统治的地方。攸利克死于 485 年。由于高卢的民众是天主教徒，哥特人是阿里安教徒，信仰不同而产生仇恨，结果引起佛郎克人与哥特人的战争，哥特王阿拉列第二战败身亡，土鲁斯被占，其幼子阿玛拉利克逃到西班牙。

自狄奥多利克第二到阿拉列第二，西罗马帝国变化很大，最后灭亡。整个意大利半岛均由东哥特人统治。

五世纪中叶，当匈奴的阿提拉死的时候，东哥特的部众居于今奥国的西南部。他们得到独立，国王西德玛（Theudemer），但处在格庇德人、萨尔马特人、阿拉曼人（Alamans）、斯威汇人和律歧安人（Rugians）、匈奴人的包围之中。西德玛的儿子狄奥多利克曾长期在东罗马都城受教育，回国后帮助他父亲抵御邻国的侵略。西德玛死于 474 年，狄奥多利克继立时年二十岁。488 年，他得到罗马帝国的许可，到意大利征伐俄杜威加（Odovacar）王国，因而逐渐征服整个意大利半岛而成为意大利的历史上著名的君主。他在位三十三年（474—507 年），西哥特的阿拉列第二是他的女婿。阿拉列第二死后，其子阿玛拉利克逃到西班牙，狄奥多利克曾帮助他的这个外孙与佛郎克人作战，并使其统治西班牙。

自夫利提坚带领西哥特人于 374 年渡过多瑙河进入罗马帝国国境起，到狄奥多利克时止，从里海西岸、希腊半岛、多瑙河流域、意大利半岛到高卢和西班牙都有西哥特人的踪迹。他们在高卢和西班牙建立起强大的王国。东哥特自四世纪下半叶西迁后，也从欧洲的东部向西发展，到达今奥国的西南部，后来又征服意大利半岛。因此，在五世纪下半叶，意大利、高卢和西班牙都被东、西哥特人统治。罗马帝国的被摧毁、欧洲民族的大迁徙都是这一过程中事。不过这些哥特人所建立的王国不久又归于消灭。

总之，由于匈奴人的压迫，哥特人深入到罗马帝国境内，而匈奴人之所以西侵欧洲又是与中国的征伐匈奴分不开的。

第三十三章　欧洲匈奴帝国的形成

匈奴人对罗马或欧洲的直接的影响虽迟于间接的影响，但两者并非截然分开而是互相交叉的，尤其在公元 400 年以后，这两种影响往往同时并存。

当哥特人初入罗马帝国境内时，就有少部分匈奴部落随着进入罗马帝国，继又占领在今匈牙利境内的潘诺尼亚，因此有人以为匈牙利人的祖先是匈奴人，但这一看法仍待商榷。

这少部分匈奴人部落可以说是匈奴人进入罗马帝国国境的先锋队。匈奴人在蒙古高原不断遭受汉王朝的攻击，一部分不得不向西迁徙，约经过三百年左右，乃在罗马帝国境内出现。这不止在东亚与欧洲的交通史上占有重要地位，而且对欧洲产生过巨大影响。然而，这些少数的匈奴人部落初期与哥特人同入罗马国境。这说明，四世纪时在欧洲东部的匈奴部落相当散漫。各个部落有时联合，在某一部落或某一领袖的领导下共同对付敌人或保护其利益；但也有时各自为政或在某种情况下并不参加集团的行动，甚至单独迁徙，甚或与敌人联合。

当然，这少部分匈奴人对罗马帝国的影响并不大。因为他们人数既不多而且又非居于入侵者的领袖地位。

带领匈奴人从咸海和里海进攻哥特人的领袖应该是忽倪（Balamir），忽倪是侵略欧洲边境的最早的匈奴人的领袖，但我们找不到他渡过多瑙河的记载。

公元 375 年，忽倪攻破东哥特，继又打败西哥特，但他没有穷追猛打，致使大量西哥特人渡过多瑙河。这是西哥特与罗马帝国开始发生纠纷的主因。等后来匈奴人与罗马帝国直接发生关系时，则已是大量的匈奴部众入境，罗马帝国乃受到更大威胁。加之东、西罗马帝国间的纷争，内乱与天灾，这个历时数百年，统治欧、亚、非部分地区的大帝国遂逐步衰亡，使整个欧洲由统一变为分裂，使古代的欧洲进入中世纪的欧洲，使政治的集中制度变为教会的统一，使希伯来文化代替希腊、罗马文化。这就是说，欧洲的封建制度的产生与发展是与所谓蛮族——匈奴、哥特、汪达尔以及北方的其他蛮族等的侵入分不开的。

忽倪死的时间无可考，但他没有进入罗马国境，也没有与罗马帝国有过直接关系。他没有追击西哥特的原因，可能是因为俘获过多，也可能是因为不久之后便死了。假使这一看法成立，则忽倪应死于公元 375 年前后，不可能活到公元 400 年，因为这时与罗马帝国发生直接关系的匈奴领袖不是忽倪而是乌单（Uldin）了。

大量匈奴人进入罗马帝国的时间应在公元 400 年之前。因为公元 400 年乌单已打败罗马帝国的将军干那斯（Gainas）并杀之于多瑙河下游，即今之罗马尼亚境内。

　　干那斯被杀的背景是，罗马皇帝狄奥多西死后，长子阿加提亚斯继立为西罗马皇帝（公元395—408年），幼子荷诺利乌继立为西罗马皇帝（公元395—423年），这二人都很昏庸。当时东罗马的当权者是鲁菲纳（Rufinus），西罗马的当权者是斯提利科，二人异常敌对。东罗马统治下的伊利尔伊卡（Illyricum）是格拉提安皇帝交给东罗马的，斯提利科想要回这个地方，因而与鲁菲纳冲突。恰巧东罗马统治下的小亚细亚受到匈奴人的侵略，斯提利科于是便率军进入东罗马。鲁菲纳不欢迎他，便鼓动东罗马皇帝命令斯提利科仍回西罗马去。斯提利科便把部众交给亲信干那斯统率（干那斯是哥特人，斯提利科是汪达尔人，是否因均系罗马人所视为的蛮人而遂关系密切，则不得而知）。干那斯率部到君士但丁堡，当皇帝与鲁菲纳出来劳军时，干那斯乘机杀死鲁菲纳而成为东罗马的当权者。但他与皇后常常发生纠纷，干那斯及其部众又系阿利安教派，因而与君士但丁堡的皇室不睦，与首都信仰天主教的民众也敌对。于是，首都民众对服务于帝国的哥特人大加杀戮，干那斯逃到多瑙河下游，希望得到匈奴人的帮助，结果匈奴人反而杀死干那斯，将其头颅作为礼物送给东罗马皇帝。

　　从这一点看，在这个时候，乌单与东罗马帝国的关系是友好的。这种友好关系还表现在另一件事情上。

　　东哥特的拉达盖斯（Radagais）自称为哥特王，有一万二千贵族战士为先锋队，二十万以上的兵卒，加上妇女、儿童、奴隶，总数约四十万，虽少于夫利提坚统率下渡过多瑙河的人数，但士卒的数目相等。在拉达盖斯的领导下，从罗马帝国的北部入境，他们都是异教徒，残暴甚于阿拉列统率下的哥特人。有人说他们所以进入罗马帝国，即因受匈奴王乌单的压迫。他们渡过多瑙河后，先停留在匈牙利的东部，即泰斯河以东。不久，又为乌单所迫而西逃，公元404年经过阿普尔山东部侵入意大利。拉达盖斯曾宣称要焚烧西罗马帝国的都城——罗马，杀死元老院的议员以祀神。他们经过波河与亚平宁山（Apennine），没有遇到抵抗。他们没有攻打荷诺利乌皇帝所居住的拉文那，掠夺了其他城市，进攻佛罗棱萨（Florence），罗马城的官员与市民大为震动。于是斯提利科召集帝国军队抵抗，由于乌单与罗马帝国联盟，结果在佛罗棱萨打败并杀死了拉达盖斯。

　　拉达盖斯虽然败亡，但影响很大。匈牙利东部久为汪达尔人占据，而前此约二十年，斯威汇人与阿兰人因受匈奴人的威胁曾从聂斯德河一带逃至此处——潘诺尼亚（Pannonia）。拉达盖斯及其部众，还有跟在他后面的匈奴人一到这个地方，对这里的汪达尔人、斯威汇人、阿兰人当然是个打击，因而不得不向西逃跑而去到高卢与西班牙。这说明，五世纪初匈奴人对罗马境内的种族迁徙影响很大，且远及高卢及西班牙等处。

　　拉达盖斯败死后，乌单又回到东边的潘诺尼亚。他很少侵略西罗马，对东罗马则时时扰乱,主要在多瑙河南一带。东罗马皇帝阿加提亚斯死于公元404年。这前后数年中,乌单所统治的地区必相当广大。当罗马的色雷斯省省长向他求和时,乌单说:"太阳所照的地方,我愿意的话都可以征服。"《罗马编年史》说他是多瑙河以外的所有蛮人的统治者。

他所统治的地方究竟多大,当然不易确定,但是从匈牙利的东部、多瑙河的北部至聂斯德哥河和顿河流域,即西哥特与东哥特的故地当都在他的统治之下。至于咸海与里海之间的北部,即粟特或以前的奄蔡本为忽倪所统治,这时是否在乌单的统治之下则是问题。

公元408年,乌单侵略东罗马边地,满载而归,突然受到罗马帝国军队的袭击,损失很大。有人说是因为他拒绝了罗马人提出的优渥的求和条件,因而受到部下的反对,不得不退到多瑙河北。这一次乌单几乎被杀。

此后,史书对于乌单没有记载,死于何时也不清楚。

数年后,匈奴又有两位领袖的名字见于欧洲的史书。他们是兄弟俩,一为俄塔(Oktar),一为卢阿(Rua,或Ruga,或Rugilas)。

据一些史家意见,这两位领袖与乌单和忽倪没有什么血缘或继承关系。可以推想,自忽倪至俄塔的四十年间,到达欧洲边境或进入罗马帝国的匈奴人,组织并不严密而是相当松散。故忽倪死后,继承者如不是一位能干的人物,其他部落之有才干的领袖在必要时即可能成为各部落的共同领袖,乌单即可能是这样的,俄塔当亦如此。

这时的匈奴人,除乌单所率领者外,与哥特人一同进入罗马帝国境内的,大概住在潘诺尼亚。此时,据说在乌单时代,从中亚细亚的咸海、里海一带,又有许多匈奴人西迁而抵达东罗马帝国东境。如德卢安(E. Drouin)在《大百科全书》(*Grand Encyclopelia*)的"匈奴"(Huns)条中主张俄塔及卢阿就是这些人的领袖。

这种看法不见得可靠。因为如果俄塔是新来的,便不会在很短时间里进至欧洲的中部和西部而与莱茵河畔的柏干提人(Burgundians)作战。故俄塔与卢阿仍当是久已住在潘诺尼亚的匈奴人的后裔。

吉本说俄塔是一位勇敢的领袖。有的学者认为他是一位不很露面的人,但确是这个匈奴王朝的建立者。俄塔可能是欧洲史书中所载的那位率领军队征伐莱茵河边的柏干提人的领袖。初期获胜,后来战败被杀。他应是最先侵入欧洲中部和西部的匈奴人的领袖,时间在公元415年前后。

俄塔死后,传位于其弟卢阿。初期情况欧洲史书记载很少,公元422年统率匈奴部众侵略罗马的色雷斯和马其顿尼亚的大概是卢阿。

公元426年,卢阿又侵略这两个地方。东罗马虽然打退了卢阿,但对东罗马始终是一大威胁。可能这时从咸海和里海一举又新来了许多匈奴人。

为了使罗马边境不受侵略,狄奥多西每年给卢阿三百五十磅金子,但到公元432年卢阿又提出新的条件。由于好多匈奴部落的人不满卢阿或受不了他的压迫而逃到罗马帝国境内时,卢阿要求引渡这些人。罗马边境的许多匈奴部落曾单独与罗马订立条约,内容大致是由罗马给予财物,他们则答应不侵略罗马边境,或是边境如遭受侵略则负责防卫,等等。卢阿要求所有这些条约均作废,用意当然是条约的订立应该由他来办。

狄奥多西不敢拒绝,于是派遣使者、塞族后裔普林塔斯(Plinthas)将军和埃彼日尼斯(Epigenes)去商谈。使团于公元434年抵达匈奴统治区边境时,得知卢阿已死,他的两个侄子布雷达(Bleda)和阿提拉(Attila)继位。

这里叙述一下卢阿死前与一位罗马人阿伊喜阿斯(Aetius)的关系。阿伊喜阿斯的祖先可能是罗马人所谓的蛮人,但他的父亲曾在西罗马帝国政府中服务,后来是非洲的伯爵。阿伊喜阿斯曾在哥特人领袖阿拉列的军营中为质多年,后又为质于卢阿的王庭中,因此与卢阿友好并结识了布雷达与阿提拉。

公元423年,西罗马皇帝荷诺利乌去世,无子,军队长官卡斯丁那斯(Castinus)拥立帝国法院高级官员约翰(John)为皇帝。东罗马皇帝狄奥多西反对,要以姑母普拉西提亚(Placidia)的五岁幼子发隆提尼安(Valentinian)为皇帝。阿伊喜阿斯拥护约翰,便说服卢阿发兵六万帮助约翰即位。后来约翰失败了,阿伊喜阿斯又迫使摄政者普拉西提阿任命他为高卢的军事长官。

由此可见,卢阿与阿伊喜阿斯的友谊很深。据说西罗马帝国于卢阿在位时即因这种关系而很少遭受匈奴的侵扰。卢阿死后,布雷达与阿提拉继位之初,阿伊喜阿斯与二人关系仍好,书信礼物往还不断。

布雷达与阿提拉会见罗马使者的地方在今南斯拉夫的马该斯(Margus)附近,即上马西亚(Upper Maesia)的一个平原上。他们会见时,布雷达与阿提拉拒绝下马,随从人员也都骑在马上,所以罗马使者也只好骑在马上会谈。

各种条件都由匈奴领袖决定。

第一,卢阿要求引渡的人应照办。其中有两个匈奴部落中的王子,避居君士但丁堡,匈奴人要求把他们钉死。

第二,废除一切与匈奴其他部落订立的条约,承认只有他们二人才有订定条约的权力。

此外,又增加了三条:

一、以前每年交付匈奴三百五十磅黄金,以后改为七百磅。因为以前只有一个国王而现在则有两个。

二、罗马帝国在多瑙河岸开设市场,供给物资。

三、在匈奴的罗马帝国俘虏,逃跑一个赔偿黄金八片。

阿提拉与布雷达宣称,如不接受,即行宣战。

狄奥多西第二不得不答应这些要求。阿提拉并要罗马使团短期逗留，看他派兵去征服塞族与日尔曼的一些部落。

多瑙河西的东哥特王发拉弥尔（Valamir）和多瑙河东的格庇德王阿德利克（Ardarik）都受匈奴统治。这两者的人数之和可能多于匈奴人。

布雷达与阿提拉在多瑙河中游，即德意志的领土上也扩张势力。住在莱茵河旁或附近的日耳曼族人为阿拉曼尼人（Allemani）、柏干提人、利科利安佛郎克人（Ricuarian Franks），他们或贡奉财物，或为其军队服务。图林基亚人（Thuringians）、萨克森人（Saxon）则把他们的壮丁送给匈奴当兵。由于匈奴势力的扩张，直接或间接使盎格鲁和萨克森与朱特（Jutes）各种族由欧洲大陆迁到不列颠岛。据古代学者记载，匈奴的势力一直延伸到北海与波罗的海。

在布雷达与阿提拉之前，匈奴的势力有时到达欧洲的东南方罗马统治下的小亚细亚。阿提拉曾企图征服波斯。在欧洲东部的芬兰人和一些住在山林地带的斯拉夫人也受到匈奴人侵略。住在咸海与里海之间北部的阿兰人、萨马提阿人以及他们散居于欧洲之东部者也受布雷达与阿提拉的役属。

有人估计，在亚细亚西部、顿河以西一带还有很多匈奴人，其数量超过住在欧洲的匈奴人。公元435年，索拉斯基（Sorasgi）和各地的匈奴人也被布雷达与阿提拉征服。又过八年，布雷达死。另一匈奴部族阿卡特斯利（Akatsiri）一向为阿提拉盟友，处于平等地位，于公元447年被阿提拉征服。阿提拉派其子埃拉克（Ellak）去统治他们。

总之，由中国北部迁移到中亚细亚的匈奴人于四世纪迁至欧洲东境。又过百年，在布雷达与阿提拉时代，顿河以西和欧洲的匈奴人和小亚细亚的许多种族都在匈奴帝国的统治之下，罗马帝国需要向它乞和。

当布雷达与阿提拉时代，他们的势力南到里海南岸近于地中海，北至北海与波罗的海，东至顿河，西至高卢、大西洋岸，这是历史上少见的大帝国，其势力范围比古代的中华帝国、罗马帝国还大。

第三十四章　欧洲匈奴帝国的阿提拉时代

卢阿死后，虽然布雷达与阿提拉两兄弟继立，但布雷达性情消沉，而阿提拉积极、主观性强，故实际上阿提拉当权。公元445年，布雷达死，阿提拉便成为欧洲匈奴帝国的统治者。

有人认为布雷达是被阿提拉害死的。因为这种情况在匈奴的历史上是常有的，而两单于共同统治则是没有的。匈奴的祖先曾因内乱而有南、北单于和五单于分治的情况。

但他们共同统治既达十年之久，可见关系较好。布雷达死后，他的妻子既未被阿提拉杀害，也没有按匈奴的风俗娶她为妻。在匈奴接待各国使节时，她还参加接待。因此，布雷达不见得是被阿提拉杀害的。

阿提拉单独统治欧洲匈奴帝国后，势力日盛，成为欧洲、中亚西部和小亚细亚一带最有威权的统治者。

关于阿提拉，除普利斯库斯（Priscus）与约但尼斯记载的以外，还有一些记载与传说：十二世纪的达尔马提那斯（Juvencus Caelius Calanus Dalmatinus）的《阿提拉传》，十六世纪的格兰（Gran）大主教俄拉胡斯（Nicolas Olahus）的《阿提拉传》。十八世纪的吉本写《罗马帝国衰亡史》时没有看到这两本书。1929年，布利翁（M. Brion）所刊行的《阿提拉——上帝的鞭子》（Attila, The Scourge of God, 1929）和1931年刊行的《匈奴人的生活》（Lavie des Huns, 1931）是文学创作不是历史。《尼伯龙根之歌》（Nibelungenlied）流行于北欧，其中的埃特西尔（Etzel）即暗指阿提拉，但也不是历史。其中有关人物的生卒年错误很多。

匈牙利人在其历史中把阿提拉作为祖先，并上溯三十五代至亚伯拉罕——诺亚（Noah）的儿子，这当然是假托。

在阿提拉的使者与罗马皇帝狄奥多西二世的谈话中，有一次，使者说阿提拉的父亲叫蒙祖（Mundzuk），声音近于"沮渠蒙逊"的"蒙逊"，也近于"冒顿"。但究竟其祖先是否为匈奴的单于或贵人则难于考证。

阿提拉动作矜持，表现优越感。当他想引起恐怖时，习惯地转动两只凶猛的眼睛。在人们表现兴奋、急迫或恐慌的时候，他面不改容，表现镇定。他酷好战争。在欧洲人的心目中，他是一个残暴的人物，故被称为"上帝的鞭子"。

阿提拉象乌单一样，认为世界上任何地方，他想要征服便可以征服。他曾对罗马人说："在罗马帝国的广大疆土中，任何安全或难于攻克的堡垒和城市都不存在。假使我们喜欢的话，我们都可以把它从地面上去掉。"

其实，按人口数量，在欧洲的匈奴人并不很多，阿提拉之所以能够战胜其他民族是由于军队精悍。平时，他听任各族的领袖住在各自的领地，统率其部队。必要时，他可以调用、指挥五十至七十万军队，他是一位很出色的军事统帅。

阿提拉虽然宣称他每战必胜，可是凡在可以不用兵即可达到要求时他从不出兵；即使出了兵，也会自动退却。即《史记·匈奴列传》所载匈奴人的传统战术："利则进，不利则退，不羞遁走。"

他也有仁慈的心，他的敌人相信他的宽恕的诺言与和平的保证。他的部众觉得他是一位公正而宽大的君主。有人以为他也可以说是一位慈爱的父亲。在大庭广众之中，他看见他的最小的儿子时，便笑容满面地抱起来。

在生活方面，阿提拉很简朴。在宴会上，他把大量的好的东西给客人吃，自己只吃简单的食物。他的部下使用金杯银碗，他却使用木碗。他酒量很大，据说他后来死于饮酒过度。他穿的衣服也很朴素。

可以看出，匈奴人经中亚细亚抵达欧洲，生活方式必有不少改变。尤其与罗马接触后，罗马人的奢侈享受必然会影响一部分匈奴人。

阿提拉很迷信，自认是超人。相传在阿提拉的臣民中有一个牧人，发现他的牝犊食草时脚上有伤并流血，于是跟踪血滴来到一处草长得很茂盛的地方，发现了一把古剑，献给了阿提拉。阿提拉非常高兴，以为是天神所赐，便筑了一个三百码见方的祭台，把剑放在最高处，用羊、马的血去祭奠，以后每年都举行一次。

找不到阿提拉象他的蒙古高原上的祖先"拜天地日月"和"祠龙城"那样的记载。阿提拉并不仇视与他不同的信仰，他对不同信仰的宗教还是宽大的。

关于阿提拉的家世情况，人们所知甚少。他的使者对狄奥多西二世谈到他的父亲时，曾说他来自贵族家庭，而且比作狄奥多西二世的父母。阿提拉与布雷达的地位传自叔父卢阿，卢阿则传自其兄俄塔。那么，他的祖父、父亲虽不必是匈奴的领袖，也必是帝国中的一位重要人物。

关于阿提拉的家庭，据说夫人很多，其中一位地位最高，相当于皇后。到过阿提拉王庭的罗马使团说夫人们是分居的，各有宫院。皇后名西露茄（Cerca），阿提拉不在京城时，她多次招待罗马使者，并请布雷达的遗孀做陪。使者们到过她的宫院，除同桌宴会外，甚至许可使者行欧洲人的拥抱仪式。这可能是到欧洲后受的影响。

阿提拉的孩子很多，他最喜爱的是最小的一个名厄内克（Ernac），阿提拉死后继位。

阿提拉王庭建于今匈牙利境内。位置在多瑙河的泰斯（Theiss）与喀尔巴阡（Carpathian）山之间，在上匈牙利的平原即布达佩斯（Budapest）的右侧附近，或是旧城布达（Buda）之西约百里。克尔特人（Celts）曾居于此而称之为阿克利克（Ak-Rik），意为"多水"。后归罗马人统治，直至四世纪后半叶遂为哥特人、匈奴人和其他族人所据。土地肥美，又久已为匈奴人所居，当是阿提拉选为王庭所在的主要原因，而其地亦随之成为欧洲的一个重要地方。

可能因其本为游牧民族，不注意城市建筑，故王庭中除一所浴室是用石料建筑的以外，其他重要房屋都是木结构，非常简陋。

阿提拉所住的宫室也是用木建造的，占地很广，外有很高的方木的围城并有堡垒。木城倾斜地环绕一个小山。阿提拉和他的夫人们的居室的木柱亦有雕饰，室内铺有地毯，用具则由俘虏或请来的希腊艺术家设计制造，虽罗马使者也感到精巧。这也说明，匈奴人到欧洲后受了希腊、罗马文化的影响。

在阿提拉的宫廷里有两个人值得注意：一位是为阿提拉建筑浴室的俄尼基西亚斯（Onegesius），是一位建筑师。除浴室外，其他建筑也可能是他设计并监修的。他很得阿提拉的信任。另一位是希腊人，在匈奴人攻破维米尼亚卡时财产全部损失，成为俄尼基西亚斯的奴隶。他忠于匈奴，被提拔在王庭中服务，后来还娶妻生子。当罗马使者普利斯库斯（Priscus）到匈奴王庭时，曾用希腊语与之谈话。有些匈奴人喜欢学希腊语，可能是由于有他这样的人教的原故。许多匈奴人也喜欢学拉丁语。

匈奴王庭里也用了许多铁工、木工以制造兵器。外族医生在这里受到特殊的尊重。

阿提拉强盛时，势力伸张至伏尔加河流域，征服了乔乌坚（Geougen）的可汗。传说阿提拉曾征伐波斯。经过沙漠与沼泽即密俄提斯湖（Maeotis），继又深入山地，经十五天而到达米太（Media）。他们与波斯人剧战，据说飞箭往来遮住了阳光。最后匈奴人撤退，损失很大。此后阿提拉遂将注意力放在西方。

布雷达在世时，阿提拉在对东罗马的要求中曾有一条：在多瑙河沿岸设置市场，以利双方交易。罗马在市场附近设置了一个堡垒君士但提亚（Constantia）。阿提拉的军队赶走或杀死来这里贸易的罗马人，并攻破堡垒，理由是马尔格斯（Margus）的主教进入他们的领土，发现并偷窃了国王的珍宝。阿提拉严厉要求送还赃物，逮捕主教及其同党。

东罗马帝国拒绝这一要求，于是双方开战。马斯安人（Maesians）最初赞扬帝国的这一措施。但当他们听说维米尼亚卡（Viminicum）及其附近城市均被匈奴攻破，于是又采取另一态度。马尔格斯的主教遣人秘密与匈奴首领商量，约定时间，亲开城门投降。伊利利亚边境堡垒被匈奴人决河水攻占。名城如瑟密阿姆（Sirmium）、星基敦纽（Singidunum）、拉提亚利亚（Ratiaria）、马尔西亚诺波利斯（Marcianopolis）、那斯苏斯（Naissus）与沙底卡均被匈奴攻破焚毁。在罗马帝国的疆土上，从修克星（Euxine）到黑德利亚提克（Hadriatic）千五百里，到处受到阿提拉军队的蹂躏。

在这严重时刻，狄奥多西二世没有亲自统率罗马军队去抵抗。他的大臣将军们把在西西里（Sicily）抵抗汪达尔王贞瑟利克（Genseric）以及防备其他地方的军队都调来救急，但在三次作战中都失败了。前二次是在乌塔斯（Utus）河边马利西安诺波利斯城下；在多瑙河与哈马斯（Haemus）中间的广大平原中。匈奴军队取得优势后，罗马军队向刻索尼萨斯（Chersonesus）与色雷斯及马其顿尼亚逃跑。结果，东罗马的七十个城市被侵占。虽然狄奥多西二世及其王公大臣迅速修好君士但丁堡，希望保全，但士气不振，人心惊慌，甚至以为上帝降灾于帝国而要把帝国都城交给匈奴人。东罗马损失不可胜计，长期以来光荣的罗马帝国走上衰亡的道路。

游牧民族是从来不作久居之计的。阿提拉所统率的匈奴人虽然已开始过着居国的固定生活，但是他们仍保有游牧的习惯。在战争中，破坏的传统作风没有多大改变，所以他的军队所到之处，城市化为废墟，田园成为荒野。这使罗马人更觉得野蛮的匈奴人的可怕。匈奴这个名词成为可怕的象征，迷信的罗马人便以阿提拉为"上帝的鞭子"。

阿提拉没有攻击君士但丁堡，他对狄奥多西二世提出三项要求：

一、让出大片土地。在多瑙河南岸，从星基敦纽或贝尔加得（Belgrade）到色雷斯（Thrace）主教区的诺发（Novac），地方之广，约当十五天的旅程。

二、每年输黄金由七百磅增至二千一百磅。

三、立即无偿交还战争中被罗马俘虏的匈奴人；被匈奴俘虏的罗马人则每人交十二片黄金——比以前增加四片。所有匈奴军队中人逃到罗马帝国者应引渡。

在第三条要求下，罗马帝国被迫杀死好几个所谓蛮人的贵族和一直忠于罗马帝国的人，这使一些一向对帝国友好的蛮族部落产生恶感。

据第二条要求，黄金的数目虽然增加了，但以东罗马帝国的财富而言是足够支付的。无如政治腐败，官吏借机敲诈，人民更加痛苦而帝国经济亦益加紊乱。

关于第一条，狄奥多西二世没有拒绝。但有一个不知名的城市阿詹马斯（Azimus，或是阿詹曼提阿姆 Azimuntium，是伊利利亚边境色雷斯的一个小城）却加以反抗。阿提拉要求罗马帝国迫使阿詹马斯城的人民放弃抵抗，狄奥多西二世答以已失去控制该城的力量，于是阿提拉便直接与这个城办交涉。

东罗马帝国方面选出以马克西明（Maximin）为首的使团以与匈奴人谈判。叙述这次出使经过的普利斯库斯也是使者之一。阿提拉也有两位使者在君士但丁堡，一为俄累斯提斯（Orastes），一为挨得空（Edecon）。前者为潘诺尼亚的贵族公民，后者为西尔利（Scyrri）部落的首领，这两个人的儿子后来也是历史上的重要人物。俄累斯提斯的儿子罗谟拉斯·奥古斯杜拉斯（Romulus Augustulus）是西罗马帝国最后一任皇帝（公元475—476年）；挨得空的儿子则是意大利的第一位国王。俄累斯提斯与挨得空在马克西明所率领的使团要去与阿提拉谈判时，也准备回匈奴王庭，因而约定同时出发。

使团走了十三天，约近千里，到达沙特卡（Sardica），这是罗马帝国的边境，过此就是匈奴的领土了。这个省的长官杀了牛羊款待匈奴使者，酒酣之余，罗马使团中的一个译员维基利阿斯（Vigilius）反对把凡人的阿提拉与神圣的狄奥多西二世相比，于是引起争论。马克西明与普利斯库斯多方努力才平息了匈奴使者的愤怒，随后又馈赠了丝袍、珍珠。但俄累斯提斯觉得帝国对他不如对挨得空好而表示不满。

又走了三百里，抵达那斯苏斯（Naissus）。此地不久前曾被匈奴攻占，已夷为平地。经过今之塞尔维亚（Servia）的山地，斜下至多瑙河平原，即入匈奴境。过河后，匈奴使者就先走了。

过河后，走了不过六七里，罗马使者便感受到匈奴统治者对他们的虐待和侮辱。他们不能在景色宜人的地点打开帐幕住宿，因为匈奴人认为这会对远处的王庭不利。阿提拉的左右压迫他们说明要与阿提拉会谈的内容，马克西明认为这是违反国与国间使者的惯例的。于是他们被阻止前进，并迫使他们返回君士但丁堡。最后，经俄尼基西亚斯（Onegesius）的兄弟斯哥塔（Scotta）调解，又送了许多礼物才算解决。

匈奴的带路者故意领着他们走许多弯路，并且很骄横，要他们走才能走，要他们停就得停。沿途的食物充足，但饮的是蜜酒而不是葡萄酒。他们又饮了一种流质，名卡马斯（Camus），普利斯库斯说是用大麦蒸制的。他们吃的是黍米不是面包。在君士但丁堡住惯了的、过惯了侈靡生活的罗马使者感到旅途生活很苦。

有一天晚上他们在一个沼泽边住宿，忽然风雨大作，帐幕被掀翻。正窘困间，被住在附近的希雷达夫人知道了，殷勤地招待了他们，双方互赠了许多礼物，然后继续进发。六天之后与匈奴使者俄累斯提斯和挨得空会合，不久遂抵达阿提拉王庭。

恰巧这时西罗马的使团也到了，阿提拉两次举行宴会。

使者入门前先要停下来，行祝贺匈奴皇帝身体健康与国家兴盛的酒礼后才能进去。他们被引至一个大厅中，坐在指定的座位上。在主人座位的两旁，排着两张小桌子，每桌三至四人。阿提拉的儿子、叔父、一些他喜欢的国王和贵族应邀作陪。右边的桌子是高位，但东罗马与西罗马皇帝的使者排在左边的桌位，而哥特人的首领却坐在右边，罗马使者认为这是侮辱。阿提拉举杯祝贺使者健康，使者们也回敬，多次以后，仍继续喝酒。有许多娱乐助兴，两个匈奴人站在阿提拉座位前唱歌，歌曲是歌颂这位统治者的胜利与光荣，大厅里的人们都静静地听着。还有一些丑角，穿着怪服，说了一些话，夹杂着拉丁、哥特、匈奴的语言，人们都大笑起来。

过了两天，阿提拉宴请东罗马使者并与马克西明长谈，对于他所不满意的问题则表现粗暴。他提出君士但丁提亚斯的婚事。他说罗马皇帝前已答应给他一位富有的夫人，皇帝不能使君士但丁提亚斯失望，否则便是说谎者。

第三天，罗马使者告辞。一些罗马俘虏付出少量代价后被准予回国。阿提拉赠与使者礼物，他的左右把马送给他们，罗马使者也回赠礼物。

与马克西明同到匈奴王庭的维基斯阿斯谋杀阿提拉的阴谋被发觉了。这件事的主谋者是狄奥多西的当权太监克赖萨菲亚斯（Chrysaphius）。他在狄奥多西二世在位时是真正统治东罗马的人。他唆使匈奴使者挨得空暗杀阿提拉。挨得空先同意，但后来又反悔了，并向阿提拉交待了这件事。维基斯阿斯带着儿子到达匈奴王庭后，命其子把克赖萨菲亚斯的一袋黄金带交给挨得空，父子俩立即被捕送给阿提拉审问。在以杀死他的儿子的要挟下，他不得不全部交待。阿提拉接受他二百磅黄金，没有杀死维斯基阿斯，然后派出俄累斯提斯和伊斯劳（Eslaw）到君士但丁堡。俄累斯提斯把维基斯阿斯的那袋黄金挂在颈上，大摇大摆地走进宫庭，质问克赖萨菲亚斯是否认得他的原物，是否知罪。伊斯劳严厉地对东罗马皇帝说："狄奥多西是一位显赫可敬的父亲的儿子，阿提拉同样来自贵族而且用实际行动保持其父亲蒙祖（Mundzud）所传下来的尊严。可是狄奥多西丧失了他父亲的光荣，曾同意进奉贡献，而把自己降低到奴隶的地位，因此，他应该尊敬在命运与价值上都比他高的人物，而不应该相反地象一个邪恶的奴隶，秘密地去谋害主人。"接着转达阿提拉的要求，要得到克赖萨菲亚斯的头。

狄奥多西二世立即派出一个全权使团，带着大批礼物去会见阿提拉。阿提拉同意在特兰哥（Drenco）河边接见使团。

阿提拉看见使团里都是帝国的重要人物。两位贵族执政官：诺马斯（Nomus）和阿那托利亚斯（Anatolius）；一位财政大臣，一位大将军。带来的礼物非常贵重，加之使们的善于辞令，阿提拉转怒为喜，宽恕了东罗马皇帝、维斯基阿斯和克赖萨菲亚斯，并保证遵守和约，释放许多俘虏，对于逃亡于帝国境内的匈奴人不予追究，还放弃多瑙河南的一大片土地——这些地方的人民和财富已几乎被阿提拉搞光。当然，东罗马帝国需付出很大代价，东罗马人民更穷困了。

狄奥多西二世死于公元450年，年五十岁。死后，由其姊巴尔基利阿（Pulcheria）继位。不久，杀死太监克赖萨菲亚斯。她又选定元老院议员马尔西安（Marcian）为丈夫，帮助她统治帝国。

马尔西安要改变狄奥多西二世的忍辱求和的政策。他认为与其用大量财物去求和不如用来整顿军队。他使阿提拉知道，他反对每年向匈奴纳贡，如果仍象以前那样勒索，他必起而反抗。他派遣阿波罗尼亚斯（Appollonius）出使匈奴。这位使者虽然带了礼物，但在阿提拉没有答应会见之前拒不交出礼物，这大出阿提拉的意料，使阿提拉过去对狄奥多西二世所惯用的威胁政策不得不有所改变。阿提拉考虑到与其再对付事实上已极端贫困的东罗马不如向西发展。

阿提拉用什么理由作藉口去进攻西罗马帝国呢？

第一是关于瑟密阿姆（Sirmium）的教堂里的珍宝。在过去的许多年中，阿提拉曾与西罗马帝国交换信件，提出珍宝的所有权问题，但始终没有解决。现在，阿提拉要用来作侵略西罗马的借口。第二个借口是西罗马皇帝发隆提尼亚的妹妹荷诺利亚（Honoria）与阿提拉的婚姻。荷诺利亚是普拉西提亚（Placidia）之女，十六岁时与宫室侍从攸基尼阿斯（Eugenius）发生关系并怀了孕。她的母亲普拉西提亚把她送到君士但丁堡看管，前后逾十年。这时正是阿提拉向东罗马诛求无厌的时候，阿提拉的名字几乎妇孺皆知，她便设法把一个戒指送给阿提拉，表示愿意做阿提拉的夫人。阿提拉虽然接受了她的戒指，但态度冷淡，这期间阿提拉曾娶了好几位夫人，现在阿提拉要利用她了，正式向西罗马提出与这位公主结婚并要求用西罗马的一半土地和人民做嫁妆。

西罗马表示拒绝。

阿提拉决心征服西罗马帝国。目标选定较西边的高卢而不是较东边的意大利。原因可能出于政治和外交上的考虑：意大利是西罗马帝国的中心，军事力量强；而高卢则为外族人所占，历来多与罗马帝国发生冲突。

在高卢的西哥特王狄奥多利克曾在进攻西罗马的一个富有的城市阿利斯（Arles）时被阿伊喜阿斯打败。第二次进攻时又被打败。后来，阿伊喜阿斯返回意大利，列杜利阿斯（Litorius）将军继任，被狄奥多利克打败后俘获。阿提拉希望在进攻高卢时，西哥特人不帮助罗马人。

此外，占据莱茵河下游的佛朗克王克罗维斯（Clovis）也曾被阿伊喜阿斯打败，死后二子争立。幼子美罗维亚斯（Meroveus）曾到西罗马首都，且被阿伊喜阿斯收为养子。这时，长子与阿提拉订约：阿提拉进攻高卢时可以通过佛朗克领土。

同样，西罗马帝国也尽力联络一些外族，尤其是西哥特人。派出退休长官阿维塔斯（Avitus）游说西哥特王狄奥多利克。结果狄奥多利克不但愿与罗马结盟而且愿意亲自率兵抵抗匈奴人。

公元451年，阿提拉亲统五十万大军西进，经二千余里，始抵莱茵河与内卡（Neckar）河的合流处，佛朗克的克罗维斯王的长子派军相助。由于部队人数多，辎重长途运输不易，故选择较暖的时候，利用赫星尼安（Hercynian）森林的木料造船渡河。渡河后，一路攻城略地，较大的城市美兹（Metz）亦被攻占。

阿提拉从莱茵河与摩塞尔（Moselle）推进到高卢的中心地区，巴黎没有被占的原因是当时还实在太小。渡过赛纳河（Seine）的奥舍尔（Ouxerre）后到达奥利安（Orleans）。正在军民奋起抵抗、阿提拉猛攻不下时，阿伊喜阿斯和狄奥多利克的援军到了。这很出阿提拉的意料，于是下令全军回渡赛纳河，退至沙隆（Chalon）平原以利匈奴的骑兵活动。

阿伊喜阿斯与狄奥多利克率军追击。

据说阿提拉曾找他的祭士及占卜者商量。他们的预言是匈奴人失败，对方的主要领袖会阵亡。

阿提拉为鼓励士气，亲自对军队讲话："我自己要抛第一支矛，卑鄙而反对去仿效他的君主的榜样者的命运，注定其难免于死。"他亲自指挥中军，仆从部族如卢基安人（Rugians）、赫叩利人（Herculi）、图林基安人（Thuringians）、佛朗克人、柏干提人（Burgundians）分在左右，右翼由格庇德国王阿达利克（Ardatria）统率，左翼由东哥特的三位兄弟统率。

在对方，曾与阿提拉勾结、密谋而被发觉的阿兰王桑基邦所部居中——为的是便于监视，阿伊喜阿斯居左，狄奥多利克居右。狄奥多利克之子松利斯蒙德占据战场上最高的地方，向左右翼展开，包抄阿提拉的后路。

这是历史上规模最大的战役之一，也可以说是早期的世界大战。东亚的匈奴和一些东方民族，中亚的阿兰和其他一些民族，大西洋岸的国家和欧洲的一些种族都聚集在沙隆战场上。这是一场东方与西方的战争。然而，又好像一些部族的内战：帮助罗马的阿兰人与帮助匈奴的阿兰人打；帮助罗马的西哥特人与帮助匈奴的东哥特人打。

阿提拉亲率中军猛攻阿兰王桑基邦，冲破后又集中力量攻击西哥特人。狄奥多利克正骑在马上指挥作战，被东哥特贵族安德基斯（Andages）一矛投中而死，迷信的匈奴人以为这正应验了祭士的预言。

东哥特部队混乱之际，松利斯蒙德率军从山上驰下，阿提拉的中军由于推进太快而与两翼脱节，形成孤军，于是战局顿生变化。阿提拉下令退却，用车子围成圆圈固守。两军竟夜混战，死亡极众，有人估计为十六万二千，有人说三十万，而匈奴人居多。

松利斯蒙德与阿伊喜阿斯会师后，找到狄奥多利克尸体，举行葬礼后松利斯蒙德被推为西哥特王。

阿伊喜阿斯考虑到与其打败匈奴，使西哥特强大，不如暂时保留匈奴不使西哥特获得全胜。这样，匈奴和西哥特就不至于危害帝国了。

阿伊喜阿斯对松利斯蒙德说，狄奥多利克死后，应防止西哥特国内的有野心的兄弟们抢夺王位和首都土鲁斯的珍宝。于是松利斯蒙德立即退出战场回国。接着，罗马和其他各军也都撤出沙隆回国。这完全出乎阿提拉的意料，简直不敢相信。他又在营地里困守几天之后才下令返回匈牙利。

沙隆之战阿提拉虽然失利，但过了不久他又准备再次进攻。他又提出荷诺利亚的婚事和嫁妆问题，西罗马帝国拒绝。于是公元452年，阿提拉又率军西进。

阿提拉吸取上次攻打高卢失败的教训，这次他决心进攻意大利。

高卢的西哥特王松利斯蒙德在沙隆战后因与阿伊喜阿斯在分虏获品时发生争执，所以这次不但不派兵帮助罗马帝国，反而派兵攻打罗马帝国，因而受到臣民反对。公元453年，被他的两个兄弟杀死。

阿提拉在意大利的北部战无不胜，但进攻亚得利亚（Hadriatic）海岸的阿基利亚镇（Aquileia）时却顿兵三月之久。这个镇很富足，人口也多，抵抗坚决。阿提拉准备转移时，发现一只鸟带着小鸟飞离城楼上的鸟巢，他断定这个城楼已经毁败，于是下令猛攻这个城楼，阿基利亚镇终于被攻下了。入城之后，财物悉遭劫掠，居民大部被杀。

接着又攻占阿尔提纽（Altinum）、空哥地亚（Concordia）和巴杜（Padua），占领后均夷为平地。内地的城市如维星萨（Vicenza）、凡罗那（Verona）、巴加姆（Bergamo）也均惨遭劫掠。米兰（Milan）、巴维亚（Pavia）投降后交出财物，换取人民生命的安全。据说当阿提拉进入米兰的贵族宫室时，曾为一张图画而惊讶。这张图画上画着恺撒坐在宝座上，塞族的国王跪在脚旁。阿提拉命令一位画工改画为罗马皇帝跪在塞王面前，打开盛有黄金的口袋，表示向塞王进贡。

人们说，凡是经阿提拉的马蹄践踏过的地方，草也永不生长。有的欧洲历史学家又指出，这位"上帝的鞭子"无意中给欧洲的文艺复兴奠定基础。阿提拉毁灭了许多旧城市，人们逃到新的地方又建立了新城市。威尼斯（Venice）就是难民建起来的，代替了阿基利亚镇而成为意大利的名城。

大战之后必有凶年。这时饥馑严重，疫疠流行，匈奴军队死者很多。同时，东罗马帝国的援军也到达了意大利。于是阿提拉接受了罗马帝国的和议。罗乌的使者是阿维那斯（Avienus）、司法官特利基提亚斯（Trigetius）、罗马主教利奥（Leo），罗马方面出了很高代价，阿提拉才答应离开意大利。阿提拉宣称，如不把"未婚妻"荷诺利亚送到，将更大地侵略西罗马。

公元453年，阿提拉举行婚礼，夫人名伊尔提哥（Ildico）。据约但尼斯记载，婚后第二天发现阿提拉死亡。

据说阿提拉的尸体放在三个一套的棺材里——一个是铁的，一个是银的，一个是金的。并被埋葬在一个秘密的地方。

阿提拉死后，北欧的文学作品中有关于他的传说；匈牙利史家把他当作建国元勋；民间传说也很多。足见这位东方匈奴人的后裔对欧洲的影响之大。

第三十五章　欧洲匈奴帝国的尾声

阿提拉死后，几个儿子争立。长子埃拉克（Illak）于公元454年在尼达尔（Nedal）河畔与反叛的外族作战时阵亡，匈奴帝国土崩瓦解。在帝国中心匈牙利的匈奴人力量也很微弱，较大的部落逃到喀尔巴阡（Carpathian）山以东受柔然人的统治。

阿提拉最喜爱的幼子厄内克（Ernac）逃到多不鲁甲（Dobruga），即多瑙河口以南一带。另有两个儿子挨尼祖（Emnedzur）和乌星托（Ultsindur）则占据东罗马的达西亚利彭西斯（Dacia Ripensis）省的西部，有些匈奴部落则居于东罗马的其他地方。

公元461年，阿提拉的一个儿子顿基西克（Dengesik）企图重建匈奴帝国，沿着多瑙河的上游向潘诺尼亚的东哥特人进攻，遇到抵抗后撤出。468年，又渡过多瑙河进攻东罗马，战败被杀。罗马人把他的头悬在君士但丁堡。

六世纪初，意大利王、东哥特人狄奥多利克为争夺意大利的北部与东罗马发生战争时，曾联合附近的外族部落，其中有定居于塞尔维亚（Servia）的匈奴人领袖为蒙杜（Mundo），据传为阿提拉后代。公元504年，东罗马皇帝安那斯泰喜阿斯（Anastasius，491—518年）派将军萨宾尼亚那斯（Sabinianus）攻击蒙杜，由于有保加利人（Bulgars）——这是保加利人第一次见于历史——的援助曾取得胜利。但东哥特王狄奥多利克的将军彼提西亚（Pitzia）率军援救蒙杜，结果罗马帝国大败。由此可见，蒙杜当时的力量还很大。至于此后的事情则完全不清楚了。

附录：原稿目录

总目录

第一册
序
绪言
第一章　中国的史料
第二章　外国的史料
第三章　外国的史料
第四章　古物与古迹
第五章　地理的环境
第六章　农牧与工商
第七章　匈奴的宗教
第八章　语言与其他

第二册
第九章　匈奴的种族
第十章　匈奴的种族
第十一章　匈奴的种族
第十二章　文化的传统
第十三章　文化的传统
第十四章　匈奴的华化
第十五章　匈奴的华化
第十六章　中国的胡化

第三册
第十七章　头曼的时代
第十八章　冒顿的时代
第十九章　冒顿的时代
第二十章　稽粥的时代
第廿一章　军臣的时代

第廿二章　伊穉斜时代
第廿三章　伊穉斜时代
第廿四章　乌维的时代（附儿单与勾黎湖单于）

第四册

第廿五章　且鞮侯时代　附孤鹿姑
第廿六章　孤鹿姑时代　李广利的投降与被杀
第廿七章　壶衍鞮时代
第廿八章　述虚闾权渠
第廿九章　呼韩邪时代
第三十章　复株累若鞮　乌珠留
第卅一章　乌珠留与舆
第卅二章　乌珠留与舆

第五册

第卅三章　单于比时代
第卅四章　单于莫与宣
第卅五章　屯屠何时代
第卅六章　匈奴与邻国　与乌桓、鲜卑、西羌以及中国
第卅七章　匈奴争西域
第卅八章　安国呼厨泉
第卅九章　三国时匈奴
第四十章　晋代的匈奴

第六册

第四一章　刘渊的勃起
第四二章　刘渊的称帝
第四三章　刘聪的时代
第四四章　刘曜的时代
第四五章　赫连勃勃史
第四六章　沮渠蒙逊史
第四七章　屠各的历史
第四八章　稽胡与宇文

第七册

第四九章　西域的意义
第五十章　西域的概况
第五一章　历史的背景
第五二章　地理的概略

第五三章　西域的交通
第五四章　西域的华化
第五五章　西域的欧化
第五六章　佛教与中国

第八册

第五七章　匈奴与西域
第五八章　鄯善与于阗
第五九章　乌孙与车师
第六十章　莎车与马耆
第六一章　大宛与康居
第六二章　月氏与天竺　大夏
第六三章　大秦与安息
第六四章　郅支与悦般

第九册

第六五章　粟特的考证
第六六章　粟特的考证
第六七章　匈奴与哥特　东哥特
第六八章　匈奴与罗马
第六九章　匈奴与哥特　西哥特与罗马
第七十章　乌单与雷加　阿提拉
第七一章　阿提拉时代
第七二章　阿提拉时代

第十册

第七三章　《史记·匈奴传》
第七四章　《汉书·匈奴传》
第七五章　《汉书·匈奴传》
第七六章　《后汉书》记载
第七七章　贾谊论匈奴
第七八章　桓宽论匈奴
第七九章　前汉匈奴表（沈维贤）（开明廿五史补）
第八十章　后汉匈奴表（沈维贤）（开明廿五史补）

中国与西域

目 录①

前言	348
第一编	349
第一章　名词与意义	349
第二章　历史的背景	363
第三章　地理的环境	376
第四章　交通的概况	388
第五章　种族的蠡测	401
第六章　种族的蠡测（续）	413
第二编	427
第十一章　匈奴的兴起	427
第十二章　匈奴的强盛	439
第十三章　匈奴的被击	452
第十四章　匈奴的削弱	466
第十五章　匈奴的再起	478
第十六章　匈奴的衰亡	491
第三编	504
第十七章　西域的史略	504
第四编	517
第二十五章　匈奴与西域	517
第二十六章　匈奴与欧洲	528
第二十七章　匈奴与欧洲（续）	538
第二十八章　匈奴的华化	550
第三十章　西域与华化	561

---

① 校按：章节缺失，缺第 7—10 章、第 18—24 章、第 29 章、第 31—32 章。

前　言

这本书名为《中国与西域》，附题是"中国、匈奴与西域"。阅了这本书的人们，也许觉得附题较为适宜，可是我们仍然采用"中国与西域"这个名称，读了第一章"名词与意义"之后就能明白。

本书分为四部分：第一部分关于西域名词与意义的解释、历史的背景、地理的环境、交通的概况、人种的异同与文化的传统。这是关于研究中国与西域的几个普通与基本的问题。在某种意义上，也可以当为研究这个问题的绪论。

第二部分说明匈奴的起源，以及它与中国关系的历史的演进。

第三部分叙述西域各国的概况，而着重于其与中国的关系，以及中国史籍对于这些国家的记载。

第四部分指出中国之于西域与匈奴之于西域的关系，以至西域诸国的互相关系，及由此而引起的政治地理的变化，以及文化的交流与互相影响。

关于这个问题的研究的材料，主要是中国史书，尤其是《史记》《汉书》《后汉书》的记载。我国历来学者之研究这个问题的，差不多都致力于注解的工作，特别是对于《汉书·匈奴传》与《西域传》的注解的工作。此外专篇文章之讨论这个问题的某一方面的，已经不多，至于把这个问题的各方面来做一个有系统的研究，可以说是没有的。外国学者，对于这个问题之某一方面做了研究的确然不少，但据我所知，也没有人像这样的比较全面去解释，而且他们因为好多往往不能利用中国的材料，其结果是不易看到全面而深入。

我觉得这还是一种未垦之地，因此我尽量引用原文，并提出问题，与加以推论，以为关心这个问题的人作为参考。

我对于这个问题的研究，开始于好多年前，但写起这部约四十万字的书，却在最近一百天以内（一九五四年六月七日至九月十五日）。这个研究只是一种尝试的工作，错误是很多的，希望对于这个问题有兴趣的人们多加指正。

第一编

第一章　名词与意义

匈奴的起源这个问题，在国内近数十年来，注意这个问题的人逐渐的增加起来，在日本也有人研究这个问题，欧洲方面百余年，据我所知，英法而尤其是德文著作之谈到这个问题的很多，俄国学者对于这个问题也很注意。但是，研究这个问题的专篇文章并不算多。据我所知，大家对于这个问题所发表的言论多是片断的，少有系统。加以外文书籍参考书很为缺乏，所以我在这里主要的只能从以司马迁与王国维的一些比较重要而有代表性的著作作为讨论的主要材料。同时，将我觉得一些主要的或个人所找的新的材料来写成这篇，以供对于这个问题有兴趣的人作为参考。

一

我们要在这里解释"西域"这个名词及其意义。但是我们要先指出，除了西域这个名词之外，或者是在这个名词没被人采用之前，还有几个名词如西戎、西土、西垂、西方、西州与西海等，其意义之于西域这两个字，虽不完全相同，却有了密切的关系。我们现在首先来谈谈这几个名词及其意义。

"西戎"是历史上一个常用的名词。《礼记·王制》云：

> 东方曰"夷"，被发文身，有不火食者矣。南方曰"蛮"，雕题交趾，有不火食者矣。西方曰"戎"，被发衣皮，有不粒食者矣。北方曰"狄"，衣羽毛穴居，有不粒食者矣。

《大戴记·千乘》篇说：

> 东辟之民曰"夷"，精以侥。南辟之民曰"蛮"，信以朴。西辟之民曰"戎"，劲以刚。北方之民曰"狄"，肥以戾。

《白虎通·礼乐》篇说：

> 东方为"九夷"，南方为"八蛮"，西方为"六戎"，北方为"五狄"。

郑注《职方》说：

> 东方曰"夷"，南方曰"蛮"，西方曰"戎"，北方曰"貉狄"。

"戎"好像是西方的外族的一个专名了，但是《禹贡》说：

> 织皮、昆仑、析支、渠搜、西戎即叙。

司马迁《史记·夏本纪》，也有这段话。唐司马贞《索隐》说：

> 郑玄以为衣皮之人，居昆仑、析支、渠搜三山，皆在西戎。

《汉书·地理志》颜师古注云：

> 昆仑、析支、渠搜，三国名也。言此诸国皆织皮毛，名得其业，而西方远戎，就次叙也。

这是清楚的指出昆仑、析支、渠搜都是西戎，但《索隐》又说：

> 王肃曰：昆仑在临羌西，析支在河关西，西戎，西域，王肃以为地方而不言渠搜。

这样看起来，西戎是西域了。但是，《史记》裴骃《集解》，也当昆仑、析支、渠搜、西戎为四国，而王肃只说西戎是西域，昆仑、析支又是其他的地名，那么昆仑、析支，似不属于西戎，或王肃所说的西域了。昆仑、析支、渠搜，都在西方，且与西戎接近，假使这几个地方或国家不是西戎，那么西戎或西域的区域，是不会很大的。

然而西戎不只是像王肃所说，是一个地方，而是一种民族。上面所举的一些记载，所谓西方曰戎，是指着西方一般的外族，而不只是一个外族。因此之故，若说西戎是像王肃所说是指着地方的话，那么西戎，或西域，也应该是泛指西边的地方。

同时，我们还要指出，"西方曰戎"这句话，只是一个说法。西方的民族不一定都叫做戎，而这个地方，也不一定都是戎地。反过来地，除了西方以外，在东方，以至北方，也有戎。《书经·周书·费誓》说：

> 徂兹淮夷，徐戎并兴。

所谓徐戎，是东方之戎了。《史记·匈奴传》说："山戎越燕而伐齐。"又说："山戎伐燕，燕告急于齐，齐桓公北伐山戎，山戎走。"后来戎狄又到洛伐周襄王，周襄王也与戎狄伐郑。这些戎是在东北，而非在西方。

《礼记》虽说"西方曰戎"，然同时也说"西方曰狄""西方曰狄鞮"。这可以说西方也有狄，不只是北方有狄了。孟子以为文王生于岐周，死在毕郢，"西夷之人也"。那么西方也有夷，不只东方有夷了。《淮南子》说："西方曰昊天"，《广雅》作"蛮天"，《汉书》《后汉书》称匈奴为"百蛮大国"，这不只是指北方的狄人为"蛮"，西域各国之为匈奴所役的，也是"蛮"。那么，西方也有蛮，不只南方有蛮了。又为胡，是指着东北的民族，以及北方的匈奴而言，但是，由于西方也有胡，所以有时呼做"西胡"。

其实，古人对于蛮、夷、戎、狄这些名词的使用，并不严格。"戎狄""夷狄""蛮夷""北蛮"（《史记·匈奴传》："居于北蛮"）互相通用，并不是很清楚的分开来说。上面不过是随便的举了一些例子，去说明这一点罢。

而且，就算"西方曰戎"这个说法是比较普遍的说法，这也是有时间性的。这就是说，主要是在春秋战国的时代。春秋以前，在所谓西方，除了西戎之外，有鬼方，有猃狁，这些民族是不是戎族，这些地方是不是戎地，也是一个问题，我们可以不必在这里加以讨论。

至于王肃所谓西戎是"西域"，也是有其限度的。如上面所说，昆仑、析支、渠搜不是西戎，那么这个西戎所居的地方是很小，无可疑义。但是我们应该指出，"戎"这个名词，主要是指着民族而言，而非地域的名词。西戎大致上只能说是西方的戎人，不能说就是西域。然而，这也并不是说，西戎所居的地方不是在西域。虽则西域这个名词是后来才有的，但是我们可以说西戎所在地，是在或是邻近于后来的西域罢。

二

在《书经》的"周书"里，常常用"西土"这两个字。《泰誓中》曰："呜呼，西土有众，咸听朕言。"《泰誓下》："王曰：呜呼，我西土君子，天有显道，厥类惟彰。"又说："呜呼，惟我文考，若日月之昭临，光于四方，显于西土。"《牧誓》曰："逖矣西土之人"，"弗迓克奔，以役西土"。《大诰》曰："有大艰于西土，西土人亦不静。"《康诰》有："我西土惟时怙冒。"《酒诰》有："乃穆考文王，肇国自西土。"又："王曰：封我西土，棐徂封君。"《左传·昭公九年》载：

> 周甘人与晋阎嘉争阎田。晋梁丙、张趯率阴戎伐颍。王使詹桓伯辞于晋曰："我自夏后以后稷，魏、骀、芮、岐、毕，吾西土也。及武王克商，蒲姑、商奄，吾东土也。巴、濮、楚、邓，吾南土也。肃慎、燕、亳，吾北土也。吾何迩封之有。

上面所举出《书经》的例子，都是指明所谓西土，就是周人本来所在的地方。以"文王肇国自西土"来看，这是周朝的发源地。以"逖矣西土之人"来看，这个西土之于中邦，好像离的很远。然而事实上，这里所说的西土，是在现在的陕西境内。所谓"光于四方，显于西土"，好像西土地方很大，但是《大诰》里明明说道"我小邦周"。《左传》那段话说明初时西土是指着魏、骀、芮、岐、毕。武王克商，周的疆域是向东南北三个方向发展，而非向西扩充。

所谓"肇国自西土","土"可以说就是国。《夏书·禹贡》说："成赋中邦，锡土姓"，蔡沈《集传》云："锡土姓者言锡之土以立国，锡之姓以立宗。"所以西土也可以说是"西国"。《广雅释诂》"域，国也"。所以，西土也等于后来所说的西域。虽则这里所说的"西域"，地方是很小的。

文王据《史记》所说，是后稷的后裔。这是说明他们是中国人，孟子却说：

> 文王生于岐周，卒于毕郢，西夷之人也。

陆贾《新语·术事篇第一》有"文王生于东夷"的词句，与孟子所说生于岐周，虽相矛盾，然两者都说文王是"夷"人。文王生于东夷而到西土去做君长，并非不可能，所以"文王肇国于西土"这句话，是没有问题的。假使我们对于文王的生地，不加以深究，而相信孟子、陆贾所说他的夷人是对的话，那么这个西土的君长，也是出于像后来人所说的西域的人种，是外族了。司马迁说："公刘失其稷官，变于西戎。"这也许是文化上同化于西域，但就使文王不是纯粹的西夷人，他有了西夷的血统，也是很可能的。

据司马迁《史记·匈奴传》的记载，周的祖先公刘，虽然变于西戎，但是到了古公亶父，却因戎狄的攻伐而从豳迁到岐下。后来西伯昌（即文王）又伐畎夷氏，武王时，"放逐戎夷泾洛之北"，穆王时又伐犬戎，到了幽王，因宠爱妃姬褒姒，申侯和幽王不对，乃与犬戎共攻杀周幽王于骊山之下，犬戎到了泾渭居住，侵略中国。后来得秦襄公救周，伐戎至岐，周平山东徙雒邑，于是秦始封为诸侯。

这些戎人是在周的故土或西土的左近，这些戎人据近人研究，其大概情形是：

> 当商周五六百年间，久以秦陇一带为根据地。商之末年，已侵入今陕西关中道之西北境。周初兴时，攘斥之，乃西北徙，居于今陕西之榆林道，及甘肃之泾原道，所谓泾洛以北也。及周中衰，此族渐次内侵，宣王时狎狁"侵镐及方，至于泾阳"，不忌敦又言"伐之于高陵"，泾阳、高陵，皆今县，在长安之东，已到河渭合流处。盖宗周西北东三面，皆在狎狁包围中矣。宣王迫伐之，至太原，彼族乃稍戢威暴，蜷伏陇西。迨幽王时，遂入居泾渭间，夺取周故京，而周乃东迁洛阳以避之。（梁启超《中国历史上民族之研究近著》第一辑下卷）

大致上，在这个时期的戎人所出入的地方主要的是现在的陕西的北部及甘肃的泾原、关中一带，再自这些地方而往西北方面的戎狄的活动如何，就不清楚了。

三

自相传为晋朝太康二年在汲冢所发现的《穆天子传》一书之后，有些人以为穆天子西征的地方，不只是在现今的新疆地域，而且越过葱岭以至中亚细亚以西，而至欧洲的东部。比方顾实写了一本《穆天子传西征讲疏》，说明穆王到了这些地方，他说：

> 大抵穆王自宗周瀍水以西，首途逾今河南、直隶、山西，出雁门关，由归化城，西绕道河套北岸而西南，至甘肃之西宁，入青海，登昆仑，复下昆仑而走于阗，升帕米尔（Pamir）大山，至兴都库士山（Hindukush M. t. s），再折而北，东还至喀什噶尔河，循叶而羌河至群山之王，再西逾帕米尔经达尔瓦兹（Darwarz）、撒马尔干（Samarkand）、布哈尔（Bokhara），然后入西王母之邦，即今波斯之第希兰（Teheran，德黑兰）也。又自今阿拉拉特（Ararat）山，逾第弗利斯（Tifris）之库拉（Kura）河，走高加索山之达利厄耳（Dariel）峠道，北入欧洲大平原，盖在波兰（Poland）华沙（Warsaw）附近，休居三月，大猎而还。经今俄罗斯的莫斯科（Moscow）北之拉独加（Ladoga）湖，再东南傍窝尔加（Volga）河，逾乌拉尔（Ural）山之南端，通过里海（Caspian Sea）北之干燥地（Arid region）及今阿拉尔海（Aralsea）中，循吹（Chu）河南岸至伊锡克库尔（Issyk kul）湖南，升廓克沙勒山，而走乌什、阿克苏、焉耆；再由哈密长驱千里还归河套，北逾阴山山脉，而南经乌喇特旗归化城，走朔平府右玉县，而南逾洪涛山入雁门关之傍道，南升井陉山之东部，通过翟道太行山，而还归宗周。

顾实还说：

> 如此一大惊人奇迹，未经沧桑之变迁，依然今日之山河，虽年隔三千载，而犹历历之如昨也。盖自《穆传》出汲冢而后，莫有能知之者，而余今为之疏通证明，岂不快哉。

近人已考证《穆天子传》不是周代作品，这不必在这里讨论。不要说是在周穆王时中国人难以到这些地方，就是前汉时张骞本人以及他所派的使者，也没有到过波兰的华沙。《史记》说："穆王伐犬戎，得四白狼四白鹿以归，自是之后，荒服不至。"并没说穆王作过远征。汉以前的典籍也没有说到这点，这本书是后人所假托。顾实这段解释，是把这本著作所假托的而再加以假托罢。

然而最荒谬的是他说：

> 今第以《穆传》西王母考之，则负有国家之使命，万里投荒，效忠中朝，上古既不止一西王母，抑何上古中国多伟大之奇女子也，而《穆传》

西王母，虽为穆王之女，又岂非有是父必有是女哉？

关于古代西王母的传说很多，有的说她是神仙，有的说这是西方的一个国家。顾实竟把她当为穆王之女，最为荒谬。鱼豢《魏略·西戎传》说：

> 大秦西有海水，海水西有河水，河水西南北行有大山，西有赤水，赤水西有白玉山，白玉山西有西王母，西王母西有脩流沙，流沙西有大夏国、坚沙国、属繇国、月氏国，四国西有黑水，所传闻西之极矣。

在西汉通西域之后，人们对于西王母所在地及西域的认识，尚如此含糊，若说在周穆王，已到过这个地方而见过西王母，是不可信的。《淮南子》说"西王母在流沙之濒"，《书经·禹》有"余波入于流沙"及"西被于流沙"的句子，（疏）《地理志》以流沙为"张掖居延泽"。西王母的故事所指的地点，大概是甘肃境内。今甘肃甘州西门外，犹有西王母宫。总之，在周穆王的时代，"西土"的最西的边境是陕西及甘肃的东边一部分，而所谓西边的戎人所出没的地方，大致上是不会超出这个范围的。

四

《史记·秦本纪》说：

> 周宣王即位，乃以秦仲为大夫，诛西戎。西戎杀秦仲，秦仲立二十三年，死于戎。有子五人，其长者曰庄公。周宣王乃召庄公昆弟五人，与兵七千，使伐西戎，破之，于是复予秦仲后及其先大骆地犬丘并有之，为"西垂"大夫。

《史记·秦本纪》除了这里用"西垂"两个字外，还有秦的后代"曰中潏，在西戎保西垂"及"中潏以亲故归周保西垂""西垂以故和睦"等记载。王国维《秦都邑考》（《海宁王静安先生遗书》卷十一）说：

> 秦之祖先起于西戎，当殷之末，有中潏者，已居西垂，大骆、非子以后，始有世系可纪，事迹亦较有据。其历世所居之地，曰西垂、曰犬邱、曰秦、曰渭汧之会、曰平阳、曰雍、曰泾阳、曰栎阳、曰咸阳。此九地中，惟西垂一地，名义不定。……案西垂之义，本谓西界。《史记·秦本纪》："中潏在西戎保西垂。"又申侯谓孝王曰："昔我先郦山之女，为戎胥轩妻，生中潏，以亲故归周，保西垂，西垂以其故和睦。"又云"庄公为西垂大夫"。以语意观之，西垂殆泛指西土，非一地之名。

周发源于西土，秦一向在西垂，王国维以为西垂殆泛指西土，那么西垂与西土的意义大致是相同了。《史记·秦本纪》虽说"秦之先为帝颛顼之苗裔"，然又曰："其后代曰费昌，子孙或在中国，或在夷狄。"这也与周的先世"变于西戎"相似了。周的先世以征伐戎狄而有功，秦的先世也是如此。西垂也是戎狄所常常出入的地方。秦因周室东迁而居于周的故地，秦的"西垂"也就可以说是周的"西土"了。

"西垂"这个名称，在汉时还有人用。桓宽《盐铁论·备胡》篇云：

> 大夫曰："往者四夷俱强，并为寇虐，朝鲜逾徼，劫燕之东地，东越东海，略浙江之南，南越内侵，滑服令氏棘人、冄、駹、巂唐、昆明之属，扰陇西巴蜀。今'三垂'已平，惟北边未定。"

桓宽他自己曾用西域两个字，但因同时也用"三垂"，所以陇西巴蜀可以叫做西垂了。他说"今三垂已平，唯北边未定"，"垂"也等于"边"，或者是边疆的地方。这与《晋书》所说"我忧西垂，过于历阳"，同一意义。

此外，"西方"这个名词之见于古代典籍者也不少。《国语·晋语四》西方解"西方谓周"。《招魂》有"西方之害，流沙千里些"。《淮南子·时则训》说："西方之极，自昆仑，绝流沙、沈羽，西至三危之国"。这个西方，是在流沙。又如《诗·简兮》："云谁之思，西方美人兮。彼美人兮，西方之人兮。"王国维在《不嬰敦盖铭考释》（雪堂丛刻）一文里说："盖古中国人呼西北外族之名方者，国也。"唐兰《四国解》（《禹贡》半月刊一卷十期）一文中说：

> 周人好称"四国"，其义与"四方"同。盖商人称"国"为"方"，今爻辞所见皆然。称"四方"者举"四海"内之方也。《盘庚》曰"底绥四方"，《微子》曰"殷其弗或乱四方"，并其证。《商书》无"国"字，《周书》《周易》及《诗》始见之，则"国"殆周人语也。金文"国"字多作"或"，则"国"字乃晚周后起字也。周人称"方"为"国"，则以"四方"为"四国"。……言"四国"者，举东南西北也。故《诗》《书》及金文每有"东国""南国""北国"之称……独西国之名未见称述，则以周本"西土"，故每径称为"西土"也。……后世训方为方向，而不知方向之义乃引申于方国。

这样看起来，"西方"也可以说是"西国"了。

《战国策·韩策·谓郑王》篇说：

> 昔穆公一胜于韩原，而霸西州。

"西州"这个名词，在古籍并不多见。唐时有西州交河郡治，前庭就是汉时的车师前王庭，交河郡，也就是现在新疆吐鲁番县及鄯善的地方。这是汉代西域的地方的一部分，但是这是唐代的"西州"。《战国策·韩策》里所说的"西州"，应该是与秦霸西戎的西戎地一样，这也就是与上面所说的西垂相似。

此外，"西海"这个名词，却常见于古代典籍。从表面上看起来，"西海"应该是指着海，比方"咸海"亦称"西海"。又《后汉书·西羌传》："武帝时汉遣将军李（息）击平西羌，始置护羌校尉，持统领焉。羌乃去湟中，依西海盐池左右。"

这个"西海"大致是指青海。又《后汉书·西域传》绪言云："班超遣掾甘英，穷临西海。""条支国"条所谓"临西海"，以及传论所谓"临西海以望大秦"，这些"西海"都是指着海洋或海水的"海"。在方向上，这些海都是在广义的西域的范围内。然而，西海不一定或完全是指有水的地方，有时是指一个地方。《战国策·秦策·司马错请伐蜀》篇说：

夫蜀西辟之国也，而戎狄之长也。……以秦攻之，譬如使豺狼逐群羊也。……故拔一国而天下不以为暴，利尽"西海"，诸侯不以为贪。是我一举而名实两附，而又有禁暴止乱之名。

这个"西海"是指着蜀，并非指着海。又《荀子·王制》篇说：

西海则有皮革文旄焉，然而中国得而用之。

这个"西海"没有问题的是司马迁所说的西北国，因为皮革文旄都是西北地区的产品，而非海里或湖中的产物。所以这个"西海"是与"西域"的意义相近的。

然而我们也得指出上面所举出的各种名词，都没有"西域"这个名词的意义那么具体而包含广。"西土"主要是指着周的故土，"西垂"是指着秦的故地，而且有了边境的意义，"西方"的意义太过广泛，"西州"现很少用，而近于政治区域的一个专用名词，"西海"则容易使人误会为海洋的海。至于像"西王母"这个名词，并不是区域的名词，就算是指着一个国家，意义也太狭。惟有"西域"这个名词，是能够含有上面所说的各种名词的意义而较为具体。

五

班固《前汉书·西域传上》说："西域以孝武时始通。"又说：

汉兴至于孝武，事征四夷，广威德，而张骞始开西域之迹。

班固《前汉书》对于西域，正像对于匈奴一样的重视，故《西域列传》分为上、下两篇。司马迁在《史记》里，只有《大宛列传》，没有《西域列传》，虽则在《大宛列传》里，除了叙述大宛的情况以及其与中国的关系外，他对于乌孙、康居、奄蔡、大月氏、安息、条支、大夏诸国也叙其概况。司马迁在这篇传里，开始就说"大宛之迹，见自张骞"。所以司马迁的《大宛传》等于班固的

《西域传》，虽则后者所举的西域诸国的数目，比之司马迁所说的多得多。

司马迁没有用"西域"这两个字，但在《大宛列传》里他曾用过"西国"这个名词。他说：

> 匈奴奇兵时时遮击使西国者。

徐松《汉书·西域传补注》卷上《西域传》这个题目下补曰：

> 《史记·大宛传》："匈奴奇兵时时遮击使西国者"，古音国读如域，《广雅·释诂》："域，国也。"《后汉书·乌桓传》有东域，《西南夷传》有南域，此城郭国界中国之西，故曰西域。

"西国"这个名词已见于《荀子·王制》篇。如说：

> 故周公南征而北国怨，曰："何独不来也？"东征而西国怨，曰："何独后我也？"

班固《汉书》虽已常用"西域"这个名词，但"西国"两个字还是时时引用，而且这两个名词时时互相通用。《西域传赞》说：

> 孝武之世，图制匈奴，患其兼从西国，结党南羌，乃表河曲，列四郡，开玉门，通西域，以断匈奴右臂。

又《西域传下》"渠犁"条说：

> 连城而西，以威西国。

又《傅介子传》说：

> （介子）至楼兰，楼兰王意不亲介子，介子阳引去，至其西界，使译谓曰："汉使者持黄金锦绣，行赐诸国，王不来受，我去之西国矣。"

这个"西国"表面看起来好像是在楼兰之西，然而，不只楼兰本身是西国，就是敦煌以西，都是"西国"，介子所说"我去之西国"，其意不外是更往西走罢。

司马迁在《大宛传》里，除了用"西国"这个名词外，还数次用"西北国"这个名词。如：

> 骞所遣使通大夏之属者，皆颇与其人俱来，于是西北国始通于汉矣。

又说：

> 汉始筑令居以西，初置酒泉郡，以通西北国。

又有"西北外国使"的句子，如：

> 令外国遍观各仓库府藏之积，见汉之广大，倾骇之。……自此始，西北

外国使更来更去。

司马迁虽没有用"西域"这个名词，但他在《大宛传》里曾用"西国""西北国"等名词。班固著《汉书》以"西域"作传的标题，但传中也用"西国"这个名词，而且这个名词是与西域两字互相通用的。司马迁所用的"西国"是不是从《荀子·王制》篇而来，不得而知，但是班固所用的"西域"，可能是从司马迁的"西国"而来。

然而，这并不是说"西域"这个名词是班固最先采用的。据我所知，这个名词已见于西汉桓宽的《盐铁论》。他在这本书第四十六篇就用了"西域"这两个字做篇名。在这一篇里，他用了"西域之国"的词句。既说"西域之国"，那么他在这里所说的"域"之于"国"是有了不同的意义。"域"在这里是指着地方，而"国"是指着政治团体。域是泛指一个区域，国是一个有组织的政治集团。所以在"西域"这个区域内，就可以有好多个国。像上面所说的"西国"，当然也有西边的国家的意义，但可惜还没有将国与域的意义明显的分别出来。所以，桓宽所谓"西域之国"，其重要意义不只是最先引用"西域"这个名词，而且把"域"的意义与"国"的意义加以区别。后来人们用"西域诸国"这种词句，可以说与他所说的西域之国是一样的。

桓宽是西汉昭帝、宣帝时人，司马迁死于昭帝始元元年（纪元前八六年），可能在司马迁的时候，西域这个名词已有人引用，不过并不普遍。到了昭帝、宣帝时，才比较普遍的采用，所以桓宽遂用为《盐铁论》中的一个标题。桓宽除了在《西域》篇里用"西域"这个名词外，在《击之第四十二》也用"西域"这个名词。他说：

> 使得复喘息，休养士马，负给西域，西域迫近胡寇，沮心内解，必为巨患。

这里所用的"西域"，可以说是等于司马迁所说的"西国"了。但是西国的意义既然是偏于政治组织方面，没有西域这个名词那么包含的广而又较为具体，所以自这个名词被了桓宽采用以后，再经过班固在《汉书·西域传》上下两篇加以采用，遂成为历史上一个很普遍而又富有意义的名词。

我们还要指出，"西域"在地理上虽与西土、西垂、西州是在同一方向，其范围是不相同的。在汉以后的西域，是在敦煌以西；而西土、西垂，汉以前所说的西方，《荀子》所说的西海以及《战国策》所说的西州，大致都是长安以西、敦煌以东。所以在文义上，"西土""西垂""西方""西州""西海"虽然有时也可以与西域通用，但自西域这个专名成立以后，它就表示了一种新的意义。

六

我们说西域这个名词之被采用，是表示了一种新的意义，因为从历史上来说，这是中国史上地理新的发现的一页。司马迁在《史记》里说"大宛之迹，见自张骞"，班固在《汉书·西域传》里说"西域以孝武始通"，范晔在《后汉书·西域传论》中说：

> 西域风土之载，前古未闻也。汉世张骞怀致远之略，班超奋封侯之志，终能立功西遐，羁服外域。自兵威之所肃服，财赂之所怀诱，莫不献方奇，纳爱质，露顶肘行，东向而朝天子。故设戊己之官，分任其事，建都护之帅，总领其权。先驯则赏籝金而赐龟绶，后服则系头颡而衅北阙。立屯田于膏腴之野，列邮置于要害之路。驰命走驿，不绝于时月，商胡贩客，日款于塞下。其后甘英乃抵条支而历安息，临西海以望大秦，拒玉门关者，四万余里，靡不周尽焉。若其境俗性智之优薄，产载物类之区品，川河领障之基源，气节凉暑之通隔，梯山栈谷、绳行沙度之路，身热首痛、风灾鬼难之域，莫不备写情形，审求根实。

我们知道，周的"西土"不外是在现在陕西的境内，秦的"西垂"也不过是在这个地方。"秦穆公得由余，西戎八国服于秦"（《史记·匈奴列传》），西戎所在的地方，大致也只在甘肃的泾原，所谓泾洛之北。秦始皇统一天下，修筑万里长城，西起临洮，临洮据韦昭所说是陇西县，仍不过是在甘肃的东南。汉武时代逐渐扩充到武威、张掖、酒泉而至敦煌。自张骞通西域之后，中国人对于西部的地理智识日益增加，其眼界不只看到葱岭，而且远超出葱岭以西。如范晔所说"拒玉门四万余里"，这是中国国力上的大膨胀，也是古代中国以至世界历史上的伟大的地理发现。"西域"这个名词，可以说是征象了这个伟大发见罢。这样看起来，"西域"这个名词的采用，又岂不是表示在历史上一种新的意义吗？

不但这样，"西域"是有了广狭两种意义。狭义的西域，《汉书·西域传》绪言所说的西域是东起自玉门关，西至葱岭。"南北有大山，中央有河，东西六千余里，南北千余里。"其实这个西域的范围是太狭了，这只能说是班固的狭义的西域的四至。

照一般人的意见以为，狭义的西域差不多就等于我们今日新疆一省，至于广义的西域，可以说是从葱岭以西以至欧洲。司马迁在《史记·大宛传》里已经告诉我们，张骞自己到过大宛、大月氏、大夏、康居，他所分遣的副使，除了到过大宛、大月氏、大夏、康居之外，好像还到于阗、扜罙、身毒、安息"及诸旁国"。至于因张骞出使而耳闻到的在西域更西的一些国家，如条枝，如奄蔡，如黎轩，司马迁都记在《史记·大宛传》里。安息是波斯，条枝在安息之西，这已达或是接近地中海的东岸，奄蔡是后来的阿兰，这是近于欧洲东北的一个国家。黎轩据后来一些人考证就是大秦，也就是当时的罗马的东部。假使这个考证是正确的话，那么在张骞的时候，中国人已到过波斯，而对于罗马已有了认识。东汉人对于大秦的智识更加丰富，故《后汉书·西域传》对于大秦的记载占了很长的篇幅。

这说明了广义的西域，是在葱岭以西，或者是葱岭西南，包括了中亚细亚、印度，以至小亚细亚、欧洲的东北部以及当时的罗马。这个"西域"包括古代西方文化最高的国家，包括了古代西方最强的国家，也包括了地理上从太平洋的海岸以至大西洋的东海岸。

七

"西域"这个名词有时也可以说是包含了后来所谓"西洋"的意义。"西域"是一个陆地的概念，"西洋"是一个海洋的概念。但是事实上，这两个名词有时也指同一的概念。分别的点是主要由海道而达到的欧洲，即谓之"西洋"，主要由陆道而到的欧洲，即谓之"西域"。"西洋"这个名词之为我国人所应用，较早的是在由于郑和之下西洋，郑和时的西洋是指着南洋与印度洋，但是后来中国与欧洲海道直接沟通后，西洋这个名词，遂逐渐成为专指欧美各国的区域。可是事实上，在中国与西洋海道上没有直接沟通之前，间接的早已有人由海道往来于中国与欧洲，《后汉书·西域传》"大秦"条说：

> 其王常欲通使于汉，而安息欲以汉缯彩与之交易，故遮阂不得自达。至桓帝延熹九年（纪元后一六六年），大秦王安敦遣使自日南徼外，献象牙、犀角、玳瑁，始乃一通焉。

这是由海道间接而来。因为在这个时候，既不可能绕非洲的南部好望角而东来，而红海与地中海之间又没有运河的沟通。安敦的使者到中国的途程中，可能走陆地的路程还多过走海道的途程，然而，为了避免安息人的阻挠，是非走一部分的海道不可的。所以中国与欧洲的海道交通，可以说是萌芽于这个时候。后来在唐代，亚拉伯人掌握了海道交通，中国与欧洲的货物交易，也是由亚洲人利用间接的海上交通而运输的。元代的马可波罗，也这样的走过。

自中国的珍品特别是丝传到罗马之后，罗马人逐渐的爱用起来，而成为一些人尤其是王室贵族的生活上所不可缺少的物品。中国遂成为他们所说的"丝国"。丝及中国的好多珍品都象征了中国的高度文化，使他们认识中国是一个强而且富的国，使他们以中国为一个理想的国家。安敦王是因为安息人遮阂中国与罗马的陆道交通，而遣使取道海路来中国；安敦王之后，一千三百多年中的欧洲人，又何尝不是因为中国与欧洲的间接的海道交通被了亚拉伯人所遮阂，而拼命的设法去寻找直接的海道交通呢？在十五世纪，欧洲一连串的探险家绕过好望角，其中好多人的目的主要的是寻找这个"丝国"。哥伦布不过是其中之一罢。哥伦布憧憬于马可波罗所到过并加以描写的这个历史悠久的伟大的"丝国"，他准备历万险而从海道去寻找这个"丝国"，或是他们当时所称为"契丹"。他与其他的探险家所不同者，是他相信地球是圆的，所以他想从大西洋的东岸向西直走，避免亚剌伯人所垄断的海道。他这种信念指导着他去寻找中国，他找不到中国，但却发现了美洲大陆。在他看起来是一种惨败，一种失望，然而在世界史上，也是一个新发现。假使他像麦哲伦一样的，沿着南美洲的东岸而绕过和伦角（Cape Horn），然后再向北而向西走的话，那么他就会像麦哲伦一样的到了东方，他可能会如愿以偿的到达中国，可是他没有这样作，终于在失望中死去，既看不见中国，也看不见他发现美洲大陆的果实。

数百年来，人们都很注意到哥伦布发现新大陆一件事，可是哥伦布之发现新大陆，是与他意欲寻找中国有密切的关系的，这点人们就比较少注意了。在目的上，哥伦布与安敦王是一样的，为什么他们要到中国来呢？这是由于我们的祖宗已经开通了西域，从狭义的西域已扩大到广义的西域，而这个西域也包含了欧洲。因为我们的祖宗已经打开了这条路，输去中国的珍品，使罗马人十分羡慕中国的文化，需要中国的珍品，他们也尽力设法去与中国交通。所以陆道被阻了，便寻找间接的海道。到了十五世纪的时候，欧洲人同罗马人一样，要寻找这个中国。所以间接海道被阻了，便寻找直接的海道。是在这种的要求之下，使哥仑布意外的发现了新大陆，现在的新大陆和欧洲是我们所称的"西洋"，"西洋"的范围放大了，可是在我国近古时期，"西洋"一名称有时也可以包括在西域的地理范围以内，这也就是我们所说的广义的西域。总上而言，西域这个名词在古代历史上曾经代表过一种新的意义，在近代历史上，又再次表示另一种新的意义。

八

不但如此，在西域这个名词及其涵义中，匈奴是一个很重要的因素。西汉昭宣时的桓宽，已看到这一点。他在《盐铁论·第十六》以西域为题目那篇文章里，主要的是说到许多关于匈奴的事情。他一开始就说：

> 大夫曰：往者，匈奴据河山之险，擅田牧之利，民富兵强，行入为寇，则句注之内惊动，而上郡以南咸城。文帝时，虏入萧关，烽火通甘泉，群臣惧，不知所出，乃请屯京师以备胡。胡西役大宛、康居之属，南与群羌通。先帝推攘斥夺广饶之地，建张掖以西，隔绝羌、胡，瓜分其援。是以西域之国，皆内拒匈奴，断其右臂，曳剑而走。

两汉人以为中国之通西域是断匈奴的右臂，司马迁在《大宛传》里这样的说，其他好多人也这样说。班固在《西域传》说汉通西域，"匈奴不自安矣"。这就是说，通西域是控制匈奴的一个有效的方策。张骞、班超的出使，也就是为了要达到这个目的。

我们的看法还不止此，因为匈奴不只在地域上，它的西部可以当为西域的一部分，而且在其后来的历史上，它本身或是其种族有一部分也迁到西域这个范围之内的。《汉书·西域传》说：

> 匈奴西边日逐王，置僮仆都尉，使领西域，常居焉耆、危须、尉黎间，赋税诸国，取富给焉。

这不只说明西域是匈奴的外府，也说明匈奴的西部是西域一部分。在纪元前一二一年之前，在甘肃的河西走廊，东至武威、古浪一带，还为匈奴所统治。匈奴自经过武帝时的征伐之后，逐渐向西北迁移，到了宣帝年间，匈奴分为南北，南匈奴居于中国的边境，北匈奴向西迁移。郅支单于在纪元前五二年间移到康居，南匈奴不久又回去北庭，所谓南北匈奴，遂成为东西匈奴。郅支单于虽为陈汤所败而杀死，但其人民之留于西域者，必定不少。至于后汉，匈奴被汉兵击败之后，又加以鲜卑从东方侵入，于是匈奴又作了第二次的向西大迁移，而成为东西匈奴的局势。此后，中国人对于西域境内匈奴的行踪事迹很少有记载。《后汉书》只有《南匈奴传》，而没有《北匈奴传》或《西匈奴传》，就是因为对于西移的匈奴太过隔膜。

中国人对于西移的匈奴虽少有记载，然在经过第三、四、五世纪的二三百年间，匈奴又在东欧勃兴起来。哥特人最先受匈奴的威胁，罗马人继续受匈奴的侵略。到了后来以至阿提拉的时代，欧洲全部都受了匈奴的影响，大部分的欧洲政治地理改变了面貌，使欧洲的历史起了极大的变化。

这个匈奴是移到西方以后而慢慢的发展起来的。他们从东到西，是在我们所说的广义的西域的范围之内，可是为什么他们要西迁呢？主要的是由于经不起中国的猛烈与长期的征伐，而被迫西迁，使"北狄"成为"西戎"。中国人在两汉时代虽好像没有到过大秦或罗马的，然而罗马与欧洲的历史的重大变化是受了中国的影响，这种影响是间接的，然而这种间接的作用是太大了。

从这个点来看，匈奴不只是与西域有了密切的关系，其实是西域本身的一个很重要的问题。同时，这样的去看西域，这个西域的意义更加重要了。

第二章 历史的背景

一

战国周秦以后的人，往往不只歌颂古代的帝王的盛德，而且夸大他们的疆域的广大。《战国策·东周》"温人之周"条记：

> 温人之周，周不纳，客即对曰："主人也。"问其巷而不知也，吏因囚之。君使人问之曰："子非周人也，而自谓非客，何也？"对曰："臣少而诵诗，诗曰：'普天之下，莫非王土；率海之滨，莫非王臣。'今周君天下，则我天子之臣，而又为客哉？故曰'主人'。"君乃使吏出之。

其实，不只是在战国时代，东周所管辖的地方小得很，就是在周朝强盛的时候，其所统治的疆土，也不见得是"普天之下，莫非王土"。温人固是过份去夸大东周的幅员，东周君也为了这种夸大所迷醉而宽待温人。《淮南子·主术训》篇说：

> 昔者神农之治天下也……其地南至交趾，北至幽都，东至旸谷，西至三危，莫不听从。

有人说：黄帝巡游四海，登昆仑，《大戴礼记》中的《五帝德》说颛顼曾经"乘龙而至四海，北至幽陵，南至于交趾，西济于流沙，东至于蟠木。……日月所照，莫不砥砺"。

同样，对于帝喾帝尧以至于禹的疆域，也是日月所照，四海之内，风雨舟车所至，没有不从顺宾服。这也就是所谓"普天之下莫非王土"的思想了。

二

但是我们应该指出，事实并不是这样。孟子曾说过：

> 夏后殷周之盛，地未有过千里者也。

周武统一天下，疆土比之殷夏较大。周既未过千里，则殷夏所统治的地方多大，可想而知。《史记·吴起列传》说：

> 夏桀之居，左河济，右太华，伊阙在其南，羊肠在其北。

近人考证，夏桀所统治的地方，不过是黄河下游一段。商人得天下之后，加了东北一部分土地，周武王灭纣之后，又加了西方一部分的土地。《左传·昭公九年》记周景王所说的疆土的四至：西至魏、骀、芮、岐、毕，东至蒲姑、商奄，南至巴、濮、楚、邓，北至肃慎、燕、亳。孟子所说三代地方未有过千里，也就是说，周的地方没过千里；至于殷而尤其夏的地方，必定更小。

到了春秋而特别是战国的时代，各国争雄，开辟疆土。晋在春秋末年，占当时中国土地之半，因为晋收复了群狄所侵中国的地；燕攻败东胡，增加了千里地；赵也向其边地发展扩充其领土；秦服西戎，而扩其地；楚在南方也开辟土地，但楚不只在西周时，楚子熊渠说"我蛮夷也"，就是春秋初年，楚武王还重说了这句话。孟子说："今南蛮𫛮舌之人，非先王之道。"那是南方，还为一般人所视为不是华夏的地方。但是春秋而尤其是战国，中国的版图的确是大大的扩充起来。我们且看《战国策》苏秦所说几段话。

在《秦策》里，他对秦惠王说：

大王之国，西有巴蜀汉中之利，北有胡貉代马之用，南有巫山黔中之限，东有肴函之固，田肥美，民殷富，战车万乘，奋击百万，沃野千里。

在《魏策》里，他对魏王说：

大王之墬，南有鸿、沟、陈、汝南，有许、鄢、昆阳、邵陵、舞阳、新郪，东有淮、颍、沂、黄、煮、枣、海盐、无疏，西有长城之界，北有河外、卷衍、燕、酸枣，墬方千里。

在《韩策》里，他对韩王说：

韩北有巩洛、成皋之固，西有宜阳、常阪之塞，东有宛、穰、洧水，南有陉山，地方千里。

在《燕策》里，他对燕文侯说：

燕东有朝鲜、辽东，北有林胡、楼烦，西有云中、九原，南有呼沱、易水，地方二千余里。

在《齐策》里，他对齐宣王说：

齐南有太山，东有琅邪，西有清河，北有勃海，此所谓四塞之固也，齐地二千里。

在《楚策》里，他对楚威王说：

楚天下之强国也，大王天下之贤王也，楚地西有黔中、巫郡，东有夏州、海阳，南有洞庭、苍梧，北有汾陉之塞、郇阳，地方五千里。

苏秦说秦"沃野千里"，沃野之外，还有好多地方。所以在《秦策》里，张仪说秦王说：

> 今秦地形断长续短，方数千里。

《赵策·苏秦从燕之赵篇》说：

> 臣窃以天下地图案之，诸侯之地，五倍于秦。

秦本来是一个大国，《史记·秦本纪》说：

> 秦用由余谋伐戎王，益国十二，开地千里，遂霸西戎。

秦惠王又听了司马错的话，起兵伐蜀，把蜀地也归并入秦。秦的地方已经够大，而诸侯的地方，总共起来，又五倍于秦，这可见当时中国地方之扩大，比之周初是大得多了。

若照孟子的话来看，周地不过千里，而战国的时候，随便一个国家疆域都比周为大。诸侯之地五倍于秦，则这个时候，各国诸侯的地方，若与秦的地方总共起来，比之于周的初年，当在十倍以上了。

我们不能否认，苏秦所说的话，也许要打多少折扣。然而在战国的时代，各国各自为政，极力扩充土地，争求霸业，领土大大增广，是三代人所梦想不到的。所以，到了这个时候，一个中等的国家，地方就比武王统一天下的周的地为大，怪不得荀子在《强国》篇里要这样的说：

> 秦……威强乎汤武，广大乎舜禹。……曷谓广大乎舜禹也？曰：古者百王之一天下，臣诸侯也，未有过封内千里者也。今秦乃有沙羡与俱，是乃江南也……北与胡貉为邻，西有巴戎，东在楚者，乃界于齐；韩者，逾常山，乃有临虑；在魏者，乃据圉津，去大梁者百二十里耳；其在赵者剡然有苓而据松柏之塞，负西海而固常山，是地遍天下也。……此所谓广大乎舜禹也。

孟子所说三代地不过千里，荀子在这里也这样说，大致是不会错的。荀子赞叹秦地之广大，还是在秦未并吞六国之前，到了秦灭六国，统一天下，丞相王绾等上帝号议说：

> 昔者五帝地方千里，其外侯服夷服诸侯或朝或否，天下不能制；今陛下兴义兵，诛残贼，海内为郡县，法令由一统，自上古以来未尝有，五帝所不及。

这虽然是专制时代做臣僚的人歌功颂德的老套话，然地方之大，自上古以来未尝有，五帝所不及却是事实。过了二年（二十八年），始皇登琅邪时刻石中说：

> 普天之下，抟心揖志，器械一量，同书文字，日月所照，舟车所载，皆终其命，莫不得意。……六合之内，皇帝之土，西涉流沙，南尽北户，东有东海，北过大夏，人迹所至，无不臣者，功盖五帝，泽及牛马。

贾谊在《过秦论》里也说：

> 及至始皇，奋六世之余烈，振长策而御宇内，吞二周而亡诸侯，履至尊而制六合，执敲扑以鞭笞天下，威振四海，南取百越之地，以为桂林、象郡，百越之君，俛首系颈，委命下吏，乃是蒙恬，北筑长城而守藩篱，却匈奴七百余里，胡人不敢南下而牧马。

秦始皇统一天下，在北边修筑长城，南至百粤、桂林、象郡，东至东海，西至流沙，比起战国时代的秦与诸侯的地方的总和还要大，比起三代，更不知多了多少倍。但是我们若把地图来看一看，长城以北，秦始皇是没有意思去占领的，他要蒙恬去修筑长城，目的是在防御匈奴的南下，并不是以长城为北进的根据地。蒙恬屯兵三十万，也是阻止胡人南下而牧马。至于西方，长城是起自临洮，这是现在甘肃东南边的临潭，东虽到海，但这只能说东北边的海，东南的浙江南部与福建，还不见得完全征服。至于西边的贵州、云南、西康、青海，均在秦的版图之外。具体的说，秦的地方比之现在的十八省的地方，还小得多。假使荀子的《强国》篇，写在秦并天下之后，其赞叹之词，将要更甚，怪不得他的臣僚要说"自古以来未尝有，五帝所不及"了。

三

在历史上，中国土地的逐渐扩张，因素当然很多，但是在这里我们所要指出的，是与外族的斗争，也是分不开的。传说黄帝与蚩尤战于涿鹿之野，有人说蚩尤是苗族，假使这个说法是对的，这是中华民族①与外族很早的冲突了。而且，假使蚩尤是外族，而黄帝被他打败了，那么中华民族的历史可能不是现在这样了。《书经·舜典》说舜"窜三苗于三危"。据说，三苗是在江南荆扬之间，三危是在中国的西北一带。《禹贡》说：

> 三危既宅，三苗丕叙。

《尚书正义》曰：

> 《左传》称舜去四凶，投之四裔，《舜典》云：窜三苗于三危，是三危为西裔之山也，其山必是西裔，未知山之所在，《地理志》杜林以为敦煌郡，即古瓜州也。

这是具体的指出三危是在敦煌，《禹贡》又说：

---

① 编注："中华民族"今为中国古今各民族的总称，是由众多民族在形成为统一国家的长期历史发展中逐渐形成的民族集合体。历史上，"中华民族"也曾专指汉族，本处即为此义。余同。

> 织皮，昆仑、析支、渠、搜，西戎即叙。

《尚书正义》：

> 四国皆衣皮毛，故以织皮冠之，传言织皮毛布，有此四国，昆仑也，析支也，渠也，搜也，四国皆是戎狄也。

有些人以为析支是后来的月氏，我们无从考证，但从上面几段话来看，夏不只是使三苗丕叙，而且使西戎即叙，关于少数民族尤其是西方的戎人与中国的关系，范晔《后汉书·西羌传》曾做过比较详细的叙述，今分段录于后，并略为解释：

> 西羌之本，出自三苗，姜姓之别也。其国近南岳，及舜流四凶，徙之三危，河关之西南，羌地是也，滨于赐支，至于河首，绵地千里。赐支者，《禹贡》所谓析支也。南接蜀、汉徼外蛮夷，西北鄯善、车师，诸国所居……昔夏后氏太康失国，四夷背叛，及后相即位，乃征畎夷，七年然后来宾。至于后泄，始加爵命，由是服从。后桀之乱，畎夷入居邠岐之间，成汤既兴，伐而攘之。及殷室中衰，诸夷皆叛。至于武丁，征西戎、鬼方，三年乃克。故其诗曰："自彼氐羌，莫敢不来王。"及武乙暴虐，犬戎寇边，周古公逾梁山而避于岐下。及子季历，遂伐西落鬼戎。太丁之时，季历复伐燕京之戎，戎人大败周师。后二年，周人克余无之戎。于是太丁命季历为牧师，自是之后，更始伐呼、翳徒之戎，皆克之。

这是说周以前的西戎，关于西周的西戎，他说：

> 及文王为西伯，西有昆夷之祸，北有猃狁之难，遂攘戎狄而戍之，莫不宾服。乃率西戎，征殷之叛国以事纣。及武王伐商，羌髳率师会于牧野。至穆王时，戎狄不贡，王乃西征犬戎，获其五王，又得四白鹿、四白狼，王遂迁戎于太原。夷王衰弱，荒服不朝，乃命虢公率六师伐太原之戎，至于俞泉，获马千匹。厉王无道，戎狄寇掠，乃入犬丘，杀秦仲之族。王命伐戎，不克。及宣王立四年，使秦仲伐戎，为戎所杀。王乃召秦仲子庄公，与兵七千人伐之，破之，由是少却。后二十七年，王遣兵伐太原戎，不克。后五年，王伐条戎、奔戎，王师败绩。后二年，晋人败北戎于汾隰，戎人灭姜侯之邑。明年，王征申戎，破之。后十年，幽王命伯士伐六济之戎，军败，伯士死焉。其年，戎围犬丘，虏秦襄公之兄伯父。时幽王昏虐，四夷交侵，遂废申后而立褒姒。申侯怒，与戎寇周，杀幽王于郦山，周乃东迁洛邑，秦襄公攻戎救周。

黄帝所击败的蚩尤是不是苗人，既有问题，上面所述及这一段话所说的舜窜三苗，以及禹平西戎，是否事实，也难证明。因为《尚书》的《虞书·禹贡》

的著作年代很为可疑。近人以为这是后人或汉人所假托的，所以其中所叙述的事实，也是可疑。又后相（据说是太康孙、仲康之子）与成汤征畎夷，也不易考证。假使后相征畎夷是事实，而且要用七年，然后使其宾服，则畎夷的势力之大，可以概见。至于武丁伐鬼方，《易经·既济》爻辞说：

  高宗伐鬼方，三年克之。

又《未济》爻辞又说：

  震用伐鬼方，三年有赏于大国。

高宗就是殷武丁的号，他伐鬼方据说是纪元前一二九三年，克鬼方是纪元前一二九一年，人们都以为高宗伐鬼方需要三年的时间才能克服，遂断定鬼方是一个强大的外族。王国维在《鬼方昆夷猃狁考》一文，以为鬼方是在西北，但也有人以为鬼方是东方部落。方庭《论狄》（《禹贡》半月刊二卷六期页九）一文中曾指出：

  王静安作《鬼方昆夷猃狁〈考〉》，证三者同为狄族，其见甚卓，然犹有未尽者。今案《后汉书·西羌传》，引《竹书》，称季历伐西落鬼戎，获翟王二十，此其西方部落也，《易》称高宗伐鬼方，三年克之，此其东方部落也。东部鬼戎，《春秋》称为赤狄，以潞为最大，后悉并于晋；西部鬼戎又称为白翟，吕相对秦所称与君同州者也，后悉并于秦，其别部在赤狄之北，为肥、鼓、鲜虞诸部，后肥、鼓为晋所灭，鲜虞为中山，战国时并于赵。

古公亶父避犬戎，文王伐畎夷，《史记》均有记载。穆王征犬戎，《史记》也记其事。惟范晔在上面所录那段话，除了说"得四白鹿四白狼"之外，还说"得其五王"，司马迁却没有说"得其五王"。宣王伐犬戎，《诗·小雅》有了记载，《诗》云：

  猃狁匪如，整居焦获。侵镐及方，至于泾阳。
  薄伐猃狁，至于太原。文武吉甫，万邦为宪。吉甫燕喜，既受多受祉。来归自镐，我行永久。
  王命南仲，往城于方。出车彭彭，旂旐央央。天子命我，城彼朔方。赫赫南仲，猃狁于襄。赫赫南仲，薄伐西戎。

有些人以为《出车》为文王诗，崔述在《丰镐考信录》卷之七里力辩其为宣王诗，他说：

  卫宏《毛诗序》云：文王之时，西有昆夷之患，北有猃狁之难。以天子之命，命将帅遣戍役，以守卫中国。故歌《采薇》以遣之，《出车》以劳还，《杕杜》以勤归也。由是郑氏以来诸儒之说《诗》者，咸以《出车》为文王诗，南仲为文王臣，而诗所谓王者，纣也。余按春秋之义，莫严于辨名分。文王果受天子命伐猃狁，则文王当自行，不得但遣陪臣帅师，诗当称王命西伯，不得称王命南仲。今直称天子之命，以命陪臣，若其间初无文王者，僭邪乱邪，非惟不知有君，抑亦非所以尊天子也。……且经传记文之臣多矣，未有称南仲者，而常武宣王之时，诗有南仲，大王时有獯鬻，文王时有昆夷，未有称猃狁者，而《六月》《采芑》宣王时诗称猃狁，然则此当为宣王诗，非文王诗矣。

四

平王时及东迁以后的西戎之于中国的关系，《后汉书》接着上面所举的话而说道：

> 后二年（襄公攻戎救周之后），邢侯大破北戎。及平王之末，周遂陵迟，戎逼诸夏，自陇山以东，及乎伊、洛，往往有戎。于是渭首有狄、獂、邽、冀之戎，泾北有义渠之戎，洛川有大荔之戎，渭南有骊戎，伊洛间有杨拒、泉皋之戎，颍首以西有蛮氏之戎。当春秋时，间在中国，与诸夏盟会。鲁庄公伐秦，取邽冀之戎。后十余岁，晋灭骊戎。是时伊洛戎强，东侵曹、鲁。后十九年，遂入王城。于是秦晋伐戎以救周。后二年，又寇京师，齐桓公征诸侯戍周。后九年，陆浑戎自瓜州迁于伊川，允姓戎迁于渭汭，东及轘辕。在河南山北者号曰阴戎，阴戎之种遂以滋广。晋文公欲修霸业，乃赂戎狄，通道以匡王室。秦穆公得戎人由余，遂霸西戎，开地千里。及晋悼公，又使魏绛和诸戎，复修霸业。是时，楚晋强盛，威服诸戎。陆浑、伊、洛、阴戎事晋，而蛮氏从楚。后陆浑叛晋，晋令荀吴灭之。后四十四年，楚执蛮氏而尽囚其人。是时义渠、大荔最强，筑城数十，皆自称王。至周贞王八年，秦厉公灭大荔，取其地。赵亦灭代戎，即北戎也。韩、魏复共稍并伊、洛、阴戎，灭之，其遗脱者皆逃走，西逾汧陇。自是中国无戎寇，唯余义渠种云。至贞王二十五年，秦伐义渠，虏其王。后十四年，义渠侵秦至渭阴。后百许年，义渠败秦师于洛。后四年，义渠国乱，秦惠王遣庶长操将兵定之，义渠遂臣于秦。后八年，秦伐义渠，取郁郅。后二年，义渠败秦师于李伯。明年，秦伐义渠，取徒泾二十五城。及昭王立，义渠王朝秦，遂与昭王母宣太后通，生二子。至王赧四十三年，宣太后诱杀义渠王于甘泉宫，因起兵灭之，始置陇西、北地、上郡焉。戎本无君长，夏后氏末及商周之际，或从侯伯征伐有功，天子爵之，以为藩服。春秋时，陆浑蛮氏戎称子；战国世，大荔、义渠称王。及其衰亡，余种皆反旧为酋豪云。

《后汉书》这一段记载，与《史记·匈奴传》所说的大致相同，而比较详细。我们若读《左传》就能明白在春秋时代，戎狄深入中国。《左传·昭公十五年》晋人自己说：

> 在深山之中，戎狄之与居，王灵不及，拜戎不暇。

又曰：

> 狄之广莫，于晋为都。

至于秦之于西戎，楚之于南蛮，燕之于东胡，关系都很密切。山戎甚至越燕而伐齐，他们"灭邢、灭卫、灭温，伐晋、伐卫、伐郑，侵齐、侵鲁、侵宋，甚至两次破残京师，诸夏根据地之河南、山东，几于无岁无戎狄之难，其猖獗可想"（梁启超《中国历史上民族之研究》）。

顾栋高《春秋四裔表序》曾把各种不同的戎狄分别开来，并指出其所在地，而加以简单的叙述，他说：

> 戎之别有七：其在今陕西之临潼者，曰骊戎，即女晋献公以骊姬者。秦置骊邑，邑有骊山，俱以戎得名。其在凤翔者，曰犬戎，盖西戎之别在中国，其先尝攻杀幽王，秦驱逐之，至春秋时种类犹存，闵二年虢公败犬戎于渭汭是也。狄之别有三：曰赤狄，曰白狄，曰长狄。长狄兄弟三人，无种类；而赤狄之种有六：曰山东皋落氏，曰廧咎如，曰潞氏，曰甲氏，曰留吁，曰铎辰。潞为上党之潞县，处晋腹心。宣十五年，晋灭赤狄潞氏，明年并灭甲氏、留吁、铎辰。留吁、甲氏俱在今之广平，铎辰在潞安境。白狄之种有三：其先与秦同州，在陕西之延安，所谓西河之地。其别种在今之真定、藁城、晋州者，曰鲜虞、曰肥、曰鼓。鲜虞最强，与晋斗争，而肥、鼓为晋所灭。盖春秋时，戎狄之为中国患甚矣，而狄为最，诸狄之中，赤狄为最，赤狄诸种族潞氏为最。晋之灭潞也，其君臣用全力以胜之。荀林败赤狄于曲梁，遂灭潞。而晋侯身自治兵于稷，以略狄土，稷在河东之闻喜，而曲梁在广平之鸡泽，绵地七百余里。旋复得留吁之属，晋之疆土益远。狄所攘夺卫之故地，如朝歌、邯郸、百泉，其后悉为晋邑。班氏所谓河内殷墟，更属于晋者，盖自灭狄之役始也。然狄之强，莫炽于闵僖之世，残灭邢卫，侵犯齐鲁，其时止称狄，未冠以赤白之号。其后乃稍见于经传，意其种豪自相携贰，更立名目，如汉之匈奴分为南北单于，而其后遂以削弱易制，众狄疾赤狄之役，遂求成于晋，此其征也。

顾栋高说戎之别有七，而只说出骊戎、犬戎与西戎三个名称，至于各种戎狄的来源，及在地理上的分布，是否像他所说那样，也有商榷的地方，不过这也可以给我们以戎狄的种别以及在各地区一个简单概况。

春秋时代，戎狄在中国的猖獗，照上面所抄录的话来看，就知大略。不只戎狄自己侵略中国，中国诸侯往往利用戎狄去征伐其他的诸侯。如周襄王与戎狄兵共伐郑就是一个例子。戎狄也与中国通婚，周襄王娶戎狄女为后。戎狄又与中国诸侯会盟。这就是说，中国之与戎狄，固时时为敌，然有时也为友，其与诸侯自己之间为敌为友，并没有多大差异。所以，那个时候虽然有人说"非我种类，其心必异"，然在春秋时期，这种说法不能一概而论。戎狄之所以猖獗，固也由一些诸侯引起，戎狄之所以深居内地，也是于他们所造成。

直到战国的末年，西边有强秦，用长期的时间与强大的武力，才把大荔、义渠消灭。北边的赵也灭了中山，而秦赵又各筑长城为塞。戎狄之在中国的，若不远逃塞外，则必同化于中国。于是从古代到战国的长期中的西北的夷夏之争，至此而暂告一个段落。

应该指出，我们所注意的外族之于中国的斗争，是在西北一带，故上面所举的例子与所录的史实，皆偏于西北方面。我们对于所谓"东夷"，如淮夷、徐戎与对于所谓南蛮之于中国的关系，还没有说及。比方《周书·费誓》说：

徂兹淮夷，徐戎并兴……甲戌，我惟征徐戎。

《诗·江汉》说宣王时"淮夷来求"，又如《诗》说"如雷如霆，徐方震惊""四方既平，徐方来庭"，均是与征伐徐戎、淮夷有关的歌颂。这些种族，在春秋时代还见之于史，所以昭公四年记淮夷随楚伐吴。徐戎到昭公十四年乃为吴所灭。

南方的楚国，其君长自称为蛮夷，说明南蛮的势力之广。后来楚同化于中国，而逐渐强盛。又有好多其他的外族在楚的边境的东南西各方。春秋时，《左传》桓公十三年、文公十六年均记南蛮之屡叛与役属于楚。战国时楚吴起南并蛮越，版图扩充到洞庭、苍梧的地方。此外，又如濮亦屡为楚患，故楚要作舟师去征濮。

这不过是随便举了一些例子，来说明不只在西北方面，就是西南、东南方面，中国之于外族，也常常接触。至于东北的东胡之于中国的关系，也是很为显明，我们不必多去举例。故总而言之，中国自古代至战国的末年的长期时间，中国四围都有外族与中国交涉，与中国互相侵伐。

五

所以在历史上，中华民族的疆域的逐渐扩充，是与外族的斗争是分不开的。我们说逐渐扩充，只是从整个历史来看，有时像春秋时代或春秋以前，外族的势力深入中国内地，使中国的疆域，不但不能扩充，反而有些地方收缩起来。但是齐桓、晋文的攘狄，挫其势力。到了战国，各国整军经武，开疆辟土，不只在内地的夷狄远逃的远逃、同化的同化，就是在边境的夷狄，像秦的西边的西戎、赵的北边的北狄，也缺了很大的地方，使中华民族的版图更广大起来。秦始皇统一天下，不只领有战国各国的土地，而且再事扩张，所以说秦的疆域之大为自古以来未尝有，而为五帝所不及，就是这个原故。

秦始皇始二十六年，这就是西历纪之前二二一年，统一天下之后，他对于外族最忌的是北边的匈奴，或是当时所通用的"胡"这个名称。传说当时流行一句谚语说："亡秦者胡。"秦始皇是很迷信的，他以为亡秦者胡这个"胡"就是匈奴。因此，他遂派蒙恬去修筑长城，并用几十万的重兵驻在北边，以防匈奴或是防胡。但是他想不到所谓亡秦者胡，并不是匈奴的"胡"，而是他的儿子胡亥的"胡"。

然而，蒙恬修筑了万里长城，与带领了三十万兵去防胡，有没有效力呢？可以说是有的。匈奴单于头曼也可以说是统一匈奴的开国君主，但是他究竟不是秦始皇的对手。秦始皇修筑长城，驻重兵于边境，头曼不只不敢南下牧马，而且怕蒙恬向他攻击，所以他就逃到漠北去，从事休养生息。秦始皇的防胡政策，是有其效力的，虽则这种防御，在人力、物力上都消耗得很大。

到了始皇死后，太子扶苏与蒙恬都被杀死，不久陈胜、吴广揭竿起事，天下又乱起来，而秦也不久灭亡。此后，刘邦与项羽在一个时间里争取统治天下，经过的时间不出七年，刘邦又统一天下，而建立了汉的朝代。

蒙恬死后，秦又灭亡，北边的匈奴，又南下到长城左近一带。在汉楚争雄的时候，项羽、刘邦都没有时间去理会匈奴。但一到刘邦统一天下之后，匈奴在冒顿统治之下，不只大大强盛起来，而且成为汉的劲敌，时时在汉的边疆为患。韩王信在马邑被匈奴攻围，结果是韩王信投降。匈奴得了韩王信，又遣兵南踰句注，攻太原，至晋阳下。汉高祖做了皇帝不久就遭这种失败，当然不能容忍，所以他就带了三十余万兵去伐匈奴，结果又被匈奴包围起来，困于白登者七天，最后是用计诱说单于的阏氏，这就是单于的妻子，去说服单于，给他逃跑的出路。这是一种耻辱，后来还要把宗室女给单于为妻，送了很多与很好的礼物，才能使单于少去扰乱汉的边境。

刘邦死后，吕后当权，她是一位自尊心很大的妇人，可是匈奴单于所给与她的信，对她侮辱极了，但她也没有办法，只好忍气吞声，再次和亲与赠送礼物。到了文帝的时候，其所用以对付匈奴的政策表面看起来是又硬又软，而其实是似硬实软，又和亲，益送礼。然而，匈奴并不因此而停止南下。文帝的目的大致是防备，而没有意图去攻击匈奴，所以匈奴愈来愈凶，文帝十四年那一年，匈奴大举入寇，奇兵入，烧毁中宫，候骑到了雍甘泉，震动了都城长安，文帝虽然用了十万兵以上去防御，然匈奴在塞内留了月余，然后出去，而且只有汉方损失，他们没有损失。

景帝的时代，同样的以和亲和送礼去对付匈奴，但是患难不止是外族，内部的吴楚欲造反，而赵王还使人入匈奴，想用匈奴的势力去反抗朝廷。虽然后来内乱平了，然而匈奴为患于汉也不见其停止。

武帝即位之后，最初还是用和亲与送礼去"约束"匈奴。但是在武帝的心目里，这个劲敌，绝不是用和亲与送礼所能屈服的。而且，他回看自高祖到景帝的数代中，忍受匈奴的侮辱是太多了，这样的做下去，匈奴的势力既不会削减，可能愈要增长。这样，他对于汉的侵略，将要更甚，而汉所受的耻辱将要更多。而况匈奴的要求是无止境的，和亲本来是作亲家，然而亲家始终又是冤家，送礼一次又一次，所费也并不少。所以，他反手吕后、文、景那个做法，就是转守为攻，也可以说以攻为守。他最初还不敢或不愿意公开的去攻击，而用计去诱致匈奴，伏兵三十万，希望不与匈奴正面开仗，而偷偷的打败敌人。但是这个计谋在没有实现之前，匈奴已经发觉。汉兵既无所得，而参加这个计谋的将军王恢却被斩首。司马迁在其《史记·匈奴传》里告诉我们道：

> 自是之后，匈奴绝和亲，攻当路塞，往往入盗于汉边，不可胜数。

自然的，这并不是说汉与匈奴的关市完全断绝，因为汉既乐作交易，匈奴也贪汉财物。然而，用和亲和送礼去约束匈奴的方法是难行得通了。汉武帝既不同他的祖宗尽力去争取讲和，他就积极准备去征伐匈奴。从此，汉胡的剧烈战争的序幕就开始了。

我们应该指出，武帝不只注意于攻打北方的匈奴，他又积极争取联络西域各国，以断匈奴的右臂。此外，他又向西南、向南方与向东南的外族去平定。关于攻打匈奴联络西域，这是我们以后所要详加讨论的，我们且先把汉初而尤其是武帝时在西南、南方及东南几方面所经营的情况，加以简略的说明。《史记·东越列传》指出，"建元三年，闽越发兵围东瓯"，"东瓯告急于天子"。武帝虽觉得初即帝位，不欲发兵郡国，但同时却遣庄助发兵浮海救东瓯，兵没有到，闽越引兵而去。武帝又答应了东瓯的请求，徙东瓯的人民到江淮之间。建元六年，因为闽越击南越，武帝又遣王恢出豫章，韩安国出会稽，兵未逾岭，而闽越王之弟乃与众杀闽越王而降汉。后来又因闽越王之弟余善反叛，又加以征伐。东越、闽越既降之后，据《史记》载：

> 天子曰：东越狭多阻，闽越悍，数反覆，诏军吏皆将其民徙江淮间，东越地遂虚。

《史记·南越尉佗传》说：

> 汉高帝已定天下……汉十一年，遣陆贾立佗为南越王，与剖符通使，和集百越，毋为南边患害。……元鼎五年秋，卫尉路博德为伏波将军，出桂阳，下汇水；主爵都尉杨仆为楼船将军，出豫章，下横浦；故归义越侯二人

为戈船、下厉将军，出零陵，或下离水，或抵苍梧；使驰义侯因巴蜀罪人，发夜郎兵，咸会番禺。

《史记·西南夷传》指出，武帝采纳了番阳令唐蒙及蜀人司马相如的意见，通西南夷。到了元狩元年，武帝又采纳了张骞的提议，从西南夷去通西域。

于是天子乃令王然于、柏始昌、吕越人等，使间出西夷西，指求身毒国。至滇，滇王尝羌乃留，为求道西十余辈。岁余，皆闭昆明，莫能通身毒。

唐蒙、司马相如为通西夷，"死者甚众，西南夷又数反，发兵与击，耗费无功"。后来武帝听了公孙弘的话，罢西夷，但同时却置了南夷、夜郎两县一都尉。至于因张骞提议而遣使从西南夷打通身毒、大夏的计划，虽也没有成功，但《史记·大宛传》仍说：

汉以求大夏，道始通滇。

这说明了通大夏虽没有成功，但结果能与滇交通，也是向西南发展的一种成就。

武帝的经营东南、南边及西南，固是符合了他的向外发展的政策，但是平定了这些地方，使他无后顾之忧，也是与他大规模向西北发展的计划，有了密切的关系。至于他听了张骞的话，而欲从西南通身毒、大夏，那是他要达打败匈奴、交通西域的一个大计划中的一个计划罢。

汉武帝经过二十年的经营，在元狩二年，这就是纪元前一二一年，霍去病击败匈奴，而始占领河西走廊的地方，中国的版图因而向西扩充到玉门关。西南通了云南，北方以长城为界，东边至南可以说都至于海，这不只五帝所不及，就是秦始皇也不及了，这真是自古以来未尝有了。

然而，这个疆域的扩张，又是与中华民族之于外族的斗争的历史，是分不开的。

六

武帝之所以能这样的向四方发展，虽然与他的志败匈奴以至喜功好大有了关系，然而这也是有其历史的条件的。自汉高祖统一天下之后，到武帝即帝位，有了六十年。六十年中，匈奴虽不断为边患，然始终没有很深入内地。高帝时攻太原，下晋阳，与文帝时到了雍甘泉，是比较深入的。然而匈奴在塞内的时间较短，而且还只是在西北的一角，人民经过春秋战国的紊乱，再苦于秦的苛政，汉建国后有了六十年的休养生息，财富增加了，人口也增加了，有了众多的人力与丰富的物力，做为汉武帝的向外发展的基础。此外，通西域以至向南边发展，也是希望打开交通路线，使国内的物产珍品可以向外推销，同时也使国外的物产珍品能够输入中国。

所以通西域以断匈奴右臂，不只是有其主观的条件，而是有其客观条件的。其实，这种客观的条件，若从历史的观点来看，不只是限于汉兴以来的六十年间，而且可以再拉上去。因为虽然是说天下苦秦，然而秦的统一，也是这个客观条件的一阶段。虽然在春秋战国的时代，什么王室衰微，诸侯互相争伐，然而春秋战国也有其有利的客观条件。汉是承继了秦的基础，秦是建立在战国的基础之上。比方说，假使没有燕、赵、齐、楚去抵抗外族，开疆辟土，而都要秦自己去做这种工作，历史的发展可能有了变化。正如所谓秦始皇的万里长城，是修筑在战国在北方的诸国的长城的基础上。长城不只是秦所建筑的，也不是一个短时间就建筑起来，秦以前的人们已建筑了不少，秦始皇又加以修建，使其连接起来。汉武帝又从而修理，而且又向西方发展——发展到甘肃的西北，到额济纳河流域。长城也可以说是我们历史的一个缩影，历史是有其客观条件的，这也就是历史的背景。

第三章　地理的环境

班固《西域传上》绪言里说：

> 西域以孝武始通，本三十六国，其后稍分至五十余，皆在匈奴之西，乌孙之南。南北有大山，中央有河。东西六千余里，南北千余里。东则接汉，阸以玉门关。西则限以葱岭，其南山东出金城，与汉南山属焉。其河有两源，一出葱岭山，一出于阗。于阗在南山下，其河北流，与葱岭河合，东注蒲昌海。蒲昌海，一名盐泽者也，去玉门关、阳关三百余里，广袤三百里，其水亭居，冬夏不增减，皆以为潜行地下，南出于积石，为中国河云。

照这段话来看，班固所说的西域范围很小，没有今日新疆全省的范围那么大。大致上，是等于塔里木盆地，及其周围的山岭以至玉门关一带。天山以北的新疆境内的地方，并不在内。但是我们也指出，班固虽然这样的划了西域的境界，他在《西域传》里所说的西域三十六国，以及其后稍分至五十余国，有了许多就不在他上面那段话里所说的西域的范围之内。他说，西域在乌孙之南，这说明乌孙是不在西域的范围之内，然而，在《西域传》里，他对乌孙的叙述占了很长的篇幅。他说，西域西限以葱岭，然而在《西域传》里，他叙述了好多在葱岭以西的国家，如大宛、康居，以至安息、奄蔡诸国。

因此，我们可以说班固在上面那段话里所说的西域，是狭义的西域。除这个狭义的西域之外，还有一个广义的西域。从班固《西域传》里所举出的各国来看，这个广义的西域包括了天山北边的乌孙，以及葱岭以西，而至于欧洲东边的安息及奄蔡。然而，我们还要指出，在乌孙之东的匈奴，不只其西北部的一大片地方，可以说是属于汉代的西域，就是在纪元前一二一年以前，为匈奴所占据的河西走廊，这就是今日甘肃的武威以及武威以西的张掖、酒泉、敦煌，也可以说是属于汉代的西域。此外，南山或祁连山以南的西羌所居的地方，也可以包括在我们所说的广义的西域的范围之内。

这个广义的西域范围，当然是很广。但是在两汉的时代，在这广大的范围之内，各种民族与国家，都有了密切的关系。北方李广利征服了大宛之后，不只好多葱岭以东的国家为汉的威力所慑，匈奴也不敢截断李广利的回路。范晔《后汉书》在《西域传》之外，另外《西羌传》，这好像说明西羌是不在西域的范围之内，但是不只是在方向上西羌是在西边，而可以包括于西域，而且西羌之于西域、匈奴与中国，都有密切的关系。西羌在河西走廊的活动，或匈奴结党西羌，都可以断绝中国与玉门关以西的各国的关系。

然而，我们在这里，并不准备把这个广大的地区，加以详细的叙述，而只能重点的去说明。我们所要特别注意的是匈奴以及匈奴所控制的葱岭以东的地区。这个地区，大致上东到匈奴的东境，这就是兴安岭以西；北至北海，或贝加尔湖；南至长城；西至葱岭；而东南的河西走廊，也包括在内。至于葱岭以西及南山以南的地理概况，我们只能在我们研究这些地方的民族或国家的时候，以及在必要时，略加说明而已。

具体的说，我们所要注意的重点是包括了蒙古与新疆的全部，以及河西走廊或是甘肃的西北部。

在地理上，这一块地方可以说是自成一个区域，而与其周围的其他地方，有了根本不同之点。这种不同之处，在古代尤为显著。这个地方在那个时候，既不像长城以南，主要的是以农为生，也不像东北与贝加尔湖以北那些地方主要的是森林地带；既不像康藏大高原海拔多在三千公尺以上，也不像葱岭以西的中亚细亚海拔那么低。

这个地方，可以说是自成一个区域。因为差不多四面都有山脉或高原可占界线。东部有兴安岭、阴山、贺兰山为界，南部有祁连山、阿尔金山与昆仑山为界，西部隔以葱岭，而西北的有唐努山，与天山、阿尔泰山的一部分以及这方面的高原地带。

其次，这个区域的水系，除了北边有很少数的川河可以流入北冰洋外，绝大多数的川河，都没有流出海洋的。这可以说是一个内流或无流区域。因为较大的河流，在其下游潴为湖泊或是盐湖，而较小的，则往往中途消灭于戈壁或沙漠。

再者，在地形方面来看，大致的说，这是一片高原。除了一些高山与洼地之外，海拔约为一千公尺，这也是这个区域一个共同之点。

此外，这一个区域的气候也大致相同。夏天很热，而冬天很冷。冬季长而夏季短。除了少数迎风斜坡与高山之外，每年各地平均雨量都在二五〇公厘以下。加以蒸发强盛，气候极为干燥，结果大部分的地方成为戈壁沙漠而分散在各处的草原。

最后，这个区域主要是一个牧畜的区域。古代固是这样，到现在还是如此。它与长城地带以及长城以南的农垦区域，有了根本不同之处。当然的，这并不是说在这个区域里是完全没有农垦的。塔里木盆地的南北大山的山麓，与大戈壁之间以及其他的地方，就有农垦区域。然而，这些农垦区域，其性质之于内地或其他的地方的正规农业地带，也有不同之点。因为这些干燥区域的山麓地带，差不多全赖高山雪水灌溉，与内地的好多农田之依赖雨水以灌溉的，是不相同的。而且，这些山麓的地带的农田往往是点的分布，而非连接的形状。

但是这里所说的共同之点是从大处来看。这并不是说，在这个区域里处处都是一样，而没有什么差别。其实，我们若深一步去研究，则这种差别也很容易看出来。北方，我们看了地图，在蒙古有了一片大戈壁，在新疆也有了一片大戈壁。这都是沙漠地带。然而，蒙古的大戈壁与塔里木的大戈壁，却有了很大的不同之处。蒙古的大戈壁，到处暴露石质，所以有人叫做石沙漠。流沙不是没有，但是面积很小。往来其间，并没有很大的困难。地下的水面比较的高。掘下去没有多深就可以有水，也可以为饮料。大部分的地方，不需要很多人工去建筑公路，都可以通行车辆以及汽车。这种沙漠也可以叫做驯沙漠。反之，塔里木的沙漠是一种很厚的流沙，风吹起来，即成为沙邱，起伏状态比之大海洋中的最大风浪尤为厉害，这样流沙十分松柔。掘下去很深也找不到水，在这个沙漠上，旅行是十分困难，而且有好多地方根本就不能行走。

又如在新疆一省，天山的北边与天山的南边，在气候上及其他方面也有不同之点。《汉书》记载在前者多为行国，而在后者多为居国。行国是以游牧为生，而居国以农垦过活。直到现在，这种分别还是存在。此外，又如有些山岭终年积雪，有的冬季积雪，而夏季溶解。有的湖泊是咸的，也有的是淡的。在科布多盆地的慈母湖中，北部的水是淡的，而南部的水是咸的。在同一个湖中的水尚有淡咸之分，其他方面更不待说了。

匈奴在强盛的时候，除了占据蒙古全部之外，它又击败大月氏，而占据河西走廊一带。同时，它又役制西边的乌孙，这就是天山北边的地区。此外，又置僮仆都尉，常居焉耆、危须、尉犁间，以便控制天山南边的诸国。这就是说，整个蒙古与新疆，以至甘肃的西北部，都受了匈奴的控制。我们现在要从地理上去说明这个地方。

我们先从匈奴本部或蒙古说起。

在这整个地域上，蒙古本身也可以说是自成一个单位。这个地方，东以兴安岭为界，东南有阴山、贺兰山、狼加山；西南至于合黎山；西边是阿尔泰山；西北是唐努乌拉山；东北有肯特山；而正北是贝加尔湖。湖的西南是库苏尔泊，泊的西南是乌兰台戛山。西边的阿尔泰山是从西北边向东南走，间隔了蒙古与新疆。唐努乌拉山略取东西走方向，然后折而向南，延长为杭爱山脉，杭爱山脉隆起在蒙古的西北部。

蒙古可以说是一个大盆地。周围多有山脉为屏障。川河发源于山岭，东北边最大的河流是克鲁伦河，发源于肯特山麓，先向南流，然后折而向东，最后注入呼伦湖。这是蒙东部最大的河流。河水大时，可与额尔古纳河连接起来，而成为黑龙江的上游。但这条河两岸既无支流，除了沿河一带，略有草原之外，都是沙漠。河水是取给于肯特山的雨雪，所以河水深度，不过一两公尺。

克尔伦河的上游之西有三条支河，这就是哈拉河、伊罗河与土拉河。这三条河都发源于肯特山的西麓与南麓。土拉河是蒙古水系的重要分界，因为这条河之南是内流区域，方向是自北而南，河流很少，从山麓的草原逐渐而至戈壁。其北是属外流区域，方向是自南而北，河流很多，由草原逐渐而至森林地带。在肯特山之西,蒙古的正北,或是贝加尔湖之南,主要河流是色格河,这条河有三条支流:北边一条是德勒格河,发源于乌兰台戛山的南麓,南边一条是赤老图河,中间一条是倭帖尔河,这是色格河的正源,与赤老图河都是发源于杭爱山的北麓。此外还有一条大支流,叫做鄂尔浑河,与色格河平行,也有很多支流,其主源是在西库伦附近的都兰哈拉山。鄂尔浑河与色格河会合于买卖城,最后注入贝加尔湖。

乌兰台戛山的北部是歇息尔河的发源地。这条河在唐努乌梁海盆地,向西流到了肯木毕其尔,和自北向南流的贝克穆河相会,而成为乌鲁克河。再流而与自西南来的克木池克河相会,流入西伯利亚,而成为叶尼塞河的上游西支。所以这个地方是外流区域。至于西部的科布多盆地的最大河流,是科布多河与匝盆河。前者发源于阿尔泰山北麓,注入慈田湖,与喀拉湖相通;后者发源于杭爱山南麓,为盆地最大河流,自东南流至西北,注入奇尔吉兹湖。

在西南方面,发源于祁连山的额济纳河,上游为弱水与临水。二者经过河西走廊,流至宁夏北部,潴为居延海。此外,杭爱山南麓流出的水成为翁金河、推河与拜达里克河。翁金河在东边,推河在中间,拜达里克河在西。这三条河所走的方向,都是自北而南。翁金河是这三条河之最长的,自西北向东南走,而潴为乌兰泊,可是因为这条河深入蒙古的中部,水量有限。推河注入鄂洛克泊,拜达里克河注入邦察罕泊,这都是很小的湖泊。在蒙古最大而最多的湖泊,是在西北部的唐努梁海及科布多部。

总而言之,蒙古这个盆地,大致上,除了杭爱山脉稍居于偏西北的中部外,四周是围以山岭或高原,中间地势低下,约为海拔一千公尺或数百公尺。山岭高原地带为河流之所出,惟除正北及西北一些川河向外流外,其余多是内流。中间的广大区域,是大戈壁。大戈壁自东至西的最大长度二千公里,而自南至北的最大宽度约一千公里。总面积约为百五十万方公里,等于中国全国面积八分之一。

大戈壁的周围,河流已很少。而且,这些河流水量有限,有的在中途就消灭。至于大戈壁的中部,差不多完全没有流水。所谓湖泊,也是风蚀的洼穴。一年之中,除雨季积了些水外,大部分时间是干涸。然而,像上面所说,这个戈壁也不像塔里木的戈壁那样的一望无垠、丘陵起伏、松沙干燥、深地无水。相反的,在这个戈壁中稍掘下地就往往有水。而且,低洼有水的地方,易长草原。加以土壤中含有盐分,所长出的草,很适宜于饲畜。所以,绝大部分的人民之住在蒙古的都以畜牧为业。

大戈壁的边缘地带,而尤其是在河流较多的地方,草类或其他植物也较多。在雨雪较多的时候,这里的草原可以推广其范围,而向戈壁的地带发展,使戈壁面积缩小。相反的,雨雪较少的时候,草原缩小了,戈壁遂扩张起来,这与畜牧事业有了密切的关系。水草丰富则畜牧繁盛,水草缺乏,畜牧受其影响。所以住在这个地方的人们往往从一个地方迁到别的地方,所谓逐水草而居,就是这个意思。

大戈壁的西北部是杭爱山脉,海拔在二千至三千公尺。两侧崎岖,而山谷有平地。所占的面积相当广阔。北边有了北冰洋的水气,雨水较多,故森林颇为茂盛。林间也有野兽,其景色与西伯利亚相似。这个山脉是好多河流的发源地。匈奴时代的北部王庭,好像是在这个山脉所流出的河水的傍边。这也是史书中所说的漠北或幕北的重要地区。而且,这个地区是匈奴的军事的重要据点。在中国衰弱的时候,匈奴南下牧马于中国边塞,在中国强盛的时候,匈奴遂退到漠北。大戈壁缺乏水草,只能当为暂时过渡的地带,而非久居之地。

从整个蒙古的地理来看,沙漠地带所占的地方最大。草原因雨雪的多少而决定其时大时小,然而,植物之中生长面积极广的还是草类。有些地方虽然也可以耕种,但是地域既小,而能种的农作物主要是大麦与燕麦。山区地带也有森林,但是□山、阿尔泰山在三千三百五十公尺左右,已属于永久积雪,在这些地方,植物的影子也不见了。

我们上面曾经指出,这个西北大地区与东北各省或中国内地,在地理上是不相同的。因为在阴山、狼山以南已入于农垦地带。而在这些山脉之北只能作为牧场。同样,在兴安岭之东是松花江与嫩江平原地带,可以垦殖。在兴安岭之西却是望无涯际的戈壁。至于正北的西伯利亚,在古代是森林地带,而与蒙古也不同。天然的区别是很为显明的。

反之,从蒙古西走以至新疆至于西南的河西走廊,自然景色大致没有什么分别。河西自纪元前一二一年,中国击败匈奴之后,极力经营,移民垦殖,使其面貌改变起来。但是在那个时候,以至近代,自然环境的力量还是很大。其所改变的仍是一片广大土地上的点滴农田。而且,在古代维持这一点一滴的农田,除了用很大的劳力之外,还须有强大的武力去保护。不然的话,这些点滴的农田往往又变为沙漠。河西走廊是这样,新疆大致也是这样。

河西走廊之所以得名,是因为甘肃的西北部,古浪、武威、张掖、酒泉、敦煌等地方,是位于黄河的西边。这块地,东西长千余公里,南北夹以山脉,南边以祁连山为主。在祁连山的东部支脉是乌鞘岭,焉支山位于山丹的东南,北边有合黎山,两山之间,最广处在武威附近,约五十公里。到了西边的嘉峪关,这也就是走廊的东西距离的中间地方,南北两山差不多要连合起来,所以成为一条天然走廊。

河西走廊的重要河流均发源于祁连山。弱水、临水、疏勒河都从祁连山流出来。弱水亦叫张掖河,下游是额济纳河。临水在弱水之西,经酒泉到鼎新,与弱水会合而成为额济纳河,注入居延海。弱水、临水虽常年有水,但到了额济纳河之后,有时会干涸起来。疏勒河又称布隆吉河,由东南向西北行,西到玉门附近，折向西流，潴为哈拉湖，再向西走约九十公里，入新疆，又潴为一小湖。疏勒河最大的支流是党河，也是东南向西北走。

河西走廊是在亚洲大陆中部，四面都有山地，海洋水气不易侵入，雨水极少。除少数的地方可以耕种外，大部分是沙漠。人口几乎完全集中在这些可以垦殖的点上，在合黎山的北边，鼎新、金塔、民勤一带，根本是与蒙古高原一样。雨量每年在张掖还有九十五公厘，到酒泉减为八十一公厘，到敦煌则再减为四十六公厘。农田差不多完全依赖山中的雪水灌溉，农作物有小口春麦、豆类、燕麦、棉花及马铃薯。也能生长沙漠中的植物，有柽柳。海拔在二千尺以上的地方，空气稍为润湿，草类易生，成为畜牧的地方，如永昌的黄城滩是著名的牧场，至于湖泽周围，也有草地以为牧场。

中国所谓断匈奴右臂，是从河西开始。所谓"断匈奴右臂，张中国之掖"，河西重镇张掖，据说也是因此而得名。张掖南边祁连山的扁豆口，是河西与青海交通的捷径。北边的合黎山的居延塞，又是汉代军事上的重点。河西走廊又是通汉代所谓西域的必经之道。汉武帝之所以极力争取这个地方，移民垦殖，以加强军事的行动，至为显明。相反的，匈奴失了这个地方，不只通西域的门户被中国冲破了，匈奴与青海境内的民羌也隔绝了。匈奴失了一块很好的地方，使中国北伐匈奴的根据地也巩固起来。传说匈奴失了这个地方之后，匈奴人还有一首歌谣是为着纪念这个损失而作的。这是一首有名的歌谣，录之于下：

> 失我焉支（又名燕支或胭脂）山，
> 使我妇女无颜色；
> 失我祁连山，
> 使我六畜不蕃息。

这首歌谣，充份说明了这个走廊的重要性。

我们现在可以谈谈新疆的地理概况。

新疆全省以天山为界，可分为南疆与北疆。天山并不是一条单独的山脉，而由好多差不多平行的山脉所组成。同时，这个山脉不只隆起在新疆境内，而且伸长到中亚细亚。在新疆境内，绵延在新疆的中部，略取东西的走向，长度在千二百公里左右，宽度约二百至三百公里。山区面积占全省约百分之二十三，这说明了这个山脉的庞大。新疆的东北是阿尔泰山，这是蒙古与新疆的分界。在新疆的北部又有好多山脉，博洛霍洛山或是塔尔奇依楞山自北而南成为准噶尔与伊犁河谷的界线。这个山脉自东走到乌鲁木齐附近成为博洛多山；再向东走，是巴尔库山；再向东走，是喀尔雷克山。镇西是在巴尔库山的北边，这是一个小盆地。阿尔泰山不只间隔了蒙古与新疆，而且是伸到新疆的西北，成为最西北边的一部的国界。此外，在这方面还有塔尔巴哈台山与阿拉套山，隆起在吉木乃以至南边的伊犁一带。北疆的山岭高度，好多是在四千至五千公尺以上。

北疆的地势是东高西低，与南疆西高东西，恰恰相反。因而北疆的河流，皆向西走，在北疆的南部，河流均没有出海。小者只流到山麓而止，大者在下游潴为盐湖。在准噶尔的中部，沙漠地带完全没有流水，可以叫做无流区域。但是这个沙漠既没有塔里木盆地的沙漠那么广大，也不若那个沙漠的沙丘那样的起伏得如高山深谷一样。

主要河流是额尔齐斯河、布尔根河、玛纳斯河、额敏河、博乐塔拉河、库尔河等。额尔齐斯河发源于阿尔泰山南麓，是好多平行的支流会合而成的。这条河是由东向西走，这是准噶尔盆地唯一的外流河，在我国境内长约六百公里，出国境后注入斋桑泊。再从这个泊流出而成为伊尔济斯河，这是西伯利亚的三大河之一的鄂毕河的上游。布尔根河也发源于阿尔泰山南麓，本由西北走向东南，但是到了布尔根之后，因受库都斯山之阻，突然向西走，最后注入布伦托海。玛纳斯河发源于天山北麓，先取西南至东北走，经绥来城后，又向西北走，最后注入阿雅尔泊。额敏河发源于乌尔噶萨尔山西麓，至巴克图以南流出国境，在中亚细亚注入阿拉泊。库尔河也发源于天山中段的北麓，先取南向北至乌苏城东，乃折而向西走，最后注入艾比湖。博乐塔拉河发源于阿拉套山与博罗霍洛山之间，这是一条自西向东走的河流，而与上面所说的自东向西走的诸河不同，这条河也注入艾比湖。伊犁河谷地带的主流是伊犁河上游支流，有三条发源于阿尔善山、阿墩库山及腾格里山等处，南部支流的帖克斯河可以当为正源，长约一千五百公里，一半在我国境内，一部在中亚细亚，最后注入巴尔哈什湖，这是中亚细亚东部一个最大的湖。

天山以北的新疆，除了西北有几条河流出国界以外，四面也是围以山地。天山北麓有一带可耕的地方与草原，再向准噶尔盆地中部走，就为沙漠区域。从伊犁河谷到额尔齐斯河一带，地势低平，水源充足，有些地方也可垦殖，但多为草原。大致的说，天山北部的新疆的西部，比之东北部植物较多、草原较好。西部还有一片荒凉地方，成为内地与新疆的隔离地带。准噶尔的草原地区很广，是天然游牧的地方。汉代的乌孙国是在这个盆地及伊犁河谷一带。乌孙是行国，逐水草而居，乌孙出好马，武帝最初叫做天马，后来得到大宛马之后，这个天马名称遂给与大宛马，而称乌孙马为西极。这个地方一向是畜牧区域，后来还是如此。直到现在，这个区域中，如镇西盆地所出的马，还是很好的马。准噶尔这个名称是来自明代。西蒙古人后裔卫拉特族的四部中的准噶尔部卫拉特族，占了这个地方，准噶尔部最强大，所以叫做准噶尔。在满清①的初年，准噶尔与满清对抗，满清经过好多年的战争，到了乾隆年间，始打败准噶尔部。

---

① 编注："满清"之说，在清朝末年兴起，盛行于辛亥革命时期，是清代非满族人士对清政府的称呼（清王朝为满人所建立，故名），是在反抗清朝的斗争中逐渐提出的一个概念，带有强烈的排满情绪，可以说是当时大汉族正统观念的反映。为保持历史文献原貌，此处不做改动。下同。

天山以北的新疆的东北是与河西走廊与蒙古连接，都是游牧地区。匈奴之最初征伐大月氏，以及后来攻伐乌孙，一方面是扩充其游牧地区。因为这个地区的草原比之蒙古很多草原为好。匈奴一方面又因为要想控制天山南边的国家，就不得不先控制这个盆地。

天山以南的新疆或是南疆的地理，正像篇头所抄录班固在《汉书·西域传》绪言里那段话一样。不过，班固所说的过于简单，所以我们要在这里加以叙述。

南疆可以叫做塔里木盆地。塔里木盆地以塔里木河而得名，虽则这个盆地不只是有这条河，还有别的河流。这个盆地，东起像班固所说的玉门关，或是像近人所说的罗布泊。南自于阗，西讫疏勒，北至库车。东西长约千五百公里，南北宽约五百五十公里。全部面积约达百万方公里，占新疆全有总面积约百分之五十五，等于四川盆地的四倍，其中无水区域，约占了五十万方公里，等于全盆地之一半。上面已经指出，塔里木盆地之于准噶尔盆地，有了不同之处。因为后者是东高而西低，前者是西高东低；所以后者的川河是向西走，前者的川河是向东走，而且，全是内流或无流区域。此外，准噶尔盆地地形较为开展，而特别是在西北方面的地形，所以来自西北方面的海洋水气还可侵入，故雨雪较多，干燥程度不若塔里木盆地。但准噶尔地虽较为润湿，因为北方寒流，易于流入，故冬季是较之塔里木盆地的冬季为长。前者每年生长季不过一百五十天左右，而后者达到二百一十天以上。前者自古称为行国，而后者自古称为居国。这是两者相异之处。自然，两者都是盆地，与蒙古、河西走廊也有了共同之点。

这是一个盆地，故四面皆为山岭所包围。东南有阿尔金山，南有昆仑山，西为帕米尔高原，北有天山。帕米尔高原高度超出六千公尺以上。昆仑高度超出五千公尺。阿尔金山的高度为四千公尺。天山高度也约为三千五百公尺。山高地低，形势至为固塞。离开海洋均在二千公里以上，东到渤海，距离约三千公里。南到印度洋的孟加拉湾，约为二千一百公里。西到里海，约为二千五百公里。北到北冰洋的喀拉海，约为三千四百公里。海洋的水气既无法侵入，四面山岭又很高，这是世界上最为干燥的盆地，也是世界最为特殊的一个地方。这是亚洲的高原地带，也是亚洲的中央地区，或是亚洲腹地。

塔里木盆地的最大河流是塔里木河。其上游是四大支流会合而成的。这就是叶尔羌河、喀什噶尔河、阿克苏河与和阗河。这四条河会合在阿克苏东南一百五十公里的地方。从此而至下游，就是塔里木河。叶尔羌河与和阗河都发源于昆仑山脉，自发源地至叶尔羌，长约七百二十公里。和阗河长约一千公里，一年之中，只有三个月有水；这条河有二条支流，一为玉龙哈什河，一为哈拉哈什河；前者在东，后者在西；两者平行而流至和阗以北约一百二十公里而会合。阿克苏河，发源于天山，有西、北二支，会合于阿克苏城；这是塔里木河四大支流中之最大支流。喀什噶尔河发源于帕米尔高原，东边经过疏勒境内，约长八三〇公里。

叶尔羌河是塔里木河的正源。从这条河的发源地，到塔里木河的最下游，长约二千七百五十公里。塔里木河的支流河水，皆由山间消融的冰雪而来。这条河从西向东走，位置在盆地的大戈壁之北，到沙雅以后，河水减少，河道分散。在尉犁以南，水流有时中断。直流到与自西北而朝东南的孔雀河相会合后，乃继续向东走而注入罗布泊。这条河及孔雀河原经古楼兰国而注入罗布泊，后因改道向东南走，乃另潴一湖，叫做喀拉枯顺，位于婼羌之北。因此，原有的罗布泊遂干涸起来。楼兰古城也因之而成为废墟。一九二一年，塔里木河又在德门堡改流原道，干河又有流水，罗布泊也复了原状。

在盆地的西南，从且末以至和阗，还有三条河，一为车尔成河，一为克里雅河，均发源于昆仑山，前者约长四百七十公里，注入台特马湖，后者长约一百四十公里，经过于阗之后消灭于沙漠。此外，尼雅河位在两者中间，长约二百八十公里。又在盆地之西、在哈密的西南，有了库尔克郭勒河，从东北向西走，注入沙尔湖，但是这条河流太小了。

湖泊在盆地中，除了罗布泊外，在焉耆西南的博腾湖是一个很大的湖。这个湖自东北向西南伸长，长约七十五公里，南北宽度从十公里至二十二公里。湖的北岸有丛林及草地，南岸湖边稍有草泽，多为流沙。孔雀河发源于天山而经过这个湖。

塔里木盆地的川河完全是内流的。由周围的山间流出，通通向盆地中心走。周围山脉虽高大，但河水水量有限，□山之后，好多小河多已消灭于沙漠。数条较大的河流，以至主流塔里木河水量也很少。一方面固因上游的农民截留以为灌溉，一方面因沿途渗入流沙。此外，蒸发强烈也是一个原因。但水源本身只靠山上冰雪消融，没有雨水，而冰雪消融时间既短，来源有限，也是河水缺乏的原因。

高山包围，沙漠广大，水源缺乏，可耕之地多在山麓。其面积也并不很大。以最大的疏勒、疏附、伽师三县的灌溉区域来说，东西长度不过一百公里，南北宽度约五十公里。沙车、叶尔羌、泽普三县的灌溉区域，南北最大长度约九十公里，东西最宽度约五十公里。其他各处，灌溉区域更小。据约十余年前的估计，全部耕地合计起来大约不过达一万四千余方公里，占盆地的总面积不过百分之一点六左右。因为水源有限，故灌溉事业，自古以来，就很注重开渠引水以灌耕地，为人民生活上的大事情。

因为这个盆地，比之北疆盆地，较为温暖，故每年可以耕作二次。二月间及七月间为播种时间，六月间与十月间为收割时间。农作物主要是玉米，但各种水果、棉花、稻米亦能生长。居民主要以耕种为生，同北疆之以游牧为生，有了差别。自古以来，这个盆地的国家主要是居国，就是这个原因。这也是这个盆地与西北的地方的显著的区别之点。

葱岭是亚洲的山脊，也是中国与中亚细亚的分界线。在葱岭以东的水是向东流，在葱岭以西的水是向西走。葱岭西坡面向中亚细亚平原，除在南边有了山岭之外——这就是印度与阿富汗的北部的山岭——西边直至里海、北边直至北冰洋都没有很高的山地，所以葱岭西边的气候就与东边的不同。东边愈向东，水源愈少，生机愈少，西边愈向东走，水源愈多，生物易长，这是一种对比。但葱岭西边的河流也是内流的。阿姆河与锡尔河是向西北走，而入咸海。而且东西两边山麓同样的有了一带可耕的地带。此外，就走入沙漠地区，景色很为荒凉。虽则中亚细亚的沙漠也是没有像塔里木盆地的大戈壁那么险恶罢。

新疆与河西走廊的南部是青海与西藏。氐羌据有青海的地方，在后汉是时常与中国战争的一个民族。匈奴曾联络这个民族以抵抗中国。青海、西藏都是高原地带，连接河西走廊与新疆东南的青海北部，雨量也是很少，好像新疆与河西走廊的雨量一样的少。但是，青海北部的地势是在海拔三千公尺以上，而新疆、河西走廊以及蒙古海拔皆在一千公尺左右。从地理区域来说，青海可以说属于青海、西康、西藏的大高原的地区，而与我们这里所讨论的西北各地是有了不同之处。我们所以把西北的蒙古、新疆与河西走廊为一个区域，是有其原因的。

我们已把西北的地理概况略为叙述。我们现在想提出两个问题稍为讨论。第一，是地理环境对于西北的人民的生活有否影响？如有了影响，其影响的程度如何？第二，西北的地理环境，在历史上，有否改变？如有改变，其改变的程度如何？

历史事实告诉我们，地理环境对于这些地方的人民的生活是有影响的。塔里木盆地的大戈壁中，难于耕种与住人。在西北各处有水的地方即有人，没有水的地方，就没有人。靠农为生的人，像在河西走廊与塔里木盆地，都集中在一些有水的点上。那个地方水量多些，就有多些人，那个地方水量少些，就有少些人。太干燥的地方不能住人，太寒冷的地方也难住人。在永久结冰的高山上无法住人，在冬季成为冰线的高山也难住人。北疆冬季时间长，每年只能耕种一次，南疆比较温暖，每年能播两次种。牧人在夏天，可以带牲畜到山岭较高的地方，但是到了冬天，又要移到较低的山腰或山谷。司马迁说匈奴人民"逐水草迁徙，毋城郭常耕田之业"，这是与地理环境有关系的。所以地理之影响于这一带的人民的生活是显而易见。

匈奴在强盛的时候，东击东胡，北征丁零，但是在东边也好，在北方也好，匈奴不会深入到森林地带，这可以说这种地带是不适宜于他们的生活习惯。他们可以在北疆的准噶尔盆地逐水草而居，然而，他们对于天山以南的居国，只用征伐控制的方法，去争取这些居国的人民所用的劳力去耕种而得的果实。在历史上，他们并没有永久的去占据这个地方，也许是因为这个地方已成为农垦的地方，而不是天然的牧场。

在两汉的时代，匈奴是逐渐向西迁移，一方面是因为在南边有了劲敌去阻止他们南下牧马，以及后来东边的鲜卑攻击他们，而不能抵抗；一方面是因为东北与西伯利亚的森林地带阻止他们东迁或北移；另一方面，又因为他们所居的地方往往有了天灾，如有时雨雪缺乏或有时冰雪的时间太长，而使畜物受到很大的损失。但是，新疆的准噶尔盆地是很适宜于惯于逐水草为生的匈奴，这不能不说是地理环境上的一种引诱。后来他们又从这个地方而迁到中亚细亚的草原，也可以说是他们所迁移的方向，是选择了适宜于他们的生活习惯的地理环境。

同时，也要指出，这种地理环境的影响并不是没有限度的，而且可能有了其他因素的作用。以河西走廊来说罢。在匈奴控制这个地方的时候，匈奴人在这里也是逐水草而居。但自纪元前一二一年匈奴被中国击走之后，中国就开始移民垦殖，置酒泉郡，后来又置武威、张掖、敦煌诸郡。同一的地理环境，匈奴只能依赖天然的水草而居，而中国却用灌溉方法，主要利用山上融解下来的冰雪以从事耕种，使一些沙漠变为农田。同样，住在天山以北的乌孙是一个行国，而住在天山以南的西域诸国好多都是居国。在同一或大致上相同的地理环境，而却有了不同的生活方式或是不同的社会制度，这就不能说是由于地理环境所使然了。

这说明了生产技术在社会发展上的重要性。生产技术发达的社会在适当的条件之下，可以改变自然环境的面貌。匈奴与中国代表了两种不同的社会制度，两种不同的生产方式，因而对于适应或者改造地理环境上，也就因之而不同。

至于西北的地理环境在历史上是否有改变这个问题，近来讨论的人很多。有的以为二千年来是有了很大的变化，有的以为在这个时期里，并没有什么变化，至少没有显著的变化。他们以为今日的西北各地大致的情形，与二千年前的情形，也可以说是没有很剧烈的变化。蒙古大戈壁、塔里木大戈壁同样的存在。大山河流，大致上没有很大的变化。班固所说关于西域的地理环境的话，今日读起来，还是事实。司马迁所记匈奴的一些风俗，如游牧民族的逐水草而迁移的情况，在近代看起来，大致还是没有多大分别。在塔里木盆地的好多废墟中掘出很多古物，经过二千年的时间并不腐蚀，而成沙土，也是说明了二千年前的这些地方，是与今日一样的很为干燥。不然的话，那么在那个时候，地面潮湿，地下水很高，掩盖在地下的物件早就很快的腐蚀了。所以他们以为在历史上，西北地理的环境的变化，可以说是局部的与有限度的。

此外，好多人又以为二千年来西北地理环境是有了显著的变化的。他们以为以前的西北，而尤其是在陕西一带，是关中肥美之区，而近代却变为相当的荒凉，这是由于气候变化的结果。我们以为这种变化是有的，变化的原因有的是自然的，有的是人为的。属于前者，如蒙古大戈壁中的沙土，因为北风吹起，在其本身成为好多低洼地方，高低不平，这是一方面。此外，北风所吹的沙土，吹到南边，无论在塞外或华北各地，地面都为这些沙土所掩盖，其结果是好多地方也因之而成为一片沙漠。这对于耕种方面有了影响，这又是一方面。又如，在塔里木盆地或西北其他地方，有好多河流在古代河水相当的多，后来逐渐干涸。这种变化可能是因为高山上的冰雪逐渐减少，使水源减少。这也是自然变化的结果。至如塔里木河，因改道而不流入罗布泊，使其干涸，楼兰古国成为废墟，也是一个例子。

至于人为的原因，如斩伐森林或破坏草原，使其上层土壤易受流水冲走，其结果是慢慢失去生长植物的能力。这是人为的结果。关于这方面所引起的变化，最近水利部副部长张含英在一九五二年十二期的《新华月报》上，所发表《对于西北水土保持工作的认识》一文，有了一段很值得我们注意的话，兹录之如下，以为本章结论：

> 西北古今气候，有否差异，难以详考。但是气候要受环境的影响，森林草原的破坏，必然会影响气候。森林和优良的植物被覆，可以增加空气的温度，调和气候和雨量。植物被覆不好的地方，地面大部太阳的热力，用于空气的加热，提高气温，引起空气对流而成风，好的植物被覆，使白天太阳热力，主要被叶面和田地所吸收，只有一小部分用于空气的加热，因之气温变差缩小，风力减少，温度增加。西北的广大地区的植物被覆被破坏，必然影响着气候。相反的，若在西北培植森林和牧草，则气候条件必然会变成更有利于农业的。

第四章 交通的概况

在两汉时，汉据伊吾与控制车师的时候，从敦煌可以走西北而到伊尔，由伊吾而到车师，以至焉耆。这也是北道为什么①

一

司马迁《史记·大宛传》说："大宛之迹，见自张骞。"班固《汉书·西域传》说："西域以孝武始通。"这也是指明西域之通始于张骞。范晔在《后汉书·传论》中又告诉我们："西域风土之载，前古未闻也，汉世张骞，怀致远之略……立功西遐。"这好像不只是说张骞之前没有人通西域，而且是说，在张骞之前西域的风土也没有听闻了。然而，《史记·大宛传》已指出，张骞没有出使西域之前，建元中，天子问匈奴降者，皆言匈奴破月氏王，以其头为饮器。这说明了在张骞未出使西域之前，西域的风土已闻得多少。那么在武帝之前，中国人也很可能闻得多少关于西域的风土，所以通西域与闻西域的风土应该分开来说。在未通西域之前已经闻到西域的风土，不只是很可能，而且至少在武帝未遣张骞出使之前，已从匈奴降者的口中得到关于西域的一些事实，所以在武帝之前，对于西域情况了解一些，也是可能的。虽则在古代典籍中还找不出这记载。

而且在张骞之前，中国有没有人到过西域呢？这也是一个很值得我们研究的问题。《新语》载"黄帝巡游四海，登昆仑山"，魏源《海国图志》以为昆仑即葱岭。又有些人以为《墨子·节用》篇说尧的疆土是"东西至日所出入，莫不宾服"。王符《潜夫论·志姓氏》篇说："穆王游西海，忘归。"这都是说明在秦汉之前，中国之于西域已经交通。

到了晋太康时，在汲冢里发现了《穆天子传》后，有人而尤其是近来有些人，遂以为穆王曾到昆仑，过葱岭，抵波斯，达到东欧北部。穆王走过这么多地方是不可靠的。我们在别的地方已经指出，至说黄帝登昆仑山，以至尧或舜与禹征服了四海，而西域包括在内，均难置信。因为周以前的中国所占的地方，不外是黄河流域，在西边不会越过陕西。周的故土是陕西的岐，周伐西戎也不会超过甘肃的东南地带。若说是到了甘肃的西北的河西走廊，已难相信，若说是到过昆仑或越过葱岭，那是近于荒诞了。

---

① 校注：底稿有缺漏。

而况，直到春秋战国的时代，秦据有最西的地方，秦得由余而服西戎，其所居地也不会超过甘肃的东南部。秦始皇修筑长城，西不过临洮，临洮是今日甘肃的西南角的临潭，或以前的洮州，在陇西的西南。秦始皇筑长城是防御匈奴，他对于陇西洮州的西北，就没有打主意去发展，所以秦的疆域，在西边是以这里为终点。

又况，我们从春秋战国以至秦的典籍中，并没有找到关于这个时代到过西域的记载。在那个时候，中国人之到东北的，如燕辟地千里，晋向北发展，都有记载，若说中国据有西域的地方而却无一言说及者，那是很难了解的。

周秦疆域不会扩张到西域，周秦君主大致也不见得遣派使者到过西域。至于人民私人有否到过西域，那就很难说了。我们虽然不能说任何私人都没到过这个地方，然而，同时我们也不能在书籍中找到这种记载。

中国人之直接到西域的记载，在张骞以前固找不出来，西域人之直接到中国的有没有呢？这也是不易回答的一个问题。周秦的西边有过戎狄，但是这些戎狄是世居于周秦西部的边境，还是来自很远的新疆，我们没有法子去说明，所以我们对于这个问题也不易讨论。

中国之于西域的直接交通，在张骞之前固找不到证据，中国之于西域在间接上有没有交通呢？这也是一个不易回答的问题。但是在历史上，两个距离很远的地方或人民，虽然没有直接交通，间接交通的例子是常有的。中国之于欧洲，如罗马，没有直接的交通之前已有了间接的交通。中国的丝传入罗马就是一个很好的例子。中国人虽不到过罗马，但罗马的贵族阔人却着了中国的丝织品。又如中国与希腊虽没有直接交通，但是希腊的文化却早已由西亚及中亚的民族转输入来。从这些史实去推论，那么在张骞未到西域之前，中国之于西域有过间接的交通，可能性是很大的。

二

至于中国之于西域的直接的交通，在我们现在所有的史料来说，我们不能不根据司马迁与班固的话而溯源于张骞。司马迁在《史记·大宛传》中说：

> 大宛之迹，见自张骞。……匈奴破月氏王……月氏遁逃而常怨匈奴，无以共击之。汉方欲事灭胡，闻此言，因欲通使，道必更匈奴中，乃募能使者。骞以郎应募，使月氏，与堂邑氏故胡奴甘父，俱出陇西，经匈奴，匈奴得之。传诣单于，单于留之，曰："月氏在我北，汉何以得往使，吾欲使越，汉肯听我乎？"留骞十余岁，与妻有子，然骞持汉节不失，居匈奴中，益宽，骞因与其属亡向月氏，西走数十日，至大宛。大宛闻汉之饶财，欲通不得，见骞喜，问曰："若欲何之？"骞曰："为汉使月氏，而为匈奴所闭道，今

亡，唯王使人导送我，诚得至，反汉，汉之赂遗王财富，不可胜言。"大宛以为然，遣骞为发导驿，抵康居，康居得致大月氏……骞从月氏至大夏，竟不得月氏要领，留岁余，还，并南山，欲从羌中归，复为匈奴所得，留岁余。单于死，左谷蠡王攻其太子，自立，国内乱，骞与胡妻及堂邑父俱亡归汉。骞身所至者，大宛、大月氏、大夏、康居，而传闻其旁大国五六，具为天子言之。

我们先要指出，大宛虽为匈奴所间隔而不能与汉直接交通，但是在没有这种交通之前，大宛已闻得"汉之财饶"，这说明了大宛对于中国的消息并不隔绝。可能这两个国家的货物已经交换，而为我们上面所说的间接的交通了。

从这段话里，我们了解到在张骞第一次出使的时候，陇西的西北或是河西走廊一带，是匈奴所占据的地方。张骞要到大月氏，不得不经过匈奴所管辖的地方，他希望偷偷的渡过，可是没有达到这个目的，却为匈奴所得。他在匈奴十余年，娶妻生子，但是到大月氏的意图并不放弃。所以一有机会他就逃跑。用数十天的时间，始到大宛。由大宛设法送他到康居，又由康居设法送他到大月氏。《史记·大宛传》虽然没有说大月氏设法送他到大夏，但既说骞从月氏至大夏，可能也是由月氏送他到大夏。同时，又在这些地方而得到关于其他的国的消息。

张骞到大月氏，目的是说服大月氏与汉共击匈奴。但是大月氏在这个时候已经安居乐业，不愿攻伐匈奴。所以张骞并没有达其目的。历时年余，他不得不作归计，他西去的时候，既为匈奴所执，他东回的时候，就想避免为匈奴所得。所以他打算循着南山，从羌人所居的地方，这就是现在的青海，回到中国。但是他走这条路，还是为匈奴所捕获，这说明了匈奴在西域的势力范围之大。这一次他又被拘年余。因为单于死而引起匈奴内乱，他才能跑回中国。他一去一回经过十三年，虽然大部分的时间是被拘留，然而，沟通西域，在这个时候，是一件很困难的事情，也可想而知。

而且从这段记载中，我们理解到下面几点：第一，张骞出使时，要与胡奴甘父同行，胡奴甘父是一位匈奴人，其所以与他同行的原因，大概一方面是他对匈奴情况熟识，所以《大宛传》说：

堂邑父，故胡人，善射，穷急，射禽兽给食。

另一方面，是他能说匈奴话。张骞必定很明白，往西走，不只在匈奴所控制的西域匈奴话可以通行，再过葱岭以西，匈奴话还可通用。所以带翻译员同行，是很重要的。

第二，在这个时候，从一个国家要想到别一个国家，必需得到这个国家的许可。许可了，就由这个国家遣人送到别的国家，同样从这第二个国家到第三个国家，也必需由第二个国家去护送。如此类推，以至于到第四或第五个国家。这说明在每一个国家的境内，使者来往是受了这个国家的管理。假如这个国家不答应的话，那就不得通过。匈奴不只不许张骞走过去，而且拘留起来，也不放他回到中国，大宛肯把他送到康居，康居之于大宛可以说是友国而不是敌国，康居把他送到大月氏，也可以说他们之间没有什么仇恨。

第三，《大宛传》说，大宛发导驿送张骞抵康居，我们可以推想西域诸国对于交通必定很为注意。[可能有了导驿的制度，]大宛的马是很出名的，大宛的导驿制度也可能很好。

第四，关于中国与西域交通的路线，司马迁在《大宛传》里虽然没有很明白的说出来，但是我们读《大宛传》，就能明白西域交通是有两条道路。张骞出国时所走的是北边一条路，大宛、康居都在大月氏之北，他去时走北道，为匈奴所得。后来逃跑还是取北道，故先到大宛。但是他回时，他要避免匈奴的拘留，乃取南道，所以说："并南山，从羌中归。"可能的，他是一直由大月氏而东渡葱岭，走塔里木大戈壁的南边，取道羌人所住的地方。然而这次又被拘起来。后来再次逃跑，究竟是走那条路就不得而知。然而，我们所要注意的，就是在匈奴控制下的西域，以至于到葱岭以西的各国，是有两条路，这就是北道与南道。这两条路班固在《汉书·西域传》里说得很清楚，我们当在下面再说。

三

张骞除了第一次出使到大宛、大月氏各国之外，他后来曾奉命到过乌孙。乌孙所占据的地方，是在现在的新疆的天山以北的伊犁河谷及准噶尔等地。他到乌孙的时候，是纪元前一一五年。纪元前一二一年，中国已占领了河西走廊，所以他到乌孙，并不像他到大月氏时，处处受到匈奴的拘留。他到乌孙，本想说服乌孙迁到东边，与汉相近，以防匈奴，但是这个目的也不能达到。但是他安然出去，安然回来，同时到了乌孙之后，还遣人到大宛、康居、大月氏、大夏、安息、身毒、于阗、扞罙及诸旁国，这说明了河西走廊一被中国占领，中国与西域的交通是方便得多了。而且，从此后，不只中国使者不断的到西域去，西域诸国的使者也常到来中国。

此外，《大宛传》又指出张骞曾告诉武帝说：

> 臣在大夏时，见邛竹杖、蜀布，问曰："安得此？"大夏国人曰："吾国人往市之身毒，身毒在大夏东南，可数千里。"……以骞度之，大夏去汉万二千里，居汉西南。今身毒国又居大夏东南数千里，有蜀物，此其去蜀不远矣。今使大夏，从羌中，险，羌人恶之，少北，则为匈奴所得，从蜀宜径，又无寇。

汉武帝听了张骞的话之后，又想得西域各国的珍奇物品，结果他又照着张骞的意见去做。《史记·大宛传》说：

> 乃令张骞因蜀犍为，发间使，四道并出，出駹、出冉、出徙、出邛僰，皆各行一二千里。其北方闭氐、筰，南方闭嶲、昆明，昆明之属无长君，善寇盗，辄杀略汉使，终莫得通。然闻其西可千余里有乘象国，名曰滇越，而蜀贾奸出物者或至焉。于是汉以求大夏道，始通滇国。

在时间上，张骞之欲从蜀到身毒、大夏，是在他出使乌孙之前，身毒就是今日的印度。他第一次在大夏时，见邛竹杖、蜀布，因而确定印度的位置，是离中国比之中国到大夏为近，因而说服武帝去开辟这条新的路线，以通西域。张骞对印度的位置的推论，大致并没有错误，在空间距离上，印度之于四川是比较长安之于大夏为近，但是，他没有估计喜马拉雅山的间隔，也没有估计到从云南到印度的途程的困难，结果他想打通这条路的目的归于失败，虽则中国却因此而通云南。

我们应该指出张骞之要从四川去通大夏与印度，还是在河西走廊尚没有被中国占领之前。他因为第一次出使往返都被匈奴拘留，所以要开辟这条路，然而终归失败。后来他之所以能够安然到乌孙而遣使到大夏、身毒，还是靠着霍去病在军事上的胜利，把匈奴在陇西的西北或是河西走廊的势力打倒了，然后这条路才能通行，否则，欲到西域通过匈奴的地带，固为匈奴所留难，从羌中走，也是不易通行。张骞很认识这两条南北路线，虽则从羌中的南道以至"少北"的北道，与后来班固所说的南道与北道是否相同，不得而知。

《大宛传》中又说：

> 初贰师（李广利）起敦煌，以为人多，道上国不能食，乃分为数军，从南北道。

这里所说的南北两道，之于张骞所走的两道，或是班固所说的两道，是否相同，又是值得考证的。

四

班固《汉书·西域传》总叙里说：

> 自玉门关出西域，有两道：从鄯善，傍南山北，波河西行至莎车，为南道，南道西逾葱岭，则出大月氏、安息。自车师前王庭，随北山波河，行至疏勒，为北道，北道西逾葱岭，则出大宛、康居、奄蔡、焉耆。

所谓南道从鄯善、傍南山的南山，就是昆仑，也就是昆仑山的北麓。至说傍南山北波河，师古说"波河循河也"，但是波河的河不应是塔里木河的南岸。这个南道若是在塔里木河之南,那就不应说是傍南山,因为南山乃在大戈壁之南,而非大戈壁之北。而且,若在塔里木河的南岸,则与大戈壁接近,不若塔里木河北岸之易行,所以南道波河的河应该是叶而羌河,但是这条河在南道,只是上游取东向西走,到了伊里苏山口附近就转向东北走,在南道的长途中能波河而行的,最多只是一小段而已。至于南道的其他河流,皆取南向北走,只能说是渡河,而不能说是波河。南道是在南山山麓,在大戈壁之南,这就是从鄯善经罗布泊,经且末、尼雅、于阗、皮山、莎车等处。南道西逾葱岭为罽宾国,大月氏还在罽宾之西北,所以要到大月氏似要经过罽宾才行。

北道自车师前王庭随北山波河西行至疏勒,北山为天山,这条路是天山南麓,塔里木河之北岸,车师后王庭在天山之北,而前王庭却在天山之南。吐尔番之北,从此往西,经焉耆、库车、阿克苏而至疏勒。至说"西逾葱岭则出大宛、康居、奄蔡、焉耆",但是在奄蔡之后又有焉耆,这好像是说焉耆是在葱岭之西,或甚至在奄蔡之西,这是错误。因为焉耆乃在葱岭之东,而且是很东,到了焉耆就很接近车师前庭了。关于这一点,徐松在其《西域传补注》中已指出:

> 焉耆在西域东,不得叙于奄蔡之下,耆字衍文,流俗因焉字妄增,怀祖先生曰:景祐本无耆字,《通鉴》与景祐本同,则北宋本尚未误,《汉书·孝武纪》《后汉书·西域传》《通典》焉下皆有耆字,后人依误本《汉书》加之耳。

照徐松的意见,这句话应该是:"北道西逾葱岭则出大宛、康居、奄蔡焉。"我们以为这种看法是对的。徐松在回复又指出:

> 大宛、康居亦可从南道,康居之境南北长,卑阗城近北,出北道苏薤奥鞬诸城,极南则从南道,故康居国言南道八国也。《陈汤传》云:从南道逾葱岭,经大宛,是大宛亦从南道之证。

我们以为若从南道到莎车之后,再北走而至疏勒,再由疏勒而到大宛、康居,也可以的。不过这样走,则南北两道皆会合于疏勒。若从南道的莎车向西稍南而经过蒲犁,逾葱岭出大月氏的话,那么从这个南道而到大宛、康居,就未免要走弯路。

总而言之,除了张骞欲从四川越西藏或云南而到印度、大夏这条路外,张骞第一次出使西域往返,就取了北道与南道。此外他对武帝所说的从羌中的险恶的南道,与少北而经匈奴,也可以说南北两道。但这个两道是不是与他所走的两道完全相同,无从知道。又他出使乌孙时,所遣的使者是从乌孙,这是从天山以北经伊犁河谷或伊犁以北而到大宛、康居,还是走天山南麓塔里木河以北的道路,也不得而知。此外,《大宛传》所说贰师行军所走的南北两道,是不是与张骞自己所走的,或对武帝所说的,是否完全相同,却值得研究。以常理言,他自己所走的南北两道，与他对武帝所说的南北两道，应该是相同的。至于贰师行军所走的南北两道，应该与张骞所走的或所说的南北两道有了多少不同，因为李广利行军无须从羌中走，可能就是班固所说的南北两道，大致相同。但是我们知道从天山以北经伊犁河谷或伊犁以北就是乌孙所占的地方，也能通过而到葱岭以西各国。后来的郅支单于似乎是走这条路而到康居。李广利到大宛似乎不致走这条路，因为匈奴在这个时候、在这些地方的势力尚大，若是循着班固所说的南北两道，则南道到了莎车之后，仍要北走，而会合于疏勒，因为经过蒲犁这条路不只绕得太远，而且不易于行军。然而，这种解释还只是说了可能性，因为在《大宛传》里，关于几种南北两道的记载，既太过简单，而班固《汉书·西域传》所说的两道，在葱岭以东的塔里木盆地这方面，固很清楚，但是说到逾葱岭以西，而到大宛、康居以及大月氏、安息诸国的路线就不清楚了。

五

范晔《后汉书·西域传》叙论中说：

> 自敦煌西出玉门关，涉鄯善，北通伊吾千余里，自伊吾北通车师前部高昌壁千二百里，自高昌壁北通后部金满城五百里，此其西域之门户也。故戊己校尉更互屯焉。伊吾地宜五谷、桑麻、蒲萄，其北又有柳中，皆膏腴之地，故汉常与匈奴争车师、伊吾，以制西域焉。自鄯善逾葱岭出西诸国，有两道，傍南山北，陂河西行至莎车，为南道。南道西逾葱岭，则出大月氏、安息之国也。自车师前王庭随北山，陂河西行至疏勒，为北道，北道西逾葱领，出大宛、康居、奄蔡、焉耆。

这段话的后一段完全是抄了班固的，但是他指出自玉门关到鄯善，再由鄯善北走千余里而到伊吾，又由伊吾走千二百里北通车师前庭高昌壁，再北走五百里，而到车师后部金满城，这是说从鄯善北走再北走，鄯善在敦煌之西稍南，应该说从敦煌西到鄯善，高昌壁当在吐尔番县东，汉置车师都尉国，后汉为戊己校尉治所。车师前部也是在吐尔番一带，伊吾在汉当是今的哈密，吐尔番是在伊吾之西，不能谓为伊吾之北，金满城应是今日的乌鲁木齐，车师前部之于后部，是隔以天山，前部到后部，应向北或北稍西走，才是对的。

为什么不从敦煌的西北的安西向西北走而到伊吾，而却要从敦煌西到鄯善，然后北到伊吾，再由伊吾西走车师？丁谦在《后汉书西域传地理考证》中说：

> 涉鄯善北通伊吾，盖汉时北出路安西之道，尚未开通，须先行抵鄯善，然后直北行，越白龙堆大碛，始至伊吾屯田处也。安居驿路，即元始中所议开未成之五船新道。

这样看起来这条从鄯善到伊吾，再由伊吾到车师前庭的北道，仍然是与班固所说"自车师前王庭随北山波河西行至疏勒"的北道是一条线的东西两段。我们上面指出张骞到乌孙后，遣使到西域诸国，可能从伊犁一带直到葱岭以西诸国，我们又指出郅支单于西迁可能走这条路。徐松《西域传补注》以为天山北边在汉时为匈奴所控制，没有道路，他好像以为是在隋时，这条北道才通，因而成为三道，他根据《隋书·裴矩传》所说的北中南三道而述之如下：

> 《隋裴矩传》自敦煌至于西海，凡为三道。北道从伊吾经蒲类海（按：即今镇西的巴里坤海）、铁勒部、突厥可汗庭、度北流河至拂菻国达于西海。其中道从高昌、焉耆、龟兹、疏勒，度葱岭又经镪汗、苏对沙那国、康国、曹国、何国、大小安国、穆国，至波斯，达于西海。其南道从鄯善、于阗、朱俱波、喝槃陀，度葱岭，又经护密、吐火罗、挹怛、忛延、漕国，至北婆罗门达西海。与此两道异者，汉时两道皆在天山南，山北为匈奴故无道也。隋既有山南之两道，又增山北一道，汉隋之南道，今不置驿，汉之北道，隋之中道，今谓之南道，往回疆者由之。隋之北道今亦谓之北道，往乌鲁木齐（按：即迪化）伊犁者由之。

他又说：

> 《后魏书·西域传》又言，出西域本有二道，后更为四。出自玉门关，渡流沙西行二千里，至鄯善，为一道。自玉门关渡流沙，北行二千二百里，至车师，为一道。从莎车西行二百里至葱岭，葱岭西一千三百里至伽倍，为一道。自莎车西南行五百里，葱岭西南一千三百里，至波路，为一道。按至鄯善至车师入西域者，径行之处，《汉书》所不数，其余二道，皆经莎车，即汉之南道，是言四出者，实惟一道而已。

照这样看起来，隋的天山以北的北道在汉是不通的。但是我们也得指出，从伊吾经蒲类海再向西走，经乌鲁木齐再向西或西北走，而到伊犁这条路，在汉时可能因匈奴所占据或扰乱而使中国人难于通过，但匈奴人与乌孙人之利用这条路而从伊犁一带到西边诸国当然没有问题。

而且，我们还要指出，中国也有人曾从塔里木河的上游温宿或阿克苏向北走经乌孙而到过康居，《汉书·陈汤传》说：

> 汉兵胡兵四万余人……引军分行，别为六校，其三校从南道逾葱岭经大宛，其三校都护自将，发温宿国，从北道入赤谷，过乌孙，涉康居界，至阗池西。

这就是说除了《汉书·西域传》所说从南道莎车西出葱岭，与从北道疏勒西出葱岭之外，还可以从温宿北经乌孙而到康居。陈汤与甘延寿所带的三校军队从南道逾葱岭经大宛而至康居或郅支城,大致是班固所说的北道,或是《隋书·裴矩传》所说的中道。此外除了班固所说从莎车西出葱岭而到大月氏、安息的南道外,陈汤与甘延寿还选择北经乌孙的北道,这证明我们上面所说从乌孙西到康居、大夏这条路的可能性,虽则这条北道并非由伊吾经蒲类海而西到乌孙,而大致仍由天山南麓到温宿,然后再由温宿北经乌孙。丁谦《汉书匈奴传下地理考证》对于这条北道有下面的解释:

> 据《陈汤传》,汤等合汉胡兵四万余,分二道,一从南道逾葱岭,经大宛,一自将发温宿,从北道,入赤谷,过乌孙,至阗池西,败其游军,入康居东界,趋郅支城,都城都赖水上攻拔之。考《西域传》,汉出西域有二道,惟与此南北道异,此所谓南道,盖从喀什噶尔(疏勒)北逾山至浩罕路,实即《西域传》之北道,此所谓北道则由阿克苏城北行,越木素尔达板至特克斯河南(乌孙都赤谷城在此)再西行经特穆尔图泊入俄属七河省境。

六

上面所说的主要是敦煌以西与葱岭以东的交通路线。葱岭以西的西域诸国的交通情况,除了说及像张骞及陈汤时只稍为提及,准备以后谈到各国的情况时顺便说明。《史记》《汉书》《后汉书》对于西域各国与中国距离的里数多少都记载下来,但是这些数目字有的很可怀疑。比方,《汉书·西域传》"大月氏"条说大月氏去长安一万一千六百里,同时又告诉我们从大月氏西到安息还要行四十九日。假使以每天行六十里来计算,则大月氏到安息,还要三千里,《史记·大宛传》"安息"条说,安息在大月氏西,可数千里,就是这个意思。但是《汉书·西域传》"安息"条却说,安息去长安万一千六百里,这就是说长安到大月氏与到安息的路程是一样了。这是一个错误。又《史记·大宛传》说,大宛,"在汉正西,去汉可万里。"所谓万里,大概是一万里。在"大月氏"条说:"大月氏在大宛西,可二三千里。"这样计算起来,从汉到大月氏应该是万二三千里了。然《汉书》却说:"从长安到大月氏为万一千六百里。"所谓万二三千里与万一千六百里已有差别,然这个差别还不算大,我们若再看《史记·大宛传》"安息"条说大月氏西到安息国可数千里,若以可数千里为三千里来说,照司马迁的说法,从汉至安息,应该是一万五六千里,比之《汉书》所说从汉至安息为一万一千六百里,相差又约三千里了。这个数目就不能算作很小了。可是我们若再看《后汉书·西域传》"大月氏"条说"大月氏去洛阳万六千三百七十里",则照范晔的计算,减去洛阳至长安一段的路程,那么范晔与司马迁的计算又相差了二三千里了。因为照司马迁所说,大月氏至汉,这也可以说是到长安,是约为一万二三千里。然而，相差得更远的是范晔在《后汉书》"安息"条说"安息去洛阳二万五千里"，若减去他所说大月氏去洛阳万六千三百七十里，则从大月氏到安息，应为八千六百三十里，若以他二万五千里来与班固所说从长安至安息为一万一千六百里，则其相差为一万三千四百里，长安到洛阳的里程绝不会是一万三千四百里的。

这样看起来，不只是司马迁与班固以及范晔，彼此之间所说的西域诸国的途程有了不同之处，同时相差得很远，就是各人自己所记的也相差得不少。范晔是最显明的例子。我们承认计算途程，而特别是古代，可能有了多少差别，然而，他们往往又说出很确实的数目字出来。假使能说得这样的准确，就不应该相差那么远，从这一点来看，他们对于西域的情况，而尤其是葱岭以西的西域诸国，还可以说是很为隔膜。

他们对于葱岭以西的路程里数固不很清楚，对于葱岭以东的距离有的也很不清楚。班固《西域传叙》说："蒲昌海，一名盐泽，去玉门阳关三百余里。"徐松在《西域传补注》里说：

> 玉门阳关在今色尔腾海之东，罗布淖尔在今吐尔番城西南，自色尔腾海西北至罗布淖尔，相去千余里，不得云三百余里。

其实，有些地方直到今日，各人对于里程的说法还有差别。比方以塔里木盆地的幅员来说，班固说是东西六千余里，南北千余里，徐松以为东西五千余里，南北千二百里，斯坦恩（向达译《西域考古记》）说"东到西径长一千五百哩，自南到北也在五百哩以上"，以华里计算则东西约五千里，而南北约为一千六百里。近来有人估计，从西起疏勒，东到罗布泊，长约一千四百公里，南自于阗，北至库车，宽约五百五十公里，这又与其他者所说的也有了差别。但是在这一点上，我们应该佩服千八百多年前的班固的估计相当准确。

应该指出，直至今日，因为这个地方沙丘起伏、高山峻岭，交通很为困难。有好多地方还只能大体去估计，结果难免错误。至于古代人们的地理智识，既尚浅薄，则其所记载的里程更难免有了错误。我们所以特别把这一点提出来，因为不只在计算里程方面，就是对于记载其他事物，也都难免有了失实之处。就以地名一项来说，二千多年来，一个地方不知换了多少名，同名的地方可能换到别的地方，有时后人考证，不只不能证明其实在地方，反而愈增加其复杂性，这是研究古代交通史一个很为困难的问题。

七

直至现在，旅行在这些地方的人们，还因为交通的困难而视为畏途。二千年前的人们更不待说了。然而，这些地方在古代，不只是中国与西方以至欧洲的交通要道，而且是各种民族所集会与各种文化所交流的地方。我们准备在别的地方来谈这些问题，我们在这里只略为叙述当时的人们所走的路线，同时略说其旅途的困难的情形。

张骞第一次出使西域时，有百多人与他同行，他还带了善射的堂邑氏故胡奴甘父，以备穷急时射禽兽给食，但是经过十年后，他回国时，只有他和堂邑氏故胡奴甘父。这说明了旅途的艰难。这些人经不起这种困苦，死在异域。张骞这一次回后的二十年后，李广利带领军队去伐大宛，《汉书·李广利传》里告诉我们道：

> 太初元年，以广利为贰师将军，发属国六千骑及郡国恶少年数万人以往，期至贰师城，取善马，故号贰师将军。故号侯王恢使道军，既西过盐水，当道小国各坚城守，不肯给食，攻之不能下，下者得食，不下者数日则去。比至郁成，士财有数千，皆饥罢，攻郁成城，郁成距之，所杀伤甚众。贰师将军与其左右计，至郁成尚不能举，况至其王都乎？引而还，往来二岁，至敦煌，士不过什一二，使使上书言：道远，多乏食，且士卒不患战而患饥。

武帝不答应李广利的请求，准备第二次的大规模的征伐，动员了数十万兵，牛马十余万匹，结果虽然屈服了大宛，然而，中国军队始终也没有进入其都城，可见得军事行动在这些地方上所遭遇的困难。《汉书·西域传》说：

> 贰师将军伐大宛之后，西域震惧，多遣使来贡献，汉使西域者益得职，于是自敦煌西至盐泽，往往起亭，而轮台、渠犁皆有田卒数百人，置使者校尉领护，以给使外国者。

这是用很大的力量去改善与保护这条交通路线，然而，这条路时通时断，范晔《后汉书·西域传叙》说：

> 自建武至于延光，西域三绝三通。

建武是光武年号，延光是安帝年号，这就是纪元二十五年至一二五年，相隔不过一百年，已三绝三通，可见得维持交通西域之不容易了。又如从皮山到罽宾这条路，据《汉书·西域传》"罽宾"条述杜钦曾对大将军王凤说：

> 起皮山南，更不属汉之国四五，斥候士百余人，五分夜击刁斗自守，尚时为侵盗。驴畜负粮，须诸国禀食，得以自赡。国或贫小不能食，或桀黠不肯给，拥强汉之节，馁山谷之间，乞丐无所得，离一二旬则人畜弃捐旷野而不反。又历大头痛、小头痛之山，赤土、身热之阪，令人身热无色，头痛呕吐，驴畜尽然。又有三池、盘石阪，道狭者尺六七寸，长者径三十里，临峥嵘不测之深，行者骑步相持，绳索相引，二千余里乃至县度，畜队，未半坑

谷尽靡碎，人堕，执不得相收视。险阻危害，不可胜言。

又如《后汉书·西域传》"安息"条说：

都护班超遣甘英使大秦，抵条枝，临大海，欲度，而安息西界船人谓英曰："海水广大，往来者逢善风三月乃得度，若遇迟风，亦有二岁者，故入海者皆赍三岁粮，海中善使人思土恋慕，数有死亡者。"英闻之乃止。

杜钦与安息船人的话，也许稍有过分之处，但是旅途的"险阻危害"是无可疑的。我们在叙述西域的地理环境中曾说到，新疆而尤其是从敦煌到塔里木盆地这个地方，冬天严寒，夏天酷热，数千里的沙邱起伏为山谷，有好多地方根本就不能穿过，晋时法显在其《佛国记》中述及这些地方，云：

沙河中多有恶鬼，热风遇则死，无一全者，上无飞鸟，下无走兽，遍望极目，欲求度处，则莫知所拟，唯以死人枯骨为标帜耳。

《史记正义》引裴矩《西域记》说：

盐泽四面危，道路不可准记，行人惟以人畜骸骨及驼马粪为标验，以其道路恶，人畜即不约行，曾有人于碛内闻人唤声，不见形，亦有歌哭声，数失人，瞬息之间，不知所在，由此数有死亡，盖魑魅魍魉也，斯鬼魅碛，所由命名欤。

唐代玄奘也有同样的感觉，而元代马可波罗在其游记第五十六章《罗布城》中这样的描写：

这一片沙漠很长，据说由这一头骑马行到那一头要一年以上，此处较狭横越过去，也得要一个月，全是沙丘、沙谷，找不到一点可食的东西，但是骑一日一夜以后，便可得到淡水，足够五十至一百人连牲口之用，多了可不行。没有牲畜，因为没有东西可吃，但是这一片沙漠，却有一桩奇事，如果旅客是夜间行动，其中偶有一人落在后边，或者有睡熟等情，当他打算再会到他的同伴，他会听到鬼话，于是误以为就是他的同伴，有时候鬼会叫他的名字，于是一个行人，常因而迷路，以致绝对找不到他的队伍。许多人都如此丧命的。有时候，迷路的人会听到好似大队的人马在真的路线以外杂沓往来的声音，若以此为其队伍，他们会随着声音而去，破晓之后他们才知道是上了当，但已经置身苦境了。甚而在白昼也可以听到鬼语，有时候并可听到各种各样乐器的声音，最普通的是鼓声。因此作这种旅行，行人的习惯，都是紧紧团结在一起，牲口颈下，也系了铃，如此方不易于迷路，睡的时候，放一标识，以指示下一站方向，这样一来，沙漠便渡过了。

这几段话都说是这些沙漠中有鬼，其实这并不是鬼，而是沙漠中的奇怪现象。可是这种现象与这些环境,很够"险阻危害"了。这三段话都是两汉以后的人们所记载的,而且有的是身历其境,晋代到元既然如此,古代两汉不会不是这样罢。

然而,我国人在差不多二千年前并不为这种现象与环境所阻止,他们前仆后起,不断的设法去克服困难,往回于这个地方,这种精神是很值得我们佩服的。

第五章　种族的蠡测

一

西域的种族，本来就在这个地方，还是从别的地方迁移而来呢？西域的种族究竟是属于那一种或那几种呢？是所谓白种人，或是所谓黄种人，或是其他种呢？这是我们需要再这里所讨论的一些问题。

这些问题在历史上早已有人注意，但是百多年来，而尤其是近数十年来，对于这些问题注意的人愈多，同时讨论得更为热烈。但是，讨论得更为热烈，意见也愈为分歧。大致上我们可以说，直到现在，人们对于这些问题还没有十分明确的回答。

我们也并没有准备在这里给与这些问题以明确的回答。因为在目前我们所能找到的书本材料以及从地下所掘出来的证据，还没有足够去对于这些问题作正确的结论。所以我们打算把一些有代表性的看法略加解释，作为一个较有系统的研究纲要，并从这种研究中提出问题，以及指出对于解决这些问题的可能的方向，或是指出一些推论，给与对于这个问题有兴趣的人们作为参考，并希望他们指正。

王国维《西胡考下》（《海宁王静安先生遗书》第五册）说：

> 自来西域之地，凡征伐者，自东往，贸易者，自西来，此事实也。太古之事不可知，若有史以来，侵入西域者，惟古之希腊、大食，近世之俄罗斯，来自西土，其余若乌孙之徒，塞种之徒，大夏之徒，大月氏之徒，匈奴之徒，嚈哒之徒，突厥之徒，回鹘之徒，蒙古之徒，莫不自东而西。如玄奘所称窣利、睹货逻二种，亦有西徙之迹。玄奘谓"自素叶水城以西至羯霜那，地名窣利"，是窣利之地，东尽康居故境，西尽九姓昭武之地。诸国之中，康为宗国。《北史》谓康居之后，又谓其王本月氏人，旧居祁连山北昭武城，因被匈奴所破，逾葱岭，遂有国。支庶各分王，故康居左右诸国，并以昭武为姓。其称九姓昭武，亦为三姓葛禄、九姓回鹘、十姓突厥、卌姓拔悉密，为北方游牧人种之名。是窣利之人，本出东方，文字竖读，尤近汉法。至都货罗，则西徙之迹，尤历历可指。考睹货逻之名，源出大夏。大夏本东方古国，《逸周书·王会解》云："禺氏、騊駼、大夏、兹白牛、犬戎、文马。"又伊尹《献令》云："正北空桐、大夏。"空桐与禺氏、犬戎皆在近塞，则大夏一国，明非远夷。……《大唐西域记》（十二）云："于阗国尼

壤城，东西四百余里，至睹货逻故国，国久空旷，城皆荒芜。"案于阗国姓实为尉迟，而画家之尉迟乙僧，张彦远《历代名画记》云"于阗人"，朱景元《唐朝名画录》云"吐火罗人"，二者皆唐人所记，是于阗与吐火罗本同族，亦吐火罗人曾居于阗之证。又今和阗以东大沙碛，《唐书》谓之"图伦碛"，今谓之"塔哈尔马干碛"，皆"睹货逻碛"之讹变。是睹货逻故国在且末、于阗间，与周秦间书所记大夏地位若合符节。《唐书·西域传》云："大夏即吐火罗"，其言信矣。大夏之国，自西逾葱岭后，即以音行。除《史记》《汉书》尚仍其故号外，《后汉书》谓之"兜勒"，六朝译经者谓"兜佉勒""兜佉罗"，《魏书》谓之"吐呼罗"，《隋书》以下谓之"吐火罗"，《西域记》谓之"睹货逻"，皆大夏之对音。其徙葱岭以西，盖秦汉间之事。希腊地理学家斯德仆所著书记西历纪元前百五十年时，睹货逻等四蛮族侵入希腊人所建之拔底王国。是大夏之入妫水流域，前乎大月氏者，仅二十年，故大夏居妫水南，而大月氏居其北，此其侵略先后之次序也。此事中国、印度、希腊古籍全相符合，则睹货逻一族与月氏同出东方，可断言焉。

他更指出：

窣利、睹货逻既同出东方，则其同语系之种族，若印度、若波斯、若大秦，当无一不出自东方，特其迁徙当远在有史以前。此前说之结论，必归于是，又与民族西徙之事实相符合也。

王国维又说：

虽然，侵略者自东往，贸易者自西来，二者皆史实也。凡西徙之种族，于其所征服之国，不过得其政权及兵权，而自成统治者之一级。其时人民之生活，仍如故也。慧超《行传》于西域诸国，屡言土人是胡，王是突厥，或言土人是胡，王及兵马并是突厥。凡东方民族侵入西域者，殆无不然。且西域人民，国居东西之冲，数被侵略，亦遂专心职业，不复措意政治之事。是故希腊来则臣希腊，大夏、月氏来则臣大夏、月氏，哒哒来则臣哒哒，九姓昭武来则臣九姓昭武，突厥来则臣突厥，大食来则臣大食。虽屡易其主，而人民之营其生活也如故。当时统治者与被治者间，言语、风俗固自不同，而统治一级，人数较少，或武力虽优而文化较劣，狎居既久，往往与被治者相融合，故此土之言语、风俗，非统治者之言语、风俗，实被治者之言语、风俗也。世或以统治者之名呼其种族及言语，如大月氏人、睹货逻语之类，盖非尽当。考古书所载，此土人本与波斯、大秦同是一族。《汉书》言："自宛以西至安息国，虽颇异言，然大同，自相晓知也。其人皆深目，多须髯。善贾市，争分铢，贵女子，女子所言，丈夫乃决正。"是其形貌、言语、风俗，本同西方，自汉讫唐，蝉嫣未变。《北史》言康国人善商贾，粟特人多诣凉土贩货，大月氏人商贩京师。《唐书》言康国人好利，丈夫年二十去旁国，利所在，无不至。玄奘、慧超所记胡俗，无不同贯。又《西域记》于素叶水城及怛罗斯城，皆云各国商胡杂居，于飒秣建及迦毕试国，云异方奇货，皆聚此国。是大食未兴以前，东西贸易悉在此种胡人之手。故自汉以来，人民颇复东向。《北史》言高昌以西，诸国人等，皆深目高鼻。是汉时此族以大宛为东界者，至南北朝已越葱岭，而以高昌为其东界。虽此种人民或于有史以前本居东土，然于有史以后自西徂东，亦为事实。故高昌以西，语言、文字与波斯、大秦同属一系，汉魏以来总呼为胡，深合事理。然则论西胡之事，当分别统治者与被治者二级观之，否则鲜不窒阂矣。

二

王国维在上面数段话中，不只给我们一个种族东徙的理论，而且给我们一个种族西徙的理论。这就是：在西域这个地方的种族，凡是征伐的，是自东迁西，而贸易的，是自西移东。我们承认王国维所举出的史实有了很多是对的。比方，塞种、乌孙、大月氏、匈奴与哒等，都是自东徙西，这是事实。但是窣利是不是东方的土著而徙到西方，睹货逻或吐火罗是不是《逸周书·王会解》篇所说的或是齐桓公所伐的大夏，却有商榷的地方。这个问题不只在王国维之前已有好多人讨论，在王国维之后，直到今日还没有得到一个正确的结论。

而且，所谓征伐的种族都是自东而西的看法，就有了问题。王国维自己就已指出，古代的希腊与大食是从西方征伐到东方的。我们还可以指出，春秋时代或以上的西戎时时为中国的边患，也是自西方而侵略到东方的。西汉末年，莎车王贤强盛的时候向西攻伐妫塞王，也向东攻伐西域好多国，虽则他占了在他的东边的国家之后，不久就归于失败。又西羌在长期中为中国边患，也是自西而东。又如大月氏是由东移西，但在班超时代他又向东而攻伐。至于突厥，虽然是自东徙西，但是其势力强大时，又自西伐到东来。蒙古是自东移西，但是到了明代的初年，帖木儿建立了大帝国之后，他又准备向东攻伐，目的是想征服中国。所以，王国维所说自来西域凡征伐者自东往，这个说法是有问题的。

至于他说，自来西域之地，凡贸易者自西来，这个看法也有了商榷的地方。上面已指出好多征伐者自西来，这已足够证明西来者不一定是贸易。好多征伐者是自西徂东，然而，在史实上，所谓贸易者自西来这句话，至多只能说是个别的商人或少数的商人，或者有时有些商人充冒某个国家的使者到东方来，而特别是到中国的，希望以一些土产来换到中国皇帝的丰富与贵重的赠品。可是从西到东的商人成为一个民族，或是某个民族一部分，而成为一个团体的向东来做生意，并且占据了某些地方，重新建立一个国家，这种例子在西域这个地方，我们还没有找出来。王国维在上面所抄录最后那段话中，也没有举出例子来说明。他所能举的只是在大宛以西的各国，人民善商贾，利之所在，无所不至。也没有指出这些商人为了图利而离家到别的地方，就安居在这些地方而不回家乡。个人或少数的人既不一定因到某地经商而就长住在这个地方，整个民族或某一部分那么大规模的去经商，而迁移到东方，并且成立一个国家，那是不容易的。

　　王国维指出在西汉时代，深目高鼻而善于经商的人是在大宛以西，到了南北朝已越葱岭，以高昌为其东界。我们以为这些人之徙到高昌，不一定是经商而来，相反的，恐怕还是攻伐而来。我们知道葱岭以东的西域各国，而尤其是在天山以南的国家，大多数是小国寡民，在匈奴强盛的时候，是受匈奴的控制，到了汉朝的势力伸张的时候，又为汉朝所保护。到了西汉末年，王莽的时候，莎车王贤强盛起来，称霸天山南路，然而他既没有统一这块地方，其霸业也只是昙花一现，不久国破身亡。所以这些国家，自东汉衰亡以后，匈奴在西域的势力既逐渐消灭，中国内部互相征伐，难于西顾，西域诸国，这就是葱岭以东的西域诸国，既都是小国寡民，同时又可能互相征伐，结果弄成两败俱伤。可能的有些小国还且请救兵于葱岭以西的国家。同时，葱岭以西的一些国家的野心较大的君主也乘机而征服这些国家。大月氏在班超的时代，还且派其副王谢带七万兵来打班超，就是一个例子。班超在建初三年（公元后七八年）曾率领疏勒、于阗、拘弥以及葱岭以西的康居的军队去征伐姑墨石城。何况，西域诸小国，在被人侵略的时候，不会向葱岭以西各国去请救兵呢？这说明了自后汉以后以至南北朝，葱岭以东的西域诸国，既没有匈奴与中国那样强大的国家去征服他们，他们很可能为了葱岭以西的西域诸国所征服，所以在南北朝的时候，在东边的高昌，也有深目高鼻的人了。所以，与其说这些人是为贸易而东徙而占领这些地方，不如说是因为这些地方是为了深目高鼻的人所征服。

　　我们这样的看法，并不否认个别或少数的深目高鼻的商人是为了贸易而东来，而且可能有的也就留在这个地方。然而，这不只是自西而东的商人是这样，就是自东而西的商人也是这样。应该指出，贸易是有来有往的。善于商贾的葱岭以西的人固是到葱岭以东来经商，葱岭以东的西域商人以至中国人有没有到葱岭以西的呢？中国之通西域，固为西汉人所说，是断匈奴右臂，但是经济上的发展是一个很重要的因素。中国的丝物以及好多珍品之往西运输以至于罗马，不会完全操纵于葱岭以西的深目高鼻的商人的手里。就算是操纵在这些人的手里，这些商人也不会只是从西到东，也应有从东到西的。这就是说，商人之从葱岭以东的诸国以及大宛、康居这些地方而到安息，或是安息以西的地方，不致于完全没有。所以从贸易来说，往东者固是事实，往西者也可以说是事实。善贾市、争分铢的人，只要利之所在，就必趋之。自东自西，自南自北，皆以利为目的，不会只自西而东而就没有从东到西的。这又可以说明王国维所谓"自来西域之地，凡贸易者自西来"的话，是未必全对的。

不但如此，王国维一方面指出"太古之事不可知"，这是指出有史以前，西域的种族的迁移情形难于确定。但是谈到这些深目高鼻的商人的时候，他又指出"或于有史以前，本居东土，然于有史以后，自西徂东，亦为事实"。这就是说，这些人本来是住或发源于东土，有史以前或者移到葱岭以西，到了有史以后，他们又因经商而复回东土。假使有史以后是因经商而来东土，为什么在有史以前，就不会因经商而西移，而一定是因征伐而西徙呢？王国维并没有解释这一点。其实，这些人是不是在有史以前就西迁，就成为问题。王国维自己也承认这一点。至说他们是为征伐或为经商而迁到西土，那更难推论了。

而且，王国维以为："窣利、睹货逻既出自东方，则其同语系之种族之印度、波斯、大秦等当无一不出自东方。"这种推论是不一定是对的。上面说过，窣利、睹货逻来自东方已有问题，就算这二者是来自东方，我们也不能因此而断定其同语系的其他种族，如印度、波斯以至大秦，都是来自东方。好多学者主张波斯之在中亚细亚或接近葱岭的是来自西方，印度人有的来自东方，也有的来自西方，至于大秦，我还没能找其主张来自我们所谓西域的地方的。至于希腊，王国维自己就没有说是来自东方。所以若说葱岭以西以至欧洲的种族都是来自东方，却是有商榷的地方了。

事实上，因同语系而遂谓为同族是有问题的。现在的满族绝大多数是说汉话了，然而，我们若因此而推断在历史上是同族，那就是错误。王国维自己也指出有的统治种族征服一种与其语言不同的种族，狎居既久，统治者往往与被统治者相融合，其结果是统治者的语言也变为被治者的语言。语言是相同了，种族未必相同。我们并无否认统治者与被治者的种族也可能融合起来，结果不易再去分开统治者与被治者，然这并不是因为学了被治者的语言，而其种族也变为被治者的种族。所以，若只以语言相同而遂断定其为种族相同是不一定靠得住的。美国的黑人是说英语了，然而，我们不能因此而说美国的黑人是与从英国移到美国的说英语的美国人是同种。这是一个显明的例子，说明说同样的语言未必是同种族。

总而言之，西域的种族在史前既难于考证其来自何处，有史以后，西移是有的，东徙的也是有的。因征伐而西移的是有的，因征伐而东迁也有。因贸易而东迁或西移也有，但因贸易把整个种族或一部分在迁移之后成为一个国家，我们还找不出实例来。至说有些民族西迁，其所说的语言，是与更西的民族相同，而遂谓后者是与前者都是来自东土，那也不一定是对的。

最后，我们还要指出，王国维虽然指出"征伐者西往，贸易者东来"，他的看法根本上是东来的主张。这就是说，西域（包括葱岭以西的）的种族都是来自东方，因为所谓从西到东的贸易者原来也是因征伐而到西方，后来才因贸易而又回来东方，所以骨子里，王国维所主张的，是东来说，或是种族的发源地是在东方，不是在西方。

近来有一些考古学者，在东方在地下掘出一些骨骼，因而也有人主张西域的种族是来自东方。比方，有人在蒙古找出长头的骨骼是与后来的圆头的蒙古不同，因而遂以为在蒙古高原最先居住的种族是所谓白种人，后来他们西迁到西域。这种人若不是古代匈奴人，就是匈奴人没到这个地方之前已有了这种人。又如，在北京发现北京种之中国猿人之后，有些人也以为不只中国人是可能发源于这些地方，就是西域的种族，也可能发源于中国。但是蒙古高原所发现的地下骨骼既太少，而无法去做任何结论，北京人的年代又太古远，不能断定其与后来的蒙古种或其他种族的关系，因而我们对于这种发现只好略而不谈。

三

相反的，有人主张东方的种族是来自西方的。主张的人是很多，惟近数十年来，对我国之谈民族来源的人们影响最大的，是法人拉库培利（Terriende Lacouperie）所主张的中国民族西来说（"western origin of the early Chinese civilization"，1894）。近人如刘师培、丁谦、章太炎、黄节、蒋智由，都受了他的影响，而大致上有了同样的看法。蒋智由著《中国人种考》曾节译拉库培利的著作并加以注解。兹录一段如下：

奈亨台（Nakhunte 者，即近世 Nai Hwang Ti）与爱雷米特（Elamite，历史所称之 Kudur Nakh Unte）相同，于底格里士河边有战功，当纪元前二二八一年（注：或谓当纪元前二十四世纪至二十七世纪），率巴克（Bak）民族东徙，从土耳其斯坦，经喀什噶尔（注：即疏勒），沿塔里木河达于昆仑山脉之东方。……此东徙之酋长以中国古史证之，即黄帝也。又曰，沙公（Sargon）者，于当日民众未知文字为记事实，用火焰形之符号（注，按中国史称神农用火德，王以火命官，故曰炎帝），是即中国之所谓神农也。又曰，但克（Dunkir 者，近世 Tsanghieh，迦勒底语为 Dungi），亚尔多（Chaldea）人，曾传其文字象鸟兽爪之形，是即中国所谓仓颉也。巴克（Bak）者，本当时命其首府及都邑之名，而西方亚细亚一民族用以为其自呼之称号……此民族其后有东徙者，是即中国所谓百姓也。昆仑（Kuen Lun）者，即花国，以其地之丰饶示后世子孙之永不能忘。既达东方，以此自名其国，是即中国所谓中华也。至其事之相同者，如一年十二分法，一年二十四小分法，一年四季法，置闰月法，五日累积法（注：木火土金水），以十二年为世之一循环，二根元阴阳之义，用八十筮竹，音乐十二律，十干十二支之循环，十二甲子之循环，六十年为一纪，沟渠运河堤防，金属之使用及铸造，用战车驾二头以上之马，君主之冠裳用特别之纹章（注：中国衮冕黼黻），从事农业得小麦之种（注：波斯湾之北及东北所生者移植于中国），座尊右，四海之名称，置天文之官，四岳（注：迦勒底四个州国之王），十二牧六宗（注：稣西安那之六少神，视君主有半神之观念等是也）。文字语言之相同者，如十纪计算法……十二月名称之符号（注：《尔雅》《史记》所称者）等是也，巴比伦之楔形文字，一变而为画卦。

拉库培利这段话，主要是说明中华民族自西而东。但他既以为黄帝到了昆仑，而且以为昆仑就是花国，又以"其地之丰饶示后世子孙之永不能忘，既达东方，以此自名其国，是即中国所谓中华也"。这说明中国人曾经过或者住过西域，中国人既来自西域，西域人之来自西方的可能性是更大了。然而这种主张，不只是太过牵强附会，而且近于荒谬。

西来说不只这一种，二三十年前，安特生（C. G. Anderson）与一些人在河南多处，而尤其是仰韶村、辽宁锦西县沙锅屯以及甘肃、青海各处，掘出好多器物与西方所掘出的陶器相似，因而推论中国史前的陶器，可能是从西方来传入。同时，以为中国以及中国西部的甘肃、青海的种族，也可能是从西方移入。安特生在《地质汇报》中所发表的《中华远古之文化》中说：

> 仰韶陶器中，尚有一部分或与西方文化具有关系者，近与俄属土耳其施坦相通，远或与欧洲相关，施彩色而摩光之，陶器即其要证。此项陶器，于仰韶层中发见极多，虽残破不全，而大概形态不能推见，其器体质不大，形式简单，多作碗状，其所用陶器之质较他种所用较细，器质颇薄，工作精美，红地施以黑白花纹。与此相似之陶器，欧洲新石器时代或末期亦有之。如意大利之西西利岛、北希腊之启龙尼亚（Choeronia）、东欧之格雷西亚（Glacia）、俄国之鸠城（Kiew）附近之脱里波留（Tripolije），其尤有意味者，厥为 Pumpelly 在俄属土耳其斯坦阿思嘉巴（Askalad）附近安诺（Anau）地方所发见之陶器，比各处之陶器固各有其特点，然取以与仰韶陶器相较，则皆有相似之点，而安诺为最。夫花纹样式，固未必不能独立创作，彼此不相连属，然以河南与安诺之器相较，其图形相似之点既多且切实，令吾人不能不起同出一源之感想，以为两地艺术，彼此流传，固未可知也。

他又说：

> 吾人就考古学上证之，亦谓此等著采之陶器，当由西来，非由东去也。盖据郝伯森氏云，浩鲁氏已证明巴比伦在西元前三千五百年，即有多采陶器。仰韶有与三代铜制鼎鬲相逼似者，且当时陶工已用磨轮，皆足证明其时代与中国有史之时，相去不远，当在去今四五千年前之间，是即远在巴比伦之后。如果流于流传，则必自西东传矣。使他日可证明陶器之术来自西方，

则其他文化或种族之特性亦可由此输入。

应该指出，安特生觉得两种相似的陶器"可能独立创作彼此不相连属"，但是因为两者相似之点既多且切，所以推论东方的陶器是传自西方，而且因此而推论到种族可能也是自西方传来。我们以为，独立创造既是可能，那么在中国河南与西部所掘出的陶器就不一定来自西方。退一步来说，东方的陶器就算是来自西方，这也不能因此而就推论东亚的种族也是来自西方。我们在上面已经指出语言相同并不等于种族相同，语言固是这样，文化的其他方面也是这样。质言之，一个种族采纳了其他种族的文化，并不能证明这两种种族是同源。

总而言之，在目前的考古学上与人类学上所给我们的史料或证据，还未能用来说明史前的东亚，而尤其是中国西部，或是葱岭以东或以西的各种种族，都是来自西方。同样的，也不见能够解释这些种族都是来自东方，或是这些地方的土著。因为这些问题也牵涉到整个人类的起源的问题。我们不能在这里多加讨论。所以，我们所能根据以资讨论的主要的是史书中有关于这些种族的记载，而加以历来注意于这些种族的人们的意见，作为参考。我们不准备在这里讨论汉族与匈奴，我们所要注意的是两汉葱岭以东及以西的西域诸国的种族。同时只能讨论这些种族中之比较重要的。

四

在西汉的时代，羌族常常出现于河西走廊，班固《汉书·西域传赞》已说："孝武之世图制匈奴，患其兼从西国，结党南羌。"司马迁《大宛传》指出，张骞从大月氏回时欲经过羌族所住的地方以避免为匈奴所得。羌族所占的地方，大致是青海及西藏及新疆的南部一带。《后汉书》说西羌的来源道：

> 西羌之本，出自三苗，姜姓之别也。其国近南岳，及舜流四凶，徙之三危，河关之西南羌地是也。滨于赐支，至乎河首，绵地千里。赐支者，《禹贡》所谓析支者也。南接蜀、汉徼外蛮夷，西北接鄯善、车师诸国。所居无常，依随水草，地少五谷，以产牧为业。

羌族是不是来自三苗，我们不欲在这里讨论。但这个种族是异于汉族是无可疑的。现在的西藏族是头圆，发波状，眼棕色，口大，鼻钩，须少，体无毛，皮肤浅棕色，其体质似带有高加索种的成分。两汉时代的羌族，是不是现代的藏族，当然是一个问题。但是两汉时代的羌族，在种族上是与汉族不同，也当无可疑。在历史上，羌族之于塞种、大月氏关系很为密切，因为这两者都曾住过祁连山一带，而与羌族接近。至于大月氏被了匈奴打败之后，大部分逃到葱岭以西，有一小部分却留在南山，与羌族在一块，号为小月氏。《汉书·西域传》曾说到这一点。但是小月氏到了后来慢慢不为历史所记载，大概有一部分同化于羌族，又有一部分与汉族混杂。《后汉书·西羌传》里说：

> 湟中月氏胡，其先大月氏之别也。旧在张掖、酒泉地，月氏王为匈奴冒顿所杀，余种分散，西逾葱岭，其羸弱者南入，山阻，依诸羌居止，遂与共婚姻。及骠骑将军霍去病破匈奴，去河西地，开湟中，于是月氏来降，与汉人错居……被服饮食，言语略与羌同。

据《北史·列传九十六·宕昌羌传》，羌与汉时的先零也有关系。所以《宕昌羌传》中说：

> 宕昌羌者，其先盖三苗之胤，周时与庸、蜀、微、庐等八国从武王灭商，汉有先零、烧当，世为边患。其地东接中华，西通西域，南北数千里，姓别自为部落，酋帅皆有地分，不相统摄，宕昌即其一也。

汉以后的羌族可能有印度种族混杂。所以羌的种族在汉的时代已不能说是一种纯粹的种族，有其他种族的血统。羌族所居的地方与葱岭以东、天南山以南的西域诸国相近，与塔里木盆的南边以及东南、西南各国相接壤，因此之故，在西域的好多国家中，如婼羌，如西夜，如蒲犁，如依耐，如无雷，皆可以说是羌族的国家。婼羌这个名词就说明了是羌族的国家。至于西夜、蒲犁、依耐、无雷诸国，《汉书·西域传》"西夜"条很显明指出：

> 蒲犁及依耐、无雷国，皆西夜类也。

又说：

> 西夜与胡异，其种类羌氐，行国。

这里所说的胡，似是指着匈奴而言，但王国维在《西胡考上》一文（《海宁王静安先生遗书》第五册）以为这里所说的胡，是指着"西域城郭诸国，非谓游牧之匈奴"。王国维好像以为这个胡是深目多须的胡，他的所以叫做胡，是从多须而来，多须人叫做胡子，如此类推，他甚至以为古代专有胡名的匈奴，也是深目多须的种族。假使这个看法是对的，那么天山以南诸国，除了上面所说的与羌相似的婼羌、西夜、依耐、蒲犁、无雷以外，其他各国的种族，应该是属于深目多须的种族了。

然而，我们不能不指出，司马迁在《史记·大宛传》与班固《汉书·西域传》中都说自大宛以西至安息国，其人皆深目多须髯，这样看起来，大宛以东的各国种族虽不一定完全不是深目多须，然大部分不是深目多须了。

五

除了《汉书·西域传》说葱岭以东的西夜各国与羌族相似外，其他各国的种族形貌如何，《汉书》及《史记》均没有说及。所以，在天山以南的各国，除了西夜等似羌族外，其他各国人民究竟属于何种，难于断定。《北史·西域传》"于阗国"条云：

> 自高昌以西，诸国人等深目高鼻，唯此一国，貌不甚胡，颇类华夏。

司马迁与班固均说自大宛以西的人们，是深目多须，《北史》说是自高昌以西，除了于阗外，其余各国的人们是深目高鼻，这是因为像上面所说，两汉以后，葱岭以西的深目多须的人们逐渐移到葱岭以东，而至于高昌。然而，《北史》既不像《史记》《汉书》所说的皆深目高鼻，而只说自高昌以西，诸国人等深目高鼻，这也可以说，不只于阗人不是深目高鼻，就是其他的国家，可能还有一些不一定是深目高鼻的人。然而，我们所要特别指出的是，在两汉时代，葱岭以东的天山以南，既没有或少有深目多须的人，那么这种人除了羌族之外，又是属于何族呢？

照《北史》所说，南北朝时高昌以西是深目高鼻的人，惟于阗人貌不甚胡。所谓貌不甚胡，并不等于说完全不是胡，这就是说，并非完全不是深目高鼻。同时，《北史》既说于阗人颇类华夏，这也可能说是有华夏人种的成分，然也非完全是华夏。此外，我们也可以推想，这些于阗人不会是羌人，因为凡是与羌相似的，《汉书·西域传》都差不多通通指明出来。于阗的位置虽与羌以及与羌相似的各国相近，但若是与羌相似，班固不致于不说明。

我们可以说，于阗人种是不甚胡，而类华夏。不甚胡的语气，应该是也有胡的成分。同时，又颇似汉族。这种种族究竟是属那一个种族，不易解释。可能是与后来的突厥人相近，这也只是一种推测，不过，在汉族与深目高鼻的所谓白种人之间，突厥的可能性最大罢。

于阗人种，在南北朝的时代既是这样，在两汉的时代是不是这样呢？我以为这也是可能的。情况大概是这样：在两汉的时候，这种于阗人已是这样，后来在高昌以西、葱岭以东的塔里木盆地，而尤其是这个盆地的西北至东北一带，被了葱岭以西的深目高鼻人所侵入，只有在这个盆地的南边，以至西南及东南一带，这些深目高鼻的人的势力并不伸达，于阗保存其独立，故数百年来种族没有变化。所以不同于高昌及其以西各国。又《北史·西域传》对塔里木盆地傍南山的诸国，立传的没有《汉书》那么多，除于阗外，还有朱居国。"朱居国"条云：

>朱居国,在于阗西,其人山居,有麦,多林果,咸事佛,语与于阗相类,役属哒哒。

这里只说语言与于阗相类,而没有说貌与于阗相类。我们虽不能因语与相类而遂谓为貌与相类,但《北史》既也没有说两者貌有不同,那么两者貌也可能相同。又《北史》除《西域传》外,又有其他的羌族,因此我们可以推想,在傍南山,这就是与于阗附近诸国,除了于阗种族之外,可能还有好多羌族的国家。这就是说,深目高鼻的人在这些地方是没有的或是很少的。

假使在两汉的时候,于阗的种族就是《北史》所说的种族,在两汉的时代,除了于阗之外,在塔里木河盆地的其他各国的人种是不是也像于阗的人种呢?

这是不易回答的问题。因为我们已经指出,除了班固说过西夜等国是似羌族外,他对于这个地方的其他各国的人种并没有说及,所以无从知道。但班固《汉书·西域传》"鄯善国"条有一段很重要的话。录之于下:

>鄯善当汉道冲,西通且末七百二十里,自且末以往皆种五谷,土地草木,畜产作兵,略与汉同,有异乃记云。

于阗在且末之西,于阗的五谷、土地、草木、畜产、作兵,等等,可以说是与且末相同,也可以说是与汉略同,有异的地方他乃记载,没有异的地方,他就不记载。西夜人种与且末及且末以西各国,因为有异,所以他才说西夜人种是类羌氏。至于于阗,既不似羌氏,而与且末相同,所以不必记载。我们若承认汉代的于阗人种就是《北史》所说"不甚胡,而颇类华夏",那么且末以及其西的其他各国的人种应该是与于阗相同了。而且,《汉书》指出五谷、土地、草木、畜产、作兵都略与汉同,那么人种是不是也与汉同呢?若照《北史》所说的形貌颇类华夏的话来看,那么且末及其他各国的人种也应该是颇类华夏了。这样来看,塔里木盆地在两汉的时代,各国的人类可能是不甚胡而颇华夏了。

这里所说"颇类华夏",不能谓为就是华夏种族,这一点我们可以在《汉书·西域传》"渠犁城"条得到旁证。在这一条里叙述龟兹王娶得汉外孙乌孙公主之后,到了中国入朝,回国之后,大事模仿中国文化,很受了"外国胡人"的批评。《西域传》"渠犁"条述他们的评语道:

>外国胡人皆曰:"驴非驴,马非马,若龟兹王,所谓骡也。"

外国胡人是指着西域的胡人。龟兹人必定是胡人,胡人而事事学中国,学得不一定十分像样,所以说"驴非驴,马非马"。这说明这些国家,不只文化与中国异,种族既是胡人,也必与中国异。然而,所谓"颇类华夏"者,是有其相似之处。而《北史》所谓"不甚胡"者,乃指深目高鼻的胡,因为在这个时候,高昌以西是深目高鼻,不甚胡是不像这些人。我们所以怀疑他们是与后来的突厥种相似就是这个原因。我们所以推想在两汉时代，塔里木盆地的人种是"不甚胡，颇类华夏"，也是像在上面所说的一些原因。

然而，这只能说是一种推论，不能谓为定论，因为在现有的史料的情况之下，至多只能使我们做出这种推论。

第六章 种族的蠡测（续）

六

上面是谈天山以南塔里木盆地的两汉时代西域诸国的种族，我们现在且来谈谈天山以北的两汉或秦汉时代的西域诸国的种族。《史记·大宛传》说：

> 建元中……天子问匈奴降者，皆言匈奴破月氏王，以其头为饮器，月氏遁逃而常怨匈奴。

《汉书·西域传》"乌孙"条说：

> 乌孙国大昆弥，治赤谷城。……东与匈奴，西北与康居，西与大宛，南与城郭诸国相接。本塞地也，大月氏西破走塞王，塞王南越县度，大月氏居其地。后乌孙昆莫击破大月氏，大月氏徙，西臣大夏，而乌孙昆莫居之。故乌孙民有塞种、大月氏种云。始张骞言："乌孙本与大月氏，共在敦煌间。"

又《汉书·西域传》"罽宾"条说：

> 罽宾国王，治循鲜城。……昔匈奴破大月氏，大月氏西君大夏，而塞王南君罽宾。塞种分散，往往为数国，自疏勒以西北，休循、捐毒之属，皆故塞种也。

同书同处"难兜"条说：

> 种五谷、蒲萄诸果，有银、铜、铁，作兵与诸国同，属罽宾。

同书同处"乌弋山离国"条说：

> 其草木、畜产、五谷、果菜、食饮、宫室、市列、钱货、兵器、金珠之属，皆与罽宾同。

难兜属于罽宾，不一定是与罽宾的塞种相同，但难兜与乌弋山离的种种情况都与罽宾相同，那么种族相同也非不可能的。至少，像难兜这个国，既属罽宾，其人民虽不一定是塞人，可是少数的统治者是塞人是很可能的。

又《后汉书·西域传》"莎车"条云，莎车王贤强盛的时候：

> 而贤益横，妫塞王自以国远，遂杀贤使者，贤击灭之。立其国贵人驷鞬为妫塞王。

妫塞王的国当在妫水，所以叫做妫塞王。这个塞王应是塞种的王，而这个国应是塞族的国。这样看起来，塞族不只在由葱岭以东，而移到罽宾、难兜、乌弋山离以至印度各处，而且在妫水一带也有塞人建国。

在天山以北，阿尔泰山以西，伊犁河谷以东，除了塞国、大月氏、乌孙之外，还有些国家如蒲类、移支、车师、后庭诸国等，但是其种族如何，古籍差不多没有说及。班固说乌孙民有塞种、大月种，然而所谓大月氏种，究竟属于那一种族，固是一个问题，就是所谓塞种，是属于那一种族，还可以说是没有定论。

照上面所举出那几段话来看，塞种最初是居在乌孙后来所居的地方，这就是伊犁河谷及准噶尔盆地。班固述张骞言乌孙与大月氏本来是在敦煌、祁连间，因为大月氏被匈奴击败，遂逃到塞地，后来大月氏又被乌孙所击败，其地又为乌孙所有。塞种被大月氏击败之后，跑到中亚细亚与印度，占领了很多的地方，也有一部分留在故地，被乌孙所统治，留在乌孙者逐渐同化于乌孙，至于向西南迁移者，却重新在葱岭以西各处建立国家。

这是塞种在地理上的变动的简况。我们现在要问，这个塞种是属于那一个种族呢？

要想解答这个问题，我们且先看看除了在天山以北的塞种以及其后来移到中亚细亚以及印度之外，别的地方有没有这种塞种呢？

古代欧洲的学者很肯定的说，这个塞种是与纪元前五世纪间的希腊历史家希罗多德（Herodotus）所著的《历史》中所说的塞人（Scytheans）是同种。同时，是与波斯的碑文（Inscriptions）所说的 Sacae，或是 Sacas，或是 Sakas 也是同种。希罗多德在其《历史》第七册第六十四章（我所用的版本是 G. Rawlinson 于一八七五年所出版的四本 *The History of Herodotus*）指出 Sacae 与 Scyths 是相同的，他说：

> 他们事实上是 Amyrgian Scythians，但是波斯人叫他们为 Sacae，因为这是一个名词，他们给与所有的一切的 Scythians。（第四册页五三—五四）

这是很清楚的指出波斯人所说的 Sacae，就是他自己所说的 Scythians。后来有些学者以为 Sacae 是 Scythian 的一个特殊的部落（参看斯特拉波 Strabo 的《地理》第十一册），虽则近代的学者很少这样的分别。

但是，中国古书中所说的塞种是不是波斯人所说的 Sacae，或是希罗多德所说的 Scythians 呢？这是一个问题。希罗多德在其《历史》第七册第六十章中，指出大夏人（Bactrians）与塞人（Sacae）是以希斯塔斯彼斯（Hystaspes），这就是大流士（Darius）的儿子，以及阿托萨（Atossa），这就是塞拉斯（Cyrus）的女儿，以为他们的领袖，大夏是在中亚细亚，《后汉书·西域传》说妫塞王杀莎车王贤的使者，妫塞王占领地应在妫水、大夏一带。Sacae 既与大夏在一块，那么东方妫水一带也有 Sacae 了。近代一些学者，大致都承认这三者就是希腊人所说的 Scythian，波斯人所说的 Sacae，与中国所说的塞是同种族，虽则这种看法还值得我们研究。

七

希罗多德在其《历史》里，曾用很长的篇幅去叙述塞种。据说，他曾到过塞人的国家，所以他对于塞人的情况相当了解。希罗多德指出关于塞人的来源有三种说法。第一，是塞人自己的说法。传说塞人所住的地方本来是一个荒野，没有人居住，后来才有一个人叫做道斯基道斯（Taugitaüs）者，最先到这个地方居住。……他有了三个孩子，一为黎伯萨（Leipoxais），一为亚伯萨（Arpoxais），最少的叫做歌拉萨（Colaxais）。当他们统治这个地方的时候，天上降落了四种都是金的工具。一是犁，一是舵轭（Yoke），一是战斧，一是酒杯。大哥哥先看见这些东西，他要拿起来，可是他一跑近，这些金的工具都起了火，发出光焰，他跑开了。二哥同样的试一试，遭遇也与大哥哥是一样。但是到了小弟靠近的时候，火就消灭，他拿起这些东西回到家来。因此，大哥二哥同意给整个地方与小弟统治。

大哥的后代是叫做奥渣特（Auchatae）种族，二哥的苗裔是叫做加底亚利（Catiari）与特拉斯比亚斯（Traspians）种族，小弟的子孙是叫做贵族的塞人，或是巴拉勒特人（Paralatae）。综合来说，他们叫做斯哥洛底（Scoloti），但是希腊人却叫他们为塞人（Scythians）。

这是塞人自己所传说。其种族的来源，从道斯基道斯到他们的国家被大流士（Darius）侵略的时候，不多不少的整整一千年。贵族的塞人特别小心的去卫护他们的神圣的金工具。为着这种光荣每年都举行很大的献祭。

第二种塞人起源的传说，是住靠木都（Pontus）的希腊人所述的。照这些人所说：

当赫叩利斯（Hercules）为热尔云放牛到达了后来塞人所住的地方的时候，这个地方是个荒野（热尔云所住的地方是个海岛，而放牛的地方是陆地）。因为大风与冰霜，他用皮衣卷包起自己而睡觉。正是他睡得时候，为他拖车的牝马，因为吃草而不见了。等到他醒了，他四处找马，后来到一个地方，叫做林地（Woodland）。他发现在一个穴中有一个怪物，上身是像一个少女，下身是一条蛇。他奇怪的看她，但也问她有没有看见他的马。她告诉他，马在她的地方，除非他娶她为夫人，否则她不给马与他。结果他同意了。……等到她怀了三个胎儿，之后，她愿意他回去他的家乡，但是要他出主意，孩子生了之后，长大起来，应该留在这个地方，还是送到他自己的地方。他告诉她说："三个小孩之中，如有能像我一样的，能把腰带去缚一把弓的，就留在这个地方，否则使其离开这里。"……当小孩大起来，一个叫做阿加底尔苏斯（Agathyrus），一个叫做基伦纳斯（Gelônus），最少的叫做塞（Scythes）。他们的母亲照父亲所说的使他们去做，结果只是最少的能这样做。所以，他就留在这里而为塞王。……

第三种传说是：

> 随地移居的塞人，曾住过亚洲，他们与马萨哲提（Massagetae）打仗而失败，因而离开这个地方。经过阿拉塞斯（Araxes）而到西密利亚（Cimmeria）的地方。因为现在塞人所住的地方，是属于从前亚密利亚人的国家，塞人到时，亚密利亚人开会讨论应付的办法。有的主张抵抗，有的主张逃避，贵族们属于前者，因为他们留恋于祖国的优美。……结果是主张避开者与主张抵抗者打起来，前者人多，后者人少，贵族通通被杀，人民把他们埋葬之后，通通离开。塞人到时，占领了一个无人之区。……但是西密利亚人有好多遗痕留在塞国，如西密利亚的宫室、渡船、码头，等等。

前二种传说是过于神秘，希罗多德自己也不大相信。他觉得第三种传说是比较合理。希罗多德生于纪元前第五世纪的初叶。他的著作大概是写在纪元前第五世纪的下半叶。塞人（Scythians）之见于欧洲人的历史，大约是在纪元前第七世纪。司马迁在《大宛传》里没有说到塞种，所以中国方面之关于塞族的记载是较迟于希腊人所记载的塞种。然而，这并不一定是说，在葱岭以东的塞族之在这个地方的历史不若在亚洲西部的塞族的那么长，因为在张骞没通西域之前，我们对于这个种族是虽无从知道的，但是在大月氏未征服伊犁河谷与准噶尔盆地之前，这里既已有塞种，那么可能塞种在这里的历史是很久的。

照希罗多德以及后来的史家的意见，塞种在亚洲所占的地方是很广的。他们曾向西发展，据考古家所得的材料，很早的时候，他们曾到过现在的匈牙利及罗马尼亚的地方。他们也向高加索高原发展，出现于亚美尼亚。当米太人（Medes）与亚述人（Assyrians）为争取近东的统治权而战争的时候，塞人曾帮助亚述人，使米太帝国的胜利，延迟了差不多三十年。但结果塞人是被迫而退回故地，虽则零星的塞人，仍然留在小亚细亚。直到第五世纪，塞族是在顿河（Don River）的附近。纪元前第四世纪的时候，腓列（Philip），这就是亚力山大（Alexanderthe Great）的父亲，曾与塞人冲突过。亚力山大自己有一位将军也与塞族打过仗，其结果是完全失败。

上面已经指出葱岭以东的塞种，在纪元前二世纪的早期，就逐渐移到葱岭以西，而到印度的西北与印度本土。究竟这些塞人是从希罗多德所说的塞地东迁而来，还是在第二世纪之前很久本来就在葱岭以东后来向西迁移，而达到希罗多德所说的塞地，抑或这两者的来源根本就不相同，这是一个尚无办法去回答的问题。但是塞族在地理上分布之广可以概见。

八

上面是指出塞族的发源地以及其在地理上的分布，现在我们要问塞种是属于那一个种族。

在十八世纪的时候，英国的有名史家吉朋（Edward Gibbon）在其《罗马帝国的衰亡》（*The Declineand Fall of Roman Empire*）中，对于塞种（Scythians）、鞑靼（Tartars）或匈奴（Huns）几个名词，就没有加以区别，这也就是说，他以为塞种与鞑靼或匈奴是同为一个种族。所以，他在该书的二十六章中，时时用塞族或鞑靼的字样。在其注解中他说：

> 鞑靼（Tatars 或 Tartars）是一个原始部落，是蒙古的敌人，而最后又是蒙古的臣民。在成吉斯可汗及其承继者的军队中，鞑靼是先锋队。……在说明所有或某一部分的欧洲或亚洲的北部的游牧种族，我并没有区别的去采用塞族或鞑靼这些名词。

吉朋又以为匈奴人就是鞑靼人。所以从他看起来，塞族与鞑靼或匈奴都是同一种族。在另一注解中，吉朋虽然也指出希罗多德的《历史》中所说原来的塞族，是限于多瑙河左近的约四百罗马里以内的，但是主要的，他把游牧生活当为这些种族的特性，因而遂把他们当为一个种族。

十九世纪的初年，德国历史学家尼布尔（B. G. Niebuhr）在其《塞族基特与萨马提亚的历史研究》（"Untensuchungen Über Die Geschichte der Skythen, Geten und Sarmaten"）一文里（参看 *Kleine Schriften*）也以为希罗多德所说的塞人，是属于蒙古或鞑靼人种。琴尔窝尔（Thirlwall）在其《希腊史》（*History of Greece*），也有同样的主张。他们以为塞种为蒙古种的理由是有二。第一，塞族的风俗习惯是与蒙古的相同。第二，根据古代学者希波克拉提斯（Hippocrates）所描写的塞人的形貌来看，是与蒙古种是相似的。希波克拉提斯自己曾到过塞国，看过塞人，照他的观察：

> 塞人的身体是粗大的，是活泼的，关节（joints）松而柔，腹部软弱，他们的毛是很少，他们极为相似。

尼布尔根据这段话以及其风俗习惯而说他们为蒙古种，但是后来一些人却以为这不是蒙古种的特性，只有少毛与人人相似是像蒙古人，然而这种特性可以在好多的种族中找出来，不只限于塞种与蒙古种。至说风俗习惯相同，而遂以为是两者同一种族，一些学者又以为风俗习惯相同不一定能说明种族相同。参看劳林松（Rawlinson）在《欧洲塞人的种族》（"The Ethnography of the European Scyths"）一文，（*History of Herodotus* Vol. III, p. 158）就指出这种理由不充足，所以他与洪保德（Humbolt）都不觉得塞人与蒙古人是同种族。

因而有些人以为塞人是属于印欧（Indo-European）种，而不是蒙古种。他们的理由是，塞人所说的语言是属于印欧人的语言。从古代塞人所存下来的语根来看，塞人是属于印欧种。至于他们的语言究竟是属于印欧语中那一种，这又不容易解决了。因为他们的语言不属于米太（Medio）、斯拉夫、哥特克尔特（Celts）或是彼拉斯基亚（Pelasgians）任何一种，但却与所有这些语言都有关系。我们上面已经指出，语言与文化的其他方面或风俗习惯，不一定能解释种族的区别，那么这种说法还是不能令人满意。

近来有些人，根据了从塞人以及萨马喜亚人（Sarmatians）的坟墓中所掘出的骨骼，以及在波斯石碑上所看到写实派的画像，而特别是从俄国南部掘出的希腊的花瓶上所看到这种画像，他们遂以为塞族是属于高加索种或白种人。他们从这种希腊花瓶看到塞人的钩鼻、深目、长须，遂断定他们不是蒙古种，虽则在这些地方所掘出的骨骼，也有圆头的。但这些学者却以为这也不是蒙古种的，而是阿尔平（Al-pine）种之早期住在这一带的。这种亚洲的阿尔平种是与近代之住在中欧的阿尔平种有关系。他们也可以叫做白种人，虽则他们显然的有了褐色的皮肤与黑色的发目（参看 W. M. Mcgovern, *The Early European of Centre Asia*）。

他们又指出塞人所说的语言是属于米太、波斯及安息的语言，或是现在所谓伊朗系的语言。与这方面有关系的是现在所留存的俄西特人（Ossetes），这就是古代阿兰人（Alani）的直接后裔，也就是塞萨马喜（Scytho-Sarmatian）的一支派，还说很古的伊朗式语言。这种言语虽与早期的波斯语言有了很大的差别，然却也有了关系。因此他们断定塞人的语言是印度、伊朗系而特别是近于伊朗的语言。

我们应该指出从地下所掘出的希腊花瓶上所代表的塞人的形貌，与亲眼看过塞人的希波克拉提斯所描写的塞人的形貌，并不完全相同。希波克拉提斯并没有说到他们是钩鼻、深目、长须，这是所谓白种人的特性，所以究竟塞人是不是白种人，还是一个问题。

而况主张他们是白种人的人们，也并不否认从掘出的骨骼来看，也有圆头的，与亚洲的阿尔平种相似。因此，我们还不能就断定其为白种人。其实，直到现在考古学者对于塞种人的骨骼的发掘数目还是很少，所以要在目前的情况确定其为白种人，恐怕还是过早罢。

又有些人以为波斯的塞族，可能是突厥种，或者至少突厥种的特性是很显明的。在古代波斯，他们参加波斯军队，而成为波斯军队的最优秀份子。他们所用的是弓与斧（参看劳林松、希罗多德的《历史》卷四页一七一、卷一页五□），然而，这只是说波斯的塞种。至于希罗多德所说的塞族，与中国史书所说的塞人是不是突厥种，又是一个问题。然而，我们也得指出，突厥人是自东往西的，假使波斯的塞种是突厥种，可能这个突厥种是由东方而来的，而像我们上面所指出，在纪元前第二世纪以前很久，塞族之在葱岭以东的，已有过一次西迁。

有人怀疑塞（Scyth 或 Sacan）这个名词，可能不是一个真正的种族名词，不过是一个名称，给与所有的游牧民族。像近代波斯的伊利亚特（Ilyat）人一样。然而这种说法，并没有解答我们所提出塞人究竟属于那一个种族这个问题。

我们以为塞种在地理上的分布既若此之广，则其所与的其他各种的种族的接触机会必定很多。接触的机会既多，则其与其他种族的融化的程度也可能很深。就如在乌孙后来所占的地方的塞种来说，从伊犁河谷、准噶尔盆地移到印度与印度西北，其与本地土人的血统逐渐混合，是很可能的。至于在波斯军队中所服务的塞人，其与波斯人的融化，也是没有问题的。葱岭以东的塞人是不是后来的纯粹突厥种，我们不能确定，但是其有突厥种的特性是很可能的。至于服务波斯的军队的塞人，假如像了一些学者所说，是有了突厥种的成分，则再证以希波克拉提斯所描写的形貌来看，则塞人有了突厥种的主要成分也并不足为奇。至于他们有一部分住近白种人所住的地方，而互相混合，逐渐有了白种人的特性，也是不足为奇的。掘出的希腊花瓶上所代表的塞人，只是代表这一部分的塞人是有了白种人的特性，正如今日的土耳其人，原来是突厥的一支，侵入西方而建立国家，在历史上这个国家强盛的时候，占领的地方是跨了欧亚，但是现在的土耳其人的体质，已经和高加索人种混合，其突厥种族的成分已失了很多。土耳其的突厥人是统治阶级人种，变化的程度若是之深，则一种被统治者之同化于其他的种族的可能性也是很大的。

九

我们解释天山以北的塞种，同时也说及葱岭以西以至亚洲西部与欧洲的塞种，这是古代一个重要而人口众多的种族，所以我们对于叙述他们较为详细。我们现在要再回头来讨论在古代住过天山以北的大月氏人。大月氏的历史，在中国与印度的文化交流上，占了很重要的地位，这一点我们当在别的地方讨论。我们在这里所要注意的是，这个种族最初来自何处，属于那一个种族。司马迁《史记·大宛传》"大月氏"条说：

> 始月氏居敦煌、祁连间，及为匈奴所败，乃远去。

照司马迁的语气，月氏原来是在敦煌、祁连间，这就是河西走廊。不过月氏是不是自有这个种族以来就住在这里，那又是一个问题。司马迁在《史记·匈奴传》里指出，在秦的时候，月氏是匈奴以西的一个强盛的国家，而与匈奴、东胡成为中国从西北到东北的三个强大的国家。月氏在冒顿的时候，已为冒顿所攻破，到了老上单于，始为匈奴杀其王而被迫逃到现在新疆西北部。

月氏在秦朝既是一个强盛的国家，则其在敦煌、祁连，必定是在秦之前。然而，再追上去，我们就找不到史书的记载了。《逸周书·王会解》篇附伊尹献令有月氏这个名词，然而，这本书是汉代的著作，这里所说的月氏不见得是殷时的月氏，这恐怕是汉人的附会罢。

月氏是不是与羌氏同种族呢？月氏、羌氏两者都称为氏，有些人以为他们同种族。比方法国的马丁（V. de St. Martin）在其《白匈奴的回忆》（"Memoire Sur Les Huns Blancs"，*Nouvelles Annales de Voyages* III，1849），德国的古史密（Gutschmid）在其《伊朗及其邻邦史：从亚力山大至阿萨西特的衰落》（*Geschichte Irans und Seinen Nachbarlander von Alexander dem Grossen bin zum Untergang der Arsaciden*）以及美因斯（Minns）的《塞人与希腊人》（*Scythians and Greeks*），都可以说是有了这种看法。

原来月氏所住的地方，既是在敦煌、祁连间，这也是羌族所出入的地方，故月氏所居的地方与羌所住的青海高原是接壤的。《史记·匈奴传》说，在冒顿时期，月氏强盛，在这个时候月氏有没有占领过羌所居地不得而知，羌族有没有在月氏军队中服务也无从考究，但照历史上一般情况来说，羌所居的地方既与月氏接壤，在月氏强盛的时候，羌不会能够闭关自守而与月氏没有关系罢。

相反地，我们可以说他们两者的关系是很密切的。在他们之间，若非一者受制于别者，或是互相争伐，则两者可能是和平共处。我们觉得后者的可能性很大，因为月氏被了匈奴杀其王之后，大部分固是远逃，小部分还留在南山，依靠羌族而居住。假使他们是世仇的话，那么这小部分的月氏人是不会留在羌族的势力范围之内的。

这两个国在匈奴尚未攻走月氏之前，既是接壤而居，被攻走之后，又有一小部分留与羌人杂处，假使其种族不是相似的话，其关系也必很为密切。所以他们就不是同种，两者血统互相混合当然没有什么问题。至于月氏，后来虽被乌孙所攻击而逃跑，然两者既也共居敦煌之间，而且月氏西移之后，还有一部分的月氏人留在乌孙国，那么月氏与乌孙的血统之混合也是很可能的。

我们说月氏与乌孙及羌氏的种族都有关系，但是这种关系不能使我去断定月氏种就是乌孙种或是羌氏种。因为，假使月氏与乌孙是同种，那么月氏与乌孙共居敦煌，应该成为一个国，不致于分为二个国。而且月氏被匈奴所迫而移到伊犁河谷与准噶尔盆地，也不致为乌孙所攻击，而再度逃到葱岭以西，这说明这两个国是两种不同种族，所以两者互相侵伐。而且《汉书》既说乌孙民有大月氏种，这说明了乌孙种不是大月氏种了。

月氏与羌的关系虽更为密切，但是他们两者似也不会是同种。假使是同种的话，那么月氏远逃，而羌却留在其地，并且收容一部的月氏人，这些月氏人到了后来霍去病攻败匈奴占领河西一带以后，一部分的月氏人又与中国人杂居，这说明有些同化于羌，有的却未必同化。同化者仍依羌而居下去，未同化者就离开羌人。又据《汉书·西域传赞》说，匈奴"结党南羌"，可能匈奴在月氏未逃之前就结党南羌，以攻击月氏，一者与匈奴结党，一者被匈奴迫走，一者留在原居地方，一者逃得很远，这说明了两者的种族是不一定相同。但是既有关系，而特别是关系较深的种族，血统混合是一件常见的事情。匈奴与中国是世仇，然而，王室联婚，民间杂处，两者血统互相混合，这是一个很为明显的例子。

又有些人以为月氏是通古斯种族（Tunguses），维德劳（Visdelou）在其《鞑靼简史》（"Histoire Abregee de la Tartarie"）（参看 d'Herbelot, *Biblioteque Orientale* IV）有了这种看法。司马迁说大宛以西，其人深目高鼻，月氏在这个时候已在葱岭之西，好像是属于这一类的人种。班固说："乌孙人有月氏种。"乌孙人，据颜师古的解释是"青眼赤须"，这样看起来月氏人不是通古斯族了。

近来好多学者相信月氏人是印欧种，其所说的是印欧语。但是在印欧的种族中究竟属于那一种，却很成问题。我们史书上所说的月氏，欧洲古籍中没有同音的字来代表这个民族。有的人以为斯特拉保（Strabo）所说的阿西安尼（Asiani 或 Assi）或是吐火罗（Tocharoi）就是月氏，勒库克（Lecoq）在其《东土耳其斯坦的希腊痕迹》（*Auf Hellas Spuren in Ost-Turkestan*, p. 5）以为纪元后由库车至吐鲁蕃曾一度为吐火罗人所统治，这种人就是大月氏的后裔。他根据他所发现的壁画中所看见的人物是红发蓝睛，与欧洲人无异。此外又如沙宾底亚（Charpentier）在其《吐火罗在人种学上的地位》一文（"Die Ethnographische Stellung Der Tocharer", *Zeitschrift den Deutschen Morgenlandinschen Gessellschaft* I XII, 1917），施格（Sieg）与施格令（Siegling）的《吐火罗》（"Tocharisch", *Sitzungsberichte der Preussischen Akademie der Wissenschaftzu Berlin*），都主张这一说。

此外，又有的人以为大月氏是属于塞种，或东伊朗的种族。他们的理由主要是从语言上解释。劳斐（Laufer）的《月氏的语言》（*The Language of the Yue-chi*），科诺夫（Konow）的《贵霜的民族》（"On the Nationality of the Kushanas", *Zeitschrift der Deutschen Morgenlandischen Gessellschaft*），都有了这种看法。

我们要指出月氏不会与伊朗人同种族，波斯帝国的发展只到妫水一带，还没到葱岭，更没有到过葱岭以东，若说月氏到了葱岭以西之后而和波斯种混合，那又是另一件事。至说月氏是吐火罗种也有问题。吐火罗可能是月氏的后裔，但是这个后裔可能是在月氏与中亚细亚其他的种族融化之后的后裔，而非原来的月氏的种族。

又有些人以为月氏是突厥种，肯内提（Kennedy）的《加腻色迦的秘密》（"The Secret of Kanishka", *Journal of the Royal Asiaticsociety*, 1912），班达加（Bhandarkar）《印度古史的窥视》（*A Peep into the Early History of India*）就这样的主张。哈顿 Haddon 在其《人的种族》（"The Race of Man"）也以为月氏是突厥种

(参看 Hirth，*Nachworte zur Inschrift des Tonyukuk in Radloft altturkische Inschriften der Mongolei*)。

月氏原来是在或久住葱岭以东，与这一带的民族往来，可能有突厥种的成分。《北史》说突厥为匈奴之别种，这虽不一定是说匈奴就是突厥，但在匈奴强盛的时候有了这种人，当然没有问题。突厥这个名词之见于典籍的是在月氏这个名词之后，与其说月氏为突厥种，不如说突厥是月氏的后裔。史书虽没有这种记载，我们目前无法断定月氏是与突厥同种，但是月氏人是与突厥同种的可能性较大。《大宛传》"大月氏条"正义云月氏"人民赤白色"，这不知是有何所据而云。有好多人以为赤白色就是白种人。我们却以为这不一定是对的。司马迁、班固以及后来的史家所说的深目高鼻才是属于白种人，只是赤白色不见得就是白种人。大月氏既与羌族、乌孙以及匈奴的关系密切，其在敦煌及逃到伊犁河谷与准噶尔的时候，其人种之与这些种相混，当无问题。就算其原来是白种人，经过长期的混合，因而会有这些人种的成分，也没有问题。所以没有到葱岭以西之前的月氏人，与到了葱岭以西之后而长期与中亚各种族混杂的月氏人，未必相同。

其实，在目前我们所能根据以讨论月氏种族的材料是太少了。关于这个种族的早期史料只能求之于中国典籍，而我国典籍对于他们的形貌几乎没有说及，这是我们研究古代人种的最大困难。

十

关于乌孙人的种族，班固《汉书·西域传·乌孙传》说："乌孙民有塞种、大月氏种云。"这是指明在乌孙的人民之中，有了塞种与大月氏种。塞种被大月氏迫走之后，留了一部分的人民在原来的地方，后来大月氏被乌孙攻逃之后，又留了一部分的人民在这个地方。乌孙统治这个地方，除了统治自己的人民之外，还统治了留下来的塞人与大月氏人。所以说乌孙民有塞种与大月氏种。还有一种可能性，是乌孙原与大月氏在敦煌间，说不定在那个地方的时候，已有大月氏渗入乌孙。

乌孙民既有塞人与大月氏人，那么乌孙人种之混合于塞种与大月氏种，是很显明的。我们现在所要问的是，原来的乌孙人是属于那一种族呢？

司马迁作《史记》时，塞种、大月氏种已移到葱岭以西，乌孙却仍在伊犁河谷与准噶尔盆地。司马迁《大宛传》说，大宛以西皆深目高鼻人，班固同样这样说。所谓大宛以西皆深目高鼻人，固不一定说大宛以东或葱岭以东完全没有深目高鼻人，然而就是有了，必是例外，而非普遍现象。塞种、大月氏种这个时候都在葱岭以西，所谓"皆深目高鼻"应包括塞人与大月氏人，然而，我们已经指出，塞种、大月氏种到了葱岭以西，所占领的地方的人民可能都是深目高鼻，但是他们自己原来不一定是深目高鼻。就算他们原来是深目高鼻，他们在葱岭以东时间很久，免不了染有匈奴、羌族或其他的蒙古人种的血统，而改变其原来面貌。后来到了葱岭以西以后，又与这些深目高鼻人杂居，又加入这些人的血统，所以司马迁、班固都说大宛以西的人是深目高鼻。

假使这种看法是对的，那么留在乌孙的塞人与大月氏人不致于深目高鼻，就算原来是深目高鼻，到了这个地方的时候也不会很深目高鼻了。所以，就使乌孙人与之通婚，所谓白种人的成分已减少得多，至于原来的乌孙也不一定是深目高鼻，就算是这样，长期在敦煌与其他蒙古人种杂居，可能与他们同化而失却原来的特性。但是照司马迁与班固的说法，葱岭以东，有深目高鼻人的可能性不会太大。所以乌孙也不一定是深目高鼻人。但是颜师古却说：

乌孙于西域诸戎，其形最异，今之胡人，青眼、赤须，状类弥猴者，本其种也。

青眼赤须是白种的特性，然而，状类弥猴却不一定是指着这种人。徐松《汉书西域传补注》云：

焦氏易林云，乌孙氏女深目黑丑，是其形异也。

深目是白种的特性，丑可以因其不同于中国人而云，黑就不见得是白种的特性，虽则白种人也不一定都是白的。然而，我们所不了解的是乌孙在汉时与中国的关系最密切，《史记》对于乌孙已很注意，《汉书》叙述乌孙篇幅很长，而无一言关于形貌的，反而对于大宛以西的人种，以及西夜的人种加以记载。到了七八百年后，颜师古始追述其形貌，不知其何所据而这样说，他们可能受了塞种与月氏的同化，但师古却说"青眼、赤须，状类弥猴者，本其种也"，那么他们原来就是这样而非同化始有这种样子。

总而言之，关于塞族、月氏、乌孙的人种问题，我们只能这样的说：他们大概不完全是蒙古人种，有了其他种人的成分，后来的突厥人可能是这种人的代表人物之一，他们到了葱岭以西之后，长期与深目高鼻人相混合，其白种特性愈为显著。但是所谓白种人或印欧人的本身，既也有了很大的差别，那就要看他们所接触的是那一种的印欧人，而断定其为那一种印欧人的成分较多，我们不能一概而论。

天山以北还有一些国家，如蒲类，但后来却为匈奴所攻败，并且移其一部分的人民到匈奴本部。此外，还有一些较小的国，但这些国家的种族古籍既没有记载，他们在历史所占的地位也并不重要，我们只好从略。

综合天山南北的种族来看，在两汉时代天山南边的塔里木盆地之南的种族，好多是含有羌族的成分，自疏勒沿塔里木河沿天山南麓而至鄯善，大致是蒙古人种，至于天山以北的塞族、月氏、乌孙却近于后来的突厥种族。

十一

葱岭以西的西域诸国的种族也很为复杂，我们只能在这里很简单的解释。

关于塞种，上面因为谈到葱岭以东的塞种及其徙到葱岭以西，因而已经连带说到希腊人及波斯人所记载的塞种。塞种在纪元前七世纪以后，广布于葱岭以西、中亚细亚以至东欧。在欧洲人的记载中，除了塞族之外，萨马喜亚（Sarmatian）人也广布在所谓北土耳其斯坦一带。有人说萨马喜亚人是异于塞种，但好多学者以为两者是同为一种。至少他们最初是同祖的，所以，有些人把萨马喜亚归并于塞族。我们不必在这里考究这个问题，我们只要指出二者的关系很为密切。

塞种本来是很为强盛的部族，后来萨马喜亚也强盛起来，史家告诉我们，后者侵入前者的地方，结果是前者被击而分散，消灭的消灭，同化的同化，也有的留存在各处。《史记·大宛传》所说的奄蔡，《后汉书·西域传》谓改名为阿兰聊国，阿兰聊是（Alani），这是萨马喜亚的一主要支派，我怀疑《史记》所说的奄蔡，是否从萨马喜亚的对音而来，萨马（Sarma）连读近于奄而喜亚连读近于蔡。

阿兰聊后来在地理上也分布得很广，后来的西班牙与北菲洲都有这种人的血统。《后汉书·西域传》说他们曾属康居，这说明了他们东徙与大宛接近了。此外，在阿兰聊的西南的安息，据好多人的意见，也是塞种或萨马喜亚人所建立的国家。安息的东边是大月氏，安息的东北是康居，这是妫水流域，《后汉书》所说的妫塞王是塞种在妫水流域的明征，大宛有深目高鼻人，这可能是伊朗或希腊的种族。

我们知道在亚力山大未东征之前，波斯人，这就是伊朗种人，已扩充其帝国到妫水与药杀水的流域，塞种是不是波斯种虽然是个尚未解决的问题，然而，在波斯人未到这些地方之前，塞种似已散布于这些地方，后来因为大月氏占据了葱岭东北的塞地，这里的塞人也向葱岭以西分散。波斯大流士第一（Darius the Great）在（纪元前）五世纪的初叶，已伸张其势力到大夏（Bactria）与康居（Sogdia），所以从这个时候起，波斯人之居于这些地方的也必很多。波斯人未到这些地方之前，在这些地方的人们，除了一部分是塞种外，究竟还有那一些种族，这是一个不易解答的问题。有人说住在这里的也有波斯种人，我们不能深入去讨论这个问题，我们所要注意的是，大流士所带领的波斯人侵入之后，波斯人也是这个地方的一个主要种族。

到了（纪元前）第四世纪的下半叶，亚力山大打败了波斯人，这些地方又为希腊人所占据，亚力山大自己到了药杀水的流域，并且建立了一个城市，于近代的库杨特（Khujand），他曾过了药杀水，据说在他离开这些地方时，他留下一万步兵及三千骑兵以资守备。

我们明白在纪元前四世纪以至纪元前二世纪的一百多年，大夏与中亚一带希腊势力不断的存在，安息勃兴以后，阻止这里的希腊人与欧洲的希腊往来，然希腊文化仍在这里发展，在人种方面，塞人、伊朗人、希腊人以至东边的大月氏人自然会混合起来。张骞到大夏的时候，希腊一部分土地已被大月氏占领，希腊人在这里的固已逐渐同化于大月氏人、波斯人、塞人，以至大流士没到这里以前所留下的其他种人，其他各种人都会互相混合。从中国人看起来，都是属于深目高鼻，没有很多的分别，但是从他们自己看起来，或者是从久住在这个地方的人看起来，在他们之间仍是有了不少的差异。

自郅支单于在纪元前一世纪的中叶逃到康居或者更西之后，匈奴人种也在这些地方居住。到了后汉窦宪征伐与鲜卑侵入蒙古之后，在中亚细亚，匈奴人来得更多。此外，在匈奴的西北还有丁零、坚昆诸国。丁零据史书所载是南北朝初年的高车或铁勒，后来突厥也是这个种族的后裔，郅支强盛时曾征服他们，郅支西迁，可能有这种人跟他西走，所谓突厥人种之在中亚，在两汉固未必显著，但到后来却成为中亚以至西亚的人种的一个主要支派。

十二

我们对于所谓西域诸国的种族的解释，大致到此为止。我们并不准备去谈在欧洲的白人种。但有一个种族，我们不能不稍为叙述的，就是大秦。大秦是罗马，这是一般史家所承认。为什么中国人称他们为大秦？这是一个向来讨论得很热闹的问题。我们也不想在这里详加讨论。但是大秦人种，是属于那一种，我们不能不在这里略为谈谈。大秦既为罗马人，当然是属于印欧种，或是正确地说，属于欧洲种或白种人。然而，《后汉书·西域传》"大秦"条说：

其人皆长大平正，有类中国。

《晋书·四夷传》"大秦"条说：

其人长大，貌类中国人而胡服。

晋书所记大秦人，可能是从《后汉书》而来。《后汉书》说大秦人类中国，不知有何所据。大秦人是属于深目高鼻的种族，与中国人异。杜环《经行记》谓"其人颜色红白"，这是比较近乎其貌。为什么《后汉书》却说是像中国人？我怀疑是不是大秦王安敦在一六六年所派的使者是类似蒙古种族的人，后汉人见了使者类中国人，因而推论其国人皆类来中国的使者，故说其人类中国人。在后汉时，匈奴之西迁者已很多，而来往于大秦与中国的商人也必不少，安敦王可能物色了这一类的人充当使者，因为这种人对于路途比较熟识，同时到东方后，不会因其形貌太过奇特而引起旅途中的人们注意。而且既要避免安息的阻止经过海道，那么选择这些人更为适宜。这种使者可能已到过中国，可能是从东方到大秦，他对于大秦情形的叙述可能处处强调与中国相近之点。同时，他的样子既像中国人，又未必愿意去说自己是一个不同于大秦的种族而引起中国人对他怀疑，以为冒充使者，故只好说大秦人是与他自己的形貌差不多。中国人因而遂以为大秦人是类中国人，所以《后汉书》说：

    其人……类中国人，故谓之大秦。

  这很清楚的指出是因为其人是与中国人相似，故叫做大秦人。秦始皇统一天下，北伐匈奴，匈奴人谓中国人为秦人。《汉书·匈奴传》说"卫律为单于谋，穿井筑城，治楼以藏谷，与秦人共守之"。这是匈奴叫中国人或汉人为秦人的明证。《史记·大宛传》说"宛城中新得秦人，知穿井"，这是葱岭以西的人叫中国人为秦人的例子。秦人这个名字，既流行于匈奴西域，在西域的最西的罗马人，既如大秦王所派的使者类中国人，所以他们就被称为大秦。

  秦国强盛而闻名外国，亦犹唐因强盛而使海外人及华侨谓中国人为唐人一样。外国人以秦而名中国，中国又以外国人之类中国者而谓之为秦。

  西域诸国的种族，在历史上，经过古代史家的记载以及近代学者的研究，成绩不少，但意见也很分歧，直到现在，有好多问题还没有能够解答。我们在这里只能把古人的零星记载，以及近人的研究结果，略为介绍并加以比较而指出问题的焦点，以及解答这些问题的方向。这是推论而非结论。

第二编

第十一章　匈奴的兴起

头曼以前的匈奴的历史是怎么样的，我们难于考证，司马迁在其《史记·匈奴传》里说：

> 自淳维以至头曼，千有余岁，时大时小，别散分离，尚矣，其世传不可得而次。

淳维不见得是匈奴的祖先，我们在别处已经指出，所以头曼以前的匈奴历史就不易研究。司马迁自己指出其世传不可得而次，也说明了他自己对于匈奴的历史就不清楚。骑射是匈奴文化的一种特性，在纪元前第四世纪的末年（周赧王八年，纪元前三〇七年），赵武灵王变胡服习骑射，其所变的胡服这个"胡"是不是匈奴，也难于断定。秦汉人把胡与匈奴并用，而且混用，但这也不能因此而就谓胡就是匈奴，因为匈奴这个名词是秦以后与汉初才用的。可能匈奴是胡的一种，在战国赵武灵王的时代还没有强盛。也许是胡人中的一个种族。赵武灵所学习的胡，与其所征伐的胡，不一定就是匈奴，司马光《资治通鉴》卷六《秦纪一》中说：

> 及战国末，而匈奴始大。

很可能的是在匈奴未强盛前，是胡人中的一个种族。到了强盛之后，胡与匈奴遂并用与混用，到了后来，匈奴这个名称还比胡这个名称较为通行。匈奴的强盛是与头曼有了密切的关系。《史记·汉高祖本纪》载高祖七年（纪元前二〇〇年），为冒顿困于平城的白登，这说明头曼已为其子冒顿所杀。但是头曼死在那一年，他在位多少年，确难考证。《史记·李牧传》载赵王以李牧为将备匈奴，司马光《资治通鉴》转载此事在秦始皇三年，这就是纪元前二四四年，但这是李牧伐燕那一年，备匈奴与伐匈奴当在这一年之前。秦始皇二十六年（纪元前二二一年）才统一中国，这就是说，秦未统一中国之前至少二十三年前，李牧是被派去防备匈奴。头曼在这个时候是不是已经在位，不得而知，但这也是可能的。《史记·匈奴传》说头曼不胜秦，故徙到北边，是则头曼必定与蒙恬接触过，故在秦未灭六国之前二十三年，头曼已是匈奴单于，是很可能的。假使这个看法是对的，那么头曼在位当有三四十年之久。

头曼是匈奴单于的名字。日本白鸟库吉在其《蒙古民族起源考》一文（何建民译）里说：

> 冒顿单于之父曰头曼单于，Hirth 氏谓头曼（Touman）为突厥（Turk）语，译义曰万之 Tuman 之音译，所言甚确，余亦赞同。然谓万曰 Tuman 不限于突厥语，蒙古与东胡语亦复如此，故匈奴之头曼，未必限于突厥语。

至于单于这个名词，据裴骃《史记集解》里说：

> 《汉书音义》曰：单于者，广大之貌，言其象天单于然。

《史记索隐》云：

> 按单于姓挛鞮氏，其国称之曰"撑黎孤涂单于"，匈奴谓天为"撑黎"，谓子为"孤涂"，单于者，广大之貌，言其象天，故曰撑黎孤涂单于。又《玄晏春秋》云："士安读《汉书》，不详此言，有胡奴在侧，言之曰：此胡所谓天子。"与古书所说符会也。

假使头曼是万的意义，那么也许是因为到了头曼的时候，其所统治的人民比之以往都多得多，而含有万人或很多人的代表或首领的意义，头曼单于当为众多广大之貌了。

司马迁在《史记·匈奴传》指出，在头曼的时候，匈奴的东边的东胡与西边的月氏都很强盛，这就是说，匈奴三边都有强敌。东有东胡，西有月氏，南有中国。我们推想，也许正是因为三面受敌，所以头曼不得不团结在蒙古高原的各种民族以图强盛。不过在头曼的时候，除了中国因内乱而没有力量去对付匈奴，使匈奴利用机会来南下侵略中国外，东胡与月氏比之匈奴还要强大。因为头曼既要遣其太子质于月氏，说明他对于月氏是要履行某种义务才这样做。至于东胡，只看其后来对于冒顿，不只要求其父的千里，还要求其妻子，还要求其割让土地，则其威势之盛可以概见。头曼既无法子去向东西两方发展，他只好找机会而向中国来扰乱了。

假使头曼在纪元前二四四年已经在位，那么李牧所防备的对象应该是头曼。《史记·李牧传》说：

> 李牧者，赵之北边良将也。常居代、雁门，备匈奴。以便宜置吏，市租皆输入莫府，为士卒费。日击数牛飨士，习射骑，谨烽火，多间谍，厚遇战士。为约曰："匈奴即入盗，急入收保，有敢捕虏者，斩。"匈奴每入，谨烽火，辄入收保，不敢战。如是数岁，亦不亡失。然匈奴以李牧为怯，虽赵边兵亦以为吾将怯。赵王让李牧，李牧如故。赵王怒，召之，使他人代将。
>
> 岁余，匈奴每来，出战。出战，数不利，失亡过多，边不得田畜。复请

李牧。李牧杜门称疾。赵王乃复强起使将兵。牧曰："王必用臣，臣如前，乃敢奉令。"王许之。李牧至，如故约。匈奴数岁无所得，终以为怯。边士日得赏赐而不用，皆愿一战。于是乃具选车得千三百乘，选骑得万三千匹，百金之士五万人，彀者十万人，悉勒习战。大纵畜牧，人民满野。匈奴小入，佯北不胜，以数千人委之。单于闻之，大率众来入。李牧多为奇陈，张左右翼击之，大破匈奴十余万骑。灭襜褴，破东胡，降林胡，单于奔走。其后十余岁，匈奴不敢近赵边城。

李牧的办法是长期准备，不轻挑战，不伐则已，伐则大胜。同时，他很明白攻打匈奴非用骑兵不可，所以练习骑射，匈奴这一败北，隔了十余年之久，不敢近赵边城，这又是他的一劳久逸的办法。他后来又攻燕，拔武遂、方城，后来又大破秦军于宜安，但是不久却为人反间，而被杀于纪元前二二八年。

我们相信李牧既死之后，匈奴经过十余年的休养，同时秦又正忙于并吞六国，所以匈奴又南下到中国的边地从事侵略。到了秦始皇统一天下之后，他就注意到北边的胡人或匈奴的问题。他遣蒙恬一方面带重兵北逐胡人，一方面修建长城以资防御。《史记·蒙恬传》说：

蒙恬者，其先齐人也。恬大父蒙骜，自齐事秦昭王……始皇二十六年，蒙恬因家世得为秦将，攻齐，大破之，拜为内史。秦已并天下，乃使蒙恬将兵三十万众，北逐戎狄，收河南。筑长城，因地形，用险制塞，起临洮，至辽东，延袤万余里。于是渡河，据阳山，逶蛇而北。暴师于外十余年，居上郡。是时蒙恬威振匈奴，始皇甚尊宠蒙氏，信任贤之。

《史记·匈奴传》说：

后秦灭六国，使蒙恬将十万之众，北击胡，悉收河南地。因河为塞，筑四十四县城临河，徙谪戍以充之。自九原至云阳，因边山险，堑溪谷，可缮者治之。起临洮至辽东万余里，又渡河，据阳山北假中。

在战国的时代，燕、赵、秦三国已各因北边的山岭险要，建筑长城，以防备北方的戎狄或胡人。秦始皇遣蒙恬去筑长城，是在战国所建筑的长城的基础上，加以修缮及增建，使首尾联缀起来，而成为一条防线。

长城的作用主要是防守，阻止胡人的南下。战国时的北边三国固是如此，秦始皇的主要目的也如此。长城以北接近沙漠，是胡骑出没的地方，长城以南才差不多都是可耕之地，宜于农者。秦始皇统一天下之后，南方东边地方都到海边，西南又没有什么劲敌，他唯一的外患是北边的胡人。他虽然消灭六国，但他并没有意图去消灭长城以北的胡人。他使蒙恬将重兵在长城一带，目的与其说是要扬威漠北，以消灭胡人，不如说是防守边界，以阻止胡人南下，使他以及他的子子孙孙，能够安安稳稳的在长城以南，万世不断的去统治中国。其实，从他个人力求长生不死之药来看，他自己就想永远活着去做皇帝。

从上面所录那几段话来看，这条长城是长万余里，这话是很为笼统。事实上，这条长城只长五千四百多里。所以统为万里长城者，意思不外是说这条长城很长而已。史书所载与蒙恬所说长万余里，也只是形容其很长而已。又上面有一个地方说蒙恬"将兵三十万"，《汉书·匈奴传》载杨雄上书云"蒙恬将兵四十余万"，然在别一个地方说他将兵十万，究竟那一个数目字是对的，也不易断定。但《史记》说十万只一次，而说三十万的不止一次，可能是三十万。又《史记·蒙恬传》与《匈奴传》的语气，都说蒙恬修建长城与征伐匈奴这件事，是在始皇二十六年，而《史记·六国表》说此事是在始皇三十三年，可是同时又指出蒙恬将兵数目是三十万；司马光《资治通鉴》也列这件事在始皇三十三年。我以为遣蒙恬去伐胡与筑长城，应该是始于始皇二十六年。因为《蒙恬传》里与《资治通鉴》都说蒙恬在外十余年，若是始于三十三年，则始皇死于三十七年（纪元前二〇七年），始皇死后，蒙恬也就死了，则暴师在外不会有十余年。可能的征伐胡人不只一次，而长城也非四五年的短时间中所能修建得好的，所以暴师在外十余年是对的。暴师在外既有十余年，则蒙恬之被遣征胡与修建长城，当在始皇二十六年。

头曼这一次被了蒙恬征伐之后，又北徙了十余年，所以《史记·匈奴传》说：

> 头曼不胜秦，北徙十余年而蒙恬死，诸侯畔秦，中国扰乱，诸秦所徙谪戍边者，皆复去，于是匈奴得宽，复稍度河南，与中国界于故塞。

李牧打败匈奴之后，匈奴北徙十余年。李牧死后，秦未统一，匈奴又南下。到了蒙恬攻败匈奴之后，匈奴又北徙十余年。蒙恬死后不久，秦亡，汉楚争雄，边事没有人注意，匈奴又再次南下。李牧是被赵王宠臣郭开金所反间，而被赵王杀死，蒙恬也为赵高所反间，而为二世胡亥所杀死。《史记·蒙恬传》说，当蒙恬为胡亥赐死前，他是不愿死的，他说：

> 自吾先人及至子孙，积功信于秦者三世矣，今臣将兵三十余万，身虽囚系，其势足以倍畔。自知必死而宁义者，不敢辱先人之教，以不忘先主也。

他虽然这样说，胡亥并不给他再活下去，据司马迁说：

> 蒙恬喟然太息，曰："我何罪于天，无过而死乎！"良久，徐曰："恬罪固当死也，起临洮属之辽东，城堑万余里，此其中不能无绝地脉哉？此乃恬之罪也。"乃吞药自杀。

秦始皇得了天下之后，他觉得最大的忧患是北边的胡人，所以他使蒙恬去修建长城，通直道，自九原抵甘泉。而且，除了用几十万兵去防备胡人外，又徙了好多人民去充实边境。他以为有了工程浩大的长城，就可以阻止胡人。但是蒙恬死后，国内扰乱，边防放宽，匈奴又渡河南。此后，汉虽不久统一天下，然而，匈奴却成为两汉最大的劲敌。

自李牧至蒙恬的三四十年间，匈奴至少两次大败于中国，远逃北方。然而，再仆再起，这说明了头曼所统治这个国家，是一个很强而有力的国家。不只秦始皇不能够消灭它，后来的汉武帝也消灭不了它。等到后来匈奴这个国家在蒙古高原再站不住的时候，汉朝的命运也不久终止。

上面是说头曼时代的匈奴与中国。头曼时代，匈奴已强大起来，但是司马迁在《史记·匈奴传》里说：

> 至冒顿而匈奴最强大，尽服从北夷，而南与中国为敌国。

唐司马贞《史记索隐》说："冒音墨，又作如字。"《前汉书·匈奴传》注说："宋祁曰：冒音墨，顿音毒，无别训。"希尔特（Hirth）在其《约翰尼斯的阿提拉系谱考》（"Ahnentafel Attilas Nach Johannes von Thurdcz"）一文中曾详细解释冒顿这个名词，而以为这是蒙古语译义猛勇之 Boghatur 的音译。白鸟库吉以为若从现音的 Mantun 而求其语源，可与满洲语威势、权力的意义的 Muden 及荣盛的意义的 Mukden 互相比较。

头曼是被其子冒顿所杀死。冒顿为什么与怎么样去杀他的父亲，司马迁在《匈奴传》中告诉我们道：

> 单于（指头曼）有太子名冒顿。后有所爱阏氏，生少子。而单于欲废冒顿而立少子，乃使冒顿质于月氏。冒顿既质于月氏，而头曼急击月氏。月氏欲杀冒顿，冒顿盗其善马，骑之亡归。头曼以为壮，令将万骑。冒顿乃作为鸣镝，习勒其骑射，令曰："鸣镝所射而不悉射者，斩之。"行猎鸟兽，有不射鸣镝所射者，辄斩之。已而冒顿以鸣镝自射其善马，左右或不敢射者，冒顿立斩不射善马者。居顷之，复以鸣镝自射其爱妻，左右或颇恐，不敢射，冒顿又复斩之。居顷之，冒顿出猎，以鸣镝射单于善马，左右皆射之。于是冒顿知其左右皆可用。从其父单于头曼猎，以鸣镝射头曼，其左右亦皆随鸣镝而射杀单于头曼，遂尽诛其后母与弟及大臣不听从者。冒顿自立为单于。

冒顿因为头曼欲废他而立其少子为太子，他遂怀恨而杀父。他一方面作鸣镝射击以杀其父亲，同时又用这种作法去取信于左右，这与商鞅立木取信有了相同。此外，时时这样练习增强武备，他后来之所以能东灭东胡，西败月氏，也未尝不是由于这种作法而来。

历来好多学者都以为，上面那段话里所说的阏氏，是匈奴的皇后称号。《史记索隐》说："旧音曷氏，匈奴皇后。"《汉书·匈奴传注》云："师古曰：阏氏，匈奴皇后也。阏音于连反，氏音支。"有人说音为烟支，这与胭脂同音了。然而，

《汉书·匈奴传注》说:"刘攽曰:匈奴单于号其妻为阏氏尔,颜便以皇后解之,太俚俗也。"我们也很怀疑阏氏为皇后称号。第一,从这里所说的"后有所爱阏氏"的语气来看,则还有前所爱的阏氏,冒顿既为太子,则其母似当为皇后,后所爱阏氏是不是皇后,就有问题。第二,《史记·匈奴传》说东胡派使者来要求冒顿"欲得单于一阏氏",这里既说"欲得一阏氏",则阏氏必定不止一个,所以冒顿自己也说:"奈何与人邻国爱一女子乎?"这个阏氏不过他的好多妻子中的一个。除非凡是单于的妻子都谓为皇后,否则所谓阏氏,不一定就是皇后。虽则我们也得指出,《史记》《汉书》说到单于的妻子的时候,均用阏氏而不用皇后。《史记·匈奴传》说汉文帝遣宗室女公主为单于阏氏,就是一个显明的例子。

又上面段话里说冒顿杀其父后,"遂尽诛其后母与弟及大臣不听从者"。我们若当为一句话读,就是其后母与弟至于大臣听从者不诛,而不听从者尽诛;若当为二句话读,就是后母、弟弟尽杀,至于大臣听从者不杀,而不听从者尽杀。我们以为后者读法较为合理。但是《史记·刘敬传》载刘敬对汉高祖说:"冒顿杀父代立,妻群母。"上面已说尽诛后母,这里又说妻群母,若是尚有群母未被杀而妻之,则所杀者当为不听从者,而所妻者乃听从的了。匈奴妻后母乃风俗所许,不是稀奇的事情,故冒顿妻其后母,也是平常的事情。虽则从中国人看起来是一件逆伦的行为,后人有谓"我欲行冒顿之事",这是受了汉人文化的影响而才这样的说的。

冒顿杀了他的父亲、后母及诸弟之后,他就自立为单于。他明白东方的东胡、西方的月氏是强盛的国家,而南方的中国也统一起来,他初就单于之位,我们相信他先用力量去巩固他的地位,同时用他练习鸣镝的方法,去使他的铁一般的纪律能够贯彻到他的左右,以至他的人民。至于对外方面,他大概是采取保守以至于让步的政策,至少他对于东胡是用这种政策的。关于这一点,《史记·匈奴传》说得很清楚,今录之于下:

> 冒顿既立,是时东胡强盛,闻冒顿杀父自立,乃使使谓冒顿,欲得头曼时有千里马。冒顿问群臣,群臣皆曰:"千里马,匈奴宝马也,勿与。"冒顿曰:"奈何与人邻国而爱一马乎?"遂与之千里马。居顷之,东胡以为冒顿畏之,乃使使谓冒顿,欲得单于一阏氏。冒顿复问左右,左右皆怒曰:"东胡无道,乃求阏氏!请击之。"冒顿曰:"奈何与人邻国爱一女子乎?"遂取所爱阏氏予东胡。

这真够忍气受辱了,他可以说是尽了最大的让步了。是等到东胡要他割让地方的时候,他才忍无可忍而始攻击东胡。《史记·匈奴传》说东胡王得了冒顿的阏氏之后:

> 东胡王愈益骄,西侵。与匈奴间,中有弃地,莫居,千余里,各居其边

为瓯脱。东胡使使谓冒顿曰："匈奴所与我界瓯脱外弃地，匈奴非能至也，吾欲有之。"冒顿问群臣，群臣或曰："此弃地，予之亦可，勿予亦可。"

这里所说的瓯脱，意义本很明白，但历来注解的人们意见很为分歧，所以需要略为解释。《史记集解》述韦昭为"界上屯守处"，《史记索隐》说：

> 服虔云："作土室以伺汉人。"又《纂文》曰："瓯脱，土穴也。"又云是地名，故下云"得瓯脱王"。

《正义》说：

> 按境上斥堠之室为瓯脱也。

丁谦曾作《瓯脱旧解辨》（《汉书匈奴传地理考证》）里说：

> 按传既明言弃地莫居，又言各居其边为瓯脱，则瓯脱指弃地而言，原极明析，无待申说……或谓沙漠之地，既无人居，何以有瓯脱王？曰匈奴所称为王者，自左右贤、谷蠡、奥键外，余皆随意命名。虽号瓯脱王，实非居瓯脱地，且瓯脱间亦有一二可居之地，如今内外蒙古各旗牧地。

丁谦以为瓯脱为弃地，也不见得是对。既说是弃地，又说是弃地中也有一二可居之地，而以为居、主管在这个地方的就是瓯脱王。既说弃地为瓯脱，又说可居地为瓯脱，这是矛盾。其实，《匈奴传》已指出很清楚，这就是"各居其边为瓯脱"，又说"匈奴与我界瓯脱外弃地"，是则瓯脱乃匈奴与东胡的中间弃地，莫居千余里的两者的边境的地方，驻扎在这个边境的地方的首领，可以叫做瓯脱王。这与《武备志》卷二二八、六十《女直考》云"时有瓯脱，本我界也，为奴所侵"同样意义。

冒顿自己对于东胡这种要求是怎么样的：

> 于是冒顿大怒曰："地者，国之本也，奈何予之！"诸言予者，皆斩之。冒顿上马，令国中有后者斩，遂东袭击东胡。东胡初轻冒顿，不为备。及冒顿以兵至，击，大破灭东胡王，而虏其民人及畜产。

冒顿既灭了东胡王，他又乘胜而攻击西方的月氏与侵略南边的中国。《史记·匈奴传》说：

> 西击走月氏，南并楼烦、白羊河南王，侵燕、代，悉复收秦所使蒙恬所夺匈奴地者，与汉关故河南塞，至朝那、肤施，遂侵燕、代。

后来，他又北服浑庚、屈射、丁零、鬲昆、薪犁之国，《匈奴传》说：

> 是时汉兵与项羽相距，中国罢于兵革，以故冒顿得自强，控弦之士三十余万。

冒顿不只称雄于匈奴的东西北三方面，而且利用了中国的汉楚之争，而南侵中国了。冒顿统治之下的匈奴，是匈奴有史以来所没有这样的强大过。我们若把地图一看，东破东胡，至少到了兴安岭；西败月氏，到了河西走廊，天山南北的西域诸国受他控制；北服丁灵（或丁零）与鬲昆（或坚昆），这是到了贝加尔湖与努拉河一带；南到肤施而近燕、代，其所占领的地方虽有很多的沙漠或不能耕种之地，然其面积之大，却非中国所能及。司马迁说至冒顿而匈奴最强大，这是一点都不错的，也是因为了这样，他在匈奴国内的统治权更加稳固，所以《史记·匈奴传》告诉我们道：

> 于是匈奴贵人大臣皆服，以冒顿单于为贤。

冒顿既征服了东西北三方面的敌人，他现在可以集中力量而向南侵略了。这个时候正是汉高祖初定天下的时候。匈奴时时扰乱边境，汉高祖曾派了一位帮忙他争取天下比较得力，而对于北方边境又比较熟识的人到太原，并都在晋阳，以防备匈奴。这个人就是韩王信。这是高祖六年，纪元前二〇一年，这是项羽死后二年，高祖称皇帝后一年的事情。

韩王信被派到这个地方之后，他觉得这里去边塞还远，他上书说："国被边匈奴数入，晋阳去塞远，请治马邑。"高祖答应了他，于是他乃迁到马邑。这是一个很有历史性的地方，《史记正义·高祖本纪》说：

> 《搜神记》云：昔秦人筑城于武周塞以备胡，城将成而崩者数矣，有马驰走，周旋反覆，父老异之，因依以筑城，乃不崩，遂名马邑。

这个地方以后还要说及，韩王信到了这个地方之后，匈奴就在次一年（纪元前二〇〇年）大举攻围。《史记·韩王信传》说：

> 信数使使胡求和解，汉发兵救之，疑信数间使，有二心，使人责让信。信恐诛，因与匈奴约共攻汉，反，以马邑降胡，击太原。

汉高祖觉得情势严重，他调动了三十多万兵，亲自出马去讨伐韩王信。这一年冬天很冷，士卒堕指者什二三。起初进攻顺利，杀了韩王信的将王喜，韩王信不得已，他走到匈奴，而留其将白土人曼丘臣、王黄等，并立赵苗裔赵利为王，同时又与冒顿谋攻汉。匈奴使其左右贤王带领万余骑兵到晋阳，与汉兵周旋，并且佯败走。汉兵大破其骑队，又在离石、楼烦败了匈奴军队，一直追到北边。他听说冒顿在上谷，他派人去探看匈奴的兵力多大。冒顿匿其精兵，他们所见者只是羸弱的兵士。他们回来报告匈奴兵少且弱，汉高祖就带了一小部分的军队到平城，并到离平城七里的白登。匈奴乃派四十万骑围白登，匈奴的骑兵"在西方者尽白马，在东方尽青䮦马，北方尽乌骊马，南方尽骍马"。高祖被围了七日，与外边完全断绝联络，粮食也成为问题。《史记·韩王信传》说：

> （高祖）乃使人厚遗阏氏，阏氏乃说冒顿曰："今得汉地，犹不能居，且两主不相厄。"

同时，她又告诉冒顿以为"汉王亦有神"，不一定能攻灭。这个时候，冒顿本与韩王信的将王黄、赵利等相约会师围攻，而王黄、利兵又未到，因而怀疑王黄可能与汉有谋，乃采纳了阏氏的意见。解围的一角通过阏氏去说冒顿，据说是陈平的计谋，但《陈丞相世家》却说其计秘，世莫得闻。到了冒顿解围的一角后，据《韩王信传》说：

> 时天大雾，汉使人往来，胡不觉。护军中尉陈平上言曰："胡者全兵，请令强弩傅两矢外向，徐行出围。"入平城，汉救兵亦到，胡骑遂解去，汉亦罢兵归。

汉高祖刚定天下，匈奴南侵，韩王信投降，他调动了数十万兵去征伐匈奴，而其结果是被困七日，要用计谋才得解围。这是汉人所引为最大耻辱。韩王信后来又常常与胡骑侵略边境，高祖十一年，他又入居参合。汉高祖一方面使柴将军（有人说是柴奇，又有人说是柴奇的父亲柴武）带兵征伐，一方面又给信与韩王信，劝其归汉。韩王信这样的回答：

> 陛下擢仆起闾巷，南面称孤，仆之幸也。荥阳之事，仆不能死，囚于项籍，此一罪也。及寇攻马邑，仆不能坚守，以城降之，此二罪也。今反为寇将兵，与将军争一旦之命，此三罪也。夫种、蠡无一罪，身死亡；今仆有三罪于陛下，而欲求活于世，此伍子胥所以偾于吴也。今仆亡匿山谷间，旦暮乞贷蛮夷，仆之思归，如痿人不忘起，盲者不忘视耳，势不可耳。

结果是他与柴将军打起来，不久，参合被攻破，而韩王信也被斩。与韩王信同时通匈奴而反汉的还有卢绾与陈豨。《史记·卢绾传》说：

> 汉十一年秋，陈豨反代地，高祖如邯郸击豨兵，燕王绾（即卢绾）亦击其东北。当是时，陈豨使王黄求救匈奴。燕王绾亦使其臣张胜于匈奴，言豨等军破。张胜至胡，故燕王臧荼子衍出亡在胡，见张胜曰："公所以重于燕者，以习胡事也。燕所以久存者，以诸侯数反，兵连不决也。今公为燕欲急灭豨等，（豨等）已尽，次亦至燕，公等亦且为虏矣。公何不令燕缓陈豨而与胡和？事宽，得长王燕；即有汉急，可以安国。"

张胜竟为臧衍的话所动，而卢绾又听了张胜的话，并且阴使人去通陈豨。陈豨不久为汉所杀。后来有人告发这件事，汉高祖乃使樊哙去攻伐卢绾，卢绾最后走入匈奴，匈奴以他为东胡卢王。这个时候高祖已死，卢绾不够一年，也死在匈奴。据说陈豨的反叛是受了淮阴侯韩信鼓动。韩信之被杀与这件事也有关系。卢绾本与高祖同里，而且自小两家就很好。但是，一方面他受了张胜的影响，一方面他看淮阴侯韩信也被杀死，他怕终久必为高祖所剪除，所以他也反叛。

冒顿既强大，而汉初侯将之降匈奴者又多，平城之役后，冒顿对汉更无顾忌，因而时时侵代边境。高祖白登被困以后，对于匈奴又觉得不易用兵力去征服，于是所谓和亲之议因之而起。和亲之议起于刘敬。刘敬本姓娄，他劝高祖都关中，张良也赞成此说，汉高祖乃改他的姓为刘。当高祖亲自将兵到晋阳时，刘敬曾劝他不要北追匈奴，结果高祖不听他的话，而致被困白登。解围后，高祖至广武，曾对他说："吾不用公言，以困平城。"后来匈奴既时侵北边，高祖没有办法，又问计于刘敬。《史记·刘敬传》说：

刘敬曰："天下初定，士卒罢于兵，未可以武服也。冒顿杀父代立，妻群母，以力为威，未可以仁义说也。独可以计久远子孙为臣耳，独恐陛下不能为。"上曰："诚可，何为不能！顾为奈何？"刘敬曰："陛下诚能以適长公主妻之，厚奉遗之，彼知汉適女送厚，蛮夷必慕以为阏氏，生子必为天子，代单于。何者？贪汉重币。陛下以岁时汉所余彼所鲜数问遗，因使辩士风谕以礼节。冒顿在，固为子婿；死，则外孙为单于。岂尝闻外孙敢与大父抗礼者哉？可毋战以渐臣也。若陛下不能遣长公主，而令宗室及后宫诈称公主，彼亦知，不肯贵近，无益也。"高帝曰："善。"

汉高祖之所以赞成刘敬的献议，以其女嫁给冒顿，也可以说是一件迫于不得已的事情，未必心甘意愿去做的。但是这件事大为吕后所反对，当汉高祖要遣长公主给与冒顿的时候，吕后天天在哭，她说：

妾唯太子一女，奈何弃之匈奴？

所谓弃之匈奴，恐怕不只代表吕后个人以为嫁给所谓蛮夷之人等于弃之，而且必定是当时好多中国人的一般普遍的意见。经过吕后这样反对，高祖也没有办法去把长公主嫁给冒顿。于是他乃找了别人的女孩当为长公主，叫刘敬送到匈奴给单于。

刘敬除了提议和亲之外，他又明白匈奴贪汉财物，所以他又劝高祖把汉岁时所余而匈奴所需要的东西厚送匈奴，这就是《史记·匈奴传》说：

岁奉匈奴絮缯酒米食物各有数。

这也可以说送礼给匈奴。自刘敬献议和亲与送礼的办法去笼络匈奴，与高祖采纳了他的意见之后，和亲送礼成为应付匈奴的一种政策，成为两汉对付匈奴的一种常用的政策。这种办法有没有效果呢？司马迁在《史记·匈奴传》里指出，冒顿既得了汉女，又得了礼物之后，他"少止"侵略中国。所谓"少止"是很对的，因为和亲送礼只能使匈奴暂时停止侵略中国，可是不久之后，匈奴又来了。自高祖至景帝的数十年间，和亲送礼不知做了多少次，然而，匈奴之扰乱中国也不知多少次。而且，匈奴见得汉的财物易得、汉所给愈多，而其要求也愈多。

刘敬除了献议和亲与送礼之外，他从匈奴回后，又劝高祖去徙东边的豪杰名家、六国贵族以充实关中，而防匈奴。《史记·刘敬传》说：

> 刘敬从匈奴来，因言"匈奴河南白羊、楼烦王，去长安近者七百里，轻骑一日一夜可以至。秦中新破，少民，地肥饶，可益实。夫诸侯初起时，非齐诸田，楚昭、屈、景莫能兴。今陛下虽都关中，实少人。北近胡寇，东有六国之族，宗强，一日有变，陛下亦未得高枕而卧也。臣愿陛下徙齐诸田，楚昭、屈、景、燕、赵、韩、魏后，及豪杰名家居关中。无事，可以备胡；诸侯有变，亦足率以东伐。此强本弱末之术也"。上曰："善。"乃使刘敬徙所言关中十余万口。

刘敬这种办法是一举两得的办法。徙各处的豪杰名家于关中，一方面可以阻止诸侯的叛变，一方面可以充实边地以防备匈奴。这也可以是徙民实边的政策。其实这两种作法都是秦始皇所用过的办法，《史记·秦本纪》载秦始皇二十六年：

> 徙天下富豪于咸阳十二万户。

又《史记·匈奴传》说：

> （蒙恬）北击胡，悉收河南地，因河为塞，筑四十四县城临河，徙谪戍以充之。

秦始皇把这两件事分开来做，而刘敬把两件事合起来做，这是所谓一举两得的办法。汉高祖听了刘敬的话，事实上也是执行了秦始皇的政策罢。所不同者，照我们的看法，秦始皇统一天下之后，他所怕的主要的好像是六国的后人以及富豪可能做乱，而影响于他的帝业。汉高所怕的主要是匈奴，因为长安去匈奴所居地不过七百里，轻骑一日一夜可以至，充实关中是防备匈奴的主因。

高祖死于高祖就位后十二年，这就是纪元前一九五年。从李牧时代到高祖死为止，约为五十余年。匈奴在这个时期内慢慢的强盛起来，到了冒顿，遂成为一个很大的帝国，成为战国最末年以至汉代初年的最大的外患。李牧虽大败匈奴，使其在十余年间不敢侵略赵边，然而，他的政策并非一个积极攻伐的政策，他主要是防备。后来虽大举攻击，使匈奴大败而北逃，但是，李牧也并没逐到漠北。质言之，他之所以攻，主要的还是以攻为守，没有企图去消灭匈奴，所以匈奴一逃，他就不追击。

秦始皇的政策之于李牧的，也没有很大的区别。他筑万里长城，就说明了他是满足在长城以内南面而治。他遣蒙恬伐胡人，收河南地，目的是以此为界而建筑长城。匈奴逃跑了，蒙恬也没有逐到漠北。当始皇在出巡的时候，在途中死时，赵高、李斯矫诏赐扶苏死，而扶苏欲自杀的时候，蒙恬曾对他说：

> 陛下居外，未立太子，使臣将三十万众守边，公子为监，此天下重任也。今一使者来，即自杀，安知其非诈？复请而后死，未暮也。（《资治通鉴·秦纪二》）

这是很显明的指出，蒙恬将兵三十万是守边，目的不是去征伐或消灭匈奴。高祖定天下后，匈奴来侵，他在白登被困后，他好像连了用重兵去守边也没有积极去做，而所采取的主要方式是和亲和送礼。

这个政策在汉的初年，从汉高祖以后，如吕后，如文帝，以至景帝，大致没有改变。直到武帝就位之后，他才反和为战，以攻为守，而且积极去用好多方法，希望能够粉碎匈奴这个帝国。

第十二章 匈奴的强盛

贾谊《治安策一》里说：

> 臣窃迹前事，大抵强者先反。淮阴王楚最强，则最先反；韩信倚胡，则又反；贯高因赵资，则又反；陈豨兵精，则又反；彭越用梁，则又反；黥布用淮南，则又反；卢绾最弱，最后反。

这是贾谊与汉文帝所说的话。我们先要指出，贾谊这里所说的反叛的将领王侯，都是汉高祖时代的人们。同时，我们也得指出，贾谊所说强者先反、弱者后反，好像是一个惯例。这是有商量的余地的。《史记·淮阴侯传》载，蒯通曾力劝韩信反刘邦，三分天下，韩信始终不愿意。到后来汉高祖疑他造反，把他缚起来，不久又放了他，封他为淮阴侯。从此以后，韩信就不安于位，而与陈豨同谋。但是在他没有同陈豨谋反之前，故燕臧荼已经反叛，汉高祖自己征伐才平臧荼并杀死他。臧荼没有韩信那么强，这说明了不一定是强者先反。原来汉高祖是一个对人最为猜忌的人，他得了天下之后，对于帮忙得天下的功臣都很猜忌。与其说是强者先反，不如说是汉高祖对强者最忌而先疑，所以贾谊所说的话未必完全可信。

此外，贾谊在这里所录那段话中，只指出韩信倚胡而反，这个韩信是韩王信，并非淮阴侯韩信。我们应该指出，贾谊所说的反叛的七个人中，不只是韩王信与匈奴发生关系，陈豨、卢绾都与匈奴有关系，而陈豨之所以反，又与淮阴侯韩信有关系。《史记·淮阴传》里说：

> 陈豨拜为巨鹿守，辞于淮阴侯。淮阴侯挈其手，辟左右与之步于庭，仰天叹曰："子可与言乎？欲与子有言也。"豨曰："唯将军令之。"淮阴侯曰："公之所居，天下精兵处也；而公，陛下之信幸臣也。人言公之畔，陛下必不信；再至，陛下乃疑矣；三至，必怒而自将。吾为公从中起，天下可图也。"陈豨素知其能也，信之，曰："谨奉教！"汉十年，陈豨果反。

其实不只卢绾、陈豨、韩王信的反叛是与匈奴有关系，臧荼死后，其子臧衍就逃到匈奴。后来卢绾派张胜入匈奴，受了臧荼所说服而使卢绾去帮忙陈豨，以反抗汉高祖。因此，我们可以说，汉高祖时代诸将领之反叛，一方面是与匈奴之鼓动或庇护这些人是有了密切的关系。但是汉高祖的猜忌，也是他们造反的一个主因。而且投到匈奴之后，有些人还是想回。韩王信答汉高祖的书中有了这种意思，虽则他觉得归汉是势所不可之事。至于卢绾之于汉高祖的关系之深，而也要反叛，可是后来也想归汉，这一点《史记·卢绾传》也很清楚的指出来说道：

> 汉十二年……豨常将兵居代，汉使樊哙击斩豨。其裨将降，言燕王绾使范齐通计谋于豨所。高祖使使召卢绾，绾称病。上又使辟阳侯审食其、御史大夫赵尧往迎燕王，因验问左右。绾愈恐，闭匿，谓其幸臣曰："非刘氏而王，独我与长沙耳。往年春，汉族淮阴，夏，诛彭越，皆吕后计。今上病，属任吕后。吕后妇人，专欲以事诛异姓王者及大功臣。"乃遂称病不行。其左右皆亡匿。语颇泄，辟阳侯闻之，归具报上，上益怒。又得匈奴降者，降者言张胜亡在匈奴，为燕使。于是上曰："卢绾果反矣！"使樊哙击燕。燕王绾悉将其宫人家属骑数千居长城下，候伺，幸上病愈，自入谢。四月，高祖崩，卢绾遂将其众亡入匈奴，匈奴以为东胡卢王。绾为蛮夷所侵夺，常思复归。居岁余，死胡中。

又说：

> 高后时，卢绾妻子亡降汉，会高后病，不能见，舍燕邸，为欲置酒见之。高后竟崩，不得见。卢绾妻亦病死。

汉高祖死了之后，名义上是惠帝做皇帝，事实上是吕后掌政权。司马迁说："吕后为人刚毅，佐高祖定天下，所诛大臣，多吕后力。"《史记索隐》司马贞以为吕后"志怀安忍，性狭猜疑"，她虽然是这样，但她对于匈奴冒顿的骄横，却没有办法去征服。高祖与卢绾死后，她允许卢绾妻子归汉，也可以说她用一种温和的手段去应付投降匈奴的臣僚，以表示她的宽大政策。在她当权的时候，大臣名将之投降匈奴的，虽可以说是没有，但是匈奴对于边境的扰乱并不停止。吕后也只能循着汉高祖的政策去和亲与送礼。《汉书·惠帝纪》载惠帝三年（纪元前一九二年），以"宗室女为公主嫁匈奴单于"，但是冒顿使吕后觉得最怒的是他给了一封对她很为侮辱的信，《汉书·匈奴传》述这封信说：

> 孤偾之君，生于沮泽之中，长于平野牛马之域，数至边境，愿游中国。陛下独立，孤偾独居。两主不乐，无以自虞，愿以所有，易其所无。

《史记》没有登载这段话，但说"冒顿遗书高后妄言"，《汉书·匈奴传》指出吕后接了这封信之后"大怒"起来，同时指出：

> 召丞相平及樊哙、季布等，议斩其使者，发兵而击之。樊哙曰："臣愿得十万众，横行匈奴中。"问季布，布曰："哙可斩也！前陈豨反于代，汉兵三十二万，哙为上将军，时匈奴围高帝于平城，哙不能解围。天下歌之曰：'平城之下亦诚苦，七日不食，不能彀弩。'今歌吟之声未绝，伤痍者甫起，而哙欲摇动天下，妄言以十万众横行，是面谩谩也。且夷狄譬如禽兽，得其善言不足喜，恶言不足怒也。"

吕后接了冒顿的信之后，虽然大怒，但是她听了季布这般话之后，她觉得无可奈何，她不只觉得季布所说是对，而且令大谒者张泽报书给冒顿说：

> 单于不忘敝邑，赐之以书，敝邑恐惧。退而自图，年老气衰，发齿堕落，行步失度，单于过听，不足以自污。弊邑无罪，宜在见赦。窃有御车二乘，马二驷，以奉常驾。

这个回信可以说真是低心下气，同时还要送御用马车。吕后虽然是一位厉害的妇女，可是冒顿在这个时候声势浩大、态度骄傲，吕后既没有办法去征伐，她又不好得罪他，只好这样客客气气去答复，并给他送礼。这封回信使冒顿也不能不客气起来，冒顿得了吕后的书之后，使使谢吕后说：

> 未尝闻中国礼义，陛下幸而赦之。

冒顿除了献马之外，又与汉和亲。然而，在吕后六年（纪元前一八二）匈奴攻狄道、攻阿阳，吕后七年又攻狄道，略二千余人。这又可见得冒顿并不因了吕后的客气而放弃侵略的行为。不过我们也得指出，冒顿的帝国到了这个时候，不只版土广大，而基础亦必很为坚固。他自平城之役以后，并没有作大规模的南侵，也许他感觉到像阏氏所说"今得汉地而单于莫能居也"。因为匈奴是个游牧民族，而中国是个农业国家，所以与其占据中国的领土，不如时时寇边，使中国不断的去供给絮缯酒米食物，这样他既不必消耗很大的兵力，而却可以得到他所需要的财物。在西汉人的记载中，屡屡说匈奴贪汉财物，以很少的兵力而得到很多的财物，这是冒顿对汉的政策。在中国方面，在这个时期内，只要匈奴不侵略得太过，送给财物却是没有多大问题。

文帝登位后，仍照高祖、吕后的政策和亲送礼对付匈奴，但不够三年，匈奴又来入寇，"居河南地，侵盗上群葆塞蛮夷，杀略人民"，《史记·文帝纪》载：

> 帝曰：与匈奴约为昆弟，毋使害边境，所以输遗匈奴甚厚。今右贤王离其国，将众居河南降地，非常故。往来近塞，捕杀吏卒，驱保塞蛮夷，令不得居其故，陵轹边吏，入盗，甚敖无道，非约也。

文帝忍不住匈奴这样负约越境侵伐人民，他乃发边吏骑八万五千到高奴，并使丞相颍阴侯灌婴去击匈奴。匈奴见得兵大，兵来遂引去。匈奴虽去，文帝还要追击，他又"发中尉材官属卫将军，军长安"，他自己并且亲自出马，他从甘泉到太原，准备向北追逐匈奴。可是正在这个时候，济北王兴居听说文帝到太原欲追击匈奴，他遂利用这个机会举兵造反，使他不得不放弃征伐匈奴的企图，而回头来对付济北王兴居。

文帝这一次对于匈奴采取一种较为强硬的方法，可以说是反乎吕后那种忍辱吞声、屈就讲和的方法。冒顿对于文帝这种做法却取了另一种做法，他致书给文帝说：

> 天所立匈奴大单于敬问皇帝无恙。前皇帝言和亲事，称书意合欢。汉边吏侵侮右贤王，右贤王不请，听后义卢侯难氏等计，与汉吏相距，绝二主之约，离兄弟之亲。皇帝让书再至，发使以书报，不来，汉使不至，汉以其故不和，邻国不附。今以小吏之败约，故罚右贤王，使至西方求月氏击之。以天之福，吏卒良，马力强，以夷灭月氏，尽斩杀降下定之。楼兰、乌孙、呼揭及其旁二十六国，皆以为匈奴。诸引弓之民，并为一家。北州已定，愿寝兵休士卒养马，除前事，复故约，以安边民，以应始古，使少者得成其长，老者安其处，世世平乐。未得皇帝之志也，故使郎中係雩浅奉书，请献橐佗一匹，骑马二匹，驾二驷。皇帝即不欲匈奴近塞，即且诏吏民远舍。使者至，即遣之。以六月中来至薪望之地。

表面上看起来，冒顿这封信里所说的话好像是堂皇客气，然而，骨子里是对于文帝的一种示威说法。第一，我们要指出，他并不承认右贤王之入居河南地这件事，并不是右贤王先启其端，而是由于汉边吏先侵侮右贤王。虽则他承认右贤王事前没有得到他的许可，而轻听了后义卢侯难氏等计，遂入寇中国，这是不对的。因为右贤王在这一点上的错误，他罚他去攻击月氏，并使乌孙、呼揭及其旁二十六国都服从了匈奴。这是种很滑稽的处罚方法，明白的说就是：你说他侵略你河南地吗？你看看我就派他去攻击月氏，他不只征服了月氏，而且威服了乌孙、呼揭及其旁二十六国，你看看他的本领多大，匈奴的兵力多强。你爱讲和和亲是欢迎的，但是你要打吗，那你就来罢。

这是一种外软中硬的说法，我们上面曾经指出，冒顿为能得到汉的财物而满足其要求，他是不大愿意去劳师的。不过，文帝稍为硬一点起来，冒顿也就不客气。虽则他并不只采取战争为解决问题的唯一办法，所以他还是希望文帝能沿着高祖与吕后的和亲与送礼的方式而满足了他的要求。

文帝得到这封信之后，召集群臣讨论对付的方法，问题排在面前的是，究竟是与匈奴打，还是与其和亲呢？讨论的结果是，所有的公卿都告诉文帝说：

> 单于新破月氏，乘胜不可击，且得匈奴地，泽卤，非可居也，和亲甚便。（《史记·匈奴传》）

汉文帝也觉得攻击是冒险的事情，所以就照公卿们的提议，而与匈奴和亲。此外，他还给了一封信与单于，据《史记·匈奴传》，这封信的内容是：

> 皇帝敬问匈奴大单于无恙，使郎中係雩浅遗朕书曰："右贤王不请，听后义卢侯难氏等计，绝二主之约，离兄弟之亲，汉以故不和，邻国不附。今以小吏败约，故罚右贤王使西击月氏，尽定之。愿寝兵休士卒养马，除前事，复故约，以安边民，使少者得成其长，老者安其处，世世平乐。"朕甚

嘉之，此古圣主之意也。汉与匈奴约为兄弟，所以遗单于甚厚。倍约离兄弟之亲者，常在匈奴。然右贤王事已在赦前，单于勿深诛。单于若称书意，明告诸吏，使无负约，有信，敬如单于书。使者言单于自将伐国有功，甚苦兵事。服绣袷绮衣、绣袷长襦、锦袷袍各一，比余一，黄金饰具带一，黄金胥纰一，绣十匹，锦三十匹，赤绨、绿缯各四十匹，使中大夫意、谒者令肩遗单于。

在文帝这封信中，除了"倍约离兄弟之亲者，常在匈奴"这句话轻轻的谴责匈奴之外，他不但用中国古来圣主之意去赞颂单于，而且为侵略中国河南地的右贤王缓颊，同时又送了一批大礼物，可见了他对于冒顿仍然是采纳了高祖、吕后那种传统的政策。

我们要指出，在文帝所给与冒顿的信中所提出的背兄弟之约，也是高祖时候所立的。汉高祖平城被困之后，既和亲又送礼，同时又约为兄弟。然而，这种兄弟之亲可以说是完全建筑在和亲，而尤其是在送礼的基础上。而兄弟之情的深浅也可以说是要看看这些东西的数目如何，正如《史记·匈奴传》所说："岁奉匈奴絮缯酒米食物各有数。"

文帝与冒顿的书信来往，是文帝三年至四年（纪元前一七七与一七六年）的事情，到了文帝六年，据《史记·文帝纪》里说：

> 有司言淮南王长废先帝法，不听天子诏，居处毋度，出入拟于天子，擅为法令，与棘蒲侯太子奇谋反，遣人使闽越及匈奴，发其兵，欲以危宗庙社稷。群臣议，皆曰长当弃市。帝不忍致法于王，赦其罪，废勿王。群臣请处王严道、邛都，帝许之。长未到处所，行病死。

《汉书·淮南王安传》也记载这件事，这又是王侯谋通匈奴以反抗王室的一个例。究竟冒顿对于这件事的态度如何，无从知道。但是谋既未成而发觉，史书也没有记载匈奴在这一年中侵略中国，但是中国的重要臣僚既还可以与匈奴通使以谋反叛，那么冒顿给文帝信中所说的"愿寝兵休士卒……复故约以安边民……世世平乐"，不一定是一种诚意的诺言罢。

冒顿质于月氏的时候，年纪应该相当大。他杀其父头曼而自立，以至文帝六年，也有了二十多至三十年。专以他困高帝于平城以至文帝六年，就有了二十五年。他至少与中国四位君做过对手，这就是高祖、惠帝、吕后、文帝。无论是战争也好，交涉也好，大致上都是汉方吃亏多，他往往是以最少的代价去取最大的利益。他一生对付中国的基本政策就是这样。他虽征服了在匈奴的东、西、北三面的好多国家而建立一个匈奴大帝国，但是，我们看不出他有征服整个中国的野心。至少在他的一生中，他没有做出这种行动。我们推想他的目的可能只是使"诸引弓之民并为一家"，是不是因为正如其阏氏所说"令得汉地而单于终非能居之也",未得而知。冒顿在灭东胡王之后,虽然也服北夷与西击月氏,但月氏在那个时候还是强盛,而其旁二十六国还没有被他威服,是到了文帝三年至四年间,月氏、乌孙、呼揭以至其旁二十六国才被他征服。假使他的野心很大的话,他可能乘胜南下来侵中国,但是他仍然提议和亲。所以,我们说他没有征服整个中国的野心。所以在冒顿在位的二十余三十年间,中国与匈奴间的国际关系,大致上是比较平和的。

应该指出,冒顿征服月氏、乌孙、呼揭及其旁二十六国的时候,冒顿已经是一个老人了。我们可以推想,在他的时代,不只匈奴的版图扩大了,我们相信匈奴的内部也必定很为繁荣,人口必定很增加。因为据我们的史书所载,冒顿并没打过败仗,他虽然每战必胜,然而,他从来没有打无准备之仗。他一再忍受东胡的侮辱,而不轻易去攻击东胡,就是一个例子。然而,等到他把诸引弓之民并为一家的时候,他也老了,在文帝七年(纪元前一七三年),冒顿也与世长辞了。

冒顿死了之后,他的儿子稽粥继立,号为老上单于。他初立时,文帝又照传统的政策去和亲与送礼。当他遣宗室女公主为单于阏氏时,他要宦官燕人中行说去陪送这位女公主到匈奴。中行说不愿意这样做,而中国方面却强迫他这样做。他未去之前就声明,假如一定要他去的话,他到匈奴之后,一定为汉患者。他结果是被迫而去,到了匈奴之后,他就投降匈奴。稽粥单于得他投降之后,就很信任他,他自己也就尽力为匈奴筹划,以与中国对抗。匈奴单于及其人民,一向喜欢中国的絮缯食物,他却力劝单于不要贪得这些东西,以为匈奴之所以强是由自供自给。其实,他劝单于排斥中国的一切物品与风俗习惯。关于这一点,我们当在别处详为解释。

中行说"日夜教单于候厉害处",鼓励单于去攻击中国,《史记·匈奴传》说:

> 汉孝文皇帝十四年,匈奴单于十四万骑入朝邢萧关,杀北地都尉印,虏人民畜产甚多,遂至彭城,使奇兵入烧回中宫,候骑至雍甘泉。

唐张守节《史记正义》引《括地志》说:

> (雍甘泉)云阳也,秦之林光宫,汉之甘泉,在雍州。云阳西北八十里,秦始皇作甘泉宫,去长安三百里,望见长安,秦始皇以来祭天国兵处。

匈奴的骑兵到了甘泉宫,而甘泉宫离长安只三百里,这样一来,京师也震动了。文帝这一次不能不做准备,所以他以中尉周舍、郎中令张武为将军,发车千乘,骑十万,军长安旁以备胡寇。而拜昌侯卢卿为上郡将军,宁侯魏遫为北地将军,隆虑侯周灶为陇西将军,东阳侯张相如为大将军,成侯董赤为前将军,大发车骑去击胡。

十余年前,汉文帝曾调动了八万多兵去征伐匈奴右贤王,这是第二次的军队大调动，比上一次规模比较的大。《史记·文帝纪》指出，文帝自己又要亲自出马去征伐，群臣劝他不要去，他都不听，后来皇太后极力阻止他去，他才不去。从此也可以看出情势的严重，可是《史记·匈奴传》又告诉我们道：

> 单于留塞月余乃去，汉逐出塞，即还，不能有所杀。匈奴日已骄，岁入边，杀略人民畜产甚多，云中、辽东最甚，至代郡万余人，汉患之。

我们可以看出来，和亲送礼，食亏固是在汉方面，而匈奴入寇，汉的损失更大。高祖以后、文景以前，一般人之所以主张和亲送礼而不主张攻击，就是这个原因。匈奴是游牧的民族，往来无常，而中国是农业国家，匈奴一来则稼穑必被蹂躏，所谓冠带之国吃亏于引弓之人，也是这个原故。

中国对于匈奴这次的侵略，虽然损失极大，然而，文帝之调动军队，目的主要还是守备而非攻击，因而不久他又使使给信与匈奴。匈奴经过这一次的侵略之后，也许是想休养一下，所以也使了当户来报谢，并言和亲事。到了文帝后元二年（纪元前一六二年），又使使遗匈奴书，《史记·匈奴传》记载说：

> 皇帝敬问匈奴大单于无恙。使当户且居雕渠难、郎中韩辽遗朕马二匹，已至，敬受。先帝制：长城以北，引弓之国，受命单于；长城以内，冠带之室，朕亦制之。使万民耕织射猎衣食，父子无离，臣主相安，俱无暴逆。今闻渫恶民贪降其进取之利，倍义绝约，忘万民之命，离两主之驩，然其事已在前矣。书曰："二国已和亲，两主驩说，寝兵休卒养马，世世昌乐，闟然更始。"朕甚嘉之。圣人者日新，改作更始，使老者得息，幼者得长，各保其首领而终其天命。朕与单于俱由此道，顺天恤民，世世相传，施之无穷，天下莫不咸便。汉与匈奴邻敌之国，匈奴处北地，寒，杀气早降，故诏吏遗单于秫糵金帛丝絮佗物岁有数。今天下大安，万民熙熙，朕与单于为之父母。朕追念前事，薄物细故，谋臣计失，皆不足以离兄弟之驩。朕闻天不颇覆，地不偏载。朕与单于皆捐往细故，俱蹈大道，堕坏前恶，以图长久，使两国之民如一家子。元元万民，下及鱼鳖，上及飞鸟，跂行喙息蠕动之类，莫不就安利而辟危殆。故来者不止，天之道也。俱去前事：朕释逃虏民，单于无言章尼等。朕闻古之帝王，约分明而无食言。单于留志，天下大安，和亲之后，汉过不先。单于其察之。

又说：

> 单于既约和亲，于是制诏御史曰："匈奴大单于遗朕书，言和亲已定，亡人不足以益众广地，匈奴无入塞，汉无出塞，犯令约者杀之，可以久亲，后无咎，俱便。朕已许之。其布告天下，使明知之。"

这又说明文帝始终没有放弃高祖所传下来的和亲与送礼的政策，同时也说明中国没有意图去越过长城，以侵伐匈奴。反之，中国所患者是引弓之国越过长城以南耳。

据《史记》说，在文帝给单于书的后四年，老上稽粥单于死，军臣单于立。照司马迁的计法，文帝给书单于是在后元二年，所谓后四年，当为后元六年（纪元前一五八年），但裴骃《史记集解》引徐广曰：稽粥死于后元三年，文帝死在后元七年（纪元前一五七年）。而在文帝未死前一年，匈奴又来侵略，这一次的侵略是军臣单于所发动的，而军臣单于继立之后，中行说复事之。军臣单于初立，文帝又要与他和亲，自然也要送礼给他。可是他也并不因此而安安静静的住在长城以北，他不久又向南侵略，《史记·匈奴传》说：

> 匈奴复绝和亲，大入上郡、云中各三万骑，所杀略甚众而去。于是汉使三将军军屯北地，代屯句注，赵屯飞狐口，缘边亦各坚守以备胡寇。又置三将军，军长安西细柳、渭北棘门、霸上以备胡。胡骑入代句注边，烽火通于甘泉、长安。数月，汉兵至边，匈奴亦去远塞，汉兵亦罢。

文帝极力去执行高祖的和亲送礼的政策，匈奴却一而再、再而三大举入寇，到了最后这一次，文帝所采取的政策，主要还不是进攻，而是守备。而在守备方面，与过去的守备所不同者，是增加屯兵的地方，同时又像李牧一样的对于烽火加以注意。《史记·匈奴传》没有指出这一次在各处屯军的将领的名字，但是《史记·文帝纪》告诉我们，屯北地的是张武，居细柳的是周亚夫，居霸上的是宗正刘礼，军棘门的是祝兹侯徐厉。《史记·文帝纪》又说：

> 与匈奴和亲，匈奴背约入盗，然令边备守，不发兵深入，恶烦苦百姓。

这也可以说是文帝对付匈奴的根本政策。文帝在位二十三年，他死于纪元前一五七年。他与匈奴三个单于办过交涉，冒顿、稽粥与军臣。虽然每位单于都与他有较大的军事的冲突，但是，还是冒顿较为平和。也许是因为中行说的鼓动，使他在稽粥与军臣的时代，对付匈奴的较大规模的兵队较为困难，但是整个来看，在他在位的时期，中国与匈奴之间，平和的日子比之战争的日子是较长。

景帝就位之后，仍是继续传统的政策去对付匈奴，所以他就与匈奴约和亲。景帝中元三年（纪元前一四七年），"匈奴入燕，遂不和亲"。但是，再过一年（纪元前一四六年），匈奴"二王率其众来降，皆封为列侯"。史书对于这件事，虽然是寥寥数语，但这是一件重要的事情，因为这是匈奴内部发生问题的一种表征。中国封他们为列侯，就是鼓励他们这样做，而像匈奴之封中国投降于匈奴者一样。但也得指出，在景帝的时候，还有一件事是值得注意的，是在景帝三年（纪元前一五四年），赵王遂与吴楚谋反，"北使匈奴与连和"，后来匈奴直到吴楚赵既败，也不愿意入中国边境。到了景帝后元二年（纪元前一四二年）正月，匈奴与中国又发生冲突，景帝派郅将军去攻击匈奴。十月，匈奴入雁门，太守冯敬与战死，发车骑材官屯。《史记·匈奴传》指出，自景帝三年以后：

> 孝景帝复与匈奴和亲，通关市，给遗匈奴，遣公主，如故约。终孝景，时时小入盗边，无大寇。

景帝死于纪元前一四一年，在他在位的十五年中，比较上可说是自高祖以后，中国之于匈奴的关系史上最为平和的时代。

我们曾一再指出，自高祖平城之役以后，以至景帝死为止的六十年中，中国主要是以和亲送礼去对付匈奴。刘敬创议和亲，希望匈奴单于变为中国的女婿，外孙可为匈奴单于，他相信外孙不会敢与大父抗礼。从《史记》与《汉书》中，在这六十年中，我们还没有看到中国外孙做过单于，至于女婿，却不见得不敢与岳父抗礼。其实，刘敬所重视的和亲，在匈奴看起来并不若汉家的财物。所以从高祖到武帝初年，共约和亲七次，而事实上，遣公主只有三次。嫁女固然必有嫁妆，但是和亲与嫁妆只是单于个人的所得，不只一般兵士得不到，重要将领也未必有所得。《史记·匈奴传》告诉我们匈奴的风俗道：

> 其攻战，斩首虏赐一卮酒，而所得卤获因以予之，得人以为奴婢。故其战，人人自为趋利……故其见敌则逐利，如鸟之集。

这说明就使单于不欲战，其部下是喜欣侵略中国的。右贤王不得冒顿允许而就侵入汉地，也许是一般贪汉财物的左右所煽动的，因此之故，尽管和亲而又和亲，送礼而又送礼，匈奴还是不断的入寇。刘敬的和亲政策虽然成为一种对付匈奴的传统政策，然而，匈奴重视絮缯酒米甚于重视汉家公主，所以和亲可以约而不和，可是财物是时时需要的。假使不能满足这个需要，匈奴宁愿绝和亲而入寇。入寇之后，固是抢掠了人民畜物，就是走了之后，中国还是往往修书送礼，希望不再入寇。在那个时候的人士中，有了很多为了此事而觉得悲愤，贾谊是其中之一，《汉书·贾谊传》载他在给文帝的书中说：

> 天下之执方倒县。凡天子者，天下之首，何也？上也。蛮夷者，天下之足，何也？下也。今匈奴嫚侮侵掠，至不敬也，为天下患，至亡已也，而汉岁致金絮采缯以奉之。夷狄征令，是主上之操也；天子共贡，是臣下之礼也。足反居上，首顾居下，倒县如此，莫之能解，犹为国有人乎？非直倒县而已，又类辟，且病痱。夫辟者一面病，痱者一方痛。今西边北边之群，虽有长爵不轻得复，五尺以上不轻得息，斥候望烽燧不得卧，将吏被介胄而睡，臣故曰一方病矣。医能治之，而上不使，可为流涕者此也。陛下何忍以帝皇之号为戎人诸侯，执既卑辱，而祸不息，长此安穷！进谋者率以为是不可解也，亡具甚矣。臣窃料匈奴之众不过汉一大县，以天下之大困于一县之众，甚为执事者耻之。陛下何不试以臣为属国之官以主匈奴？行臣之计，请必系单于之颈而制其命，伏中行说而笞其背，举匈奴之众唯上之令。今不猎

猛敌而猎田彘，不搏反寇而搏畜菟，玩细娱而不图大患，非所以为安也。德可远施，威可远加，而直数百里外威令不信，可为流涕者此也。

贾谊虽是对文帝而说这段话，但是他的话可以应用于高祖至景帝的时代。他觉得低首供奉于匈奴是可为流涕的事，他乃倡"三表五饵"的办法，这个办法见于《新书·匈奴》篇，今录之于后：

臣又且以事势谕陛下之爱，令匈奴之自视也，苟胡面而戎状者，其自以为见爱于天子也，犹若子之遝慈母也。若此则爱谕矣，此谓一表。臣又且谕陛下之好，令胡人之自视也，苟其技之所长与其所工，一可以当天子之意。若此则好谕矣，此谓二表。爱人之状，好人之技，仁道也；信为大操，帝义也。爱好有实，已诺可期，十死一生，彼必将至。此谓三表。

凡赏于国者此不可以均。赏均则国窭，而尚赏薄不足以动人。故善赏者踔之，驳辂之，从而时厚之。令视之足见也，诵之足语也，乃可倾一国之心。陛下幸听臣之计，则臣有余财。匈奴之来者，家长已上固必衣绣，家少者必衣文锦，将为银车五乘，大雕画之，驾四马，载绿盖，从数骑，御骖乘，且虽单于之出入也，不轻都如此矣。令匈奴降者，时时得此而赐之耳。一国闻之者、见之者，希心而相告，人冀幸以为吾至亦可以得此，将以坏其目，一饵。匈奴之使至者，若大降者也，大众之所聚也，上必有所召赐食焉。饭物故四五，盛美戴，膢炙肉，具醢醯，方数尺于前，令一人坐此，胡人欲观者固百数在旁。得赐者之喜也，且笑且饭，味皆所嗜而所未尝得也。令来者时时得此而飨之耳。一国闻之者、见之者，垂涎而相告，人悇憛其所自，以吾至亦将得此，将以此坏其口，一饵。降者之杰也，若使者至也，上必使人有所召客焉。令得召其知识，胡人之欲观者勿禁。令妇人傅白墨黑，绣衣而侍其堂者二三十人，或薄或掩，为其胡戏以相饭。上使乐府幸假之倡乐，吹箫鼓鼗，倒挈面者更进，舞者、蹈者时作，少间，击鼓舞其偶人。莫时乃为戎乐，携手胥强。上客之后，妇人先后扶侍之者固十余人，使降者时或得此而乐之耳。一国闻之者、见之者，希盱相告，人人伋伋，惟恐其后来至也，将以此坏其耳，一饵。凡降者，陛下之所召幸，若所以约致也。陛下必时有所富，必令此有高堂邃宇，善厨处，大囷京，厩有编马，库有阵车，奴婢、诸婴儿、畜生具。令此时大具，召胡客，飨胡使，上幸令官助之入具，假之乐。令此其居处乐虞、囷京之畜，皆过其故王，虑出其单于，或时时赐此而为家耳。匈奴一国倾心而冀，人人伋伋，惟恐其后来至也，将以此坏其腹，一饵。于来降者，上必时时而有所召幸，拊循而后得入官。夫胡大人难亲也，若上于婴儿召贵人子好可爱者，上必召幸大数十人，为此绣衣好阏，且出则从，居则更侍。上即飨胡人也，大觳抵也，客胡使也，力士武士固近侍傍，胡婴儿得近侍侧，胡贵人更进得佐酒前，上乃幸自御此，薄使付酒钱，时人偶之。为间则出绣衣，具带服宾余，时以赐之。上即幸拊胡婴儿，搥道之，戏弄之，乃授炙，幸自啖之，出好衣，闲且自为赣之。上起，胡婴儿或前或后，胡贵人既得奉酒，出则服衣佩绶，贵人而立于前，令数人得此而居耳。一国闻者、见者，希盱而欲，人人怃怃，惟恐其后来至也。将以此坏其心，一饵。故牵其目、牵其耳、牵其口、牵其腹，四者已牵，又引其心，安得不来？下胡抑挋也。此谓五饵。

贾谊虽因汉之受辱于匈奴而流涕，然而，他所提议的"三表五饵"，还是与那个时代的厚遗匈奴大致上有了相同之处。贾谊劝文帝以"三表五饵"以系单于，而投降匈奴的宦者中行说却劝单于勿爱汉财物酒食，就是不要单于习惯于汉人的生活，而使其依赖汉人。贾谊之所以要伏中行说而笞其背，并不是没有原因的。贾谊在其《过秦论》中曾指出，至始皇的时代，"鞭笞天下，威振四海……乃使蒙恬北筑长城而守藩篱，却匈奴七百余里，胡人不敢南下而牧马"，然到了后来，"一夫作难而七庙隳"，其原因是由于"仁义不施"。因此，他的对付匈奴的办法不是用兵去守备或攻伐，而是"三表五饵"地一再请求文帝用他为属国之官以主匈奴（《新书·势卑》篇）。但是，就使用了他的办法是否能屈服匈奴，却是一个问题。

比较贾谊的办法，较为实际具体的是晁错的所提议的办法。他先把中国与匈奴的长短加以分析，然后提出办法。《汉书·晁错传》述晁错说道：

今匈奴地形、技艺与中国异。上下山阪，出入溪涧，中国之马弗与也；险道倾仄，且驰且射，中国之骑弗与也；风雨罢劳，饥渴不困，中国之人弗与也：此匈奴之长技也。若夫平原易地，轻车突骑，则匈奴之众易挠乱也；劲弩长戟，射疏及远，则匈奴之弓弗能格也；坚甲利刃，长短相杂，游弩往来，什伍俱前，则匈奴之兵弗能当也；材官驺发，矢道同的，则匈奴之革笥木荐弗能支也；下马地斗，剑戟相接，去就相薄，则匈奴之足弗能给也：此中国之长技也。以此观之，匈奴之长技三，中国之长技五。陛下又兴数十万之众，以诛数万之匈奴，众寡之计，以一击十之术也。

中国之长技既多于匈奴，而人数又多于匈奴，那么中国与匈奴战争，中国应当胜利。但是事实不一定是这样。照晁错的意见，原因是：

胡人……非有城郭田宅之归居，如飞鸟走兽于广野……往来转徙，时至时去……今使胡人数处转牧行猎于塞下，或当燕、代，或当上郡、北地、陇西，以候备塞之卒，卒少则入。陛下不救，则边民绝望而有降敌之心；救之，少发则不足，多发，远县才至，则胡又已去。聚而不罢，为费甚大；罢之，则胡复入。如此连年，则中国贫苦而民不安矣。

在这种情况之下，究竟用什么办法才能制匈奴呢？《汉书·晁错传》中记载他的献议是：

> 陛下幸忧边境，遣将吏发卒以治塞，甚大惠也。然令远方之卒守塞，一岁而更，不知胡人之能，不如选常居者，家室田作，且以备之。以便为之高城深堑，具蔺石，布渠答，复为一城其内，城间百五十岁。要害之处，通川之道，调立城邑，毋下千家，为中周虎落。先为室屋，具田器，乃募罪人及免徒复作令居之；不足，募以丁奴奴婢赎罪及输奴婢欲以拜爵者；不足，乃募民之欲往者。皆赐高爵，复其家。予冬夏衣，廪食，能自给而止。郡县之民得买其爵，以自增至卿。其亡夫若妻者，县官买与之。人情非有匹敌，不能久安其处。塞下之民，禄利不厚，不可使久居危难之地。胡人入驱而能止其所驱者，以其半予之，县官为赎其民。如是，则邑里相救助，赴胡不避死。非以德上也，欲全亲戚而利其财也。……以陛下之时，徙民实边，使远方亡屯戍之事，塞下之民父子相保，亡系虏之患，利施后世，名称圣明。

文帝对于晁错这种徙民实边的办法是很赞成的，但是始终没有好好的实行。除了晁错的徙民实边的办法之外，文帝十四年间，冯唐曾献议给文帝，以为守边须得良将。《史记·冯唐传》说：

> 冯唐者，其大父赵人。父徙代。汉兴徙安陵。唐以孝著，为中郎署长，事文帝。文帝辇过，问唐曰："父老何自为郎？家安在？"唐具以对。文帝曰："吾居代时，吾尚食监高祛数为我言赵将李齐之贤，战于钜鹿下。今吾每饭，意未尝不在钜鹿也。父知之乎？"唐对曰："尚不如李牧、廉颇之为将也。"上曰："何以？"唐曰："臣大父在赵时，为官卒将，善李牧。臣父故为代相，善赵将李齐，知其为人也。"上既闻廉颇、李牧为人，良说，而搏髀曰："嗟呼！吾独不得廉颇、李牧时为吾将，吾岂忧匈奴哉！"唐曰："主臣！陛下虽得廉颇、李牧，弗能用也。"上怒，起入禁中。良久，召唐让曰："公奈何众辱我，独无间处乎？"唐谢曰："鄙人不知忌讳。"当是之时，匈奴新大入朝那，杀北地都尉印。上以胡寇为意，乃卒复问唐曰："公何以知吾不能用廉颇、李牧也？"唐对曰："……臣大父言，李牧为赵将居边，军市之租皆自用飨士，赏赐决于外，不从中扰也。委任而责成功，故李牧乃得尽其智能……是以北逐单于……今臣闻魏尚为云中守，其军市租尽以飨士卒，私养钱，五日一椎牛，飨宾客军吏舍人，是以匈奴远避，不近云中之塞。虏曾一入，尚率车骑击之，所杀甚众。夫士卒尽家人子，起田中从军，安知尺籍伍符。终日力战，斩首捕虏，上功莫府，一言不相应，文吏以法绳之。其赏不行而吏奉法必用。臣愚，以为陛下法太明，赏太轻，罚太重。且云中守魏尚坐上功首虏差六级，陛下下之吏，削其爵，罚作之。由此言之，陛下虽得廉颇、李牧，弗能用也……"文帝说。是日令冯唐持节赦魏

尚，复以为云中守，而拜唐为车骑都尉，主中尉及郡国车士。

冯唐虽为魏尚而说项，然而，他所希望的能得良将像李牧去守边以备胡，同时也可以说是他所希望的是用李牧的方法去对付匈奴。

贾谊的"三表五饵"不见得文帝所采用，晁错的徙民实边确得君主的赞同，然而也不见得彻底实行；冯唐把魏尚当为李牧，可是魏尚才能也不见得比得上李牧。结果自李牧与蒙恬大败胡人之后，从高祖至于景帝，匈奴并没有逃到漠北。相反，匈奴常在中国的边境，而成为这个时候中的最大的外患。

第十三章　匈奴的被击

司马迁《史记·匈奴传》指出，汉武帝遣李广利击败大宛之后，威振外国，天子意欲困胡，乃下诏曰：

> 高皇帝遗朕平城之忧，高后时单于书绝悖逆，昔齐襄公复九世之仇，《春秋》大之。

司马迁还告诉我们，这个诏书是下在武帝大初四年，这就是纪元前一〇一年，武帝就位于纪元前一四〇年，这就是说，诏书是下在他就位后之三十九年。其实我们可以说，武帝在就位时或在就位之前，已感觉到"平城之忧""单于书绝悖逆"，同时他也必定感觉到，文帝与景帝二代的忍辱修好与和亲送礼的政策不是一种好政策，而且不应该继续去执行这种政策。

平城之困是在纪元前二〇〇年，从这个时候至武帝就位那一年，整整六十年。六十年中，四位祖宗受过匈奴的欺侮，这个仇恨也够长了，也够深了。假使再算上到战国末年李牧之被派到北地备胡的时候，那也有了百年之久，也可说是百世之仇。雄才大略的武帝对于复百世之仇当仁不让。他一方面希望去复这个仇，一方面也希望能有《春秋》而大之。

其实，武帝所遭遇的对手是强大得太多了，同时，他所给他的敌人的打击也太大了。但是在他的晚年，既觉到他为了要雪祖宗之耻而劳民伤财也太多了，同时在那个时候以至后来的人们，多把他当做一个穷兵黩武的君主来看待。卫弘《汉书仪注》说："大史公作《景帝本纪》，极言其短及武帝短，武帝怒而削去。"《魏书·王肃传》云："武帝闻其述《史记》，取孝景及己本纪览之，于是大怒，削而投之。"武帝复了百世之仇，既没有孔子去作《春秋》而大之，而司马迁做《史记·武帝本纪》又不会去赞扬其功，而却指其过。怪不得后人传说，当司马迁因李陵降胡而为李陵辩护的时候，武帝就借这个机会去报复一下，而下司马迁于蚕室。

不过，我们也得指出，自高祖定天下至武帝就位的六十余年中，中国与匈奴的争斗与交涉，中国尽管吃亏不少，但是中国地方所受扰乱的主要是北边。而且我们上面也已指出，从整个时代来看，匈奴之于中国战争的时间较少，而和平的时间较长，所以中国的绝大部分的人民能够休养生息。比之汉未统一天下之前的长时间的战国时代以至春秋时期，总算天下升平无事，人民安居乐业。史家对于吕后多所指摘，但是司马迁在《史记·吕后本纪》却赞说：

> 孝惠皇帝、高后之时，黎民得离战国之苦，君臣俱欲休息乎无为，故惠帝垂拱，高后女主称制，政不出房户，天下晏然。刑罚罕用，罪人是希。民务稼穑，衣食滋殖。

班固《汉书·文帝纪赞》指出文帝的节俭美德，以为他在位二十三年"宫室苑囿、车骑服御无所增益"，又指出他要作露台，台匠计之直百金，上曰："百金，中人十家之产也"，结果他没有作。此外，还指出他的夫人怎么节俭。而在《景帝纪赞》中班固又说：

> 汉兴，扫除烦苛，与民休息，至于孝文，加之以恭俭，孝景遵业，五六十载之间，至于移风易俗，黎民醇厚。

文帝是不是像班固说的那么节俭，后来成帝尝以这个问题去问刘向，刘向就没有说到像班固那样。然而，经过数十年的休养生息，人口多了，国家也富了，所以《史记·平准书》述武帝初年的情形道：

> 汉兴七十余年之间，国家无事，非遇水旱之灾，民则人给家足，都鄙廪庾皆满，而府库余货财。京师之钱累巨万，贯朽而不可校。大仓之粟陈陈相因，充溢露积于外，至腐败不可食。众庶街巷有马，阡陌之间成群，而乘字牝者傧而不得聚会。守闾阎者食粱肉，为吏者长子孙，居官者以为姓号。故人人自爱而重犯法，先行义而后绌耻辱焉。

这是不是粉饰升平的文字，我们不必在这里讨论。我们所要指出的是，武帝既要雪平城、高后以及文景之耻，而汉兴以后数十年间人口增加，国家经济基础比较巩固，他感觉到有了这个条件去改变以前那种忍辱修好与和亲送礼的软弱对付匈奴的政策，而积极的去采取一种反守为攻的政策，或是反和为战的政策。

我们上面已经指出，战国末年的赵国李牧与秦始皇对于胡人或匈奴的政策主要还是守备。至于汉高以至景帝的末对于匈奴的政策主要是忍辱修好，而用以达到这种政策的法是和亲与送礼。至于武帝，才采用一种强硬的政策，就是采取攻伐的方法，而且穷追出塞，以至漠北，使匈奴的本土成为剧烈斗争的战场。

但是武帝是不是一登位就这样做呢？这也不是的。他登位之后，虽然下了决心去实现这种新的政策，但是他并不立刻就去做。他初仍然用他的父亲、祖父们的和亲送礼的方式去对付匈奴，虽则他对于东南的闽越却用兵去戡平。《史记·匈奴传》曾记载武帝初立时对于匈奴的政策说：

> 今帝（指武帝）即位，明和亲约束，厚遇，通关市，饶给之，匈奴自单于以下皆亲汉，往来长城下。

所谓"明和亲"与"厚遇"，说明了暗中未必是这样了。这就是说，表面上还是用或甚至强调了传统的政策，然而，骨子里却另有一套办法去应付匈奴。匈奴当然看不到他这一套，所以一方面亲汉，一方面又扰乱汉的边境，这也就是说，匈奴也是用其传统对付高祖、吕后与文景的办法去对付武帝。武帝就位后六年（纪元前一三四年），为阻止匈奴的侵略，乃使卫尉李广为骁骑将军，屯云中，中尉程不识为车骑将军，屯雁门，这是一种守备的工作。到了次年（纪元前一三三年）的春天，据《汉书·武帝纪》，他诏问公卿曰：

> 朕饰子女以配单于，金币文绣赂之甚厚，单于待命加嫚，侵盗亡已。边境被害，朕甚闵之。今欲举兵攻之，何如？

这是说出他心里所要说的话了，可是他还是把了这件事来同公卿们商量。照以前数十年的经验来说，大致是有好多人反对攻击而仍是采取和亲送礼的方式，可是这一次却不同了。《汉书·武帝纪》只记载大行王恢建议宜击，却没有记载有人反对，可能的是公卿们已明白武帝有了这种决心，也可能的是公卿们也改变了态度。因此，在这一年的夏六月，乃遣御史大夫韩安国为护军将军，卫尉骁骑将军李广，太仆公孙贺为轻车将军，大行王恢为将屯将军，太中大夫李息为材官将军，将三十万兵，屯于马邑的谷中。这是高祖以后最大的军队调动，这是武帝反守为攻、反和为战的表征。但是，虽然调动了这么多的军队，武帝还是很小心的去采取行动，很可能的他明白高祖曾调动了三十多万兵去攻击匈奴，而结果是中了冒顿的伏兵，被困于白登。他一方面当然不愿再蹈高祖的覆辙，可是另一方面，他又像冒顿一样的去用伏兵去攻击匈奴。《史记·匈奴传》告诉我们道：

> 汉使马邑下人聂翁壹奸兰出物与匈奴交，详为卖马邑城以诱单于。单于信之，而贪马邑财物，乃以十万骑入武州塞。汉伏兵三十余万马邑旁，御史大夫韩安国为护军，护四将军以伏单于。单于既入汉塞，未至马邑百余里，见畜布野而无人牧者，怪之，乃攻亭。是时雁门尉史行徼，见寇，葆此亭，知汉兵谋，单于得，欲杀之，尉史乃告单于汉兵所居。单于大惊曰："吾固疑之。"乃引兵还。出曰："吾得尉史，天也，天使若言。"以尉史为"天王"。汉兵约单于入马邑而纵，单于不至，以故汉兵无所得。汉将军王恢出代击胡辎重，闻单于还，兵多，不敢出。汉以恢本造兵谋而不进，斩恢。自是之后，匈奴绝和亲，攻当路塞，往往入盗于汉边，不可胜数。

武帝欲攻击匈奴，王恢主张攻击，马邑伏兵的计谋失败，王恢又不出兵追击，武帝攻击匈奴的愿望无法实现，他斩了王恢，更可以说明他的攻击匈奴的决心。同时，匈奴经过这次的经验之后，也明白了武帝的意图，所以绝和亲，寇边境。虽然匈奴贪求中国财物而关市不绝，然而双方都积极去准备战争，使中国与匈奴的关系史上踏进一个新阶段。

武帝在位共五十三年，马邑事件发生之后，一直到武帝去世的四十年中，而尤其是从元光六年（纪元前一二九年）以后的十余年间，是中国与匈奴战争得最剧烈的时期，从这个战争中，我们也可以看出中华民族的力量的伟大，可以看出中国军队在战场上所表现的尚武的精神。据《史记》《汉书》的记载，其代表人物是卫青与霍去病。

> 大将军卫青者，平阳人也。其父郑季，为吏，给事平阳侯家，与侯妾卫媪通，生青。青同母兄卫长子，而姊卫子夫自平阳公主家得幸天子，故冒姓为卫氏。字仲卿。长子更字长君。长君母号为卫媪。媪长女卫孺，次女少儿，次女即子夫。后子夫男弟步广皆冒卫氏。青为侯家人，少时归其父，其父使牧羊。先母之子皆奴畜之，不以为兄弟数。青尝从入至甘泉居室，有一钳徒相青曰："贵人也，官至封侯。"青笑曰："人奴之生，得毋笞骂即足矣，安得封侯事乎！"青壮，为侯家骑，从平阳主。建元二年春，青姊子夫得入宫幸上。皇后，堂邑大长公主女也，无子，妒。大长公主闻卫子夫幸，有身，妒之，乃使人捕青。青时给事建章，未知名。大长公主执囚青，欲杀之。其友骑郎公孙敖与壮士往篡取之，以故得不死。上闻，乃召青为建章监，侍中……元光五年，青为车骑将军，击匈奴。

《汉书·霍去病传》说：

> 霍去病，大将军青姊少儿子也。其父霍仲孺先与少儿通，生去病。及卫皇后尊，少儿更为詹事陈掌妻。去病以皇后姊子，年十八为侍中。善骑射，再从大将军。大将军受诏，予壮士，为票姚校尉。

武帝用将材，有好多是选自寒微的家庭，卫青与霍去病虽也因卫皇后而得贵，然其出身虽属寒微，升任之快也是由于他们本身的材干。

应该指出汉武帝不只对于军事方面积极准备，而且对于外交方面也很注意。他明白西域诸国是受了匈奴的控制，而月氏屡为匈奴所败，对于匈奴可以说是世仇。他就位不久，就准备派人去联络月氏与西域其他各国，以断匈奴的右臂，而被遣去实现这个使命的就是张骞。关于张骞沟通西域的事迹，我们当在别的地方详为叙述。我们只要在这里说明的，张骞虽然不能说服大月氏去帮忙中国攻击匈奴，但是自张骞到了西域各国之后，中国之于西域的关系愈来愈密切，使中西的交通史上开了一个新纪元。而且我们还要指出，军事与外交双管齐下，两者也有了密切的关系。张骞使月氏，这是外交，他希望月氏帮忙中国去攻击匈奴，这是军事的企图。霍去病占了河西走廊之后，中国使者之往西域者可以不受匈奴的遮阻；而张骞出使大宛，对于后来李广利之征服大宛有了很大的帮助。我们对于中国后来在西域的外交以至军事的种种活动还要说明。在这里，我们只谈中国与匈奴的剧烈战争的概略。《史记·匈奴传》说：

> 自马邑军后五年之秋，汉使四将军各万骑击胡关市下。将军卫青出上谷，至龙城，得胡首虏七百人。公孙贺出云中，无所得。公孙敖出代郡，为

胡所败七千余人。李广出雁门，为胡所败，而匈奴生得广，广后得亡归。汉因囚敖、广，敖、广赎为庶人。其冬，匈奴数入盗边，渔阳尤甚。汉使将军韩安国屯渔阳备胡。其明年秋（纪元前一二八年），匈奴二万骑入汉，杀辽西太守，略二千余人。胡又入败渔阳太守军千余人，围汉将军安国，安国时千余骑亦且尽，会燕救至，匈奴乃去。匈奴又入雁门，杀略千余人。

可见得自马邑事件以后，匈奴是积极的来侵略中国。而自纪元前一三三年至一二八年的数年中，中国在战场失利多于胜利。可是，武帝并不因此而放弃其反守为攻的政策，而却更积极的去备战。《史记·匈奴传》说：

于是汉使将军卫青将三万骑出雁门，李息出代郡，击胡。得首虏数千人。其明年（纪元前一二七年），卫青复出云中以西至陇西，击胡之楼烦、白羊王于河南，得胡首虏数千，牛羊百余万。于是汉遂取河南地，筑朔方，复缮故秦时蒙恬所为塞，因河为固。汉亦弃上谷之什辟县造阳地以予胡。是岁，汉之元朔二年也。

从地方上来看，这一次的战是各有得失。汉复故秦时蒙恬所占领匈奴地，而匈奴却得了上谷之什辟县造阳地。这就是说，在西边汉是胜利，而在东边是失利。但是整个战争来看，中国是胜利多于失利。因为不只在军事地点上西边是比东边为重要，就是在兵士与畜物上，匈奴的损失是比较的大。经过这一次的战争，中国再接再厉，对于匈奴的攻伐更为积极。

在匈奴方面，自卫青在西边胜利后一年（纪元前一二六年），军臣单于死了。军臣就位于汉文帝的末年（后元三年，纪元前一六一年），他死在武帝元朔三年，在位三十五年，与中国三位皇帝（文帝、景帝、武帝）办过交涉。他虽比不上他的祖父冒顿，然而，从他就位到他死为止，在他与中国的外交以至军事上，他是往往胜利的。直到卫青在纪元前一二七年出云中以西至陇西的时候，他在侵略中国上还是胜利多而失败少。但是自他死之后，他的弟弟左谷蠡王伊稚斜自立为单于，攻破军臣单于太子於单之后，於单乃降于汉。后来他又与浑邪王与休屠王不对而致后者降汉。匈奴内部既发生问题，伊稚斜又非一位很能干的单于，相反的，武帝既打定主意去攻破匈奴而有充分的准备，在此后的十年中，中国得到最大的胜利，而匈奴却遭了最大的打击。

伊稚斜的自立，虽然是匈奴单于争立而内部发生问题的表征，但是伊稚斜自立之后，他就侵略中国。他自立的第一年的夏天，就调动了数万骑入，杀代郡太守恭及略千余人。到了秋天，又调动六万骑，分为两股，各三万，复入代郡、定襄、上郡，杀略数千人。其右贤王又怨汉夺其河南地而筑朔方，时时寇盗边境及入河南侵扰朔方，杀略好多官吏与人民。武帝乃于元朔五年（纪元前一二四年）派大军去征伐匈奴。《史记·匈奴传》说：

> 汉以卫青为大将军，将六将军，十余万人，出朔方、高阙击胡。右贤王以为汉兵不能至，饮酒醉，汉兵出塞六七百里，夜围右贤王。右贤王大惊，脱身逃走，诸精骑往往随后去。汉得右贤王众男女万五千人，裨小王十余人。……其明年春，汉复遣大将军卫青将六将军，兵十余万骑，乃再出定襄数百里击匈奴，得首虏前后凡万九千余级，而汉亦亡两将军，军三千余骑。右将军建得以身脱。

匈奴经过这二次打击之后，其单于乃听其次王赵信的话，"益北绝幕"，这就是他迁其王庭离开中国的边境而到漠北，以避免汉兵的攻击。从这一件事来看，我们可以明白自武帝采取了反守为攻的政策之后，与匈奴军臣单于死了之后，匈奴内部又发生问题，匈奴虽然还时时侵略中国边境，但是其损失必定很大。单于采纳了赵信的计谋而逃到漠北，也说明了匈奴已开始采取反攻为守的政策，这是匈奴衰弱的一种表示。北迁之后，在表面上，单于在纪元前一二三至一二二年间，还派相当数目的骑兵入上谷，可是他又面对着一个更厉害的劲敌而遭受到更大的损失——这位劲敌就是霍去病。《史记·匈奴传》说：

> 其明年春（纪元前一二一年），汉使骠骑将军去病将万骑出陇西，过焉支山千余里，击匈奴，得胡首虏骑万八千余级，破得休屠王祭天金人。其夏，骠骑将军复与合骑侯数万骑出陇西、北地二千里，击匈奴。过居延，攻祁连山，得胡首虏三万余人，裨小王以下七十余人。

这两次损失已经够大，可是匈奴的厄运还不止此。居在西方的浑邪王、休屠王又将其数万军队、人民投降于汉。《史记·匈奴传》说：

> 单于怒浑邪王、休屠王居西方为汉所杀虏数万人，欲召诛之。浑邪王与休屠王恐，谋降汉，汉使骠骑将军往迎之。浑邪王杀休屠王，并将其众降汉。凡四万余人，号十万。于是汉已得浑邪王，则陇西、北地、河西益少胡寇，徙关东贫民处所夺匈奴河南、新秦中以实之，而减北地以西戍卒半。

匈奴这种损失之大，是难于想象的。匈奴在这二三次的大损失的之前，固也入代郡、雁门，使李广受了多少损失，然匈奴所得究竟有限，远比不上霍去病与浑邪王所给与匈奴的损失。经过这几次大损失之后，单于还派数万骑到定襄，又派数万骑到右北平杀略千余人而去，但是在中国方面又乘胜而作再较大的军事调动，以征伐匈奴。《史记·匈奴传》说：

> 其明年春（纪元前一一九年），汉谋曰"翕侯信为单于计，居幕北，以为汉兵不能至"。乃粟马，发十万骑，负私从马凡十四万匹，粮重不与焉。令大将军青、骠骑将军去病中分军，大将军出定襄，骠骑将军出代，咸约绝幕击匈奴。匈奴单于闻之，远其辎重，以精兵待于幕北。与汉大将军接战一

日，会暮，大风起，汉兵纵左右翼围单于。单于自度战不能如汉兵，单于遂独身与壮骑数百溃汉围西北遁走。汉兵夜追不得。行斩捕匈奴首虏万九千级，北至阗颜山赵信城而还。

单于遁走之后，他自己的兵士与中国兵士战在很混乱的情形之中。他只与少数的壮骑遁走，遂与其主力部队失了联络。结果他的右谷蠡王以为他在混战中被杀死了，他自己乃自立为单于。到了后来，真单于与众会面之后，才知他还没死，而右谷蠡王赶快把单于的名号放下来，照原做右谷蠡王。这是匈奴的幕北大败中的一个喜剧，然而，这个损失还比不上霍去病所给他的损失那么大。且看《史记·匈奴传》说：

> 汉骠骑将军之出代二千余里，与左贤王接战，汉兵得胡首虏凡七万余级，左贤王将皆遁走。骠骑封于狼居胥山，禅姑衍，临翰海而还。

我们知道匈奴单于统治其地方，大致分为三部分。在东边为左贤王，这个位置是以其太子去担任；在西边是右贤王，单于就居其中部，以资指挥。右贤王最初为卫青所攻击，继之又大败于霍去病，最后右贤王自己将差不多全部军民去降汉，等于全部消灭。现在左贤王的七万众，又被霍去病所败，而单于自己所领导的军队也损失很大。我们计算从卫青于纪元前一二九年攻击匈奴之后，至纪元前一一九年的十年中，卫青与霍去病所消灭或征服的部队，总共在二十万以上。而霍去病所征服的就有了十七万以上。匈奴控弦之士号三十万，却损失了二十多万，其损失之大可想见。从冒顿到军臣的数十年间，人口可能增加，不过蒙古高原沙漠所占地方最多，有水草的地方较少，无论人口怎样增加，其速度不见得比中国的人口的增加为快。在十年之内，在战场上的损失若是之多，这是一个难于弥补的损失。

经过这数次的大损失之后，《史记·匈奴传》说：

> 是后匈奴远遁，而幕南无王庭，汉度河自朔方以西至令居，往往通渠置田，官吏卒五六万人，稍蚕食，地接匈奴以北。

经过这数次战争而尤其最后二三次，在中国方面，虽然得到最大胜利，雪了高祖、吕后之耻，但是中国自己的损失也是很大的。《史记·匈奴传》说：

> 初，汉两将军大出围单于，所杀虏八九万，而汉士卒物故亦数万，汉马死者十余万。匈奴虽病，远去，而汉亦马少，无以复往。

匈奴经过这数次大败之后，无力再事侵略，伊稚斜单于乃用赵信的计谋"好辞请和亲"，武帝把这件事给公卿们讨论，有的赞成和亲，有的以为匈奴大败，"宜可使为外臣，朝请于边"。丞相长史任敞主张后说，武帝就遣他去见单于，要单于臣属中国。单于知道他的来意，大怒起来，留下了他，不给他回去。到了武帝元狩六年（纪元前一一七年），霍去病死了。他死的时候才二十四岁，武帝至为哀痛，乃厚葬他于祁连山。

伊稚斜单于在位十三年，死于武帝元鼎三年（纪元前一一四年），他抢了他的侄子的地置而自立，不只引起内部有问题，而对汉方面又遭受最大的损失，使匈奴从此后也再不能恢复冒顿以至军臣的强大地位。到了他的儿乌维就位之后，也无法再去扰乱中国的边境。

乌维单于立后的三年，这就是汉武帝元鼎六年（纪元前一一一年），武帝又灭了南边的南越。不久，他又遣故大仆贺将军带领万五千骑出九原二千余里，直到浮且井看不到匈奴一个人，只好班师回来。同时，他又遣故从骠侯赵破奴带了万余骑出令居数千里，至匈奴河水也看不见匈奴一个人，也只好班师回来。到了次年（纪元前一一〇年），他自己带了十八万骑巡边至朔方，大事示威，希望单于南来应战，否则南来称臣。《史记》曾载这件事如下：

> 使郭吉风告单于。郭吉既至匈奴，匈奴主客问所使，郭吉礼卑言好，曰："吾见单于而口言。"单于见吉，吉曰："南越王头已悬于汉北阙。今单于能即前与汉战，天子自将兵待边；单于即不能，即南面而臣于汉。何徒远走，亡匿于幕北寒苦无水草之地，毋为也。"语卒而单于大怒，立斩主客见者，而留郭吉不还，迁之北海上。而单于终不肯为寇于汉边，休养息士马，习射猎，数使使于汉，好辞甘言求请和亲。

这是武帝最得意的扬威耀武。乌维单于既不敢南来，他只好罢兵回去。中国的声威不只北到匈奴，南至南越，在东边又拔了秽貉朝鲜以为郡，在西边也置酒泉郡，再往西走，又通大夏、月氏。同时，又以公主妻乌孙王，既绝了匈奴通西羌的路，又分了匈奴西方的援国，使匈奴困于幕北。

这个时候赵信死了，中国方面又有人以为匈奴已弱，应当使其称臣于中国，于是武帝又派杨信去见乌维单于，告诉单于要想和亲，就要以单于太子为质于汉，单于乃对杨信这样说：

> 非故约。故约，汉常遣翁主，给缯絮食物有品，以和亲，而匈奴亦不扰边。今乃欲反古，令吾太子为质，无几矣。

我们可以看出来，经过大败之后的匈奴，扰边的力量既大减，其所要求的是和亲与送礼。乌维单于的武力不足恃，而所赖以对付中国的是和亲与送礼的故约。他未尝不明白冒顿、稽粥、军臣的时代已经过去，他所看见的他的父亲伊稚斜单于的十数年来的惨败。他蛰居幕北，休养生息，希望中国履行故约和亲送礼。中国虽然愿意这样做，但是又提以太子为质的条件。杨信既不能达其目的而归汉，汉又使王乌到匈奴，单于又用甘言去给王乌，希望多得汉财物，并且告诉王乌，他自己欲入汉见天子面，相约为兄弟。王乌把这些话回来告诉武帝，武帝信以为真，还为他建筑官邸在长安。其实单于并没有意以太子为质，也没有意入汉朝见天子。

恰巧匈奴所派到中国来的贵人，在中国时得了病，中国找医生给药他吃，希望其能愈，结果不幸而死。武帝为讨好匈奴，乃派路充国佩二千石印绶使匈奴，因厚送其丧。单于却以为中国是有意去杀死他的贵人，他不只留路充国不使其归汉，他还数次使奇兵去侵略边境，武帝乃拜郭昌为拔胡将军，及浞野侯赵破奴，屯朔方以防备。

乌维单于在位十年而死（纪元前一〇五年），他的儿子乌师庐立为单于，因为他年纪少，叫做儿单于。乌维单于未死之前，因为与汉办理交涉没有什么结果，同时又疑汉杀其贵人，虽然派奇兵去扰乱中国边境，然而，他的力量究竟薄弱，不足为大患。中国方面因为他远居幕北，也不愿劳师远征，所以在乌维在位末年，虽然他派奇兵南侵，也不愿因此而断绝关系，仍想以外交的方式去使匈奴屈服，入朝称臣。所以乌维死时，儿单于既立，乃派两个使者到匈奴，一位是吊单于，一位吊右贤王，目的是"欲以乖其国"。可是使者到了匈奴之后，匈奴人把他们送到单于的地方，单于又怒而留汉使。因此，要用外交的方式去臣服匈奴，可以说是成为绝望。

用外交的方式去解决问题既成为绝望，战争又开始。从儿单于就位（纪元前一〇五年）至纪元前一〇〇年的五年中，匈奴有三个单于继立。儿单于在位三年而死，右贤王呴犁湖立了一年又死，于是匈奴又立其弟左大都尉且鞮侯为单于。因为儿单于年少好杀伐，国人不安，左大都尉想杀单于而降汉，希望中国派兵去迎接他。武帝以为这是一个好机会，乃派浞野侯将二万余骑，出朔方二千余里，并且建筑了受降城。可是这件没有成功之前却被单于发觉而诛左大都尉。匈奴还派八万骑兵攻击浞野侯，浞野侯未到受降城四百里，被匈奴围住，赵破奴夜间自出求水，却为匈奴所捉住。匈奴乃攻击受降城，但没有法子攻下去。过了一年，单于自己又想攻受降城，未攻之前就病死。这是武帝太初三年（纪元前一〇二年）。这一年，中国又使光禄徐自为出五原数百里，远者千余里，筑城鄣列亭，至庐朐。又使游击将军韩说、长平侯卫伉屯兵其傍，使强弩都尉路博德筑居延泽上。匈奴在这一年秋天也大举入寇，到定襄、云中杀略数千人，破坏徐自为所筑城列亭鄣，又使右贤王入酒泉、张掖，杀略数千人。这样看起来，匈奴受了卫青、霍去病的大打击之后，国内单于在位不久而死，内部人心不安；然而，经过十余年的蛰居幕北，休养生息，到了儿单于的时候，又能一下调动八万骑去围攻赵破奴，可见得匈奴又慢慢的强大起来了。

中国对匈奴的战争，虽不见得胜利，但是李广利在纪元前一〇一年征伐大宛却胜利归来。大宛在乌孙之西，中国军队要经过长途跋涉，然后能达目的地。在这一年之前二年，李广利征伐大宛，未到其国而败回。这次的胜利不只使西域诸国震惊，匈奴也不敢拦阻他的归程。他带回斩了大宛王的头，又带回大宛很多好马。汉武帝久想得到的大宛好马，现在得了。虽然匈奴是蠢蠢欲动，但是武帝所统治的中国正是如日中天，威震四海，为中国有史以来所未尝有的。

且鞮侯单于初立，他怕中国北征，他把以往匈奴所扣留在匈奴的中国所遣的使者通通送回中国。《史记·匈奴传》说：

(单于)自谓"我儿子，安敢望汉天子！汉天子，我丈人行也"。

武帝听了这些话，又遣苏武厚币赂单于。这么一来，反使"单于益骄，礼甚倨，非汉所望也"。苏武出使匈奴，虽没有达其目的，可是他被疑谋杀卫律与生劫阏氏，他被扣留在匈奴十九年之久。匈奴用种种方法去迫他投降，他守节不渝，结果送他到北海看羊，并且告诉他，候到羝乳乃使他归去。十九年后，匈奴送他回国。他的忠心耿耿是中国历史上最为动人的一件事情。

外交的道路走不通，武帝又诉诸武力。武帝天汉二年（纪元前九九年），武帝又遣李广利以三万骑出酒泉，击右贤王于天山，杀死了匈奴首虏万余级。匈奴乃大围李广利，他自己几乎逃不脱，而李陵所将的步兵五千余出居延北千余里，也被匈奴击败。李陵降于匈奴，单于厚待李陵，以其女嫁给他。武帝闻他降之后，把他家人杀死，他在匈奴时时带兵与中国战。苏武在匈奴时，曾与他见面。李陵劝过苏武降匈奴，为苏武所拒。据说在苏武回国时，李陵还置酒贺他，以为苏武扬名于匈奴，功显于汉室，古诗中有了他们离别的诗，情意深长。然而，一则忠于祖国，一则降于敌人；一则荣归故国，一则死在异域。其相差之远，真如天壤之别。

李广利败了，李陵降了，武帝于心不甘，乃于纪元前九七年，又遣李广将六万骑、步兵十万出朔方，强弩都尉路博德将万余人，与李广利会。游击将军韩说将步骑三万人出五原，因杅将军公孙敖将万骑、步兵三万，出雁门。匈奴听了这个消息之后，通通把其累重的物资安放在余吾水之北，而单于以十万骑，待着汉军于余吾水南边，两方连斗了十余天，遂回来。

过了七年，匈奴又入寇五原、酒泉。武帝又遣李广利将七万人，出五原，御史大夫商丘成二万，二人出河西，重合侯马通四万骑，出酒泉城，到了浚稽山，与匈奴争斗，杀了不少敌人。李广利起初也胜利，匈奴不敌，再战而遁走。但是这个时候，听说他的妻子坐巫蛊族灭，他欲深入建功，乃北追到郅居水上。他还要他的军队度过郅居水，他的部下以为他危众求功，必至于败，谋执他。他杀了他的部下，引师南回，匈奴知道他的军队劳倦，单于自将五万骑去攻击他，结果他大败，乃降于匈奴。匈奴得他之后，很厚待他，以其女嫁给他。他所受的宠遇还在卫律之上，可是正是这样，他遂为卫律所猜忌，而其结果是为卫律所谋害。李广利投降的时候，且鞮侯单于已死了六年，他的大儿子左贤王立为狐鹿姑单于，到了狐鹿姑死后，匈奴又因立单于而发生问题，但是李广利数次率大军去征伐匈奴，而其结果是大败而降，这说明了这时候的匈奴又好像是强大起来了。《汉书·匈奴传》说：

> 自贰师（李广利）没后，汉新失大将军士卒数万人，不复出兵。

这说明了武帝的四十多年的征伐，到了他的末年，他也觉到不容易再发兵去征伐匈奴，而其原因一来是主将已失而士卒死亡又多，二来他自己也已老了，因而他对于匈奴又不得不采取一种比较温和的政策，希望以外交的方式去解决问题。在李广利降后，匈奴也骄倨起来，武帝征和四年（纪元前八九年），这就是李广利降后一年，匈奴传遗书与汉，据班固《汉书·匈奴传》述其书说：

> 南有大汉，北有强胡，胡者，天之骄子也，不为小礼以自烦。今欲与汉闿大关，取汉女为妻，岁给遗我蘖酒万石，稷米五千斛，杂缯万匹，它如故约，则边不相盗矣。

这个口气不能不算为骄倨，可是武帝还是好好的遣使者报送其使，中国使者到了匈奴之后，单于又使其左右去问难汉使者，《汉书·匈奴传》记其事说：

> 单于使左右难汉使者，曰："汉，礼义国也。贰师道前太子发兵反，何也？"使者曰："然，乃丞相私与太子争斗，太子发兵欲诛丞相，丞相诬之，故诛丞相。此子弄父兵，罪当笞，小过耳，孰与冒顿单于身杀其父代立，常妻后母，禽兽行也！"

这位使者为了这样的反驳单于的左右，结果又被扣留了三年之久而始放还。而武帝呢并不因为单于的骄气凌人而发兵征伐，而且过了二年他也死了。

汉武帝就位于纪元前一四〇年，而死于纪元前八十七年，他在位共五十三年时间，占了半世纪以上，这是历史上在位最久的一个君主。在这个时期中，匈奴单于之继立的有了七位不只，有时因为争立而内部引起问题，而且自军臣单于死了之后，都不是有材干的人，有的像儿单于还为其国人所不满意。领导匈奴的单于既短命又不算得能干，相反的，武帝既统治了五十余年之久，又被称为雄才大略的君主，光只从这一点来说，匈奴就不如中国。

其次，上面已经指出，自高祖至武帝的六十余年休养生息，财力富厚，这是武帝征伐匈奴的物质条件。此外，中国人口比之匈奴又多得多，兵士来源比之匈奴较易，至于晁错及后来陈汤所谓中国的技术比之匈奴较好，所以武器比之匈奴较优，也是取胜的一个重要原因。

我们也曾指出，武帝不只在武力上积极准备，他对外交上也很注意。他不只尽力去联络西域诸国，就是对于匈奴可以用外交方式去解决问题，他总尽力去用这个方式。在卫青、霍去病大败匈奴之后，他在好多年中希望以这个方式去使匈奴臣服，等到外交成为绝望的时候，他乃诉诸武力。

在他就位的初年，他虽然已下决心去反守为攻，反和为战，然而，他并不立刻就这样去做，是在他登位后十年，他才积极的大规模的去这样做。在卫青、霍去病带领军队的约十年中，是中国在军事上打击匈奴最厉害的时期。此后，如李广利数次带领大兵北伐匈奴，虽在匈奴惨败之后，中国失利多而胜利少，匈奴自纪元前一○○年以后，至少在表面上又慢慢的强盛起来。不过，我若深一步来看，匈奴还是外强中干，因为卫青而尤其是霍去病所给与他们的损失是太大了。可是，在这种情形之下，李广利与好多将兵的人们却往往为匈奴所败，与其说是匈奴真是很强起来，好像不如说是中国在这个时候所用的将材已远比不上卫青与霍去病。李广利第一次征大宛，不到目的地已经失败而归，第二次到达了目的地，可是并没有与大宛打过仗。大宛是一个小国，汉兵一临城下，不久他们就投降。所以李广利的将兵材能就远比不上卫青与霍去病。我们也得承认，正像司马迁已经指出，匈奴虽然大败没有力量去大举入寇，中国人力物力的损失也是很大。后来的征伐匈奴的兵士在数量上虽然不少，可是在质量上也许已经不如过去，所以到了武帝在位的后期，匈奴虽在衰败之余，而犹能调动大量军队去抵抗或扰乱中国，是有原因的。

上面已经指出吕后得了冒顿侮辱的书信，吕后大怒，想发兵去攻击匈奴，樊哙请以十万兵横行匈奴中，吕后问季布的意见时，季布说："樊哙可斩也。"季布指出，高祖以三十余万兵去攻击匈奴，尚困于平城，樊哙当时将兵也不能解围，怎能以十万兵去横行匈奴中呢？自季布指摘樊哙之后，一直到景帝的时期，很少有人去主张攻击，和亲送礼成为传统政策。假使匈奴入寇侵略太甚，则调动军队，主要还是守备而已。武帝以后，征伐成为他的基本政策，赞成这种政策的人固是不少，而反对这种政策的也很多。王恢、韩安国可以说属于前者，公孙弘、董仲舒可以说属于后者。昭帝、宣帝年间，桓宽撰《盐铁论》，主张后者的意见，但他对于赞成征伐的人的意见也充分的加以叙述。我们现在且摘录数段以说明赞成征伐与反对征伐的主要理由。《盐铁论·地广》篇说：

> 大夫曰："汤、武之伐，非好兵也；周宣王辟国千里，非贪侵也，所以除寇贼而安百姓也。故无功之师，君子不行；无用之地，圣主不贪。先帝举汤、武之师，定三垂之难，一面而制敌，匈奴遁逃。因河、山以为防，故去砂石咸卤不食之地，故割斗辟之县，弃造阳之地以与胡，省曲塞，据河险，守要害，以宽徭役，保士民。由此观之：圣主用心，非务广地以劳众而已矣。"

大夫是赞成征伐的代表，而文学是反对征伐的代表。大夫的意见如上，文学的意见如下：

> 文学曰："秦之用兵，可谓极矣，蒙恬斥境，可谓远矣。今逾蒙恬之塞，

立郡县寇虏之地，地弥远而民滋劳。朔方以西，长安以北，新郡之功，外城之费，不可胜计。非徒是也，司马、唐蒙凿西南夷之涂，巴、蜀弊于邛、筰；横海征南夷，楼船戍东越，荆、楚罢于瓯、骆，左将伐朝鲜，开临屯，燕、齐困于秽貉，张骞通殊远，纳无用，府库之藏，流于外国，非特斗辟之费，造阳之役也。由此观之，非人主用心，好事之臣为县官计过也。"

又如在《论功》篇，大夫说：

匈奴无城廓之守，沟池之固，修戟强弩之用，仓廪府库之积，上无义法，下无文理，君臣嫚易，上下无礼，织柳为室，旃廇为盖。素弧骨镞，马不粟食。内则备不足畏，外则礼不足称。夫中国天下腹心，贤士之所总，礼义之所集，财用之所殖也。夫以智谋愚，以义伐不义，若因秋霜而振落叶。《春秋》曰："桓公之与戎、狄，驱之尔。"况以天下之力乎？

而文学则驳道：

匈奴车器无银黄丝漆之饰，素成而务坚，丝无文采裙袆曲襟之制，都成而务完。男无刻镂奇巧之事，宫室城郭之功，女无绮绣淫巧之贡，纤绮罗纨之作。事省而致用，易成而难弊。虽无修戟强弩，戎马良弓；家有其备，人有其用，一旦有急，贯弓上马而已。资粮不见案首，而支数十日之食，因山谷为城郭，因水草为仓廪。法约而易辨，求寡而易供。是以刑省而不犯，指麾而令从。嫚于礼而笃于信，略于文而敏于事。故虽无礼义之书，刻骨卷木，百官有以相记，而君臣上下有以相使。群臣为县官计者，皆言其易，而实难，是以秦欲驱之而反更亡也。故兵者凶器，不可轻用也。其以强为弱，以存为亡，一朝尔也。

为什么桓宽著《盐铁论》而却用了很多篇幅去谈到征伐匈奴的事情呢？看了《本议》篇一段话就能明白：

大夫曰："匈奴背叛不臣，数为寇暴于边鄙，备之则劳中国之士，不备则侵盗不止。先帝（按：指武帝）哀边人之久患，苦为虏所系获也，故修障塞，饬烽燧，屯戍以备之。边用度不足，故兴盐铁，设酒榷，置均输，蓄货长财，以佐助边费。今议者欲罢之，内空府库之藏，外乏执备之用，使备塞乘城之士饥寒于边，将何以赡？罢之，不便也。"

这可见得征伐匈奴是需要大量的物资，兴盐铁是征伐匈奴的主要财源之一，故主张征伐者也主张兴盐，而反对征伐者也反对兴盐铁。而文学之所以反对征伐、反对兴盐铁，其理由不外是根据了儒家的传统的"治国在德不在兵"的说法，所以文学说：

孔子曰："有国有家者，不患寡而患不均，不患寡而患不安。"故天子不言多少，诸侯不言利害，大夫不言得丧。畜仁义以风之，广德行以怀之。是以近亲者附而远者悦服。故善克者不战，善战者不师，善师者不阵。修之于庙堂，而折冲还师。王者行仁政，无敌于天下，恶用费哉？

这种议论是不是能够施之于匈奴而使其臣服，当然很成问题。然而，这一派的思想不只有其长久的历史，而且在武帝罢黜百家与提倡儒术的时候，这种思想之深入人心也不足怪。武帝之所以被视为穷兵黩武与劳民伤财的君主，是由于这种思想所影响的。

第十四章 匈奴的削弱

《汉书·匈奴传》说：

> 元帝以后宫良家子王樯字昭君，赐单于，单于欢喜。

《汉书·元帝纪》说"赐单于待诏掖庭，王樯为阏氏"，自刘敬提议与匈奴和亲后，中国女的嫁给匈奴单于已好几次，可是二千余年来，昭君嫁给呼韩邪单于成为文人诗歌中所常见的名字，这是什么原故呢？《西京杂记》说：

> 汉元帝后宫既多不得常见，乃使画工图其形，案图召幸，宫人皆……

匈奴单于知道李广利是中国的重要人物，他投降之后，单于对他特别优待，把自己的女孩嫁给他。在这个时候，匈奴单于的最信任的人是卫律。但是李广利一降，其尊宠还在卫律之上。这样一来，卫律对他就妒忌起来，极力去找机会去谋害他。过了一年多，恰巧单于的母亲阏氏有病，卫律乃使匈奴的巫人说，阏氏的病是与已死的单于有关系，因为这位单于在世时常欲得李广利以祭祠其兵士，现在既得李广利，为什么不把他杀死以祀他们？假使不这样作，阏氏的病是难好的。单于没有办法，只好照这样去做。《汉书·匈奴传》载李广利临死时曾这样说：

> 我死必灭匈奴。

事有巧凑，李广利死了之后，当时的匈奴，据《汉书·匈奴传》说：

> 会连雨雪数月，畜产死，人民疫病，谷稼不熟。

单于到了这个时候，以为李广利是神人。他死前已说他死后匈奴必灭，他现在是实现他的预言，而给灾殃于匈奴。他这么一想，害怕起来，于是赶快为李广利立祠室以供奉李广利，希望他勿施灾害于匈奴。单于虽然这样做，可是天灾对于匈奴的降临并不因此而长久停止。十余年后，这就是宣帝本始二年（纪元前七二年），匈奴发兵去征伐乌孙。虽有一些胜利，但是当单于要班师回时，天又大下雨雪。《汉书·匈奴传》说：

> 会天大雨雪，一日深丈余，人民畜产冻死，还者不能什一。

这又是一次天灾，而受到最大的损失。再过了五六年，这就是宣帝地节二年至三年间（纪元前六八—六九年），匈奴侵汉边境，既无所得而回，回后据《汉书·匈奴传》说：

> 是岁也，匈奴饥，人民畜产死十六七。

在李广利死后约二十年间，匈奴所受的天灾都很厉害，有的时候人数之死亡的占了整个人数十之六七，是损失之大可以概见。

匈奴人也许还相信这都是李广利所作祟而使匈奴衰弱，可是我们要指出，在李广利未降之前，如纪元前一〇四年的冬天，匈奴就有大雨雪，畜多饥死，而且天灾只是匈奴衰弱的原因之一。因为匈奴的衰弱还有其他的原因，而这些原因往往发生在李广利未降之前。第一，我们要指出匈奴自纪元前一二九年至一一九年的十年中，受了卫青与霍去病重大打击之后，大部分的精兵已经损失差不多。二十年蛰居幕北，以事休养。儿单于以后（纪元前一〇二年），虽然又南下侵伐，而且从纪元前一〇〇年至九〇年的十年中，虽然有时还能调动骑兵至十万至多，数次与李广利、李陵争斗，而最后使二者都投降，但是匈奴本身的力量已经衰弱。而这些胜利也可以说是外强中干，趋于衰弱的大势已无可挽回。所以后来呼韩邪单于与群臣讨论是否要降汉的时候，匈奴的左伊秩訾王曾说：

自且鞮侯单于以来，匈奴日削。

且鞮侯单于是继儿单于而立的。儿单于立于纪元前一〇六年，而死于一〇三年，且鞮侯单于立于纪元前一〇三年，呼韩邪投降事是在纪元前五一年。这就是说，五十多年中，匈奴日趋衰弱。李广利投降是在纪元前九〇年，左伊秩訾王没有说在广利降后匈奴日削，而说广利降前十余年匈奴已日削，这可以说明我们所指出自儿单于至李广利投降的十余年中，匈奴在战场上虽得胜利，可是本身力量已趋衰弱，而且这个时期的战场差不多都在匈奴的本土，很少在中国的边境。中国虽一再不能得到胜利，但是主要的中国还是攻击者，而匈奴是守备者。其实我们可以说，自纪元前一二一年以后，这就是霍去病占领河西走廊以后，匈奴已日削。至纪元前一一九年以后，匈奴就逃避幕北，中国一再遣派使者要其南下称臣或应战，匈奴单于既不愿南下称臣，也难于南下牧马。

自李广利死了之后，匈奴的天灾既不断而来，而对外的交涉与战争又往往失利。昭帝立后一年（纪元前八五年），匈奴壶衍鞮单于就位，他又希望与汉和亲，其左贤王、右谷蠡王又欲率其众降汉，卫律自己也明白匈奴逐渐衰弱，想学习汉人穿井筑城以资防守，后来为他人所反对而没有实行。纪元前八一年，匈奴为讨好中国，乃放回苏武、马忠等。过了一年，匈奴发了二万多骑兵到中国边境，结果为中国所追击，斩首获虏九千余，而且生得了瓯脱王。瓯脱王被捕之后，匈奴又怕瓯脱王带汉兵去攻击，于是更向西北迁移。

卫律大概是死在纪元前八一年。卫律在时常常主张与汉和亲，这说明了他是不大主张侵略的。他要穿井筑城，主要也是守备。匈奴单于不大相信他，他死了之后，《汉书·匈奴传》指出匈奴"兵数困，国益贫"。匈奴左谷蠡王，这就是单于的弟弟，想起卫律的话又要和亲，对中国也客气起来，而中国方面也希望匈奴这样做。但是左谷蠡王死了，匈奴单于又想南下来窥边。在纪元前八〇年至七

九年间,据《汉书·匈奴传》说:

> 单于使犁汙王窥边,言酒泉、张掖兵益弱,出兵试击,冀可复得其地。时汉先得降者,闻其计,天子诏边警备。后无几,右贤王、犁汙王四千骑分三队,入日勒、屋兰、番和。张掖太守、属国都尉发兵击,大破之,得脱者数百人。属国千长义渠王骑士射杀犁汙王,赐黄金二百斤,马二百匹,因封为犁汙王。属国都尉郭忠封安成侯。自是后,匈奴不敢入张掖。

又说:

> 其明年,匈奴三千余骑入五原,略杀数千人,后数万骑南傍塞猎,行攻塞外亭障,略取吏民去。是时汉边郡烽火候望精明,匈奴为边寇者少利,希复犯塞。

从这两段记载看起来,中国的防备的精明与匈奴的力量的削减更为显明。然而,匈奴的厄运还不止此。纪元前七八年,昭帝元凤三年,中国得到匈奴降者说,东边的乌桓对于匈奴也采取对敌的行为,乌桓常常发掘匈奴的先单于的坟墓,匈奴发了二万骑去讨伐乌桓。大将军霍光欲乘这个机会去攻击匈奴,霍光将这个意图告诉护军都尉赵充国。赵充国以为乌桓在这个时候既多次侵犯中国的边塞,现在匈奴攻打乌桓,从中国来看是有利的,因为这样一来,乌桓就不会侵犯中国。他又指出匈奴近来既已少到中国边境,中国的北边已幸无事,现在他们自相征伐,于中国更有利,最好不必去引起匈奴的反感而招寇生事,所以他不主张去攻击匈奴。

霍光是很要去乘"蛮夷自相攻击"而得到胜利,赵充国既不赞成他这样做,他就把这件事去与中郎将范明友商量,范明友却赞成了,因而霍光就派范明友为度辽将军,带领二万骑出辽东。范明友没走之前,霍光就对他说"兵不空出",意思就是假使匈奴逃走而攻击不到的时候,就得攻击乌桓。范明友照着他的意思,果然匈奴一见汉兵来攻就停止攻伐乌桓。范明友一方面在匈奴后边追,一方面乘乌桓之敝而击,结果斩乌桓首六千余级,获三王首,范明友这个胜利被封为平陵侯。匈奴经过此次战争之后,更为恐怕,不能再出兵去侵略中国。

匈奴对乌桓的攻伐既为中国所干涉而退兵,匈奴乃西向乌孙去攻击,而其攻击乌孙的理由是想得嫁给乌孙的公主。匈奴攻击乌孙,去其车延、恶师地,乌孙公主上书请救兵,公卿们开了会议讨论,没有做任何决定。不久,昭帝死,宣帝就位(纪元前七三年),乌孙王又上书说匈奴侵略愈厉害,愿把全国精兵的一半及马五万匹去攻伐匈奴,希望中国能出兵去攻打。宣帝遣了十余万兵去帮助乌孙,《汉书·匈奴传》说:

> 匈奴民众死伤而去者,及畜产远移死亡者,不可胜数,于是匈奴遂衰耗。

匈奴对于乌孙更加怨恨，单于自己又亲自带兵去攻乌孙，本来得了一些胜利，可是要回时又为大雨雪而冻死了兵士畜产百分之九十以上，这么一来，匈奴更衰弱了。然而祸不单行，《汉书·匈奴传》说：

> 于是丁令乘弱攻其北，乌桓入其东，乌孙击其西。凡三国所杀数万级，马数万匹，牛羊甚众。又重以饿死，人民死者什三，畜产什五，匈奴大虚弱，诸国羁属者皆瓦解，攻盗不能理。

这是在东北西三方面所受的打击，在南边的中国，《汉书·匈奴传》也记载道：

> 汉出三千余骑，为三道，并入匈奴，捕虏得数千人还。匈奴终不敢取当，兹欲乡和亲，而边境少事矣。

这是壶衍鞮单于在位的时候，匈奴在这位单于的时候，可以说衰耗极了，壶衍鞮单于在位十七年（纪元前八五至六一），他死后他的弟弟左贤王立为虚闾权渠单于（纪元前六〇年），中国方面经过壶衍鞮单于的一再失败不能再事侵略，对于边境守备放松起来。这位新就位的单于听说中国罢外城以休百姓，他觉得有机可乘，很为欣喜，欲与中国和亲。一方面可是他的与他有怨的左大且渠告诉他道，前汉使来兵随其后，今亦效汉发兵，先使使者入，同时他自请与呼卢訾王各将万骑，南傍塞猎。可是他们兵还未到，已有三骑亡降汉，告诉中国匈奴欲入寇，宣帝立刻诏发边骑屯要害的地方，同时遣兵出塞数百里，捕得匈奴人数十名。不久匈奴又饥饿，人民死，畜产死了十分之六七。

不但如此，以前为匈奴所征服的西嗕居左地的君长又反叛匈奴，率了数千人以及畜产攻打匈奴瓯脱，杀了在瓯脱好多人，遂南走降汉。到了次年（纪元前五九年），西域城郭诸国又联合起来攻伐匈奴，取车师国，得其王与人民而去。匈奴虽另外派了一个王去统治这个地方，可是他又不敢回去故地，同时中国又加派了兵士去屯居车师以防备匈奴。匈奴对于西域诸国之攻击车师既不甘心，过了一二年，又遣兵去侵迫乌孙与西域其他诸国，不久又攻击汉兵之屯在车师的，可是结果都没有胜利。丁令在北边又常常入盗匈奴，匈奴虽然反攻，却无所得。

宣帝元康年间（纪元前六五年至六二年），虚闾权渠单于还召集了十余万骑想入寇中国，但是还没有到中国边境，匈奴人题除渠堂亡降汉，发揭了他的入寇的计划。中国遣赵充国带领四万余骑去迎战，经过一个多月，单于自己欧血，不敢入寇，他乃引兵回去。他于宣帝神爵二年（纪元前六〇年）也就死了，他在位九年，继他而立的是右贤王屠耆堂，他立为握衍朐鞮单于。他立而凶恶，与日逐王先贤掸有隙，所以他立之后，日逐王遂率众数万骑去降中国。这个时候迎接日逐王投降的是住在西域的郑吉，中国封日逐王为归德侯，又以郑吉为西域都护，西域都护的设立是始于郑吉。

我们回看从李广利投降以后的三十年间（纪元前九〇年至六〇年），匈奴不只是不知经过多少次的饥饿而损失大量的人民畜物，而且对外战争也是常常失败。这不只是败于中国，就是一向为匈奴属国的丁零、乌孙及西域诸国，以及在东边的乌桓也侵侮匈奴，使其四面受伐，这样一来，匈奴不能不日趋日削了。

可是匈奴的衰弱的原因还不止此。自匈奴军臣单于死了（纪元前一二六年）之后，匈奴内部因为争立与其他原因就不团结，而发生好多问题。军臣既死，照例应该是他的太子於单立为单于，但是军臣的弟弟左谷蠡王伊稚斜就自立为单于。他攻败军臣单于太子於单，於单抵不住他，只好投降于汉，汉封他为涉安侯。这是内部因争立而引起的问题。於单虽不过活了数个月而死，但是此后匈奴的内部的问题并不因此而解决。伊稚斜因为怀恨昆邪王与休屠王不能好好的守备其西方，因而欲杀他们，结果是在纪元前一二一年，他们率其众而降汉，武帝遣霍去病去迎接这次的投降。这虽然也是因为对外战事失利而引起的内部问题，然而，假使伊稚斜没有怨恨昆邪王与休屠王而要杀他们，他们可能不会降汉。伊稚斜在位十三年而死，他的儿子乌维立为单于，在他在位的十年中（纪元前一一四至一〇四年），他蛰居幕北，不敢南下。史书虽没有说及内部发生什么重要问题，但是也许有了一些问题，只是因为与中国没有多大关系，所以没有记载。到了儿单于立了（纪元前一〇五年）之后，年少好杀伐，引起了国中多不安，结果其大都尉就通使到汉，说要投降。事虽没成而被诛，但是儿单于的内部问题也并不因此而解决，因为怨恨他的人太多，不只是大都尉一人而已。

儿单于之后为句黎湖单于，他是乌维单于的弟弟，是右贤王。他在位不过一年就死了，他的弟弟左大都尉且鞮侯立为单于（纪元前一〇一年），但是在位不过五年，他又死了，他的大儿子左贤王立为狐鹿姑单于。在他未立之前又有了争立的问题，虽则这一次所引起的问题并不太重。狐鹿姑单于在位的时间也很短，他死了之后，他的儿子先贤掸不得立，被贬为日逐王，其位还低于左贤王，而单于却以自己的儿子为左贤王，这当然使先贤掸很不满意。后来李广利投降匈奴，单于对他的尊宠就在卫律之上而引起卫律的陷害，李广利这也是内部问题之一。这位单于死后，争立问题又起。《汉书·匈奴传》说：

> 初，单于有异母弟为左大都尉，贤，国人乡之，母阏氏恐单于不立子而立左大都尉也，乃私使杀之。左大都尉同母兄怨，遂不肯复会单于庭。又单于病且死，谓诸贵人："我子少，不能治国，立弟右谷蠡王。"及单于死，卫律等与颛渠阏氏谋，匿单于死，诈撟单于令，与贵人饮盟，更立子左谷蠡王为壶衍鞮单于。

这是昭帝就位后一年（纪元前八六年）的事情。左谷蠡王既立为壶衍鞮单于，其左贤王与右谷蠡王不得立而不满意。《汉书·匈奴传》说：

> 左贤王、右谷蠡王以不得立怨望，率其众欲南归汉。恐不能自致，即胁卢屠王，欲与西降乌孙，谋击匈奴。卢屠王告之，单于使人验问，右谷蠡王不服，反以其罪罪卢屠王，国人皆冤之。于是二王去居其所，未尝肯会龙城。

又说：

> 单于年少初立，母阏氏不正，国内乖离。

这说明不只是因争立而引起问题了。壶衍鞮立了十七年而死，他的弟弟左贤王立为虚闾权渠单于，这是宣帝地节二年（纪元前六八年）。他立了之后，问题又来。他以右大将的女孩为大阏氏，而黜前单于所幸颛渠阏氏，引起颛渠阏氏的父亲大且渠的不满意，因而他对于单于又诸多为难，而颛渠阏氏又与右贤王私通。虚闾权渠立了九年而死，这是宣帝神爵二年（纪元前六〇年）。在他未死之前，右贤王会龙城，会完本来要走，颛渠阏氏知其病而且不久就要死，她劝右贤王不要远去。待到单于死了，她又与其弟左大且渠都隆奇谋立右贤王屠耆堂为握衍朐鞮单于。《汉书·匈奴传》说：

> 单于初立，凶恶，尽杀虚闾权渠时用事贵人刑未央等，而任用颛渠阏氏弟都隆奇，又尽免虚闾权渠子弟近亲，而自以其子弟代之。虚闾权渠单于子稽侯狦既不得立，亡归妻父乌禅幕。

上面所说的日逐王先贤掸就是在这个时候投降中国，次年（纪元前五九年），单于又杀先贤掸两个弟弟。过了不久，左奥鞬王死了，他不立左奥鞬王的儿子而自立其小子为奥鞬王。同时，他又不遣他的小子去就位，而留其在王庭，奥鞬贵人乃共立故奥鞬王的儿子为王。单于遣右丞相率了万骑去攻伐，结果没有办法去征服而自己损失了数千人。

握衍朐鞮单于立了二年，暴虐杀伐，国内的人们都不服他，因此遂逐渐的引起他的自杀与五单于的争立，而成为匈奴最大的内乱。《汉书·匈奴传》说：

> 及太子（握衍朐鞮单于之子）、左贤王数谗左地贵人，左地贵人皆怨。其明年，乌桓击匈奴东边姑夕王，颇得人民，单于怒。姑夕王恐，即与乌禅幕及左地贵人共立稽侯狦（这就是虚闾权渠单于的儿子）为呼韩邪单于，发左地兵四五万人，西击握衍朐鞮单于，至姑且水北。未战，握衍朐鞮单于兵败走，使人报其弟右贤王曰："匈奴共攻我，若肯发兵助我乎？"右贤王曰："若不爱人，杀昆弟诸贵人。各自死若处，无来污我。"握衍朐鞮单于恚，自杀。左大且渠都隆奇亡之右贤王所，其民众尽降呼韩邪单于。是岁，神爵四年也。握衍朐鞮单于立三年而败。

神爵四年是纪元前五八年，呼韩邪虽被立为单于，然而他立之后，问题并不简单。《汉书·匈奴传》说：

> 呼韩邪单于归庭数月，罢兵使各归故地，乃收其兄呼屠吾斯在民间者立为左谷蠡王，使人告右贤贵人，欲令杀右贤王。其冬，都隆奇与右贤王共立日逐王薄胥堂为屠耆单于，发兵数万人东袭呼韩邪单于。呼韩邪单于兵败走，屠耆单于还，以其长子都涂吾西为左谷蠡王，少子姑瞀楼头为右谷蠡王，留居单于庭。明年秋，屠耆单于使日逐王先贤掸兄右奥鞬王为乌藉都尉，各二万骑，屯东方以备呼韩邪单于。是时，西方呼揭王来与唯犁当户谋，共谗右贤王，言欲自立为乌藉单于。屠耆单于杀右贤王父子，后知其冤，复杀唯犁当户。于是呼揭王恐，遂畔去，自立为呼揭单于。右奥鞬王闻之，即自立为车犁单于。乌藉都尉亦自立为乌藉单于。凡五单于。屠耆单于自将兵东击车犁单于，使都隆奇击乌藉。乌藉、车犁皆败，西北走，与呼揭单于兵合为四万人。乌藉、呼揭皆去单于号，共并力尊辅车犁单于。屠耆单于闻之，使左大将、都尉将四万骑分屯东方，以备呼韩邪单于，自将四万骑东击车犁单于。车犁单于败，西北走，屠耆单于即引西南，留闟敦地。其明年，呼韩邪单于遣其弟右谷蠡王等西袭屠耆单于屯兵，杀略万余人。屠耆单于闻之，即自将六万骑击呼韩邪单于，行千里，未至嚽姑地，逢呼韩邪单于兵可四万人，合战。屠耆单于兵败，自杀。都隆奇乃与屠耆少子右谷蠡王姑瞀楼头亡归汉，车犁单于东降呼韩邪单于。呼韩邪单于左大将乌厉屈与父呼遫累乌厉温敦皆见匈奴乱，率其众数万人南降汉。封乌厉屈为新城侯，乌厉温敦为义阳侯。是时李陵子复立乌藉都尉为单于，呼韩邪单于捕斩之，遂复都单于庭。

呼韩邪好像是统一了匈奴，但是事情的发展又不是这样。《汉书·匈奴传》接着说：

> 然众裁数万人。屠耆单于从弟休旬王将所主五六百骑，击杀左大且渠，并其兵，至右地，自立为闰振单于，在西边。其后，呼韩邪单于兄左贤王呼屠吾斯亦自立为郅支骨侯单于，在东边。其后二年，闰振单于率其众东击郅支单于。郅支单于与战，杀之，并其兵，遂进攻呼韩邪。呼韩邪破，其兵走，郅支都单于庭。

五单于的争立，而其结果变为呼韩邪的哥哥与呼韩邪争立。郅支本在民间，呼韩邪立为单于，遣他为左贤王，他现在又要抢其弟弟的位置，使两兄弟争立。呼韩邪既败，不得已逃走到南边而求救于汉。郅支见得呼韩邪降汉为汉所保护，没有法子去征伐呼韩邪。他慢慢的向西迁移，最后到了康居，关于他向西迁移，我们当在别处叙述。我们下面所要说的，是呼韩邪的入朝中国以及其与中国的关系。

但在未叙述呼韩邪入朝中国及其与中国的关系之前，我们且先看看匈奴自纪元前九十年至呼韩邪入朝（纪元前五一年）的四十年间，匈奴之所以衰弱的原因，简单的做一个总的看法。

我们已经指出匈奴在这四十年中之所以衰弱的三个主要原因，一为天灾，一为外患，一为内乱。军臣单于死了（纪元前一二六年）以后至纪元前五〇年，能干的单于很少，而且好多在位的日子很短。内乱的原因虽很为复杂，然而单于争立可以说是主要原因，因为内乱而尤其是为了争立为单于，结果争立而得不到的或是对新单于不满意的又有不少投降于中国，所以内乱之于外患也有了关系。应当指出外患不一定是由外患而来，然而外患也好，内乱也好，都是匈奴人口与生产减少的原因而使其衰弱。古人说："大兵之后，必有凶年。"我们不一定相信匈奴的天灾是由于内乱或外患而来，然而在外患与内乱相追偕来的时候，对于天灾事前没有准备，事后不设法去阻止，也可以增加天灾的祸害。至如宣帝时代，匈奴征伐乌孙，虽稍有胜利，可是要归时会天大雨雪，致使其兵士畜物死了十分之九，这说明了向外侵略而得到的恶果。

我们现在可以谈谈呼韩邪入朝中国及其与中国的关系。

呼韩邪被其兄郅支单于攻破之后，他的左伊秩訾王劝他向中国称臣而入朝朝见中国皇帝，希望中国能够帮助他，以维持他的地位而安定匈奴。他把这件事与他的大臣商议，他们都不赞成。《汉书·匈奴传》述他们的理由说：

> 匈奴之俗，本上气力而下服役，以马上战斗为国，故有威名于百蛮。战死，壮士所有也。今兄弟争国，不在兄则在弟，虽死犹有威名，子孙常长诸国。汉虽强，犹不能兼并匈奴，奈何乱先古之制，臣事于汉，卑辱先单于，为诸国所笑！虽如是而安，何以复长百蛮！

但是左伊秩訾王却说：

> 不然。强弱有时，今汉方盛，乌孙城郭诸国皆为臣妾。自且鞮侯单于以来，匈奴日削，不能取复，虽屈强于此，未尝一日安也。今事汉则安存，不事则危亡，计何以过此！

呼韩邪单于的大臣对于这个问题辩论得很久，最后呼韩邪单于还是听了左伊秩訾王的提议，引众到南边近中国的边境，并遣其子右贤王铢娄渠堂入侍。郅支单于见得呼韩邪单于这样做，他也遣他的儿子右大将驹于利受入侍。我们记起在乌维单于的时候（纪元前一一四至一〇四年），汉武帝遣使到匈奴，告诉单于要娶汉公主及得财物须遣子为质，匈奴曾加以抗议，以为这并不是中国与匈奴的故约。现在不只呼韩邪单于遣子入侍，郅支单于也遣子入侍，这真是汉武帝所梦想而未得见的事情。然而，更为武帝所梦想不到的是呼韩邪单于的入朝称臣。武帝在卫青与霍去病重伤匈奴之后，又平了南越，亲自带领十八万兵到边境，希望乌维单于南来称臣，可是单于不只不理他，还把他的使者扣留起来，迁之北海。现在呼韩邪单于自己自愿的入朝称臣，这真是中国与匈奴的外交史上所未有过的事情。

呼韩邪单于与郅支单于遣子入侍是在宣帝甘露元年（纪元前五三年），次年他到了五原塞，又次年（纪元前五一年）正月，他到中国朝见宣帝。《汉书·匈奴传》记载其朝见经过说：

> 明年（纪元前五二年），呼韩邪单于款五原塞，愿朝。三年正月，汉遣车骑都尉韩昌迎，发过所七郡二千骑，为陈道上。单于正月朝天子于甘泉宫，汉宠以殊礼，位在诸侯王上，赞谒称臣而不名。赐以冠带衣裳、黄金玺盭绶、玉具剑、佩刀、弓一张、矢四发、棨戟十、安车一乘、鞍勒一具、马十五匹、黄金二十斤、钱二十万、衣被七十七袭、锦绣绮縠杂帛八千匹、絮六千斤。礼毕，使使者道单于先行，宿长平。上自甘泉宿池阳宫。上登长平，诏单于勿谒，其左右当户之群臣皆得列观，及诸蛮夷君长王侯数万，咸迎于渭桥下，夹道陈。上登渭桥，咸称万岁。单于就邸，留月余，遣归国。

上面已经指出，这是中国与匈奴的交涉史所未有过的事情，这是三十五年前武帝所梦想而没有法子去实现的事情。然而，我们也得指出，假使没有武帝的五十多年的积极经营，这个事情也是不会实现的。回想百五十年前，高祖白登之困；百七十年前，始皇遣蒙恬率领重兵以防匈奴；以至约二百年前，李牧的备胡。怪不得汉宣帝及其公卿对于呼韩邪的朝见要大事铺张。在汉武帝的时候，而尤其是在西域初通的时候，一些西域小国家所派的使者来到中国京都，武帝还要给他看看中国的仓廪府库所藏的财物以炫示中国的富强，现在百蛮大国的匈奴的单于亲自来朝见中国，除了在战场所表现强大的武力之外，现在要给单于看看中国的财物之富、冠带之治以及礼义之盛了。

这个盛大欢迎是有其效果的，正像武帝那样做法一般，西域诸国闻风而遣使到中国。呼韩邪受了这次大欢迎之后，不出一年，他又再来。《汉书·匈奴传》指出，不只来时大为欢迎他，回去的时候还大欢送。据说：

> 单于自请愿留居光禄塞下，有急保汉受降城。汉遣长乐卫尉高昌侯董忠、车骑都尉韩昌将骑万六千，又发郡边士马以千数，送单于出朔方鸡鹿塞。诏忠等留卫单于，助诛不服，又转边谷米糒，前后三万四千斛，给赡其食。

郅支单于听了这个消息之后，他自己虽然没有亲自来朝，但他却遣使奉献。中国对他这样做，也"遇之甚厚"。过了一年（纪元前五〇年），两位单于都遣使奉献，中国照样厚待他们，而尤其是对呼韩邪所派的使者待遇有加。再过了一年（纪元前四九年），呼韩邪又亲来朝见。《汉书·匈奴传》说：

> 礼赐如初，加衣百一十袭，锦帛九千匹，絮八千斤。以有屯兵，故不复

发骑为送。

遣使奉献而尤其是单于亲自来朝见而称臣于汉是一件屈服的表示，但是中国的遇之甚厚也是一种引诱。匈奴与西域诸国都"贪汉财物"，所以在他们方面看起来，这是获得财物的一个机会。直到元明清的时候，南洋各国之遣使以至自己亲来，如元朝的暹罗皇帝敢木丁之来中国，都觉得中国所赐的礼物是一笔很好的收入。

呼韩邪回去之后，常常遣使入朝。元帝初年就位（纪元前四八年），呼韩邪单于又上书，说他的人民困乏，希望中国给他们粮食。元帝乃诏云中五原郡转谷二万斛给与匈奴。至于郅支单于，见得中国对呼韩邪特别好，而且呼韩邪又有中国去保护他，明白他没有法子去征服呼韩邪，他自己带领其所属往西北去，结果是漠北方面遂空起来。

呼韩邪单于在中国边塞住了数年之后，他见得郅支单于已离开匈奴北部，他的大臣劝他迁返北部。恰巧中国遣车骑都尉韩昌、光禄大夫张猛送呼韩邪单于侍子北回，昌、猛见得单于经过数年之休养生息，人口、畜产都增加起来，他的力量也已逐渐强大，可以自卫，不怕郅支单于的东归征伐。昌、猛怕呼韩邪北归之后不易约束，他乃与匈奴盟约曰：

> 自今以来，汉与匈奴合为一家，世世毋得相诈相攻。有窃盗者，相报，行其诛，偿其物；有寇，发兵相助。汉与匈奴敢先背约者，受天不祥。令其世世子孙尽如盟。

《汉书·匈奴传》除了记载这段约词外，又说：

> 昌、猛与单于及大臣俱登匈奴诺水东山，刑白马，单于以径路刀金留犁挠酒，以老上单于所破月氏王头为饮器者共饮血盟。

昌、猛自己以为这样做法是于汉有利，但是等到他回来报告这件事之后，公卿会议，他们都以为：

> 单于保塞为藩，虽欲北去，犹不能为危害。昌、猛擅以汉国世世子孙与夷狄诅盟，令单于得以恶言上告于天，羞国家，伤威重，不可得行。宜遣使往告祠天，与解盟。昌、猛奉使无状，罪至不道。

他们的意见当然是要把昌、猛查办，可是元帝觉得既然已这样做，也不好去解盟而失信于匈奴，所以他对于昌、猛既从宽处理，而仍承认昌、猛与匈奴所定的盟约。

呼韩邪单于得了中国的允许北还，他遂于元帝永光元年（纪元前四三年）率其众北归。他北归之后，又努力休养生息，匈奴本部又为他所统一而得到安定。郅支单于见得呼韩邪势力已强大，又有中国去帮助他，同时又因郅支单于杀了中国的使者，怕中国报复，后来他乃率众到康居。他虽然远遁西方，可是在元帝建昭三年（纪元前三六年），陈汤发兵去攻伐郅支单于，斩其首而带回中国。呼韩邪单于听了这个消息之后，又欢喜又恐怕。欢喜的是郅支单于已死，他的劲敌没有了，他可以安心去统治匈奴；恐怕的是中国既能遣兵到那么远的地方去攻败郅支单于而斩其首，那么中国也随时可以这样的对付他自己，假使他不好好去服事中国。他于是乃上书给元帝说：

> 常愿谒见天子，诚以郅支在西方，恐其与乌孙俱来击臣，以故未得至汉。今郅支已伏诛，愿入朝见。

在宣帝的时候，呼韩邪单于曾二次入朝；元帝就位以后，他没来过。他这个请求元帝是乐于答应的，所以在元帝竟宁元年（纪元前三三年），他遂到中国朝见。《汉书·匈奴传》说：

> 礼赐如初，加衣服锦帛絮，皆倍于黄龙时。

他除了朝见之外，他又"愿婿汉氏以自亲"。《汉书·匈奴传》说：

> 元帝以后宫良家子王樯字昭君赐单于，单于欢喜。

《汉书·元帝纪》也说，"赐单于待诏掖庭王樯为阏氏"。《后汉书·匈奴传》说：

> 初，元帝时，以良家子选入掖庭。时呼韩邪来朝，帝敕以宫女五人赐之。昭君入宫数岁，不得见御，积悲怨，乃请掖庭令求行。呼韩邪临辞大会，帝召五女以示之。昭君丰容靓饰，光明汉宫，顾景裴回，竦动左右。帝见大惊，意欲留之，而难于失信，遂与匈奴。

自汉高帝与匈奴和亲之后，中国女子之嫁给单于的已好几次，可是二千余年来，昭君成为文词诗歌中所常见的名字，这是什么原故呢？《西京杂记》说：

> 汉元帝后宫既多，不得常见，乃使画工图其形，案图召幸。宫人皆赂画工，多者十万，少者亦不减五万。昭君自恃容貌，独不肯与，工人乃丑图之，遂不得见。及后匈奴入朝，选美人配之，昭君之图当行。及入辞，光彩射人，悚动左右。天子方重失信外国，悔恨不及，穷案其事，画工有杜陵毛延寿，为人形，丑好老少，必得其真。安陵陈敞、新丰刘白、龚宽，并工狗马，人形不逮延寿……皆同日弃市，籍其资财。汉人怜昭君远嫁，为作歌诗。①

《汉书·匈奴传》说：

> 王昭君号宁胡阏氏，生一男伊屠智牙师，为右日逐王。

---

① 校按：经考，这段引文应来源于《乐府古题要解》。

昭君嫁给呼韩邪单于的第三年，这就是成帝建元二年（纪元前三一年），呼韩邪单于死了。《后汉书·南匈奴传》云：

> 及呼韩邪死，其前阏氏子代立，欲妻之，昭君上书求归，成帝敕令从胡俗，遂复为后单于阏氏。

呼韩邪死后，继之而立的为复株累若鞮单于，他既娶了昭君，昭君又生二个女。《汉书·匈奴传》说：

> 复株累单于复妻王昭君，生二女，长女云为须卜居次，小女为当于居次。

王昭君究竟有几个子女？若照班固《汉书·匈奴传》所说，则其与呼韩邪单于所生的只是一个儿子，而与复株累若鞮单于所生的是二个女孩；但是范晔《后汉书·南匈奴传》却说她生了二个儿子。《后汉书·南匈奴传》还指出她的儿子知牙师，这大概就是《汉书·匈奴传》所说的伊耆智牙师，后来又为右谷蠡王，因为继立事而被杀。惟对于其他那位儿子以后如何却没有说及，可能《后汉书》所说二子是错误，而《汉书》所说一个儿子是对的。至于她的二个女孩，其一个嫁给匈奴后来用事大臣右骨都侯须卜当，《汉书·匈奴传》说这位女孩名为伊墨居次。上面已说长女为须卜居次，小女为当于居次，而这里所说的伊墨居次大概是嫁给须卜当而又谓为须卜居次。

《西京杂记》所说的是否事实，我们不必在这里讨论，但是为昭君而歌咏的真是不胜其数。据说昭君死后葬在古丰州西六十里，就是现在的归化附近，诗歌中所说的青冢就是昭君墓。《太平寰宇记》说：

> 青冢，在县西北，汉王昭君葬于此，其上草色常青，故曰青冢。

《方舆纪要》说：

> 塞草皆白，惟此墓独青，故名。

近人考据韵文之咏此事最早的为梁王叔英妻刘氏诗云："丹青失旧仪，玉匣成秋草。"陈后主《昭君怨》云："图形汉宫里，途聘单于庭。"李白《王昭君》云：

> 生乏黄金枉图画，死留青冢使人嗟。

我们且再录杜甫《咏怀古迹》一首于下以为本章结束：

> 群山万壑赴荆门，生长明妃尚有村。一去紫台连朔漠，独留青冢向黄昏。画图省识春风面，环珮空归月夜魂。千载琵琶作胡语，分明怨恨曲中论。

第十五章　匈奴的再起

一

呼韩邪单于迁到中国边塞之后，既有中国去保护他而免了郅支单于的攻伐，使其部属能够休养生息；同时，他又常常得到中国的大量的财物的资助，他逐渐的恢复其势力。到了后来，他既北迁漠北，不久郅支单于又被中国杀死，他更少外患之忧。他对于中国必躬必敬，中国对他也多是有求必应。他说他的人民粮食不够了，中国就给他粮食；他三次来朝，元帝给他的礼物比之宣帝所给的要加倍；他愿婿汉氏以自亲，元帝就以昭君给他。没有多久，他又上书说：

他愿保塞上谷以西至敦煌，传之无穷，请罢边备塞吏卒，以休天子人民。

究竟他的真正动机如何，不得而知，但是这也可以说明他自己不只不像在宣帝的时候一样需要中国派兵去保护他，而且有力量去保护中国的边塞，所以请求中国罢边备塞卒。简单的说，他现在又站起来了。元帝把他这个请求给公卿们去讨论，大家都以为呼韩邪单于所说的很有道理，对中国也很有便利。可是郎中侯应却不以为然，他所以反对去答应呼韩邪这个建议，是有十个理由。他说：

周、秦以来，匈奴暴桀，寇侵边境，汉兴，尤被其害。臣闻北边塞至辽东，外有阴山，东西千余里，草木茂盛，多禽兽，本冒顿单于依阻其中，治作弓矢，来出为寇，是其苑囿也。至孝武世，出师征伐，斥夺此地，攘之于幕北。建塞徼，起亭隧，筑外城，设屯戍，以守之，然后边境得用少安。幕北地平，少草木，多大沙，匈奴来寇，少所蔽隐，从塞以南，径深山谷，往来差难。边长老言匈奴失阴山之后，过之未尝不哭也。如罢备塞戍卒，示夷狄之大利，不可一也。今圣德广被，天覆匈奴，匈奴得蒙全活之恩，稽首来臣。夫夷狄之情，困则卑顺，强则骄逆，天性然也。前以罢外城，省亭隧，今裁足以候望通烽火而已。古者安不忘危，不可复罢，二也。中国有礼义之教、刑罚之诛，愚民犹尚犯禁，又况单于，能必其众不犯约哉！三也。自中国尚建关梁以制诸侯，所以绝臣下之觊欲也。设塞徼，置屯戍，非独为匈奴而已，亦为诸属国降民，本故匈奴之人，恐其思旧逃亡，四也。近西羌保塞，与汉人交通，吏民贪利，侵盗其畜产妻子，以此怨恨，起而背畔，世世不绝。今罢乘塞，则生嫚易分争之渐，五也。往者从军多没不还者，子孙贫困，一旦亡出，从其亲戚，六也。又边人奴婢愁苦，欲亡者多，曰"闻匈奴中乐，无奈候望急何！"然时有亡出塞者，七也。盗贼桀黠，群辈犯法，如其窘急，亡走北出，则不可制，八也。起塞以来百有余年，非皆以土垣也，或因山岩石，木柴僵落，溪谷水门，稍稍平之，卒徒筑治，功费久远，不可胜计。臣恐议者不深虑其终始终始，欲以一切省徭戍，十年之外，百岁之内，卒有它变，障塞破坏，亭隧灭绝，当更发屯缮治，累世之功不可卒复，九也。如罢戍卒，省候望，单于自以保塞守御，必深德汉，请求无已。小失其意，则不可测。开夷狄之隙，亏中国之固，十也。非所以永持至安，威制百蛮之长策也。

元帝听了侯应所说的十个理由之后，他决定不答应呼韩邪单于的请求。他使车骑将军用口头去谕单于说：

>单于上书愿罢北边吏士屯戍，子孙世世保塞。单于乡慕礼义，所以为民计者甚厚，此长久之策也，朕甚嘉之。中国四方皆有关梁障塞，非独以备塞外也，亦以防中国奸邪放纵，出为寇害，故明法度以专众心也。敬谕单于之意，朕无疑焉。为单于怪其不罢，故使大司马车骑将军嘉晓单于。

元帝这样去答复，可以说是很客气而婉转了。呼韩邪单于听了之后，也只好这样的回答：

>愚不知大计，天子幸使大臣告语，甚厚！

从这一件事来看，我们可以看出元帝对于匈奴的好多请求——如和亲送礼——虽很慷慨，但对于有关边境防备，他却慎重考虑，不随便去答应匈奴的罢边塞的请求。在呼韩邪单于方面，他也很明白他的地位，他所请求的事情答应了，他固是很欢喜；不答应了，他也只好服从，不再强求。这可以说是他对付中国的一种态度。

我们上面曾经指出，呼韩邪单于之到中国入朝，本为左伊秩訾王所建议，后来有些人向他谗伊秩訾王，以为后者"自伐其功，常鞅鞅"，因此之故，呼韩邪对于左伊秩訾王就起了疑心。左伊秩訾王怕单于杀他，他带了千余人来降中国，中国封他为关内侯，食三百邑户，令佩其王印绶。这件事是发生在呼韩邪单于第三次来朝元帝之前，到了元帝竟宁元年（纪元前三三年）呼韩邪单于来朝的时候，他与左伊秩訾见了面，他对后者说：

>王为我计甚厚，令匈奴至今安宁，王之力也，德岂可忘！我失王意，使王去不复顾留，皆我过也。今欲白天子，请王归庭。

伊秩訾对他说：

>单于赖天命，自归于汉，得以安宁，单于神灵，天子之祐也，我安得

力！既已降汉，不敢听命。

呼韩邪单于虽然一再请他回去，他始终不肯回去，结果他也没有办法，只好随之而已。然而，从这一点来看，他是一个勇于认错的人，因为他有了这种性格，在他的家庭中以及他的好多阏氏之间，也很为和睦。这一点我们可以从下面所叙述一个例子来说明，《汉书·匈奴传》说：

> 呼韩邪立二十八年，建始二年死（纪元前三一年）。始呼韩邪娶左伊秩訾兄呼衍王女二人。长女颛渠阏氏，生二子，长曰且莫车，次曰囊知牙斯。少女为大阏氏，生四子，长曰雕陶莫皋，次曰且麋胥，皆长于且莫车，少子咸、乐二人，皆小于囊知牙斯。又它阏氏子十余人。颛渠阏氏贵，且莫车爱。呼韩邪病且死，欲立且莫车，其母颛渠阏氏曰："匈奴乱十余年，不绝如发，赖蒙汉力，故得复安。今平定未久，人民创艾战斗，且莫车年少，百姓未附，恐复危国。我与大阏氏一家共子，不如立雕陶莫皋。"大阏氏曰："且莫车虽少，大臣共持国事，今舍贵立贱，后世必乱。"单于卒从颛渠阏氏计，立雕陶莫皋，约令传国与弟。呼韩邪死，雕陶莫皋立，为复株累若鞮单于。

这是匈奴历史上所罕见的事情。我们已经指出，自军臣单于死了（纪元前一二六年）以后，在匈奴常闹争立单于的问题，而可以说没有让与继立的事情。在呼韩邪单于未死之前，居然有互相推让继立单于的作风，这也可以说明匈奴内部的团结，也就是说明了呼韩邪单于在位的二十八年中，在团结内部的工作上是做得不错。我们可以说，郅支单于的灭亡与呼韩邪单于的北迁，是匈奴国家的再兴的表征。

二

自呼韩邪死后，复株累若鞮单于继立（纪元前三〇年），至王莽篡汉的三十余年中，匈奴内部相当安定。对外方面，除了有一次与乌孙有过较小的冲突之外，其与中国的关系也较为正常。我们说匈奴内部较为安定，这也可以从其单于继立方面来看。呼韩邪单于未死前，本想立其爱子且莫车为单于，但是因为颛渠阏氏的让与，遂让给复株累若鞮，呼韩邪答应了，同时遗嘱复株累若鞮死后应传国与其弟弟。在这一点上，他后来也遵守了，他在位十年，死了之后由其弟弟且麋胥继立为搜谐若鞮单于。搜谐若鞮单于立了八年，死了之后，由其弟且莫车继立为车牙若鞮单于。车牙若鞮单于立了四年又死了，又由其弟囊知牙师立为乌珠留若鞮单于。在二十多年中，单于继立的有了四位，他们都能遵照其父亲的遗嘱传弟而不传子，这是一件难得的事情。因此，我们又不能不联想到呼韩邪单于的性格之影响于诸子之大。假使在呼韩邪单于之前，匈奴内部的紊乱往往是起于争立，那么呼韩邪单于以后的三十年中内乱既是少见，那么我们也可以说没有争立是主要原因之一了。

复株累若鞮单于立了之后，几位重要的位置都给与弟弟们，如以且糜胥为左贤王，且莫车为左谷蠡王，囊知牙斯为右贤王。他死之后，且糜胥立，后者又以且莫车为左贤王。所以他们不只不传其位于自己的儿子，就是重要的位置，也都给与弟弟而不给与儿子。同时，单于自己又往遣其子入侍于中国，这说明兄弟之间的和睦与团结。在这种情形之下，内乱是不致于发生的。

成帝河平元年（纪元前二八年），复株累若鞮单于遣右皋林王伊邪莫演等奉献，奉献完了之后，中国遣使者送他们至蒲坂。伊邪莫演说他要降汉，他还说假使中国不接受他的请求，他要自杀，他不愿回去匈奴。中国所派送他的使者将这件事报告给成帝，成帝把这件事交公卿们讨论，有的主张他降，光禄大夫谷永、议郎杜钦都不赞成。他们的理由据《汉书·匈奴传》说：

> 汉兴，匈奴数为边害，故设金爵之赏以待降者。今单于诎体称臣，列为北藩，遣使朝贺，无有二心，汉家接之，宜异于往时。今既享单于聘贡之质，而更受其逋逃之臣，是贪一夫之得而失一国之心，拥有罪之臣而绝慕义之君也。假令单于初立，欲委身中国，未知利害，私使伊邪莫演诈降以卜吉凶，受之亏德沮善，令单于自疏，不亲边吏；或者设为反间，欲因而生隙，受之适合其策，使得归曲而直责。此诚边境安危之原，师旅动静之首，不可不详也。不如勿受，以昭日月之信，抑诈谖之谋，怀附亲之心。

成帝觉得他们所说的很对，因使中郎将王舜去问他投降的实在情况，伊邪莫演说"我病狂妄言耳"，乃遣他回去匈奴。他回去之后，照样的继续在他的官位，可能这是如他所说病狂妄言，但是谷永、杜钦所说复株累若鞮单于私使他来诈降以卜吉凶，也有可能。假使说是对的话，那么这也可以说是匈奴内部君臣相当团结的一种表征了。

在这个时期内，匈奴对于中国有的事情尽量让步，有的事情却坚持到底。属于后者，如有一次，这是纪元前八年，囊知牙师为单于的时候，有人向成帝的舅父大司马票骑将军提议，以为匈奴有斗入汉地，这个地方"生奇材，木箭就羽"，假使中国向匈奴要求给与中国，那么一方面可以使边地富饶，一方面国家有广地之实。王根把这件事向成帝提出，成帝也想向单于要求，于是王根乃令中郎将夏侯藩、副校尉韩容二人把这个意思口头讲给单于，希望单于献给这块斗地与中国。单于以为在孝宣、孝元的时候曾答应长城以北属于匈奴，而且此地为温偶駼王所居，他对此地情形不清楚，他要先问清楚再说。夏侯藩与韩容回去之后，又再次到匈奴要求这块地方，单于就对他们说：

父兄传五世,汉不求此地,至知独求,何也?已问温偶駼王,匈奴西边诸侯作穹庐及车,皆仰此山材木,且先父地,不敢失也。

夏侯藩回来之后,迁为太原太守。单于遣使上书将夏侯藩要求让地的事情告诉成帝,成帝觉得这件事做得不好,他诏告单于,夏侯藩这个举动应该处死,惟大赦了他,徙他为济南太守,以免接近匈奴而生事端。从这件事看起来,匈奴既坚持不让这块地方与中国,中国方面也不愿去强求,以免引起匈奴的反感。但有的事情,中国坚持得很厉害而匈奴不得不让步的。如哀帝建平二年(纪元前五年),乌孙庶子卑援疐翕侯的人民到了匈奴西界,寇盗牛畜,杀害人民,匈奴派骑兵去征伐乌孙,卑援疐怕起来,遣子趋逯为质于匈奴。单于把这件事告诉中国,中国遣中郎将丁野林、副校尉公孙音到匈奴责备单于,并且要他把卑援疐的儿子送回去,单于只好照办。这虽然是匈奴与乌孙两国的事情,然而中国干涉,匈奴不得不让步。

到了哀帝建平四年(纪元前三年),匈奴单于上书希望于次年入朝。那个时候哀帝正有病,有人以为自宣帝末年以至元帝的时候,单于朝见中国屡有大故,哀帝与公卿们商量,他们也以为单于入朝浪费太大,不必答应其来朝。单于的使者虽辞行而尚未启程,扬雄乃上书给哀帝,以为应当准其来朝。扬雄这篇谏书后人相当重视,今录之于后:

臣闻《六经》之治,贵于未乱;兵家之胜,贵于未战。二者皆微,然而大事之本,不可不察也。今单于上书求朝,国家不许而辞之,臣愚以为汉与匈奴从此隙矣。本北地之狄,五帝所不能臣,三王所不能制,其不可使隙甚明。臣不敢远称,请引秦以来明之。以秦始皇之强,蒙恬之威,带甲四十余万,然不敢窥西河,乃筑长城以界之。会汉初兴,以高祖之威灵,三十万众困于平城,士或七日不食。时奇谲之士石画之臣甚众,卒其所以脱者,世莫得而言也。又高皇后尝忿匈奴,群臣庭议,樊哙请以十万众横行匈奴中,季布曰:"哙可斩也,妄阿顺指!"于是大臣权书遗之,然后匈奴之结解,中国之忧平。及孝文时,匈奴侵暴北边,候骑至雍甘泉,京师大骇,发三将军屯细柳、棘门、霸上以备之,数月乃罢。孝武即位,设马邑之权,欲诱匈奴,使韩安国将三十万众徼于便坠,匈奴觉之而去,徒费财劳师,一虏不可得见,况单于之面乎!其后深惟社稷之计,规恢万载之策,乃大兴师数十万,使卫青、霍去病操兵,前后十余年。于是浮西河,绝大幕,破寘颜,袭王庭,穷极其地,追奔逐北,封狼居胥山,禅于姑衍,以临翰海,虏名王贵人以百数。自是之后,匈奴震怖,益求和亲,然而未肯称臣也。且夫前世岂乐倾无量之费,役无罪之人,快心于狼望之北哉?以为不一劳者不久佚,不暂费者不永宁,是以忍百万之师以摧饿虎之喙,运府库之财填卢山之壑而不悔也。至本始之初,匈奴有桀心,欲掠乌孙,侵公主,乃发五将之师十五万骑猎其南，而长罗侯以乌孙五万骑震其西，皆至质而还。时鲜有所获，徒奋扬威武，明汉兵若雷风耳。虽空行空反，尚诛两将军。故北狄不服，中国未得高枕安寝也。

他又说：

> 逮至元康、神爵之间，大化神明，鸿恩溥洽，而匈奴内乱，五单于争立，日逐、呼韩邪携国归化，扶伏称臣，然尚羁縻之，计不颛制。自此之后，欲朝者不距，不欲者不强。何者？外国天性忿鸷，形容魁健，负力怙气，难化以善，易隶以恶，其强难诎，其和难得。故未服之时，劳师远攻，倾国殚货，伏尸流血，破坚拔敌，如彼之难也；既服之后，尉荐抚循，交接赂遗，威仪俯仰，如此之备也。往时尝屠大宛之城，蹈乌桓之垒，探姑缯之壁，籍荡姐之场，艾朝鲜之旃，拔两越之旗，近不过旬月之役，远不离二时之劳，固已犁其庭，扫其闾，郡县而置之，云彻席卷，后无余灾。唯北狄为不然，真中国之坚敌也。三垂比之悬矣，前世重之滋甚，未易可轻也。今单于归义，怀款诚之心，欲离其庭，陈见于前，此乃上世之遗策，神灵之所想望，国家虽费，不得已者也。奈何距以来厌之辞，疏以无日之期，消往昔之恩，开将来之隙！夫款而隙之，使有恨心，负前言，缘往辞，归怨于汉，因以自绝，终无北面之心，威之不可，谕之不能，焉得不为大忧乎！夫明者视于无形，聪者听于无声，诚先于未然，即蒙恬、樊哙不复施，棘门、细柳不复备，马邑之策安所设，卫、霍之功何得用，五将之威安所震？不然，一有隙之后，虽智者劳心于内，辩者毂击于外，犹不若未然之时也。且往者图西域，制车师，置城郭都护三十六国，费岁以大万计者，岂为康居、乌孙能逾白龙堆而寇西边哉？乃以制匈奴也。夫百年劳之，一日失之，费十而爱一，臣窃为国不安也。唯陛下少留意于未乱未战，以遏边萌之祸。

哀帝看了扬雄的谏书之后，乃召回匈奴使者，使其报告单于许其来朝。因为单于自己有病，所以延期，至次一年（纪元前一年）始来朝也。他还请求带五百人入朝，哀帝也允其所请，赐礼除其他一切像成帝时所给与外，"加赐衣三百七十袭，锦绣缯帛三万匹，絮三万斤"。他返国之后不久，还遣稽留昆同母兄大且方与妇入待，后来又遣且方同母兄左日逐王都与妇入侍。

我们回看呼韩邪称臣以后的六十年中，匈奴与中国的关系是较过去的正常得多。中国虽不罢边防也没有寇边，匈奴有好多请求，有的中国答应了，或是最初反对而经过大臣的谏言之后又答应了；有的是没有答应，或是答应了而后来又不答应了。相反的，中国方面所要求于匈奴的，有的匈奴答应了，有的没有答应，但无论如何，两方都能互相让与慎重考虑，使事情不会弄大，不致引起恶感，这是中国与匈奴的关系史上所难得的现象。自然的，这主要是由于匈奴的衰弱而不得不迁就中国，然而，这也是由于呼韩邪以及其子孙不是急躁多事者流，而乃比较慎重用事，所以致之。同时在中国方面，大致上也是。正像扬雄所说，虽在匈奴内乱最甚、低头称臣的时候，中国的政策只"尚羁縻之，计不颛制"，所以匈奴也不会因被迫太甚而至于反抗。

三

王莽秉政的初年，匈奴还是执行这六十年来的传统政策，但是王莽的好多鲁莽政策逐渐的引起匈奴的恶，使中国之于匈奴的关系成为紧张的局面，以至于破裂的形势，两国的争斗又重开起来。应该指出，王莽篡位引起中国三十余年的内乱，固是给与匈奴再度侵略中国的一个机会，但是匈奴自呼韩邪单于以后六十年，内乱外患几乎没有，人民得到长期的休养生息，匈奴又逐渐兴盛与强大起来，同时也慢慢的骄踞起来。此后三四十年中的中国与匈奴的关系的恶化，也是有了好多复杂的因素的。

平帝是在纪元的第一年就位，他就位时年仅九岁，《汉书·平帝纪》说他就位之后，"太皇太后临朝，大司马莽秉政，百官总己以听于莽"。王莽既秉政，他欲使太后欢喜，以为这个时候的"威德至盛异于前"，乃设法使单于令遣王昭君女须卜居次云入侍太后，赏赐甚厚。这是王莽与匈奴办交外的开始。

正在这个时候，车师后王句姑、去胡来王唐兜对于西域都护校尉不满意，将妻子人民亡降匈奴，单于安置他在左谷蠡地，并遣使上书报告中国。中国乃遣使告诉单于，以为西域内属，匈奴不应受其投降。我们上面指出，乌孙的卑援疐以其子为质于匈奴，时中国反对，匈奴只好送回其子，这一次单于却不愿意去遣回句姑、去胡来王唐兜及其妻子人民。《汉书·匈奴传》述单于说：

> 孝宣、孝元皇帝哀怜，为作约束，自长城以南天子有之，长城以北单于有之。有犯塞，辄以状闻；有降者，不得受。臣知父呼韩邪单于蒙无量之恩，死遗言曰："有从中国来降者，勿受，辄送至塞，以报天子厚恩。"此外国也，得受之。

他虽然这样说，可是中国的使者还是要他把这位车师后王及其部属遣回，单于没有办法，只好照办。结果是这二位国王回去之后就被斩首以示西域诸国王，虽则单于上书请求，希望中国能赦其罪。同时中国又提出四种人之投入匈奴者，匈奴不得受。（一）是中国人亡入匈奴者；（二）是乌孙亡降匈奴者；（三）是西域诸国佩中国印绶降匈奴者；（四）是乌桓降匈奴者。王莽既要匈奴去奉行这四条，他又收回宣帝时所为的约束。

在这个时候，王莽又奏令中国不得有二名，因使使者示意单于，宜上书慕化，为一名，乌珠留单于，这就是囊知牙斯，就照他的意思改名为知王。王莽很为喜欣，因白太后，厚赐单于。他又遣使告诉乌桓，不必给税与匈奴，乌桓就这样做。可是这一次匈奴不理会他，派兵去攻击乌桓。这个时候正是他篡国就位的时候，他没有时间去惩罚单于。他就位了之后，他用好多方法，又更换了以前中国所赐给单于的印，这使单于对他不满。此外，中国使见得匈奴扣留乌桓人民，他们又要求匈奴遣回，这使单于更为不满。匈奴于是遣骑到边塞，同时，西域的中国叛将陈良带了士吏男女二千余人投降匈奴。王莽也发了火，他于是分匈奴为十五单于，并使人去引诱呼韩邪诸子，拟拜为单于。他诱了右犁汙王咸及其三子，并迫咸为孝单于，给他好多礼物，同时送咸子登到长安。乌珠留单于实在忍不住了，《汉书·匈奴传》述他说：

先单于受汉宣帝恩，不可负也。今天子非宣帝子孙，何以得立？

因此之故，乌珠留单于乃于王莽建国三年（纪元后十一年）遣兵入云中益寿塞大杀吏民，又入雁门杀略人民畜产。王莽刚就位，欲立威，乃拜十二部将，要调动"三十万众，赍三百日粮，同时十道，穷追匈奴，内之于丁令"。他的将领叫做严尤的乃上书谏他说：

臣闻匈奴为害，所从来久矣，未闻上世有必征之者也。后世三家周、秦、汉征之，然皆未有得上策者也。周得中策，汉得下策，秦无策焉。当周宣王时，猃狁内侵，至于泾阳，命将征之，尽境而还。其视戎狄之侵，譬犹蚊虻之螫，驱之而已。故天下称明，是为中策。汉武帝选将练兵，约赍轻粮，深入远戍，虽有克服之功，胡辄报之，兵连祸结三十余年，中国罢耗，匈奴亦创艾，而天下称武，是为下策。秦始皇不忍小耻而轻民力，筑长城之固，延袤万里，转输之行，起于负海，疆境既完，中国内竭，以丧社稷，是为无策。今天下遭阳九之厄，比年饥馑，西北边犹甚。发三十万众，具三百日粮，东援海代，南取江淮，然后乃备。计其道里，一年尚未集合，兵先至者聚居暴露，师老械弊，势不可用，此一难也。边既空虚，不能奉军粮，内调郡国，不相及属，此二难也。计一人三百日食，用糒十八斛，非牛力不能胜；牛又当自赍食，加二十斛，重矣。胡地沙卤，多乏水草，以往事揆之，军出未满百日，牛必物故且尽，余粮尚多，人不能负，此三难也。胡地秋冬甚寒，春夏甚风，多赍鬴镬薪炭，重不可胜，食糒饮水，以历四时，师有疾疫之忧，是故前世伐胡，不过百日，非不欲久，势力不能，此四难也。辎重自随，则轻锐者少，不得疾行，虏徐逃遁，势不能及，幸而逢虏，又累辎重，如遇险阻，衔尾相随，虏要遮前后，危殆不测，此五难也。大用民力，功不可必立，臣伏忧之。今既发兵，宜纵先至者，令臣尤等深入霆击，且以创艾胡虏。

王莽不听严尤的谏言，他照样去调兵备粮，使人民增加痛苦，天下骚动。而在边境方面，匈奴又不断侵略，而带领骑兵来侵略的不是别人，而是他所诱封为孝单于咸的儿子。原来咸既被迫而受单于之号以后，他就出塞回去匈奴王庭，将他被胁迫为单于的经过告诉匈奴单于。王莽后来从匈奴降者知道为边患的是咸的儿子，王莽乃把在长安的咸的长子登杀死了。

中国边塞自呼韩邪单于称臣以后，数十年间相当平静，人民不见烟火之警，人口增加，牛马遍野。现在边地又多事了，人民畜物被杀略，数年之间，塞境空虚，野有暴骨。乌珠留单于一向是遵照他的父亲与哥哥的传统政策与中国和平共处，可是现在他觉得被迫太甚而不能不侵略了，他在位二十一年，到了王莽建国五年他就死了。

他死了之后，匈奴用事大臣右骨都侯须卜当，这就是王昭君女伊墨居次云之婿，以为咸曾为王莽所封为单于，同时咸又与他友善，他于是乃帮助咸立为乌累若鞮单于，希望因咸的继立而改善匈奴与中国的关系。他不明白王莽已因听得咸在匈奴的儿子扰乱边境而遂杀咸在长安的儿子，王莽虽恨咸而杀其子，但咸就位的时候，他还要送礼物，同时给言咸的儿子还在。咸立之后既知其子被杀，他更不断的侵略边境，中国遣使问他为什么这样做，他往往说这是"乌桓与匈奴无状黠民共为寇入塞，譬如中国有盗贼耳"。

但咸既初立，威信还浅，他不欲太得罪于中国，王莽也想以和亲送礼的方式去笼络咸。他除送咸已死的儿子的棺材回去之外，又给单于好多礼物，同时还改匈奴的名称为"恭奴"，改单于的名称为"善于"。单于贪他的财物，任其更改，同时寇边并不停止。乌累若鞮单于立了五年就死了（纪元后一八年），尸单于舆立。这位单于同样的贪汉财物，他派了大且渠奢与云（按：就是昭君女伊墨居次）女弟当户居次醢椟王到长安奉献。王莽又使人至塞下，迎云与当到长安，并拜当为须卜单于，希望用大兵去辅立，这么一来，匈奴单于更恨王莽而边寇愈甚。须卜当不久病死了，王莽又以其庶女陆逯任妻后安公奢，并特别优待他，还希望用兵去辅立为单于。可是他还没有实现这个计划之前，王莽被杀了，而云与奢也死了。

四

更始二年（纪元前二四年），中国遣中郎将归德侯飒、大司马护军陈遵使匈奴，授单于汉旧制玺绶，同时送云、当所留下来的亲属贵人及从者回去匈奴。《汉书·匈奴传》述单于舆这样的对着这两位使者说：

> 匈奴本与汉为兄弟，匈奴中乱，孝宣皇帝辅立呼韩邪单于，故称臣以尊汉。今汉亦大乱，为王莽所篡，匈奴亦出兵击莽，空其边境，令天下骚动思汉，莽卒以败而汉复兴，亦我力也，当复尊我！

这话够骄倨了。光武初年，中国内乱还未平定，对于匈奴既不能兼顾，而光武的对外政策是很为保守。他觉得他做皇帝不久，中国内部还没安定，不能向外发展。他对于匈奴固是如此，对于西域诸国也是如此。到了光武六年（纪元后三〇年），他遣归德侯刘飒使匈奴，匈奴亦派使者奉献，后来他又派中郎将韩统到匈奴，给与匈奴好多财物以通旧好。但是单于的骄倨如故，他把自己比之冒顿，对使者又说了好多悖慢语，光武却还照样的去好好的对待匈奴。

在王莽死后至光武的初年，中国人之投降匈奴而为中国边患的有卢芳。《后汉书·卢芳传》说：

> 卢芳字君期，安定三水人也，居左谷中，王莽时，天下咸思汉德，芳由是诈自称武帝曾孙刘文伯。曾祖母匈奴谷蠡浑邪王之姊为武帝皇后，生三子。适遭江充之乱，太子诛，皇后坐死，中子次卿亡之长陵，小子回卿逃于左谷。霍将军立次卿，迎回卿。回卿不出，因居左谷，生子孙卿，孙卿生文伯。常以是言诳惑安定间。王莽末，乃与三水属国羌胡起兵。更始至长安，征芳为骑都尉，使镇抚安定以西。更始败，三水豪杰共计议，以芳刘氏子孙，宜承宗庙，乃共立芳为上将军、西平王，使使与西羌、匈奴结和亲。

他的使者到匈奴时，据《后汉书·南匈奴传》说：

> 单于曰："匈奴本与汉约为兄弟，后匈奴中衰，呼韩邪单于归汉，汉为发兵拥护，世世称臣。今汉亦中绝，刘氏来归我，亦当立之，令尊事我。"乃使句林王将数千骑迎芳，芳与兄禽、弟程俱入匈奴，单于遂立芳为汉帝，以程为中郎将，将胡骑还入安定。

卢芳既得匈奴立为汉帝，他常常与匈奴侵略北边，卢芳又与曾与匈奴和亲的李兴联合起来侵入五原、朔方、云中、定襄、雁门等五郡。后来他虽杀了李兴，但是他与匈奴还不断的侵略边塞，光武虽遣兵去征伐，却没有什么效果。《汉书·南匈奴传》说：

> 匈奴转盛，抄暴日增。十三年（纪元后三十七年），遂寇河东，州郡不能禁。于是渐徙幽、并边人于常山关、居庸关已东，匈奴左部遂复转居塞内。朝廷患之，增缘边兵郡数千人，大筑亭候，修烽火。

这是八九十年来所少见的事情了。因为自呼韩南匈奴王庭之后，匈奴既停侵略，中国塞内久已没有胡骑的踪迹，现在匈奴又入塞了，边疆情况又紧张了。但是匈奴单于的政策是一方面侵略人民畜物，一方面又用种种方法去讨好中国以求中国的财物。单于知道中国怨恨卢芳，单于乃遣卢芳还降，希望中国因此而厚加赏给。卢芳却利用这个机会，当为自己归来投降，并不告诉光武这是匈奴所遣的。卢芳既投降，光武立他为代王。匈奴这个计划既为卢芳所破坏而不得赏赐，他又耻于去宣布他为卢芳所骗,他更大为怀恨,于是匈奴入寇更甚。光武二十年(纪元后四四年),匈奴侵入上党、扶风、天水,过了一年,又寇上谷、中山,大事杀略,北方的边境没有一年得过安宁。

卢芳自投降以后,得封为代王,他上书悔过,不久又朝见光武。可是他朝见回来,大概是为自己的良心所责备,觉得十分忧恐,于是他又再次反叛。他虽得罪于匈奴,但是这次既又反汉,匈奴又遣骑来迎他及其妻子出塞,他留在匈奴十余年后始死。

我们已一再指出,自呼韩邪称臣以后到乌珠留单于的末年的六十年中,匈奴与中国没有打过仗。匈奴在这个时期里休养生息,逐渐强盛起来,继立的单于也能循着呼韩邪的妥协政策以不与中国破裂为原则。但是到王莽的时代,因为王莽不会应付匈奴,喜功好大,随便施行命令,分匈奴为十五单于,往往强迫单于的臣僚称为单于,而与乌珠留单于对抗,结果使乌珠留单于改变其传统作风,南来侵略。到了乌珠留单于死(纪元后一三年),单于咸继立。他因为王莽杀了他的儿子以及做了好多使他不满的事情,他的南来侵略更为积极。单于咸立了五年而死(纪元后十八年),单于舆继立。他比之单于咸更为骄倨,而侵略边境更为频繁。他在位二十八年(纪元后一八—四六),这个时期中国大半时间忙于内乱,而他承了七十年来的休养生息的局面,所以在他在位时,匈奴又强大起来了。他不只自比于冒顿,他还以自比于宣帝,以为王莽篡位是得他的帮忙而始打倒的,他甚至效宣帝辅立呼韩邪而辅立卢芳,虽然他的计划没有成功,但是他的骄倨态度可以概见了。事实上,匈奴虽然是强大起来,然而比之冒顿至军臣时代是远比不上的。但是中国自武帝死了之后而尤其是宣帝死了之后,中国君主之能干的也很少有,西汉已趋于末年。到了王莽秉政,不久天下大乱,单于以此来比之五单于争立的时代,却不能说是没有根据的,而他之所以有悖慢的辞言,也不能说是没有原因的。但是,这个强大的匈奴基础既远比不上冒顿的时代,单于舆之辅立卢芳更与宣帝之辅立呼韩邪大不相同。等到单于舆死了(纪元后二十二年)之后不久,匈奴又分为南北。

五

班固作《汉书》写《匈奴传》分为上下两传,他除了采纳司马迁《史记·匈奴传》之外,他不只继续去叙述匈奴的历史至王莽死为止,他有好多地方叙述比之《史记》较为详细,他可以说研究匈奴最有成绩的史家,后来的学者之研究匈奴者多以他的《匈奴传》为蓝本,就是这个原故。他在《匈奴传》的后边还写了一篇很长的论赞,不只是说明他个人的意见,而且选择了西汉其他好多人的意见而加以评论,我们觉得这篇论赞很有作参考的价值,所以录之于后:

赞曰：《书》戒"蛮夷猾夏"，《诗》称"戎狄是膺"，《春秋》"有道守在四夷"，久矣，夷狄之为患也。故自汉兴，忠言嘉谋之臣曷尝不运筹策相与争于庙堂之上乎？高祖时则刘敬，吕后时樊哙、季布，文帝时贾谊、晁错，孝武时王恢、韩安国、朱买臣、公孙宏、董仲舒，人持所见，各有同异，然总其要，归两科而已。缙绅之儒则守和亲，介胄之士则言征伐，皆偏见一时之利害，而未究匈奴之终始也。自汉兴以至于今，旷世历年，多于春秋，其与匈奴，有修文而和亲之矣，有用武而克伐之矣，有卑下而承事之矣，有威服而臣畜之矣，诎伸异变，强弱相反，是故其详可得而言矣。昔和亲之论，发于刘敬。是时天下初定，新遭平城之难，故从其言，约结和亲，赂遗单于，冀以救安边境。孝惠、高后时遵而不违，匈奴寇盗不为衰止，而单于反以加骄倨。逮至孝文，与通关市，妻以汉女，增厚其赂，岁以千金，而匈奴数背约束，边境屡被其害。是以文帝中年，赫然发愤，遂躬戎服，亲御鞍马，从六郡良家材力之士，驰射上林，讲习战陈，聚天下精兵，军于广武，顾问冯唐，与论将帅，喟然叹息，思古名臣。此则和亲无益，已然之明效也。仲舒亲见四世之事，犹复欲守旧文，颇增其约。以为："义动君子，利动贪人。如匈奴者，非可以仁义说也，独可说以厚利，结之于天耳。故与之厚利以没其意，与盟于天以坚其约，质其爱子以累其心，匈奴虽欲展转，奈失重利何，奈杀爱子何。夫赋敛行赂不足以当三军之费，城郭之固无以异于贞士之约，而使边城守境之民父兄缓带，稚子咽哺，胡马不窥于长城，而羽檄不行于中国，不亦便于天下乎！"察仲舒之论，考诸行事，乃知其未合于当时，而有关于后世也。当孝武时，虽征伐克获，而士马物故亦略相当；虽开河南之野，建朔方之郡，亦弃造阳之北九百余里。匈奴人民每来降汉，单于亦辄拘留汉使以相报复，其桀骜尚如斯，安肯以爱子而为质乎？此不合当时之言也。若不置质，空约和亲，是袭孝文既往之悔，而长匈奴无已之诈也。夫边城不选守境武略之臣，修障隧备塞之具，厉长戟劲弩之械，恃吾所以待边寇。而务赋敛于民，远行货赂，割剥百姓，以奉寇雠。信甘言，守空约，而几胡马之不窥，不已过乎！至孝宣之世，承武帝奋击之威，直匈奴百年之运，因其坏乱几亡之厄，权时施宜，覆以威德，然后单于稽首臣服，遣子入侍，三世称藩，宾于汉庭。是时边城晏闭，牛马布野，三世无犬吠之警，黎庶亡干戈之役。后六十余载之间，遭王莽篡位，始开边隙，单于由是归怨自绝，莽遂斩其侍子，边境之祸构矣。故呼韩邪始朝于汉，汉让其仪，而萧望之曰："戎狄荒服，言其来服荒忽无常，时至时去，宜待以客礼，让而不臣。如其后嗣遂逃窜伏，使于中国不为叛臣。"及孝元时，议罢守塞之备，侯应以为不可，可谓盛不忘衰，安必思危，远见识微之明矣。至单于咸弃其爱子，昧利不顾，侵掠所获，岁巨万计，而和亲赂遗，不过千金，安在其不弃质而失重利也？仲舒之言，漏于是矣。夫规事建议，不图万世之固，而偷恃一时之事者，未可以经远也。若乃征伐之功，秦汉行事，严尤论之当矣。故先王度土，中立封畿，分九州，列五服，物土贡，制外内，或修刑政，或昭文德，远近之势异也。是以《春秋》内诸夏而外夷狄，夷狄之人贪而好利，被发左衽，人面兽心，其与中国殊章服，异习俗，饮食不同，言语不通，辟居北垂寒露之野，逐草随畜，射猎为生，隔以山谷，雍以沙幕，天地所以绝外内也。是故圣王禽兽畜之，不与约誓，不就攻伐；约之则贵赂而见欺，攻之则劳师而招寇。其地不可耕而食也，其民不可臣而畜也，是以外而不内，疏而不戚，政教不及其人，正朔不加其国；来则惩而御之，去则备而守之。其慕义而贡献，则接之以礼让，羁縻不绝，使曲在彼，盖圣王制御蛮夷之常道也。

第十六章　匈奴的衰亡

一

在前汉的宣帝至元帝年间（纪元前五八年至三六年），匈奴曾分为南北，呼韩邪单于在南，郅支单于在北。自郅支单于西徙、呼韩邪单于北迁（纪元前四三年），与其谓为南北匈奴，不如谓为东西匈奴，因为呼韩邪单于居在匈奴原来的地方，而郅支单于逐渐西走，最后乃居在康居。自郅支单于被中国击败而杀死之后，呼韩邪为匈奴唯一的单于，这就是说匈奴已无再分裂，而成为一个统一的国家。

一百年后，在后汉光武二十三年的时候（纪元后四十七年），匈奴又发生内部争立问题，而其次年又分为南北匈奴。同样的，北匈奴后来也逐渐的向西北走，虽则南匈奴并不像呼韩邪一样的后来又迁回北边。所以前汉时代的南北匈奴是暂时的，而后汉时代的南北匈奴成为比较长久的，而且自这一次再分为南北匈奴之后，匈奴也再没有统一起来，而其结果二者经过了百多年后，都逐渐趋于衰亡。很巧凑的是，最后的匈奴单于到汉献帝建安二十一年（纪元后二一六年）来朝而被曹操留之于邺的时候，匈奴固已是一蹶不振而等于灭亡，后汉也到这个时候而灭亡进入三国的时代。我们应该指出，匈奴衰亡之后，其原来占领的蒙高原为了外族所占据，后汉虽然灭亡，只是朝代的变更而非统治民族的交替。

后汉时代的中国与匈奴的关系的历史，主要材料是范晔《后汉书》的《南匈奴传》，南北匈奴正式分裂是在光武二十四年（纪元后四十八年）。光武元年定都洛阳，谓为东汉，吴汉讨公孙述而杀之，是在光武十二年，故匈奴之分为南北，是在光武统一天下之后好多年。范晔之所以名为《南匈奴传》而不名为《匈奴传》，主要是因为中国之于南匈奴不只地域相连，而且交涉较紧，因之中国人知道南匈奴的情较为详细，所以立为"南匈奴传"。但是我们也得指出，在《南匈奴传》中也有关于好多北匈奴之于中国的关系的记载，而且在这种关系有了很多是很为重要的事情。

从时间方面来看，西汉从项羽败死至王莽自称新皇帝（纪元前二〇三年至纪元后八年）总共为二百一十一年，东汉自光武元年至献帝建安二十一年（纪元后二五年至二一六年）总共为一百九十一年，两者相差不过二十年。但是从匈奴的历史来看，在这约二百年的时间中，而尤其是南北匈奴分裂之后，南匈奴是称臣于中国，至于北匈奴之于中国，虽然也有过不少的剧烈战争，而且曾与中国争雄于西域诸国，然而，这个长久时期也可说是匈奴再度趋于衰弱而至于灭亡的时期，所以我们只能作一简略的叙述。至于匈奴之于西域的关系，我们当在别的地方加以说明。

二

单于舆在位二十八年，死于光武二十二年（纪元后四十六年），他死之后，他的儿子左贤王乌达鞮侯立为单于。但是他立了不久又死了，他的弟弟左贤王蒲奴立为单于。但是当时有一位叫做比者，因为自己不得立，遂怀愤恨。比本来是呼韩邪单于的孙儿，是乌珠留单于的儿子。当单于舆欲传其位于其子而不传其弟右谷蠡王伊屠知牙师，这就是王昭君的儿子，他把知牙师杀死了。比是单于舆的侄子，他是前单于乌珠留的长子，比就内怀猜惧。他说：

> 以兄弟言之，右谷蠡王（这就是伊屠知牙师）次当立，以子言之，我前单于长子，我当立。

他既因此而内怀猜惧，他就很少赴庭会，单于对他怀疑起来。他是右奥鞬日逐王，部领南边及乌桓，单于乃使两个骨都侯监领比所部的兵队，这使他更猜惧了。正在这个时候，据《后汉书·南匈奴传》说：

> 匈奴中连年旱蝗，赤地数千里，草木尽枯，人畜饥疫，死耗大半。

又说：

> 单于畏汉乘其敝，乃遣使诣渔阳求和亲。于是遣中郎将李茂报命。而比密遣汉人郭衡奉匈奴地图，二十三年，诣西河太守求内附。两骨都侯颇觉其意，会五月龙祠，因白单于，言奥鞬日逐凤来欲为不善，若不诛，且乱国。时比弟斩将王在单于帐下，闻之，驰以报比。比惧，遂敛所主南边八郡众四五万人，待两骨都侯还，欲杀之。骨都侯且到，知其谋，皆轻骑亡去，以告单于。单于遣万骑击之，见比众盛，不敢进而还。二十四年春，八部大人共议立比为呼韩邪单于，以其大父尝依汉得安，故欲袭其号。于是款五原塞，愿永为藩蔽，扞御北虏。帝用五官中郎将耿国议，乃许之。其冬，比自立为呼韩邪单于。

这好像是一百年前的历史的重演。比不只使匈奴分为南北，他还袭用他的祖父的名字。可是我们上面已经指出，表面历史好像重演，然而事实上却有其不同之处。比立为单于之次年，他遣他的弟弟左贤王莫带领万余骑去攻击北单于弟奥鞬，左贤王生捕了奥鞬，左贤王又破北单于帐下及其众万余人、马七千余匹、牛羊万头，北单于震怖起来，不得不退走，却地千里。天灾已使北单于削弱，而人祸又频来，而且不久北部奥鞬骨都侯与右骨都侯又率三万余人来归南单于，南单于更强起来而北单于更削弱，这更使北单于为之震怖了。

单于比乃遣使去见光武，奉藩称臣，贡献其国的珍宝，遣使入侍，并修故约。到了光武二十六年（纪元后五〇年），光武派使者到南匈奴，当单于出来延迎中国使者的时候，使者要他伏拜受诏，这使他为难了。他顾望有顷，然后乃伏拜称臣。拜完之后，他要做翻译的人告诉使者，他新立为单于未久，要他这样去伏拜受诏，使他在他的左右面前实在惭愧，希望使者不要这样的去使他为难。他的骨都侯等也看不惯这个做法，所以看了之后都哭起来。

恰巧一百零一年前，呼韩邪朝见宣帝那个时候，"汉宠以殊礼，位在诸侯王上，赞谒称臣而不名……上登长平，诏单于毋谒"。颜师古注云："诏单于毋谒者，不令拜也。"呼韩邪要入朝称臣，当时他的好多大臣都加反对，宣帝对他宠以殊礼，所以他入朝见了中国皇帝还令其不拜。而一百年后，光武派了使者去见单于比，可是他还要伏拜受诏，这不能不使他惭愧也，无怪于他的大臣要哭起来了。他袭祖父的号而名为呼韩邪单于，然而这个呼韩邪单于与一百年前的呼韩邪单于所受的待遇又大不同了。从此我们也可以看出来，后汉的中国对于匈奴的态度；从此我们也可以看出来，匈奴在这个时候的地位。

三

后汉的匈奴之所以逐渐趋于衰弱而至于灭亡，原因很多，但是下列五种是比较显明的：（一）是天灾；（二）南北匈奴互相征伐；（三）是南匈奴而尤其是北匈奴内部互相争斗；（四）是受其他外族的攻击；（五）是受中国的攻击。

上面已经指出，光武二十二年（纪元后四六年）匈奴有了旱灾，又加以蝗害，受灾的面积有数千里之大，草木都枯了。人民畜物不只饥饿，而且有了瘟疫，使人民畜物死了大半。这是匈奴历史上所少有的大灾害。《后汉书·南匈奴传》又说：

建初元年……南部苦蝗，大饥。

建初是章帝年号，元年乃纪元后七六年，这就是前次旱蝗大灾后之三十年，南部又有蝗害而至大饥。十二年后，这就是章帝章和二年（纪元后八八年），《后汉书·南匈奴传》又说：

北虏大乱，加以饥蝗。

再过了八年，章帝永元八年（纪元后九六年），《后汉书·南匈奴传》又说：

逢侯（单于）部众饥穷。

这虽然没有说是因为天灾，但是这里所说的饥穷也可能是天灾所造成的。纪元后四六年，旱蝗大害，人畜损失大半，三十年中不见得就能恢复原状，就使能够恢复原状，而连年兵灾互相征伐，其人口与畜产的损失也必很大。而在纪元后七六这一年，又因蝗害而大饥，史书虽没有说明损失多大，但既说大饥，则其为害之大可以概见。到了十二年后，又因蝗害而饥饿。假使纪元后九六年逢侯部众的饥穷又是天灾，那么五十年中四次天灾，而其害大者人畜死了大半。匈奴自受了武帝攻击之后，人口已大减少，又有天灾，再加以五单于争立，呼韩邪南迁，郅支西走，在道途中损失人口，最后还被中国攻败而死，则其人口之减少、畜物之死亡数目必定很大。后来虽然经过呼韩邪及其诸子的数十年的休养生息，可是在损失过大之后不见得能恢复原状，现在又加以严重的天灾，则其日趋衰弱是不足为奇的。

四

匈奴既分为南北二部，而这南北之分始终不能统一，则两者互相征伐是继续不断的。单于比立为单于之后，就派兵去征伐北单于，除死者外，虏其民众万，马、牛、羊差不多二万匹。后来奥鞬骨都侯、右骨都侯又率三万余人南来，不久这二位骨都侯又反叛单于比而北归，不久又有北匈奴大臣反叛而率众南来。北单于与南单于又互相征伐，结果南单于战败而受大损失，南单于不得已而迁到西河受中国的保护。明帝永平二年，北匈奴护于丘又反北匈奴而率众降南单于。明帝永平十六年（纪元后七十三年），北匈奴南侵，除中国出兵外，南匈奴也派兵去攻击北匈奴。《后汉书·南匈奴传》说：

> 元和（章帝）元年（纪元后八四年），武威太守孟云上言北单于复愿与吏人合市，诏书听云遣驿使迎呼慰纳之。北单于乃遣大且渠伊莫訾王等，驱牛马万余头来与汉贾客交易。诸王大人或前至，所在郡县为设官邸，赏赐待遇之。南单于闻，乃遣轻骑出上郡，遮略生口，抄略牛马，驱还入塞。

中国朝廷与地方官吏允许了北单于驱牛马来交易，并且由郡吏设官邸、给赏赐，而南单于还要抄掠。这不只说明了中国不能施行其威信，也说明南匈奴与北匈奴的仇恨之深。南匈奴明知北匈奴之与中国交易是得了中国的许可，而还有这种行为，这不只说明南匈奴对于北匈奴持了一种对敌的行为，也说明这是对于中国有了敌视的行为。因此之故，孟云又上书给皇帝说：

> 北虏以前既和亲，而南部复往抄掠，北单于谓汉欺之，谋欲犯塞，谓宜还南所掠生口，以慰安其意。

肃宗（章帝）从太仆袁安的建议，准其所请，乃下诏说：

> 昔狁狁、獯粥之敌中国，其所由来尚矣。往者虽有和亲之名，终无丝发之效。境埸之人，屡婴涂炭。父战于前，子死于后。弱女乘于亭障，孤儿号于道路。老母寡妻设虚祭，饮泣泪，想望归魂于沙漠之表，岂不哀哉！传曰："江海所以能长百川者，以其下之也。"少加屈下，尚何足病？况今与匈奴君臣分定，辞顺约明，贡献累至，岂宜违信，自受其曲。其敕度辽及领中郎将庞奋倍雇南部所得生口，以还北虏。其南部斩首获生，计功受赏如常科。

这样一来，南单于还令"奥鞬日逐王师子将轻骑数千出塞掩击北虏，复斩数万人"。中国一方面归还北匈奴被南匈奴所抄掠的生口，一方面又对于南部斩首获生计功受赏如常科，怪不得北匈奴感觉到中国对于南匈奴待遇过厚而有了欺侮他们的看法了。这也可见得不只南匈奴与北匈奴的仇恨很深，而且在中国方面也在鼓励他们互相征伐，这也就是中国所谓"以夷制夷"的办法。

到了章帝章和二年（纪元后八八年），北匈奴因受很多的打击而趋于衰弱，南匈奴不久还上书要中国派兵去帮忙其攻击北匈奴，希望能够灭了北匈奴，使其能够统一匈奴并为一国。这个时候章帝已死，窦太后临朝，南单于上书说：

> 臣累世蒙恩，不可胜数。孝章皇帝圣思远虑，遂欲见成就，故令乌桓、鲜卑讨北虏，斩单于首级，破坏其国。今所新降虚渠等诣臣自言：去岁三月中发虏庭，北单于创艾南兵，又畏丁令、鲜卑，遁逃远去，依安侯河西。……臣伏念先父归汉以来，被蒙覆载，严塞明候，大兵拥护，积四十年。臣等生长汉地，开口仰食，岁时赏赐，动辄亿万，虽垂拱安枕，惭无报效之地。愿发国中及诸部故胡新降精兵，遣左谷蠡王师子、左呼衍日逐王须訾将万骑出朔方，左贤王安国、右大且渠王交勒苏将万骑出居延，期十二月同会虏地。臣将余兵万人屯五原、朔方（塞），以为拒守。臣素愚浅，又兵众单少，不足以防内外。愿遣执金吾耿秉、度辽将军邓鸿及西河、云中、五原、朔方、上郡太守并力而北，令北地、安定太守各屯要害，冀因圣帝威神，一举平定。臣国成败，要在今年。已敕诸部严兵马，讫九月龙祠，悉集河上。唯陛下哀哀省察。

窦太后把单于这封书给耿秉看，后者以为这是"以夷伐夷"的办法，这是一个好机会，也是国家之利，应当听许单于的意见。太后采纳了他的意见，使耿秉与窦宪出兵征伐。次年，窦宪大破匈奴，登燕然山，刻石纪功。这件事我们下面要加以叙述。我们在这里所要指出的是，南北匈奴的仇恨从南单于的上书中就可以看出来，而这种连年征伐，其影响于匈奴的衰弱也可以概见。

五

匈奴不只分为南北而有南北的剧烈斗争，而且在其南而尤其是北匈奴的内部，也是内争不已。南匈奴因为受了中国的约束，内部问题往往由中国去解决，但争端之见于史书者也不少，而尤以和帝年间单于屯屠何死后之争立为最显明的例子。至于北匈奴则内争之见于《汉书·南匈奴传》的更多，上面曾经指出单于比称单于之后，北部奥鞬骨都侯与右骨都侯曾率三万多人南来投降南单于，但是不久他们又反南单于而北返。《南匈奴传》说：

> 南单于所获北虏奥鞬左贤王将其众及南部五骨都侯合三万余人畔归，去北庭三百余里，共立奥鞬左贤王为单于。月余日，更相攻击，五骨都侯皆死，左贤王遂自杀，诸骨都侯子各拥兵自守。

这说明南匈奴或北匈奴的内部不能团结而不断争杀，使其人力物力皆受损失。又如纪元后八八年南单于所上窦太后的书中也指出，北匈奴因争立而引起争斗，其书中说：

> 今年正月，骨都侯等复共立单于异母兄右贤王为单于，其人以兄弟争立，并各离散。臣与诸王骨都侯及新降渠帅杂议方略，皆曰宜及北虏分争，出兵讨伐，破北成南，并为一国，令汉家长无北念。又今月八日，新降右须日逐鲜堂轻从虏庭远来诣臣，言北虏诸部多欲内顾，但耻自发遣，故未有至者。若出兵奔击，必有响应。

北匈奴的骨都侯右须日逐鲜堂从北匈奴来南匈奴投降，已说明了北匈奴内部有问题。若照这些投降者所说，兄弟争立并各离散，那么内争之厉害也可以概见。

南匈奴或北匈奴的内部争斗以至南北匈奴的争斗，都是匈奴内部的争斗，南匈奴固是往往利用中国去攻击北匈奴，北匈奴有时也要讨好于中国。上面曾指出，当南单于被北单于攻击而迁到西河的时候，中国曾派兵去保护南匈奴，北匈奴看到有了中国兵保护南匈奴，北单于乃将其所略的汉人交还中国"以示善意"。他的骑兵每到南部下，还过亭候，往往对汉人说：

> 自击亡虏奥鞬日逐耳，非敢犯汉人也。

有了一次，南匈奴的须卜骨都侯等对中国与北匈奴的交通来往表示不满意，怀嫌怨欲畔南匈奴而北返，他们与北匈奴密密通使，约好北匈奴遣骑迎接，但是事未发而为中国所知道，结果须卜骨都侯等的计划失败了，这是明帝永平八年（纪元后六三年）的事情。

从此我们可以看出，南北匈奴的两者的争斗是与其本部内部的争斗也是分不开的。在北匈奴内部有不满意于北匈奴而投降于南匈奴的，在南匈奴内部也有不满意于南匈奴或中国而投降于北匈奴的。我们可以说，匈奴之分为南北，主要固是由于内部因争立而引起的，但有了南北匈奴之后，南匈奴而尤其是北匈奴各个内部的好多争端，也因之而增加起来。因为在这种情形之下，一些大臣稍不满则由北投降于南或由南投降于北，反复无常，愈增加其内乱，而人力物力愈加消耗。如上面所举出的北部奥鞬骨都侯与右骨都侯，因不满意于北单于而投降于南单于，到了南匈奴之后，又不满意于南单于，而又与南部五骨都侯逃到北匈奴。既共立奥鞬左贤王为单于，之后又互相攻击，这位单于死了，五骨侯也死了，那么民众畜物之死者也必更多。

六

在前汉的时代，除了中国以外，外族之侵略匈奴者并非没有。《汉书》指有一个时候，乌桓击其东，丁零攻其北，而乌孙扰其西。然而，这些外族在前汉的时代对于匈奴的打击远不如后汉时代的外族的打击之甚。我们可以说，后汉匈奴之所以衰弱而至于灭亡，外族的攻击是主要原因之一。

光武年间，乌桓曾与匈奴连合而侵略中国，但章帝建初元年（纪元后七六年），因为北匈奴入云中以至渔阳，不久南单于曾遣轻骑与边郡及乌桓兵去攻击北匈奴。这是乌桓参加攻击北匈奴的例子。南匈奴单于上窦太后书中曾说，章帝时中国令乌桓、鲜卑讨伐北匈奴，又说北匈奴畏惧丁零、鲜卑，耿秉向窦太后上言，也说乌桓、鲜卑咸胁归义，这是乌桓、鲜卑与中国合作而抵抗北匈奴的表征。章帝元和二年（纪元后八四年），在"北虏衰耗，党众离畔"的时候，"南部攻其前，丁零寇其后，鲜卑击其左，西域侵其右，不复自立，乃远引而去"。

到了章和元年（纪元后八七年），《南匈奴传》说：

> 鲜卑入左地击北匈奴，大破之，斩优留单于，取其匈奴皮而还。北庭大乱。

一一〇年匈奴逢侯又为鲜卑所破。然而，对匈奴打击得最厉害的是桓帝、灵帝年间，鲜卑檀石槐崛起之后，征服了好多地，同时占据了匈奴的全部。《后汉书·鲜卑传》说：

> 檀石槐，年十四五，勇健有智略。异部大人抄取其外家牛羊，檀石槐单骑追击之，所向无前，悉还得所亡者，由是部落畏服。乃施法禁，平曲直，无敢犯者，遂推以为大人。檀石槐乃立庭于弹汗山歠仇水上，去高柳北三百余里，兵马甚盛，东西部大人皆归焉。因南抄缘边，北拒丁零，东却夫余，

西击乌孙,尽据匈奴故地,东西万四千余里,南北七千余里,网罗山川水泽盐池。

匈奴故地既尽为鲜卑所占据,那么北匈奴等于灭亡,其人民之留在匈奴故地者当然受鲜卑的统治。至于不愿受鲜卑的统治的也向西北逃走,不会留在匈奴故地。檀石槐死后,承继他的人们既没有他的才干而使其帝国逐渐瓦解,但是匈奴也无法在其故地再兴。至于南匈奴在中国庇护,虽然还苟延了一些时间,然而到了曹操的时候,也可以说等于灭亡。我们也得指出,南匈奴称臣中国以后,差不多完全受中国的保护,自身已早失了强大的力量。在后汉时期,匈奴势力之足以为中国患以及控制西域诸国者,是北匈奴。檀石槐时代的鲜卑既占据了匈奴故地,那么匈奴之为中国以外的外族所打击而成为其灭亡的主要原因之一,是显而易见的了。

七

鲜卑占据匈奴的时候,匈奴已很衰弱了。匈奴之所以衰弱,虽由于上面所说的各种原因,但是中国之征伐匈奴,是匈奴衰弱以至灭亡的最重要的一个原因。中国征伐匈奴的历史可以追逐到前汉的时候,这一点我们在上面已经说过,这里不必再述。在后汉的时代匈奴分为南北之后,南匈奴虽为中国所保护,但同时也为中国守备边境,使北匈奴不能随便来南侵中国。南匈奴不只是成为中国与北匈奴的缓冲地带,而且成为阻止或进攻北匈奴的军事重地。北匈奴有时南下而对汉人说是为攻击南单于而非敢犯汉,就是这个意思。然而,这并不是说有了南匈奴,中国就不会与北匈奴发生战争。恰恰相反的,在后汉时代,中国与北匈奴的战争是很频繁的,因为不只地理上中国还有好多地方靠近北匈奴,至于北匈奴与南匈奴有战争时,中国往往帮助南匈奴去抵抗或攻击北匈奴。比方在明帝永平五年(纪元后六二年),北匈奴入五原塞而至云中、原阳,南匈奴攻击,中国也派西河长史马襄赴援。明帝永平的时候(纪元后五八至七五年),匈奴屡入边境焚杀城邑,杀略民众,以至河西城门白天也要关起来,中国又不得不调动军队去攻击北匈奴。章和元年(纪元后八七年),匈奴为鲜卑所击,北匈奴屈兰、储卑、胡都须等五十八部口二十万,胜兵八千人诣云中、五原、朔方、北地投降。这因而北匈奴人口畜物又不能不削减了。

但是匈奴受最大的打击是窦宪与耿秉在和帝永和元年出朔方去征伐北匈奴。《后汉书·窦宪传》说:

> 南单于请兵北伐,乃拜宪车骑将军,金印紫绶,官属依司空,以执金吾耿秉为副,发北军五校、黎阳、雍营、缘边十二郡骑士,及羌胡兵出塞。明年,宪与秉各将四千骑及南匈奴左谷蠡王师子万骑出朔方鸡鹿塞,南单于屯

屠河，将万余骑出满夷谷，度辽将军邓鸿及缘边义从羌胡八千骑，与左贤王安国万骑出稠阳塞，皆会涿邪山。宪分遣副校尉阎盘、司马耿夔、耿谭将左谷蠡王师子、右呼衍王须訾等，精骑万余，与北单于战于稽落山，大破之，虏众崩溃，单于遁走，追击诸部，遂临私渠北鞮海。斩名王以下万三千级，获生口马、牛、羊、橐驼百余万头。于是温犊须、日逐、温吾、夫渠王柳鞮等八十一部率众降者，前后二十余万人。宪、秉遂登燕然山，去塞三千余里，刻石勒功，纪汉威德。

窦宪又命班固作铭曰：

惟永元元年秋七月，有汉元舅曰车骑将军窦宪，寅亮圣明，登翼王室，纳于大麓，惟清缉熙。乃与执金吾耿秉，述职巡御，理兵于朔北。鹰扬之校，螭虎之士，爰该六师，暨南单于、东乌桓、西戎氐羌侯王君长之群，骁骑三万。元戎轻武，长毂四分，云辎蔽路，万有三千余乘。勒以八阵，莅以威神，玄甲耀日，朱旗绛天。遂陵高阙，下鸡鹿，经碛卤，绝大漠，斩温禺以衅鼓，血尸逐以染锷。然后四校横徂，星流彗埽，萧条万里，野无遗寇。于是域灭区单，反斾而旋，考传验图，穷览其山川。遂逾涿邪，跨安侯，乘燕然，蹑冒顿之区落，焚老上之龙庭。上以摅高、文之宿愤，光祖宗之玄灵；下以安固后嗣，恢拓境宇，振大汉之天声。兹所谓一劳而久逸，暂费而永宁者也。乃遂封山刊石，昭铭上德。其辞曰：铄王师兮征荒裔，剿凶虐兮截海外，夐其邈兮亘地界，封神丘兮建隆嵑，熙帝载兮振万世。

匈奴受了这次打击，与好多大臣前后投降之后，北匈奴愈为衰弱。但是我们也得指出，窦宪、耿秉时代的匈奴既与卫青、霍去病时代的匈奴既大不相同，在军事的胜利上，前者也远不及后者。假使司马迁而陪着卫青、霍去病去征伐匈奴，大胜之后刻石勒功，其铭文所赞颂两者的功绩应当比班固所说更为堂皇。

过了一年，南单于又上书求灭北庭。于是中国又与南匈奴攻击匈奴，兵队分为二部，左部北过西河至河云北，右部从匈奴河西绕天山，南度甘微河，二军俱会，夜围北单于，北单于大为惊讶，率精兵千余人合战，单于被创，堕马复上，将轻骑数十遁走。中得其玉玺，获阏氏及男女五人，斩首八千级，又生虏数千而回。后来北单于又为右校尉耿夔所破，逃亡不知到那里。其弟右谷蠡王於除鞬自立为单于，居在蒲类海，遣使到边境。窦宪上书请立於除鞬为北单于，朝廷答应了他的请求。所以北单于还延续下去。

北匈奴既被击破，南匈奴的势力又增长起来，但是到了南单于屯屠何死了（和帝永元五年，纪元后九三年），南匈奴的左谷蠡王师子为单于安国所忌而引起内部争斗，中国又因而干涉以致征伐。《后汉书·匈奴传》记其始末云：

单于屯屠何立六年薨，单于宣弟安国立。单于安国，永元五年立。安国

> 初为左贤王而无称誉。左谷蠡王师子素勇黠多知，前单于宣及屯屠何皆爱其气决……天子亦加殊异。是以国中尽敬师子，而不附安国。安国由是疾师子，欲杀之。其诸新降胡初在塞外，数为师子所驱掠，皆多怨之。安国因是委计降者，与同谋议。安国既立为单于，师子以次转为左贤王，觉单于与新降者有谋，乃别居五原界。单于每龙会议事，师子辄称病不往。皇甫棱知之，亦拥护不遣，单于怀愤益甚。

这主要是南匈奴的内部的问题，但是当时中郎将杜崇因与安国不和睦，杜崇与朱徽乃上言告安国欲杀师子，同时新降的匈奴人谋共迫胁安国起兵反畔，和帝乃从杜崇与朱徽的建议，遣兵到安国王庭。安国夜间听说中国兵到，乃弃帐而去，因举兵及将新降者要杀师子，可是师子已先知道，他乃逃入曼柏城。他把城门关起来，安国不能入，朱徽遣使劝安国不要这样做，而安国不听。其后安国被了他的舅父骨都侯喜为等所杀，而师子乃立为单于。可是新降的胡人夜袭师子，为安集掾王恬所带领的卫护士所破，于是新降胡人十五部二十余万人皆反畔，胁立前单于屯屠何的儿子奥鞬日逐王逢侯为单于。他们遂杀略吏人，烧了邮亭庐帐，于是邓鸿与杜崇等又带领军队去攻击逢侯。逢侯后来因部众饥穷，又为鲜卑所击，其众逐渐离散。师子立了四年而死，单于长之子檀立为单于，他又常常攻击逢侯，逢侯遂日趋困迫。至于单于檀于安帝永初三年（纪元后一〇八年）入朝，回去之后因听同其入朝的汉人韩琮的话，以为中国关东有水灾，人民饥饿死，尽可以攻击，他乃起兵反畔，中国遣何熙、庞雄、梁懂、耿夔等攻击。据《后汉书·南匈奴传》说：

> 单于见诸军并进，大恐怖，顾让韩琮曰："汝言汉人死尽，今是何等人也？"乃遣使乞降，许之。单于脱帽徒跣，对庞雄等拜陈，道死罪。于是赦之，遇待如初。

又如顺帝永和元年（纪元后一三六年），南匈奴左部句龙王吾斯、车纽等背畔，马续与中郎将梁并乌桓校尉王元发缘边兵及乌桓、鲜卑、羌胡，合二万余人去攻破。这一件事，单于本不与谋，可是当顺帝遣人去责备单于的时候，据《南匈奴传》说：

> 单于……乃脱帽避帐，诣并谢罪。

单于的"脱帽徒跣，对庞雄等拜陈，道死罪"与"单于……脱帽避帐，诣并谢罪"，这是匈奴衰弱的表征。呼韩邪单于称臣而不需拜，单于比拜而觉惭愧，到了后来的单于脱帽徒跣以拜，其衰弱之愈超愈甚可以概见。到了檀石槐占据匈奴故地之后，南匈奴在中国庇护之下，虽也有时反畔，然而这个时候力量愈来愈小。到了献帝建安二十一年（纪元后二一六年），匈奴单于入朝中国而为曹操所留于邺，匈奴可是说是等于灭亡了。

八

在后汉的时代,在北边除了到檀石槐兴起之后,中国的劲敌还是匈奴,主要的也可以说是北匈奴。西边的西羌虽然也是中国的外患的主要角色,然而这个外患还比不上北匈奴之为甚。然而,后汉时代的匈奴在事实上已是衰弱,再加以天灾、内乱与外患,更愈加衰弱。我们上面已经指出,匈奴自经过汉武帝的长期征伐之后,已趋于衰弱。到了武帝的末年与昭帝、宣帝年间,匈奴也不断的为天灾所困,同时内乱外患又相迫而来,结果是匈奴分为南北。此后虽经过约一百年的休养生息,然其力量已远不及冒顿、军臣的时代。后汉光武年间又再度分为南北,又加以天灾、内乱、外患,其更愈于衰弱是很为显明的。

因此之故,后汉之对付匈奴,既不像高祖以至景帝时期的偏重于和亲送礼的方式,也不像武帝的时候主要依靠于中国自己的力量去从事征伐。后汉初年,匈奴就分为南北,分了之后不再统一。南北之分引起南或北的本身的内部的紊乱,因而又影响到南北的不断争斗,再加以乌桓而尤其鲜卑的崛起,除了北边的丁零、西边的西域诸国之外,东边这个劲敌是在前汉时期为匈奴所没有碰过的。

中国既有了南匈奴去做其外围,中国就尽量去利用像耿秉所说的以夷伐夷的方法去应付北匈奴。所谓以夷伐夷,不只是指着以南匈奴去伐北匈奴,而且利用乌桓、鲜卑以及西北的其他诸国。自然的,我们也得指出,有的时候匈奴也利用这些国家来侵略中国。虽则这种侵略规模既不算大,中国所受的影响也不算大。我们只要看看在后汉的时期,凡是出兵征伐匈奴而特别是征伐北匈奴的时候,往往有了外族的军队,几次大胜,像窦宪在纪元后八八年之大破匈奴,乌桓、西戎、氐羌而尤其是南匈奴所出的兵力最大。这与汉武帝时差不多完全靠着中国自己的人力物力去攻击匈奴是不相同的。后汉的匈奴比之前汉的匈奴衰弱得多,在中国方面又能够常常以夷伐夷,匈奴之更易于征服,是有其客观的条件的。

我们也得指出,中国也非完全利用在军事上的优越地位去征服匈奴,往往也利用外交去解决问题。南匈奴固是中国的属国而加以厚待,北匈奴遣使言好,中国也很少拒绝。当然的,厚待于南而又要讨好于北,这是一件不容易应付的事情。因为这样的做,南匈奴既不见得高兴,北匈奴也以为中国太厚于南而欺于北。这种情形在前汉南北匈奴分立时期也曾有过,不过郅支西逃不久又被杀,而且时间较短,故其所发生的问题不及后汉的复杂,因而后汉中国朝野屡为了这些问题而觉得不易解决。《后汉书·南匈奴传》说:

> 二十七年(光武时期,纪元后五一年),北单于遂遣使诣武威求和亲,天子召公卿廷议,不决。皇太子曰:"南单于新附,北虏惧于见伐,故倾耳

而听，争欲归义耳。今未能出兵，而反交通北虏，臣恐南单于将有二心，北虏降者且不复来矣。"帝然之，告武威太守勿受其使。

可是过了一年（二十八年），北匈奴复遣使诣阙，贡马及裘再次请求和亲，并请求赐给音乐，又请求率西域诸国的胡客一块来献见。光武又与公卿商量，司徒掾班彪说：

> 臣闻孝宣皇帝敕边守尉曰："匈奴大国，多变诈。交接得其情，则却敌折冲；应对入其数，则反为轻欺。"今北匈奴见南单于来附，惧谋其国，故数乞和亲，又远驱牛马与汉合市，重遣名王，多所贡献。斯皆外示富强，以相欺诞耳。臣见其献益重，知其国愈虚，归亲愈数，为惧愈多。然今既未获助南，则亦不宜绝北，羁縻之义，礼无不答。谓可颇加赏赐，略与所献相当，明加晓告以前世呼韩邪、郅支行事。

班彪还为光武拟了答复匈奴的稿，说：

> 单于不忘汉恩，追念先祖故约，欲修和亲，以辅身安国，计议甚高，为单于嘉之。往者，匈奴数有乖乱，呼韩邪、郅支自相仇隙，并蒙孝宣皇帝垂恩救护，故各遣侍子称藩保塞。其后郅支忿戾，自绝皇泽；而呼韩附亲，忠孝弥著。及汉灭郅支，遂保国传嗣，子孙相继。今南单于携众南向，款塞归命。自以呼韩嫡长，次第当立，而侵夺失职，猜疑相背，数请兵将，归埽北庭，策谋纷纭，无所不至。惟念斯言不可独听，又以北单于比年贡献，欲修和亲，故拒而未许，将以成单于忠孝之义。汉秉威信，总率万国，日月所照，皆为臣妾。殊俗百蛮，义无亲疏，服顺者褒赏，畔逆者诛罚，善恶之效，呼韩、郅支是也。今单于欲修和亲，款诚已达，何嫌而欲率西域诸国俱来献见？西域国属匈奴，与属汉何异？单于数连兵乱，国内虚耗，贡物裁以通礼，何必献马裘？今赍杂缯五百匹，弓鞬韥丸一，矢四发，遣遗单于。又赐献马左骨都侯、右谷蠡王杂缯各四百匹，斩马剑各一。单于前言先帝时所赐呼韩邪竽、瑟、空侯皆败，愿复裁赐。念单于国尚未安，方厉武节，以战攻为务，竽瑟之用不如良弓利剑，故未与赍。朕不爱小物于单于，便宜所欲。

光武采纳了班彪的意见去回复北匈奴。班彪的意见是"今既未获助南，则亦不宜绝北"，这就是说，既不用兵去帮助南匈奴去攻击北匈奴，那么也不要与北匈奴绝交。简单的说，不征伐不绝交。然而，事实往往也是一方面征伐，一方面交涉。同时，中国一方面攻伐，一方面又要维持南北匈奴对立的局面。所以窦宪大破匈奴之后，中国仍然不使其消灭而维持其残余与名位。南匈奴单于脱帽徒跣而拜以乞降，中国仍赦其罪过，遇待如初。可是匈奴在这种情形之下，已是很为衰弱而趋于灭亡的道路。

自冒顿以至单于被曹操留之于邺，有了四百余年的时间。自汉兴以至曹操自进为魏王，也有了四百余年的时间。匈奴兴而汉室亦兴，匈奴亡而汉室亦亡，这不能不说是历史上很为巧凑的事情。

第三编

第十七章　西域的史略

一

司马迁的《史记·大宛传》是班固的《汉书·西域传》与范晔的《后汉书·西域传》的前身。司马迁说，"大宛之迹，见自张骞"。班固指出，"西域以孝武时始通"。范晔也告诉我们，"武帝时，西域内属"。因此之故，他们叙述西域都始自武帝。但是应该指出，这只是从中国与西域的关系的历史来说，至于西域与匈奴的关系的历史以及西域诸国的本身的历史，却不能说是始自武帝。

《史记》《汉书》《后汉书》对于匈奴的历史说得比较详细，对于史实的时间的次序或连续性也记载得比较清楚。司马迁的《匈奴传》、班固的《匈奴传》对于头曼以前的匈奴历史虽追溯到夏殷时代，但他们也都承认自夏殷之际的淳维以至头曼的千余年中，"其世传不可得而次"。但是司马迁对于头曼以后以至李广利降匈奴的历史没有间断的加以叙述，班固跟着司马迁的匈奴历史加以补充，分《匈奴传》为上下两篇，说得更为详细，而止于刘玄更始的失败。范晔的《南匈奴传》始自光武而终于曹操留匈奴单于于邺。所以匈奴自头曼以至曹操留其单于于邺的四百余年的历史是源源本本的叙述出来，使后来的研究匈奴历史的人们得读一部较为继续不断的匈奴历史。

西域的历史就不是这样。司马迁开其端，班固继之而大加补充，也分上、下两篇，成为研究汉代西域诸国的最详细的著作。范晔的《西域传》据他自己说：

> 班固记诸国（西域诸国）风土人俗，皆已详备前书。今撰建武（光武）以后其事异于先者，以为《西域传》。

范晔还指出他所记的《西域传》"皆安帝末班勇所记云"。班勇是班超的儿子，不只因为他父亲久在西域及其在西域所做的功绩而使他对于西域认识较深，而且他自己也曾被遣到西域立功异域，所以他关于西域的记载是很有价值的材料。然而，无论司马迁的《大宛传》也好，班固、范晔的《西域传》也好，他们对于西域诸国的历史不只没有像《匈奴传》所记匈奴的历史那么详细，而对于史实的继续性就说得不够清楚。西域诸小国的历史固是很少注意，西域的大国历史也少有叙述，所以要从《西域传》中而像从《匈奴传》中而写出一本有时间性的有次序与有系统的历史，就不容易了。

然而，这并不是没有原因的。第一，西域诸国数目太多了，最初有了三十六国，其后又分为五十余国，各国本身的历史以及各国的互相关系的历史因很复杂而难于了解，就是中国之于诸国的关系也是这样。第二，葱岭以西的西域诸国之于中国距离太远，其历史固难了解，就是葱岭以东的西域诸国在地理的距离上也并不近，加以时通时断或是半通半断，要懂其全部历史或全面情况是很不容易的。因而我们研究西域的历史与研究匈奴的历史不能同样作法。

两汉西域诸国的历史主要材料当然是《史记》的《大宛传》与《汉书》与《后汉书》的《西域传》，而尤其是《汉书》与《后汉书》的《西域传叙》，给我们一个简略的西域诸国历史的鸟瞰。此外，《史记》《汉书》《后汉书》的《匈奴传》对于西域诸国也有不少材料。至于帝纪及其他列传而尤其是一些与西域特别有关系的人物的列传，如张骞、班超的列传中所说关于西域的记载都很为宝贵，至于其他的著作，只能当作次要的参考材料而已。

二

《史记·匈奴传》指出在秦的时代，"东胡强而月氏盛，匈奴单于头曼不胜秦"。秦是在匈奴的南边，所以匈奴的东南三面都有强盛的国家。我们在本章里的目的是叙述西域的简史，所以我们只对于西域有关的事情加以说明。

在月氏强盛的时候，匈奴还要遣子为质，头曼单于太子冒顿本来是准备继头曼而立为单于，但是头曼后来有所爱的阏氏生了少子，头曼欲废冒顿而立少子，于是他乃遣冒顿为质于月氏。冒顿到了月氏之后，头曼立刻攻击月氏，希望月氏把冒顿杀死了，可是月氏尚未杀冒顿之前，冒顿就偷其善马骑之而回。冒顿后来既杀父而自立与攻破大月氏，之后他又西击月氏。

月氏在这个时候是居在敦煌、祁连间，这就是后来中国人所说的河西走廊，在天山以北。大概在这个时候，还有一个国家叫做乌孙。乌孙也是居在敦煌、祁连间，但是乌孙是一个较弱的国家，在月氏强盛的时候，可能受月氏的控制，冒顿攻击月氏之后，乌孙也许又为匈奴所控制。但是月氏所受匈奴最大的打击不是在冒顿的时候，而是在其子老上稽粥单于的时候。老上稽粥单于攻破了月氏，杀其王而以其头为饮器。月氏于是乃离开敦煌、祁连间而到准噶尔盆地的西北。月氏有一小部分的人民没有逃跑，留在敦煌、祁连间，叫做小月氏，其离开这个地方的叫做大月氏。

准噶尔盆地的西北在这个时候已有一个民族居住，这就是塞种。大月氏逃到这个地方就攻击塞族，塞族逃跑到葱岭以西，散居各处，月氏遂占领其原来的地方。原在敦煌、祁连间的乌孙曾为月氏所攻败而杀其王，乌孙离开其原住的地方而遁到了匈奴，后来得到匈奴的帮忙遂西击大月氏，大月氏被乌孙所攻败，大月氏也跑到葱岭以西，乌孙遂占领其地，这也就是塞种原来所居的地方。

这是在老上单于的时代的河西走廊与准噶尔盆地的西域诸国的情况，在月氏强盛的时候乌孙固为月氏所控制，天山以南的西域诸国大概也为月氏所控制，或是间隔而与匈奴没有交通，就是有了恐怕也很少。因为月氏既强盛而使匈奴要遣子为质，月氏不致于随便去使匈奴去臣服，或接触这些国家。但是月氏被匈奴攻走之后，敦煌祁连间也为匈奴所占据，水草丰盛的祁连山与出产胭脂的焉支山都为匈奴所占有。天山以北的乌孙固是匈奴所帮助而恢复其国力的国家，天山以南的西域诸国也逐渐地成为匈奴的属国。《汉书·陈汤传》述陈汤的话说：

西域本属匈奴。

《汉书·西域传》说：

匈奴西边日逐王置僮仆都尉，使领西域。

这都应该是匈奴攻破月氏与大月氏离开了敦煌、祁连以后的事情。冒顿死于汉文帝七年（纪元前一七三年），他的儿子稽粥在他死后就继立。稽粥在位十二年，死于文帝后元三年（纪元前一六一年），因此大月氏之离开敦煌祁连间必在这个时期内。

在汉武帝就位之前，中国之于西域诸国的情况可能知道多少，同时也可能有了交通或至少是间接的交通，但是中国并没有企图去征服或连合西域诸国。汉武帝登位之后不久，就开始去与西域诸国交通以断匈奴的右臂。中国所要联络以抵抗匈奴的西域诸国的第一的国家是月氏，为什么中国特别注重到月氏这个国家呢？《汉书·张骞传》说：

张骞……建元中（武帝元年至六年，纪元前一四〇年至一三五年）为郎。时匈奴降者言匈奴破月氏王，以其头为饮器，月氏遁而怨匈奴，无以共击之。汉方欲事灭胡，闻此言，欲通使。

张骞是在这个时间与这种情形之下而应募出使月氏的。张骞出使之后还没到月氏，遂为匈奴所捕，留匈奴十余年，然后逃走而西到大宛，再由大宛而到大月氏。月氏在这个时候已占了一块很好的地方，人民安居乐业，与中国又距离很远，没有意思去与中国联合而攻击匈奴，所以张骞的使命在这一点上是失败了。因而匈奴很安稳的一方面据有河西走廊，一方面臣服西域诸国。直到武帝元狩二年（纪元前一二一年），霍去病攻破匈奴右地，这就是河西走廊，与匈奴浑邪休屠王投降中国之后，中国之于西域才直接的发生了关系。

河西走廊也可以说西域的东边或是中国到西域的门户，为匈奴所占据四十余年,这就是从稽粥单于攻走月氏之后以至霍去病攻破匈奴右地的时候。匈奴既以这个地方控制西域诸国的根据地,又因这个地方的水草丰富出产胭脂,对于匈奴有了很大的用处。这个地方为了中国所占领,对于匈奴是一种极大的损失,所以匈奴人说:"失我焉支山,使我妇女无颜色;失我祁连山,使我六畜不蕃息。"事实上,焉支山与祁连山本来是月氏、乌孙所占的地方,而非匈奴的地方。

三

《汉书·张骞传》说:

> 是岁(武帝元狩二年,纪元前一二一年)骠骑将军破匈奴西边,杀数万人,至祁连山。其秋,浑邪王率众降汉,而金城、河西并南山至盐泽,空无匈奴。

张骞见得这个地方既空起来,他又劝武帝遣他出使乌孙,希望乌孙能迁回原来的地方,使其为中国的外围,以免使这里空无人住或为匈奴所再侵占。可是就这一点来说,张骞到了乌孙之后,也得不到结果而回。但是,张骞回国的时候,乌孙派了使者数十人同他到中国,探视中国的情形。这些使者到了之后,见得中国地方广大,物产丰富,乌孙国王对于中国渐渐亲善起来,后来成为一个很好的盟国。

乌孙虽不愿意迁回故地,但是匈奴西边既被了攻走之后,自敦煌到盐泽这条路就可以交通,中国与天山以南的西域诸国有了直接的关系,这就是武帝元鼎二年(纪元前一一五年)的事情。十年后,中国以宗室女嫁给乌孙,中国之于乌孙的关系愈加密切。过了一年(纪元前一〇四年),武帝遣李广利去伐大宛,经过二年的时间,未到大宛失败而回。武帝不甘失败,再次大事调动军队去伐大宛,结果于太初四年(纪元前一〇一年)大宛贵人杀其王而降中国。

大宛投降了中国,中国在西域的声威大振起来,西域诸国皆为之惊服。《汉书·西域传》说:

> 自贰师将军伐大宛之后,西域震惧,多遣使来贡献。汉使西域者益称职。于是自敦煌西至盐泽,往往起亭,而轮台、渠犁皆有田卒数百人,置使者校尉领护,以给使外国者。

李广利攻击大宛,在中国与西域的关系史上是一件很为重要的事情。因为大宛在葱岭以西,距离中国很远。第一次征伐未到大宛失败,兵士死者大半。第二次征伐兵临大宛城下,事实上并没有酣战而大宛投降。但是中国能发动那么多的军队远途征伐,使葱岭以东的西域诸国固是为之畏服,葱岭以西的西域诸国也闻之而惧。匈奴最初也有意去阻止李广利的归程,但是见得中国在大宛的胜利,也不敢去截断中国军队。

中国虽通了西域各国，但是西域诸国之中有的对于中国不甚亲善，有的为匈奴使者所反间，仇恨中国。如昭帝元凤四年（纪元前七七年），傅介子到了楼兰，楼兰对他不好，他设法去诱杀楼兰王，使楼兰畏服。傅介子从大宛回时路经龟兹，恰巧匈奴的使者从乌孙还，也在龟兹，介子又率其吏士杀了匈奴使者，这又使龟兹与其他诸国为之震慑。像傅介子这种使者出使外国所带的吏士数目很少，然而远在异国，这样的去杀其国王、诛匈奴使者，可以说是做了一般普通使者所不能做的事情，西域诸国安得不畏慑？至若李广利之征伐大宛，发动了十数万人，跑到那么远的地方去征服大宛，中国武力的声威之振于葱岭以东及以西的西域诸国是不难了解的。

《汉书·西域传叙》说：

> 宣帝时，遣卫司马使护鄯善以西数国。及破姑师，未尽殄，分以为车师前后王及山北六国。时汉独护南道，未能尽并北道也。然匈奴不自安矣。其后日逐王畔单于，将众来降，护鄯善以西使者郑吉迎之。既到汉，封日逐王为归德侯吉为安远侯。是岁，神爵三年也（纪元前三年，有的说为神爵二年）。乃因使吉并护北道，故号曰都护。都护之起，自吉置矣。僮仆都尉由此罢，匈奴益弱，不得近西域。

《汉书·西域传叙》又说：

> 于是徙屯田，田于北胥鞬，披莎车之地，屯田校尉始属都护。都护督察乌孙、康居诸外国动静，有变以闻。可安辑，安辑之；可击，击之。都护治乌垒城，去阳关二千七百三十八里，与渠犁田官相近，土地肥饶，于西域为中，故都护治焉。

上面已经指出，霍去病攻破匈奴在河西走廊的势力之后，浑邪王来降，自敦煌以至盐泽空无匈奴，使中国能在这些地方起了亭站，以与西域南道诸国直接交通。到了宣帝的时候，中国攻破姑师，不久日逐王又来降，于是北道也可以通使。西域南北二道都受了中国的控制，匈奴所设以为统治西域诸国的僮仆都尉不得不撤消，反之，中国派去处理西域事务的机构或官吏却统一起来，称为都护。都护居在西域的适中的地方，这就是乌垒城。他的职权很大，需要安辑的由他去安辑，需要攻击的由他去攻击，他所管治的西域诸国的范围不只限于葱岭以东的，而且包括在葱岭以西的康居，这又是中国与西域的关系史上一件很重要的事情。匈奴在西域的势力可以说是完全打垮了，数十年前，汉武帝所希望通西域以断匈奴的右臂，也可以说是完全实现了。

自纪元前一二一年以后的数十余年中，匈奴最先保不住祁连山与焉支山，现在又保不住西域的北道，整个西域是受了中国的控制。

匈奴右臂既已切断，匈奴本身又呈分裂，在匈奴的本土被了汉武帝数十年的大力攻击之后，匈奴已很衰弱，再加以天灾，而尤其是严重的内乱，由五单于的争立而终至于匈奴分为南北。南匈奴的呼韩邪单于于宣帝甘露三年（纪元前五一年）入朝称臣，北匈奴郅支单于觉到在匈奴本土不易站得住，乃向西北遁走，他沿途征服了匈奴西北的一些国家，如丁令、坚昆，最后跑到康居建筑郅支城，希望安定住下去。所谓北匈奴遂成为西匈奴，也可以当为西域诸国之一。他一方面远逃于葱岭以西，一方面又往往得罪于中国，如杀死中国所遣的使者，于是住在西域的陈汤乃与甘延寿乃于昭帝建昭三年（纪元前三六年）发兵去攻伐郅支单于，攻破了郅支城，杀死了郅支单于。这是中国武力在葱岭以西的很远地方再次得到大胜利，北匈奴固因此而灭亡，西域诸国也为之而震惧。

郅支单于没有被杀之前，南匈奴的呼韩邪已从中国的边塞迁回匈奴的北部，郅支单于既已西走而不久又被杀死，呼韩邪单于又统一了匈奴。从他入朝称臣以后的五十年中，他的诸子相继就位，得了相当的时间去休养生息，匈奴慢慢地又恢复其力量。然而，在这五十年中，匈奴始终是称臣于中国，有的时候西域诸国中有不满意于中国的统治而逃到匈奴希望得到保护，匈奴接受了他们，但是中国一抗议起来，匈奴往往是交出这些人们，不敢留他们在匈奴。匈奴与西域诸国一样的成为中国的藩臣，同样的遣子入侍，连了郅支单于有了一个时期也遣子入侍。遣子入侍事实上就是遣子为质。

从此我们可以看出来，中国联络或征服西域诸国固是要断匈奴的右臂，但是匈奴的本身衰弱也是中国制服西域的一个主要因素。西域诸国数目既多，强盛的国家很少，他们大致上是以中国与匈奴的势力的消长而决定去服从那一方，而现在曾奴役过他们的匈奴还要入朝称臣，他们自己安得不服从中国。

我们可以说，在前汉时代，中国在西域的声威最高的时期要算宣帝与元帝年间了。所以《汉书·西域传叙》的结语说：

> 自宣、元后，单于称藩臣，西域服从。其土地山川、王侯户数、道里远近，翔实矣。

中国对于西域的智识的程度的深浅，也是与中国在西域的声威的高低正为一个正比例。《前汉书》的《西域传》上下二篇是研究西域的最详细的史料，也是有其原因的。应该指出，《前汉书》所记的西域王侯户数、道里远近是有其好多错误的，而不见得很为翔实，但是在二千年前的文件资料能这样详细流传下来，在中国历史上固是很宝贵的资料，在世界历史上也是关于研究西域的最宝贵的资料。

四

王莽秉政之后，中国之于匈奴的关系既逐渐恶化，中国之于西域诸国的关系也愈来愈疏。王莽对于匈奴采用命令方面，时时命令匈奴做其不愿意做的事情，引起匈奴的很大反感，结果匈奴又南下入寇，王莽又采用武力方式去解决，可是这个方式又少发生效力。匈奴自呼韩邪单于称臣以后五六十年间休养生息，逐渐恢复力量，中国则升平日久，边疆放弛，加以王莽秉政以后内部发生问题，匈奴不只南下牧马，而且又伸手到西域诸国，又因中国既忙于解决内部问题，对于西域的控制不能兼顾，西域诸国对于中国逐渐疏远，而至于断绝关系。他们自己之间也互相征伐，这样一来，匈奴更易于乘机而入。《后汉书·西域传》说：

> 西域内属，有三十六国……哀平间（纪元前六年至纪元后五年），自相分割为五十五国。王莽篡位，贬易侯王，由是西域怨叛，与中国遂绝，并复役属匈奴。

王莽建国的末年，窦融为巨鹿太守，后来被推为河西五郡大将军。他一方面阻止匈奴的侵入，一方面因为他镇守河西，毗连西域，西域一些国家对他颇能尊重，使中国在西域的威信不致完全失掉。《后汉书·窦融传》说：

> 融居属国，领都尉职如故，置从事监察五郡。河西民俗质朴，而融等政亦宽和，上下相亲，晏然富殖。修兵马，习战射，明烽燧之警，羌胡犯塞，融辄自将与诸郡相救，皆如符要，每辄破之。其后匈奴惩义，稀复侵寇，而保塞羌胡皆震服亲附。

应该指出，在王莽的时期，匈奴势力伸张到西域之后，匈奴对于西域诸国"敛税重刻"，西域各国没有办法去满足匈奴的要求，所以光武就位之后，西域诸国曾向中国请求内附，但是光武以为天下初定，不愿意去管那么多的异域的事情，所以没有答应他们的请求。但是匈奴在这个时期，内部又发生问题而分为南北二部，单于比称臣于中国，匈奴又变为衰弱。

中国既不允许西域诸国内附，匈奴又因内乱而衰弱，西域诸国又呈了紊乱的现象。在这个时候，莎车王贤强盛起来。他攻破拘弥、西夜诸国，又攻龟兹、于阗，他甚至越葱岭而西击破妫塞王，在一个时期中，他在西域称霸起来，这是西域诸国的历史上所少见的事情。但是不久他被了于阗所攻败并杀死他，《后汉书·西域传叙》说：

> 会匈奴衰弱，莎车王贤诛灭诸国。贤死之后，遂更相攻伐。小宛、精绝、戎庐、且末为鄯善所并。渠勒、皮山为于阗所统，悉有其地。郁立、单桓、孤胡、乌贪訾离为车师所灭。后其国并复立。

光武既忙于安定国内而不欲向西北发展，北匈奴又向西域去扩充其势力，明帝永平年间（纪元后五八至七二），北匈奴威胁西域诸国共寇河西诸郡县，情势相当严重，在这些地方的城门白天也要关闭以防匈奴与西域诸国的侵入。到了明帝十六年，明帝乃发兵去北伐，北匈奴占领了伊吾卢地。《后汉书·窦固传》说：

> 时（明帝时）天下乂安，帝欲遵武帝故事，击匈奴，通西域，以固明习边事，十五年冬，拜为奉车都尉，以骑都尉耿忠为副，谒者仆射耿秉为驸马都尉，秦彭为副，皆置从事、司马，并出屯凉州。明年，固与忠率酒泉、敦煌、张掖甲卒及卢羌胡万二千骑出酒泉塞，耿秉、秦彭率武威、陇西、天水募士及羌胡万骑出居延塞，又太仆祭肜、度辽将军吴棠将河东北地、西河羌胡及南单于兵万一千骑出高阙塞，骑都尉来苗、护乌桓校尉文穆将太原、雁门、代郡、上谷、渔阳、右北平、定襄郡兵及乌桓、鲜卑万一千骑出平城塞。固、忠至天山，击呼衍王，斩首千余级。呼衍王走，追至蒲类海。留吏士屯伊吾卢城。……明年，复出玉门击西域，诏耿秉及骑都尉刘张皆去符传以属固。固遂破白山，降车师。

匈奴败走，车师投降，中国又置宜禾都尉以屯田，西域诸国与中国的关系又重新建立起来。于阗诸国又遣子入侍。明帝十七年（纪元后七四年），中国又恢复了西域都护的职位，并置戊己校尉去办理西域的事务。

自王莽自称新皇帝以至明帝十六年取伊吾卢地，共有六十五年之久，中国之于西域局部的交通是有的，比方光武建武五年（纪元后二九年），河西大将军窦融曾承制立莎车王之子康为汉莎车建功怀德王，但是中国朝廷之于西域诸国的交通可以说是断绝。武帝数十年的经营使纪元前一二一年以后西域逐渐通于中国，宣帝神爵三年（纪元前五九年）至王莽秉政的六十余年中，西域受了中国的控制，经过六十余年的间断，现在又恢复关系。此后约三十年间，西域又差不多完全受了中国的管理。

五

当明帝十六年征伐匈奴取伊吾卢地的时候，班超是跟着窦固而征伐匈奴，他当时是一个假司马。他将别兵击伊吾，战于蒲类海，杀了好多敌人而回。窦固很看得起他，遣他与郭恂俱使西域，从此以后，他在西域有三十年之久。关于班超在西域的事迹，我们另有专篇叙述，我们在这里只能略解释。

班超在西域的长期的时间中所用以对付西域诸国的方法是外交与征伐两者兼用。从整个来看，他用外交多于征伐，但是他随时是准备去用武力去使西域诸国屈服。比方，他初到鄯善，其王对他很好，后来却冷淡起来，他探知是有了匈奴使者到了鄯善，而其王亲于匈奴而疏于汉使，他决定以所带的少数吏士围杀匈奴使者及其随从百多人，把匈奴使者的头去给鄯善王看，结果鄯善惊服。他在西域所统率的士兵虽很少，但他往往利用西域诸国的兵队去攻伐一些不服从中国的西域国家。他不只发动葱岭以东的西域诸国兵众，他有时且发动了葱岭以西的西域国家的军队，他攻姑墨时是用疏勒、于阗、拘弥以至康居的兵士。然而，他之所以能发动西域诸国的军队而去实行其所谓以夷伐夷的政策，这也可以说他的外交工作办得很好。有一个时候，他受中国朝廷的命令准备回国，有些西域国家拼命去挽留他留在西域，因为他们怕他离开之后，他们的安全就有问题，这也说明了他善于外交。

班超从南道而北道用外交与武力去使西域诸国都服从中国，他在和帝永元三年（纪元后九一年）被命为西域都护。过了三年，他又攻破焉耆，使西域五十余国悉纳贡内属，而条枝、安息诸国都遣使到中国贡献。他在和帝永元九年遣掾甘英到了西海，这是中国使者向西出使最远的地方。

应该注意，西域诸国的平定也是与匈奴的衰弱是分不开的。明帝死了之后，匈奴与车师曾围攻戊己校尉，章帝不欲劳师于外，曾迎回戊己校尉，撤销了西域都护，伊吾地又为匈奴所占领，同时又伸手到西域诸国。但是到了和帝永元元年（纪元后八九年），窦宪大破北匈奴之后一年，窦宪又遣副校尉阎槃去攻破匈奴在伊吾的军队，这对于二年后班超之平定西域是有了很大的帮助的。因为伊吾这个地方若为匈奴所占，则西域有些国家仍时时为匈奴所控制。北匈奴经过窦宪大败之后，势力大为衰弱。班超之所以能以夷制夷的方法去平定西域，是与匈奴的衰弱有了关系。假使在西北有了一个强大的匈奴，中国要想控制西域是不容易的。

班超死于和帝永元十四年（纪元后一〇二年），管理西域不得其人，西域又逐渐反畔。比方继班超而为西域都护的任尚，数年之间，因为他不会对付西域诸国，西域又乱起来，他自己与段禧都被西域诸国围攻。朝廷没有办法，又诏罢都护，放弃西域。匈奴在这个时候虽已衰弱，但中国放弃西域之后，匈奴又来役属诸国，并且利用西域诸国的兵力去侵略中国的边境。这说明中国控制西域，匈奴右臂被了切断；但是中国放弃西域，也可以使匈奴利用西域的人力物力以增加其势力。

匈奴与西域诸国侵略中国边境有了十余年之久，中国没有办法，不得不再用武力去解决。安帝元初六年（纪元后一一九年），遣索班去屯伊吾，以招抚西域诸国，车师、鄯善都来投降，但是不久匈奴又率车师后部的军队又攻破索班的军队，索班自己也被杀了，匈奴、车师于是又侵略河西。当时有人提议关闭玉门、阳关，以绝其患，但是在安帝延光二年（纪元后一二三年），敦煌太守张珰上书陈二策，《后汉书·西域传》叙述张珰说：

> 北虏呼衍王常展转蒲类、秦海之间，专制西域，共为寇抄。今以酒泉属

国吏士二千余人集昆仑塞，先击呼衍王，绝其根本，因发鄯善兵五千人胁车师后部，此上计也。若不能出兵，可置军司马，将士五百人，四郡供其犁牛、谷食，出据柳中，此中计也。如又不能，则宜弃交河城，收鄯善等悉使入塞，此下计也。

安帝把张珰的意见给公卿们讨论，尚书陈忠上疏说：

今北虏已破车师，势必南攻鄯善，弃而不救，则诸国从矣。若然，则虏财贿益增，胆执益殖，威临南羌，与之交连。与之交通，如此河西四郡危矣。河西既危，不得不救，则百倍之役兴，不赀之费发矣。议者但念西域绝远，恤之烦费，不见先世苦心勤劳之意也。方今边境守御之具不精，内郡武卫之备不修，敦煌孤危，远来告急，复不辅助，内无以慰劳吏民，外无以威示百蛮。蹙国减土，经有明诫。臣以为敦煌宜置校尉，案旧增四郡屯兵，以西抚诸国。庶足折冲万里，震怖匈奴。

除了张珰的建议之外，班超的儿子班勇也上书建议要救护西域诸国。关于这个问题，公卿之间议论甚多。《后汉书·班勇传》曾记载两方讨论的意见，现在且录之于下，勇上议曰：

昔孝武皇帝患匈奴强盛，兼总百蛮，以逼障塞。于是开通西域，离其党与，论者以为夺匈奴府藏，断其右臂。遭王莽篡乱，征求无厌，胡夷忿毒，遂以背叛。光武中兴，未遑外事，故匈奴负疆，驱率诸国。及至永平，再攻敦煌，河西诸郡，城门昼闭。孝明皇帝深惟庙策，乃命虎臣，出征西域，故匈奴远遁，边境得安。及至永元，莫不来属。会间者羌乱，西域复绝，北虏遂遣责诸国，备其逋租，高其价直，严以期会。鄯善、车师皆怀愤怨，思乐事汉，其路无从。前所以时有叛者，皆由牧养失宜，还为其害故也。今曹宗徒耻于前负，欲报雪匈奴，而不寻出兵故事，未度当时之宜也。夫要功荒外，万无一成，若兵连祸结，悔无及已。况今府藏未充，师无后继，是示弱于远夷，暴短于海内，臣愚以为不可许也。旧敦煌郡有营兵三百人，今宜复之，复置护西域副校尉，居于敦煌，如永元故事。又宜遣西域长史将五百人屯楼兰，西当焉耆、龟兹径路，南强鄯善、于阗心胆，北扞匈奴，东近敦煌。如此诚便。

尚书问勇曰：

今立副校尉，何以为便？又置长史屯楼兰，利害云何？

勇对曰：

昔永平之末，始通西域，初遣中郎将居敦煌，后置副校尉于车师，既为胡虏节度，又禁汉人不得有所侵扰。故外夷归心，匈奴畏威。今鄯善王尤还，汉人外孙，若匈奴得志，则尤还必死。此等虽同禽兽，亦知避害。若出屯楼兰，足以招附其心，愚以为便。

长乐卫尉镡显、廷尉綦母参、司隶校尉崔据难曰：

朝廷前所以弃西域者，以其无益于中国而费难供也。今车师已属匈奴，鄯善不可保信，一旦反复，班将保北虏不为边害乎？

勇对曰：

今中国置州牧者，以禁郡县奸猾盗贼也。若州牧能保盗贼不起者，臣亦愿以要斩保匈奴之不为边害也。今通西域则虏执必弱，虏执弱则为患微矣。孰与归其府藏，续其断臂哉！今置校尉以扞抚西域，设长史以招怀诸国，若弃而不立，则西域望绝……屈就北虏，缘边之郡将受困害，恐河西城门必复有昼闭之儆矣。今不廓开朝廷之德，而拘屯戍之费，若北虏遂炽，岂安边久长之策哉！

太尉属毛轸难曰：

今若置校尉，则西域骆驿遣使，求索无厌，与之则费难供，不与则失其心。一旦为匈奴所迫，当复求救，则为役大矣。

勇对曰：

今设以西域归匈奴，而使其恩德大汉，不为抄盗则可矣。如其不然，则因西域租入之饶，兵马之众，以扰乱缘边，是为富仇雠之财，增暴夷之执也。置校尉者，宣威布德，以系诸国内向之心，以疑匈奴觊觎之情，而无财费耗国之虑也。且西域之人无它求索，其来入者，不过禀食而已。今若拒绝，执归北虏，夷虏并力以寇并、凉，则中国之费不止千亿。置之诚便。

这是一场很热闹的讨论，从此可以看出两方争持的理由。安帝最后采取了陈忠与班勇的建议，复敦煌营兵三百人，后来又以班勇为西域长史，将兵五百人出屯柳中。不久，班勇到了楼兰，鄯善也归附中国，龟兹、姑墨、温宿也都来降。班勇利用他们的兵队万余人到车师前王庭，攻败匈奴伊蠡王于伊和谷。后来，班勇又发鄯善、疏勒、车师前部兵去攻伐车师后部王军，就又大败之，首虏八千余，马、畜五万余头，并捕军就及匈奴持节使者，把他们带到索班被难的地方斩了他们以报其耻。顺帝永建二年（纪元后一二七年），班勇又降了焉耆，于是西域十七国皆来服从。但是，天山以北的乌孙以及葱岭以西的西域诸国在这个时候与中国的交通又中止了，顺帝阳嘉（纪元后一三二年）以后中国的国威稍损，西域诸国对于中国又疏远起来而互相征伐。到了桓帝元嘉永兴年间（纪元后一五一至一五四年），长史王敬为于阗所杀，车师后王又攻伐屯营，中国没有出兵去征伐他们，他们对于中国更加疏慢，西域之于中国又逐渐隔绝起来了。

六

上面所解释的主要是葱岭以东的西域诸国的史略，我们现在要很简单的说说葱岭以西的西域诸国。

在秦汉的时代，在葱岭以西与乌孙西边毗连的是大宛国。乌孙的西北是伊列，大宛的西北是康居，康居的南边是大夏，大夏之东为罽宾，罽宾之南为天竺；大夏之西为安息，安息之北为奄蔡，安息之东南为乌弋山离，安息之西为条支，安息与条支的西北为大秦。

自匈奴攻破月氏之后，月氏到了准噶尔的西北，这是塞种所居的地方，月氏来了把塞种赶走了。塞种西南迁于葱岭以西，一部分占了康居一部分地方，一部分占了大夏一部分的地方，一部分占了罽宾。月氏离开敦煌、祁连以后称为大月氏，其留在原居地方者称为小月氏。大月氏居塞种故地，但不久大月氏又为乌孙所攻败，乌孙占领了大月氏的地方，这也就是原来塞种所居的地方。大月氏又不得不向葱岭以西迁移而占了大夏所居的地方，而先大月氏来占居大夏一部分地方的塞种又迁到印度去。大月氏占领大夏一部分地方，后来大夏为大月氏所灭，虽则大夏还有一部分在印度的北部留存了相当的时期。

到了前汉武帝的时候，李广利征服大宛，中国的声威远播于葱岭以西。到了宣帝年间，匈奴郅支单于西迁到葱岭以西，康居王欢迎郅支单于到康居，郅支遂占有康居一部分的地方。元帝建昭三年（纪元前三六年），陈汤、甘延寿将兵去攻伐郅支单于并杀了他。

中国使者最早到葱岭以西诸国的是张骞。张骞从匈奴逃到大宛，从大宛到康居，再从康居而至大夏、大月氏。张骞在大夏听人说身毒在大夏的东南，所以他后来劝武帝遣使从中国西南去寻找身毒，虽然没有成功，但因此而通了滇国。后来张骞到乌孙，又遣使到葱岭以西诸国。在武帝时，中国也遣使者到安息，安息王对于汉使很为欢迎，派了二万骑兵迎于东界。至于罽宾，也曾为中国所征服。

后汉时代，班超曾利用过康居的军队去攻破姑墨。月氏在班超在西域时，遣使求汉公主，班超拒还其使，由是怨恨，于是乃遣其副王带七万兵去攻伐班超，但结果为班超所击退。班超又常派使者到葱岭以西诸国，而其到得最远的是甘英之穷西海，西海有些人说是地中海东岸，有些说是红海。

在安息北边的奄蔡，就是后来的阿兰聊，而西边的大秦就是罗马。大秦据说是《史记·大宛传》中所说的黎轩。桓帝延熹九年（纪元后一六六年），大秦王安敦曾遣使到中国入贡，《后汉书·西域传》对于大秦的记载相当详细。

这样看起来，两汉人对于中国的西方的经营范围实在广大。其所征服的大宛与在康居的郅支单于是在葱岭以西的中亚细亚,其所派遣使者在前汉到了安息,已近罗马帝国,在后汉甘英若是到了地中海,也是很近罗马帝国;若是到了地中海的东岸,那就已抵达了罗马帝国的东部。同时,中国人对于罗马帝国已有了相当的认识,至于罗马对于中国的认识,也必相当地深刻,而对于中国文化的景慕,也必定很为殷切,否则罗马安敦王不会遣派使者历了千辛万苦,还要避免安息的阻止而到中国来贡献。

第四编

第二十五章　匈奴与西域

一

匈奴征服月氏之后，对于西域诸国就加以控制。月氏本在敦煌祁连间，在头曼的时代月氏强盛，头曼虽然攻伐过月氏一次，但未见得能败月氏。到了冒顿就位之后，他东破东胡，西击走月氏。至汉文帝四年（纪元前一七六年），冒顿又遣右贤王攻月氏，使月氏降服，同时又定楼兰、乌孙、呼揭及其旁二十六国，这是匈奴控制西域诸国的开始。

冒顿死了之后，其子稽粥继立，号为老上单于。老上单于杀了月氏王以其头为饮器，月氏于是逃跑，只留了一小部分与羌人杂居。月氏既逃跑，月氏在敦煌、祁连的故地遂为匈奴所占，匈奴占据了这些地方，对于控制西域诸国更为方便。《汉书·西域传叙》说：

> 西域诸国大率土著，有城郭田畜，与匈奴、乌孙异俗，故皆役属匈奴。匈奴西边日逐王置僮仆都尉，使领西域，常居焉耆、危须、尉黎间，赋税诸国，取富给焉。

徐松《汉书西域传补注》说：

> 《匈奴传》狐鹿姑单于始以左贤王子先贤掸为日逐王，盖置在太始时西边者，匈奴右部界西域。

《通鉴》说先贤掸为日逐王在太始元年（纪元前九六年），徐松又说：

> 匈奴左右大都尉在二十四长之列，二十四长又各置相都尉。

僮仆都尉的位置在大都尉之下，而都尉与大都尉的位置又应在日逐王之下，日逐王既在西边，应该在右贤王之下。《史记》《汉书·匈奴传》说"右王将居西方，直上郡以西"，《匈奴传》又指出"日逐王者，贱于左贤王"。日逐王既贱于左贤王，也应该贱于右贤王。僮仆都尉是在右贤王所统治的区域，日逐王既住在匈奴的西边，那么僮仆都尉应该是直属于日逐王。

为什么叫做僮仆都尉呢?《通鉴》注云:

> 匈奴盖以僮仆视西域也。

王先谦《汉书西域传补注》述沈钦韩说:

> 僮仆都尉,盖主简阅人口。

所谓简阅人口就是考察人口的意义。我们以为僮仆都尉的职务主要恐不在此,而在于征收赋税。自然的,简阅人口与征收赋税也是有关系的。此外,在战争时候,西域诸国还要出兵帮助匈奴打仗。可是《汉书·西域传叙》已明白的指出置僮仆都尉去治理西域是赋税诸国以取富给,那么征收赋税可以说是僮仆都尉的主要任务。

僮仆都尉之所以常居焉耆、危须、尉黎之间,也正如徐松所指出:

> 三国在西域北道而东西适中,故僮仆都尉治之。

《汉书·西域传叙》又说:

> 其后日逐王畔单于,将众来降,护鄯善以西使者郑吉迎之。既至汉,封日逐王为归德侯,吉为安远侯。是岁,神爵三年也。乃因使吉并护北道,故号曰都护。都护之起,自吉置矣。僮仆都尉由此罢,匈奴益弱,不得近西域。

日逐王降汉之后,西域南北两道都为中国所控制,所以匈奴的僮仆都尉就不得不取消。僮仆都尉的取消是在宣帝神爵三年,这就是纪元前五九年;僮仆都尉的设置若与日逐王的设置是同时的话,那么应在武帝太始元年,这就是纪元前九六年,从僮仆都尉的设置以至取消应为三十七年。

我们应该指出,匈奴在西域所设置的僮仆都尉为时虽不过三十七年,但是自老上单于杀了月氏王而使月氏远逃以至僮仆都尉的设置,匈奴已控制了西域七十年左右。

在匈奴强盛的时候,天山以南的西域诸国固受其僮仆都尉的控制,乌孙以及乌孙以西的大宛、康居各国也畏惧而服从匈奴。所以匈奴使者之到这些国家的只持了单于一封信,则各国对于其使者就必恭必敬,使者在旅途中所需要的食物或是交通工具,各国皆不得不供给。反之,假使中国使者到了这些国家,若非用物去交换或用币去购买,则这些国家往往不愿供给,而且所出的财物又往往价值多于所得的食物或驿骑,有时他们还劫取了汉使的财物,甚至杀了中国的使者。其原因是一方面他们近于匈奴,以为中国远离他们,不致因了他们这样去虐待中国使者而使中国遣兵征伐,一方面,他们见得中国富于财物,所以要用种种方法去取得中国财物。

不但在匈奴强盛时西域诸国往往优待匈奴而虐待中国的使者,就是在匈奴衰弱的时候，以至在中国遣兵攻破在康居的郅支单于之后，康居对于中国还很骄嫚。《汉书·西域传》"康居"条指出，在匈奴称臣于中国的时候，康居见了汉使也不拜。

又如中国遣细君嫁给乌孙昆莫，昆莫以她为右夫人，匈奴也遣女嫁给昆莫，而昆莫却以她为左夫人。匈奴俗重左，乌孙这样做是尊敬匈奴甚于中国，虽则在这个时候，霍去病已攻败了匈奴在敦煌、祁连的势力，而占领了这些地方。匈奴一向称为百蛮大国，在其强盛的时候，西域诸国不得不服从；在其衰弱的时候，这些国家还是惮其余威。假在中国有了内乱而不能兼顾西域，那么匈奴的势力又立刻伸张到西域诸国。在王莽的时候就是这样，光武统一天下之后，因为要致力于整理内政，西域各国又不得不服从匈奴。

班超出使鄯善，其王初对班超很为优待，可是匈奴使者一到鄯善，其王对班超的态度就疏远起来。于阗王广德可以攻灭称霸一方的莎车王贤，但是匈奴一来，他又不得不投降。这说明匈奴在西域是有了一种潜在的力量。

匈奴本身的文化虽低，但因为匈奴之役属西域诸国早于中国之沟通西域诸国，又因为匈奴在地上又接近这些国家，西域诸国在某些方面也受了匈奴的影响。比方《史记》与《汉书·匈奴传》都说：

> 匈奴谓贤曰屠耆，故常以太子为左屠耆王。

鄯善王有名为尉屠耆的，尉屠耆曾质于中国，是鄯善王的太子，名为屠耆，这是受了匈奴的影响而用这个名是无可疑的。又如《汉书·张骞传》中所注傅父布就翖侯云：

> 服虔曰："傅，如傅母也。"李奇曰："布就，字也。翖侯，乌孙官名也。为昆莫作傅父也。"师古曰："翖侯，乌孙大臣官号，其数非一，亦犹汉之将军耳。而布就者，又翖侯之中别号，犹右将军、左将军耳，非其人之字。翖与翕同。"

我们知道大月氏有五翖侯，《匈奴传》说康居与诸翕侯计，那么乌孙、大月氏、康居均有翖侯。此外，《匈奴传》还说小王赵信为翕侯，则匈奴也有翕侯。匈奴的翕侯可能是受了乌孙的影响，这样看起来，匈奴与西域诸国的名字制度或风俗固有其互相交流、互相影响了。

二

上面不过随便的举出一些例子，说明匈奴之于西域的关系。但是我们应该指出，匈奴之于西域不只有了密切的关系，而且在匈奴的历史上有了一种很明显的趋向，这就是匈奴本身或至少其一部分逐渐的成为西域的一部分。

上面已经指出，匈奴攻破月氏而占领其地，这就是敦煌、祁连一带地方。匈奴占了这个地方之后，也占了伊吾或蒲类一带地方。从中国看起来，这些地方都可以说是西域的一部分，因为到了这个时候，匈奴不只在中国之北，而且在中国之西。这些地方虽然不是匈奴的本土而是攻占而得来，但是匈奴得了之后却当为重要的领土，所以后来为了霍去病所攻败而失了敦煌、祁连一带之后，匈奴以为这是使他们的六畜不蕃息，使他们的妇女无颜色。他们同样的重视伊吾、蒲类这些地方，因为这都是很为肥饶的地方。

应该指出，匈奴的向西发展是匈奴历史上最值得我们注意的一件事情。地理环境的作用对于这件事情究竟多大影响，我们很难确定，但在匈奴之北与在匈奴之东的森林地带，对于随水草而居的匈奴人是不大适宜是不可否认的。至于南边既有了一个劲敌——中国，而且在中国的北边一带也不很宜为牧场，所以南下牧马也不是一件容易的事情。

匈奴的向西发展，可以说是有二种意义的。一是扩充其领土或势力于西边。匈奴之占据河西走廊以及伊吾、蒲类等地，以至设置僮仆都尉去治理西域诸国，就是这种意义。另一种意义是匈奴本身或至少其一部分放弃其本土或故地，而逐渐迁移到西方去。关于第一个意义，我们在本章的第一段以及其他的地方已经说及，我们现在所要解释的是第二种意义。我们以为这第二种意义不只在西域史上有了很重要的意义，就是在世界史上也有了很重要的意义。匈奴从其本土而移到葱岭以西，最后迁到欧洲，使欧洲的地图改换了颜色，使欧洲的人种大事迁徙互相混杂，使欧洲的历史起了巨大的变化，使东亚与欧洲有了大规模的、集体的、直接的接触。虽然在人类的文化上看不出来有了什么交流与影响，但是在政治地理上、在人种的分布上既有了重大的影响，而从这种影响中所造成的史实，大致上一直留存以至于我们这个时代。关于匈奴人在欧洲的活动以及其影响，我们当在下章解释，我们现在要谈匈奴向西发展的趋向以及其过程。

我们还要指出，匈奴之扩充领土与势力固有其地理的因素，但是匈奴之所以离开本土而向西迁移，可以说主要是由于抵抗不住那个时候的强大的中国。经过汉武帝的长期的征伐，冒顿时代的强大的匈奴已逐渐变为一个衰弱的匈奴。虽然在武帝的末年，在战场上中国有过好几次的重大失败，如李陵、李广利的战败而投降，但匈奴本身自经过卫青、霍去病的猛烈攻击之后，已呈了衰弱的趋势。这种趋势既不可挽回，虽然匈奴还能大败李陵、李广利以至南下入寇，然而事实证明，这是外强中干。既抵抗不住中国的猛烈攻击，又加以内乱天灾，内部逐渐呈了崩溃的现象。所以在宣帝的时候，匈奴分为南北，南匈奴既称臣于中国，北匈奴的郅支最后也为中国所消灭。

当时的中国人也许梦想不到这个为中国的劲敌的匈奴会向中国低头称臣，当时的中国人更梦想不到，向西迁移的匈奴在三四百年以后竟能在欧洲发现，而成为欧洲的强大帝国的罗马的劲敌。中国迫走匈奴，匈奴侵略欧洲，其实中国之于欧洲的这种关系不只是两汉时代的人们所梦想不到，就是两汉以后以至于现代的人们之能够知道的还是很少，这是我国研究历史的人们所要特别加以注意的。

三

匈奴的向西迁移是一个长期的过程，整个来看是有了五百多年的历史。匈奴经过武帝的长期攻伐之后，乃逃到汉北。

到了宣帝的时候，五单于争立，有的单于像乌藉车犁失败之后，皆向西北逃跑。到了呼韩邪降中国之后，其兄郅支单于遂逐渐西迁。《汉书·陈汤传》说：

> 先是，宣帝时匈奴乖乱，五单于争立，呼韩邪单于与郅支单于俱遣子入侍，汉两受之。后呼韩邪单于身入称臣朝见，郅支单于以为呼韩邪破弱降汉，不能自还，即西收右地。

《汉书·匈奴传》说：

> （郅支）即引其众西，欲攻定右地。又屠耆单于小弟本侍呼韩邪，亦亡之右地，收两兄余兵得数千人，自立为伊利目单于，道逢郅支单于，合战，郅支杀之，并其兵五万余人。闻汉出兵、谷助呼韩邪，即遂留居右地。自度力不能定匈奴，乃益西近乌孙，欲与并力，遣使见小昆弥乌就屠。乌就屠见呼韩邪为汉所拥，郅支亡虏，欲攻之以称汉，乃杀郅支使，持头送都护在所，发八千骑迎郅支。郅支见乌孙兵多，其使又不反，勒兵击乌孙，破之。因北击呼揭，乌揭降。发其兵西破坚昆，北降丁令，并三国。数遣兵击乌孙，常胜之。坚昆东去单于庭七千里，南去车师五千里，郅支留都之。

从这段话看起来，郅支逐渐的西徙。他消灭了内部的一些敌人之后，他就西击乌孙，并了丁令、乌揭、坚昆三国，同时又都在坚昆，从匈奴原来的单于庭到坚昆有了七千里的距离，这是长途的迁移。坚昆在乌孙的西北，已与康居接近，然而郅支单于之在坚昆并没有长期住下去，不久又更向西迁徙，而其原因是与中国发生了冲突。

呼韩邪降汉之后入朝朝见，很得中国的厚待。郅支见得中国厚于呼韩邪而薄于己，他对于中国很不满意，中国所遣的使者江迺始等到了他的地方，他就困辱他们，这已使中国对他不满意。元帝初元四年（纪元前四五年），他遣使奉献，并要求侍子，并说他愿内附。中国方面对于这件事经过讨论之后，乃遣卫司马谷吉送他的儿子回去。大家对他谷吉送郅支的儿子回去本来没有什么问题，但是问题乃在究竟送他到边境还是送他回去郅支所在的地方。御史大夫贡禹与博士匡衡说：

《春秋》之义，许夷者不一而足。今郅支单于向化未醇，所在绝远，宜令使者送其子至塞而还。

但是谷吉自己却上书说：

中国与夷狄有羁縻不绝之义，今既养全其子十年，德泽甚厚，空绝而不送，近从塞还，示弃捐不畜，使无乡从之心，弃前恩，立后怨，不便。议者见前江迺始无应敌之数，知勇俱困，以致耻辱，即豫为臣忧。臣幸得建强汉之节，承明圣之诏，宣谕厚恩，不宜敢桀。若怀禽兽，加无道于臣，则单于长婴大罪，必遁逃远避，不敢近边。没一使以安百姓，国之计，臣之愿也。愿送至庭。

元帝对于这件事审慎处理，再次交给廷议。贡禹仍然主张送到边界，以为谷吉若到单于所在的地方，必为中国取悔生事，所以不应当使他去。可是谷吉自己坚持要去，元帝乃征求右将军冯世奉的意见，冯世奉却赞成谷吉的献议，于是元帝乃允许谷吉送其子到单于所在地。后来事实证明贡禹与匡衡的话是对的，但是谷吉的话也是对了。《汉书·陈汤传》说：

（谷吉）既至，郅支单于怒，竟杀吉等。自知负汉，又闻呼韩邪益强，遂西奔康居。

贡禹、匡衡预料郅支不会优待中国使者，假使谷吉到了郅支所在地，会吃他的亏。谷吉呢，以为郅支若不讲理而杀了他，郅支必畏汉而远逃，没一身而对于国家有益，他是愿意去做的。结果是两方的意见虽有所不同，然两方所预料却都成为事实。郅支愈逃愈远而愈西，但是郅支始终逃不了中国的报复。

《前汉书·匈奴传》说：

会康居王数为乌孙所困，与诸翕侯计，以为匈奴大国，乌孙素服属之，今郅支单于困厄于外，可迎至东边，使合兵取乌孙以立之，长无匈奴忧矣。即使使至坚昆通语郅支。郅支素恐，又怨乌孙，闻康居计，大说，遂与相结，引兵而西。康居亦遣贵人，橐它驴马数千匹，迎郅支。

郅支到了康居之后，据《汉书·陈汤传》说：

康居王以女妻郅支，郅支亦以女妻康居王。康居甚尊敬郅支，欲倚其威以胁诸国。郅支数借兵击乌孙，深入至赤谷城，杀略民人，欧畜产，乌孙不敢追，西边空虚，不居者且千里。

郅支既屡败乌孙，更加骄嫚，他对于阖苏、大宛以至对于康居都加以欺侮。《陈汤传》又说：

郅支单于自以大国，威名尊重，又乘胜骄，不为康居王礼，怒杀康居王女及贵人、人民数百，或支解投都赖水中。发兵作城，日作五百人，二岁乃已。又遣使责阗苏、大宛诸国岁遗，不敢不予。

郅支现在更强盛起来，他除了征服丁令、乌揭、坚昆、乌孙之外，大宛、阗苏以至康居都为他所威服。他成为葱岭以西、天山的西北的一大国。照陈汤的看法：

> 西域本属匈奴，今郅支单于威名远闻，侵凌乌孙、大宛，常为康居画计，欲降服之。如得此二国，北击伊列，西取安息，南排月氏、山离乌弋，数年之间，城郭诸国危矣。且其人剽悍，好战伐，数取胜，久畜之，必为西域患。

四

中国方面自谷吉及其随从被了郅支杀死之后，曾遣使数次至康居，要求运回吉等死尸，郅支还是困辱使者而不肯奉诏。恰巧这个时候甘延寿被遣为西域都护，陈汤被遣为副校尉，陈汤乃告诉甘延寿说：

> 夷狄畏服大种，其天性也。……郅支单于虽所在绝远，蛮夷无金城强弩之守，如发屯田吏士，欧从乌孙众兵，直指其城下，彼亡则无所之，守则不足自保，千载之功可一朝而成也。

甘延寿觉得他的意见是对的，但甘延寿以为要做这件事应该上疏请示朝廷，陈汤却以为公卿们均是平凡之人，没有远见，给了他们知道他们是不会赞成的，所以主张不宜上奏。甘延寿对于这件事犹豫未决，可巧他病了很久，陈汤乃矫制发城郭诸国兵、车师屯田戊己校尉屯田吏士，准备攻伐郅支。甘延寿知道了这件事，扶病起来要阻止陈汤这样做法，陈汤拔剑叱延寿说："大众已集会，竖子欲沮众邪？"延寿没有办法，只好照他的计划而行，同时上疏自劾矫制发兵。

这一次所集会的士卒共四万余人，别为六校，三校从南道逾葱岭径大宛，其另三校由甘延寿自将发温宿国，从北道入赤谷，过乌孙，经过康居界至阗池西。康居副王抱阗乃以数千骑兵寇赤谷城的东边，杀略大昆弥千余人，又驱走好多畜产。后来陈汤遣兵去攻败了副王抱阗，又捕得抱阗贵人伊奴毒，后来又得康居贵人屠墨与其舅贝色子，这两位都是对于郅支不满意的人，由他们引路来到郅支城三十里，郅支使人询问中国为什么遣兵到这里来，甘延寿与陈汤很幽默的答道：

> 单于上书言居困厄，愿归计强汉，身入朝见。天子哀闵单于弃大国，屈意康居，故使都护将军来迎单于妻子，恐左右惊动，故未敢至城下。

使者往来了好几次，延寿、陈汤都责备他们，以为郅支忽大计，失客主之礼，于是乃进兵，离城三里，止营傅陈。《汉书·陈汤传》记载这一次的战况说：

> 望见单于城上立五采幡织，数百人披甲乘城，又出百余骑往来驰城下，步兵百余人夹门鱼鳞陈，讲习用兵。城上人更招汉军曰"斗来！"百余骑驰赴营，营皆张弩持满指之，骑引却。颇遣吏士射城门骑步兵，骑步兵皆入。延寿、汤令军闻鼓音皆薄城下，四面围城，各有所守，穿堑，塞门户，卤楯为前，戟弩为后，卬射城中楼上人，楼上人下走。土城外有重木城，从木城中射，颇杀伤外人。外人发薪烧木城。夜，数百骑欲出外，迎射杀之。

据说郅支单于最初闻中国兵到时本想逃跑，因为他怀疑康居对他既有怨恨，可能内应中国军队。然同时又听说乌孙诸国皆发兵来攻他，他觉得没有什么地方可以去，他出了城之后又回到城里。他以为中国军队既是远道而来，只要他能坚守，中国是难于久攻的。但是这都正是中了陈汤所预料，所谓"彼亡则无所之，守则不足自保"，郅支既决意守城，《汉书·陈汤传》说：

> 单于乃披甲在楼上，诸阏氏夫人数十皆以弓射外人。外人射中单于鼻，诸夫人颇死。单于下骑，传战大内。夜过半，木城穿，中人却入土城，乘城呼。时，康居兵万余骑分为十余处，四面环城，亦与相应和。夜，数奔营，不利，辄却。平明，四面起火，吏士喜，大呼乘之，钲鼓声动地。康居兵引却。汉兵四面推卤楯，并入土城中。单于男女百余人走入大内。汉兵纵火，吏士争入，单于被创死。军侯假丞杜勋斩单于首，得汉使节二及谷吉等所赍帛书。诸卤获以畀得者。凡斩阏氏、太子、名王以下千五百一十八级，生虏百四十五人，降虏千余人，赋予城郭诸国所发十五王。

这是一个大胜利，但是这不只是在国法上是矫制发兵，而且在军事上是冒险行动。所以后来朝廷知道这件事后，公卿们议论纷纷，有的说甘延寿、陈汤这种举动是不对，应该罚而不能赏；有的却以为这是建功绝域，情有可原。元帝自己同意于后者的看法，所以拜延寿为长水校尉，拜陈汤为射声校尉。

假使中国没有消灭了郅支，郅支可能像陈汤所说，西取安息，南排月氏、乌弋山离，而在中亚细亚建立一个匈奴大帝国。因为郅支既是一位野心勃勃的君主，在葱岭以西以至安息的西域诸国正像康居一样的当匈奴为百蛮大国。匈奴远处在其本土的时候，他们都已闻风而服从，使者持了单于一信，他们都要供给其需要，现在郅支单于到了葱岭以西，征服了丁令、呼揭、坚昆，又常攻败了乌孙、大宛、阖苏都要听从贡献，则其威力之大可以想见。假使他要集合各国的兵力去攻伐月氏、乌弋山离以至安息，可能得到胜利而统一了葱岭以西、安息以东的诸国。

但是郅支败了，他死了，葱岭以西的西域诸避免了他的威胁而照旧的生存下去。同时我们也得指出，郅支虽死，他的部众据《陈汤传》所说，连杀戮与生虏投降的不过三千余人，郅支未死前威力既那么大，其部众也必定很多，除了被杀生虏投降者外，其余也许分为小队而逃跑。而且他们也许愈向西边而逃跑，因为他们若往东走不只要为中国军队所截止，而且必为郅支所压迫的大宛、乌孙、坚昆等国所破灭。这些残众的逃跑，中国史记虽并没有提及，但是经过相当的长时期，他们又在中亚细亚活动起来。

五

郅支单于跑到西方，所谓南北匈奴之分，事实成为东西匈奴。又在郅支尚未灭亡之前，往南边称臣于中国的呼韩邪已率其部众回去匈奴的北部而居于原来的单于庭。呼韩邪以后以至王莽当权的数十年间，中国与匈奴的关系是很好的，这是两国的关系所没有过的现象。可是王莽当权之后，他对于匈奴既多所苛求，匈奴又入寇侵略起来。光武就位之后忙于整顿内政，匈奴经过长期的休养生息逐渐强大起来，但是不久内部又呈了分裂的现象，第二次的南北匈奴之分又在光武二十四年（纪元后四八年）重演起来。这次分裂以后，一直至南北匈奴二者的灭亡都没有统一起来。南匈奴大致上是始终在中国庇护之下，北匈奴也像郅支一样，起初也要与中国言好，但是也与郅支一样，对于中国之厚待南匈奴是很不满意。北匈虽不像郅支那样残暴去杀中国的使者，也不像郅支远跑西方，然而后汉的北匈奴却屡次入寇，有一个时候且率了西域诸国的军队入寇中国，中国在边境的城门连了白天也要关起来。北匈奴不只利用西域的兵力，而且利用西域的财力。明帝时期用了很大的力量才使北匈奴不敢近边境，才使中国与西域的交通恢复。班超在西域三十余年的经营树立了中国在西域的威信，而北匈奴经过窦宪的穷追漠北，北匈奴遂因之而一蹶不振。

窦宪攻伐匈奴，杀死的降虏的数目是很大，但是也有很多向西边逃跑。《北史·西域传》"悦般"条说：

> 悦般在乌孙西北，去代一万九百三十里。其先，匈奴北单于之部落也。为汉车骑将军窦宪所逐，北单于度金微山，西走康居，其羸弱不能去者往龟兹北。地方数千里，众可二十余万。凉州人犹谓之"单于王"。

假使《北史》所记载的是没有问题，则不只是在西汉的时候郅支单于逃到康居，后汉的时候也有单于逃到康居。我们上面已经指出匈奴分为南北，北匈奴比之南匈奴比较强，从《北史》这一段话来看，在北匈奴之中远逃到乌孙之西的匈奴人又是比较强壮的人民，而留在后面的是羸弱不能去的。

这段记载很为重要，因为窦宪大破匈奴之后，匈奴人又一次大规模的西徙，而且远跑到康居。在百余年前，郅支单于已带了一批匈奴人到康居，现在又有匈奴人到康居。假使百余年前的匈奴人还在康居，则这次又加了一批，则匈奴人在康居的势力必然增长起来。假使百余年前的匈奴更向西走，则从乌孙之西以至于康居之西，一路都有匈奴的部落。

而且这些匈奴人既是比较强壮的，这些人的活动能力也必较大。他们跑到新环境，新敌人，他们为着生存，不能不作剧烈的斗争，在这种斗争的经验中磨练出来，他们成为匈奴民族的优秀份子，也成为很好的战士。

窦宪攻伐匈奴而使其西徙之后，鲜卑又占领匈奴故地，这是在桓帝、灵帝的时候。在檀石槐的领导之下，在匈奴之东边的鲜卑大为强盛，匈奴的全部都为他所占据。他还不放手，于是乃北拒丁令，西击乌孙，他建立了一个大帝国。鲜卑既不只占据匈奴的全部，而且远到西边去攻伐乌孙，匈奴人虽免不了留居故地而受治于檀石槐，但是恐怕大部分不得不向西逃跑。可能很多走到乌孙之西，因为鲜卑既攻伐乌孙，他们要留在乌孙之东是不可能的。

史书虽然没有说明匈奴有了大量民众向西迁移，但是游牧民族逐水草而居，从一个地方迁徙到别的地方是一件很为平常的事情。郅支单于到康居时已有好多匈奴人到了葱岭以西，可能在沿途中还有多少匈奴人散居多处。后汉时代匈奴分为南北，虽然北匈奴也时来入寇，但经过中国而尤其窦宪的猛烈攻伐之后，其人民部众之陆续向西迁移而到乌孙以西的也必很多。

其实匈奴人之到乌孙以西或葱岭以西的，其历史是很早的。匈奴占据月氏故居敦煌、祁连之后，势力伸于西域诸国。乌孙为匈奴所培植的国家，所以乌孙破月氏而居塞种故地，这就是大宛的东边。《汉书·陈汤传》指出西域本属匈奴，《汉书·大宛传》指出匈奴使者之到乌孙以西，诸国皆尊敬听命，匈奴人之往来于这些地方的，既若是方便，匈奴人居留于这些国家的也很可能。

而且匈奴之于西域诸国，在长期的关系中，人种的混杂就不可免。乌孙在敦煌、祁连之间的时候为月氏所攻破而逃避到匈奴，就会与匈奴人种混杂。后来得到匈奴的帮忙而攻破月氏，可能也有匈奴人在其军队。匈奴单于又曾给女与乌孙昆莫以为左夫人，这是史书上所记载的王室的通婚，至于人民之互婚的必定不少。史书指出乌孙与匈奴风俗同为游牧民俗，所以匈奴人之到乌孙者不会感到托居异国的情绪。乌孙之西就是大宛，匈奴西北也很接近康居，坚昆、呼揭既为匈奴所征服，郅支单于庭有一个时候还曾设立在坚昆，那么在这一带必常有匈奴的踪迹，至于郅支以后的匈奴人之远居康居更为明显。

《后汉书》只有《南匈奴传》，虽然在这篇传里也记了不少关于北匈奴的事情，可是范晔只立《南匈奴传》，说明中国人对于北匈奴之不重视。汉人之注意到北匈奴的事情，大致只是与汉朝有关的事情。《前汉书》之对郅支单于在乌孙以西的活动之所以记载得比较详细，也是因为与中国有了关系。假使郅支不困辱中国使者，不杀谷吉及其随从，假使没有像陈汤那种矫制发兵冒险远征这种人，那么我们也可以推想，郅支西走之后的情况如何，史书未必有了记载，就是有了恐怕也很简单。同样的，后汉时代的北匈奴之处在西北，因为他们有时入寇，又与中国争取西域诸国，甚至率了西域诸国入寇中国，中国就不得不去对付他们，至于他们之于与中国无关的西域诸国的关系如何，中国就不会过问。又如鲜卑占据了匈奴故地，匈奴人逃跑与逃跑之后的情形如何，中国人就不会很注意的。

我们知道两汉南北匈奴之分，北匈奴是比较强，南匈奴比较弱，正是因为比较弱，所以不得不称臣于中国而得到中国的庇护。中国也乐于这样做，因为匈奴分裂是匈奴衰弱的征象，南匈奴虽比较弱，然用为保卫中国边塞也可以减轻中国的守卫兵力。北匈奴虽强于南匈奴，可是南匈奴得到中国的保护之后，北匈奴就不容易去消灭或统一南匈奴。较为强盛的北匈奴既不能南下牧马，又不能北跑到北海以北的森林地带，东边也有森林，然而乌桓、鲜卑虽然有时与匈奴入寇中国，但也往往与中国联合而抵抗或攻伐匈奴，到了檀石槐称霸的时候，匈奴全部为其征服，所以向东发展是不容易的。

地理环境限制匈奴向东北发展，强大的中国以至后来的短期的强大的鲜卑迫使匈奴向西迁徙，而况在西边的国家对于强盛的匈奴固是服从，对于分裂的匈奴如郅支单于还是畏服，匈奴之所以向西迁徙是自然而然的。

匈奴本来是"北狄"，可是逐渐也成为"西戎"，匈奴本来与中国争西域，可是后来有一部分也变为西域诸国之一，所以我们研究西域也就不能不研究匈奴。

第二十六章　匈奴与欧洲

一

在上面一章里我们解释匈奴与西域的关系以至匈奴之在西域的情况，在下面两章中我们要说明匈奴与欧洲的关系，以至匈奴之在欧洲的情况以及对于欧洲的影响。

我们用了"匈奴与欧洲"这个题目需要一些解释。欧洲在我们中国人的心目中是一个近代的名词，两汉及两汉以后的很长时间中，中国人并不懂得欧洲这个名词。在他们的心目中，我们今日所谓欧洲也是西域或是西域的一部分，除了西域这个名词之外，他们并没有使用所谓东亚、中亚、西亚或欧洲等等名词。

两汉的史书中如司马迁《史记·大宛传》曾有"自乌孙以至安息"的词句，如班固《汉书·西域传》"大宛"条有"自宛（大宛）以西至安息国"的词句。表面上，这好像是把安息以东与安息以西分为地域的界限；然而事实上，他们并不见得很清楚的去这样割开。司马迁把条支、黎轩列入《大宛传》固是没有这种地域分开的概念，班固把这些国列入《西域传》，以至后来的范晔以至范晔以后好多人也把大秦列入《西域传》，说明了西域是他们所普遍采用的名词，而包含了乌孙、葱岭以西而至于最西的地域。所以除了这个名词之外，他们并没有用过别的名词。

我们在这里用欧洲这个名词，是用了一个现代的名词去解释以往的史实。而我们之所以这样的采用，目的是要指出，一方面是因为这个地方可以说是自成一个区域，虽然也是两汉人所说的广义的西域的一部分，但其自身无论在人种上在文化上都有其特殊之处，一方面是因为匈奴之于这个地方——欧洲的关系，无论在欧洲的历史上或是世界的历史上，都是最重要的一章。

匈奴之于欧洲的关系是从间接的关系而到直接的关系，我们叙述两者的关系大致也是从间接而到直接。

《北史·西域传》"粟特国"条说：

> 粟特国，在葱岭之西，故名奄蔡，一名温那沙。居于大泽，在康居西北，去代一万六千里。先是，匈奴杀其王而有其国，至王忽倪已三世矣。

又说：

> 其国商人先多诣凉土贩货，及魏克姑臧，悉见虏。文成初，粟特王遣使

请赎之，诏听焉。自后无使朝献。周保定四年，其王遣使贡方物。

上面那段话是很重要的，因为这是中外历史上关于匈奴在康居以西的情况所不可多得的记载，这也是研究匈奴与罗马的间接关系以至后来的直接关系的不可多得的材料。

我们抄了《北史·西域传》"粟特"条的下段话，因为这段话说明了奄蔡或粟特不只有了商人到了中国，而且有了使者到了中国。这说明了中国人对于粟特的情况的认识，不是间接的传说，而乃直接传自粟特的商人与使者，所以《北史》关于匈奴在粟特杀其王而有其国的记载应该是很可靠的。

鱼豢《魏略·西戎传》说：

奄蔡，一名阿兰，同康居同俗。西与大秦东南与康居接。其国多名貂，畜牧逐水草，临大泽，故时羁属康居，今不属也。

《史记·大宛传》《汉书·西域传》均有奄蔡的记载，而《后汉书·西域传》却告诉我们奄蔡国改名阿兰聊，《魏略·西戎传》大概是根据《后汉书》的记载。《北史》谓粟特故名奄蔡，则在南北朝的时候奄蔡又改为粟特，可是《北史》并没有说奄蔡改为阿兰，而却说一名温那沙，但在地域上《史记·大宛传》说奄蔡临大泽，这与《北史》所说一样，所以粟特、温那沙、奄蔡、阿兰是在一个地方、一个国名。

阿兰或阿兰聊（Alani 或 Alana），阿兰在欧洲的历史上有了记载，这个名称大致上就是希腊人所说的阿俄尔斯（Aorsi）。《史记》《汉书》均没有说奄蔡属康居，而且指出奄蔡控弦者十余万人，在前汉的时候，康居的胜兵也不过十二万人，可见得在这个时候，奄蔡不见得比康居为弱。但是《后汉书》却说奄蔡属康居，究竟什么时候奄蔡属于康居不得而知，是不是郅支单于在康居死了之后其余众与康居军队联合起来而才征服康居，这是很值得我们研究的。

鱼豢《魏略·西戎传》指出"故时羁属康居，今不属也"。这就是说，在后汉的时候属于康居，而在魏的时候又独立了，但是《北史》先是匈奴杀其王而有其国，则又指明在魏之后阿兰又为匈奴所破灭而占有其国。我们以为很可能的是，在后汉的时候郅支的匈奴部众在陈汤杀了郅支之后，他们更向康居的西，接近奄蔡。康居利用他们，遣派军队去与匈奴军队联合起来攻伐奄蔡，这些匈奴部众虽不能战胜中国的军队，但他们比之葱岭以西的一些国的军队却优越得多，而且这些部众从匈奴西徙，战胜丁令、呼揭、坚昆、乌孙，可以说是身经百战的有训练有经验的战士，康居用之以攻伐奄蔡，奄蔡是抵不住的，因而奄蔡遂属康居。

为什么奄蔡后来又不属康居而独立起来呢？这是不易解答的。可能的是康居弱了，奄蔡摆脱了康居的势力，也很可能的匈奴部众帮忙康居征服奄蔡之后，对于康居又有不满意的地方，慢慢的与康居脱离，反而帮助奄蔡，使奄蔡的势力增长，于是两者又联合起来去驱逐康居，使奄蔡独立起来。

匈奴部众就这样的反反复复，使自己的势力不只不会损失，而且经过长期的休养生息，却能大大发展起来。同时，从东方陆续西徙的匈奴人可能也加入来。到了部众增加了，力量充足了，他们就杀了阿兰国王而有其国。

匈奴之杀阿兰王而有其国是在纪元后第四世纪的下半叶。从这个时候算起，到郅支被杀约四百年。从这个时间算起，到檀石槐之破灭匈奴，约为二百年。这四百年中，我们对于郅支死后在乌孙以西的匈奴部众就不清楚，而其后的二百年中的匈奴更不清楚，一直到南北朝的时候，始有一点简单的记载。

上面是从中国的记载中推论到第四世纪以至第二世纪的二百年中的匈奴之在葱岭以西的动态。我们这样推论是否可靠当然是个问题。但是史书既没有记载，我们这种推论也是根据了史书所记载而得到的暗示，所以我们愿意提出来以供大家研究。

二

至于在这二百年中欧洲有没有关于匈奴的记载呢，回答是有的。亚美尼亚（Armenia）历史记载在纪元后二九〇年，亚美尼亚王提格累尼斯（Tigranes）在其军队中除了雇用阿兰的军队之外，还有匈奴的士卒（参看 *Faustus of Byzanec* 与 *Moses of Chorene in Langlois*，*Collection des Historiens Armeniens*）。这不只说明除了奄蔡之外，靠近欧洲的其他地方也有匈奴人的踪迹，而且说明在《北史》记载关于匈奴在奄蔡之前在晋的初年，这就是晋惠帝元年，在亚美尼亚已有了匈奴人的记载。

匈奴既有军队去帮助亚美尼亚，那么匈奴人经过长期的休养生息之后，必定逐渐的强大起来。而且最值得我们注意的，匈奴军队是与阿兰军队一同服务于亚美尼亚王，这使我们推想到匈奴人与阿兰人的关系，可能这些匈奴人也是从奄蔡来的，这就如我们上面所说，匈奴人是随康居人征伐奄蔡而到奄蔡居住的。

到了纪元后三五六年，波斯的北部边境曾被了支那尼特斯人（Chionites）所攻击，有些学者以为这也是匈奴人，有的却说这是匈奴人的别种，这就是我们所说的哦哒（参看 *The Roman History of Ammianus Marcellinus*，16，9，4）。当时曾有一位罗马历史学家普罗科比阿斯（Procopius）告诉我们道：

> 哦哒（Ephthalites）是匈奴人种，而且用了匈奴的名字，但是他们与我们所认识的匈奴人却完全不同，因为在匈奴的人民中只有他们有了白的皮肤与正常而平的形貌。

《北史》说：

> 其人凶悍，能斗战。西域康居、于阗、沙勒、安息及诸小国三十许皆役属之，号为大国。

西汉的安息，这就是Parthia，在这个时候已经灭亡，继之而起的是萨珊尼王朝，二者虽然在种族上、文化上有了关系，然也有不同的地方。萨珊尼王朝崛起于纪元后二二六年，其发源地是伊朗高原的西南，这是古代波斯帝国阿开密尼（Achemenid）王朝的著名皇帝赛拉斯（Cyrus）与大流士（Darius）所策源的地方。

我们知道自从纪元后一五〇年至四〇〇年间，匈奴人已西徙而至北土耳其斯坦的地方，他们散居各处，为后来侵略欧洲的先驱部队。纪元后三五六年的支那尼特斯人（Chionites）既已侵略波斯，到了第五世纪的初年，匈奴或是哒哒的势力逐渐伸张到印度与波斯。波斯在这个时候是像上面所说是萨珊尼王朝，而印度在这个时候笈多（Guptas）王朝，王朝笈多推翻贵霜——这就是大月氏的后裔，而独立。安息与贵霜都受了希腊文化的影响，而萨珊尼与笈多都可以说是排除希腊的传统而恢复其固有的文化，前者复返古代波斯文化，而后者复回古代印度文化。

哒哒从乌孙、葱岭之东而到乌孙与葱岭之西，威服康居与大月氏所占领古代大夏的地方，不久，他们又到了犍陀罗（Gandara），这也是大月氏的别部所居的地方。哒哒征服了这些地方之后又向西推进，而近于近代的赫拉特（Herat）的北边。大概在第五世纪的下半期，哒哒的势力伸张到印度河的下游，征伐印度，这个地方的一位将领据印度的碑文是叫做托拉马那（Toramana）。

这位将领攻伐笈多的初期并不很顺利，相反的，笈多王斯干罗笈多还得到多少胜利，他还且立了石碑夸张打退匈奴（Hunas）的胜利。可是后来他失败了，他不久死了，而笈多王朝也差不多就要灭亡。托拉马那死了之后，他的儿子继立而建都于近代的旁遍。

哒哒之征伐萨珊尼王朝是在其王巴尔马（Bahram）在位的时期（纪元后四二〇—四三八）。是在四二七年，哒哒进攻波斯，一直向西推动而达到现代的德黑兰（Tehran）。巴尔马最初觉得抵抗不住，有人说他失踪了，他的大臣用外交的方式并用大量的金钱贡献与哒哒约好不要再侵略波斯，哒哒答应了，可是在回途中却为巴尔马的伏兵所截击，不只赃物取回了，哒哒王被杀而其夫人被捕。

巴尔马死后，他的儿子雅斯提基尔特（Yazdigird）就位。在他在位的时候（纪元后四三八—四五七），他与哒哒打过好几次仗，可是在四五四年，他遭了一次大败而仅以身逃脱。他死之后，他两个儿子争立，其幼子腓鲁兹（Firuz）逃到哒哒。后来，哒哒帮助他去攻败他的哥哥赫尔莫斯（Hurmuzd）而继立为波斯王，这是纪元后四五九年的事情。哒哒虽帮助他得王位，并不因此而有所要求。但后来腓鲁兹与哒哒不睦，两国的战争又起。经过短期的战争，两国言归于好，腓鲁兹答应嫁给其女孩于哒哒，但后来他用了一个贵族的女儿去代替他的女孩，经过盛大的典礼而结婚之后，哒哒发觉这并不是波斯王的女儿。为了这件事情，两国的战争又开始，这次腓鲁兹却为哒哒的伏兵所攻败。腓鲁兹不甘失败，过了九年后（纪元后四八四），腓鲁兹要复仇而攻伐哒哒，哒哒又用陷井去战胜波斯。结果是腓鲁兹及其好多贵族都被杀死，波斯赔偿大量的财物，几乎使波斯至于灭亡。

腓鲁兹的儿子巴拉齐（Balash）继立，他在位四年（纪元后四八四—四八八）。他死之后，他的弟弟库巴特（Kulad）得到哒哒的帮助而继立，他在位四十三年（四八八—五三一）。因为这个原故，他要给与哒哒很多的财物。因为哒哒所要求的过多，从五〇三年至五一三年，两国又不断的有了战争。因为两方都不能取得很大的胜利，两者又言归于好。然而，在长期的两国战争中，波斯是失败多于胜利，《北史》所以称哒哒为大国，并非无因。

《北史》又说：

> 哒哒国，大月氏之种类也，亦曰高车之别种，其原出于塞北。

我们不能在这里讨论哒哒的来源，我们只要指出普罗科比阿斯所说的匈奴人至少是在两汉的匈奴帝国中的一种民族。《北史》所谓哒哒为高车的别种，据说高车是丁令、坚昆的后裔，这些人在匈奴强盛时是属于匈奴，匈奴衰亡了他们到了他处，都用匈奴的名字。至于他们之所以有了白的皮肤而与欧洲人有了相似之点，这有了二种解释。一是哒哒虽然是匈奴之一种，但在匈奴帝国中人种是很多的，哒哒本来与匈奴就有多少不同之处。一是这一种匈奴到了葱岭以西之后，可能与白皮肤的人杂居，互相通婚，经过数百年之后，其种族的皮肤形貌因而起了变化。

至于《北史》以为哒哒乃大月氏的种类，这个问题就不简单了。大月氏被了匈奴攻破之后就逐渐远逃到葱岭以西，在葱岭以西占了大夏的地方，人种因为长期的混杂，也可能有变化。但哒哒若为大月氏种类，哒哒不致于用匈奴的名字。匈奴在强盛时威震西域，属于匈奴帝国的一些种族，匈奴衰亡之后固沿用匈奴的名字，不属于匈奴而与匈奴有过关系的一些民族，也可能利用匈奴的名字去威服一些听了匈奴这个名字而畏惧的民族。

总而言之，匈奴因为受了中国与鲜卑的攻击，遂向西迁移而至于乌孙及葱岭以西。其在这些地方的活动如何，除《汉书·匈奴传》及《陈汤传》对于郅支及其部众之西徙情况加以叙述以外，郅支死后的情况如何，我们就不大清楚。窦宪与檀石槐之攻伐匈奴迫其西徙后，《汉书》就很少记载，至于他们之逃到乌孙以西的情况更没有提及。是到了后来，《北史》才追记悦般之先为匈奴，因为窦宪破匈奴而徙居于乌孙之西，并指出其单于度金微山而西走康居。

《北史》又指出阿兰王为匈奴所杀而有其国。此外，在亚美尼亚的历史上也曾用过匈奴人为军队，因而使我们推论，在匈奴移到乌孙与葱岭之西以后，而尤其是自郅支带领其部众以及为窦宪所攻破而西走之后，匈奴人在葱岭以西的势力大大的增起来。大致上，在东汉的末年到晋朝惠帝的约一百年中，匈奴人已分布在康居与康居以西的地方。我们以为他们到了乌孙以西之后，在一个时期内是在康居的庇护之下，他们曾为康居服务或帮助其征伐敌人，如郅支之帮助康居征伐乌孙。到了他们移到康居以西，他们曾帮助过亚美尼亚，可能也曾帮助过康居征伐奄蔡，而后来又帮助奄蔡攻败康居，使奄蔡得到独立。经过这样的受了庇护而帮助人们，一个时期之后，他们自己逐渐强大起来，于是乃杀了奄蔡国王而占其国。

在史料很为缺乏的情况之下，我们这样的推论虽不能说是一定正确，然而也不见得不合理的。而且有了《北史》与西方一些片段的记载，使我们对于匈奴西徙以至他们后来与罗马帝国有了直接的关系的数百年中，能够找出一些索线而推论其西徙的发展或演变，使这数百年中的西徙以后的匈奴的历史不致于完全成为空白，这又不能不说是不幸中之幸了。

三

然而，匈奴在与罗马帝国没有发生直接关系之前，已有了间接的关系，而间接的关系又是与直接的关系有了密切的关系的。其实我们也可以说直接的关系是随着间接的关系而来的，要想明白这些关系，我们需要明白在纪元前后的数百年间的罗马帝国的东北边境的概况。

罗马帝国是欧洲在这个时期中的最大的帝国。它上承希腊古代的文化，也成为欧洲在这个时期中的文化最高的国家。住在罗马的东北边境或左近的民族从罗马人看起来，也正如中国人之看其四周的边境或左近的民族一样的，是当为野蛮的民族。事实上，这些民族的文化也多是比不上罗马的文化，但是野蛮民族的文化尽管比不上罗马的文化，也像中国边境的一些民族的文化比不上中国的文化，但是这些边境民族却时时成为罗马与中国的边患，这又是罗马之于中国的相同之点。

希腊史家告诉我们，在七世纪的时候，在中亚细亚的西北一带地方有了塞种人（Scyths），居住在塞种人的东边又有了所谓萨马喜阿人（Sarmathians），两者在人种文化与语言都有了密切关系而相类。可是他们也有不同之点，前者虽然是由好多独立或半独立的部落所组成，但是在俄国的南部以及其四周的地方，可以说是出现了一个塞族帝国。至于萨马喜阿人，虽然是他们是很好的军人，但始终不能统一而成为一个帝国。他们是有名的征服者，而不是好的管理者。每个部落各自为政，没有一个部落能够统治所有或多数的部落。

到了纪元后第一世纪的时候，塞族帝国逐渐瓦解，而萨马喜阿向西迁徙，占有塞族所居的地方。有些塞族部落虽然跑到他处，但他们后来也逐渐的与萨马喜阿混杂起来。萨马喜阿人逐渐的西徙，有的侵入了现在的罗马尼亚地方，有的侵入了现在的匈牙利地方，这就是在多瑙之东北。有的时候这些萨马喜阿人会渡过多瑙河而侵略散居于河的西南的罗马帝国的人民，同时，罗马人也有时渡河来报复其敌人。然而这都是小规模的入寇或报复，萨马喜阿人既并没有大举入寇，罗马人也差不多没有想去占据他们的地方。萨马喜阿之所以不是罗马的大敌，也是因为他们的部落各自为政而不能统一内部，所以就不能对外作大规模的侵略。

在萨马喜阿人之中有了三种是比较重要的。一为查齐基斯人（Tazyges），他们是在匈牙利。一种是罗索兰尼人（Roxolani），他们是在俄罗斯的西南。然而，最重要的是第三种，这就是我们上面所说的阿兰或阿兰尼（Alani），他们散居于好多地方，但是然而其大部分是在顿河之东的大草原。

萨马喜阿人虽然是很好的军人，很好的征服者，但是他们的部落既不能联合起来而各自为政，他们遇着强而有力的外族，他们就难于抵抗。大约在二三世纪的时候，从西北方面又来了一种外族，这就是哥德人（Goths）。哥德人是日耳曼人，是条顿人，他们本来是在波罗的海的海岸，在斯干的那维亚（Scandinavia）等地方，但是到了纪元后第二与第三世纪的时候，他们逐渐向东南迁徙而占有萨马喜阿人所居的地方。一些历史学者以为他们所以向东南迁徙是因为人口增加了，不得不向外发展。我们对于这个问题不必在这里讨论，我们所要注意的是哥德人既占有萨马喜阿人所居的地方，哥德人遂与罗马帝国为邻了。

哥德人本来是被称为野蛮的民族，文化程度本来不高，他们既征服了萨马喜阿人而与罗马为邻，其结果是他们一方面吸收了萨马喜阿以至塞族的文化，一方面又吸收了罗马以至希腊的文化。他们采纳萨马喜阿与塞族的骑术，而所谓著名的哥德艺术（Gothic Art）事实也就是萨马喜阿的艺术。

他们本来是海边的居民，到了东南来以后，除了陆地与罗马接近之外，他们也在黑海的北岸重操航海的生活而与一些希腊罗马的属国接触，如所谓博斯福鲁（Bosphorous），这样一来他们逐渐又受了希腊罗马的文化的影响。他们甚至受了基督教的感化，后来在他们之中有了一位教士叫做阿尔非拉斯（Ulfilas）创了一种新字母，改革了哥德人原来所用的朗尼克（Runic）字母，虽则这种字母据一些学者的意见也是受了希腊字母的影响的。阿尔非拉斯又翻译了《圣经》的主要部分，最有兴趣的是阿尔非拉斯明白了哥德人是勇于战争，所以《圣经》里之关于记载战争的光荣这部分他就没有翻译出来，以免刺激哥德人的尚武精神而使其过度的发展。哥德人已逐渐信仰基督教，阿尔非拉斯翻译《圣经》之后，更使更多的哥德人信仰基督教，然而哥德人所信仰的基督教是所谓阿利安（Arian）的异教，而不是所谓天主正教（Orthodox Catholicism）。因为了这个原故，哥德人与罗马人就有了宗教上的不同看法，而引起人民之间的深切的反感。

但是哥德人与罗马人之间不只有了宗教信不同而有反感，两者之间的长期不断的战争更使他们成为仇敌。在罗马亚力山大（Severus Alexander）在位的时候（纪元后二二二—二三五年），哥德人破坏了希腊罗马俄尔比亚（Olbia）与提拉斯（Tyras）的城市。纪元后二五一年，哥德人与罗马打仗，罗马皇帝狄西诃（Decius）丧失了自己的生命。哥德人不断的扰乱罗马的边境，他们还且侵略黑海与爱琴海沿岸的重要城市。纪元后二六九年，他们渡过多瑙河，这次哥德人发动了三十二万人，但是这一次却为能干的罗马皇帝克劳提阿斯（Claudius）所击退。经过这次失败了之后，哥德在一个长时间中很少侵略罗马。虽然两者是仇敌，但好多位罗马皇帝也曾雇用了哥德人去当兵，而且这些人服务得很好。

在罗马的边境，除了哥德人外，还有像凡得尔人（Vandals）以及哲彼特人（Gepids）。在哥德人与罗马人战争较少的时候，所谓野蛮的外族却互相征伐，在匈牙利的凡得尔与哲彼特人都为哥德人所攻破而占有其地。凡得尔人经过莱茵流域与庇里尼山脉（Pyrenees）而在西班牙建立一个强大国家，后来又到菲洲的北部建立了国家。

到了纪元后三六六年，罗马皇帝发兰斯（Valens）又与哥德人冲突起来。经过二年的战争，发兰斯侵入西边的哥德地方，哥德人讲和了。在以往罗马人每年要给哥德人好多财物以避免其侵略，这与中国之给与匈奴人财物一样，但经了这次战胜之后，罗马人停止了这种给与，同时又禁止哥德人渡过多瑙河。但是有了二个地方是特许他们渡过的，因为这是他们互市的地方。这又使我们回看汉代之于匈奴在战争不断的时候还通关市。

哥德人占领了萨马喜阿人的地方之后，他们自己也并没有完全统一而分为几部分，但其最重要的是西哥德（Visigoths）与东哥德（Ostrogoths），前者居于尼斯忒（Dneistor）之西，而后者是在尼斯忒与顿河之间。因为西哥德与罗马接近，所以罗马帝国之于哥德的关系主要是与西哥德的关系。西哥德与东哥德都各有君主，但是到了第四世纪的初年，东哥德强盛起来，特别是自东哥德王赫尔曼利克（Hermanrik）就位之后，他不只征服了其周围的其他民族，他也多少控制了西哥德。虽则西哥德自己也有了著名的君主阿坦那利克（Athanaric），然其地位是比不上东哥德的赫尔曼利克。

当罗马皇帝发兰斯征伐哥德的时候，他似乎打到东哥德的边境，但是史书并没有记载罗马军队曾与赫尔曼利克发生过直接的接触。自纪元后三七〇年以后，哥德对于罗马的侵略已不积极，因为从此以后哥德人变为守卫者，而不是侵略者。为什么呢？这是因为在哥德人的东面崛起了一个强敌，而这个强敌就是匈奴。

四

我们已经指出，匈奴人曾杀了阿兰王而有其国。阿兰人是萨马喜阿人的最重要部分。阿兰人被了匈奴攻破之后向西边迁徙，他们与罗马人接近。到了哥德人征服了萨马喜阿人，哥德人居在匈奴人与罗马人的中间。史书指出纪元后二九〇年，亚美尼亚国王曾用过匈奴军队，那么匈奴人在这一带的地方大概已很不少。匈奴人既是很好的军人，他们人口逐渐增加，势力慢慢强大，于是成为哥德人的威胁。纪元后三七四年，匈奴人曾跟着阿兰人而西渡顿河。这就是说，匈奴人到了东哥德所居的地方而更接近于罗马帝国了。据西史的记载，这个时候的匈奴领袖是叫做巴拉巴（Balamber），匈奴人之出现于这些地方引起东哥德人的注意，约尔丹斯（Jordance）是一位东哥德人，他曾写过哥德人的历史，对于匈奴人的形貌与举动曾加以生动的叙述。马西林那斯（Ammianus Marcellinus）在其《罗马史》里除了描写匈奴人的形貌与善于骑术之外，还说到他们的风俗习惯。他说：

> 匈奴人没有一个犁过田或是拿过犁，因为他们没有一定的住宅，他们是没有住家的，没有法律的，不断的飘流在他们的货车中，这个货车事实就是他们的家室。……他们并没有住在盖顶的房屋，以为这种房屋是坟墓。在他们之中找不到一个草屋。他们穿的是缝起来的亚麻布或是田鼠的皮，无论在那里都穿这些东西，当这种外衣一穿起来，他们不会更换而必候到败坏而成碎片。

这种匈奴人的风俗习惯与《史记》《汉书》所记载的并没有很大的分别，这说明匈奴人西徙之后虽经过数百年的时间，但是他们还是以畜牧为生，逐水草而居，大致上生活方式似乎没有多大的改变。

自然的，匈奴人西徙之后既有了数百年之久，采纳了这些西方民族的多少风俗习惯也是很可能的。比方约尔丹斯说匈奴人曾用剑去割他们的小孩的面部，使他们长大了也能忍受痛苦，这种做法是他们未西徙之前所没有的，至少史书没有记载这种习惯，然则他们在什么地方与什么时间染了这种风俗，就不得而知了。此外，他们既与西方人杂居很久，他们又征服了阿兰，服务于亚美尼亚的军队，他们与这些民族互相通婚也是自然而然的。所以在种族上，他们在这个时候有了西方民族的血统也是自然而然的。

当三七四年匈奴到了东哥德人所占据的地方的时候，东哥德王赫尔曼利克尚在位。但是这位国王已经老了，他已缺乏勇气去抵抗匈奴。在战场上他的军队与匈奴军队接触之后，稍有失败他就觉得胆丧神颓，他不愿意亲眼看到他所建立与扩大的帝国为了匈奴所攻伐而趋于瓦解，他愈想愈寒心，他自己竟自杀而死。

他死了之后，东哥德选择了一位叫做维添米尔（Vithimir）的去统治东哥德。他拼命去抵抗匈奴，但是匈奴的强大势力是非他所能敌的，而且在匈奴军队中又有了好多阿兰的兵士，他们都是战斗好手。维添米尔知道在战场上是无法取胜的，于是他用了大量的钱财去笼络一些匈奴小部落，希望得到他们的帮助而抵抗匈奴的主力。可是他这种做法虽然说明在当时的匈奴的政治组织还不够完密而使这些小部落有了离心的趋向，然而维添米尔这种做法并没有补于他的失败，他最后大败了，他自己也被杀了。

东哥德以后由赫尔曼利克的儿子罕尼莫德（Hunimund）去继立。这位君主在惨败之余只好屈服称臣于匈奴，是在匈奴的帝国统治之下，东哥德保留其半独立的地位。也有一些东哥德人不愿意受匈奴的统治而往西迁徙到西哥德所统治的地方，他们选择了一位叫做维德克以为他们的君主。然而这位君主年纪尚幼，他并没有权力，权力是在别人的手里。

东哥德人投降的投降，逃跑的逃跑，匈奴势力更为增大。东哥德本来比之西哥德为强大，但是强大的东哥德既已失败，西哥德则面临匈奴的侵略。西哥德是居在尼斯忒河之西，在河之东——这就是东哥德的故居已为匈奴所占据。直到现在，匈奴虽尚没有与罗马帝国发生直接的关系，但是自东哥德失败之后，西哥德不久也抵不住匈奴的前进，匈奴终于与罗马帝国在战场上见面。

第二十七章 匈奴与欧洲（续）

《史记·大宛传》《汉书·西域传》虽没有关于大夏的专条记载，然大夏之散见于各处的并不算少。

一

东哥德被了匈奴攻破之后，西哥德还是在阿坦那利克（Athanaric）的统治之下。东哥德的失败及其一部分的人民跑到西哥德，阿坦那利克是知道得很清楚的。他也明白匈奴的向他进攻是不可避免的，问题是在什么时候与如何去抵抗，所以在匈奴人来进攻之前，他就布置防御的工作以免他们的突击而致于失败。

他在尼斯忒河旁设营，这是西哥德的东边的边境，他排列其军队以准备匈奴人的进攻。阿坦那利克总算有了守卫的准备，但是匈奴人却并不正面去向他进攻，因为他们知道西哥德在什么地方有了防备的工作，他们跑到尼斯忒河的上游，离开了西哥德的设营的地方很多里，然后渡过而抄到西哥德的军队的后面。阿坦那利克见得匈奴人已抄到他的后面而猛攻他的军队，他觉得他的防备计划是完全失败。他既失了主动，他的兵士就被消灭得很多。大势已去，他与他的徒众不得不逃跑。他们跟着他逃到特朗西尔末尼阿（Transylvania）的高原的森林里。

他们虽为匈奴所追击，但是匈奴所得的赃物太多了，他们的运输量既增加起来，他们不能跑得很快，结果追击并不太远，他们就停止了。西哥德暂时虽不为匈奴再攻伐，但是他们在惊慌之后感觉到这样的逃难并非久长的办法，而况匈奴是随时可以再来的，他们既再没有勇气去重新厉兵秣马以作抵抗或反攻，为求永久的安全，唯一的办法是逃难到罗马帝国的境内。

但是哥德之于罗马，经过数百年的不断战争，也可以说是世仇。究竟罗马帝国愿意不愿意使他们入其国境呢？阿坦那利克的部众的大部分是希望罗马能够庇护他们以求安全，但是阿坦那利克自己觉得去请求罗马这样给与庇护是一种耻辱，他觉得这是损失他的尊严，他决定留在这个山区，一小部分的部众跟着他这样做。可是大部分而特别是一般之信仰基督教者对于罗马有了多少好感，赞成请求罗马准其入境。他们选出一位叫做夫利提根（Fritigern）带领他们集会在多瑙河边，上呈罗马皇帝准其所请。

罗马的帝国会议曾讨论了很久，最后决定准许哥德人的请求而移居到罗马的境内。这个议会决定之后不久，所有的西哥德人都徙入罗马国境，据说除了老人妇女小孩之外，还有二十多万人迁入罗马帝国。之所以允许其世仇入其国境，并不单为西哥德人着想，罗马帝国也是为了自己的利益。他们认识到匈奴人既能大败了东哥德人与西哥德人，匈奴人迟早是要向罗马帝国而进攻，哥德人以往虽时时侵略罗马，但是现在已不会这样做。匈奴人既成为在当时的共同的敌人，罗马不得不放弃故怨而求其所以对付新的敌人的办法。假使罗马不接受哥德人的请求，哥德人可能投降匈奴，这么一来，匈奴增加了二十多万的士卒，则征伐罗马，罗马更难抵抗。相反的，假使罗马接受他们的请求，罗马可以利用这批兵士去抵抗或攻击匈奴人。不但如此，罗马边境有了好多荒地需要人力去耕种，因此也可以利用这批哥德人去从事生产的工作。一方面增加生产的力量，一方面保卫帝国的边疆，这是一件对于罗马有利的事情。

假使罗马的地方官吏对于这批难民好好的去对待，好像惊弓之鸟的西哥德人至少在一个相当的时间里是不会对于罗马帝国有了反抗的举动。可是不幸得很，两位管理这些难民的官吏是贪污无道的人物，他们利用他们的地位尽量去剥夺这些逃难的人们，食物既缺乏万分，他们更大事提价钱，好多哥德人被迫而卖身或卖其子女以求食物而维持生命。罗马兵士同样的贪污无道，强迫哥德人的妻女去当娼妓以求一饱，这使哥德人是忍无可忍，他们虽不得不求生存，但他们也不愿这样的受压迫下去，冲突因此而发生，反叛遂四处兴起。有城围的市镇固然可以坚守而免遭哥德人的侵略，但是乡村却差不多全为哥德人所占领，他们到处杀戮、放火与打劫。同时在阿拉忒斯（Alatheus）与沙法克（Safrax）领导之下而没有投降于匈奴的东哥德的部众也跑进罗马帝国的境内，增加了西哥德的力量，也增加了罗马境内的紊乱的状况。

是在这种的紊乱的情形之下，匈奴部众与阿兰军队也侵入罗马国境了。匈奴人之入罗马国境者人数并不算多，只是好多分散的小部落。然而这样一来，罗马帝国的紊乱更加复杂起来，而且从我们的研究的题材来看，这是一件很重要的事情，因为这是匈奴人进入罗马帝国的开始，这是匈奴人自从其故土西徙以后与欧洲最大的国家的接触的开始，这是中国攻伐匈奴而使其西徙的结果。

这是纪元后三七七年的事情，紊乱的情形既愈来愈甚，罗马帝国的皇帝不能再任其发展下去。过了一年，发兰斯（Valens）皇帝自己亲自出马去平定局面。自然的，匈奴人之在罗马帝国者人数既少，发兰斯的征伐对象主要是哥德人。在这个时候，哥德人之在一个地方集中得最多的是亚德利安诺普（Adrianople），发兰斯皇帝本来与他侄子——这就是罗马西部的皇帝格拉提安（Gratian）约好共同出兵去攻击哥德。但是发兰斯急于求成，格拉提安的军队还没有到达约会的地方，他就开始去攻伐在亚德利安诺普的哥德部众，结果是他被了哥德人所大败，他自己被杀死了，而三分之二的帝国精锐也在这次的战争中被消灭。这么一来，整个罗马帝国遭了最大的损失，引起最大的震动。

二

然而这还不过是为匈奴所击破后的哥德残众所给与罗马的祸患，这也不过是匈奴侵入欧洲的序幕。罗马帝国还没有遭受匈奴的主力的打击，所以祸患并没有终止，而只是开始。一百多年以前，罗马皇帝狄西阿（Decius）曾为哥德人所击败而被杀，但是那一次的哥德人得到胜利之后就退回多瑙河之北。这一次可不同了，哥德人得了胜利之后还留在帝国的境内，他们既没有地方可退，罗马也不能逐他们出去。

然而，我们也得指出，哥德人虽然打了一次大胜仗，使罗马帝国受到最大的损失，哥德人还没有力量去占据罗马的好多重要城市。西哥德的政治与军事的组织本来就比不上在赫尔曼统治时的东哥德，西哥德在这方面自然比不上罗马帝国。因为政治与军事的组织不够完密而又缺乏良好的兵器，他们也没有力量去征服这个衰弱的帝国。而且继发兰斯而继立的狄奥多西（Theodosius）是一位能干的皇帝，罗马的军队逐渐的重新组织。他慢慢的争取主动，使紊乱情形不再坏下来，可是哥德人虽不能征服罗马，狄奥多西也没有办法去驱逐哥德人出其国境。

在这种情形之下，两方只好讲和。可是讲和的对象不只是西哥德，而且有了东哥德，同时除了东、西哥德之外，还有阿兰人与匈奴人。问题最后是这样解决：西哥德人是居在下米西亚（Lower Moesia），东哥德人和阿兰与匈奴人是居在上米西亚（Upper Moesia），他们的地位是罗马帝国的邦联或同盟，他们的内部是独立的，不受罗马帝国的干涉，他们有他们的君主，他们有他们的军队。

他们同意守卫罗马的边境，在必要时帮忙罗马以兵力，但是在他们所统治的地区之内免缴赋税于帝国；相反的，帝国同意每年给与他们一定数目的钱财，这等于帝国向他们上税了。狄奥多西在世的时候，在罗马境内这些外族人与罗马之间，除了西哥德时常与罗马有冲突外，其他都相安无事。

一些匈奴人与其所征服的阿兰人在这种和约之下也在帝国之内居留，他们同样有他们的君主与军队。匈奴人的人数既不多，自然不会危害到罗马帝国。但是我们若回看他们经过了数百年的向西迁徙，万里长征居然到了中国人像甘英所要到而不能到的大秦，这是一件不容易的事情。

狄奥多西死了之后，他的儿子阿开丢（Arcadius）继立，这个时候西哥德的领袖夫利提根（Fritigern）已死，继他而领导的是阿拉利克（Alarik）。阿拉利克是一位野心的人物，他起而反抗罗马帝国，他从东边推进到希腊，占据了好多城市，包括雅典与斯巴达。虽然东罗马帝国设法与他暂时讲和，但在纪元后四〇二至四〇三年间，他征伐到意大利，这一次的征伐不算得很成功。到了四〇八年，他再度侵略意大利，这就是西罗马帝国，而这一次的目的地是罗马城。西罗马帝国的皇帝是阿诺利阿斯（Honorius）。阿拉利克要求阿诺利阿斯给与很大数字的钱财以维持他的军队，阿诺利阿斯反对他的要求，他自己跑到较不容易到的拉未那（Ravenna）城。阿拉利克一直推进到罗马城，从纪元后四〇八年至四一〇年间，阿拉利克三次进攻罗马城。最初他得了金钱之后他就停止进攻，但最后一次，这就是四一〇年，他攻入城内。因为哥德人也是基督教徒，他们对于圣地的罗马尽力保存，而尤其是教会的建筑物以至教会的财物，但是他也掠取大量的公私财物。然在一般人的心目中，神圣与光荣的罗马的损失在物质上还比不上在尊严上。阿拉利克攻破罗马城之后，他又向南意大利进推，他集会了大批的舰队，准备去攻伐北菲洲，但是尚未占据北菲洲之前，他的好多军舰被了消灭，他自己不久也因染了流行症而病死在意大利的南部。

继他而立的是他的一位亲戚叫做阿陶尔夫（Athaulf），他放弃了征伐北菲洲的企图，他带领他的部众往西北走而占据了高卢（Gaul）的南部，这是纪元后四一二年的事情。阿陶尔夫并没有阿拉利克那么野心，他占据了高卢的南部之后准备作久居之计，他与阿诺利阿斯讲和，后者还嫁其妹妹给他为妻子。他与他的后继者虽然是居在罗马帝国的国境之内，他完全是独立的。

我们应当指出，西哥德人因为受了匈奴的攻伐而逃到东罗马帝国，蹂躏了东罗马好多年之后，在第五世纪的开始，他们从东罗马帝国跑到西罗马帝国，攻破了所谓神圣的罗马城，还要渡地中海而占据北菲洲，这个企图失败之后又往西北迁徙而到高卢的南部，后来还曾到了西班牙半岛，这都是匈奴的西侵而引起的结果。假使西哥德人没有受了匈奴人的威胁，他们也许不会逃入罗马帝国的境内，他们也许不会去侵略这个帝国，他们也不会从东罗马而跑到西罗马，更不会到了高卢而至于西班牙半岛。

单从这一点来看，匈奴之影响于欧洲已很显明。然而直到纪元后四〇〇年的时候，匈奴虽然已攻破了东哥德与西哥德，虽然也有分散的小部落的匈奴人进入罗马帝国的国境，匈奴的主力还没有进入这个帝国，他们还在东哥德的故居地方。

三

纪元后四〇〇年以后的情形却不同了，在这一年的秋天，匈奴与罗马直接接触，从此以后罗马不断的记载与匈奴的接触。这说明，匈奴又开始作规模较大的向西侵略。他们本来是占据东哥德所居的故地，这就是在顿河与尼斯忒河之间。他们攻破西哥德之后，他们势力已到了尼斯忒河之西，现在他们又要控制多瑙河流域。东西哥德逃亡之后，在地域上匈奴已与罗马接近起来，从西哥德被匈奴攻破之后到纪元后四〇〇年的二十余年中，除了一些分散的小部落和东哥德人入了罗马国境之外，匈奴的主力是在东哥德的故居。为什么匈奴攻破了西哥德之后，他们没有直追上去而进攻罗马本身呢？我们不大清楚。可能的是经过征服东西哥德之后，他们自己也有损失，需要休养生息。也很可能的是好多东哥德的部众投降之后，匈奴内部需要一个时间去调整。再可能的是战胜了东西哥德之后，他们所得的财物既很多，他们有了充足的供给，暂时不需要再去掠取。或者是为了上面所说的三种可能，这就是依赖战胜所得的丰富财物休养生息与整理内部，准备作较大规模的进攻。

这个时候的匈奴领袖人物是乌都提（Uldin），乌都提之于巴拉巴（Balamber）有什么关系我们无从知道。在他与罗马接触的初期，大致上并不太坏。在纪元后四〇〇那一年，有一位东罗马帝国的将领叫做干尼亚（Gania）的曾起而反叛帝国，结果是失败了。失败之后他逃到多瑙河的下游，这就是现代的罗马尼亚的地方，希望在这里逃生。这个地方正是乌都提所统治的地方，乌都提并没有庇护他，相反的，他把他杀死了，而且把他的头当作一件礼物送给在君士坦丁堡（Cantantinople）的东罗马帝国皇帝，这说明了他对于罗马帝国不是样样作对的。

是在这个时候，大概在匈牙利的东部，这就是泰斯（Theiss）河的东边，有了东哥德的部众。这些部众是从什么地方或怎么来到这个地方，我们不大清楚。他们发现在多瑙河的中部，后来渡河而侵略罗马的巴诺尼亚（Panonia）省，他们的领袖是叫做拉达盖斯（Radagais）。他们之所以离开匈牙利的东部，是因为受了乌都提的攻击，但是拉达盖斯及其部众到了巴诺尼亚之后，匈奴部众又追上来，所以在纪元后四〇〇年，这些东哥德人又经过阿尔普（Alps）山的东边而到意大利。

拉达盖斯在四〇五年设营于现代的佛罗棱萨的附近。罗马发兵去攻伐，拉达盖斯遭受惨败，差不多要被消灭。很奇怪而又很值得我们注意的是，乌都提一直跟着拉达盖斯到意大利，而且与罗马同盟帮助罗马去攻破东哥德人。

乌都提虽然帮忙罗马去攻伐东哥德人，但是等到东哥德人被攻败了之后，他与罗马又有冲突。他使东罗马受到很多的损失，但当他侵略罗马得到很多财物而回去的时候，他忽然遭受到罗马的突击。结果他所得的财物固是完全损失，他的部众有的被杀，有的投降，有的离开了他，他自己也仅以身免而逃走。

在乌都提尚未失败之前，他是当时一个重要人物，因为他是匈奴部众之在欧洲的重要领袖。他所统治的地方也必定相当的大，罗马史书说他是多瑙河以外的野蛮人的君长。乌都提自己也很骄傲，当罗马的省长向他讲和的时候，他指着太阳说："太阳所照的地方，我要征服都能征服。"

乌都提本身对于罗马所给的祸患并不很大，但是他攻伐东哥德而使其逃跑到罗马帝国的境内，而尤其是在巴诺尼亚，对于欧洲民族的迁徙上有了很大的影响。在拉达盖斯所领导的东哥德人未到巴诺尼亚之前好多年，这个地方已为凡得尔人（Vandal）所居住，后来又有了阿兰人与从匈牙利来的斯维淮族人（Suevi）也到了这个地方，他们都是受了匈奴人的威胁而迁到这里来的。

到了匈奴人攻伐拉达盖斯及其部众而到这个地方的时候，凡得尔、阿兰、斯维淮诸族又不得不向西逃跑。他们经过莱茵流域而走向高卢去，虽然在莱茵流域他们为了法兰克人（Franks）所截击而遭到损失，但他们仍能通过而抵达高卢。他们也到处杀戮放火，最后他们走到西班牙。斯维淮人占据了西班牙的西北部，阿兰人占据了现在的葡萄牙，西班牙半岛的其他地方就为凡得尔人所占领，这是纪元后四〇八至四〇九年的事情。

纪元后四二九年，在凡得尔王贞瑟利克（Genseric）的领导之下，他们征服了北菲洲，迦太基（Garthage）在四三九年为他们所攻灭。在这个时期，他们信仰了基督教，但他们所信仰的是阿利安（Arian）的异教，而对于旧教徒则大事残害。在四五五年，他们组织了强大的海军去侵略罗马。

我们上面已经指出，西哥德人被匈奴攻破之后到了罗马境，从东罗马到西罗马，在阿陶尔夫领导之下四一二年到了高卢。现在东哥德的一部分之在匈牙利的又受了匈奴的胁迫而跑到巴诺尼亚，结果又使凡得尔、阿兰、斯维淮人之在这里的向西逃跑而抵达西班牙以至菲洲，再从海道而攻伐罗马。匈奴人对于欧洲的民族迁徙与政治地理的影响之大是显而易见的。

四

纪元后四二二年，匈奴人又侵略东罗马。四二六年，又再次入寇，他们到了色累斯（Thrace）与马其顿（Macedonia）。这二次的进攻，据说在这个时候之前的匈奴领袖是俄塔尔（Oktar）。俄塔尔死后，其弟弟卢格（Ruge）继立，四二二年及四二六年的攻伐匈奴大概是卢格所发动的。虽然罗马阻止他们的侵入，但是仍时时受到他的威胁，后来东罗马皇帝狄奥多西（Theodosius）第二每年答应给他一笔款，同时以免他侵略罗马边境。起初卢格答应这样做，但是到了四三二年，他又增加其要求。

据说狄奥多西第二是一位懦夫，他的兴趣在神学方面多过他对于他的帝国的光荣与尊严。匈奴人有所要求，他通通都答应。比方有些匈奴人因为受不了卢格的压迫或不满意于他的逃难到罗马帝国，卢格要求引渡，他难于反对也不知如何应付。又如在罗马帝国之外的一些匈奴部落以前有事时曾与罗马直接办交涉，因此狄奥多西曾与他们定了很多合约，卢格就位之后，要求取消这些合约，不能直接与这些部落办交涉而必经过他才行。狄奥多西第二也没有办法去反对，也不知如何应付。结果他派了使者到匈奴庭，他们于四三四年到达目的地，但是这个时候卢格已死，而继立者是布雷达（Bleda）与阿提拉（Attila）。据说二者都是王，他们以及他们的随从都坐在马背上来谈判，罗马使者因为怕失了自己的尊严，也坐在马背上谈判。结果不只匈奴人所要求的上面二件事都照做了。除此以外，阿提拉坚持以为他们现有二个王，所以从前给与他们的金钱应该增加一倍。他们声明，如罗马不能答应他们的要求，他们就要向罗马宣战。

狄奥多西第二既没有勇气去与匈奴打仗，只好答应一切，也是因为罗马这样作，在好几年以后，匈奴没有扰乱罗马的边境。

西史记载匈奴有两个王，这是匈奴以前所没有的事情，至少在两汉时代的匈奴是没有的。在南、北匈奴分立的时候是有二位单于，但是二者是处于对敌的地位。在这种情形之下，不只有过二位，还有过五位，这就是所谓"五单于争立"的时候。匈奴到了欧西之后不称单于而称王，我们既无法考证其改称的时间，也不知为什么这样改变，但是一个有二王更使我们难于了解。很可能的是，匈奴以前的左右贤王、左右谷蠡王的制度还存在的，阿提拉为着要求罗马多给一些金钱，所以宣称他们有了两个王。

我们还要指出匈奴坚持交还其叛徒与管理其他的匈奴部落的外交事宜，这说明匈奴权力已很集中，所以其他散居各处的匈奴部落都要受了布雷达与阿提拉的统治。这也就是说，在这个时候，匈奴内部的组织更为严密，而其势力更为强大。据史家的推论，匈奴的势力在东边是在顿河之东而包括阿兰故国，这就是《北史》所说的粟特，阿提拉有一个时候还要用这些地方去做攻伐波斯的根据地。在西北方面，匈奴的势力伸到现代德国的好多部分，住近莱茵河的好多民族如阿拉蒙尼（Allemani），如柏干提（Burgundi），如利波亚利安佛兰克（Ripuarian Franks）被迫而承认匈奴的统治权，图林根人（Thuringians）及萨克森人（Saxons）被迫而供给匈奴一定的数目的军队。从一些古代著作中所得暗示，匈奴势力伸到北方的波罗的海。有好多历史学者以为是在匈奴势力伸张到这些地方的时候，英吉利人、萨克森人与朱特人（Jutes）才迁徙到英伦三岛。

但是匈奴帝国的重心地方在这个时候是在多瑙河的中部，等于十九世纪的奥大利、匈牙利的疆域。自然的，在这些地方还有各种的民族，如东哥德人与哲彼提人（Gepids）都有很多住在这里而享受好多独立的统治权。

匈奴帝国所统治的疆域之所以广大，虽然经过长期的侵略，但是这是与阿提拉有了密切的关系。他是一位野心家，一位酷爱战争者。他对于敌人贪求无厌，但是凡是投降于他而受了他所保护的，他对于他们是仁慈的。比方，阿达利克（Ardarik）是哲彼提的国王，发拉米尔（Valamir）是东哥德的国王，都曾为匈奴的敌人，但在阿提拉统治之下，他们都受到阿提拉的特殊厚待。他们虽然在必要时要供给军队与匈奴，但是他对于他们的内政是允许其有独立自治权。他对他们不征税，而且关于匈奴帝国的好多重要事情，他往往找他们来商量与贡献意见。

据说阿提拉个人的生活是很简单的。比方在他请客的时候，各色各样的食品都拿来款待客人，可是他自己所吃的是很简单的东西。他的贵人左右所用的食具都是金银所做的，而他却只用木碗。他嗜酒而且能喝得很多，同时容易喝醉，阿提拉后来之死也是死于喝酒过多。他重色欲，内宫有很多夫人妾侍，所以他的小孩数目很多。夫人之中一位是居了最重要的地位，是不是还叫做阏氏，我们就不知道了。这位夫人对于国家的大事也时有参与，在大宴会时也出来陪客。在他的好多儿子中，他最爱的是一位较小的，他的名字叫做挨诺克（Ernak）。阿提拉死了之后，他曾占据多瑙河口的地方而自立为王。

匈奴的势力既大大的伸张起来，对于罗马帝国的威胁则日日加重。狄奥多西第二既是一个懦夫而事事忍辱献款，匈奴的要求也越来愈多。纪元后四四一年，大概又是因为有所要求，匈奴又侵略。在四二二年及四二六年所侵略的色累斯与马其顿，杀略了好多东罗马的人民。纪元后四四五年，布雷达死了，阿提拉是唯一的统治者。

阿提拉对于罗马帝国的威胁比之布雷达在世时更为厉害。他的要求既很多，罗马有的答应，有的难于答应，因此罗马所遣使者之到匈奴庭的往来不断。纪元后四四七年，阿提拉大概又是因为要求不遂，大举进攻罗马，毁坏了七十多个城市与堡垒。一部分的军队深入到希腊的北部，一部分深入到达但尼尔（Dardanelles）。君士但丁堡虽尚没有受到攻击，但为求匈奴军队的退却，狄奥多西于四四八年签了一件很屈辱的条约。这个条约规定东罗马每年给与匈奴二千二百磅金，等于现在约二万磅，比之最初每年所给与匈奴多了七倍。此外，还给与等于现在约六万磅以为拖欠的款项。

这个数目在当时是一个很大的数目，但是阿提拉还不满意，他常常遣使到罗马借故要求更多的财物。这么一来，罗马的财政上受了很大的影响而处于危险的地位。赋税加重了，富有的人们的财产有时也收没了，还不能满足匈奴的要求。

到了实在没有办法去满足阿提拉的要求的时候，狄奥多西第二设法去暗杀阿提拉，但是这个暗谋又被人告发，结果是罗马更要用了大量的财物去供献与匈奴。东罗马为了应付匈奴的无厌的要求，财政几乎破产，国内情形日来日坏。正在这个时候，狄奥多西第二死了（四五〇年），一位老成的元老院议员叫做马喜安（Marcian）继他而立。他改变了狄奥多西第二忍辱献款的方法，把一些钱财去整顿军队，因而他在与阿提拉办理外交上比之狄奥多西第二是比较强硬。虽则在这个时候，罗马的武力是比不上匈奴的。阿提拉到了这个时候也很清楚，罗马是相当的穷困，要求更多的钱财固不容易，若因马喜安的比较强硬的外交而用武力去解决，恐怕其结果所得未必能偿所失。阿提拉是一位实际的人物，没有看准可以得到利益而冒险去干，他是不大愿意的，用威胁的方式而得到最大的利益，他不会去动用武力，用武力而得不到利益是不值得做的。是在这种考虑之下，他觉得他对于东罗马的威胁已达到一个限度而不易再压迫下去，他开始放宽威胁东罗马的尺度，而转移其注意到西罗马去。

五

这个时候的西罗马帝国皇帝是发楞提尼安第三（Valentinian），他有一位很信任的人叫做伊提亚斯（Aetius），这位亲信的大臣之于阿提拉关系搞得很好。伊提亚斯在幼年时曾质于匈奴。在卢格在位的时候，罗马曾通过伊提亚斯而二次借用匈奴的军队去平定在意大利一些地方性的叛乱，一次是在纪元后四二五年，一次是在四三三年。

很可能的是，在伊提亚斯为质于匈奴的时候就与阿提拉认识。也是因为他曾为质于匈奴，他对于匈奴好多的主要人物以及其内部的情形很熟识。所以在阿提拉继立之后，因为伊提与东罗马的关系很紧张而至冲突的时候，匈奴之于西罗马还能保持其和好的友谊。有了三次伊提亚斯用了匈奴的大量军队去征伐西哥德人、柏干提人（Burgundi）与在高卢的其他异族，这是纪元后四三六至四三九年间的事情。伊提亚斯与阿提拉又常常通音问，互送礼物，这都说明他们的私人的关系既很好，两国的关系也是很好。

但是纪元后四五〇年以后的情形却不同了。一方面固是由于像上面所说，阿提拉已压迫东罗马到了一种限度而不能再这样做下去，同时阿提拉与伊提亚斯的个人关系之间亦有了问题。阿提拉决定向西罗马侵略，同时，阿提拉找出两件事情以为他侵略西罗马的理由。

第一件事是关于曾为瑟密阿姆（Sirmium）一个教会所有过一些金瓶的所有权的问题。为了这个问题，匈奴与西罗马曾通过好多次的书信而未能解决，现在阿提拉又借机会使旧事重提。第二件事是关于发楞提尼亚第三的妹妹荷诺利亚（Honoria）的问题。据说荷诺利亚自小就做出好多感情冲动的事情，十六岁的时候，她与一位小官吏有过不正当的关系而被人发觉，从此以后，她被禁止与外人接触。她住在皇宫里，满怀浪漫观念，她曾设法使人送给一个戒指给阿提拉，表示她爱他。阿提拉在一个时期中对于这件事并不留意，但现在他又借机会遣使到西罗马，要求荷诺利亚，并且要求西罗马帝国的一半做为嫁妆。

这种要求而尤其是后那种要求是西罗马帝国所不能答应的。于是阿提拉遂决定向西罗马进攻，进攻的目标是先从高卢入手。阿提拉之所以选择高卢为攻击的目标，大致是因为这个地方虽然是在西罗马境内，但是自好多所谓野蛮民族迁徙到了这个地方之后，成为好多半独立的国家。他估计从这个地方下手可以得到一些对于罗马帝国不满意的国家的帮助，共同协力去攻击罗马。据罗马方面的记载，他带领了五十万的军队渡莱茵河而到高卢的北部，可是后来事实证明阿提拉这种估计是错误的。

在战事爆发后的初期,阿提拉到处胜利。他征服了很多城市,巴黎没有被他占领,据说是在这个时候的巴黎是不关重要。最后,他到了高卢最重要的城市奥利安(Orléans)。当时看情形这个城市的遭遇好像同其他的一样要为他所领据,但是正在这个时候,伊提亚斯带领了西罗马军队来救奥利安城,同时他又得了西哥德、阿兰以及柏干提各国的帮助,阿提拉不得已退到西北边去。后来两方军队虽然打了一场大仗,据说有一天就死了十五万人。西哥德王狄多尔克(Theodoric)也被杀死,而其军队遂退回其国。虽然西哥德是退出战场,阿提拉觉得再打下去没有用,所以他就引军回到匈奴利。

这次战争虽因此而停止,但是过了一年(纪元后四五二年),阿提拉又再度进攻罗马帝国。这一次的目的地是意大利。他以为前年他之所以不能成功是由于所谓野蛮的民族帮助罗马,他们之所以帮助罗马是因为他们既久居这些地方,这些地方已成为他们的故乡祖国,所以他们固然是帮助罗马,而其实是为保卫自己的土地而抵抗匈奴。现在他征伐意大利,意大利不是这些民族的故乡祖国,他们是不会帮助罗马而抵抗匈奴的。在这种的估计之下,他乃决定以意大利为攻伐的目的地。

阿提拉这一次的估计是对的,可是人事上能做的事情却为天灾所阻止。阿提拉进攻西罗马而进入意大利。正如他所估计,在高卢的异族国家没有一个出兵帮忙。西罗马伊提亚斯就不能不完全靠着罗马自己的力量去抵抗。阿提拉经阿尔普山而到意大利东北部的重要城市阿揆雷雅(Aquileia),西罗马人虽拼命抵抗,但结果是城被攻破,建筑物成为平地,居民死了大半。据说住在城左近的人民好多逃难到海边的沼泽,后来这个地方逐渐发达起来,而成为后来的维尼斯。

阿揆雷雅攻破之后,匈奴横行北意大利,又攻破了好多城市,米兰(Milan)也是其中的一个。阿提拉本想征伐罗马城,可是饥荒与瘟疫相迫偕来,同时伊提亚斯又得了东罗马的生力军的帮助,阻止匈奴的前进。因为操胜的估计既不容易,阿提拉接受了由教皇利奥第一自己带领的使国而谈判停战。阿提拉不再事攻伐,把大量的财物退回匈牙利。同时,他暗示假使西罗马不给他的未婚妻荷诺利亚,他还有再来的可能。

过了一年,阿提拉逝世了。据说他未死前又娶了一位美女为妻子,他死在结婚那天晚上。约但尼斯(Jordans)在其《哥德史》中描写道:

> 结婚时阿提拉过度欣喜,他饮了很多酒,他靠背而睡,平常会从鼻中流出的血却流得大多,而从他的喉里流入去而杀死他……到了第二天早上,宫庭随从见得时间已不早而他尚未起,以为他是病了,后来才发现他是死了。只见倾泻的血而没有伤痕,同时这位美女低头而哭在其幕后。

阿提拉死后,匈奴帝国也逐渐瓦解。他有很多儿,好多互相争取地盘而建立王国。好多在阿提拉的帝国内的异族如东哥德人、哲彼提人起而反抗匈奴的统治。纪元后四五四年,在匈牙利有过一次很剧烈的战争,阿提拉的大儿子挨拉克(Ellak)同他的好多匈奴人被杀而死。

他的其他的儿子有的也极力设法去恢复其统治,如在纪元后四六一年,但基斯克(Dengesik)曾征伐了东哥德。到了四六八年,他又渡过多瑙河而攻伐东罗马,可是这时的东罗马已有力量去抵抗他,结果是他与他的好多部众都丧了命。

这是阿提拉的嫡系子孙之最后见于记载的,这是匈奴帝国的尾声。匈奴帝国瓦解之后,有些小部落可能散居于多处,据说后来的匈牙利是匈奴人所建立的国家。但是散居与杂居于欧洲的民族的匈奴人过了一个相当时期之后,不只风俗习惯趋于同化,就是种族也有了其他民族的血统。

六

欧洲的匈奴帝国虽经了数百年的时间然后建立起来,但是成立之后时间并不很久就趋于衰亡。阿提拉死后不够十五年,这个帝国就灭亡,灭亡之速是出了好多人们意料之外。匈奴的文化本来不高,所以匈奴人之在欧洲所留下来的并不是匈奴的文化,他们也不是东方文化最高的中国文化的媒介,因为他们与中国数百年中的关系,虽然有些方面受过中国文化的影响,但他们并没有改变他们的根本的生活方式。所以他们也不会把中国的文化传到西方,他们所给与西方的印象是征服者,是军国,是威力而不是文化。

他们的威力之在欧洲也并不很久,然而他们对于欧洲的民族迁徙上与政治地理上却引起很大的变化。东从顿河以西以至英伦三岛,南从北菲洲以至北到波罗的海,欧洲的面貌都为了他的威武而改换。假使匈奴没有征服欧洲,哥德人可能不会跑到西欧,英吉利人不一定在英伦三岛,西班牙、葡萄牙、匈牙利以至北菲洲可能都不像今日的样子,那么中世纪以至近代欧洲历史的演变以至于现代世界历史的发展,可能都不是我们今日所了解的历史了。

我们之所以说匈奴的西徙对于欧洲的民族迁徙与政治地理有了很大的影响,就是这个原因,这也就是我们所说匈奴对于欧洲的影响是在武力方面而不是在文化方面,也是这个原因。然而我们也得指出,匈奴对于欧洲的文化固没有什么影响,欧洲对于匈奴的文化却有多少的改变。我们愿意在这里举例说明。

我们先要指出匈奴在欧洲的王庭中常常有了很多的罗马与希腊人居住,有的是战争时所得的俘虏,有的是自愿到这里工作。阿提拉对于这些人大致上是很为欣迎。他们之中也有的是有学问的,大多数是技术人员与工人,此外还有欧洲国家之投降于匈奴的国王贵族。匈奴还用了一位罗马人名叫做俄累斯提斯(Orestes)为派到各国而当为使者。这位罗马人曾娶了一位罗马有名的人的女儿,俄累斯提斯是后来做了西罗马皇帝的奥古斯塔斯（Romulus Augstus）的父亲。

因为有了好多希腊与罗马的各种人在匈奴王庭，他们对于传播欧洲文化与匈奴是有了多少影响的。据说也是因为这个原因以及匈奴人与欧洲各处的人民多所接触，所以有好多匈奴人学习拉丁话。这说明在言语方面，匈奴人是受了欧洲人的影响的。

匈奴人本来虽是逐水草而居没有城郭，但是在欧洲的匈奴王庭已盖了房屋。这些房屋是用木盖的，用石来盖的房子是一座浴室，这是用希腊罗马的工程师所设计与建筑的，所以式样是受了希腊罗马的影响。

又如匈奴人款待客人时，他们用满杯的酒给客人喝，客人喝完了，主人抱着客人而接吻。接吻不是东方与匈奴人的习惯，可能这是他们到了欧洲以后才学习的。

我们随便举了几个例子说明匈奴在欧洲时是受过欧洲文化的影响，匈奴本身的文化既不若欧洲——希腊罗马的文化那么高，与欧洲人相处之下受其影响是自然而然的。其实正如我们已经指出，在相处既久之后，人种也逐渐的有所改变。

第二十八章　匈奴的华化

胡祭以金人为主，今浮图金人是也。

《汉书》师古也注云：

作金人以为天神之主而祭之，即今佛像，是其遗法。

《史记正义》也说：

按金人即金佛像，是其遗法，立以为祭天主也。

这么一来，金人变为佛像了。金人是不是佛像，历来学者之讨论这个问题的很多，我们不能在这里详为解释，我们只要指出霍去病之获得休屠祭天金人是在纪元前第二世纪的末季。在这个时候印度佛教传入匈奴虽非不可能，可是印度佛像的雕刻的时间是较迟的，所以这个金人是不是佛像很成问题。

祭天是匈奴的重要的宗教信仰，所以天神似为匈奴最高而最大的神，因此匈奴单于是有广大像天的意义。《汉书·匈奴传》说：

单于姓挛鞮氏，其国称之曰"撑犁孤涂单于"。匈奴谓天为"撑犁"，谓子为"孤涂"，单于者，广大之貌也，言其象天单于然也。

匈奴以天神为最高而最大，所以每年三月集会祭天。单于是匈奴的统治者，匈奴人既称他为撑犁孤涂单于，也就是称他为天子，这与我国皇帝之称为天子可以说是一样的。

在中国历史上古代外族之最为强大，与中国的关系最为密切而其时间又最为久长的，恐怕要算匈奴了。

有了这种密切的关系，以常理来说，两国文化的互相交流、互相影响应该是一件自然而然的事情。

我们先要指出，这种密切的关系是有其好多原因的。

第一，在好多的原因中之最值得我们注意的是两国的交易互市。匈奴嗜中国财物，其主要的是锦绣缯帛，此外如酒如谷以及好多物品都为匈奴所需要。至于匈奴方面之用以与中国交换的东西，主要是各种畜物，而尤是马与牛。

这种交易互市不只是在平时进行不断，就是在战时或是两国政府绝交时也不见得中辍。《史记·匈奴传》载武帝初年伏兵于马邑，想诱匈奴深入而破灭，后来被匈奴发觉了，匈奴遂与中国交恶，绝和亲，同时攻当路塞，时时入寇中国。然而《匈奴传》却也指出：

匈奴贪，尚乐关市，嗜汉财物，汉亦尚关市不绝以中之。

这就是说在两国战争频繁的时候还不断的做生意，这更说明了匈奴之需要中国的财物，而交易互市是两国的密切关系的最主要的原因之一。各种物品的交易互市也就是物质文化的互相交流。

第二，中国与匈奴毗连接壤。其边境既有好几千里之长，边境人民不只常常往来而做生意，而且杂处聚居也是常有的事情，尤其是在平时的时候，人民互相往来，以至互相通婚。在历史上两个种族的文化交流不一定是由两者的直接关系或交通而始，互相交流往往可以由第三种种族作为媒介使其互相影响。但是有了直接关系或交通，如中国与匈奴那样的经常接触，而其人民又常常往来杂处，则其文化之互相影响的可能性是应该更大的。

第三，中国与匈奴时有战争。中国之捕获或投降的匈奴人固很多，匈奴之捕获或投降的中国人也必不少。匈奴既有了很多的中国虏俘，那么这些中国人之在匈奴的时候对于匈奴的生活上应有多少的影响。《汉书·匈奴传》载匈奴大臣卫律要筑城以防备中国，与秦人守之，这些秦人就是中国人。颜师古注云：

秦时有人亡入匈奴者，今其子孙尚号秦人。

颜师古这种说法是很可能的。但是我们还要指出，在匈奴，所谓秦人虽是秦时也有人亡入匈奴而其子孙尚号秦人，但其原因是秦时威振匈奴，故匈奴不只谓在匈奴的中国人为秦人，可能所有的中国人也谓为秦人。这正与后来的汉与唐威振异国或海外，所以外国人遂称中国人为汉人或唐人者，所以卫律所要与秦人共守的秦人，可能绝大部分还是汉时人之入匈奴者。这些秦人之中有的是在战争中被捕的或投降的，可能也有的是在中国犯罪或不满意于政府而逃到匈奴的汉人。卫律因匈奴人不会筑城，不惯于守城，所以他就想利用中国人或秦人去帮忙与参加这种工作。

其实在被匈奴捕获或投降于匈奴的中国人中，有了不少是在当时的很为重要的人物。汉初的韩王信、卢绾，后来的李广利、李陵，后汉的卢芳，而宦者中行说也是一个特殊的例子。至于匈奴人之投中国而后来又降匈奴的，如卫律回去匈奴之后当大权，他既深受中国文化的影响，他提倡中国文化如筑城穿井等就是很为显明的例子。至如李陵、李广利投降之后均为匈奴单于所重用与尊宠，则其对于匈奴的中国化上也应有不少的影响。

第四，无论战时也好，平时也好，中国与匈奴两国使者来往频繁，中国有时扣留了匈奴的使者，匈奴也往往扣留了中国的使者。有些使者如苏武留在匈奴有十九年之久，他虽然也妻了胡妻，生子女，但他坚守汉节，不为匈奴所强迫而投降，这是中华民族的优秀品质的代表人物。他的威武不能屈的精神，匈奴人也不能不为之而感动。使者人数既多，从中国到匈奴者带了大量的中国珍品当为礼物送给匈奴单于及其臣下，使匈奴觉得中国文化的优美。两汉著作中时时提及匈奴嗜汉财物，而汉亦往往以这些东西去笼赂他们，所以中国使者之到匈奴的，没有不带贵重礼物的。同时，匈奴使者之到中国者也没有不希望得到中国所赐给的珍奇礼物的。

第五，匈奴与中国自汉高祖以后就常常和亲。中国宗室公主或良家女之嫁给匈奴单于的固是很多，民间之互相通婚的也当不乏其人。匈奴单于的阏氏虽很多，但是单于既贪汉财物，又娶中国女子，则这些中国女子之对于单于的生活习惯上不能说是完全没有影响的。至这种中国女子所生的小孩，其受母亲的影响那是更不待言而知了。

第六，匈奴自呼韩邪以后，其单于往往遣子入侍，称臣于中国的南匈奴固是如此，往往与中国作对的北匈奴如郅支单于也曾遣子入侍。遣子入侍，其实是遣子为质，有的在中国住的时间较短，有的住的时间较长。较长者固会深染中国的风俗习惯，较短的也会羡慕中国文化的优美。张骞出使到乌孙时，当时的乌孙王室贵人都不了解中国的强大与文化优越。到了一些使者跟着张骞到中国观光之后，回到乌孙他们就大事宣传，使乌孙此后与中国成为很好的与国。遣子入侍既为单于之子，则回去之后不承继为单于也多居重要位置，这些人对于中国文化的传播上不能说是完全没有作用的。

最后，匈奴也曾遣子到中国入学。求学的目的就是学习中国的文化，有意的去学习中国的文化，其本身既受中国文化的影响，学完回国也应有其传播的作用。

秦汉的兴起是与匈奴的兴起都差不多同时，而汉朝灭亡的时候也差不多就是匈奴灭亡的时候。所以从公元前第三世纪的末叶至公元后第三世纪的初期的四百多年中，中国的最大的外患主要是匈奴，而中国之于外族接触最多而其时间又最长的也是匈奴。

所以从常理来看，中国与匈奴的文化不只互相交流，互相影响应该是一件自然而然的事情，而且这种交流与影响很为深切，也应该是一件自然而然的事情。

不但如此，匈奴文化是低于中国的文化，也是很为显明的事情。秦汉的中国人视匈奴人为野蛮人，为不知礼义的种族，这虽然是中国人蔑视外族的文化的一种夸大心理的结果，然而中国文化之超越于匈奴文化却是一件不可否认的事实。我们可以说，在当时的中国文化比之匈奴的是优美得多。所以以常情而论，匈奴与中国的关系既若此密切，中国文化之影响于匈奴应该很为深切。

然而事实上，尽管匈奴之于中国关系如此密切，尽管匈奴十分嗜汉财物，匈奴所受中国文化的影响好像没有我们想像中那么深切。而且从匈奴的嗜汉财物方面来看，对于匈奴来说，好像不见得是一件很好的影响。相反的，我们恐怕还有了不好的作用。

我们先从衣食住方面来看。

《史记·匈奴传》说：

> 高祖……使刘敬奉宗室女翁主为单于阏氏，岁奉絮缯酒食物各有数，约为兄弟以和亲。

这是汉高祖在平城被困以后的事情。自此以后，不但在高帝的时候，而且在高祖以后，中国都经常给与匈奴以丝帛酒食物，所以在文帝给冒顿的信中曾说："汉与匈奴约为兄弟，所以遗匈奴甚厚。"所谓遗匈奴甚厚者，乃每岁奉絮缯酒食物各有数。所以在文帝给稽粥老上单于的书中也说：

> 诏吏遗单于秫糵金帛绵絮它物，岁各有数。

既说每岁都给与匈奴这些东西，这是一件经常的送礼。既说所以遗单于甚厚，则其所给与的东西的数目必定很多。

此外，匈奴既常常与中国互市交通，那么匈奴用牲畜或其他东西来交换中国的絮缯酒食物的数目当然也必定很大。因为互市交易除了匈奴的单于贵人之外，一般平民也必定喜欣中国的物品。所以我们推想，在互市交易方面，中国的衣食物品之流入匈奴的数目，当比中国政府所给与匈奴单于的为较多，而不会较少。

不但如此，除了经常的赐与与交换所输入匈奴的衣食物品之外，在某种特别情况之下，中国给与匈奴的絮缯酒食及其他各物，其数目据我们从《史记》《汉书》中所研究得的结果，也是愈来愈多的。我们且专以衣料及衣服方面来说。文帝在其给冒顿的书中说：

> 使者言单于自将并国有功，甚苦兵事。服绣袷绮衣、长襦、锦袍各一……绣十匹，锦二十匹，赤绨、绿缯各四十匹。

这个数目字并不算很大。到了武帝太始的时候，狐鹿姑单于遗汉书中所要求给他杂缯万匹。至于宣帝的时候，因为匈奴单于呼韩邪来朝见宣帝，中国给他下列的东西：

> 锦绣绮縠杂帛八千匹，絮六千斤。

过了一年，这就是公元前四九年，呼韩邪又来朝，中国又给他下列的东西：

> 加衣百一十袭，锦帛九千匹，絮八千斤。

昭帝年间，呼韩邪又来朝。中国所给与他的衣服衣料比之宣帝时呼韩邪第二次来朝时更多，所以说：

> 加衣服锦帛絮，皆倍于黄龙时。

黄龙就是宣帝的年号，这就是公元前四九年。昭帝所给与的既倍于黄龙时，那么衣约为二百二十袭，锦帛约为一万八千匹，絮约为一万六千匹。到了哀帝的时候，匈奴单于也来朝，中国所给与单于的衣服衣料数目更大。我们且看：

> 加赐衣三百七十袭，锦绣缯帛三万匹，絮三万斤。

在后汉光武末年，单于遣子入侍，光武诏赐单于：

> 冠带衣裳……锦绣缯布万匹，絮万斤。

假使单于自己入来朝见的话，我们推想中国所给与的衣裳衣料，其数目恐怕要比这个数目要多好几倍。

这是随便举了一些例子来说明在特别情形之下，如匈奴单于来朝或其子入侍者到中国时，其赐给衣服衣料的数目字是愈来愈大。此外，匈奴的贵人、大臣、使者之到中国的也是很多，每次中国都厚遗之。那么这种特殊情形之下所给与匈奴的衣裳衣料，其数目之大可以概见。

这样看起来，中国每年所输入匈奴的衣裳衣料的数目既这么大，也就说明匈奴需要这些东西日来日多。

应该指出，匈奴输入这么多的衣服锦绣缯絮等，是否也有一部分是当为交易品，用以换取其他国的东西或是当为礼物送给其他国，这都是值得研究的问题。但是无论如何，输入的数目字越来越大是证明匈奴自己的需要是日来日多。

匈奴人本来是衣皮革或皮毛的，所以《史记·匈奴传》说匈奴人衣其畜之皮革，《汉书·晁错传》说胡人衣皮毛。然而他们穿起锦绣缯絮所作的衣裳之后，他们对于这些东西的要求既日来日多，这好像说明他们在衣的方面的华化程度是越来越深。

从食的方面来看，匈奴人是吃畜肉的。《史记·匈奴传》说：

> （匈奴）自君王以下咸食畜肉。

《史记》同处又指出：

> 匈奴儿能骑羊，引弓射鸟鼠，少长则射狐兔，用为食。

班固《汉书·匈奴传》述了司马迁这几句话，而改"用为食"三字为"肉食"二字。颜师古注云：

> 言无米粟，惟肉食。

匈奴人以游牧为生，不事耕种，故曰只有肉食没有米粟。我们上面已经指出，在汉高祖的时候，中国已答应匈奴每年给与一定的数目的酒食物，这些食物我们相信一定是米粟之类，而不会是畜肉。因为畜肉匈奴自己已有了很多，不需要中国去供给。所以在汉的时候，匈奴对于中国所要求的食物均可以说是植物方面的。如在汉武帝末年，匈奴单于致书中国皇帝，要求蘖酒万石，稷米五千斛。匈奴人本来是饮酪，这就是用奶，特别是马奶所做成的酪浆以为饮料，可是后来也饮酒了。《史记·匈奴传》说：

> 匈奴其攻战，斩首虏赐一卮酒。

这可见得酒的可贵。呼韩邪单于朝见宣帝完毕回国，中国方面曾命令边境的官吏：

> 转边谷米糒，前后三万四千斛，给赡其食。

这比之武帝末年匈奴单于所要求的糱米五千斛的数目多了差不多七倍。元帝初就位，呼韩邪又上书说他的民众困乏，中国皇帝曾诏：

> 云中五原郡转谷二万斛以给焉。

上面已经指出，匈奴本来惟有肉食没有米粟，但是匈奴后来一方面靠中国给与粮食，另一方面也有多少耕种。《汉书·匈奴传》说匈奴诛贰师将军李广利之后：

> 会连雨雪数月……谷稼不熟。

颜师古注云：

> 北方早寒，不宜禾稷，匈奴中亦种禾黍。

这样看起来，匈奴除了依靠中国供给粮食之外，自己也有耕种。他们本来是吃肉的，但是受了中国的影响之后，由中国给与米粟。除中国逐渐增加输入这种粮食外，他们也逐渐习惯于食米粟，因而在他们之中可能也有些人学会耕种，或者是利用获得中国的虏俘以事耕种，以弥补其粮食的不足。虽则我们也得指出，匈奴不只早寒，而且沙漠所占的面积极大，可耕之地并不会很多。

我们应该指出，匈奴的耕地既不会很多，而又因天气早寒耕种的时间较短，所以匈奴在农业方面虽然可能受了中国的影响，然而这个影响是不会很大的。而且匈奴既慢慢的习惯于吃米穿丝帛，因而不得不从中国输入大量的衣料与粮食，结果是在经济方面，匈奴就逐渐的依赖中国而失其独立。我们上面已经指出，中国每年经常与特别情形之下所赐给匈奴的衣料粮食，其数目虽然已很大，然而在匈奴与中国的互市交易中，从中国输入的衣料与粮食，其数目恐怕还要大得多。因为匈奴贪中国的物品，中国而尤其是中国的商人在货物的交换上，也必尽量去以价值较少的物品去换取价值最多的东西。《史记·货殖传》记载一件事很值得我们注意：

> 乌氏倮畜牧，及众，斥卖，求奇缯物，间献遗戎王。戎王什倍其偿，与之畜，畜至用谷量马牛。

这是秦始皇年间的事情。这里所说的戎王是不是匈奴人不得而知，但无论如何，这说明西北的外族对于中国的缯物是太欣赏或需要了，匈奴不会是个例外。戎王不计算马牛的数目而用山谷去量，这说明马牛数目之多不可胜数。所谓什倍其偿，恐怕还是低估其偿。乌氏倮本来畜牧，把自己的畜牧去换取缯物，再把缯物去换取十倍以上的马牛，假使他再换一次缯物而献给戎王，那就变为一本百利了。

商人惟利是图，戎王或匈奴人不惜以值价十倍以上的马牛去换取中国的缯物，从匈奴方面来看，这是一笔很大的输出。换句来说，这也是一笔很大的损失。而况丝绣缯絮以至于酒，在匈奴方面来看也可以叫做一些奢侈品。匈奴自己少产米粟，而要大量从中国输入。在换取中国的酒食物上，我们推想中国商人也必多倍其偿，使匈奴有所损失。这些损失在匈奴的经济上必大受影响，而况正如刚已指出，缯酒这些东西又是奢侈物品，并不见得很适宜于匈奴的环境生活。关于这一点在稽粥单于时，这就是文帝时，由中国到匈奴投降于匈奴的中行说已经看到。《史记·匈奴传》说：

> 中行说既至，因降单于，单于甚亲幸之。初，匈奴好汉缯絮食物，中行说曰："匈奴人众不能当汉之一郡，然其所以强者，以衣食异，无仰于汉也。今单于变俗好汉物，汉物不过什二，则匈奴尽归于汉矣。其得汉缯絮，以驰草棘中，衣袴皆裂敝，以示不如旃裘之完善也。得汉食物皆去之，以示不如湩酪之便美也。"

这与当时的贾谊以五饵来屈服匈奴的意见大致相同。所谓五饵，《汉书·贾谊传赞》颜师古注中曾简略的指出：

> 赐之盛服车乘以坏其目，赐之盛食珍味以坏其口，赐之音乐妇人以坏其耳，赐之高堂邃宇仓库奴婢以坏其腹，于来降者上以召幸之，相娱亲酌而手食之以坏其心，此五饵也。

贾谊并没有指出赐给这些东西要匈奴拿别的东西来交换而从中取利，贾谊大致是同意于中行说所说，用中国的物品的十分之二，则可以把整个匈奴收买过来。这所以说汉物不过什二，则匈奴尽归汉矣。这是中行说反对匈奴用汉物的主要原因。此外，他又以为中国的缯絮用来做衣服，根本就不适宜于匈奴人的生活。匈奴人是游牧人民，终日驰骋于草原荆棘，穿起缯絮容易破烂。所以这些东西就成为一种奢侈品。他又说湩酪比汉食物为便美，大概也是以为汉酒是一种奢侈物，匈奴自己不出酒而习惯于酒，则非依赖中国来供给不可，倒不如吃自己所出产的湩酪为便宜。

总而言之，汉物之中既多为奢侈品，而又不适宜于匈奴的生活环境，中国当为礼物去送给匈奴，对于匈奴都不见得有益。假使匈奴还要以价值很多倍的东西去换取中国的缯酒等物，这使匈奴的经济受到很大的影响。中行说劝匈奴单于不要嗜汉物，大致是这个原故；而贾谊要以五饵去制匈奴，也是这个原故。

匈奴自军臣单于死了之后，这就是汉武帝元朔年间（公元前一二八——一二三）以后逐渐衰弱。到了宣帝的时候，呼韩邪入朝称臣。其衰弱的原因当然很多，如外患的频繁，包括大败于中国与被丁令、乌孙及其他诸国的攻击，如内部的紊乱，而尤其是因争立为单于而引起的内乱，以至于如天灾而使畜物与人民的大量死亡。但是除了这些原因之外，我们以为匈奴的贪求中国的物品应当是匈奴衰弱的主要原因之一。这个原因之于别的原因有否关系，若有关系，其关系如何，又这个原因比之其他原因其重要性如何，我们不必在这里讨论。我们所要特别指出的，匈奴的贪求中国物品是匈奴生活的奢侈的征象。匈奴愈贪求中国物品，表面上看起来虽说是华化的程度愈深，实质上是匈奴愈趋于奢侈的表示。除了中国所赠送的东西之外，匈奴还要用价值很多倍的物资去换取一些奢侈品，这使匈奴的经济上受了很大的打击。经济的贫困不只影响于日常的生活，而且影响于战争没有足够的物资去支援。抵抗外侮是不容易的，外患既不能避免，内乱可能也因之而产生。中国有句话说，大兵之后，必有凶年。这不一定完全是对的，然而若说完全没关系，也许不见得是对。

原来匈奴正如汉代人所说，是引弓之国，而异于衣裳之邦的中国。汉代人叫匈奴为行国，当中国为居国。前者是以游牧为生，而后者是以耕种过活。在生活上既有了根本不同之处，文化也就是各异。匈奴既不能改变其游牧生活而成为耕种之国，匈奴的华化只是表面的现象，而不可能的深入。自己不会或因环境关系而不能种谷而依赖中国输入酒食，自己不会或因环境的关系而不能种桑养蚕以出产缯帛而嗜欲中国的缯絮，结果是不得不以其所依赖以畜牧为生的马牛去换取这些东西。其中好多既成为奢侈物品，而还要用价值多倍的马牛去换取这些东西，这是最不经济的做法。正如今日一个农业国家不积极去工业化，而要依赖其他国家所输的工业品以至奢侈品来使用，那么这个国家的经济前途是不可乐观的。

贾谊而尤其是中行说在汉代初期的时候都已经看到匈奴在经济上潜伏了这种危机，所以中行说反叛祖国而投降匈奴之后，极力主张匈奴不要嗜汉财物。相反的，贾谊正是看到这点，所以主张五饵的方法去制服匈奴。贾谊上书告诉文帝说：

> 陛下何不试以臣为属国之官以主匈奴？行臣之计，请必系单于之颈，而制其命，伏中行说而笞其背，举匈奴之众，唯上之命。

中行说不只是反对匈奴在衣食方面的华化，他对于一切的华化都差不多反对。相反的，贾谊就要用这种表面的华化，或者可以说是华货去笼络匈奴，使其受制于中国。中行说之反叛祖而献计于匈奴单于不为中国的衣食物品所引诱，正是打击贾谊的五饵之策，贾谊之所以要伏中行说而笞其背就是这个原故。

文帝虽然采取汉高祖与吕后的和亲送礼的方法去对付匈奴，但是他对于贾谊的五饵之策并没有积极去推行，他始终也并没有命贾谊去为属国之官以主匈奴而行彼之计。到了汉武帝，虽不完全放弃和亲送礼的传统政策，然而他对付匈奴的方法主要是使用武力，贾谊的五饵之说都不见得很重视。班固《汉书·贾谊传赞》说：

> 乃欲试属国，施五饵三表以系单于，其术固以疏矣。

我们要再指出，汉代的君主以及大臣士大夫等，虽并不很重视中行说与贾谊所提出关于匈奴的经济的危机这个问题，然而这个问题之于匈奴的逐渐衰弱不能说是没有关系的。而且也许正是因为这个经济的原因是一个潜伏的原因，而只能引起慢性的作用，不若在战场上胜负的决定是快而明显的，所以当时的人们也就未能很为重视。

在衣食方面，匈奴既已指出虽然大量输入中国的衣料与食物，可是匈奴自己既不能自耕而食，或是种桑养蚕与自织而衣，匈奴的华化还是表面的，而其结果是使匈奴的经济失了独立性，而有其不好的作用。在文化的其他方面，匈奴虽然也受过中国文化的影响，然而大致上这种影响还是不够深入。比方从居住方面来说，匈奴既是行国，是靠游牧为生，逐水草而居，所以没有固定的地方，他们的房舍是叫做穹庐。颜师古注云：

> 穹是旃帐，其形穹隆，故曰穹庐。

这种房室很为简单，随便可以张开起来，也随便可以收拾起来。近来苏联的考古学者在贝加尔湖发现汉代的土室，根据专家的意见，这可能是当时李陵所建筑的房子。然而李陵既是汉人，盖起土房以为住宅，严格来说不能算作匈奴人的住处的华化。匈奴人自己所居的房屋还是穹庐，这与我们今日所说的蒙古包大致相近，也就是一般人所说的帐幕的一种。游牧部族既逐水草而居，随时随处迁徙，穹庐简单轻便，收拾起来就可以安在马背上运输。若住在土室，那么迁徙起来就不能这样的办了，所以匈奴人不能仿效中国人住土房宫室是有原故的。

又如城郭在中国是人民所聚居的地方，也是防守的保垒。《史记·匈奴传》说匈奴毋城郭，这也是因为游牧种族随时随地迁移而不适宜于城郭的生活。然而这也并不是说匈奴完全没有城郭。《史记》《汉书》都载匈奴有赵信城，据说这是赵信所建筑的。《史记》《汉书》匈奴传说：

> 赵信者，故胡小王，降汉，汉封为翕侯。

赵信后来被遣去伐匈奴，因为为匈奴所败，又降匈奴。匈奴单于很尊重他，他住过中国，所以回匈奴后乃仿效中国筑城以居守，这是华化的例子。此外，又如卫律本来也是匈奴人，住过中国，后来回去匈奴，为匈奴单于所宠用，位至大臣，当大权。据《汉书·匈奴传》说，当卫律的时候：

> 单于年少初立，母阏氏不正，国内乖离，常恐汉兵袭之。于是卫律为单于谋："穿井筑城，治楼以藏谷，与秦人共守之。汉兵至，无奈我何。"即穿井数百，伐木数千。

这也是仿效中国而穿井筑城治楼以藏谷,且要用中国人去守城。井已穿了数百,木也伐了数千,准备筑城以守,但是当时在匈奴却有人告诉卫律说:

> 胡人不能守城,是乃遗汉粮也。

所谓胡人不能守城者,是因为匈奴是惯于骑战。正如《史记·匈奴传》所说,"利则进,不利则退,不羞遁走",而不惯于守备,不善于守城。既不善于守城,那么筑城治楼以藏谷,等于藏谷以给与于汉人。卫律虽然住过中国,明白中国城郭的优点,然而经过有人这样的提醒他之后,他自己也感觉到匈奴是不适宜于穿井筑城治楼藏谷。所以这种工作虽然做了不少而且材料也准备好,卫律最后仍不得不放弃这种计划。《史记·卫青传》说:

> 卫青遂至真颜山赵信城,得匈奴积粟食军,军留一日而还,悉烧其城余粟以归。

这是一种经验。卫律之所以停止筑城以守,是不是因汉兵曾到漠北攻破赵信城所得的教训,不得而知。但是像卫律这位中国通计划筑城而又中止,说明匈奴要学中国筑城治楼以守的困难。

在卫律之后四十年,当匈奴分为南、北的时候,北单于郅支西徙到康居,也曾筑城以守。《汉书·陈汤传》说:

> 发民作城,日作五百人,二岁乃已。

这就是后来所说的郅支城。这个城每天建筑要五百人,而且经过二年的时间才能完成。在游牧的部族中,这不能不算作重大的工程之一。又郅支所建的城有了两层,内为土城,外为木城,又有城楼,这可以说是完全受了中国的影响罢。

此外,又如《后汉书·南匈奴传》载师子先知曾守曼柏城以抵抗安国单于。南匈奴在中国保护之下习染华风,故师子所守的城也是受了中国的守城的影响。

公元前三六年,陈汤发兵去攻击郅支单于。郅支单于初怕康居内应,本来已经出城准备逃跑,但是后来他又回到城内,决意坚守。他以为汉兵远道来攻,不能持久,可是结果郅支城被攻破了,郅支自己也被斩死。这又说明匈奴人守城的失败。只有上面所说的师子守了曼柏城,安国单于攻之不下。但是曼柏城的守者固是匈奴人,而攻者也是匈奴人,是不是师子善守,抑或安国不会攻,我们难于断定。

总之,匈奴人一再筑城以守是华化的很好的例子。但是除了赵信、郅支筑城以外,卫律欲筑而未成,赵信、郅支所筑的城都为中国所攻破,而且这种例子并不见得很多。师子、安国都在中国保护之下,二者互相争伐并非与中国对抗,所以从筑城以守这件事来看,匈奴人所筑的城既很少,而其城的作用又不大。卫律准备筑城而中止,我们所以说是由于他感觉到匈奴不适宜于这种防守,就是这个原因。

在兵器方面，匈奴也学习中国。《汉书·陈汤传》说：

> 汤曰："夫胡兵五而当汉兵一，何者？兵刃朴钝，弓弩不利，今闻颇得汉巧，然犹三而当一。"

所谓颇得汉巧，就是学得中国制造兵器的技巧。虽则匈奴人之学制中国的兵器还没有学到家，所以在没有学之前一个中国兵可以当五个匈奴兵，学了之后一个中国兵只能当三个匈奴兵。用数目字来说明，匈奴所学中国制造的兵器技巧学了五分之二，这不只是学不到家，其实也学了不到一半。

匈奴人不只在武备方面仿效中国，在音乐方面也有喜欣中国的。《后汉书·南匈奴传》载在呼韩邪单于的时候，中国曾赐给匈奴笙瑟空侯，这是前汉宣昭时代的事情。大约一百年后，在光武的时候，北匈奴单于曾上书给光武说，以前中国所给与匈奴的音乐器具已经败坏，希望中国能再赐给。但是班彪为光武作书复匈奴说：

> 单于前言先帝时所赐呼韩邪笙瑟空侯皆败，愿复裁赐，念单于国尚未安，方厉武节，不如良弓利剑，故未以赍。

其实，中国在汉代正是希望匈奴国内不安，中国可以用"以夷制夷"的方法去对付匈奴，免得扰乱中国。而且中国也不见得很愿意匈奴去厉武节，因为匈奴若真武力强大，也非中国之福。然而为什么中国还给北匈奴单于以良弓利剑，而不给与笙瑟空侯呢？很清楚的，这时候的匈奴已分为南、北，南匈奴既是在中国庇护之下，北匈奴也不见得很强盛。班彪也许看穿了这时候的匈奴不致于为中国的大患，而且以为蛮夷不知礼义，何必还去讲求音乐。这实在有了看不起匈奴的态度，所以在为光武的复书中曾说朕不爱小物，这好像是对北匈奴的单于说，我并不爱惜这些小物，可是你只会侵伐，配不上去讲求音乐，所以我就不给你乐器。这说明当时的中国人对于匈奴的华化的一种态度。其实，匈奴单于若真的想得中国乐器，他可以用很多方法去寻求，他可以找中国商人代他购买。他特地上书去请求，可能是表明他对于中国音乐的重视。然而究竟在事实上中国音乐之在匈奴是否流行，也是一个问题。一百年前中国所赐给匈奴的乐器，若真的时时演奏，早已败坏，存放而不用也会败坏，可能单于之请求赐给乐器是讨好于中国的一种表征，而非真正的嗜欲中国音乐。所以中国不愿赐给，这也可以说是对于匈奴厌恶的一种表示。假使不是这样，中国又真何必连了这些小物而偏偏不给呢？我们这种推论若是不错的话，那么匈奴所受中国音乐的影响也可以说是很少。

第三十章　西域与华化

一

中国是一个农业的国家，主要是靠耕种以为生。所以中国人之开辟新土地，往往是尽量利用这种土地，以从事耕种。《汉书·武帝纪》"元狩四年"内说：

> 有司言关东贫民徙陇西、北地、西河、上郡、会稽，凡七十二万五千口。

同处"元狩五年"内说：

> 徙天下奸猾吏民于边。

《史记·平准书》说：

> 初置张掖、酒泉郡，而上郡、朔方、西河、河西开田官，斥塞卒六十万人戍田之。

《史记集解》引徐广说这件事是在武帝元鼎六年（纪元前一一一年），《汉书·武帝纪》"元鼎六年"内也说：

> 元鼎六年，分武威、酒泉地置张掖、敦煌郡，徙民以实之。

河西走廊，这就是汉代的武威、酒泉、张掖、敦煌等地，在武帝元狩二年（纪元前一二一年）以前，为月氏、乌孙的故地，后来又为匈奴所占据。月氏、乌孙、匈奴都为游牧民族，逐水草而居，不事耕种。自霍去病于一二一年攻败匈奴在这个地方的势力之后，中国一方面遣军队去防守，一方面又徙关东贫民去充实。有一个时候，武帝曾听了张骞的话，遣张骞到乌孙，希望乌孙能迁回故地，以免匈奴再度占领。但是乌孙却不愿意这样做，所以元鼎六年乃发动很多的人民到这些地方开田耕种。这些人民往往既是守边的士卒，又是耕地的农民，这就是所谓屯田制度，这个制度是寄兵于农的办法。但是我们在这里所要加以特别注意的是，河西走廊在月氏、乌孙、匈奴诸民族占领的时候，只靠天然有水草的地方以为牧场。中国人到了，就尽量去开垦，成为农田。这就是说，用中国的耕种的方法应用到一个曾为游牧民族所用为牧场的地方。

耕种一方面要在有水的地方，一方面要有耕种的技术。武威、酒泉、张掖、敦煌这几个地方之所以设置，虽由于军事上重要，但也是因为靠近河流，这些河水大部分是发源于祁连山的冰雪，再加以水利的兴建，使灌溉能够合时合理，则农业可以发达。所以《汉书·沟洫志》说："朔方、西河、河西、酒泉，皆引河及川谷以溉田。"此外，除了人力耕种之外，又用犁牛。《汉书·昭帝纪》"元凤三年"内说：

> 非丞相御史所请，边郡受牛者勿收责。
> 应劭曰："武帝始开三边，徙民屯田，皆与犁牛。"

这就是说，使用中国内地的耕种的技术，应用到西北的地区。河西走廊固是如此，西域其他的地方之有中国军队驻扎的也往往如此。《汉书·西域传》"渠犁"条述搜粟都尉桑弘羊与丞相御史奏言：

> 故轮台以东，捷枝、渠犁皆故国，地广饶水草，有溉田五千顷以上。处温和田美，可益通沟渠，种五谷，与中国同时熟。其旁国少锥刀，贵黄金采缯，可以易谷食，宜给足不可乏。臣愚以为可遣屯田卒，诣故轮台以东，置校尉三人分护，各举图地形，通利沟渠，务使以时益种五谷。张掖、酒泉遣骑假司马为斥候，属校尉，事有便宜，因骑置以闻。田一岁，有积谷，募民壮健有累重敢徙者诣田所，就畜积为本业，益垦溉田，稍筑列亭，连城而西，以威西国，辅乌孙为便。

司马光《资治通鉴》记这个奏言在武帝征和四年（纪元前八九年）。武帝以后，《昭帝纪》"始元二年"内说：

> 调故吏将屯田张掖郡。

《汉书·西域传》"鄯善"条指出，昭帝元凤四年，傅介子在鄯善杀了鄯善王安归之后，立尉屠耆为王，尉屠耆请求中国遣将士到土地肥美的伊循城，于是中国乃遣司马一人、吏士四十人，到伊循城屯田积谷，以安抚鄯善。《汉书·郑吉传》说：

> 自张骞通西域，李广利征伐之后，初置校尉，屯田渠犁。至宣帝时，吉（郑）以侍郎田渠犁。积谷，因发诸国兵攻破车师，迁卫司马，使护鄯善以西南道。

《汉书·西域传叙》也说：

> 于是自敦煌西至盐泽，往往起亭，而轮台、渠犁，皆有田卒数百人，置校尉领护。……匈奴益弱，不得近西域。于是徙屯田，田于北胥鞬，披莎车之地，屯田校尉始属都护。……都护治乌垒城。……与渠犁田官相近，土地肥饶，于西域为中。……至元帝时，复置戊己校尉，屯田车师前王庭。

《后汉书·西域传叙》说：

> 十六年（纪元后七三年），明帝乃命将帅，北征匈奴，取伊吾卢地，置

宜禾都尉以屯田，遂通西域。

又说：

顺帝永建二年（纪元后一二七年）……帝以伊吾旧膏腴之地，傍近西域，匈奴资之，以为抄暴，复令开设屯田。

上面所举的例子，说明在西域，凡是中国兵力所到的地方，而作为守卫或进攻的根据地，往往是屯田积谷的地方。我们若从上面所举各段话来看，自前汉至后汉，数百年间，中国之开通西域是与屯田制度有密切的关系。除河西走廊之外，从天山以南的鄯善至轮台、尉犁、莎车，以至天山以北的伊吾卢地，都有屯田。故屯田的分布之广也可以概见。

二

在中国与西域没有沟通之前，西域诸国中，有的以游牧为生，也有的以耕种过活。张骞到了大宛、康居、大月氏、大夏的时候，已看到葱岭以西的民族有从事耕种的。至于敦煌以西、葱岭以东的西域诸国，大致上在天山以南也有很多居国。这就是说，人民主要靠土地生产以维持生活。天山以北诸国多为行国，然也非完全没有农业。但是我们在这里所要特别指出来的是，自中国通西域之后，葱岭以东的西域诸国的农业更加发展起来。

所谓发展，是有几方面的：第一，是耕地面积的增加。因为西域离开中国太远，中国军队以至使者及其随从之到西域的，需要粮食供养，所以屯田积谷。屯田积谷也可以久守，也可以进攻。比方郑吉攻车师，攻破交河城，可是其王仍在其北石城，郑吉因为粮食没有了，不得不退兵回到渠犁，等候田收秋毕又发兵去攻破车师王于石城。中国是以扩充屯田以为守卫与进攻的根据地，所以匈奴对于中国的屯田也觉得是一种威胁。《汉书·西域传》"车师后城长国"条说：

单于大臣皆曰："车师地肥美，近匈奴，使汉得之，多田积谷，必害人国，不可不争也。"

屯田的地方也就是兵力所到的地方。屯田近匈奴，也就是兵力近匈奴。中国在其西北边境，迁徙六七十万的人民去充实，已说明了耕地的大量扩充。在天山南北的西域各处，又有好多屯田，同时除了中国屯田士卒自己耕种之外，中国可能利用或鼓励西域诸国的人民去扩张耕种的面积，一方面为了增加平时人民的粮食，一方面也为战时军队的需要。

第二，中国必定利用其高度的耕种技术，应用到西域的农业方面。用牛以代替人力是一个方式。但是犁耙及各种农具也必介绍到这些地方。《史记·大宛传》《汉书·西域传》"大宛"条指出西域各国不知铸铁器，则其农具也不见得精良。西域多沙漠荒地，耕种所用的人力一定较多，也更需要较好的农具。史书虽没有说到中国人曾改良西域的农具，但是中国人之在西域耕种的既必用中国的方法与农具，那么这种方法与农具之流传于西域土人，也是自然而然的。

第三，中国人到了西域之后，对于西域的灌溉事业也必加以改良。上面所举桑弘羊的奏言中所说"可益通沟渠，种五谷"与"益垦溉田"，就说明中国对于西域的灌溉事业的重视。原来西域多为沙漠之地，雨水极少，大部分的田地要靠发源于高山所融化的冰雪而成为河流，以资灌溉，因而通沟渠成为农业上一个很重的问题。沟渠开得好，可以减少水的浪费，可以灌溉较多的农田。

灌溉事业既成为发展农业的重要关键，管理河流沟渠也成为西北行政上一种重要事务。从居延发掘的汉简中，我们知道那个时候，在西北有所谓河渠卒去管理灌溉农田的工作。直到现在，在河西走廊及西域各处，沟渠的管理成为地方官吏一种重要任务。各处往往设有渠正、渠长，由人民公举，县府委任，分水的时候，地方长官到场监视。所以在这些地方人民之间，因争取田水而引起的纠纷也特别的多。

沟渠多由当地人民经营，按照灌溉耕地的亩数，平均摊派开通沟渠的人工费用。引水灌田的时候，也按照耕地的亩数公平分配。分水的方法是在渠口设一水坪，平直端立，所有全渠的水都由水坪上流过。水坪的宽窄尺寸就为农民分水的标准。从总水坪分到各处分站，再由分站流到各处农田。这种制度很为细密。因为河水既较少，若无很好的制度去管理，则稍为离河较远的地方，就很难得水以资灌溉。

现在所流行的管理沟渠制度是不是从汉代传下来，不得而知，然而这种制度来源也甚古。两汉经营西域，对于屯田既很注重，对于沟渠管理又有专人负责，则在两汉的时代，管理沟渠必有制度，是无可疑的。

现在在新疆一带，灌田方法除用河水之外，又有坎井。西域诸国，据史书所载，是不会凿井的。《汉书·匈奴传》说卫律献议匈奴"单于穿井筑城，与秦人守之"，《史记·大宛传》说"大宛新得秦人知穿井"。这说明，匈奴与西域诸国不会穿井，而要中国人去教他们穿井。现在的新疆各处既有用井灌溉，那么在两汉时代穿井以资灌溉的可能性也是很大的。

总而言之，屯田之于两汉的开通西域是有了密切的关系。屯田不只增加了西域耕种的面积，而且对于在耕种的农具上与灌田的方法上，都必有很多的改进。所以我们虽没有办法去知道西域与中国尚未沟通之前其农业情况如何，但是自两者沟通之后，西域的农业受了中国的影响是无可疑的。

农业发达可以解决人民的食的问题。我们并不否认，西北民族很多以畜牧为生，以肉为食，匈奴就是一个例子。但是匈奴自与中国接触相当时期之后，也往往靠中国去供给农产品以为食粮。西域诸国，而尤其是天山以南诸国，很多是居国，是靠耕种为生，就是有些游牧国家，如鄯善，如婼羌，也要从旁国输入米谷以为食粮，这说明农产品在西域人的食的方面所占的地位的重要。《汉书·西域传》"鄯善"条说：

> 且末以西，皆种五谷，土地草木畜产……略与汉同。

我们推想，所谓略与汉同，可能是受了中国的影响。不只在农业的技术上与灌溉的方法上受了中国的影响，可能有多少农作物或植物的种子也是由中国传到西域。

三

西域诸国对于中国的丝品衣料，喜欢不喜欢呢？当然是很喜欢的。《汉书·西域传》"渠犁"条说：

> 龟兹王绛宾及夫人入朝，赐以……绮绣杂缯，凡数千万。……后数来朝贺，乐汉衣服制度。

这不只是喜欢中国的绮绣杂缯，而且乐穿了中国的衣服了。

《汉书·西域传》之说及衣服的，除上面所叙述的外，如在"无雷"条里说：

> 无雷国……衣服类乌孙，俗与子合同。

又如在"休循"条里说：

> 民俗衣服类乌孙。

"尉头国"条说：

> 衣服类乌孙。

又，在葱岭以西的西域诸国的衣服，史书虽没有明白的说出来，但《史记》《汉书》均指出自大宛以西至安息，国俗大同，则可能这些国家的衣服又有其特殊的地方。所以假使我们说在葱岭以西的是大宛式的衣服，在葱岭以东的有了乌孙式的衣服。虽则什么是乌孙式或大宛式的衣服，我们就难推论，可是除了这两种衣服之外，特别是在葱岭以东，除了乌孙式的衣服之外，《史记》《汉书》既都没有说及其他的样式，那么有没有可能是类匈奴或类中国的呢？

我们所以提出这个问题，原因是葱岭以东的西域诸国，在好几百年中，大致上若不为匈奴所控制，就往往服从于中国，其与匈奴或中国接触既久，则其受匈奴或中国的衣服的影响是有可能的。但是我们还得指出，在这两种可能中，其受中国式的衣服的影响应当较大。我们读《匈奴传》，知道中国除了经常赐给匈奴以大量的绮绣杂缯之外，往往又赐给衣服很多套。匈奴还常常用中国的衣料、要中国的衣服，那么西域诸国采用中国的衣料，以至受了中国式的衣服的影响的可能性，较之用匈奴的为大，也似无可疑。何况匈奴所着的只是简单的皮革，又何况中国的绮绣杂缯也为西域诸国所喜欣。龟兹王绛宾乐中国衣服；鄯善王尉屠耆久住中国，又娶中国女子为夫人，其用中国衣料与喜欣中国衣服，也是可能的。又如傅介子到了楼兰，其王安归初对于介子很为冷淡，后来介子说他带了很多锦绣黄金赐与诸国，安归立就去找他，这说明安归是贪得中国的锦绣。

四

在住的方面，西域诸国中也有受中国的影响的。我们先要指出，中国官吏如都护、长史、校尉等，以及在各处屯田的士卒们所建筑的住所与衙门，当为中国式的，是没有什么问题的。这些人都是居于统治的地位。同时，中国的建筑比之葱岭以东的西域诸国的较为优越，那么这些国的王室贵人之仿效中国式的房屋，也是很可能的。

《汉书·西域传》"乌孙"条说：

> 汉元封中，遣江都王建女细君为公主，以妻（乌孙）焉。……公主至其国，自治宫室居。

公主在其乌孙歌里曾慨叹的说："穹庐为室兮旃为墙。"她不愿意住乌孙的穹庐，所以建筑中国式的宫室。细君在乌孙虽不久就死了，但是后来的解忧公主在乌孙好几十年，嫁了三个昆莫，随她到乌孙的冯嫽也嫁了一个乌孙的重要人物。她们在中国与乌孙的关系上，在乌孙的政治上，都占了很重要的地位。细君既自治宫室，解忧、冯嫽似不会不自治宫室。而且，解忧的子孙多到过中国居住，后来有的做了乌孙昆莫，有的当别国国王，那么他们之建筑中国式的房屋以居住也是可能的。

《汉书·西域传》"渠犁"条说：

> 龟兹王绛宾……后数来朝贺……归其国，治宫室，作徼道。

这是仿效中国式的宫室的显明例子。西域诸国的国王或太子之到中国或久住中国的很多。绛宾不过其中的一位。他们在中国时习染华风，住了中国的宫室，回国之后建筑中国式的宫室，以为居住，是不足为奇的。绛宾的夫人是解忧的女儿，这也就是中国的外孙女，故建筑中国式宫室，莎车王万年是解忧的儿子，这也就是中国的男外孙，他也在中国住过，他的妹妹与妹夫建筑中国宫室以居住，他自己这样的做也是很可能的。

西域诸国中有好多是有城郭的。他们的城郭是怎么样，我们难于考证。《汉书·郑吉传》指出，他选择西域适中的地方而立莫府，治乌垒城，镇抚诸国，这个乌垒城是立了莫府之后而始建筑的，还是在莫府未立之前已有这个城，我们不必考究。但是都护所在地的乌垒城，或像屯田所在地的伊循城，既为中国的军事重点，那么这个城的建筑或修缮可能是受中国的影响。至于其他各处的城的建筑是否受过中国城的影响，这也是很值得我们研究的。

《汉书·陈汤传》说：

> 郅支……遂西奔康居……发民作城，日作五百人，二岁乃止。

又说：

> 土城外，有重木城。

此外，又指出城有楼。郅支在匈奴时必早已知道中国人建城的方法，匈奴卫律也曾献议于单于，穿井筑城治楼以藏谷。郅支到了康居之后，所建的城大致是仿效自中国，可能也用中国技工去设计与建筑。以每天五百位工人筑了二年的时间然后完成，这说明了这个城的规模必定不小。

《汉书·陈汤传》又指出，当陈汤的军队到离郅支城三里路的地方的时候，他们"望见单于城上立五采幡织，数百人披甲乘城，又出百余骑往来驰城下，步兵百余人，夹门鱼陈，讲习用兵"。

幡织就是旗帜，郅支在城上所立的五采旗帜是从那里学到来的呢？可能是受中国的影响。匈奴人一向是用骑兵，但是因为守城而用步兵，恐怕也是受中国的影响而才有的。郅支改变了匈奴用骑兵作战的方法，筑城以守，这是学中国的方法。

《史记·大宛传》指出，自大宛以西至安息，"其地皆无丝漆，不知铸铁器。及汉使亡卒降，教铸作它兵器。得汉黄白金，辄以为器，不用为币"。

徐松《西域传补注》说：

> 吴氏仁杰云："冯世奉言，羌戎弓矛之兵耳，器不犀利。"器谓兵器，大宛诸国但有弓矛，所谓它兵器者，谓凡弓矛之外者也。

王先谦《西域传补注》云：

> 所谓得黄白金以为器者，黄金谓铜，白金谓银锡，皆可作兵器者。《婼羌传》云"山有铁，自作兵"，《难兜传》云"有银铜铁作兵"。案《越绝书》：赤堇之山破而出锡，若邪之谷涸而出铜，欧冶子因以为剑。郭景纯谓古者通以锡杂铜为兵器是也。若曰彼不知铸作之利，当并诸金言之，又岂一物而已哉。

照徐松所述吴仁杰的解释，则大宛诸国除弓矛以外的兵器，都由中国人去教铸，则弓矛以外的兵器种类当然不止一样，可能是很多样。照王先谦的解释，则除铸铁以外，其他金属也可以作兵器，那么我们可以说，大宛诸国的铁兵器或其他金属兵器的铸作的方法，是得自中国了。

《汉书·陈汤传》曾指出胡兵五个才能当得住一个汉兵，其原因是他们的兵刃朴钝，弓弩不利。他又指出后来他们学得中国的技巧，但还比不上中国。所以学了之后，一个汉兵还可以当得住三个胡兵。这说明了中国的兵器的优越，而其所以优越的原因主要的恐怕是中国晓得铸铁的方法，所以大宛诸国就不得不向中国去学习这种方法。

五

《大宛传》里又指出大宛诸国无丝漆，关于丝的记载很多，关于漆的记载并不多见。《诗经》"椅桐梓漆"，漆是一种木名，但其黏汁，可以用以髹物，也可以叫做漆。《战国策》谓"漆身为厉"，就是这个意思。中国晓得用漆，历史既很久，漆遂与丝并称，《大宛传》谓大宛诸国皆无丝漆，所以漆之在西域诸国的人们的心目中，可能是与丝一样的重视。

在和阗曾有一种传说，以为有了一位中国公主，嫁给和阗王，她是把养蚕的方法介绍到和阗的第一人，因为那个时候，中国禁止蚕种出口，所以她把蚕种藏在帽内，暗自输出，使和阗人晓得养蚕之法。后来和阗人当她为神而崇拜。后来的考古学者在和阗曾发现了这种传说的画版。玄奘曾记载这个故事，我们在两汉史书中找不到这种记载，也找不到中国公主嫁给和阗国王的记载。但是这个故事说明了丝是西域诸国所觉为宝贵的物品，西域诸国希望输入养蚕之法是不足为奇的。这个念头可能发生在中国与西域沟通之后，其实不只和阗人想得中国养蚕之法，葱岭以西的西域诸国也必有了这个念头，不过因为传入不易耳。

丝、漆既并称，则漆物之为西域诸国所珍视，也是不足为奇的。中国人既能教大宛诸国去铸兵器，也可能教西域诸国去养蚕制漆，不过蚕种的运输可能因中国的禁止而不易输出。至于制漆的方法是否也与蚕种之不易传出，则不得而知了。

西域诸国与匈奴一样的贪求中国的物品，但是他们所用去取得中国的物品的方式却与匈奴不同，匈奴自汉高祖以后，用入寇的方法去迫使中国每年给与一定数量的物品，西域诸国没有这个力量，他们却另用一种方法。《史记·大宛传》说：

> 自乌孙以西至安息以近匈奴，匈奴困月氏也，匈奴使持单于一信，则国国传送食，不敢留苦。及至汉使，非出币帛不得食，不市畜不得骑用。所以然者，远汉，而汉多财物，故必市乃得所欲。

其实，不只自乌孙以西至安息各国是这样的去取得中国的财物，就是葱岭以东、天山以南的西域诸国，也是这样的去取得中国财物。其更甚的如中国遣使带财物到大宛购买天马，大宛既不愿卖马给中国，还把中国使者杀死，而取其财物。

中国富于财物，精于技巧，西域诸国又贪得这些东西，他们用之既久，成为习惯，则愈为需要，逐渐的成为他们生活中所不可少的东西，这也就说明了中国文化对于他们的影响。

《汉书·西域传》"渠犁"条说：

> 乌孙公主遣女来京师学鼓琴。

乌孙公主就是嫁给乌孙王的解忧公主。她有两个女孩，一为弟史，一为素光，这里所说的女孩就是后来嫁给龟兹王绛宾的长女弟史，这也就是中国的外孙女。她到京师学鼓琴，虽因其母是中国人，然也可以说这是乌孙王所赞许的。为了学鼓琴而到中国，这说明中国音乐是为乌孙所重视。

可是这位中国外孙女经过龟兹的时候，却为龟兹王绛宾所爱慕而娶为夫人留在龟兹。龟兹王是一位对于中国文化极力提倡的人物，这样一来，我们可以推论，这位国王的夫人喜欣鼓琴，也必定能在龟兹加以提倡。所以中国音乐不只为乌孙所重视，也必为龟兹所重视。

龟兹王到中国时，中国赐给他旗鼓歌吹数十人，这也说明他受中国音乐的淘染。《汉书·西域传》"渠犁"条指出：

> 周卫出入传呼，撞钟鼓，如汉家仪。

出入传呼，撞钟鼓，虽是王室的一种仪式，但是钟鼓也是乐器，徐松《汉书西域传补注》云：

> 刘昭《礼仪志》：诸行出入，皆鸣钟皆作乐。

《诗经》说：

> 窈窕淑女，钟鼓乐之。

《毛诗正义》说：

> 德盛者宜有钟鼓之乐。笺云：琴瑟在堂，钟鼓在庭。

龟兹采用中国钟鼓之乐，不见得因为其德盛，但是龟兹醉心于中国音乐而应用到日常出入，则其华化程度之深可以概见。

而且周卫出入传呼，既用中国的礼仪，这说明龟兹对于中国的礼仪是很重视，这又是龟兹华化程度之深的一种征象。

西域诸国多是小国寡民，政治制度与组织比较简单。据《汉书·西域传》的记载，除国王外文武官员人数都很少。有的如乌贪訾离，只有辅国侯左右都尉各一人，这与中国一个很大的国家的政治制度与组织当然不同。也不会在这方面去效仿中国。至于各国所设置的都尉，在字面上是与汉代的都尉同名，但是否因受中国的影响而用这个名词，就难断定。

西域诸国中，有佩中国印绶的。比方，中国立尉屠耆为鄯善王，并为刻印章。光武曾给印绶与莎车王贤。同时，他们对于中国所给与的印绶都很重视，这也是受了中国的影响。

六

在西域诸国中，有的国家与中国和亲，使其华化的程度可能比之以其他的国家较深的，一为乌孙，一为鄯善。乌孙在这方面的情况尤为特殊。我们已经指出，细君嫁给乌孙王自治宫室。中国君主知道她远嫁异国，很为悲苦，闻而怜之，常常遣使带好多礼物送给她，她常常又把这些礼物送给乌孙王的左右。她生了一个女孩之后，自己不久就死了。她死了之后，中国又遣解忧为昆莫夫人。她在乌孙最初嫁给岑陬，岑陬不久死了，她又嫁给肥王，生了三男二女。一女嫁给龟兹王，一女嫁一位翕侯，一男为左大将，一男做莎车王，长男后来做乌孙王，其孙后来又继立，她的子与女以及其孙都有到过中国的。肥王死后，她已六十岁左右，她又嫁给狂王，还生了一个儿子。她嫁给三个君主，在乌孙数十年，子孙又多。陪她出嫁而到乌孙的冯嫽，或所谓冯夫人，也嫁给乌孙一位重要人物。在中国与乌孙的外交以及在乌孙的政治上，都占了很重要的地位。解忧到了七十岁时，还请求得归骸骨葬汉地，其不忘中国之忧可以概见。这位乌孙夫人不只送其子女到中国观光，而且遣其女回中国学鼓琴，我们以为有了这个嫁过三①

---

① 编注：下原稿缺失。

塞种考

目　录

(一) ·· 574
(二) 地理分布 ·· 575
(三) 种族问题 ·· 584
(四) 文化简述 ·· 593

这样看起来，塞种属于那一种族的问题是不容易解答的。就我们目前所得到的材料来说，我们对于这个问题的确难于解答，我们也不打算在这里去作解答。我们的主要目的是把多种不同的看法加以介绍而提出问题。

原来希罗多德所说的塞人（Scythians），至少在七世纪已安居在希罗多德所记载的地区。他们可能是从别的地方于一二世纪前已迁居到这个地方。波斯人所说的Sacae，其历史也差不多一样的长久。至于张骞在匈奴时（约公元前一三八——一二八）所听到在伊犁一带的塞种，其历史也可能很为长久，或者比之希罗多德所说的塞种还要早。但是希罗多德所说的塞种在公元后一世纪，塞族为萨马喜亚所侵略之后，其种族可能有些分散到多处。但此后不只塞种（Scythian）所建立的国家已经灭亡，其种族也退出历史舞台。这与在七八世纪为塞族所迫逐而迁徙他处的西米利安人（Cimmerians）却不相同，因为这种人在塞族灭亡之后还继续生存。至波斯人所说的塞种（Sacae）之在中亚细亚的，在公元一二世纪也少见于史书。其从伊犁一代所迁移到捐毒、休循及罽宾的，在公元后二世纪的上半叶也已消灭，班勇关于西域的记载没有谈及。休循、捐毒可能早已为邻国所征服。班勇说罽宾为大月氏所灭，此后中国史书对于塞种也没有提及。

（一）

塞种在古代不只在地域上分布得很广，而且在历史上占了很重要的地位。此外，在文化上也有其特殊的地方。可是关于古代塞种的记载，在我国史书上说及的固然不多，而后来研究这个问题的人也是很少。

我国古代史书上，述及塞种最多的要算班固的汉书。范晔的《后汉书》，也曾提及塞种。班固之前，司马迁所作《史记》其《大宛传》中对于西域以及葱岭以西的好多种族都有记载，但是对于塞种却没有说及。范晔以后，南北朝时，梁代的苟济稍为提及塞族，唐代的颜师古在《汉书注》中也略作解释，但皆很简单。近代注意到这个问题的，虽不乏人，但都是零星的注释，作为专文研究的我还没有找出来。

欧洲关于塞族（Scythian，或Sacae，或Sakas）的记载最早而又较为详细的是希腊人希罗多德（Herodotus）所著的《历史》一书。希罗多德在此书中用了不少的篇幅去叙述塞族（Scythian），以至波斯人所说的塞族（Sacae）。他指出，波斯人把所有Scythians都当为Sacae。后来的学者对于希罗多德所说的塞族（Scythian），与波斯人所说的塞（Sacae），认为就是同一种族的看法，大致上是相同的。然亦非完全没有异识。至于中国史书中所载的塞族是否就是希腊人所说的塞族或是波斯人所说的塞族，当然也是问题。但是近代的一些欧洲史家，不只把希罗多德所说的塞族当为即波斯碑文中所说的塞族，而且以为希腊人与波斯人所说的塞族也就是中国史书上所说的塞族。这样一来，这个问题的研究，其范围愈广，方面也愈多了。

据曾来中国讲学的苏联考古专家吉谢列夫说，在帝俄时代的学者，对于塞族（Scythian）的研究已经注意。但是在那个时候，是从简单方面来研究斯基泰（即塞族 Scythian）的文化的。因为那个时候，考古的基本任务只在于发掘斯基泰土坟里的宝藏。"至于苏维埃时代的考古学者，却转向多方面来研究，以研究斯基泰的殖民状况，作为主要任务之一。"这说明了苏联考古学所走的是新而更正确的方向。

吉谢列夫又指出，近年来苏联考古学家格拉可夫在聂伯河下流所发掘塞族的古城，而尤其是苏联考古学家在西腓洛波理附近发掘了克里米亚的塞族古国首聂河波理，对于塞族的文化与种族上又有新的发现，使我们不只感觉到塞族"创造了自己的独性文化"，而且"我们现在可以确定许多斯基泰族与古斯拉夫族的接触点"。（参看《苏联的历史科学家与历史教学——吉谢列夫演讲集》，时代出版社，页八八—八九）

由于采用了新的和最进步的研究方法，苏联考古专家对于塞族的研究成绩是优越而丰富的。很可惜的是，关于这方面的材料，目前已翻译出来的甚少，而我又不懂俄文，故不能多所引证。我诚恳希望关于苏联考古学者对于这个问题所研究的成果，能够早早的介绍过来，使我们对于这个问题能得到正确的启示和深一步的认识。本文的目的是尽量引用中国史料去解释问题，对于欧洲古代与近代史料只能简略的介绍。

（二）地理分布

上面已经指出，我国古代史书上述及塞族最多的要算班固的《汉书》。塞族之见于《汉书》的为《张骞传》及《西域传》。然也只有散见于数处，没有专传叙述。《汉书》卷六十一《列传三十一·张骞传》说：

（骞）曰：臣居匈奴中，闻乌孙王号昆莫，昆莫父难兜靡，本与大月氏俱在祁连、敦煌，同小国也。大月氏攻杀难兜靡，夺其地，人民亡走匈奴。子昆莫新生……匈奴单于爱养之。及壮，以其父众与昆莫，使将兵，数有功。时月氏已为匈奴所破，西击塞王。塞王南走远徙，月氏居其地。昆莫既健，自请单于报父怨，遂西攻破大月氏，大月氏复西走，徙大夏，昆莫略其众，因留居。

《汉书》卷九十六下《列传六十六下·西域传》"乌孙"条说：

（乌孙）东与匈奴，西北与康居，西与大宛，南与城郭诸国相接，本塞地也。大月氏西走破塞王，塞王南越县度，大月氏居其地。后乌孙昆莫击破大月氏，大月氏徙西，臣大夏，而乌孙昆莫居之。故乌孙民有塞种、大月氏种云。

我们以为《汉书·西域传·乌孙传》既说乌孙攻走大月氏之后，乌孙居其地，而其民尚有塞种，这说明大月氏虽迫走部分的塞人，但尚未能使之全部迁徙。

同书《西域传》里"捐毒国"条说：

捐毒国，王治衍敦谷，去长安九千八百六十里，户三百八十，口千一百，胜兵五百人。东至都护治所二千八百六十一里，至疏勒。南与葱岭属，无人民。西上葱岭，则休循也。西至大宛千三十里，北与乌孙接，衣服类乌孙，随水草，依葱岭，本塞种也。

又同卷"休循国"条说：

休循国，王治乌飞谷，在葱岭西，去长安万二百一十里，户三百五十八，口千三十，胜兵四百八十人。东至都护治所三千一百二十一里，至捐毒衍敦谷二百六十里，西北至大宛国九百二十里，西至大月氏千六百一十里。民俗衣服类乌孙，因畜随水草，本故塞种也。

又同卷"罽宾"条说：

罽宾国，王治循鲜城。……昔匈奴破大月氏，大月氏西君大夏，而塞王南君罽宾。塞种分散，往往为数国。自疏勒以西北，休循、捐毒之属，皆故塞种也。

关于罽宾的地理位置及其他种情况同卷说：

去长安万二千二百里。不属都护。户口胜兵多，大国也。东北至都护治所六千八百四十里，东至乌秅国二千二百五十里，东北至难兜国九日行，西北与大月氏、西南与乌弋山离等接。

从上面几段话来看，塞族本来是居在后来乌孙所居的地方。这就是伊犁河一带。因为大月氏为匈奴所攻破，遂逃跑到这个地方，塞族乃为大月氏所攻击而南走，但还有一部分的塞族留在故地，所以乌孙攻破大月氏而占有塞族故地后，乌孙的人民之中还有塞种在内。至于其向南迁徙的，则分布在捐毒、休循与罽宾各处。捐毒是在葱岭，休循在葱岭之西，罽宾在捐毒、休循的西南。罽宾就是在今日的克什米尔（Kashmir），这就是印度的西北。捐毒、休循都是小国，罽宾是一个大国。

大月氏在匈奴头曼与冒顿的时候是一个强盛的国家，与匈奴时常互相攻伐。

到了冒顿的末年，曾为冒顿的右贤王所攻败。这件事约在公元前一七三年。冒顿死后，他的儿子稽粥继立，稽粥在位十六年（公元前一七四——一五八）。司马迁《史记》卷一百二十三《列传六十三·大宛传》说：

> 及冒顿立，攻破月氏，至匈奴老上单于，杀月氏王，以其头为饮器……乃远去。

稽粥单于号老上单于。大月氏从祁连、敦煌间向西北走，可能是开始于冒顿的末年，但是大规模的迁徙应在稽粥攻破其国而杀其王之后。这件事可能是在稽粥在位的初年，公元前一七〇年左右。这也就是说，塞种之被大月氏所攻败而向西南迁徙当在这个时候。

因此，我们可以说在稽粥在位的时候，据上面所录的汉书数段话来看，从乌孙经过休循与捐毒而至罽宾，或是从伊犁河一代经过葱岭与至葱岭西南的克什米尔一带，都有塞种的踪迹。

《汉书·西域传》"难兜"条说：

> 难兜国……西南至罽宾三百三十里，南与婼羌，北与休循，西与大月氏接。种五谷、蒲陶诸果。有银、铜、铁，作兵与诸国同，属罽宾。

罽宾为塞种所征服而被统治，难兜既属于罽宾，难兜亦应为塞种所统治，那么难兜的统治者，以至一部分的人民也应为塞种。又《汉书·西域传》"乌弋山离国"条说：

> 乌弋山离国……户口胜兵，大国也。东与罽宾，北与扑挑、西与犁靬、条支接……其草木、畜产、五谷、果菜、食饮、宫室、市列、钱货兵器、金珠之属，皆与罽宾同。

乌弋山离国在罽宾之西，而且两者毗连，种种农产品、工艺品，以及宫室、市列、钱货都与罽宾相同。未知其种族是否相同。产品、习俗之相同或者只能代表文化上的相同，不一定是种族相同，但是《西域传》"乌弋山离"条既没有明言乌弋山离与罽宾的种族不同，那么也有相同的可能。然而这一个问题还待更深入的研究。

岑仲勉先生在《辅仁学志》第六卷第一第二合期中所发表《汉书西夜传校译》一文中还指出，《后汉书·西域传》中的西夜也是塞种。岑先生说：

> 约元帝时……国立南展、大昌佛法、于是塞种释种之名，益著于世。由此观之，苟余谓漂虏沙即犍陀国无误，则班勇所谓西夜国者，即塞国也。释也。塞之原音为 Sakiya，或 Sakya，急读之为塞或释，缓读之而略去 ki 音则为西夜。……明乎此，则知西夜乃种称，非国称。蒲犁、依耐、无雷等皆西夜之族，且在疏勒西南，故《罽宾传》云然。

关于释种是否为塞种这个问题，我们下面还要再加讨论。岑先生在这里虽指出《后汉书》所谓西夜就是塞国，同时又以为范晔《后汉书》所说的西夜，似当于罽宾外求之，而与班固《汉书·西域传》所说的西夜的位置有所不同，但西夜既然就是塞，则班固《汉书·西域传》所说的西夜也应就是塞。岑先生在其近作《隋唐史》卷一三十五页注二十中也说：

《汉书·西域传》既有塞，又有西夜，实方言不同之异译。

班固《汉书·西域传》"西夜国"条说：

东与皮山、西南与乌秅、北与莎车、西与蒲犁接。蒲犁及依耐、无雷国皆西夜类也。

根据岑先生的说法，西夜既为塞种，而蒲犁、依耐、无雷又皆是西夜的种类，因此西夜是否如岑先生所说似当于罽宾外求之，我们可以不必在这里讨论。但是班固《汉书·西域传》所说的西夜，以及蒲犁、依耐与无雷这几个国家，皆在天山南路、葱岭以东，假使岑先生所说的西夜就是塞族，那么这些地方又应为塞族所占有了。

然而班固《汉书·西域传》"西夜条"又说：

西夜与胡异，其种类羌氏，行国。

这里所说的相似指匈奴而言，但此点在这里尚不大关重要。最重要的是，西夜的种族即与羌氏相类，除非我仍承认塞种也类羌氏，否则我们无从说西夜亦类于塞种了。班固《汉书·西域传》中，凡是有塞种的国家，如占有塞族故地的乌孙，或如捐毒、休循、罽宾等，皆很明白的列举其为塞种，而对于西夜，不但没有说其种为塞种，反而说起类羌氏。同时又没有说明塞与羌氏相类。所以我们若只因西夜的声音急读而近于塞，就谓西夜乃是塞种，似仍有值得商榷之处。

此外，《北史》卷八十三《列传第七十一·荀济传》，载其《论佛教表》中说：

《汉书·西域传》，塞种本允姓之戎，世居敦煌，为月氏迫逐，遂往葱岭南界。

《汉书》卷廿八《地理志下》"敦煌郡"颜师古注云：

即春秋左氏传所云，允姓之戎，居于瓜州者也。

允姓之戎居于瓜州，是无问题的。假使荀济所说塞种是允姓之戎是对的话，那么敦煌也有过塞种了。然而，荀济以为允姓之戎乃为塞种，有何根据，不得而知，所以这种看法难于置信。应该之处，《汉书》并没有说塞族乃允姓之戎。

照上面所说来看，除了乌孙、捐毒、休循、罽宾有塞族外，难兜因为属于罽宾，而为塞族所统治，故含有塞族的可能性很大，至于乌弋山离、西夜、蒲犁、依耐与无雷，以至敦煌多处，是否有塞族却是很有问题的。自然的，当塞族向西南迁徙而到葱岭以西的时候，他们可能沿途散居多处，所以葱岭以西的好多地方有了塞族的踪迹，是有可能的。

《后汉书·西域传》"莎车"条说：

> （莎车王）贤益横，妫塞王自以为国远，遂杀贤使者，贤击灭之，立其国贵人驷鞬为妫塞王。贤又自立其子则罗为龟兹王。贤以则罗年少，乃分龟兹为乌垒国，徙驷鞬为乌垒王，又更以贵人为妫塞王。

丁谦《后汉书西域传考证》说"妫塞国未详所在"。我们以为这个妫塞王绝不会在葱岭以东，而必在葱岭以西。可能在大宛的西南，康居的东南，月氏的西北，与在莎车之西。莎车在强盛时，其努力在葱岭以东伸张到鄯善，在葱岭以西伸张到大宛。大宛因为贡税减少，却为莎车王贤所攻败而投降。妫塞王以国远而杀莎车王贤的使者。那么这个国，比之大宛，恐怕还要远。但不会太远，太远则为康居与月氏的领土。而其所以叫做妫塞国者，可能是班勇加了妫水的"妫"字，以区别于其他的塞族国家。

这个妫塞国可能是因大月氏占领其在伊犁一带的故地，而遁跑到这个地方，虽则也有可能的是早已居住在这个地方。莎车王贤虽攻灭其国而立莎车国贵人为王，但是人民仍为塞种。而且在莎车王不久便被于阗攻败杀死之后，妫塞国可能又恢复其独立。

总而言之，从中国古代史书来说，塞族本来是在伊犁河一带，这就是在天山以北的西部。到了公元前约一百七十年左右，因原在祁连、敦煌间的大月氏被匈奴所破灭而向西北遁跑时，塞地却为大月氏所占有，塞族有的留在故地，有的到了捐毒、休循，有的到了妫水流域，有的到了罽宾。而且很可能在他们从伊犁一带向西南迁徙的时候，有些部落散居于葱岭以西各处。再到了大月氏被乌孙攻破，而到葱岭以西的时候，除了居留在伊犁一带的塞族又为大月氏所带走，而到葱岭以西之外。已经迁到葱岭以西的塞族定居下来，至是为大月氏所迫而迁徙得更远。

我们已把中国史书中关于塞种在地域上的分布的记载加以解释，我们现在且来看看欧西历史中之关于这方面的记载。

前面已经指出，究竟希腊人所说的塞族（Scythian）和波斯人所说的塞族（Sacae）是否相同，以至希腊人与波斯人所说的塞族和中国史书中所说的塞族是否相同，还是值得讨论的一个问题。然而这个问题牵连到的问题太多，我们在下面虽也将加以解释，可是大致说来，古代的历史家或地理学家若不是认为希腊人、波斯人，以及中国史书中所说的塞族是同一个种族，他们至少也以为他们的关系是很密切的。这种看法可能有错误，可是在未有足够的证据来提出相反的意见之前，我们只能暂时地采取相同的看法来进行讨论。

欧亚史家之间有关于塞族的记载，最早而又较为详细的，上面已经说过，是希罗多德。他在其著作里，曾用很长的篇幅去叙述塞种。他到过塞国，虽则他所到的只是塞地的一部分，但是他对于塞人的情况了解相当的多。他是公元前五世纪人，大概是生在公元前四八四年（？），而死于公元前四二五年。因此，他所叙述的塞族的历史，比之张骞在匈奴所闻到的乌孙的塞族的情况，约早三百年，比之班固的记载要早约五百年。希罗多德在其《历史》第七册第六十四章｛我所用的版本是 G. Rawlinson 于一八七五年所出版的 The History of Herodotus（英译本，共四册）｝指出，波斯人所说的 Sacae 与 Scyths 是相同的。所以他说：

> 他们（塞人 Scythians）事实上是阿弥詹塞人（Amyrgian Scythians），但是波斯人叫他们为 Sacae，因为这是一个名称，波斯人用来给与所有的 Scythians。（第四册页五三至五四）

公元前五世纪下半叶的希腊历史学者黑拉奈卡斯（Hellanicus Lesgos）曾经指出，阿弥詹（Amyrgian）这个名词完全是塞人所居住的地方的名字。在波斯大流士王的坟墓的碑文中，阿弥詹塞族（Sacae Amyrgian）是与印度排在一块的。所以这个地方好像是靠近印度一带。

至于希罗多德所说的塞人（Sacae），屡屡是与大夏人（Bactrians）排在一块。比方在上面所抄录那段话之后，希罗多德接着告诉我们道：

> 大夏人（Bactrians）与塞人（Sacae）的首领，是希斯塔斯彼斯（Hystaspes），这就是大流士的儿子。希斯塔斯彼斯的母亲，是赛拉斯（Cyrus）的女儿阿托萨（Atossa）。

又在希罗多德的《历史》第一册一五三章中，他叙述赛拉斯（Cyrus）想征服大夏人与塞人。在第八册一一三章，他又提到薛西斯王（King Xerxes）的军队中有塞人及大夏人。此后，在第八册一一三章他记载薛西斯王的妻子杀死了他的弟弟马西斯特斯（Masistes）的妻子之后，马西斯特斯企图跑到大夏人与塞人的国家中，因为他率领过薛西斯的大夏人与塞人的军队。

希罗多德所说的塞人，既屡屡与大夏人连带在一起，在地域上，这两种人应当相接近或在一个地方。大夏就是后来张骞所道的大夏——在大月氏人尚未占以前的大夏。然而塞人究竟是在大夏那一边，却是一个问题。从希罗多德的《历史》第三册第八十九章起，希罗多德列举了大流士所置的二十省（satrapies），在九十三章中他指出第十五个省是塞族（Sacans）及里海人（Caspians），供献二百五十个"他连"（talents）（货币名）。这好像是说明塞族又与里海人接近。因此，塞人所居的地方应在妫水下游与里海之间，这与上面所说的黑拉奈卡斯所说的阿弥詹塞人所居的位置似相符合。

在波斯的军队中有好多是塞人，而且他们是波斯军队中的最好的军队。虽则塞族也给与波斯帝国很多与很大的扰乱。大流士与薛西斯是公元前第六与第五世纪的人物，他与塞人既有了很多的关系，而记载他们的这样关系的希罗多德也是第五世纪的人物。这说明在这个时候，在大夏及里海的左近已有塞族的踪迹。

薛西斯死（公元前四六五年）后百多年，在亚历山大（Alexander）尚未东征之前，在这些地方的塞族已经脱离波斯而独立。但是他们仍与波斯联盟，而与亚历山大于公元前三三一年开战于阿俾拉（Arbela），这就是伊拉克（Irac）的摩苏尔（Mosul）东边的一个地方。到了亚历山大侵略中亚细亚的时候，塞族又与他做过好几次的剧烈的战争，亚历山大要用很大的力量去攻击塞族，才能使占领的地方的边境得到安靖。

希罗多德除了叙述中亚细亚的波斯的塞族（Sacae）之外，他用了很多篇幅去描写欧洲东边的塞族（Scythians）。这部分的塞族，在地理上的分布，见于希罗多德的《历史》的第四册第九九章至一〇一章。这里的塞族也与大流士有过战争。亚历山大的父亲以及亚历山大自己的军队也与塞族互相征伐。希罗多德所说关于这部分的塞种所居的地区并不很确定。德国的著名历史学者尼布尔（Niebuhr）在其 *Kleine schriflen*（1828）及其 *Norträge üher alte Gecshiehte*（1847）曾加以解释，但仍有好多错误。说得比较清楚的是黑椤（A. H. L. Heeren），他说：

> 希罗多德所叙述的塞族的境界，大致如下：在南边是黑海的海岸，从多瑙河口至亚速夫海（Azov, Palus Maeotis），在东边是顿河或泰内伊斯（Tanais），而上至伊凡湖（Lake Ivan）（?），在北边从这个湖而直下到聂斯德河所流出的地方，在西边又从这个地方而到多瑙河。（参看《亚洲国家》 *Asiatic Nations* Vol. II，p. 257）

这部分的塞族在七世纪或早些已在这个地方，然他们之中也有不满意于这个地方的，其中有一部分人向西迁徙而到罗马尼亚及匈牙利，还有一部分人向南迁徙，到了亚美尼亚与米太（Media）。正当米太与亚述争雄于小亚细亚的时候，这部分的塞人曾帮助亚述人作战，使米太帝国的胜利延迟了差不多三十年。但塞族后来仍被迫而退回故地，虽则零星的塞人仍留在这个地方。

希罗多德所说的塞人不只与亚历山大有过接触，而且与好多希腊城市通商互市，并且统治了在黑海海岸的一些希腊殖民地。到了公元前二世纪或一世纪的时候，这部分的塞族主要的因为受萨马喜亚（Sarmatians）的侵略而至瓦解，虽则零星的部落仍然散居于各处。

上面所说的波斯塞族与欧洲东边的塞族的地理分布，大致上是在大月氏还没有占据在伊犁河一带的塞族故地以前的情况。这也就是说，在这个地方的塞族还没有向西南迁徙以达捐毒、休循与罽宾各处。在大夏的附近或是妫水的流域，以至里海各处已有了波斯人所说的塞族，而在顿河至聂斯德河、罗马尼亚、匈牙利以至小亚细亚都有所谓"欧洲的塞人"，或是希罗多德所说的塞人。

公元前第二世纪的时候，有一部分的塞族向南而到达现在的赫拉特（Herat）的南边的哈蒙（Hamun）与路得巴（Rudbar）一带，而构成所谓"塞地"（Sacastana：The land of sara or scyths.）。这个名字直到现在，还可以从塞伊斯坦（Seistan）这个名字去推衍出来。

关于这部分的塞族，有些人如科诺夫 S. Konow 在其《塞族与索罗亚斯德主义》"On the Saka and Zoroastrianism"一文中（参看 *Pavry Memorial Volume*，pp. 220 ff.），以为塞种是因为在中亚西亚被迫而离开故地，绕到这个地方来居住。

但是汤姆斯 F. W. Thomas 在《塞加斯坦那》"Sakastana"（参看 *Journal of the Royal Asiatic Society*，1906 pp. 181 ff.）一文中，却以为一部分的塞种，在公元前七世纪的时候已经住在这个地方，他们在阿开密尼特（Achaemenid）与希腊（Hellenistic）时代，继续的居留在这个地方。虽则塞地（Sakastana）这个名称是到了公元前第二世纪塞族势力复兴的时候，而人们始给与他们的。所以照汤姆斯的意见，这个势力复兴的原有塞族与从中亚西亚侵入的新来塞族并没有什么关系。

这种看法不只为上面所举出的科诺夫氏所极力反对，而且为好多其他的学者所怀疑。拉彼孙（E. J. Rapson）在其《塞族与安息的侵入者》"The Scythian and Parthian Invaders"一文（*Cambridge History of India* Ⅰ，pp. 540 ff.），以为早期在伊朗居住的塞族的势力的增强，是约在塞族占据大夏的时候。浦桑（L. Poussin）有了同样的看法（*L'inde aui Temps des Mauryas et des Barbareo*，Paris，1930）。

据说这部分的塞族曾企图渡印度河而深入印度斯坦，但却为当地人所击退。有一个时候，这部分塞人也叫做印度塞人。此外，还有一部分向东走而居留于现在的阿富汗的东边的喀布尔一带。

应该指出，从希罗多德至亚历山大的时代，欧洲的史家对于大夏康居以东的塞族的情况很少了解。中国史书对于大月氏尚未迫逐居在伊犁河一带的塞族之前，对于塞族的记载固是缺乏。而在这个塞族未迁徙到葱岭以西之前，对于葱岭以西的塞族的情况更是完全没有记载。而且自塞族从其故地迁到捐毒、休循与罽宾之后的情况为何，中国史书除了《后汉书·西域传》所说的妫塞王之外，我们还没有找到关于塞族的记载。因此，《后汉书》所说的妫塞王，究竟是从伊犁河一带迁移的，还是早已居留在这个地方，为希罗多德或波斯碑文所说与大夏接近的塞族，这是很值得我们研究的一个问题。

说到这里，我们还可以再问班固《汉书》中所说的塞族，是不是希罗多德或波斯碑文中所说的塞族（Sacae）呢？以时间来看，后者是比前者为早，可能大月氏所迫逐的塞族是从葱岭以西迁移过来。然而也很有可能的，是希罗多德及波斯碑文中所说的与大夏接近的塞族是从天山以北的伊犁一带迁徙过来的。因为中国史书所说的这个塞族虽则迟于欧洲史书所说的塞族，然而这并不一定就是说张骞未到匈奴之前，在这个地方是没有塞族。很可能的，是塞族在这个地方的历史已经很久，在大月氏尚未迫逐他们之前，已有一部分迁到妫水流域或大夏以至里海附近。这虽然是个推论，但也值得研究。

岑仲勉先生在《汉书西夜传校译》一文中说：

> 西夜之为国，两汉以后无闻（《魏书》只云西夜古国），史家都未详其故，今又可恍然于《释名》既行，旧译之西夜不复用。
>
> 而塞种势力亦日削也。……释姓既行，似塞姓不复存在，故《广韵》塞字下不云人姓，而释字下有之。

这就是说，在中国自《后汉书》谈及塞族以后，史家对于塞都未注意者，乃因塞或其别译的西夜，乃代之以释的原故。我们在这里所要指出的是，假使释就是塞，那么塞种在地理上的分布范围又更广了。这种看法很有可商榷之处，在下面再加讨论。我们现在要看看自大月氏迫逐塞种向西南迁徙之后，欧西史家对于中亚细亚以及葱岭一带的塞族的地域上的认识是怎么样的。

今举数位历史家或地理家的记载，略为说明。

我们已经指出希罗多德谈及大夏左近的塞种时，往往与里海的种族连带起来地谈。这好像是说塞种所居的地方是在大夏之西与里海之东一带。数世纪后的一些历史家或地理家，推测到药杀河（Jaxartes）以外（参看张星烺《中西交通史料汇编》第六册，页二五注二），康居大夏之东，喜马拉雅山之北，以及疏勒左近，应有塞种。例如公元后一世纪的库齐乌斯（Curtius），与公元后第二世纪的托雷密（Dtolemy），都认为在葱岭一带已有塞族。又如公元后一世纪的阿里安（Arrian），以为在药杀河之北已有塞种。

在这一带的塞种，而尤其是在葱岭一带的塞种，大致上应当是与从天山以北被月氏所迫而向西南迁徙的塞族有着密切的关系。这部分的塞族不见得是希罗多德所说与大夏接近的塞族，因为二世纪以后的历史家或地理家所说的塞族与希罗多德所说的相离得很远。自然的，在希罗多德之后的数百年中，他所说在大夏附近的塞族也可能向东迁移而至葱岭一带，但对于这一点，欧洲史籍方面还没有确实的材料可证。相反的，班固《汉书》却清清楚楚的指出，天山以北的塞种是向西南迁徙，而到休循、捐毒以至印度西北的罽宾或是现在的克什米。（参看 E. J. Rapson, *Ancient India* I, pp. 563-592）

总而言之，塞族在地理上的分布是很广的。从东边的伊犁河一带，沿着葱岭经休循、捐毒而至葱岭以西的药杀河与妫水流域，再向西而至咸海与里海之间，西南至印度西北的克什米尔，这就是当时的罽宾。

在这带的塞族主要的是中国史书中所载的塞族,而并有希罗多德与波斯碑文上所说的塞族(Sacae)。

又从黑海的海岸顿河河流以至聂斯德与多瑙河一带的一大片地方,是希罗多德所说的塞族(Scythians)。这一部分的塞族,其中有的向西迁移,也有的向南迁徙。向西迁徙的到达罗马尼亚以至匈牙利,向南迁徙的到达亚美尼亚。

此外还有一部分到了阿富汗与伊朗的南部,这就是塞加斯坦那(Sacastana)或塞地。这部分的塞族还向东伸张而到印度河流域。

此外,在小亚细亚的伊拉克的摩苏尔(Mosul)左近也有他们的踪迹。

这样看起来,塞族的踪迹是跨越了欧亚两洲,他们的活动中心地区是在中亚细亚一带,活动的时间是从公元前六七世纪以至公元后约二世纪。

(三) 种族问题

我们在上面主要的是指出塞族在古代地理上的分布情况,现在要进一步去解释塞族的种族问题。

在我国,学者对于这个问题很少注意。《北史》卷八十三《荀济传》载荀济《论佛教表》谓塞族本允姓之戎,难于置信,不必多加讨论。但他又谓:

> 悬度、贤豆、身毒、天毒,仍讹转以塞种为释种,其实一也。

唐代颜师古《汉书·张骞传》注说:

> 塞音先得反,西域国名,及佛经所谓释种者,塞、释音相近,本一姓耳。

又在《西域传》"罽宾"条注塞种云:

> 即所谓释种者也,亦语有轻重耳。

《元和姓纂》也说:

> 塞姓天竺胡人之释后,即塞种。

上面也已指出岑仲勉先生在其《汉书西夜传校释》一文中也有这样的看法。他以为塞之原音为Sakiya,急读之为塞、为释,徐松《补注》说:

> 然考《牟子书》言孝明时,夜梦神人,身有日光,明日传问群臣,通人傅毅对曰:臣闻天竺有得道者,号曰佛,轻举能飞,身有日光,殆将其神也。于是遣羽林将军秦景、博士弟子王遵等十二人之大月氏国,写取佛经四十二部,在兰台石室,是释氏之法,实出于大月氏,大月氏国,即塞王故地也。

徐松这种说法很有可商榷之处，明帝夜梦神人及遣秦景取四十二部的事，争论很多，不必讨论。他说大月氏国即塞王故地，也有可商榷之处。大月氏征服塞种而占其地方，在时间上有过二次。一为公元前二世纪的时候，这是在天山以北的塞种故地，一为公元后一世纪末至二世纪间，这是大月氏征服塞种所统治的罽宾。"南君罽宾"后的塞族很可能受佛教的影响，但是在天山以北而未被大月氏第一次迫走的塞族，是不是已受佛教的影响，就很难说了。

关于这一点，王先谦《汉书·张骞传》补注说：

> 郭嵩焘曰，案《西域传》，罽宾西北与大月氏接，匈奴破大月氏，大月氏西君大夏，而塞王南君罽宾，塞种分散自疏勒西北休循捐毒之属，皆故塞种。《捐毒传》云：至疏勒南与葱岭属西上葱岭，则休循也。环葱岭左右为今东西布鲁特地。乌孙即今伊犁。盖皆沿葱岭南徙。《乌孙传》云：本塞地，大月氏破走塞王，塞王南越县度，大月氏居其地，后乌孙昆莫击破大月氏，大月氏徙，西臣大夏，而乌孙昆莫居之，故乌孙民有塞种大月氏种云。据此，即塞即乌孙地。昆莫立国，乃改名乌孙。是乌孙之民，本塞种而杂有大月氏种。《汉书》西域诸国实与身毒佛国无涉。塞地为大月氏所并，其遗种踰葱岭南至罽宾。《罽宾传》亦云成帝时大将军王凤言，县度之险，非罽宾所能越。县度在今巴达克山之西，罽宾又在其西，可知。唐僧《玄奘西域记》以迦湿弥罗为旧罽宾，迦湿弥罗今北印度之克什米尔也。于是相沿以北印度为罽宾。《唐书》言罽宾治浮图法，亦据印度言之。《瀛环志略》以月氏在妫水北，当今布哈尔。罽宾在县度南，当今阿富汗，其言至确。盖踰葱岭以西，经县度又折而南，乃至罽宾，不得为北印度明矣。唐时以北印度为罽宾，遂并以塞释声相近，通谓之释种，不知乌孙塞地，见《西域传》，颜注以意附会言之，殆误也。

王先谦所说的罽宾的位置，我们不必讨论，但是他批评颜师古以为塞即释之误是对的。声音相近可作我们研究种族的一种参考，然专从这一点而断定其为同种，也不一定可靠。中国人之认识塞种，虽始于张骞，但塞种之在其故地，历史可能很久。这一点上面也曾提及。释氏佛教未见及于张骞在匈奴前已传入塞地。而且塞是种名，就使佛教早已传入塞族故地，塞人信佛教，不见得连其种族名称也因之而改。西域诸国与后来中国信仰佛教，也不见得都改为释姓，而变为释种。至于后来中国史书之所以对于塞种没有注意，可能也正如岑仲勉先生所说"塞势力亦日削"，没有什么重要事情可记，而且道路阻隔，消息断绝；并且留在乌孙之塞族，同化于乌孙是很可能的，《后汉书·西域传》《大月氏传》还说，罽宾为大月氏所灭，而没有提及捐毒、休循者，大抵这些小国，早已为邻国所吞并，而其人民也同化于他族了。范晔所根据班勇的西域记载，对于塞族，除在"莎车"条提到妫水塞王，在"大月氏"条，只说到罽宾灭亡，而没有提到塞种的字样。对于西域情况熟识如班勇，尚已不是很注意，此后记载之没有注意，更是不足怪的。

至于希罗多德的《历史》中所说的塞种之于佛教释氏，更难于有关系。此书第四册第一〇九章中述及佛丹尼（Budini）的种族，有些人因而推想佛丹尼可能是宗教的名称，而与佛教有关。但是劳林松（Rawlinson）所订的版本中的注解里曾指出道：

> 但是佛（Buddha）或释迦（Sakya）到公元前约六百年时，还没有开始传播其教义于印度与西藏，这个宗教若在希罗多德的时代，已传到欧洲的塞族，是绝不可能的。

至于希罗多德所说的中亚西亚的塞族（Sacae），是在波斯的统治之下，公元前五世纪的大夏一代也未见得已受佛教的影响。

此外，丁谦在其《西域传考证》中说：

> 塞种西书作西米特提民族，凡葱岭西北阿母河滨以及伊犁附近均此族所居，塞即西之转音。《四裔年表》前元二百六年（汉高帝元年），来纳人在巴特里（即大夏，考见下）东境，与印度接壤处为王，以中史证之，此来纳人必即塞王无疑。……《四裔年表》前元百八十八年（惠帝七年）地米特属特里王，地米特即米纳，此塞王所踞之罽宾，封属巴特里之证。

这种看法的错误，岑仲勉先生在上面所说一文中已经指出道：

> 西米特提似指 Semitic，若然则与塞种全无关也。……按米纳原音未详，倘谓即 Menander 指省译，则在佛典中为弥兰王，希腊人也。……按地米特即 Demetrius 之省译，曾侵入印度，亦希腊系之大夏王也，凡此皆未习外文，妄生揣测，故附辨之。

至于岑先生自己以为塞与西夜同种，我在上面已经指出，这也是一个留待证实的疑问。就算两者同种，也只能说明西夜是塞种，并不能说明塞种的来源。

在欧洲，学者对于塞种的种族问题研究的很多，但是意见也很为分歧，我们只能在这里略为解释和批评。

希罗多德在其《历史》第四册第五章至第十一章中，曾列举了关于塞种（Scythians）的起源的三种传说。第一种传说是：塞人所住的地方本来是一个荒野，没有人居住。后来有一个人叫做道斯基道斯（Taugitaus）的，最先到了这个地方。他有了三个孩子，最小的很有本领，能做二位哥哥所不能做的事情，所以就由最小的去统治这个地方。他们的子孙都叫做斯哥洛底人（Scoloti），但是希腊人叫他们为塞人（Scythians）。这是塞人自己的传说。从道斯基道斯到大流士入侵时，他们的国家的历史整整有一千年之久。

第二种关于塞人的起源的传说，是住靠木都（Ponthus）的希腊人所说的。据说当时赫叩利斯（Hercules）为热尔云（Geryon）放牛到其后为塞人所住的地方的时候，他遇见了一位上身是像小女而下身是像蛇的怪物，为她所引诱，因而生了三个小孩。其中最小的一位叫做Scythes，因为他能完成他父亲离开此地前所吩咐下来的任务，所以他就留在这个地方而为塞王。

第三种关于塞人的起源的传说是：随地迁移的塞人，曾住在亚洲，因为他们与马萨哲提（Massagetae）打仗而失败，而到了西密利亚（Cimmeria）这个地方。此地的人们，有的主张抵抗，有的主张逃避。二者各持自己的意见不肯调和，结果是二者互相打起来，主张抵抗的人少，主张逃避的人多。前者是贵族，后者是平民。互斗的结果是前者通通被后者杀死。平民把贵族杀死之后通通离开，所以塞人到达时，只是占了一块无人之地，虽则原有的宫室渡头等仍然保留下来。

第一种传说与第二种传说有些相同的地方。从第一说而言，塞人这个名称是希腊人所给与他们的。从第二说看来，赫叩里斯是一个希腊名字，也是希腊神名，由此看来，塞人似乎是含有希腊人的血统。这种传说都反映初民社会时，人们对于历史的观念所以富于神秘色彩，连希罗多德自己也不大相信。他觉得第三种传说是比较合理。但我们也得指出，这只说塞人被马萨喜亚人所攻败了以后，从亚洲而迁往西密利亚，在此建立国家，并没有说明其种族的来源。而且贵族主张抵抗，据希罗多德所说，是为了保护自己的财产，不见得是爱人民爱国家而如此。

希罗多德的书中所说的塞种主要是Scythian。他本人有时好像区别Scythian与Sacae（参看第七册第六章），但是他既指出波斯人所说的塞种（Sacae）是包括了所有的塞种（Scythian），而且在行文上，对于这二种人，经常并不作严格的区分，却常互相混用。这说明了在希罗多德的平日心目中，波斯人所说的塞人（Sacae），是与希腊人所说的（Scythian），是同一种族的。

在希罗多德之后的数世纪，尤其是在公元前后约二百年中，在一些历史家或地理家当中逐渐有了不少的人，很显明的将Sacae与Scythian分别出来了。公元前一世至二世纪间的著名史家斯累特普，公元后一世纪的普利尼（Pliny），库尔乌斯（Q. Curtius），而尤其是公元后二世纪的著名地理学者托雷密（Dtolemy），在他们的著作中，指出Sacae是Scythae的一种特殊的部族。虽则这个看法并不一定就等于说Sacae与Scythae是不同种族，至多只是说前者是后者的一支派。我们也得指出，这并不是当时所有的学者的见解，比方公元后第二世纪的阿里安（Arrian），在其著作中就没有这样的区别，而认为二者为同类。

所谓认为Scythae与Sacae是同类或后者是前者的支派的主张，仍然没有能够说明塞种是属于那一种族。在古代，塞族在地理上的分布既是很广，而在历史上又占了很重要的地位，他们可能就自成一种族，而有别于其他的种族。但是也有些人以为 Scythae 或 Sacae 这个名词或者并非真正是个种族名称，而为给予诸游牧部落的通称，像近代波斯的伊利亚特人（Ilyat）一样。（参看希罗多德的《历史》第四册页一七一注十五）然而，这种看法并没有能够解答我们所提出的塞种究竟是属于那一个种族这个问题。而且多数学者也不会满意于这种说法，因而就停止去研究这个问题。

十八世纪的英国史学家吉朋（Edward Gippon），在其《罗马帝国的衰亡》(*The Decline and the Fail of Roman Empire*) 一书中，对于塞种（Scythians）、鞑靼（Tartars），或匈奴（Huns）几个名词是通用的，并没有加以区别。他以为塞种与鞑靼或匈奴是同一种族。所以此书的第二十六章中，塞族或鞑靼的字样时时是混用的。在附注中他说：

> 鞑靼（Tatars 或 Tartars），是一个原始部落，是蒙古的敌人，而最后又称为蒙古的臣民。在成吉斯汗及其继承者的军队中，鞑靼人担任先锋部队。……（此书）在说明欧洲，或亚洲的北部的一切或某一部分游牧种族时，我或用塞族或用鞑靼这两个名词，而不加以区别。

吉朋又以为匈奴人就是鞑靼人，所以塞族也应与鞑靼或匈奴都是同一种族。在另一附注中，吉朋虽然也承认希罗多德的《历史》中所说的原来的塞族仅限于居住在多瑙河附近约四百罗马里以内的，但是他把游牧生活当为这些部族的主要特性，因而遂把他们当为同一种族。应该指出，游牧固是塞族生活的特性，然而在世界上游牧生活的部族，不只限于吉朋在书中所指的那些部族。比如西藏、青海、新疆、小亚细亚都有好多游牧部族，可是他们都不是塞族。

十九世纪的初年，德国历史学者尼布尔 B. G. Niebuhr，在其《塞族基特与萨马提亚的历史研究》（"Untersuchungen Üger die Geschichte der Skythen, Geten und Sarmaten"）一文里（参看 *Kleine Schriften*）也以为希罗多德所说的塞族是属于蒙古或鞑靼种族。又如琴尔窝尔（Thirlwall）在其《希腊史》（*History of Greece*, 1835）也有同样的看法。他们之所以以为塞族为蒙古种或鞑靼种的理由，大约有三：第一，是彼此□□□相承。第二，塞族的风俗习惯是有些与蒙古或鞑靼相同的。第三，根据古代学者希波克拉提斯（Hippocrates）所描写的塞人的形貌来看，是与蒙古种相似的。希波克拉提斯是公元前第五世纪人，他曾到过塞人所居的地方，看过塞人，他所描写塞人的形貌是这样：

> 塞人的躯体粗大而活泼。关节松而柔，腹部软弱。他们的毛很少，他们彼此之间相貌极为相似。

尼布尔根据了这段话，以及塞人的风俗习惯等，遂以为他们是蒙古种。但是后来的一些学者却以为这不能算作蒙古种族的特性。只有少毛和相貌相类两点是与蒙古人相近。然而这种特性也可以在许多其他的种族中找出来，不只限于塞种与蒙古种。至于以风俗习惯之相同，而遂以为是同一种族也是不妥当的。劳林松（Rawlinson）在《欧洲塞人的种族》（"The Ethnography of the European Scyths"）一文中（附载在 History of Herodotus Vol. Ⅲ, pp. 158 ff.）就指出这种理由不够充足，所以他与洪徐德（Humtolt）都不认为塞人是与蒙古人同种。

此外，又有些人以为塞人是属于印欧（Indo-European）种，而非蒙古种。他们的主要理由是塞人所说的语言是属于印欧语系。从古代塞族所存下来的语根来看，他们是属于这一类。但是他们的语言究竟是属于印欧语言中那一种，这又不容易解决了。因为他们的语言不属于米太（Meder）、斯拉夫、哥特、克尔特（Celts）或是比拉斯基亚（Pelasgians）任何一种，但却与上面所说的那几种语言都有关系。我们以为语言与文化的各方面不一定能解释种族的区别，那么因塞族的语言与印欧的语言有了关系，而遂谓其为印欧种，还是有可商榷之处。（参看《欧洲塞族的民族志》On the Ethnography of the European Scyths in Herodotus' History Vol. Ⅲ, pp. 158 ff.）

近来有些人根据了从塞人以及萨玛喜亚人（Sarmatian）的坟墓中所掘出的骨骼，以及在波斯的碑上所刻的写实派的画像，特别是从古塞地所掘出的希腊花瓶上所绘的画像，看到塞人是钩鼻深目长须的，因而断定塞族不是蒙古种，而属于高加索种。

同时，这些人又指出塞人所说的语言是属于米太、波斯及安息的语系，或是现在所谓伊朗系的语言。与这方面有关系的是现在还留存的俄西特人（Ossetes），这就是古代阿兰人（Alani）的直接后裔，依旧是塞萨马喜亚（Scytho-sarmatian）的一支派，他们直到现在还说很古的伊朗式语言。这种语言虽与早期的波斯语言有很大的差别，但却有相当的关系。因而他们断定塞人的语言是属于印度-伊朗系，这也就是近于伊朗系的语言。

阿里安（Arrian）说安息人是塞人，斯特雷菩说安息人是属于所谓达夏（Dahea）那部分的塞族。他又指出他们正确的名称本来是巴尼（Parni），或阿巴尼（Aparni）。他们在很久以前从亚速夫海（Azov）离开其大部分的族人，迁到其后来所居住的地方，这就是妫水以北的咸海与里海之间。查士丁（Justin）在《特罗加斯蓬彼雅斯的概略》（Epitome of Trogus Pompeius）一书中说道：

> 安息人是塞族（Scyths）的一种，他们在很久以前就与其族人离开，而占有科累米安（Chorasmian）沙漠的南部，且逐渐统治其毗连的山地。假使这种说法是对的，那么塞人是伊朗种了。

然而，也有些人以为安息人具有突厥人的许多特性，劳林松（G. Rawlinson）所著《安息故事》（The Story of Parthian, 1893）一书便有这种看法。他指出，住在安息人所建立的国土上的古代的种族都是属于突厥种，而且从他们的语言方面来看，他们的语言并不属于波斯系或伊朗系，而具有突厥语的特性，所以安息人是与突厥人有密切的关系的，安息人既有突厥人的特性，又具有塞人（Scythian）的特性，只因塞人也具有突厥人的特性。

近来，一些人对于安息人具有突厥人的特性的看法坚持反对。他们以为安息人以及波斯人所说的塞人（Sacae）都应属于伊朗种。所以认为，主张安息人为塞人（Scythae）的支派而具有突厥人的特性之说是难于成立的。（参看 W. W. Tarn, "Parthia", *Cambridge Ancient History* Vol. Ⅱ, pp. 574 ff.; F. Justi, "Geschichte Irans", *Geiger und Kuhn Grundriss der Iranischen Philologie* Vol. Ⅱ）

应该指出，从地下掘出的希腊花瓶上所看到而认为是代表塞人的形貌与亲眼看过塞人的希波克拉提斯所描写的塞人的形貌，并不完全相同。希波克拉提斯并没有说过他们是钩鼻深目长须，这些只是所谓欧洲人的特征，所以有人以为塞人是不是阿利安（Aryan）种还是一个疑问。

又从地下掘出来的塞族的骨骸来看，也有是圆头的，这与早期的亚洲的阿尔平（Alpine）种相似，因此也很难断定塞族为阿利安种。而且直到现在，考古学者对于塞种的骨骸的发掘所得为数还是不多，所以更难断定其为阿利安种族。

这样看起来，塞种属于那一种族这个问题，是不容易解答的。我们已经指出希罗多德所说的塞族（Scythians）在历史上的发现，约在公元前七八世纪，这部分的塞族与萨马喜亚人（Sarmatian）的关系最为密切，虽则他们互相侵略而成为仇敌。希罗多德的《历史》第四册一一七章指出，萨马喜亚人说的是塞种语言，希波克拉提斯（Hippocrates）与斯特累菩（Strapo）等都指出这两种人的密切关系。因而有人以为他们本来是同祖先的。萨马喜亚人的重要支派是阿兰人（Alani），这是属于欧洲种族的。至于希罗多德与波斯人所说的塞族（Sacae）之在大夏与里海之间的，据一般学人的看法，也不是蒙古种，而是属于高加索种。究竟这两种种族之间的区别为何，不易解答。但大致上人们都以为他们不是蒙古种，而是属于印欧（Indo-European）或伊欧（Iran-European），或者普通所说的阿利安种。至于还成问题的，是在伊犁一带的塞种。关于这个问题以及各种塞族的关系问题，我们愿意略为解释于下。

应该指出，中亚西亚于公元前第六世纪时，最初为波斯王塞拉斯（Cyrus）所征服，后来又为大流士（Darius）所征服。波斯的势力从此伸张到中亚，因此自然有了很多波斯人住在这里。到了第四世纪的下半叶，亚力山大击败大流士第三后，希腊的势力又伸张到这些地方，而希腊人之留住者也为数不少。所以在中亚西亚，甚多与希腊人而尤其是波斯人的踪迹。

这些地方必定还有很多的土人。希罗多德说在大夏里海之间有塞族（Sacae），但不知是原来就在这里，抑或是从别的地方迁徙到来的种族。总之，种类既多，因之其血统复杂的可能性也愈大。

公元前第三世纪的中叶，安息国勃奥使在中亚西亚的希腊势力受到很大的折击，留在大夏的希腊人虽然还继续统治大夏，但他们与希腊本土的交通被了安息人的阻隔。到公元前约一六〇年左右，伊犁一带的塞人又到葱岭以西，而且南下君临罽宾。可能希罗多德所说的塞人与原来的塞人联合起来，但是不久之后，乌孙攻破居在塞族故地的大月氏，大月氏又迁到葱岭以西，最初占了大夏一部分的地方，后来占了它的全部。我们推想，当大月氏到了葱岭以西的时候，可能又带走留在塞族故地的一部分的塞人。此外，从前被大月氏所迫逼迁离其故地而到葱岭以西的一部分的塞族，又可能因大月氏的迁徙再度被迫而更向西南迁徙。

这是公元前二世纪中叶的情况。在这个时候，中亚细亚除了原来的土人外，还有波斯人，有希腊人，有塞人，有安息人，有大月氏人，等等。张骞到大宛、康居、大月氏与大夏是在公元前一二八年至一二七年。司马迁在《史记·大宛传》中所载关于这些国家的情况，大致是根据张骞这一次在这些地方所亲见的情况，以及公元前一一五年张骞到乌孙时所遣派到这些地方的使者的报告。司马迁在《史记·大宛传》中说：

> 自大宛以西至安息，国虽颇异言，然大同俗，相知言。其人皆深目多须髯，善市贾，争分铢。贵女子，女子所言，而丈夫乃决正。

司马迁生在公元前一四五年，张骞从大月氏返国时，他约二十岁，张骞到乌孙时遣使到大宛康居、大月氏与大夏的时候，他已三十岁。他作《史记》很注重实地调查，所以司马迁的记载很可能得自张骞以及张骞所遣派的使者的口头或文字报告。因此我们以为司马迁这一段关于葱岭以西诸国的种族的记载最为重要，而且应当为很可靠的材料，其价值远在欧洲人间接记录之上。

张骞到大夏大月氏的时候，塞族之原在大夏附近者虽已很久，但是从伊犁一带被大月氏所迫而迁到葱岭以西的塞人为时大致不过二十年。至于到这些地方的大月氏人，或为大月氏所挟以俱来的塞人，为时大约十年左右。在这么短的时间中，塞族在语言及文化方面可能多少受了这些地方的语言与文化的一些影响，然而在种族血统上不会发生很大的变化。司马迁《史记·大宛传》说自大宛以西，其人不只语言习俗大同，而且其人"皆深目多须髯"，除了司马迁把新来自伊犁一带或葱岭以西的种族不包括在内，而乃指原已居在这块地方的种族，但是司马迁并没有明言这一点，那么这也应该是包括从伊犁一带所迁移来的塞族在内。

张骞未到大月氏、大夏之前，曾为匈奴所扣留。他在匈奴时已听说在祁连、敦煌的大月氏为匈奴所破，西北走而攻破塞族，占有其地，"塞王南走远徙"，后来大月氏又被乌孙攻破而向西南走时，既可能再度迫逼在葱岭以西的塞种远徙，又可能带走了留在伊犁一带的一部分塞人一同西去。假使这种塞人是与大宛以西的种族不同，并不是深目多须髯的话，那么司马迁不致于那么肯定的说"其人皆深目多须髯"。

塞族的西南迁移是一件大事。他们不只与张骞出使的目的地——大月氏有着密切的关系，而且他们西南迁移过后，除了散居于葱岭以西多处，还统治小国如捐毒、休循，大国如罽宾，则其迁徙的人数也必不少。《史记·大宛传》说，大宛以西的种族皆深目多须髯，所谓"皆"者，应无例外。张骞明知塞族的迁徙既是一件重要事情，假使塞族不是深目多须髯，就不应该说在这些地方的种族皆深目多须髯了。

假使我们这种解释是对的，那么从伊犁一带迁到葱岭以西的塞族应该是深目多须髯的种族了。

又《汉书·西域传》"乌孙"条说：乌孙民有塞种，大月氏种。这是因为乌孙攻破大月氏时，大月氏固有一部分人留下来，而大月氏攻破塞族也有一部分留下来，结果是三种人互相混杂。

颜师古注云：

> 乌孙于西域诸戎，其形最异。今之胡人，青睛赤须，状类猕猴者，本其种也。

徐松《汉书西域传补注》云：

> 焦氏易林云，乌孙氏女深目黑丑，是其形异也。

这不知是否此时乌孙氏已拥有深目多须髯的塞人，抑或是乌孙人受了塞人的血液影响的结果。但也可以作为塞人氏深目多须髯的一个旁证。

此外，乌孙西与大宛接壤，乌孙所居的地方是塞族故地。这也就是说，塞地原本是与大宛接壤。《史记·大宛传》说"大宛以西深目多须髯"，然则大宛也应在内。大宛为深目多须髯人所居，其接壤的东边的塞族也可能是深目多须髯的人，虽则乌孙大月氏占领这个地方之后，未见得皆"深目多须髯"罢。又可以作为塞人是深目多须髯的另一旁证。

上面所说的是指伊犁一带的塞族，以及从这块地方而到葱岭以西的塞族。至于希罗多德以及波斯人所说的塞族之在大夏旁近者，照司马迁所说来看，也应属于深目多须髯的一类。至于安息人是深目多须髯，也应当没有问题。因为司马迁明言是"自大宛以西至安息"，那么安息便应在这个范围之内。假使有些人认为安息人是希罗多德所说的塞族（Scythians）的后裔，那么这些安息人不只是深目多须髯，而且是塞族了。又如上面所引吉谢列夫之说"从地下发掘出来的古物，可以确定许多斯基泰族与古斯夫族的接触点"，又可以说是这一部分的塞族是深目多须髯的另一个旁证。

总而言之，关于塞族的种族这个问题，以往的学者的意见虽很为分歧，但据现代一般人的绝大多数见解，塞族不见得是蒙古种，而是属于欧洲的种族。关于这一点，我们以为司马迁在《史记·大宛传》中所说那般话，应该最为重要而且应该很为可靠的。照司马迁所说，至少是希罗多德与波斯碑文中所说的塞族是深目多须珣，是没有问题的。至于在伊犁一带的以及从这里而迁徙到葱岭以西的塞族，照我们的解释也不应是蒙古种，而应是属于欧洲的种族，虽则这部分的塞族，既久居伊犁一带，染有蒙古种的血统，也是很可能的。至于他们究竟是属于欧洲的种族中的那一支派，这就不易解答了。其实，希罗多德波斯碑文以及中国史书所说的塞族，是否完全同为欧洲的种族中的同一支派，还是一个值得研究的问题。

（四）文化简述

最后，我们愿意很简单的说到塞族文化的一些特性。

吉朋把游牧生活当为塞族的特性，遂把在中亚细亚一带的游牧民族都叫做塞人。这虽未说出塞族是何种族，可是这正是足以说明塞种的种族问题是不易解答的。其实，吉朋这种看法，可以说也是古代希腊罗马人的一种偏见的看法。所谓塞（Scythic），在希腊罗马人的心目中，往往是表示粗鲁笨重、缺乏文化与精致。这一个字的涵义主要的是表示生活而不是出生，是表示习惯而不是血统。

没有问题的，无论是希罗多德所说的塞族也好，波斯碑文所说的塞族也好，中国史书所载的塞族也好，都是以游牧为生活的。在他们的生活中，马牛羊占了很重要的地位。他们对于所谓马的文化上有其特殊之处。而在文化的传播上尤占了很重要的地位，虽则我们对于此点不能在这里讨论。他们的生活主要是马背或牛车上的生活。所以在他们的部落中，马是很著名的。《史记·大宛传》说：

> 初天子（指武帝）发书易云，神马当从西北来。得乌孙马好，名曰天马。及得大宛汗血宝马，益壮，更名乌孙马曰西极，名大宛马曰天马云。

乌孙所占领伊犁一带的地方就是塞种故地。乌孙迫走大月氏而占有塞族故地之后，塞族还有很多留居故地，所谓乌孙好马，可能就是塞族所养的马。又大宛在乌孙西，也就是塞族故地之西，中亚细亚妫水一带。既也有塞族，大宛好马，也可能是受了东西两边的塞族的好马的影响。

与马有关的骑术，以及其服装如袴、如靴，可能也是他们所发明的。又塞族除吃牛肉羊肉之外，他们（Scythians）也吃马奶以及马奶所作的浆酪。他们又吃马肉。

塞人（Scythians）有将其敌人的头颅用来作饮器的风俗。史书载匈奴稽粥单于杀大月氏王而以其头为饮器，我国春秋时赵襄子亦用智伯之头以为饮器，不知是否受了塞人的习俗的影响。塞人还有一种奇特的风俗。人老了，他的亲戚齐聚在一块把他弄死，然后把他的肉和一些畜物的肉放在一块煮熟而宴会。这样死的人，据说是最快活而荣幸的。假如他是因病而死，他的亲戚就不会吃他的肉，而却把他埋在地下，认为这是一种厄运。

至于国王死后，他们把国王的尸首放在牛车上，绕行全境各处，各处人民用各种不同的方式去表示深沉的哀悼。剪短头发、抓破面部、用箭刺穿左手，以至割去一些耳朵，都是他们表示哀悼各种不同的方法。埋国王时，不只他所用的武器金银器具，就是好多马以及其夫人、奴婢都杀死而埋在一块。关于殉葬，希罗多德的《历史》第四册说得很详细。

关于塞族的文化，这里不拟多加叙述，上面很简单的介绍其目的只在说明塞族是有其共同的文化的，也有其一些特性的地方。虽则文化本身未必能够说明他们究竟是属于那一个种族，然而塞族之所以被称为塞族，从古代的希腊人起，以至近代一些学者们，都把地理上分布得很广而在历史上又占了很重要的地位的一些民族统称之为塞族，也是与他们文化的特性是有关系的。